U0016822

中國近代思想與學術的系譜

王汎森◎著

自　序

　　本書探討道光到1930年代大約一百年間思想學術變化中的幾個問題。
這裡必須聲明的是：我並不是在寫一部通論近代思想、學術的書，而只是
對這一段歷史中比較爲人所忽略的層面做一些研究。我個人認爲從道光以
來，中國思想界便進入不安定期，每一種學問都因內外的挑戰，而產生了
分子結構的變化。它們催化了後來一些範疇性的轉變：在經學上，否定了
過去兩千年的經學傳統，認爲它們都是圍繞著一批「僞經」而積累的學問
（康有爲）。在文化上，充份了解到儒家文化始終存在著一個不安定層（傅斯
年）。在道德上，發現過去兩千多年所有的道德教訓，關涉私德者居十分
之九以上，而關於公德者不到十分之一（梁啟超）。在政治上，認爲過去兩
千年是無治狀態（劉師培），國其實不成其爲國，因而有建立一個現代「國
家」的追求，希望由「皇朝」轉化爲「國家」，由「臣民」轉化爲「國民」、
「公民」。對專制體制的深刻反省則發現中國沒有「社會」，也有人認爲
過去兩千年的治政理論都是「在空架之上層層描摹」（毛澤東）。不管近代
中國的社會政治有多少實質的轉變，但至少在思想或理念的層次上這是一
個斷裂和跳躍。同時，這些新思想新概念，也回過頭來極深刻地改變了近
代的學術論述。

　　收在這裡的文章並不是有系統地寫成的，因此先天上有了兩種限制。
首先，因爲機緣不同，所以文章有詳略之異。第二，正因爲這些文章是隨
著不同的需要而寫成的，所以並沒有預想一個系統。我之所以將它命名爲
《中國近代思想與學術的系譜》，是因爲這些文章中似乎仍有一條線索。
第一部分：「舊典範的危機」，從晚清內部思潮的變動開始。方東樹的例

子,是討論方氏對漢學的攻擊在晚清思想史中之意義。方氏此舉,顯然並不只是理學的回潮,同時也代表了新時代的動向。有關邵懿辰的文章,則是探討邵氏的一本小書,如何在堅如磐石的堤防上鑿了一個小洞,這個小洞,後來逐步擴大,成為近代龐大的疑古運動的一個根源。邵氏的一些論點,代表了在時代的催化之下,傳統內部的思想因子產生的蛻變。太谷學派的出現,則代表當時的下層知識分子利用傳統的思想資源,以因應時代困局的一次並沒有成功的努力。這三篇文字,各自從不同的側面,說明晚清思想的不同面貌;〈清末的歷史記憶與國家建構〉一文則在說明晚清漢族歷史記憶的復活如何改變當時的政治文化,同時也討論了新的歷史記憶資源如何顛覆了官版的歷史記憶,而為晚清的歷史變動埋下種子。以上四篇文章分別談清季上層及下層知識分子的四種變化,它們設定了一個背景,並作為以後諸篇文字發展的張本。

第二部分是「傳統與現代的辯證」。其中的兩篇:〈從傳統到反傳統〉、〈中國近代思想中的傳統因素〉,都是提綱式的文字;〈中國近代思想中的傳統因素〉一文,儘管是針對特定的現象而寫,但也可以看做是從特定的角度談從傳統到現代曲折而蜿蜒的發展路徑。「傳統」是在一次又一次的詮釋與使用中獲得它的活力,也在一次又一次的詮釋中改變它的風貌。我在這篇文章中提到:想瞭解傳統與每一個時代的關係,必須將那個時代主動的詮釋與使用考慮進去,而不應局限於線性的因果關係。

傳統與現代複雜的糾纏,也表現在私人領域上。近代中國有一個明顯的趨勢,即是無所不在的國家化、政治化,公領域如此,思想、學術如此,即使日常生活也有逐步政治化的傾向,而以私人領域的政治化為其高峰。本書收了一篇〈近代中國私人領域的政治化〉,便是有關這個現象的舉例性探討。

中國歷史上有過幾次「思想資源」的重大變化。在〈「思想資源」與「概念工具」〉一文中,我用晚清的例子來說明:「思想資源」之轉移以

及「概念工具」的變動，如何改變一個時代的思想面貌。在這篇文章中，我主要討論了當時中國思想中的日本因素；但我決不是想通盤討論所有相關的細節，而只是想藉此說明，如果不考慮「思想資源」與「概念工具」之變化，對當時思想界的變遷就難以理解了。

　　人是詮釋性的動物，當一個新的概念出現之後，人們會用它來作為思考自己處境及命運的工具。在William H. Sewell 研究法國大革命之勞工問題的書中，作者發現新的詞彙與概念使得勞工們用來思考他們的經驗以及他們所面臨的境況的方式產生了改變。在工廠中過著艱苦生活的人，可能渾然不覺，也可能用許許多多理由來解釋自己的處境，但是有了「階級」的概念時，便可能賦予當前處境一種全然不同的意義。語言與概念非但表達了社會的現實，它也「建構」了社會事實。在近代中國，文化菁英先是使用一群舊概念去詮釋新東西，但慢慢地一批又一批新的概念湧入，並逐步建構了現實的發展。大約1920、1930年代，「階級」概念逐漸取得壓倒性的優勢。胡適說新文化運動其實是新名詞運動，並在一次演講中說「一些抽象的，未經界定的文詞發揮了魔幻而神奇的效力」，「別小看一些大字眼的魔幻力量」，其實即說明了新名詞、新概念建構現實的力量。

　　〈反西化的西方主義與反傳統的傳統主義〉一文，說明西方的學說如何能以中國的面貌出現，而中國當時的困境又何以能夠逼使這類思想更易於為人接受。同時，從劉師培身上可以看到一種兩難，一方面是反西化的西方主義，一方面又是反傳統的傳統主義。從他身上可以看出一個既傳統又現代的學者掙扎於一個艱苦時代的痕跡。

　　第三部分是：「新知識分子與學術社群的建立」。1905年廢除科舉，千年以來仕、學合一的傳統中斷了，一方面解放了儒家正統文化思想的限制，一方面也迫使八股文化下的舊士人走投無路，一批文化菁英由傳統的「士」轉變為現代「知識分子」。現代知識分子的出現是一件劃時代的大事，作官不再是他們惟一的出路，他們尋找到了一個新的任務：「建立一

個學術社會」（顧頡剛）。讀者會發現這一組文字大多和傅斯年有關。傅斯年當然不是「建立學術社會」的惟一代表，但他毫無疑問的是一個靈魂人物，而我個人恰好對他做過比較集中的研究，自然也就多寫了幾篇和他有關的文章。在這一組文章中，〈一個新學術觀點的形成〉、〈傅斯年對胡適文史觀點的影響〉是姐妹作，它們都討論古史多元觀的形成與傳播，我希望用它們作例子來說明一個學術詮釋典範形成的歷程。而在當時的學術界，有許許多多這種新詮釋典範出現。此外，這兩篇文字也可以看出現代思想中講求多元、強調變化的觀念如何體現在學術研究上。〈思想史與生活史有交集嗎？〉一文，則以身為現代中國知識分子的傅斯年為例，說明他成學的經過、他的志業以及當時學術界「新」、「舊」、「公」、「私」之間的糾纏與衝突。〈什麼可以成為歷史證據〉一文，則以一件個案來說明學術上從舊到新的轉變，以及牽涉其中的社會政治因素。上述各文直接或間接說明了現代知識分子在建立一個新「學術社會」上的努力。

〈「主義崇拜」與近代中國學術社會的命運〉則指出近代中國有兩種力量：一種是要求學術獨立，免於政治及道德教條之干擾；一種是愈來愈強的「主義崇拜」，希望以「主義」來指導一切。這兩股力量的衝突表現在許多事物中，本文則是以陳寅恪為例，考察中國現代知識分子在學、仕分途以後，這個新「學術社會」的命運。

同時，在本書的一些文章中，我們還可以看出一個始終不曾消失的緊張性。道光咸豐以來，傳統學術極力掙扎著改變自己，以求扣聯政治、社會，而在民國新學術運動開展之後，我們也可以發現學術的社會性與平民性始終是個難以解決的問題。一方面是想步趨西學，建立以問題意識為取向的新學術，同時也希望「為學術而學術」，將政治與道德教條對學問的干擾減到最低。但人們很快地發現：追求學術獨立王國的同時也帶來了學術研究與現實致用之間的緊張、及學術社群的自我異化的問題。而把所研究的事物徹底「對象化」、把「價值」與「事實」分離之後，也使許多學

者產生了生命意義的危機感。

　　在編輯這本小書的過程中，我曾對其中的一些文字加以刪改；爲了使眉目更爲清楚，幾篇文章的名字也作了更動。〈方東樹與漢學的衰退〉原題是〈方東樹與晚淸學風〉(《慶祝楊向奎先生教研六十年論文集》)。〈清季的社會政治與經典詮釋〉一文，原題〈邵懿辰與清季思想的激烈化〉(《大陸雜誌》90卷3期)。〈道咸年間民間性儒家學派〉，原題〈道咸年間民間性儒家學派——太谷學派研究的回顧〉(《新史學》五卷四期)。〈一個新學術觀點的形成〉，原題〈王國維與傅斯年——以〈殷周制度論〉與〈夷夏東西說〉爲主的討論〉(孫敦恆等編《紀念王國維先生誕辰120週年學術論文集》)，〈「思想資源」與「概念工具」〉原題是〈戊戌前後思想資源的變化：以日本因素爲例〉(《二十一世紀》45期)。〈反西化的西方主義與反傳統的傳統主義〉原題是〈劉師培與清末的無政府主義〉(《大陸雜誌》90卷6期)。〈思想史與生活史有交集嗎？〉一文原題爲〈讀「傅斯年檔案」札記〉(《當代》116期)。〈價值與事實的分離？〉原題爲〈民國的新史學及其批評者〉(羅志田主編《二十世紀的中國：學術與社會》〔史學卷〕)。〈「主義崇拜」與近代中國學術社會的命運〉原題是〈陳寅恪與近代中國的兩種危機〉(《當代》123期)。此外，我也對幾篇文章的副標題作了增刪。〈從傳統到反傳統〉一文發表在《當代》一個討論反傳統思想的專輯(《當代》13期)，其中也採擷了我的《古史辨運動的興起》一書的一小部分及《章太炎的思想》的一篇附錄。〈清末的歷史記憶與國家建構〉(《思與言》34卷3期)有一篇姐妹作〈歷史記憶與歷史：以中國近世史事爲例〉，發表在《當代》91期(1993)我所編輯的「歷史記憶」專輯，這應該是台灣學術界最早討論「歷史記憶」的一篇文字，有興趣的朋友可以參看。有關太谷學派的一文，發表於1994年，當時並未能直接讀到太谷學派的經典，而是以回顧二手研究的方式寫成，所以逕注頁碼於文中。該文主要是想探討它在晚清思想脈絡中的意義。我個人得以見到大量太谷學派的遺經是晚近的事。

　　此書編校的過程遷延至三、四年，拖了這麼多年才完成，完全在我意料之外。對我而言，將這些文章收集出版是一件痛苦的事。多年前與出版公司簽訂了一張契約，言明要編成一本近代思想史的論文集，但這件事一再延擱，始終不曾付諸行動。如果沒有陳平原兄爲河北教育出版社向我苦苦催逼（按：本書有一個所收文章較少的簡體字版在該社出版），我大概是無法輯成這本小書的。本書的聯經版原與河北教育出版社的版本同時進行，但因爲增補了一些新文章，並進行了一些修改，所以稽延至今，應該在此鄭重說明。在此，我要感謝我的老友劉季倫先生，他對本書的編輯過程費過很大的心血，提過寶貴的意見。林志宏學弟及家弟王昱峰等人費心校對本書，我要特別在此謝謝他們。初編此書時，我個人適在香港中文大學歷史系作客，我也想趁這個機會感謝那裡的朋友們。

新舊篇名對照表

原篇名	本書篇名
方東樹與晚清學風	方東樹與漢學的衰退
邵懿辰與清季思想的激烈化	清季的社會政治與經典詮釋——邵懿辰與《禮經通論》
戊戌前後思想資源的變化：以日本因素為例	「思想資源」與「概念工具」——戊戌前後的幾種日本因素
劉師培與清末的無政府主義	反西化的西方主義與反傳統的傳統主義——劉師培與「社會主義講習會」
王國維與傅斯年——以〈殷周制度論〉與〈夷夏東西說〉為主的討論	一個新學術觀點的形成——從王國維的〈殷周制度論〉到傅斯年的〈夷夏東西說〉
讀「傅斯年檔案」札記	思想史與生活史有交集嗎？——讀「傅斯年檔案」
民國的新史學及其批評者	價值與事實的分離？——民國的新史學及其批評者
陳寅恪與近代中國的兩種危機	「主義崇拜」與近代中國學術社會的命運——以陳寅恪為中心的考察

目　次

第三編　新知識分子與學術社群的建立

附　錄

第一編

舊典範的危機

方東樹與漢學的衰退

　　近代思想變化的起點究竟是什麼時候？是鴉片戰爭嗎？討論近代思想時，可以直接從漢學談到新學嗎？在兩者之間是不是有第三種思想力量，也就是宋學的復興？而宋學的復興究竟只是一種古代學說單純的回潮，還是代表一個新時代的動向？

　　首先必須指出，在鴉片戰爭之前，中國內部已面臨幾種挑戰。第一是內治的問題，動亂接踵而來，各種制度也出現問題，尤其是風俗道德方面，其中最令人觸目驚心的是官僚的貪污腐化。正因為人們對貪污腐化觸目驚心，所以會出現像魏源(1794-1856)等人的「挑菜會」以及倭仁(1804-1871)等人的「吃糠會」[1]。第二種挑戰是大家所熟知的鴉片及外夷的問題。

　　鴉片戰爭之前傳統學問已經起了種種變化。這些變化的原因很複雜，有的是學術內在發展的結果；漢學內部出現了許許多多因內在問題而產生的所謂「典範危機」。但最重要的是知識與現實、知識與人生的關係出現裂痕。當時知識分子有一個疑問：為何考證學如此發達，出版的書這麼多，而現實世界如此齟齬混亂？這個現象顯然與清初大儒的主張相違背。清初大儒說，研求聖經賢傳的最終目的是為了能再返三代之治。但是清季學者開始質疑這個大前提：將三代社會的真相弄得愈清楚，好像也愈不可能把三代的理想付諸實行？是因為人們不肯留心致用，還是因為六經的社會與清代社會已經完全不同，以致不可能將六經原原本本地行諸當代？簡言

1　關於挑菜會，見梁章鉅：《浪跡叢談·續談·三談》（北京：中華，1981），頁201，〈人日以七種菜餉客，約同人和之〉及〈人日疊韻詩〉。

之，這時候產生了一種深刻的「知識與現實世界斷裂」的危機感。人們懷疑當時居學術界主流地位的漢學考據，究竟與現實政術及道德風俗有何關聯？這一門學問是不是完全失去了現實關照性，以致於學術自學術、社會自社會，汗牛充棟的考據學著作非但不能為現實世界帶來一尺一寸的進步，反倒有惡劣的影響？

在《書林揚觶》一書中，方東樹(1772-1851)便將當時學問與現實世界的巨大斷裂說得非常坦白、非常激烈。這本書雖然是在道光十一年(1831)刊行的，但發願撰寫則在道光五年(1825)的春天。他說當阮元(1764-1849)創建學海堂書院的隔年，阮氏首先以「學者願著何書」問堂中學生，方東樹聽了覺得非常感慨，他認為這個問題大錯特錯，阮元不應該只問學者想寫什麼書，而不問所寫的書有什麼用。故他慨歎後世著書太容易，「殆於有孔子所謂不知而作者」，於是發憤寫成十六篇文章，其中有不少直接或間接批評清儒拚命著書而不管現實的風氣。他在終篇中說：

> 藏書滿家好而讀之，著書滿家刊而傳之，誠為學士之雅素，然陳編萬卷，浩如煙海，苟學不知要，敝精耗神與之，畢世驗之身心性命，試之國計民生，無些生益處，……此只謂之嗜好，不可謂之學[2]。

這段話必須放在道光學術的背景下看。方氏是針對乾嘉學者拚命考證著書，只管在學術社群中樹立地位與聲望，而不管他們的專業研究與整個社會的福祉是否有任何關係而發的，所以他說那樣拚命著述，如果「驗之身心性命，試之國計民生，無些生益處」，則只能說是「嗜好」，不能稱之為「學」。所謂「學」，照傳統儒家的理想，應該是承擔天下國家的實政實務。故他說：

---

2 方東樹：《書林揚觶》，在《書目類編》（台北：成文，1978），第92冊，總頁41516-7。

> 君子之學，崇德修慝辨惑，懲忿窒欲，遷善改過，修之於身，以
> 齊家治國平天下，窮則獨善，達則兼善，明體達用，以求至善之
> 止而已，不然，雖著述等身，而世不可欺也[3]。

方東樹代表道光年間一大批希望轉弦易轍的士大夫共同的想法。他們都不滿意當時學問的性質以及學問與社會的關係，他們想追求一種理想的人格，簡言之，一種整合政事、文章與道德爲一的整體觀念。

他們也爲宋學，乃至整個宋代伸冤，認爲許多考據學領袖無情地攻擊宋學，乃至於「使有宋不得爲代，程朱不得爲人」[4]。他們認爲宋學不但是中國學術的高峰，而且宋儒對先秦儒家的把握，其實是最高明的，宋儒對現實的關照也遠勝於考證學者。這一個將文明發展之注意力由漢轉向宋的方向，是清代後期思想史中一個關鍵性的變化。

以上這些觀點基本是鴉片戰爭以前知識圈中的一個「意見氣候」（climate of opinion）。不過毫無疑問的，鴉片戰爭的失敗，使這一發展變得更加激烈。如果不能掌握上述的「意見氣候」，便不能了解方東樹的思想傾向，而如果不能掌握方氏的思想傾向，就不能了解他爲什麼敢冒天下之大不韙，寫出了《漢學商兌》這部奇書。

一

在這裡我要先用《儀衛軒文集》中的材料，來說明方東樹的思想意趣，然後再談《漢學商兌》。

方東樹尊宋頌宋的態度與桐城文派有關。他的父親是姚鼐（1732-1815）的學生，而他自己也曾經長期從學於姚氏；他的交遊圈基本上也以桐城文

---

3 方東樹：《書林揚觶》，總頁41517。
4 朱雅題辭，在〈漢學商兌題辭〉，方東樹：《漢學商兌》（台北：商務，1978），頁1。

派爲主，這些人都看重朱學，對於陸王不能沒有懷疑 [5]，對於考證學，則常持激烈批判的態度。方氏在許多著作中都透露了他尊朱的熱情，如〈重刻白鹿洞書院學規序〉：

> 慨然想見朱子當日所以集群儒之大成，使斯道昭明，如日中天，其遺文教澤一字一言，皆如布帛菽粟，後之人日游其天而不能盡察也。……必欲興起人心風俗，莫如崇講朱子之學為切。[6]

他說六經都是爲了致用的——「六經之爲道不同，而其以致用則一也，此周公孔子之教也」，而這個宗旨「唯宋人爲大得」[7]。《文集》中有幾篇長文，都是爲了辯駁漢學家中相當流行的「理學亡國」論 [8]，譬如在〈明季殉難附記序〉中說：

> 世之鄙儒乃猶痛詆道學，力攻程朱，甚且以明之亡歸咎於講程朱之學，是惡知天下古今得失之大數乎？[9]

他又說清儒「畢世治經，無一言幾於道，無一念及於用，以爲經之事盡於此耳矣，經之意盡於此耳矣。其生也勤，其死也虛，其求在外使人狂，使人昏蕩。」[10] 他認爲這是因爲考據家只爲了求在學術社群中的名聲，而不顧其他。他鄙薄考據學大師錢大昕(1728-1804)，在〈書錢辛楣《養新錄》後〉中說：

5　在方東樹：《儀衛軒文集》(清同治年間刊本)，卷5，頁12，〈重編張楊園先生年譜序〉中他說：「自朱子而後，學術之差，啟於陽明。」

6　同上，卷5，頁31。

7　同上，卷5，〈漢學商兌重序〉，頁4-5。

8　同上，卷6，〈書錢辛楣《養新錄》後〉，頁4-11。

9　同上，卷5，頁8。

10　同上，卷5，〈漢學商兌重序〉，頁5。

然則其所作《廿一史考異》亦何用也，不過搜覓細碎眩博以邀名而已[11]。

他痛斥考據大家閻若璩(1636-1704)，在〈潛邱劄記書後〉中一再強調，為了名，這些學者可以不要天下國家[12]，說他們：

雖竊大名，亦徒榮華於一朝，而末由施用而不朽[13]。

他也批評清儒之學有愈走愈窄，愈來愈小，愈來愈瑣碎，也愈來愈離開現實的趨勢，對於宋人之學也愈來愈不能以公平的態度去對待。在〈潛邱劄記書後〉中，他說顧炎武(1613-1682)的書還有「本領根源」，所以其書尚莫能廢；到了閻若璩，已經變小了——「其體例不免傖陋，氣象矜忿迫隘，悻悻然類小丈夫之所發」[14]。到了惠棟(1697-1758)、戴震(1723-1777)、臧琳(1650-1713)等，又變得更小，更無是非，而且「專與宋儒為水火」[15]，他們的學問不過是取漢儒破碎之學加以穿鑿而已。他特別點出揚州江藩(1761-1831)等人是使得漢學走入窄小狹仄之局的關鍵人物，在〈復羅月川太守書〉中他說：

此其風實自惠氏、戴氏開之，而揚州為尤甚。及其又次者，行義不必檢，文理不必通，身心性命未之聞，經濟文章不之講，流宕風氣，入主出奴[16]。

---

11 方東樹：《儀衛軒文集》，卷6，頁11。
12 同上，卷6，頁1。
13 同上，卷6，頁1-2。
14 同上，卷6，頁2。
15 同上，卷5，〈漢學商兌序〉，頁2。
16 同上，卷7，頁6。

　　引文中的「揚州」指江藩等人。在他們主導下,學問風氣「棄本貴末,
違戾詆誣,於聖人躬行求仁修齊治平之教,一切抹殺,名為治經,實足亂
經,名為衛道,實則畔道」[17]。所以他要向這些被「揚州佬」所窄化的學
問開火。這也是為什麼此下我要花費一些篇幅談方東樹與揚州學圈的關係
之故。

二

　　在考證學初興時,人們並不將自己侷限於漢學。把漢儒之學與孔學等
同起來的新典範基本上是惠棟所確立。在《九經古義》的序中,惠棟認為,
由於經書的意義惟有透過漢儒的注解才能被正確地把握,所以後人不應該
作有別於漢儒的解釋[18]。

　　蘇州與揚州是惠棟陣營的主要根據地,他的學生江聲(1721-1799)、
余蕭客(1729-1777)等人都活躍於這些地方。揚州是清代中期最繁華的城
市。只要一覽當時全國交通圖,便可知它是水陸交通輻輳之地,提供了一
個極便利的交通網;而只要一查清代藏書家的資料,也知道揚州同時也是
藏書極富之地,在官方藏書方面,《四庫》的七份抄本中,便有一份在揚
州,再加上當地鹽商大賈對學術文化的贊助,吸引了全國各地的文人學者。
揚州的學風也深深影響過往的學者,戴震在揚州停留三年之久後,思想便
很受惠氏之影響,尤其是反宋學的態度[19]。

　　揚州也蘊育了阮元及江藩兩位漢學領袖,他們都是余蕭客的學生,算
是惠棟的再傳弟子。阮元是一位極成功的學術官僚,曾任浙江巡撫、兩廣

17　方東樹:《儀衛軒文集》,卷5,〈漢學商兌序〉,頁3。
18　惠棟:《九經古義》,收在阮元編:《皇清經解》(台北:漢京重編本,1980),
　　卷359〈述首〉,總頁14379上。
19　惠氏曾說宋儒之禍過於秦焚,見錢穆:《中國近三百年學術史》(台北:商務,1968),
　　頁321。

總督，並成爲考證學的重要支持者，比起阮元，江藩便寒微得多了，他不曾獲得任何功名，但這並不影響他成爲一位學術領袖。江藩也曾試著通過管道獲得仕進機會，並曾在1786年詳注乾隆的詩進呈皇帝，但是，當時北京正因林爽文事件而一片混亂，故乾隆無暇分神應付江藩[20]。失去這次機會後，江藩來往於北京、揚州、杭州等地。在這段日子裡，他的名著《國朝漢學師承記》逐步成形。1811年，這部稿子已大致完成，並在江南學者手上流通，1817年，二十六歲的龔自珍（1792-1841)也看到這份稿子，並寫信反對江氏以「漢學」二字稱呼清代考證學。不過，江藩並未爲其所動。江藩在1818年受阮元之邀到廣東參與《廣東通志》的編纂工作，同時刊印《師承記》。

在《師承記》中，江藩對漢學與宋學作了非常清楚的劃分。他很不情願地把兩位清代考證學開山大師顧炎武、黃宗羲(1610-1695)放入《師承記》的〈附錄〉部分，主要是因爲他們仍與理學的傳統有關，並曾參與抗清的活動[21]。他把不是完全符合漢儒訓詁之學的摒棄不錄[22]，與宋學有一點牽連的也概被拒絕[23]。故恆慕義（Arthur Hummel)形容江藩的這部書是第一次系統建立清代經學系譜的嘗試[24]。

《師承記》得到阮元的大力支持。阮元在該書的〈序〉中強調說，因爲漢儒接近儒家先聖的時代，而且是在道家與佛學被大量吸收之前，他們對儒經的訓詁比後來的人更爲可靠[25]。阮元表示他完全同意江藩的去取標準。從1825年起，阮元開始編刊《皇清經解》，他在選目時所立的標準也

---

20 〈江藩傳〉，《清代碑傳全集》（上海：上海古籍，1987)，總頁1189。

21 江藩：《國朝漢學師承記》（北京：中華書局，1983)，頁133。

22 江藩：《國朝經師經義目錄》，與前書合刊，頁147。這是江藩之子江鈞綜括性的話。

23 徐復觀：《兩漢思想史》（台北：台灣學生書局，1979)，冊3，頁589-590。

24 Arthur Hummel, *Eminent Chinese of the Ch'ing Period*(reprint, Taipei: Ch'eng-wen, 1972), pp. 137-138.

25 《國朝漢學師承記》，〈阮序〉，頁1。

大致與《師承記》相近[26]。

方東樹比江藩還落魄。方東樹數度參加科考，但直到五十歲仍未能博得一第，他在江南各地轉逐，過著相當貧困的生活。從後人為他做的年譜中我們可以看出，他一生大部分時間是在尋求職位餬口[27]，尤其是漂泊揚州那幾年更是難堪[28]。因為家貧，以致一家數口死去多年遲遲未能下葬。他的妻子貧病將死之際，方氏卻為了餬口，不得不辭家遠行，而且為了保住館職，即使聽到祖母病危也不能即刻趕回。像這類例子，在蘇惇元(1801-1857)為他編的《年譜》中真是隨處可見。在〈答姚石甫書〉中，他這樣說：「僕孤窮於世，匪獨無見收之人，乃至無一人可共語。」[29] 他的孤立是兩方面的，經濟上的窘促，學問上的孤立，而這些都與他是宋學的鼓吹者而不是當令的考證學家有關。其實這並不奇怪，在漢學極盛的時代，理學家不易得到學術主流的青睞。以方東樹的老師姚鼐為例。姚氏雖然在朱筠(1729-1781)的推荐下，於1771年進入四庫館撰寫提要，但是因為他的理學背景，所撰提要經常被其他館臣抵制，逼得姚氏最後辭職離開[30]。離開四庫館後，姚開始公開表示他對漢學強烈的不滿。

姚鼐早年也曾想接近考證陣營。他曾希望成為戴震的學生，但被戴氏婉拒了。即使是離開四庫館並公開批評漢學，但他對漢學的長處仍有充分的認識。他所不同於當時考證學者的，是希望合義理、考證、辭章為一，而且他認為這對考證學的發展有利。在他的學生中，也有不少人嫻於考證，方東樹便是其中一個。在《漢學商兌》中，方東樹便公開承認清儒在音韻訓詁之學上的成就古今無雙。他不斷提醒學生，朱子並不曾輕視訓詁音韻

26 何佑森：〈阮元的經學及其治學方法〉，《故宮文獻》，2:1(1970)，頁22。

27 鄭福照：《清方儀衛先生東樹年譜》(台北：商務，1978)，頁5。

28 方東樹：《儀衛軒文集》，卷7，〈答姚石甫書〉，頁13。

29 同上，頁13。

30 R. Kent Guy, *The Emperor's Four Treasures*(Cambridge: Harvard University Press, 1987), pp. 143, 146, 156.

之學，並強調自己對它們的重視也不減於並世的考證學者[31]。

方東樹頗能欣賞清儒的某些作風。在《漢學商兌》的「序例」中，他稱讚余蕭客的《古經解鉤沈》詳註所引材料之出處[32]。引書注出處雖起源更早，但是到清學才形成一個特色，「引書考」一文的出現即是一證[33]。方東樹在《商兌》一書中便刻意模仿這種體裁。他很明顯地是想吸收漢學的長處，並擺脫宋學玄想無根之病。

1819年春天，方東樹在《廣東通志》局中成了江藩的助手。沒有任何資料顯示二人相處的情況。我們所知道的是方東樹在完成所負責的工作之後便離開廣東了。方東樹曾於五年後重返廣東，在阮元的家中教館。當時《皇清經解》的刊刻工作正如火如荼地展開著，而在這套大書中，凡是牽涉理學的作品多被排擯，即使是那些被尊為清學開山之作的名著也不例外[34]。這可能使得一旁的方東樹感觸良深，一般相信，就在1824這一年，《漢學商兌》的稿子已大致寫成，不過它是在1831年，也就是《國朝漢學師承記》出版十三年後才刊行。江藩就在《商兌》出版的這一年去世。有趣的是，針鋒相對的兩本書都由阮元所刊行，這或許象徵著阮元後來逐漸顯露出的一種同時包容漢宋之學的趨向。

三

《商兌》一書主要是為宋學辯護，同時攻擊漢學的缺失。在撰寫的過程中，方氏時時不忘以子之矛攻子之盾。他不斷地展示自己的考證學素養，然後從內面來攻擊它。為了擒賊擒王，考證學大師惠棟、戴震、錢大昕、阮元都成了攻擊目標，尤其是那些反對討論宋明理學的人。

31　方東樹：《漢學商兌》，頁20-21。
32　同上，〈序例〉，頁3。
33　同上。
34　何佑森：〈阮元的經學及其治學方法〉，頁22-26。

　　方東樹批判他們的方式通常是先引用一段考證學者最具代表性的話，然後施以尖刻的批評。我們可以清楚感覺得到，《商兌》的第三部分明顯的是針對江藩的《國朝漢學師承記》與《國朝經師經義目錄》而發的。

　　當漢學考證達到高峰時，幾乎無人敢攖其鋒。章學誠（1738-1801）《文史通義》中因有大量批評考證學者的文字，所以整部刊行是在他死後的事。清季陳澧（1810-1882）有一大批未刊稿在本世紀初被發現，它們之所以未刊，也是因為其中有太多攻擊考證學的文字。這說明在「狐狸」當道時，極少「刺蝟」敢公開挑戰[35]。因此，像《漢學商兌》這樣一本系統而大膽地攻擊考證學之書在1831年出現時，不能不說是石破天驚之舉了。

　　首先，方東樹指出漢學考證所面臨的一個典範危機。由於清儒大多認為六經是一個系統，所以這個體系內的矛盾並未被嚴肅地考慮過。而清代的考證學者心中也大多假設著，透過客觀嚴謹的考證，可以恢復古代各種歷史制度之真貌。而且因為這是客觀的研究，而不是理學家的玄思，故可以避免繳繞不休的爭論。

　　這種樂觀的自信，在凌廷堪（1755-1809）《校禮堂文集》中的〈戴東原先生事略狀〉裡表現得最清楚：

　　　昔河間獻王實事求是，夫實事在前，吾所謂是者，人不能強辭而
　　　非之。吾所謂非者，人不能強辭而是之也。如六書九數及典章制
　　　度之學是也。虛理在前，吾所謂是者，人既可別持一說以為非，
　　　吾所謂非者，人亦可別持一說以為是也，如理義之學是也[36]。

　　這種樂觀的自信也時常為出土文物所證佐。譬如戴震對古代的鐘所作

35　錢穆：《中國近三百年學術史》，頁601。「刺蝟」與「狐狸」之喻，源自英人柏
　　林（I. Berlin），請參考余英時先生的《論戴震與章學誠》（台北：東大，1996）一書，
　　頁98-99。

36　《校禮堂文集》（台北：藝文印書館，1971），卷35，〈戴東原先生略狀〉，頁8。

的歷史重建工作，在乾隆中期被一個在陝西出土的實物所印證[37]。

但方東樹敏感地指出，清儒對同一個名物器數的研究卻常常得出互相衝突的結論。講求客觀的考證學家卻無法保證其客觀性。方東樹因爲熟知考證學的成果，所以他很快發現這一個各人研究成果不能互洽的現象。他非常敏銳地指出：

> 又按漢學諸人，堅稱義理，存乎訓詁典章制度，而如考工車制，江氏有考，戴氏有圖，阮氏、金氏、程氏、錢氏皆言車制，同時著述，言人人殊，迄不知誰爲定論。他如蔡氏賦役，沈氏祿田，任氏、江氏、盛氏、張氏宮室，黃氏、江氏、任氏、戴氏方服冕弁，各自專門，亦互相駁斥，不知誰爲真知定見[38]。

方東樹說，過去在王陽明良知說的影響下，因爲每人皆以一己的心作爲依據，各執一是，爭端百出。而清儒正是以客觀考據來取得確定答案。何以聲稱確定而客觀的漢學，竟然言人人殊，莫衷一是，就好比不同的人作同一組實驗，卻又得出不同的結論來。方東樹認爲這一現象本身即蘊含著漢學內在的危機。

接著，方東樹認爲清學有一種從「實學」到「虛學」的現象。考證學有一個共喻的前提：當儒家經典的原義以及制度器數的原貌被重構後，聖人的理想便可以付諸實行。至少在清代的初期，名物度數研究的最終目的是要治國平天下。即使到了清代中期，考證大師們如戴震、錢大昕等仍然奉行這個主張。

但是，考證學的發展卻逐漸遺棄了這個前提。在現實上，因爲文字獄的壓力，使得士大夫不太敢在經世或現實批判上用心。但最出人意料之外

---

37 Benjamin Elman, *From Philosophy to Philology* (Cambridge: Harvard University Press, 1984), p. 182.

38 《漢學商兌》，頁165。

的是，學者們發現，即使車制、明堂、冠冕之制皆能一一恢復三代之舊，而且沒有內在的矛盾與爭論，它們也未必能在當代社會中實行。諷刺的是，當這些車制、宮室沒有考證清楚之前，徹底復返三代之舊的熱情，是無法澆息的，一旦把它們弄清楚後，反而覺悟到原來它們無法付諸實行。在考證學的先驅們身上，這個困境已經出現了。顧炎武要以三代聲音改換今音，可是有一次他做客於朋友之家，清晨晏起，朋友對他大喊「汀茫久矣」時，顧氏竟大惑不解。後來經過朋友點明才知道，「汀茫久矣」是「天明久矣」的古音，足見以三代之舊施之當世的困難了。既然三代之舊不能在當世實行，而且也沒有什麼人積極想推動它們，那麼所謂「實學」又在何處落實呢？方氏說：清儒誇稱他們所治的學問是言必有據，證必多端。相對於理學家而言，他們引證豐繁，也確是至「實」之學，但是到頭來卻在現實致用上成了至「虛」之學。《周禮》難讀，而戴震有解；名物難知，而程瑤田（1725-1814）《通藝錄》中有圖[39]。可是，考古的熱情雖在，將「古」實施於「今」的可能性沒有了，願望也逐漸褪色了，方東樹在《漢學商兌》中便引了一節段玉裁（1735-1815）描述其師戴震學術精神的話，並施以激烈的批評。段玉裁是這樣說的：

> 由考覈以通乎性與天道，既通乎性與天道矣，而考覈益精，文章益盛，用則施政利民，舍則垂世立教而無弊[40]。

方東樹批評說：

> 漢學諸人，言言有據，字字有考，只向紙上與古人爭訓詁形聲，傳注駁雜，援據群籍，證佐數百千條，反之身己心行，推之民人

---

39 譬如程瑤田：《釋宮小記》，在《通藝錄》（上海：安徽叢書本，1933），冊9，頁34-35。

40 《漢學商兌》，頁122。

家國，了無益處，徒使人狂惑失守，不得所用，然則雖實事求是，
而乃虛之至者也[41]。

方氏同時也指斥漢學的兩大問題：第一，他說「由考覈以通乎性與天
道」之說是荒謬的，因爲考據工作雖「證佐數百千條」，但與「反之身己
心行」卻毫不相干。第二，他說考據工作「推之民人家國」，亦了無益處，
不得所用。故不管從道德或政治上看都沒有價值。方東樹抱怨說，考證學
承諾要將所考的名物施之於用，可是他們花了極大力氣去考證，卻花最小
的力氣討論如何將它們付諸實行[42]。稍後魏源也說過，他並不反對考證可
以得先聖之道，但即使這樣，考證工作仍無益於後人，因爲先聖之道在現
世已用不上了[43]。

方東樹更進一步說明性和天道何以不需「考覈」也可以了解。他說，
人們不必查《說文解字》才懂得什麼是忠、孝、仁、義[44]，說得相當尖刻
而深入。此外，方東樹還從五個方面瓦解漢學研究的基礎：第一，漢學家
認爲「經」與「道」可以劃上等號，而「詁經」是通往「道」的捷徑。阮
元的一段話說明了這一點：

聖賢之道存於經，經非詁不明[45]。

阮元爲考據學者的工作尋找根據說：古經典因長久傳衍而大幅殘缺，
它們的意義也難爲後人所把握。而漢儒因年輩接近孔子及其弟子，所以他
們對經書的訓解是掌握經書原意的捷徑[46]。但是，方東樹將這條大鎖鏈的

41 《漢學商兌》，頁39。
42 同上，頁106。
43 《魏源集》（北京：中華，1976），〈默觚上・學篇九〉，頁24。
44 《漢學商兌》，頁89，103-104。
45 阮元：〈西湖詁經精舍記〉，《揅經室集》（台北：商務，1967），頁505。
46 同上。

第一環解開了，「經」不等於孔子的「道」，所以通「經」不一定即掌握了「道」，而通漢儒的訓詁更不能說是掌握了「道」。方東樹說許慎與鄭玄這兩位清代考證學者最為推崇的大師都犯了一大堆錯[47]，後人何能藉由他們及他們同時代人的訓解去掌握經書之原意。

第二，清儒有一種相當普遍的態度，認為要懂得先聖的義理得從考據入手，因為後人對古聖賢的語言文字與典章制度有所隔膜，必須透過考據的功夫才能通古人的「心志」。戴震曾抱怨說：

> 今人讀書，尚未識字，輒薄訓詁之學。夫文字之未能通，妄謂通其語言，語言之未能通，妄謂通其心志，此惑之大者也。論者又謂：有漢儒之經學，有宋儒之經學，一主訓詁，一主義理，夫使義理可以舍經而求，將人人鑿空得之，奚取於經乎？惟空任胸臆之無當於義理，然後求之古經，而古今懸隔，遺文垂絕，然後求之訓詁，訓詁明則古經明，古經明而我心同然之義理，乃因之以明。古聖賢之義理，非他，存乎典章制度者是也。昧者乃歧訓詁、義理而二之，是訓詁非以明義理，而訓詁何為？義理不存乎典章制度，勢必流入於異端曲說，而不自知矣[48]。

方東樹批評這段話說，這是戴震最有代表性、影響最大，而所犯的錯誤也最大的一段話。方東樹說，經書的意義不一定非通過訓詁與文獻考證才能把握。他說：

> 若謂義理即在古經訓詁，不當歧而為二，本訓詁以求古經，古經明，而我心同然之義理以明，此確論也。然訓詁不得義理之真，

---

47 《漢學商兌》，頁87。
48 見引於《漢學商兌》，頁86。

> 致誤解古經，實多有之。若不以義理為之主，則彼所謂訓詁者，
> 安可恃以無差謬也？

他並非決絕地認爲考證訓詁完全無用，但他認爲在了解古聖的過程中，「義理」應該是優先的，而且沒有「義理」，訓詁會出現差錯：

> 總而言之，主義理者，斷無有舍經廢訓詁之事，主訓詁者，實不
> 能皆當於義理，何以明之？蓋義理有時實有在語言文字之外者
> [49]。

　　方氏認爲主義理者——主要是指以當時桐城派爲代表的宋學家們，必定不廢訓詁，而且義理時常存在於語言文字之外。方東樹是在提倡一種新的詮釋態度。他認爲聖人的道理是比六經更廣泛的東西，其中還有一部份不在文字中，屬於人的義理心性，不是文字訓詁之學所能窮盡的。所以，如果以經典考證爲能盡聖人之道理，則是將聖人看小了。

　　乾嘉考證有一種類似「詮釋學循環」的方法，要人先知字之詁，而後治句之義，然後通全篇之義，進而窺全書之旨。復須通全篇之義或全書之旨，庶得以定某句之意，解全句之意，庶得以定某字之詁[50]。方東樹則要求超出由部分到整體，再由整體到部分的詮釋風格。他說當學者從事考據工作時，對事物的「理」的了解應時時在其心中，所以他特別反對閻若璩所說的「治經不必拘理」，認爲這句話如果用來說天文曆算之學時還可以，但不可以說治一切經文都可不拘理而專求之於訓詁[51]。他認爲只有機械性的文字訓詁並不能真正通經之義，從事考證工作時必須有義理貫穿其間才能深入，這也是爲什麼他與其師姚鼐一樣，極力反對將考證、義理、辭章

49　《漢學商兌》，頁87。
50　參見錢鍾書：《管錐篇》（香港：中華，1979），冊1，頁171。
51　《漢學商兌》，頁80。

三分，而堅決主張三者應該形成有機的結合。他說一段經文的意思常需從「語氣」上加以把握，而這種精微的技巧不是窄狹的考證學者所能欣賞的[52]。在《漢學商兌》中，他不但舉例說明何以當義理與考據結合時，可以比純限於文字訓詁的方法了解得更爲透澈[53]；他甚至挑戰時人：究竟是宋儒還是清儒對古聖賢的「心志」把握得更貼切[54]？

方東樹進一步反駁戴東原以義理存乎典章制度之說法。他說道，義理並非都能從歷史事實上推導出來。譬如，人們並不能從三代制度中推出「欽」、「明」、「安」、「恭」、「讓」、「慎」、「誠」、「忠」、「恕」等道理[55]。他說：

> 若夫頗通於訓詁，而實不識字，詳於制度，而實昧於義理，如戴聖、馬融、揚雄，或不識節義字，及進退守身義理，又何說也？蓋忠孝信義，進退取予廉恥等字，不待讀《蒼》、《雅》、《說文》，而世無不明者，古今學人，或不識得，豈為不曉訓詁之故與[56]？

義理也不必透過精研訓詁文字，或精通古代的禮儀或典章制度才能獲得。而且，要緊的不只是是否明白古聖先賢之道理，而是如何付諸實行的問題。方東樹扼要地說：

> 蓋不患不明，第患不行耳[57]。

52　《漢學商兌》，頁124。
53　同上，頁124-125。
54　同上，頁87-88。
55　同上，頁89。
56　同上。
57　同上，頁106。

在這裡，他將知識與道德實踐之間脫節的問題又重新提出來。

方東樹除了攻擊清代漢學方法論的典範外，對清代中以來興起的一股新哲學思潮也感到十分不滿，這股新哲學是透過考證對宋明理學的一些概念作新詮釋，以戴震、阮元、焦循(1763-1820)、凌廷堪等人為主將，希望以回復經書中這些概念的原義來取代已經被佛道思想沾染的宋明儒的概念。

戴震是這一股新詮釋風潮的重要開啟者，而阮元及其他一批考證學者是熱心的追隨者。他們的目標是將理氣心性等道德名詞的詮釋權從宋明儒手中搶過來，以考證訓詁復其「本義」──通常是較少理氣心性的成分，比較樸素的意義，而漢儒的注釋常被引用來支持這一派新哲學，最足以代表這派新哲學的是戴震的《孟子字義疏證》。當該書出現時，只有洪榜(1744-1832)真正支持他[58]，但是到了阮元的時代，戴氏的風格與方法已經有了大量的模仿者及追隨者。方東樹感受到這股學風的壓力，幾十年後，曾國藩(1811-1872)也不約而同地表達他對此「入室操戈」之風的憂慮[59]。

在這股新哲學思潮中，最令方東樹憂慮的是揚州學者凌廷堪、阮元的「以禮代理」思想。阮說：「理必出於禮也」[60]，並強調這是擺脫人人皆堅持自己的「理」以致紛紛相爭，而獲得一種確定性的辦法：

> 以非禮折之，則人不能爭；以非理折之，則不能無爭矣。故理必附於禮以行；空言理，則可彼可此之邪說起矣[61]。

阮元這段話多少提示我們，清代學問，尤其是禮學的興起，與理學內部對人人皆「理」、人人皆「良知」之間的紛爭與相持不下有密切的關聯。

---

58 余英時：《論戴震與章學誠》，頁90。

59 錢穆：《中國近三百年學術史》，頁58。

60 《漢學商兌》，頁61。

61 同上。

方東樹反駁說：「理」是萬事萬物的「所以然」，所以，「理是禮之所以然」，「禮」只是「理」所涵括的一個部分，故決不能「以禮代理」。他說：「凡事凡物之所以然處，皆有理，不盡屬禮也」[62]，而且行禮時也不能無「理」在胸中：

> 夫謂理附於禮而行，是也；謂但當讀禮，不當窮理，非也。理幹是非，禮是節文，若不窮理，何以能隆禮[63]？

由此可見，方東樹堅持不管是作考據工夫，或是講禮，都必須有「理」、「義理」在心中。否則所得或爲皮相、或爲形式、或爲枝節。照方東樹的意思，如果真要深入漢學，必須融會宋學，否則無法真正深入。這個說法已爲清季漢宋融合之風啓其先端。

四

《漢學商兌》一方面批判漢學，從各個方面攻擊它行之逾百年的典範，同時也處處指出它內在的技術危機，而最終目的是要恢復宋學，並挽救知識與道德、知識與社會斷裂的危機。

方東樹是這個思想復興運動的前驅。在他之後，逐漸地有一批人活躍起來，敢於明白地發掘原先掩蓋在漢學考證之下的一片天地。有關這一段歷史討論的已相當多，在此不贅。此處想強調的是，這個新的思想方向，帶來一種面向當世社會的學風，也帶來一種用心整頓社會風俗與道德秩序，並積極塑造自我人格的風氣。

《漢學商兌》一書在1830年代的影響還不算大。方東樹的學生蘇惇元

62　《漢學商兌》，頁62。

63　同上。

曾宣稱《商兌》出版之後，考證之學隨之漸熄[64]，這自然是個誇張的說法。漢學到晚清仍未衰歇，而且在民國學術史中仍占一關鍵地位。不過，我們可以說它打破了漢學一元壟斷的局面。此後漢學並未馬上衰微，但是它的獨佔性漸成過去。有一群關心時政的學者馬上被反漢學與興宋學的風氣所吸引，像陶澍(1778-1839)、李兆洛(1769-1841)、陸繼輅(1772-1834)、毛嶽生(1791-1841)，都對方氏表示支持之意。《商兌》一書說服了人們在漢學獨霸之局下，宋學仍有值得注意之價值。不過，在討論《漢學商兌》對學界的說服力時，必須注意到時代背景。事實上有許多人是因為拿它與時局相對照，才逐漸明白書中對漢學的反省與攻擊有其現實性。在《商兌》出版之後，清朝便面臨了巨大的困局，對照現實的變局，漢學的無用性愈發明顯，而宋學雖不一定是理想的選擇，但當時復興宋學的人大多嘗試著把學問與現實互相扣聯，而且發生過相當的效果，道光以後許許多多在經世致用上有重大本領的人，都與宋學復興有關，二者之間的消長之勢遂逐漸形成。李兆洛說，他原是反對宋學的，可是《商兌》一書使他變得同情宋學。而《商兌》大膽攻擊漢學，清楚而系統地說出許多久蓄於人們心中，但不知如何說或不敢說的不滿漢學的話[65]，也為它吸引了一大批有志經世的士大夫。

　　方東樹曾寄望阮元來改變當時學術主流的弊病，在〈上阮芸台宮保書〉中說：「今日之漢學亦稍過中矣，私心以為於今之時，必得一非常之大儒以正其極、扶其傾，庶乎有以挽太過之運於未蔽之先，使不致傾而過其極。……當今之世，能正八柱而掃秕糠者，捨閣下其誰與歸？」[66] 有一種說法認為阮元晚年頗為欣賞方東樹的書[67]。但是這個傳言是方東樹的學生

64　方東樹：《儀衛軒文集》，蘇惇元：〈儀衛方先生傳〉，頁1。
65　李兆洛題辭，在〈漢學商兌題辭〉，方東樹：《漢學商兌》，頁2。陶澍便表示《漢學商兌》說的東西與他心中所想的相符合。
66　《儀衛軒文集》，卷7，頁1-2。
67　鄭福照：《清方儀衛先生東樹年譜》，頁18。

鄭福照所留傳下來的，使得它的可靠性減低不少。

漢學陣營當然很快地群起圍攻。李慈銘(1829-1894)批評方東樹愚而無用[68]。張之洞(1837-1909)、繆荃孫(1844-1919)、汪之昌(1895-？)、黃清憲都也做過猛烈的批評。他們的攻擊與李慈銘相當不同，他們認為方東樹並不愚，他對漢學的神髓有相當深入的掌握。但他們污辱說方氏是因為無法成為一流的考證學家，故轉而以攻擊漢學為生[69]。清末章太炎(1869-1936)提醒時人：方東樹對聲音訓詁之學很有素養，而且他對漢學的攻擊並非全無根據[70]。太炎這位清學最後的大師對他所繼承的學術傳統也有相當深刻的反省，他批評清學「瑣碎識小」[71]。在某種程度上這也正是方氏的見解。

《漢學商兌》一書也標誌著漢宋相融的新發展。一般相信曾國藩曾受方東樹的影響而主張漢儒「實事求是」之學無異於朱熹的「格物窮理」[72]。主張漢宋相融最力的陳澧在《東塾讀書記》中則指出，朱熹也極力強調「學」的重要性[73]。依錢穆 (1895-1990)的研究，他們兩人都曾受方東樹之影響。當清季一位學者林國賡為他的老師金均齡(1811-1890)——一位主張漢宋相融的學者——所寫的《理學庸言》作序時，林氏說有了這一部書，《漢學商兌》就可以不作了[74]。這段話也曲折地點出，在《商兌》出版半世紀後，人們還是把它當做是要求漢宋融合的嚆矢。

68　參張舜徽：《清人文集別錄》(北京：中華，1980)，頁359。

69　繆荃孫：〈方東樹儀衛堂集跋〉，《藝風堂文集》(台北：文海，1973)，卷7，頁25，及張舜徽：《清人文集別錄》，頁575、578。

70　《章太炎全集》(上海：上海人民，1984)，冊3，〈清儒〉，頁475。

71　同上，頁477。

72　錢穆：《中國近三百年學術史》，頁584。

73　同上，頁613、620。

74　麓保孝：《宋元明清近世儒學變遷史論》(東京：國書刊行會，1976)，頁213。

清季的社會政治與經典詮釋
——邵懿辰與《禮經通論》

　　思想一旦產生，即有它自己的生命，並被以形形色色的方式詮釋、使用。在思想傳衍的過程中，有許許多多意想不到的斷絕、匯流、歧出，或以原來所從未料想到的方式被挪用。如果只是把眼光放在某些思想在某個學派內師徒相傳的過程，往往會忽略了社會政治局勢與思想學說的糾纏。此處所要涉及的便是清代一位自負的學者，目睹時代的混亂失序，為了建構其社會政治哲學，如何形成了一個相當武斷的論述[1]，而這個論述又如何曲折地為後來的今文家提供意想不到的理論武器，最後並被以一個始料未及的方式借用的歷程。

　　清季今文家主張孔子不是一個歷史文獻的整理者，而是一位提倡變法改制的思想家，為了支持這個學說，他們做了許多文獻工作。而其中有一個重要的環節，即廖平(1851-1932)、康有為(1858-1927)所稱秦焚書而五經未嘗亡缺之說，我認為這個看來很枝節性的論斷其實關係重大，它把古代儒家經典由一堆歷史文獻轉變成一套有規劃、有目的的哲學，而邵懿辰(1810-1861)的《禮經通論》曾對這個論述的形成發揮過關鍵性的作用。這一本深受理學傳統影響的考證之作為晚清思想界所帶來的分解力量，絕對是它的作者所從未想到過的。

---

1 李學勤在〈《今古學考》與《五經異義》〉一文中，重新檢討晚清今文學說形成過程中極具關鍵性地位的《今古學考》一書形成的過程，發現作者廖平對《五經異義》(許慎作，陳喬樅父子輯)作了許多扭曲以成其說。見張岱年主編：《國學今論》(瀋陽：遼寧教育，1992)，頁125-135。

　　如果不是因爲《禮經通論》這一本小冊子，以及《四庫簡明目錄標注》，邵懿辰短短五十一年的生命不大可能在歷史上留下痕跡。在現實政治上，他只做到刑部員外郎，是一個無足輕重的小官。他早年雖曾試內閣中書第一名，但因賦性剛正，仕途並不平順。當琦善以枉殺生番案入獄時，邵氏毫不留情地提出十九個問題，當局因爲袒護琦善，故意不讓邵氏參加審訊。太平天國事起，朝議遣賽尚阿視師，被邵懿辰以「七不可」阻擋，因此忤逆當道，被藉故調修黃河。邵氏是個理學家，而他後來在太平天國圍杭州時殉難，也被視爲是理學自我訓練工夫到家的一個見證。

　　《禮經通論》撰於邵氏殉難前不久。該書認爲，以《儀禮》一經而言，所謂《逸禮》卅九篇之說是不可靠的。《儀禮》一經自始即完整無缺，而且是禮書之綱要，三禮之樞軸。這個論點有一個明顯的來源，那就是程朱理學。但是這個思想傳統中的人從未進一步論證《逸禮》不可靠，從未論證秦焚之後，《儀禮》未嘗亡缺，更從未主張秦焚之後五經未嘗亡缺。

　　邵氏的論點對清代考證學造成嚴重的打擊。清代考據學基本上以古文經學爲大宗。相信古文經出自孔壁，經孔安國獻於朝廷，藏在中秘，其後劉歆曾據以校正今文經籍。而以上種種皆建立在秦焚之後經書有所亡缺這個基礎上。如果說秦焚而六經未曾殘缺，則自古以來認爲劉向、劉歆校中秘以及古文經的來源都失去了著落。而且經書佚文的校輯及文獻考訂工作的理論基礎之一便是秦焚之後六經有所亡缺，故必須透過精輯才能恢復前人的全貌，清初費密(1625-1701)〈道脈譜論〉的一段話說「漢興，下詔追尋大師耆德，收理舊業，迪訓後起，正定訛殘，互述傳義」[2]。如果有人堅持說秦焚而經書不曾亡佚，則「正定訛殘，互述傳義」的工作便是無的放矢了。這一切都因爲邵懿辰而動搖了。

　　尊宋學與反考證是邵氏思想的兩個重點。邵氏深受桐城文派的影響，

---

2 費密：〈道脈譜論〉，《弘道書》，在《費氏遺書三種》(民國九年怡蘭堂刊本)，卷上，頁17a。

並對當時漢學考證極力批評。邵氏是清代後期復興宋學之一員要將，曾國藩(1811-1872)曾說他自己在道光廿三、四年(1843-1844)轉向理學前，就是先受到邵懿辰的啓迪 [3]。而他生活圈中互相切磋勉勵的曾國藩、孫鼎臣(1819-1859)、劉傳瑩(1818-1848)等，在批判漢學支持宋學這一點上，也多持相同態度 [4]。這個思想背景是瞭解《禮經通論》的重要鎖匙。

一

　　《禮經通論》一書的成立建立在幾塊基石之上。第一，以《儀禮》爲禮經之本。第二，以某幾種禮爲包羅聖人全部的禮意。故只要證明現存的《儀禮》可以與這幾種禮意相搭配而無遺漏，則《儀禮》必爲完書。而朱子與李光地(1642-1718)在這兩點上起了重要作用。此處首先要談程朱理學中《儀禮》一經的地位。《儀禮》在漢代被視爲大經，故當時五經中有《儀禮》無《禮記》，但漢代以後，它的地位逐漸式微。朱子則在《儀禮》地位不高之時獨持異論。他一反以《周禮》或《禮記》爲主體的思想，而主張《儀禮》是三禮之綱領，這是因爲朱子治禮以社會風教、實際應用爲主，故重今禮甚於古禮，重行禮甚於考禮。他認爲如果不考究日常生活行事中一切細碎的儀文節目，而只空言義理，則實際生活究竟如何安頓，是

3　曾國藩受邵氏啟迪之事，請參余英時：〈曾國藩與士大夫之學〉，《故宮學術季刊》，11卷2期(1993)，頁83。

4　邵氏治經觀大義而不斤斤於文字聲韻之學，也與當時一股新學風相合。所以邵氏一方面接上朱子這一派對《儀禮》的觀點，同時也以觀其大義的方式寫《禮經通論》，以致後來丁晏評說他是「實證少」(關於《禮經通論》中《儀禮》無缺觀點之武斷不可信，請參考黃彰健：《經今古文問題新論》〔台北：中央研究院歷史語言研究所，1982〕，頁51)，但是邵氏並非全不理睬漢學考據，曾國藩為他寫的墓誌銘說他雖「擯斥近世漢學家言，厥後在京師，亦頗採異己之說以自廣之」(曾國藩：〈邵位西墓志銘〉，《清代碑傳全集》〔上海：上海古籍，1987〕，下冊，總頁1086)。這裡的「異己之說」指的應是漢學，我們可以從《四庫全書目錄標注》的序文內容看出(《增訂四庫簡明目錄標注》〔台北：世界，1961〕，共兩冊)。因此，他的學術風格是調和漢宋，糅雜考據與疏觀大義兩種風格。

令人懷疑的 [5]，古禮既不可行，而佛道教卻有一套通俗可行的儀節 [6]，朱子晚年乃決心修禮書，卻覺得禮書沒有綱本，無下手處，故決定以《儀禮》為綱。朱子說：

> 《周官》一書，固為禮之綱領。至其儀法度數，則《儀禮》乃其本經，而《禮記》〈郊特牲〉、〈冠義〉等篇，乃其義說耳[7]。

而清初反朱最力、說《四書集注》是「無一字不錯」的毛奇齡(1623-1716)也特別不滿《儀禮》，夏炘(1795-1846)便推測那是反朱子的連帶結果 [8]。朱子一生最大事業之一，厥為《儀禮經傳通解》的計畫，這部書在他的理學系統中有現實的意義，即前面所說的將理學落實為日常生活的行為依據。《通解》一書並未完成，但我們知道「其書大要以《儀禮》為本，分章附疏，而以小戴諸義各綴其後」[9]，也就是以《儀禮》為經，而取《禮記》及諸經史雜書中有關禮的記載，附於其下，確立了以《儀禮》統攝古代諸禮的規範。朱子又說，前賢常說《儀禮》難懂，其實「以今觀之，只是經不分章，記不隨經，而注疏各為一書，故使讀者不能遽曉。」[10] 所以他也計畫如《大學》分經一章傳十章的辦法重新整理《儀禮》。朱子實際上並未完成這個宏偉的計畫，不過，這個未竟之業在後來的宋學中形成了一個傳統，不斷有人想紹繼這件偉業。如元代吳澄(1249-1333)《五經纂言》中的《禮經纂言》，便是依朱熹以《儀禮》為經的計畫，將朱熹所分禮經重加編排，且將《禮記》、大小戴記及鄭玄〈三禮論〉，支解割裂，條分縷析，各以類從，編為《儀禮正經》(十七篇)《儀禮逸經》(八篇)和《儀

5　錢穆：《朱子新學案》(台北：三民，1982)，第4冊，頁120。

6　同上，第4冊，頁128。

7　《朱子文集》，卷14，〈乞修三禮劄子〉，轉引自《朱子新學案》，第4冊，頁142。

8　《夏仲子集》(1925年刊本)，卷3，頁5。

9　《朱子文集》，卷38，〈答李季章〉，轉引自《朱子新學案》，第4冊，頁144。

10　同上，卷54，〈答應仁仲〉，轉引自《朱子新學案》，第4冊，頁143。

禮傳》（十篇）。這樣便做到了朱子分《儀禮》爲經、傳的理想[11]。清代江永(1681-1762)的《禮書綱目》也是同一個思想傳統的產物。

正因爲《儀禮》與宋學關係如此密切，所以會出現毛奇齡那樣專罵《儀禮》的學者，但與毛氏同時代的李光地卻奮不顧身，極力爲它辯護。

二

李光地計畫在他從未寫成的《禮記纂編》中繼承朱子的傳統，將《儀禮》提升爲「禮之經」，而將《禮記》作爲「禮之傳」，以《儀禮》爲主軸重新組合禮經。這個想法並不新，但是李氏發明了一個「四際八篇」的理論來總括禮的全部。在〈禮學四際約言序〉中，李光地說：

> 蓋《儀禮》缺而不完，《禮記》亂而無序，自朱子欲以經傳相從成為禮書，然猶苦於體大，未究厥業，然則後之欲為斯學者，不益難哉。余姑擇其大者、要者，略依經傳之體，別為四際八篇，以記禮之綱焉。……曰：四際八篇者何？冠昏也，喪祭也，鄉射也，朝聘也。《易》曰：有天地萬物而後有男女夫婦，有男女夫婦而後有父子，有父子然後有上下君臣，而禮義有所措也。三代之學，皆所以明人倫也。有冠昏而夫婦別矣，有喪祭而父子親矣，有鄉射而長幼序矣，有朝聘而君臣嚴矣。夫婦別而後父子親，父子親而後長幼序，長幼序而後君臣嚴，由閨門而鄉黨，由鄉黨而邦國、朝廷，蓋不可以一日廢也。是故先王之制禮也，綱維五典，

---

11 侯外廬等：《宋明理學史》（北京：人民，1987）上卷說：「吳澄在經學上，也確是以接續朱熹為己任，完成《五經纂言》。尤以其中的三禮，是完成朱熹的未竟之業。……尤其三禮中的《儀禮》，朱熹認為它是禮之根本，而《禮記》只是秦、漢諸儒解釋《儀禮》之書。」（頁734）；亦可參見徐遠和：《理學與元代社會》（北京：人民，1992），頁108。

根極五性，通四時，合五行，本於陰陽而順乎天命。有冠昏而夫
婦別，夫婦別然後智可求也。有喪祭而父子親，父子親而後仁可
守也。有鄉射而長幼序，長幼序而後禮可行也。有朝聘而君臣嚴，
君臣嚴而後義可正也。……小學以始之，大學以終之，皆所以明
人倫也[12]。

李光地提出了這個想法之後，並未以任何實際工作來實踐他的理想，
而且「四際八篇」的論旨，在他的整個思想體系中並不占核心地位，所以
注意到這個想法的人並不多。即使到今天，在有關李光地的各種著作中，
也幾乎無人特別提及[13]。可是，這個「四際八篇」理論卻在清代後期的邵
懿辰身上發酵了。

我們已經知道邵氏是清代後期宋學復興的一個重要人物。他與一批同
志都想在道德文章以及經世事業上有所振發，尤其佩服清初的李光地、陸
世儀(1611-1672)等人。邵懿辰一生號稱守「二溪之學」，也就是尊崇李光
地與方苞(1668-1749)，一為安溪，一為望溪，這兩人正是清初宋學的中堅
人物。至於他嗜讀陸隴其(1630-1692)、張履祥(1611-1674)的書，也正因為
這兩位是明末清初復興宋學、批判王學的要將，故特別為清代後期宋學復
興運動中的人物所推崇。以張履祥為例，《楊園全集》的翻刻以及楊園之
入祀孔廟，都在清季落實。李光地因有早年賣友之說，又加上為官柔媚，
在清代宋學復興中，並不像前述張、陸二位引人重視，但是，邵懿辰卻對
他情有獨鍾。從保存在《曾國藩日記》中的零星材料看，他很早就已到處
勸人攻讀李光地的著作了。至於方苞，邵氏在北京做京官時，姚鼐(1731-1815)
的高弟梅曾亮(1786-1856)正名重京師，他提倡歸有光(1506-1571)、方苞的

---

12 李光地：《榕村全書》(1829年刊本)，卷之十，頁19-21。
13 有關李光地的研究，如許蘇民：《李光地傳論》(廈門：廈門大學，1992)及楊國
　　楨等編：《李光地研究》(廈門：廈門大學，1993)。

文章，邵懿辰當時即是梅曾亮門下的一員[14]，則他推崇方苞是很自然的。桐城文派加上宋學是邵氏當時主要的信仰。這種態度具體表現在他給方宗誠(1818-1888)的信上。《半巖廬遺文》中的〈復方存之書〉上說：

> 桐城多君子，師友淵源所漸，獨超然不爲世俗考證之學，尚留天下真讀書氣脈之傳，亦不可不謂之斯文在茲矣[15]。

因桐城「不爲世俗考證之學」，乃推重之爲「天下真讀書氣脈之傳」，足見邵氏對當時學術界主流的漢學考證之不滿。在《遺文》中的〈王孝子傳〉，他毫無保留地批判：

> 方乾隆中，士大夫騖爲考證訓詁之學，內不本身心，外不可推行於時，虛聲慕古，古籍愈出而經愈裂，文華日盛而質行衰，禁宋以後書不給視，肆人鬻宋五子書無過問者，應舉爲《四書》義敢倍異朱子之說，答策必詆宋儒士，著書滿家，校其歸，與庸俗人不異[16]。

他認爲在考證學的影響下，學問知識與道德躬行完全不相干，以致「古籍愈出而經愈裂，文華日盛而質行衰」，他批判考證學者著書滿家而在躬行實踐上卻與庸俗之人毫無二致。

不能躬行實踐則學問有何用處？在邵氏所編的一部《忱行錄》中充分表達這層想法。《忱行錄》闡發《大學》——尤其是以程朱之疏釋爲主——的躬行實踐之理，其中有許多接續著李光地的話進行發揮。依照高均儒(1812-

14 邵懿辰：《半巖廬遺文》(以下簡稱《遺文》)，《仁和邵氏半巖廬所著書》之五(1862年刊本)，吳大廷〈跋〉，頁3。

15 《遺文》卷上，頁28。

16 《遺文》卷下，頁3。

1869)刊行該書時之識語,則它乃道光廿三年(1843)秋冬所成[17],這正是邵懿辰在北京與曾國藩、唐鑒(1778-1861)、倭仁(1804-1871)、吳廷棟(1793-1873)等人為主形成的一個理學圈交往最為密切的時候,也正是曾國藩在理學引導下,精神修養大有變化的一段時間[18]。如何將理學的講論與躬行實踐的工夫結合起來,正是這一群目睹清王朝日漸衰廢而外夷又在東南沿海叩關的人,所急切關心的。而批評漢學考證,是他們的一個連帶的任務。

批評漢學的風氣在清代中期已有所見,桐城方東樹(1772-1851)《漢學商兌》一書便是這方面最具理論系統的著作。但在方東樹的時代,他的書多少還是先知式的預言,過了十幾二十年,清朝內外混亂之局更甚於前,很多讀書人便不約而同地反省學問與致用之間的關係,並相信漢學考據式的學問與現實致用非但不是相輔相成,而且是互相排斥的。與邵氏相友善的孫鼎臣便著有《芻論》一書,徹底批判漢學之無用與有害人心,甚至認為洪楊之亂的起因與漢學興盛有不可分割的關係[19]。

三

據曾國藩日記,《禮經通論》一書是邵氏在咸豐十一年(1861)所作,也就是太平軍即將攻下杭州,邵氏殉難之前不久所完成。此說可信,因為邵氏在其前不久的〈與蔣寅昉書〉中便說:

> 弟之《禮經通論》已成者十八篇,係總論《儀禮》及大小戴記……要之,《儀禮》自朱子分章,蒿菴句讀後,大義昭然,惟篇次當改從大戴[20]。

---

17 邵懿辰:《忱行錄》(1867年刊本),頁35、66。
18 余英時,〈曾國藩與士大夫之學〉,頁5。
19 孫鼎臣:《芻論》(1860年刊本),如頁1-5。
20 《遺文》,卷上,頁35。

又在另一封信上說：

> 前數日讀《禮經》，又得天牖其衷之心悟，為先儒所未發者，證
> 之《禮運》，知《儀禮》十七篇乃夫子刪定，並無缺佚，其次序
> 當依大戴，以冠、昏、喪、祭、射、鄉、朝聘為目。《禮運》御
> 字乃鄉字之誤，其說甚長[21]。

　　他並且自負這本小冊子將來必為儒林之鉅觀[22]。仔細參詳邵氏的論點
便會發現他所提到的「以冠、昏、喪、祭、射、鄉、朝、聘為目」的見解，
其實就是李光地「四際八篇」的翻版。李氏以這個綱領來概括《儀禮》這
部世稱難治的經書[23]。
　　而這些安排其實是李光地依附經文所推出的一套政治哲學。「四際八
篇」的系統與《大學》國身通一的理想很相符合。由個人的冠昏到國家的
朝聘形成一個完美的體系，與《大學》由一人之身推及治國平天下的系統
相合。故邵懿辰讚嘆說：

> 於朱子之例亦無不合，自一身一家推而一鄉一國，以達於天下，
> 小大微著，近遠卑高之序固當如此[24]。

又說：

> 要自一人之身，修身、齊家、治國、平天下所謂禮之序者，必四

---

21 《遺文》，卷上，頁39。
22 同上，頁40。
23 而李光地這冠、昏、喪、祭、鄉、射、朝、聘「四際八篇」是由幾段經文歸納出
　　的。如《禮記·昏義》、《禮記·經解》、《禮記·禮運》、《大戴禮·盛德》。
24 《禮經通論》，王先謙編：《重編本皇清經解續編》（台北：漢京，1980），第9冊，
　　頁4a。

際八類，分播順摭而後合焉[25]。

李光地哲學上的構想，到了兩百多年後的邵懿辰，卻成了學術上牢不可破的結論。邵氏的新發現主要分兩部分：第一是他讀《禮運》時悟出《禮運》也可以用來支持「四際八篇」之說。第二是他以「四際八篇」爲綱領去重組大戴本《禮記》的篇次，發現基本上可以依冠昏、喪祭、鄉射、朝聘將十七篇之次序嚴絲合縫地涵蓋了。

《禮運》的地位是在清代後期被提高的。其作者以孔子的口吻，兩次提到「冠昏喪祭射御朝聘」。其中一則說：

> 夫禮必本於天，動而之地，列而之事，變而從時，協於分藝。其居人也曰養，其行之以貨力、辭讓、飲食。冠、昏、喪、祭、射、御、朝、聘[26]。

邵氏在太平天國圍杭州城時頓悟這裡「射御」的「御」字其實是「射鄉」的「鄉」字，那麼《禮運》中所說的「冠、昏、喪、祭、射、鄉、朝、聘」正好是李光地的「四際八篇」[27]。

邵氏又將《儀禮》十七篇與「四際八篇」之說連起來。漢代所傳《儀禮》有四種版本：大戴傳本、小戴傳本、慶普傳本和劉向傳本[28]，這四種傳本除了士冠禮、士昏禮、士相見禮三篇次序相同外，其餘十四篇各有不

---

25 《禮經通論》，頁6a。

26 陳澔：《禮記集說》（上海：上海古籍，1987），頁129。

27 有不少學者相信邵氏定「射御」為「射鄉」是正確的，康有為外，如劉咸炘：《推十書》（台北：九思，1977）《左書》中〈禮運隱義〉，頁24。

28 1959年甘肅武威漢墓出土有《儀禮》簡，據陳夢家推斷可能是慶氏本，見《武威漢簡》（北京：文物，1964），頁14。不過論證不太充分。黃彰健對《禮經通論》相關問題有討論，見《經今古文學問題新論》，頁37。黃先生認為《儀禮》絕非完書，見同書，頁51。

同。邵氏便是依《儀禮》大戴傳本的次序去配擬四際八篇。大戴傳本的次
序是士冠禮一、昏禮二、士相見禮三、士喪禮四、既夕五、士虞禮六、特
牲饋食禮七、少牢饋食禮八、有司徹九、鄉飲酒禮十、鄉射禮十一、燕禮
十二、大射儀十三、聘禮十四、公食大夫禮十五、覲禮十六、喪服十七。
邵氏指出一、二、三篇是冠昏，四、五、六、七、八、九篇是喪祭，十、
十一、十二、十三篇是射鄉，十五、十六篇是朝聘，「而喪服之通乎上下
者附焉」[29]。經他這一比配，則四際八篇之說與大戴本《儀禮》之篇次「對
號入座」，有條不紊，難怪他會信心十足地說自己的發現是「天牖其衷」。

　　綜而言之，宋學要旨雖不在禮，而且言理學者亦不由禮悟入，不過朱
子以來確也強調《儀禮》，而邵氏信從朱子以來以《儀禮》為本的看法[30]，
對宋明以來因認為現存《儀禮》為殘闕之書而不以之設科取士感到強烈不
滿[31]，故一方面想挽救此書的地位，一方面想存朱子的禮學思想。

　　但是如果只到這一步還不夠。自梁崔靈恩說《儀禮》是周公所制，陸
德明（557-641）與賈公彥都同意其說。但邵氏卻根據《儀禮·雜記下》中
「恤由之喪」的一段，認為《儀禮》十七篇是孔子所親自刪定，它的篇次
又與孔子所最重視的冠、昏、喪、祭、射、鄉、朝、聘八禮相符。而從大
戴本《儀禮》的篇目看，這八禮已完全涵括，先後次序吻合，足見現存《儀
禮》並無缺佚。則十七篇是孔門足本，《逸禮》之說不可信（案：漢武帝時，
孔壁所出《禮古經》五十六卷，除其中十七篇與今本《儀禮》相同之外，多出三十九篇，
稱為《逸禮》），邵氏認為從前述理由看起來，《逸禮》之說是無稽之談，
並堅決主張秦焚之後《儀禮》一書是完整無缺的，那麼《漢書·藝文志》
說《儀禮》有亡缺便是個有問題的說法。

29　邵懿辰：《禮經通論》，頁2a。
30　故邵氏在《尚書通義》（刻鵠齋叢書本〔只存卷6、7〕）〈洛誥〉篇中說：「所謂制
　　禮者，《周禮》、《儀禮》是也。《周禮》如後世之會典，《儀禮》如後世之通
　　禮。」見卷6，頁22b。
31　《禮經通論》，頁15b。

不讓《逸禮》加進這個體系，是因爲邵懿辰這樣一位虔誠的宋學家認爲，四際八篇、國身通一的系統正符合聖人之本意，而孔子定《儀禮》十七篇時也正透露了這個「本意」[32]。如果再加進《逸禮》三十九篇，就打亂了聖人「四際八篇」的構想[33]。他同時也認爲孔子刪定禮經有「從質數文」之意，故將大量的篇章刪成十七篇，以求「簡要而可垂諸永久」[34]。這同時也代表一種解經態度，這種態度當然是受了常州今文經學的影響，即把對孔子的研究由清代考證學原有的「史料考證」的特質轉爲對孔子哲學系統的探究，把經書由一堆斷簡殘篇變成一個哲學體系。

既然現存的經典一篇不多一篇不少，是孔子所著作或手訂，則它本身不是一個文件集或一堆歷史記載，而是一套哲學，或政治藍圖。所以詮釋它的方式便應與詮釋史料的方式有所不同，必首先掌握整體之後，再來揣度這些看似沒有秩序的篇章中是否有一個綱領，如果這個綱領是表面上看不出的，那麼是不是可以從它潛在的層面進行解碼工作？如果仍認爲經書只是一堆不全的斷簡殘篇，它的面目與內容無法完全掌握，隨時可能有新的文本被加入或剔除，則干擾了孔子的哲學系統或微言大義的成立。

邵氏說：「後儒每患十七篇闕略而不全，……誠取鄭說揆之，則本經十七篇固未嘗不完」[35]，故邵氏下一步則反駁歷來說《儀禮》在吉凶賓嘉軍「五禮」中缺軍禮之說[36]。此外，他又說樂本無經，寓乎《詩》與《禮》之中，這明顯是針對《宋書‧樂志》上「秦焚典籍，樂經用亡」一句而說的[37]。既然樂本無經，則秦焚而樂經亡之說在他看來便是無的放矢。

所有這些都指向一個論斷，即經秦焚而六經未曾亡缺，那麼傳統的亡缺之說，即可能是有陰謀的說法。《史記‧儒林傳第六十一》上說「六藝從此

32　《禮經通論》，頁15b。

33　同上，頁7a。

34　同上，頁7b-8a。

35　同上，頁6a。

36　同上，頁10a-11b。

37　《宋書》（北京：中華，1983），卷19，〈志第九‧樂一〉，總頁533。

缺焉」，這句話可能是有心人竄入的。至於《漢書》中說秦焚詩書，六藝從此缺焉[38]，也可能是因《漢書》的作者想用這個藉口爲自己作僞書以立學官的說詞，而魯共王壁中所發現的《逸禮》卅九篇、《書》十六篇及其他僞經便可乘虛而入了。邵氏認爲《漢書》的作者可能潛藏某種動機。故說：

> 劉歆曰：魯共王得古文於壞壁之中，《逸禮》有三十九，《書》十六篇，天漢之後，孔安國獻之。此劉歆之姦言也[39]。

又說：

> ……皆作僞也。作僞徒勞，仍發露於千載以後[40]。

這裡出現了一個關鍵詞，即以《逸禮》及逸《書》皆爲劉歆之「作僞」。足見邵氏雖在《禮經通論》中說「就令非僞，亦孔子定十七篇時刪棄之餘」是一句應酬話。朱子曾明白表示過《儀禮》遭秦人焚滅而殘缺，所剩只是士禮的部分。並深以《逸禮》散失爲可惜[41]。李光地只是說「四際八篇」，但邵氏卻根據上述理路推斷秦焚之後《儀禮》未嘗亡缺。元代的吳澄在《禮經纂言》中只是將《逸禮》列爲「別存」，而邵氏竟要直斥其爲「作僞」。

但是《禮經通論》這本小冊子所潛藏的爆發力在當時並未被覺察。同治年間有人評論邵氏時，說他力攻漢學，主張「千古師儒之學，至乾隆中而亡」。又說他的《禮經通論》這本書「皆汎論大旨及傳授源流，古今分合，僅刻其上卷。亦多武斷不根之談」[42]，並未覺察到邵氏論述對考證學

38　《漢書》（北京：中華，1983），卷58，〈儒林傳第五十八〉，總頁3592。
39　《禮經通論》，頁14a。
40　同上，頁16a。
41　錢穆：《朱子新學案》，第4冊，頁162-163。
42　李慈銘：《越縵堂讀書記》（台北：世界，1975），頁902。

潛在的威脅。

康有爲的《新學僞經考》大約在《禮經通論》卅年後完成，在這部震赫人心的書開頭第一篇便是〈秦焚六經未嘗亡缺考〉，說秦焚而六經亡是劉歆之僞說：

> 歆欲僞作諸經，不謂諸經殘缺，則無以爲作僞竄入之地，窺有秦焚之間，故一舉而歸之，一則曰書缺簡脫，一則曰學殘文缺，又曰秦焚《詩》《書》，六藝從此缺焉，又曰秦焚書，書散亡益多。學者習而熟之，以爲固然，未能精心考校其說之是非，故其僞經得乘虛而入，蔽掩天下，皆假校書之權爲之也[43]。

又說：

> 焚書坑儒，雖有虐政，無關六經之存亡，而僞經突出哀平之世，固不足攻[44]。

此外《新學僞經考》卷三上一開始的幾段文字也完全採用邵氏之說[45]。康有爲並大量羅列《史記》、《漢書》中證據，證明一大批儒生「其人皆未坑之儒，其所讀皆未焚之本」，並說六藝不缺之說是「鐵案如山，不能動搖矣」[46]。

廖平這位清季今文學的驍將毫無疑問的是啓迪康有爲轉向今文經學的人。他在《知聖篇》中認爲邵氏「以經本爲全」之說是「石破天驚，理至

---

43 《新學僞經考》(台北：商務，1974)，頁1。
44 同上，頁5。
45 同上，頁57-61。
46 同上，頁9。

平易，超前絕後，爲二千年未有之奇書」[47]，並說：

> 博士以《尚書》為備，歆憤其語，遂以為五經皆有佚缺，然後古
> 文可貴，《易》有連山、歸藏，《書》有百篇序，《詩》有賦比
> 興笙詩，《春秋》有鄒夾，《禮》有佚禮，託之壁墓，尊為蝌蚪，
> 群仍其誤，以為經缺，千年不悟[48]。

《知聖篇》影響康有為甚大，則康氏之接觸到邵氏之說，說不定還與
上面這些話有關。有意思的是，在《史記·儒林傳》中提到秦焚之後經書
的情形時說：

> 及至秦之季世，焚《詩》、《書》，坑術士，六藝從此缺焉[49]。

將近兩千年間，沒人對它有懷疑，但是民初今文學家崔適(1852-
1924)，因與廖平、康有為一樣受「六藝未嘗亡缺」之說的影響，在《史
記探源》中竟硬說「六藝從此缺焉」是古文家竄入的句子，非太史公之言：

> 案各本中云，六藝從此缺焉，此古文學家所竄入，當刪，……是
> 則詩書雖焚，六藝未嘗缺焉[50]。

秦焚之後六藝有缺本是《史記》、《漢書》共同的說法，可是清季今
文家強要將之拗轉過來，把不利此說的句子當成古文家陰謀滲入之語，足
見邵懿辰之說牽涉清季學術之大了。

---

47 《知聖篇》(張氏適園叢書本)，卷上，頁31a。
48 《古學考》(台北：華聯，1968)，頁19-20。
49 《史記》(北京：中華，1983)，卷121，〈儒林列傳第六十一〉，總頁3116。
50 崔適：《史記探源》(台北：廣文，1977)，〈儒林列傳第六十一〉，頁265。

四

朱子的一個社會哲學構想，一步一步發展到清初李光地的「四際八篇」論，而又在清季宋學復興的風潮中，被邵懿辰發掘出來，並加以文獻印證，一方面由《禮運》中的「射御」乃「射鄉」之誤，證實李光地「四際八篇」之說，同時又發現，如果擺脫世所通行的小戴本《儀禮》，而改依大戴傳本《儀禮》，則其篇次便與「四際八篇」配合得絲絲入扣，一篇不多，一篇不少，故而下結論說，《儀禮》十七篇並未因經秦火而有缺佚，《逸禮》卅九篇乃偽作。這些結論，都使他將矛頭指向《漢書·藝文志》，並指出，以秦焚而六經有缺，是劉歆為了造作偽經而捏造的說法。

我們目前仍然無法從考古材料確證秦焚之後六經是否亡缺的公案。不過，不管將來《儀禮》的文獻問題得到何種解決，由重建邵懿辰「石破天驚」之論的背景可以發現，他的哲學關懷遠超過文獻考據材料容許解釋的範圍。把邵氏和李光地相比，李光地的「四際八篇」之說只是一個理想，但從未提過《儀禮》無缺簡，或秦焚而經書未嘗亡缺之類的說法，邵氏增添了兩組證據之後，竟把這一路思想擴充到了極致，而有種種大膽的論斷。儘管丁晏(1794-1875)說他「武斷」[51]，但「武斷」的思想卻有廣大的市場，這個說法在反宋學主陸王的康有為手裡[52]，竟發展成掀天巨浪。

在道光、咸豐年間，幾乎中國傳統學術的每一門都發生微妙的變化，而變化的促因，多是為應付內外亂局而對古代經典所作的新詮釋。一旦再詮釋的工作因現實的逼迫而進行得太過急躁、太過大膽，則學問便脫離了它原來的脈絡，並逐漸失去其自主性，而一步一步「工具化」。本文所探討的就是其中一個例子。

---

51 丁晏之評語，見於《禮經通論》的附注，頁17a。

52 康有為重陸王心學而抨擊程朱，可參考施忠廷：〈康有為與陸王心學〉，中國哲學史學會等編：《論宋明理學》（杭州：浙江人民，1983），頁230-260。

道咸年間民間性儒家學派
──太谷學派的研究

一

在研究思想史時，除了應該注意文化菁英們如何因應時代的挑戰、如何詮釋經典外，不可以忽略中下層士人或一般群眾也一樣在回應時代的挑戰，也一樣在閱讀、詮釋他們所能接觸到的經典。除了文化菁英，中下層士人與民眾也以各式各樣的方式在運用傳統的資源。

由於對上述問題感到興趣，並想知道理學思想如何實際影響一般人的生活、習俗、心態，我注意到太谷學派。一般咸信它是清代道、咸年間一個以儒家教義為主的秘密組織。如果相信他們自己的描述，則信徒中包括許多有功名的讀書人及大量群眾。而其信仰內容則多採自理學。

有關太谷學派的研究起源相當早，但最初引起我的注意的幾條線索是：第一，劉師培(1884-1919)在1908年所寫的一篇文章中提到清末泰州地區李晴峰(即李光炘，1808-1885)繼承明季泰州學派的思想，倡泰州教。第二條線索自然是《老殘游記》中申子平入山的一段，其中頗有奇怪的議論，引人注意。第三是在已發表的劉鶚(1857-1909)日記中，可以看出他與清末太谷學派中人交往的紀錄，令人覺得此派中人與晚清的改革事業有些關係。

在這篇文章中，我想借助於目前所能見到的過去半個多世紀關於太谷學派的研究，將它們放在清季思想史脈絡中，一方面看理學思想如何被宗

教化及普遍化，另方面看這個學派與中國中下層思想心態之動向。所以我不是從宗教史的角度來看，而是從十九世紀一般思想史的角度來看它。由於太谷學派的第一手文獻在台北無法訪得，而在江蘇泰州圖書館中所收藏該派經典尚未寓目前，本文只是對我目前所看到的二手論述的綜合與觀察。

由於我是從十九世紀思想史的角度來看太谷學派，所以先要看「儒家文化的侷限性」，即儒家面對社會問題的種種困境。首先我想以傅斯年（1896-1950）對清末民初儒家無力應付民間社會變動的觀察開始。傅斯年的觀察有時間及空間的特性，不應任意移用到道咸年間。不過，它們仍有相當的參照性價值。

傅斯年的觀察綜合起來有兩點：第一，即使在士大夫階層中，儒家經典早已不發生實際引導日常生活的效力了，另有其他書籍取代它們的功能。第二、儒家學說向來不關心庶民，而儒家經典對下層百姓也失去力量，但下層百姓仍需要精神及思想上的引導。缺乏引導的結果，社會中產生了一個不安定層，因為需要引導，所以下層百姓極易被新興宗教席捲而去。

在〈論學校讀經〉一文中，傅氏說：

> 所以六經以外，有比六經更有勢力的書，更有作用的書，即如《貞觀政要》，是一部帝王的教科書，遠比《書經》有用。《太上感應篇》是一部鄉紳的教科書，遠比《禮記》有用。《近思錄》是一部道學的教科書，遠比《論語》好懂。以《春秋》教忠，遠不如〈正氣歌〉可以振人之氣，以《大學》齊家，遠不如《治家格言》實實在在。這都是在歷史上有超過五經的作用的書。從《孝經》，直到那些勸善報應書，雖雅俗不同，卻多多少少有些實際效用。六經之內，都是十分之九以上但為裝點之用、文章之資的[1]。

---

1 〈論學校讀經〉，《傅斯年全集》（台北：聯經，1980），第6冊，總頁2050。

　　傅氏所說的這幾點雖然也涉及一般人民，但主要還是指上層社會而言。至於在下層社會，他則指出因為「禮不下庶人」的傳統，對於庶人心中如何想、如何安頓心理是不管的，所以儒家文化存在著一個不安定層。他死前(1950年12月)在《大陸雜誌》刊出的〈中國學校制度之批評〉中說：

　　《禮記‧曲禮》：「禮不下庶人，刑不上大夫。」這兩句話充分表現儒家文化之階級性。因為「禮不下庶人」，所以庶人心中如何想，生活如何作心理上的安頓，是不管的，於是庶人自有一種趨勢，每每因邪教之流傳而發作，歷代的流寇，……就是這一套。佛教道教之流行，也由於此，這是儒家文化最不安定的一個成分[2]。

　　庶人的不安定可以拿傅氏幼年在山東西部所見的新興地方宗教為例：

　　但新興的地方宗教的勢力頗大，鄉間的這一會那一會，都有宗教的規約。在禮教的流行，在城市比在鄉間更廣。大家都知道我們的鄉市是義和團的出產地。義和團是《水滸》、《封神演義》、《包公案》、《濟公傳》、《彭公案》、《施公案》、《七俠五義》等書中的人生觀化合成的宗教。我們即此可知他們的教心很重，但對於舊的厭倦了，於是就心識中所存造為新的……中國若不和西洋交通，中國的宗教思想與形式也必大起變化，因為道佛都是名存實亡的了。中國的道佛都以一人從世上解脫為究竟，這裡邊的深意，農民是不懂得的，這教裡的形式，農民用久了是不耐了的，所以義和團才散布的極速[3]。

2　《傅斯年全集》，總頁2124至2125。
3　〈山東底一部分的農民狀況大略記〉，《傅斯年全集》，第7冊，總頁2524-2525。

　　讀了這幾段觀察，則對於出現一種由士大夫發起，而想將儒家思想加以改造，以投合百姓極爲濃厚的「教心」；也就是以宗教的力量去發動人們積極處理世務，並引導士大夫及庶民的舉動當不感到意外。清代後期的太谷學派是如此，而四川劉門教也是以陸王心學爲主，由學術社團轉化爲教團[4]。而將宋明理學宗教化以及組織化這兩點是它們最值得注意的特點。

　　傳統中國已經有儒家士大夫感覺到，宗教比學術探討對一般民眾更具有號召力，更能動員下層廣大群眾[5]，所以也出現過想將儒家改造爲宗教的大膽想法。最爲突出的一個例子是明季王啓元在《清署經談》中所提出的構想：將儒家改造成像天主教般的教派。王啓元是一個衛道分子，他的書成於傳教士進入中國四十年後，由其內容判斷，他是想學習天主教的組織與教義來對抗天主教。陳受頤(1899-1977)說他想「使儒教變成一個有機的默示的宗教，而不單是一個人生哲學或論理的系統」。他認爲應獨尊上帝與天，且認爲孔子所刪定的史料和所自著的書籍，就是聖經，故說「孔子原自至神，聖經原自大備」，而且希望明代的君主作教皇[6]。中國傳統士大夫中也有因感儒家學說不能深入人心，而把儒家經典當做宗教典籍使用的。全祖望(1705-1750)《經史問答》卷二中有董秉純問關於《尙書》的問題。董氏說「昔陸文公在荊門，以皇極講義代醮事，發明自求多福之理，軍民感動」，朱子不滿意他，但董秉純認爲陸象山的做法是「於從宜從俗之中，而寓修道修教之旨」，不應像朱子那樣拘執[7]。這個例子說明了陸象山爲了能讓「軍民感動」，能「從宜從俗」，將儒經宗教化、通俗

4　馬西沙等：《中國民間宗教史》(上海：上海人民，1992)，頁1351。案：劉門教創始人劉沅(1768-1885)的孫子劉咸炘著有《推十書》，是民國有名的學者。

5　明末清初三一教分裂爲兩派，而繼承林兆恩思想學術的一支在民間影響不大，清初即湮沒無聞，另一支繼承林兆恩的宗教遺產，後來影響超過林氏在世時。見林國平：《林兆恩與三一教》(福州：福建人民，1992)，頁134。

6　以上見陳受頤：〈三百年前的建立孔教論〉，《中央研究院歷史語言研究所集刊》，6:2(1936)，頁133-162。案：《清署經談》從未經著錄，出版後也未引起注意。

7　見全祖望：《鮚埼亭集》(台北：商務，1977)，《經史問答》，卷2，頁526。

化。清代徐珂(1869-1928)的《清稗類鈔》中也記載一則以儒書作宗教經
典使用的例子——「湘中士子，仿效僧道之誦經，以孔孟之書編而誦之，
謂之儒醮。」[8] 清中期惠棟（1697-1758)的《太上感應篇注》中也是以民
間信仰爲基礎，宣揚儒家的道德理想。因爲憑借宗教約束力，可以達到約
束人們躬行的目的，所以《冷廬雜識》的作者陸以湉(1801-1865)便說該書
「要皆擷經籍之華，示躬行之準」[9]。另外，也有學者借用公案方式解釋儒
家核心文獻。譬如晚明張岱(1597-1685)的《四書遇》解《四書》一如參公
案，以增學習者之識解。而清初李光地（1642-1718)《榕村語錄》卷一〈經
書總論〉中亦有云：「《四書》中公案有極難解處，要想個透，使了然於
心，自己臨事方得力。」[10] 清代中期佛學家彭紹升(1740-1795)則是以禪門
公案方式作《儒門公案拈題》數十則[11]。

　　儒家的另一個特色是缺乏組織。雖然有文士的各種形式的結社，但並
不構成嚴格的組織。而且，在專制時代，有組織的勢力也不被容許。然而
面對社會政治問題以及道德失序的挑戰時，沒有組織就很難形成廣泛深遠
的影響。太谷學派似乎感受到當時儒家因有上述兩個特色，而對社會失去
其主導指引之力，既缺乏主動性，又充滿無力感，故著手將儒家文獻轉化
爲類似宗教經典，其組織又具有半秘密社會性質，很明顯地是想形成一個
有力量的組織，藉以實行他們的社會理想。

二

　　但是，太谷學派的面目在它的組織尚有力量時相當隱晦，一些晚清民
初的筆記中只是鱗波一閃地提到，即使早期發表在學報中的論文，也是爭

8　《清稗類鈔》(上海：商務，1928)，第34冊，迷信類，頁13。
9　《冷廬雜識》(北京：中華，1984)，頁232。
10　該書見《景印文淵閣四庫全書》(台北：商務，1983)，第725冊，總頁3上。
11　彭紹升：《一行居集》(南京：金陵刻經處，1921)，附錄，頁1-19。

議多於共識。等到學界開始注意它時,它的組織卻早已煙消雲散了。不過,過去幾十年的研究,已逐漸揭露此派的面目。而新材料之出現則是研究工作是否有進展的關鍵。

清末提到太谷學派的文獻中,劉師培的一段話特別值得注意。劉氏1908年5月8日旅居東京時,在《衡報》這份無政府主義刊物中寫了〈論共產制易行於中國〉,其中談到滇、黔、湘、粵之邊的會黨,一旦入彼黨,則無論行經何地,凡與同黨之人相遇,則飲食居處惟其所欲,不取分文,而他省會黨亦有如此者:

> 又江蘇泰州,當成同時有李晴峰者,承陽明、心齋之緒餘,別立
> 教宗,至為隱秘。近則江海之濱,黨羽蔓延,均確守共財之旨,
> 互通有無,以贍不足[12]。

泰州地在劉氏故鄉儀徵附近,而儀徵是此教的一個重要據點(1992年4月,在泰州、儀徵、揚州舉行首屆太谷學派學術研討會),故劉師培所言可能正是少年在鄉里中的聞見。但《衡報》刊於東京,發行既少,又無影響力,故看到的人不多。

此後,盧冀野(1905-1951)於1927年在《東方雜誌》(第24卷第14號)上寫〈太谷學派之沿革及其思想〉,認為它與王學有密切關係。序其文的唐大圓亦說:「竊以該派仍陽明之支流餘裔。雖無傳統確證,必稟受其風氣而講學者。」(頁71)而此派在南方,於李晴峰的領導下,泰州一地加入其教者不可勝數(頁73),又說其思想「尊良知,尚實行。其範圍舍六經而外,旁通黃老,並及佛陀經典,……面目近似『姚江』,『姚江』不逮其廣也,不取漢學之瑣屑,排斥宋儒之荒誕。」(頁74)此派北方領袖張積中(1806-1866)「以《論》、《孟》、《大學衍義》、《近思錄》,與同人講貫,

---

12 《中國哲學》,第9輯(1983),楊天石編:〈「社會主義講習會」資料(續)〉,頁466。

或說取《參同契》、《道藏大全》、《仙靈寶籙》、《靈霄指掌》諸書附
入之。」(頁75)當咸豐初，洪、楊據有東南諸省時，張積中在山東肥城縣
西北六十里之黃崖山聚千人為類似桃花源式耕讀講道組織，有祭祀堂，「以
古衣冠禮神，歲有例期，儀節繁縟」(頁75)。而且在山東遍設商肆，後為
閻敬銘(1817-1892)所剿滅。

　　四年之後，劉鶚之孫劉厚滋寫〈張石琴與太谷學派〉，發表於《輔仁
學誌》九卷一期。作者初次引用太谷學派創始人周星詒(1833-1904)的《周
氏遺書》，並據以修正盧冀野所說太谷學派純是陽明學流裔之說。在這篇
文章中劉氏引了懺因子〈跋李晴峰詩集〉的一段話：

> 今者新學興，士議稍稍復振，陽明之學亦漸發明；而孰知夫數十
> 年前已大倡於江淮齊魯間(頁11)。

　　懺因子主張太谷學派是陽明之學，劉厚滋認為周太谷(1762？-1832)
的書，同時有兩個傾向：既以周濂溪為直接孔子之哲人，又說「學者果能
循朱、張、程、程、周、孟、思、曾之緒，……庶不負斯進學之解」(頁11)，
顯然近於宋儒。但「其論格物致知諸說，頗主本體具足之論」(頁12)，又
似陽明面目。劉氏判斷說周太谷是「出入濂溪、陽明兩家，建極河圖易象，
亦頗援引佛家不立方法之大乘法門，及清靜無為之老莊學說，但非融合三
教如林三教、程雲莊之徒」(頁12)。又說此派係導源於明末清初之陽明別
流(頁36)。由於他接觸大量一手材料，少年時也曾到太谷派的歸群草堂，
所以首次對太谷學派的思想學說分宇宙觀、人生觀、法象觀、參悟觀等，
作深入之介紹。

　　劉厚滋這篇長文還對太谷學派之儀節與習語作深入介紹，可以充分看
出太谷學派將儒家的儀節、觀念宗教儀式化的情形(頁39-40)。譬如謁師禮
中，拜時以「兩手指相搭如『拜』字，男左女右，以掌承額，稍久乃起」，
他所說的其實就是古人稽首拜手之制。而祭奠禮，雖大體與文廟丁祭相同，

但因多在子夜舉行，亦令人有故神其事之感。派中人還有類似結社中人之秘密語，如「心息相依」即是。作者說他曾經一訪歸群草堂，發現洋洋盈耳者，皆心息相依四字，說此語本出養生家言；陽明亦嘗舉之，而學派中人幾無人不能言之（頁40），而且即用心息相依解陽明的「知行合一」──「其義謂呼吸之時，心并未動，而自然心息動作不悖，知行之需相合，理亦猶是；知行能如心息，即真合一，亦即孔子之『七十而從心所欲，不逾距也』。」（頁34）

劉氏並從其祖父劉鶚致黃葆年（1845-1924）的一封信稿中，歸納出「教」與「養」實是太谷學派政治社會實踐之大綱。「聖功大綱，不外教養兩途，公（黃葆年）以教天下爲己任，弟（劉鶚）以養天下爲己任」（頁35）。這亦說明了劉鶚不恤己身安危從事賑飢、治河、修鐵路，即使任天下之重謗亦不以爲意，其背後實有深刻的宗教動機。他說：「弟（劉鶚）既深自信，以能窺見公之一斑，故謗言滿天下，不覺稍損，譽言滿天下，不覺稍益；惟一事不合龍川（李晴峰）之法與公所以爲，輒快快終夜不寐，改之而後安於心」（頁34-35）。劉鶚之事功與太谷學派教旨之關係，也是在這篇文章中首次點出的。

這篇文章並說明大成教、大學教、泰州教等名稱與此派的實際關係，其中最值得注意的是大學教。它是一個將《大學》一書教典化的例子，緣因光宣之交，太谷派毛慶蕃（1846-1924）總辦江南製造局時，因局中有不少同門子侄，故「時於朔望會於局中，以勵學行，而考成績，間亦爲諸生講學。學派用書，素守程子以《大學》爲入德之門之說；當時固亦用之。」因爲他們焚香禮孔子，事聞於外，所以人們遂稱其爲拜大學教（頁43）。

在劉文發表五年後（1936），謝興堯（1906-？）在《逸經》發表〈道咸時代北方的黃崖教〉一文。黃崖教即指張積中在山東黃崖山之組織，謝氏將之定爲反抗滿清和改革社會的組織。由於文末引閻敬銘奏摺時有謗及張積中之處，劉厚滋乃寫〈黃崖教案質疑〉（1936）爲張氏澄清，攻擊清代官書《山東軍興紀略》的記載。隔年（1937），劉氏又因新史料續成〈黃崖教

案質疑補〉一文，論點大同小異。值得注意的是：這次討論將材料範圍擴充到清季的官書、筆記等，把該教放在清季政治脈絡中討論。此後，關於太谷學派的討論沈寂了廿年。

廿年後（1957），中國史學會濟南分會編輯《山東近代史資料》第一分冊，這是太谷學派史料的一次重大擴充。不但從各種筆記、方志、野史小說中搜羅材料，並且得到張積中文稿十篇，對其反清思想，及何以在黃崖實行村社般組織，勾勒出一個清楚的輪廓。此外，由親睹其事的吳咨白寫了〈黃崖案的回憶〉，另有一組人於1957年5月1日，到黃崖山踏勘訪問。

同時在南方亦有劉蕙蓀（劉厚滋的別名）響應，寫了〈太谷學派的遺書〉[13] 一文，介紹該派不外傳的遺書抄本目錄及大概內容。經過廿年，劉氏對太谷學派是陽明流裔之說有了修正，認為是宋學程朱派的發展。他說：

> 太谷學派也並非出於陽明別派王心齋「泰州學派」的末流。太谷學派是儒家的一個新流派，歸根結蒂的思想根據在於《周易》，傍證群經，更綜合醫家、養生家言，……其修身的門徑在程伊川的《四箴》，養氣的原理在周茂叔的《太極圖說》，故仍應視為宋學程朱學派的發展（頁629）。

1962年，劉氏又在《文匯報》上發表〈太谷學派政治思想探略〉（亦收在劉德隆等編之書，頁591-602），說太谷派提出「復井田」以行土地國有，並且一定要「士」也兼耕百畝，周太谷是地主，便曾親行其法，除留少許祭田，將土田全部分給貧困親故和耕者，而這些都是受到學派興起不久之前的嘉慶年間，曾因瘋狂的土地兼併激起過聲勢浩大的川楚農民起義之刺激而起（頁595）。

---

13 此文後來收在劉德隆等編：《劉鶚及老殘遊記資料》（成都：四川人民，1985），頁603-630。

在1963年，也就是對太谷學派的興趣復甦後，香港馬幼垣寫成了〈清季太谷學派史事述要〉，其中引陳寅恪之父陳三立(1853-1937)《散原精舍文集》卷十六毛慶蕃墓誌銘中對太谷學派的描述，足可注意。馬氏後來仍不斷留意發掘有關太谷學派之一手及二手論著及一些不為人注意的二手論述[14]。

又過了將近二十年，也就是1980到1985年間，先後出現的文章及資料集，主要討論老殘與此派的關係。嚴薇青於1980年寫〈劉鶚和太谷學派〉[15]。此文強調從李晴峰起，「講學論藝，似乎已經不很推崇宋儒」，並引與李晴峰同時代的李審言所記一段話說，有一次，某弟子表示自己不好色，李氏呵之曰：「非人情，曾狗彘之不若耶？」又舉《老殘遊記》第九四回瑓姑的話說：「若宋儒之種種欺人，口難馨述。然宋儒固多不是，然尚有是處；若今之學宋儒者，直鄉愿而已」（頁140）。劉蕙蓀編的《鐵雲先生年譜長編》[16]，增加許多他個人對此派事蹟的回憶、此派文獻的整理的情形、劉鶚與黃葆年之間的關係，以及黃氏所創歸群學社在民初的活動，並再度強調老殘種種不恤天下毀譽的救民行為與此派「養天下」的教旨有關（頁102-104）。而劉鶚之曾孫劉德隆、劉德平等所編《劉鶚及老殘遊記資料》則增添了〈劉鶚日記〉、〈劉鶚書信〉等不少寶貴材料。

以上是研究太谷學派的兩個重要階段。第一次關於太谷學派的爭論，圍繞在它是「宗教」或「學派」這個問題上。論戰雙方，一是《甲寅》的章士釗(1882-1973)，一是盧冀野，因為相持不下，最後請出當時咸認權

---

14 如金天翮之〈周太谷傳〉，馬氏得之於東洋文庫。他也發現盧冀野的〈太谷學記〉，在其《酒邊集》(1924)。另外還有報紙文章三篇：任鼐：〈劉鐵雲與太谷教黃崖案中之張積中〉（南京《中央日報》，1947年1月27、28日），質盧：〈由黃崖案談太谷學派〉（南京《中央日報》，1947年2月2日），任鼐：〈太谷學教中之李晴峰〉（南京《中央日報》，1948年11月27日），馬文收在他的《中國小說史集稿》（台北：時報文化，1987），頁3-18。
15 本文收在《嚴薇青文稿》（濟南：齊魯書社，1993），頁132-143。
16 劉蕙蓀：《鐵雲先生年譜長編》（濟南：齊魯書社，1982）。

威的太谷派傳人金天翮(1873-1947)。但金氏也只是在《甲寅》周刊上寫了一小段不痛不癢的話,並未下任何論斷。

從前引這些材料看來,太谷學派以理學雜糅佛老爲主,故很像個學派。但它有組織,有行動,有儀式,而且把一些相當平常的理學觀念當作是「不傳之秘」,只在教內流傳。譬如「心息相依」,原是理學修養工夫,但竟被說成是「此數千年聖聖心法,口口相傳之秘,至太谷始著於書,黃崖(張積中)、龍川(李晴峰)繼之」[17]。他們還將經書加以教典化,「其教中五經四子書,皆別有注疏,而語秘,世莫得聞」[18]。如何「別有注標」,不得而知,想必是加以神秘化或象數化,而且不准洩漏給派外之人。又如李晴峰對弟子進行「授記」,以一句話預言他們將來的成就[19],即是借自佛家,佛對菩薩等懸記其將來必當作佛的法子。此外,他們的宗教儀式也有取自白蓮教者。

第二波爭論是太谷學派的思想源頭。關於這個問題主要有三說:(一)過去一般皆認爲它是林兆恩三一教的餘裔。但是,將近兩百多年間,並無明顯傳承聯繫之跡,故二者關係恐難輕易推定。不過,太谷強調艮背之旨,又確與林兆恩的艮背思想相似。(二)因周太谷是安徽人,而明季創大成教的程雲章也是皖人,思想又有近似之處,故推測是程氏大成教之遺。此說目前未能證實。(三)到了近代,許多人皆因李晴峰崛起泰州,在當地具有勢力,而泰州又是明代泰州學派之基地,況且,泰州學派的平民性格,以及尊良知、重實行皆與此派相近,故推測它是明季泰州學派之餘裔。如果此說屬實,則對明季泰州學派的社會影響程度以及它在清代的流傳便有重估的必要。劉蕙蓀早年主張太谷學派是宋學與陽明學之會合,後來研讀原始資料日多,乃強調它近於宋學,尤其是周敦頤(1017-1073)等人的傳統。其實以上四種思想成分皆隨時隨人而有輕重之不同。爭論者常常是各以不

---

17 劉大紳:〈儒宗心法摘選〉,《劉鶚及老殘遊記資料》,頁559。
18 中國史學會濟南分會編:《山東近代史資料》(濟南:山東人民,1957),第一分冊,頁168。
19 〈劉鶚致黃葆年〉,《劉鶚及老殘遊記資料》,頁300。

同代領袖的思想作爲太谷學派的特徵而互相攻擊。

如果能以發展的、多元的觀點去看，則比較容易得到解釋。首先，太谷學派是一半秘密社會，半宗教組織，它不可能忠實於某一學術傳統。它吸收融會各種資源，只不過是在各種成分中間有一個重心而已。在太谷學派的發展史中很明顯的有以宋學爲中心逐步轉向反宋學的傾向。從前述各種著作中所引用的周太谷著述可以看出，他本人宋學的成分強過陽明學，故有人說他是「循朱、張、程、程、周、孟、思、曾之緒」[20]。但因爲「救天下」的實踐性格，所以他對陽明「知行合一」學說亦特別重視。到了他的第二代弟子，似乎便因分南北宗而有分化。北宗的張積中是宋學與陽明兼重，故一方面說「孔孟之學，不得其傳者二千餘年，周、程振之，燦然息矣。今之爲理學者，迂儒耳」[21]，但又說「致知者，知其知也。自知其知，即自明其德也。《中庸》曰『率性』，孟子曰『知性』，子曰：『吾無隱乎爾』，斯義也，漢儒鮮知之。程、朱之學，本於正心誠意，而略於致知。逮乎王陽明，而致良知之說，始暢於天下」[22]。至於在南方泰州一帶的李晴峰，則宋學味道淺，而王學味道濃。我尚未見到大量引述李晴峰著作的文章，不過從零星材料判斷，他的思想接近王學，故接聞者與跋其詩鈔者皆說他「於陸、王爲近」[23]。如果李晴峰真的有明季泰州學派的思想成分，則明季盛極一時的泰州學派是否曾在泰州地區流布達三百年之久，值得特別注意[24]。到了第三代弟子黃葆年、劉鶚等人時，則更激烈批判宋儒中滅人欲的觀點。他們對宋儒的態度非常激烈，認爲人欲不但不可滅，而且正是人們憑以向上進取或治平社會的「命寶」，是正面的東西。黃葆年的一段話可以爲證：

20 劉大紳：〈儒宗心法摘選〉，頁561。

21 張積中：〈與秦雲樵書〉，《山東近代史資料》，第一分冊，頁158-159。

22 張積中：〈松園講學圖序〉，《山東近代史資料》，第一分冊，頁154。

23 懺因子：〈大獄記附龍川先生詩鈔跋〉，《山東近代史資料》，第一分冊，頁191。

24 楊本義寫有〈新舊泰州學派的幾個驚人相似點〉，載《泰州文史資料》。

> 故宋儒談理學，吾談欲，宋儒談性，吾談情，不知情欲為命寶，格天格地格萬物，莫不靠情欲地。宋儒但見情欲之壞，雖不錯……不知上達亦靠情欲也，所以宋儒只到得半蹈耳。

又說：

> 七情六欲，七六十三，所以謂《十三經》[25]。

把七情六欲加起來稱之爲《十三經》，是一種前所未有的觀點。劉鶚也藉著《老殘遊記》中璵姑與申子平的一段話表示他對宋儒輕蔑的態度。《遊記》中說當璵姑談到宋儒自欺欺人時，她隔著炕桌，伸手握住申子平的手，以申子平的親身感受，批判宋儒不言理欲之不當[26]。在《老殘遊記》第九回中，璵姑又有一段話說：

> ……這好色乃人之本性。宋儒要說好德不好色，非自欺而何？自欺欺人，不誠極矣！他偏偏要說「存誠」，豈不可恨！聖人言情言禮，不言理欲。刪《詩》以〈關雎〉為首；試問「窈窕淑女，君子好逑」，「求之不得」，至於「輾轉反側」，難道可以說這是天理，不是人欲嗎？……若宋儒之種種欺人，口難罄述。

所以，如果將注意力放在周太谷，則會以太谷學派爲近宋學，但如果把它放在清季的李晴峰，則又近於陽明學，如果放在第三代弟子劉鶚身上，便是對宋學持激烈批判態度的學派了。

---

25 陳遼：《周太谷評論》(南京：南京出版社，1992)，頁181。
26 嚴薇青：《嚴薇青文稿》，頁155。

三

從劉蕙蓀〈太谷學派的遺書〉一文中對太谷學派遺書內容的簡單描述，可以得出幾個印象：第一，李晴峰是太谷學術傳統轉變之一刻，故派中人也覺得他的書怪異。第二，太谷諸師們對儒家經典進行大幅的創造性詮釋。他們認為經書的意義有內外兩層，內層是微言，外層是大義。這種分內外的想法近於漢代的分內外之學，並以讖緯為「內學」的傳統[27]。李晴峰研究緯書《孔子閉房記》[28]，似即顯示他對讖緯內學之注意。而自認「內學」者，通常是假設經書的字面背後隱藏著不傳的意蘊(hidden meanings)，而這些義蘊卻有待他們去開顯解讀。日本德川時期的國學者在運用儒家經典時，便常用這個辦法。而與太谷學派時代相近的學術主流今文經學的幾位激烈份子，也是以尋找儒家經典背後「隱藏意義」為目標。這種想在經書不能動的字面背後尋找隱藏意義的做法，與時代變局太大，而傳統經學權威太重，舊容器裝不下新東西的困局有關。在考證學傳統的壓力之下，人們只能出之以尋找「內學」一途，好把聖人當初秘傳下來的道理「解放」出來。而聖人的道理其實也就是他們獨家的道理。

清季學者對讖緯也的確有某種程度興趣，如張琦便相當注意讖緯，並注解《風后握奇經》。章太炎(1869-1936)表示，張氏任山東館陶知縣後，以神秘思想移易當地民風，使得該地後來成為義和團之淵藪。

我也很懷疑太谷學派在解釋五經四書時，發展了一套相當繁複而自成系統的技巧。譬如在經文旁加各種數目大小不等的圈來指引人們超越文字

---

27 過去認為讖緯必屬今文家說，但蒙文通在《經學抉原》中〈內學〉條說今文、古文兩派都有信讖緯的，也都有反對讖緯的，讖讖和儒學各有傳授師承。見蒙文通：〈治學雜語〉，收在蒙默編：《蒙文通學記》（北京：三聯，1993），頁16。我個人同意這個觀點。

28 《孔子閉房記》為流行於中古時代之圖讖類書籍，北魏孝文帝下令禁止，後來道士桓法嗣曾呈獻王世充。參考顧炎武：《原抄本日知錄》（台北：明倫，1975），頁866。

本身去了解經文。張積中有兩部書《說文六書略》及《三十六虛聲》。從
字面上看來,這是兩本文字訓詁之書,但據學派中人描述,它們都是講身
心性命的作品。我推測它們可能是對傳統訓詁出之以別解,以彰顯字面所
無的意義。譬如周太谷把「易」字拆開,說上半是「日」,也就是「命」,
下半「勿」即是「身」,易乃變動,而性是由命和身組合而成,故性也是
變動的[29]。這一種解釋方式並不罕見,漢代讖緯中解「公孫」為「八厶子
系」,或解「劉」為「卯金刀」等都是例子。太谷學派中人也用音韻訓讀
辦法,轉變經書中的某些內容。譬如張積中特別講《易經》「後以財成天
地之道」及《大學》末章生財之義,特拈「財」字,以體現他重視商業的
思想;而他在山東也廣設商肆以開財源。

　　此外他們也相信某些經文是預言或寓言,如李晴峰《觀海山房追隨錄》
中說《孔子閉房記》中說《論語》「非其鬼而祭之」是指秦,「見義不為
無勇也」是指楚,皆為預言[30],以表示經文可以作預言解。他們自負能破
解經書中隱藏的密碼系統,故傳言中張積中著《十三經或問》,「門外漢
多不解,因詞句奧衍」[31]。前面已提到「其教中《五經》《四書》,皆別
有注疏,而語秘,世莫得聞」,而這些注疏大抵是主張儒者通性命之理後
是要致用的,「臨大事不能有濟,此迂儒也弗知性命者也」[32],儒者因達
事變,足見經他們破解的經義包含兩個方面:既闡「性命之理」,也「達
事變」,是道德修養與政治措置兼而有之的。

四

　　太谷學派的研究在近年中又因資料上的擴張而有長足發展。本來太谷

29　陳邊:《周太谷評傳》,頁64。
30　劉蕙蓀:〈太谷學派的遺書〉,《劉鶚及老殘遊記資料》,頁621。
31　吳客白:〈黃崖案的回憶〉,《山東近代史資料》,第一分冊,頁166。
32　胡韞玉:〈張積中傳〉,《山東近代史資料》,第一分冊,頁183。

著作是秘而不傳,故當劉鶚之子劉大紳印行太谷學派遺書《儒宗心法》時,尚未發行便爲派中元老所阻止。但「文化大革命」期間,有一批太谷學派遺著在泰州被查出[33],在即將被焚毀之際,被泰州圖書館保護下來,該館並於1986年編目公之於世。1992年陳遼寫成了《周太谷評傳》一書[34],由於《評傳》是以新史料爲基礎寫成的,並且包括了學派前後三代領導人周太谷、張積中、李晴峰、蔣文田、黃葆年、劉鶚,所以對該派提供了一個更清楚的輪廓。此下我便以該書爲基礎來進一步描述太谷學派與清季思想、社會的關係。

首先,這個學派的興起與清代中晚期社會問題關係密切。前面我們已提到周太谷的背景似與川楚教亂有關,他的一些話中也都流露出對當時飢民可能釀成民變感到不安,甚至用了「變置社稷」這樣的重話:

> 唯民飢為可憂也[35]。
> 然而旱乾水溢,則變置社稷(頁47)。

他對士大夫階層袖手旁觀這一困局,不能體恤民苦極爲不滿。故說:

> 我何功於農也(頁49)。
> 食國祿者,知報國者眾,知報民者寡。知報民之艱苦,故君子衣不奢帛而食不奢肉也(頁49)。

---

33 這一大批太谷學派書籍是黃葆年的弟子張德廣從1924年起雇人抄成,共90種307卷。張氏去世後,這批書由黃葆年次子黃壽彭保管,後因戰亂攜往泰州。參見方寶川:〈鮮為人知的太谷學派遺書《歸群詞叢》〉一文的記述,刊在《文獻》,1989:4,頁94-102。

34 同年,德國的屈漢思也演講他研究太谷學派的計畫,見張堂錡:〈老殘遊記的域外知音——德國漢學家屈漢思博士〉,《中國文哲研究通訊》,2:2(1992),頁111-115。

35 陳遼:《周太谷評傳》,頁47。以下所引頁碼,皆出自同書。

　　他認爲所有百姓皆是「天民」，應該受到一樣的照顧，可是乾旱水溢，土田不均，民不聊生，而一般士人，對於生養他們的農民卻無所關懷。他認爲如果危機不能解決，可能演成「變置社稷」，在周太谷那個時代提出這樣的預測不可謂不大膽。儘管他一向提倡愚忠，但因爲現實境況太壞，故不得不如此說。因他強調「報民」，故喜歡說「親親、仁民、愛物」（頁48）、「實利」（頁51）等體恤百姓的話。他雖然只在輕徭薄賦上動腦筋（頁44），但與過去的理想主義者有所不同——他並不主張恢復井田，但是主張將土地交給農民並鼓勵他們生產（頁45）。

　　從太谷學派幾代領袖的思想中，我們也可以看出各憑體驗去發揮理學思想的情形，這種情形在許多帶有理學色彩的善書中很普遍，在太谷學派中人的著作中更爲明顯。爲了能讓一般大眾了解並實踐理學中一些深奧的道理，他們往往將一兩句話提出來作爲「口訣」，然後反覆開示。他們是想藉著宗教對信徒的約束及說服力量去推展這些口訣，以作爲精神訓練的資糧，並把「內聖」與「外王」這兩個早已不密切相聯的觀念再度緊密結合在一起，強調透過相當程度的內在精神的訓練或道德的修爲以後，可以直接導致外在可見的成果，包括個人肉體的完美，或社會、天下之治平。

　　周太谷重視所謂「強誠之學」，又說求「強誠」必須從「四勿」入手。他認爲如果凡事做到非禮勿視、非禮勿聽、非禮勿言、非禮勿動，則可以使已放失之心復返其初，而後達到「誠」（頁99），「四勿」似乎是此派用以達到修養聖功、內聖外王的主要手段。他將這一簡單的道德修養工夫與改變個人的命運，以及改變社會國家的途徑連結在一起——太谷認爲「誠」可以塑「性」，認爲「誠」到一定高度之後，則可以「心欲言而口言」，「心欲履而足履」，幾乎是從心所欲而不逾矩的地步，甚至還「可前知死生，亦可前知禍福」，「可以佐命」、「可以定亂」（頁99），也就是說由誠可以入聖，由聖可以入神，還可以外王，而終爲「王者師」（頁98）。由內而外，由身到國，由個人的道德修養到天下的治平，聯結成一個「國身通一」的整體。必須要把人的主觀能動性強調到這一個高度，才能應付救

亂世的要求。

「心息相依」與「轉識成智」，始終是此派最核心的道德修養綱領，尤其是前者的重要性，更值得注意。張積中對此有所發揮，說：

> 息，不止從口而出也，目視，則從目出，耳聽，則從耳出，鼻嗅，則從鼻出，口嘗，則從口出，四肢動，則從四肢出（頁107）。

本來一般都說一呼二吸是「息」，但此處認為視、聽、言、動皆是「息」，要做到它們的每一發動皆能與心中所想相依不違的地步，才算工夫到家。張積中強調它的重要性說：

> 心息相依可包羅千經萬卷。千經萬卷，皆是心息相依註腳（頁108）。

後來李晴峰用佛教名詞附會搭配「心息相依」：

> 息是受想，心是行識，心息相依是無受想行識（頁148）。

蔣文田（1845-1909）則說：

> 夫真訣無他，心息相依而已，真師無他，轉識成智而已，轉識成智，則能自得師，又何必拘拘焉執一人為師哉（頁161）。

太谷學派對「氣」與「情」很重視，他們的整個道德轉化便是以對氣、情的轉移為主的，看來比較接近陽明後學的態度，而不是宋學的存天理去人欲式思想。他們的詮釋，甚為新穎。如蔣文田說：

> 先師以志為人路，氣為天路。又曰，欲達天德者，舍氣而無由。

斯言也，可謂發前聖未發之秘(頁161)。

至於對「情」之重視，蔣氏說：

> 若夫豪傑之士，只是真性情發露，而由仁義，行真心，即發真氣，
> 斯充直養，無害在此，自性自度即在此(頁165)。

「氣」與「情」如此重要，故他們一再強調要「換氣」，要「移情」。他
們特別強調「氣」，而忽略了「性」，認為「性」是一個沒有力量的元素。
這當然不是一個很新的觀點，不過，「換氣」則是一個較新的想法。「換
氣」帶有自我精神及身體質素轉換的意義，正因為「氣」的功用如此關鍵，
故他們認為「換氣」可以外王；大概是說，如果人人皆可以轉移自己，則
社會政治可以改善而臻太平。

　　至於「移情」，蔣文田也說：

> 夫為學之道，莫先於移情；移情之方，莫先於求友。求友則可以
> 得氣，得氣則可以培風(頁166)。

足見他是將「換氣」、「移情」與「求友」三者合而為一，而且認為移情、
換氣必須藉助「友」，也就是外人來互相切磋。所以黃葆年「罕言忠孝，
多言友」，而李晴峰教育黃葆年時，也強調：

> 得友者昌，失友者亡(頁170)。

　　重「友」是晚明出現的一個重要風潮。利瑪竇(Matteo Ricci, 1552-1610)
譯〈友論〉，李贄(1527-1602)、何心隱(1517-1579)等也都有專文討論「友」
之重要。而在清季，譚嗣同 (1865-1898)亦再三說「友」。可是在譚嗣同

之前，太谷中人也覺悟到道德修養或轉移社會，皆需要「友」，主張擺脫個人獨善修身之哲學，而強調社會性。

太谷學派的所有修養工夫最後都要導向改變個人及社會國家之命運。「命」可以改變，可以造，而且是透過修身、致知去造的思想，與王艮（1483-1540）或袁黃（1533-1607）的「立命」思想甚為相近。周太谷顯然認為「命」的好壞不但是人可以決定的，同時也是可以捉摸的(頁66)。「命」的好壞與「性」的完善與否有關。既然移情可以塑性，則「性」是後天決定的，那麼「命」也一樣是後天可以塑造的，故說：

> 得天命者，只能是已經存性之人(頁65)。

李晴峰也認為一個人的命是可以通過修身而變化的，而且「致知格物」也可以使「命」發生變化(頁151)，而最終是要改變全天下人之命，是要轉天下生民之心。李晴峰說：「假使生民不經一番鍛鍊，人心何日得轉，此又天之至教也」(頁153)。

結論

太谷學派之興起與清季宋學之復興，及今文家之興起時間相近，而他們的思想宗旨，又與道咸經世之學有近似之處，它們都是內部社會問題所刺激出來的運動。太谷兩代領導者皆有破家賑災之舉，而且到處提倡「教」、「養」二途救天下，並特別關懷下層百姓，足見社會危機對中下層儒家知識分子的刺激，以及他們的因應之道。在因應過程中，他們對儒家學說做了一些符合自己需要的解釋，並廣泛從佛、道家吸收資源以深刻化或補充原來之不足。由於他們隨時代而變，故在詮釋儒家傳統時也應時而有發展。到了第三代，當弟子劉鶚大量接觸到西學時，也大量汲引來詮釋他們的學說。他們並以組織的型式，宗教的手法，來推展「教」、「養」天下的理

想。太谷學派第二、三代弟子有強烈經世傾向，或在陶澍(1778-1839)幕中參與改革兩淮鹽務，或如張積中輔佐辦釐金的雷以諴，毛慶蕃爲江南製造局總辦，劉鶚辦河工、開礦、修鐵路等。這一形象正與他們的教旨「聖功大綱，不外教、養兩途」相合。因爲關心「民失其養」，所以他們在土地政策方面思想愈來愈激烈，如提出土地國有的觀念，竟與孫文想法相近似，而主張廢私有制，也與近代許多激烈思想家相近。

　　作爲一種半秘密的社會組織，他們對當時思想界之主流的發展也有所反應。如對西學進入、中學式微之不滿，對康有爲(1858-1927)的批評都是。他們與晚清的政治動亂，如川楚教亂、太平軍與捻亂，也有某種關聯。周太谷生逢川楚白蓮教亂，而張積中聚眾黃崖，正是太平軍興之時，它被剿滅的1866年，也是太平軍被剿平之後。各種說法都以爲它曾有能改則改，不能改則取而代之的反滿思想。從周太谷目睹嘉慶時代天下動亂而擔憂「君不君臣臣，父不父子子，人倫之變也」(頁79)，到不能改則取而代之，也是一項值得注意的發展。

　　總之，太谷學派是一由中下層士大夫發展，以改造的理學爲主的社會運動。他們是組織化的，而且將儒家儀式宗教化，故神其事，以啓人遵信；他們堅持秘而不傳的口訣，常只是理學思想中至爲平常的東西；他們隆重舉行的儀式，不外是俎豆禮，或祭祀先聖之禮。但他們將之宗教化以激起下層百姓遵行，是清季儒家在下層群眾中引導社會道德的一種嘗試。而以上幾種特色：組織化、宗教化，以儒家學說作爲下層社會精神道德引導這三點，也正是清末民初不滿儒家缺乏社會性格的人所關心的，甚至一直到今天，這些問題也還沒有得到解決。這也是爲什麼我在文章一開始提到的「儒家文化的侷限性」，至今仍是一個困擾的問題。

汪悔翁與《乙丙日記》
──兼論清季歷史的潛流

在這篇文章中，我想以《乙丙日記》爲例，試著探討汪士鐸（1802-1889）在1850年代的言論及清季歷史潛流的問題。而探討這個問題時，很自然地要先涉及三個問題：第一，每個時代思想構成的不同層次；第二，歷史文獻的公開性；第三，不同文體的流通管道，以及文人寫作各種不同文體時身分態度的轉換。

一

傳統中國社會大部分時候可能是「純樸雷同」（黃仁宇語），但在歷史上我們也常常發現思想、意識形態的地圖不是用一個顏色畫成的。即使是在士大夫階層中也可以分出一些不同的層次。舉例來說，明代心學盛行時，科舉考試仍然以朱注四書爲主，想通過科舉考試的人，都要熟讀朱注，所以心學思想家與大部分讀書人，或是說思想界的菁英與國家功令並不完全相同，有時甚至隱隱然有對抗的意味。在清代考證學盛行之時，考據學家們自以爲打倒了宋學，但廣大讀書人所讀的仍然是四書朱注[1]。所以考據學家們與國家功令及一般讀書人所熟悉的東西，仍然可以區分爲兩層[2]，

---

1 胡適：〈國學季刊發刊辭〉，《胡適文存》（台北：遠東，1990），第2集，頁5。
2 這當然是大略地說，其中也有人「六經尊服鄭，百行法程朱」。錢穆：《中國近三百年學術史》（台北：商務，1968），頁321。

而且這兩者並非不存在著緊張關係[3]。

除了上述的分別外，在一個時代的種種文獻中，其流通的管道、設想的讀者、以及公開性，都有差別。不過，必須強調，這些分別只是大致性的，決不可一概而論。

在這裡且讓我先舉個例子。在清代考證學如日中天時，一些對考證學風氣表達嚴重不滿的文字，實際上在作者當世是不曾正式刊行的，以章學誠（1738-1789）為例，《文史通義》等書中固然已對考據學有所批判，但是話說得最直接、最激烈的文字，「其過背時趨者，未必輕出」，其《文史通義》、《校讎通義》等書也要到道光年間才刊行[4]。又如陳澧（1810-1882）的《東塾讀書記》中每每批評漢學流弊，但多引而不發，婉約其辭，然而1931年嶺南大學購得的陳澧未刊遺稿中，對此卻暢發無遺[5]。但是這些層次不同的文獻在一次又一次的重編重刊中，漸漸泯除了它們原來的樣狀。以致對於後代的讀者，一切都那樣熟悉，失去了對細微的文獻層次分別的敏感。

對傳統文人而言，用不同的文體寫作時，自己所設定的身分常有微妙的差異。傅斯年（1896-1950）說北宋的詩人作詞時像是替歌妓做的，便試著學歌妓說話，而南宋詞人做的詞便漸漸稱心地說自己的話，唐代詩人的環境同於倡優，宋代詩人的地位返於儒，像歐陽修（1007-1072），他寫起詩來是「大發議論的老儒」，在寫詞時，則「香豔得溫李比不上」[6]。

傳統文人在以不同文體寫作時設想的讀者也偶有殊異。寫文章時的身

---

3 對層次的分別有助於我們瞭解一個時代的各種狀況。以思想來說，在清代中期禮學高張的時代，依然可以找到許多大膽反映情慾的文學，與其視之為截然的矛盾，不如從層次的不同去理解這種現象。

4 錢穆：《中國近三百年學術史》，頁415-416。

5 汪士鐸：《汪悔翁（士鐸）乙丙日記》（台北：文海，1967，以下簡稱《乙丙日記》），頁601。關於嶺南大學購得陳澧的六百多本的小冊子，可參見陳受頤整理的〈陳蘭甫先生澧遺稿〉，《嶺南學報》，2:2（1931），頁149-183、楊壽昌整理的〈陳蘭甫先生澧遺稿〉，《嶺南學報》，2:3（1932），頁174-214。

6 傅斯年：《古代文學史講義》，《傅斯年全集》，第2冊，總頁569。

分是「公」的，是作爲一個儒生的身分，寫詩的時候就不一定了，詩中常常透露出較多「私」的身分，在「私」的身分裡，比較自由地表達自己的感情。他們思想的一貫性，未必因身分或文體的變化而改變；不過，在「公」的文字中可能比較四平八穩，冠冕堂皇，要義正詞嚴地說些什麼，但在「私」的文字中，則有可能保留一些批評、不滿、甚至複雜、游移、矛盾的情緒。所以，在「公」的文字未必能讀出來的東西，在「私」的文字中，卻可以清楚地勾勒出來了[7]。

　　不同的文體似乎也有不同的流通管道。在正式刊板印行之前，詩大抵只在文人圈中流傳，等於是這個圈子中的一個小小的「時論廣場」或「公共論壇」。但是「文」就不同了。「文」通常比較嚴肅，設想更寬廣的讀者，見之於詩的率意與私人情緒，在「文」中不一定找得到。至於日記和書信，傳統人士並不一定總是視日記、書信爲私密性文件，日記有時是公開讓人閱讀的，有時還被抄出來提供他人作爲一種修身或讀書的範例；而書信，尤其是論學的書信，在沒有「學報」的時代，每每帶有學報的功能，用來流通自己的發現或新見解。儘管如此，大部分的日記、書信還是不準備公開的，這也使得它們承載了較多私密性的內容。

　　我之所以要作上面這一個簡略的討論，是想用它來檢討有關汪士鐸的研究，並試著將他放在比較恰當的思想史位置。有關汪士鐸的研究很少[8]，而且大多忽略了層次的分別以及他的各種文字所設想的不同讀者，所以總是說汪士鐸「公開」宣稱如何如何，而觀其所謂「公開」宣稱的東西，實不出《乙丙日記》的範圍[9]。但是《乙丙日記》在當時並不公開，只是汪氏那些嚴謹堂皇文字之外的一份私密日記，是一個充滿情緒、矛盾、雜亂

7　有興趣的朋友如果打開張慧劍編的《明清江蘇文人活動年表》（上海：上海古籍，1986），就可以看出詩歌中對整個時代，對地方事務表達多麼敏感的反應與批評。

8　連帶討論汪氏人口思想的書或文章不少，但據我所知只有一篇論文專門討論汪士鐸，胡思庸：〈汪士鐸思想剖析〉，《歷史研究》，1978:2，頁30-45。

9　如張錫勤等：《中國近現代倫理思想史》，（哈爾濱：黑龍江人民，1984），頁58。

無章的空間,它記錄了一個潦倒書生內心潛在的變化,記錄了晚清那一些所有東西都從其基磐上漂移流失的現象,這些潛滋暗長的東西,長期為後代史家所忽視。一個帝國,或一個思想體系的崩潰,除了我們從各種文獻所掌握到的變化與脈動之外,情緒或信念的暗中動搖,也是一種關鍵性的力量。在一個時代冠冕堂皇的文獻中還看不到任何批評反對的徵象時,事實上,人們的情緒、人們的信念,可能早已悄然變化,甚至已經匯聚為意識之海。但是屬於情緒、信念的變化很難被識認出來,這些屬於「私」的部分,本來就不設想著對大眾公開,所以非常難以捕捉,也不易在歷史地圖中標示出來。我們既無法起古人於地下進行田野調查,只能在現有文獻中去仔細分疏了。

二

凡留心曾國藩(1811-1872)周邊的一群文人者,都會不時接觸到湯鵬(1801-1844)、孫鼎臣(1819-1859)、邵懿辰(1810-1861)、汪士鐸等一長串名字。

汪士鐸字振庵,別字梅村,四十九歲開始自稱「無不悔翁」或「悔翁」,江蘇江寧人,生於嘉慶七年(1802),早年屢試不利,三十九歲始中舉人。汪氏官途多舛,故多在士大夫之家教館或幫人編纂書籍,其中較為著名的,如幫魏源(1794-1856)編《海國圖志》[10]。太平天國攻陷金陵時,汪氏未及逃出,目睹太平軍在南京的種種施為,九個月後,汪氏偽裝成太平天國的書吏,更衣剃頭逃出,避地安徽績溪,山居五年,作《水經注圖》二卷,於咸豐九年(1859)赴鄂入胡林翼(1812-1861)幕,贊襄軍務,並幫助胡氏輯成《讀史兵略注》二十卷,同時也刊發了他所著《大清一統輿圖》。汪氏在胡文忠幕中,結識了曾國藩等大僚;曾氏督兩江,駐守祁門時,汪士

---

10 黃麗鏞:《魏源年譜》(長沙:湖南人民,1985),頁177。

鐸曾為他畫策。同治三年(1864),江寧既復,汪氏東歸,繼續讀書著述的
生活,一度居住在忠義局中。汪氏卒於光緒十五年(1889),得年八十八歲。

　　在咸同時代人士的眼中,汪士鐸是一位禮學大家,是一位講求輿地、
兵略的經世學者,是一位有心人[11],但是1930年代鄧之誠(1887-1960)整理
出版他的《乙丙日記》後,汪士鐸有了另一個面目──他是舊傳統的激烈
批評者,是個狂人,而且他的狂怪議論讓人讀了「頭目皆疼」[12],以致張
爾田(1874-1945)要專門出版一部《乙丙日記糾謬》來反駁他,並且將汪
氏等同於新文化運動時期的吳虞(1872-1949)[13]。

　　汪士鐸第一種面目可以很清楚地從他生前已刊的文字以及他死後的墓
誌傳狀中看出。這個汪士鐸是一位成功的考證學家,他協助修纂《海國圖
志》,並代胡林翼修纂《讀史兵略》。人們也知道他寫過一些關心「人滿
為患」的文章,譬如在代胡林翼所作的《芻論》〈序〉中,他說:

> 今天下之患在人滿而吏惰,人滿故貧,吏惰故玩,水火災疫,天
> 概滿也,天不概而人不能自概,又從而眎以侈泰以蕩其心,衒以
> 子女玉帛以牖其欲,民安其鄉不足自存活,是故強者肆桀驁,弱
> 者習狡詐,盜賊滋蔓,訟獄如荼,為吏者狃於恬熙,方以公牘為
> 為政,粉飾蒙蔽,千夫一狀,故禍變釀為此極[14]。

此文作於咸豐九年(1859)左右,文詞與意思都相當含蓄。除此之外,

11　1930年代以前有關汪士鐸之文字,皆未說及他的《乙丙日記》,大多僅注意他的
　　訓詁、禮學、輿地之學,如顧雲:〈汪梅村先生行狀〉,《盋山文錄》(台北:台
　　聯國風,1970),卷4,頁15-18。

12　夏承燾:《天風閣學詞日記》(杭州:浙江古籍,1992),1941年4月14日條,頁294。
　　又如《清代碑傳全集》(上海:上海古籍,1987),卷74,總頁1192中之傳記。

13　張爾田的《乙丙日記糾謬》,此書我未見到,見引於胡思庸:〈汪士鐸思想剖析〉,
　　頁31註1。

14　《孫侍講芻論》(清咸豐十年刊本),此文收入汪士鐸:《汪梅村先生集》(台北:
　　文海,1967),卷8,總頁330。

汪氏的文集中多是考證、應酬、考試之作。

在詩中，汪士鐸的口氣就放縱多了。壬戌（同治元年、1863）的一首〈罪言〉中這樣說：

> 斬刈動踰萬，患在補之速，民窮或反本，患在舊俗復，人滿地不
> 益，龍蛇且起陸，俗侈不示儉，盜賊嘯空谷，賢人綜核政，僅足
> 儆受祿，解后木金饑，乞活覆邦族，何如飭司閽，生女勿使育，
> 大農持利權，捐輸只入穀，禮臣掌教化，首禁文郁郁，嘉予六合
> 內，其知榛狉福，力行三十年，可封且比屋，牧之有罪言，盛世
> 或免戮[15]。

「罪言」這個標題很值得玩味。傳統士人一旦用「非所宜言」或「罪言」作標題時，通常表示一種他要說真話，而且這些話可能很不得體，但又不能不說的意思。一般提到「罪言」，多會想到是杜牧（803-852）文集中的一篇〈罪言〉[16]，《新唐書‧杜牧傳》中說杜牧因目睹劉從諫守澤潞，何進滔據魏博，都驕蹇不循法度，認為唐代自長慶以來，朝廷對山東措置失當，故堅持對山東藩鎮不應「承襲輕授」。因為杜牧認為自己「不當位而言，實有罪，故作罪言」。後來澤潞平定，大致如杜牧所建言。汪士鐸〈罪言〉詩的末聯：「牧之有罪言，盛世或免戮」，便是指他自己也像杜牧之作「罪言」，希望不要因此招罪，同時也暗指他自己的話終將應驗，一如杜牧之預言澤潞州之事而最終皆應驗一般。這樣的詩在汪氏的全集中似乎也只有一首。

汪氏在私下言談中就更不含蓄了。汪氏在私人的談話中，多少透露了一些比較矯激的看法。蕭穆（1835-1904）《敬孚類稿》記同治元年（1862）

---

15 《悔翁詩鈔》，卷4，收在《汪梅村先生集》，總頁857-858。
16 《樊川文集》（台北：漢京，1983），頁86-9。

他與汪氏的一次談話。在這次談話中汪氏說「凡爲學者，學至於聖賢而已。聖賢至眾，而以孔子爲集大成。……管商申韓孫吳，後人所唾罵，而儒者尤不屑置齒頰，要而論之，百世不能廢，儒者亦陰用其術，而陽斥其人爾。蓋二叔之時已不能純用道德，而謂方今之世，欲以儒林道學兩傳中人遂能登三咸五，撥亂世而返之治也，不亦夢寐之囈言乎？」「蓋自孔子生於古，其時地狹人寡，俗樸事簡，一切狡詐奢侈風氣未開，不見今之火器、鐵騎、大舶之害，不知有英、法、美、俄、佳兵、強市、邪教之事，不計有回回、苗、猓與吾民爲仇之孽，故其言如彼。設生於今，其必有所以感喟而爲世儒設之鵠矣」[17]。

他私下對蕭穆說的這些話對儒家是頗不敬的。

但是，他的日記比私下的言談更爲矯激偏宕。在他死後，同鄉後學蔣國榜廣泛閱讀汪氏的遺稿後，頗爲震驚地說「其筆記多偏宕之辭」，至此，人們才發現在一般所知道的汪氏面目之外，他還有另一個面貌。

爲了瞭解汪氏兩種面目的形成，有必要對汪氏著作的幾種本子加以區分。現在一般圖書館中都可以看到《汪梅村先生集》、《悔翁別集》、《梅村賸稿》、《乙丙日記》，把這些書擺在一起，實在看不出什麼層次上的不同，不過，如果細查則會發現，其中有些是汪氏生前認可流通的，有些是汪氏深藏不欲人知的。光緒七年(1881)刊行的《汪梅村先生集》是汪氏自己認可的本子，故他的學生洪汝奎在該本〈序〉上說：「及門諸子以先生著書數十萬言，既罹煨燼，其存者恐復散佚，欲都萃而傳刻之，執請再三，謙謝不承，最後乃稍出其煨餘之稿，並癸丑以後新文字授諸子，諸子各以意識別傳寫，屬序於汝奎」[18]，汪氏本人在此集的「目錄」後還加了一段「自識」[19]。至於《悔翁詩鈔》，是由他的學生張士珩在光緒十年(1894)所刊行，下距汪氏謝世還有五年，不可能不經其師過目。《梅村賸稿》則

---

17 蕭穆：〈汪梅村先生別傳〉，在《敬孚類稿》(合肥：黃山書社，1992)，頁330-336。

18 《汪梅村先生集》，總頁2-3。

19 同上，總頁22。

在汪氏死後才刻行，這次不是由他的學生，而是他的鄉後學蔣國榜所輯，時間已是民國三年（甲寅，1914）。蔣國榜的〈跋〉值得注意：

> 沒後無子，所著皆舊交及門弟子為之收拾，洪琴西刻其詩文，張弢樓刻其筆記，既為海內所傳誦矣，其叢殘之稿，若書眉槓尾，下至曆本計簿，上下四旁，縱橫錯綜者皆零章斷句也，且晚有目疾，塗乙漫漶，幾幾不可別識，甘子劍侯、翁子鐵梅、羅子雨田、田子撰異，苦心抉擇，寫定數冊，蔣紹山復為遴其尤者，以墨規之，……其筆記多偏宕之辭，蓋先生鬱不得志於時，又丁粵寇，支離兵間，悍妻在室，下絕嗣續，極人生之窮，有激而言，或不可為訓，今從蓋闕，願為先生諍臣，不敢為先生佞臣也。至其從出之本，曰緣學道齋日錄，曰丙辰備遺錄，曰無不悔庵有髮僧語錄，曰舊游如夢錄，曰觺獨叟語錄，曰病丞錄，曰健忘偶識，曰茶餘語錄，曰思無斁語錄，曰憶妄塵語錄，曰紀事提要，曰沈默冥頑語錄，凡數十冊，為識其目於末，後之欲知先生著述大凡者，庶有考焉。鄉後學蔣國榜[20]。

寫這段文字時汪氏已經故逝，所以拘束較少。蔣氏坦白說，汪氏不得志，又逢太平天國之亂，內有悍妻，又無子嗣，故其筆記中有「偏宕之辭」，「有激而言，或不可為訓」，他的辦法是「今從蓋闕，願為先生諍臣，不敢為先生佞臣也」，表示他刊刻謄稿時是有選擇的，將言詞激烈的「筆記」從缺，以免為汪梅村之佞臣。他將這些「筆記」的名字記在文中，以便後人稽考汪氏著述的大概[21]。

這裡為什麼要特別標出「筆記」二字呢？因為汪氏在《汪梅村先生文

---

20 蔣國榜：〈梅村謄稿跋〉，在汪士鐸：《梅村謄稿》（台北：新文豐，1989），頁55。
21 《乙丙日記》，頁29。不過在他所收的詩中，也有「長平新安兩快事，腐儒咋舌稱舍旃」那樣稱道長平、新安兩役大量坑殺敵兵的詩句。

集》目錄後的「自識」中說：「自品亂後之作，筆記爲上語錄也，詩次之，詞又次之，而文最下」[22]。這裡所謂「筆記」不是《悔翁筆記》中那些考證文字，而是語錄，也就是蔣國榜決定作先生之「諍臣」而不願刊入《賸稿》的部分。汪氏認爲喪亂之後的著述以這些筆記爲上，而文最下，一方面反映了他心中相當清楚地區分不同文類的特色，另方面也在指點人們「筆記(語錄)」才更能清楚反映這個在太平天國之大亂初起時改名爲「無不悔翁」[23]的老人喪亂之後心中的老實話，大多在「筆記(語錄)」，而不在詩、文之中。

汪氏雖然看重這些真心話，但也自覺地在藏匿它們，所以生前並未同意刊刻。在史語所所藏題爲《汪士鐸筆記》的稿本中也看出一些端倪。

史語所善本書室藏有《汪士鐸筆記》一函四冊，藏書印中有「東方文化事業總委員會」一方，足見它原是該會的收藏，在抗戰勝利之後，由史語所接收過來。東方文化事業總委員會成立於1925年，係日本利用庚款在北京所設，由柯劭忞(1850-1933)任委員長，委員會下設「東方文化圖書館」，搜集書籍作爲編纂「續修四庫全書總目提要」之用[24]。《汪士鐸筆記》顯然是其藏書之一。鄧之誠《乙丙日記·序》中曾引汪氏的《緣學道齋日錄》，注明是東方文化圖書館的藏書，而我們打開史語所收藏的這部筆記，也有汪氏親題的《緣學道齋日錄》的標題，鄧氏所引汪氏上胡林翼信也見於這部筆記中。此外，像趙宗復所編的《汪梅村年譜稿》中，一再引《緣學道齋日錄》，對比之下，即是史語所藏這部筆記中的一份汪氏自編簡譜，附在〈家乘〉之後。這份簡譜編到六十歲止。這四冊筆記雖是汪氏原稿的賸錄本，但仍非常雜亂，並沒有清楚的起訖，由其中幾個標題看

22　《汪梅村先生集》，總頁22。
23　趙宗復：《汪梅村年譜稿》，收於《乙丙日記》後，總頁155。
24　羅琳：〈《續修四庫全書總目提要》編纂史紀要〉，《圖書情報工作》，第1期(1994)，頁45-50。

出[25]，這四冊筆記包括有汪氏咸豐到光緒年間的文字，而汪氏的《文集》、《外集》、《詩鈔》曾選錄這四冊中極小一部分文字。但在汪氏死前，從光緒七年到十五年(1881-1889)之間，他仍謀刊「筆記」中的一部分文字。故而有人以硃筆對照原稿校改過，而且在許多地方說明「悔翁自刪」或要汪氏「題目自填」，而通常在這些地方也有汪氏以其硃筆自填題目的痕跡(如〈上陝撫瑛蘭坡文〉的標題即汪氏手筆)，也有汪氏批「概從刪削」之字樣(如〈上益陽公書〉)。《緣學道齋日錄》封面上又批「兩目已瞽，不能自視，請愛我者為刪□之為感」，汪氏早有目疾，但是兩眼皆瞽之年難考，但必在八十八歲以前，八十歲以後[26]，由此可見，汪氏有許多筆記，而他每次刊書之時便從其中選出一部分，史語所收藏的這四冊，原先選刊不多，但是在《文集》及《外集》刊行之後，汪氏仍不時想選印其中的一部分而未果。汪氏在選取文字時顯然顧慮甚多，譬如在《汪子語錄》的封面，汪氏自題「筆記、文集、詩集，共一百四十七頁」，而汪氏在「筆記」二字下註明「極宜刪酌」。又如《退院僧語》，汪氏自書「此冊詩可全錄，文次之，筆記存一、二足矣，書札一字不可留也，士鐸識」。筆記、書札正是最能表達他私人感受的，他卻主張全刪或只留一、二條，這不正與他所說「自品亂後之作，筆記為上語錄也，詩次之，詞又次之，而文最下」相矛盾嗎？而為他校理這批日記的人(不詳何人)在其中〈叟說〉一條筆記上粘

---

25 「《緣學道齋日錄》」，未署年份，可能是咸豐十一年，汪氏六十歲。
　「汪子語錄　癸亥夏」，按此為同治二年(1863)。
　「茶餘語錄　乙亥　　光緒　　丙子　　二　　丁丑　　三年三月　　」
　　　　　　　　　　元年　　　　　　年　　　　　　十九日止　　　。
　「四書益智餘　光緒四年四月江寧汪士鐸撰」。
　「退院僧語，咸豐重光作噩之歲」。

26 蕭穆：《敬孚類稿》，〈汪梅村先生別傳〉，頁332中說：「去年春，余以先生年已八十有八，復致書先生，欲為傳之。先生時目眵不能復書，僅於為余經手致書之人李光明傳言，此書(指《胡文忠公撫鄂記》)現已在山西書局云。」因為蕭穆在〈汪梅村先生別傳〉頁331中說：「光緒庚辰夏五月，余以事至江寧，省先生於家。先生時年八十，猶扶杖出見，尚善談論，且屬余為覓書帖數種，聊以自遣。」能讀書帖，足見彼時目尚未盲。庚辰是光緒六年，隔年《文集》及《外集》刊行。

一小紙云：「叟說涉筆成趣，然恐起人侮老之意，此篇刻與不刻，祈酌。」
由此可見，助他編書的人，也在爲他作禁制的工作。這些披露老先生心中
真話的筆記，在他生前死後都未刊刻，他自己不刊，他的鄉後學也不刊，
使得汪氏有公開的、私密的兩種面目。有了上述的區分，我們才能進一步
討論《乙丙日記》這本小書。

　　汪氏死於光緒十五年(1889)，他死後，遺稿到了山西[27]，其中兩種是
咸豐五、六年的日記，爲史家鄧之誠所得。鄧氏是個留心史料蒐集的人，
他於1919年前後在北京開設骨董鋪以收集文物，所獲甚多[28]。如果我們細
讀鄧氏《骨董瑣記》，則會發現他曾到山西，購得傅山(1607-1684)的遺
稿；《乙丙日記》便是鄧氏在山西所得[29]。鄧氏在1935年將這本日記整理
出版，他在〈序〉中敘述印行這兩部筆記的過程：

　　往者，予得悔翁手書日記、乙卯隨筆、丙辰備遺鈔兩種，因輯錄
　　遺詩一卷，印行之，非欲傳悔翁之詩也，以詩中涉及金陵初破時
　　事，且盛詆當時將帥無人，皆有所諱忌不欲示人者，日記中詩文
　　而外，多紀當時之事，以爲悔翁學人，必不妄語，頗欲錄出別行，
　　十餘年來，因循未果，曾屬及門傳錄，則手稿縱橫塗乙，幾不可
　　辨，皆謝不敏，今年夏始發憤斠錄，且爲編次，即此書乙丙日記
　　三卷是也。（以所述自咸豐癸丑甲寅乙卯迄於丙辰之事，大抵皆乙丙間所記，
　　故爲編定，題名乙丙日記，有去取，無刪改，間有同敘一事而詳略各異，則加
　　小注，務以翔實爲主，不嫌瑣碎，不加文飾，庶得其真，如以著書之例繩之，
　　則悔翁此稿本不欲示人，今以有關舊聞，而手稿凌亂，不能景印，始爲校錄，

27　汪氏前後兩任夫人所生子女並不少，但是有的早夭，有的在太平天國中殉難，最
　　後只剩一位嫁到山西的女兒，他那爲數甚眾的文稿也跟著到了山西。
28　傅振倫：〈鄧之誠先生行誼〉，在鄧珂編：《鄧之誠學術紀念文集》（北京：北京
　　大學出版社，1991），頁34。
29　鄧之誠：《骨董瑣記全編》（北京：北京出版社，1996），頁31；關於鄧氏在山西
　　得此《日記》，見：趙宗復：《汪梅村年譜稿》，總頁166。

按年編次云爾。)[30]

　　照鄧之誠說這兩種稿本「縱橫塗乙，幾不可辨」，學生不願代爲抄錄。
鄧氏門人謝興堯(1906-？)也說他曾借觀，但「苦於字體草率，不能辨識」
[31]。除了潦草之外，這本日記行文草率，常有不能句讀之感，鄧之誠說「如
以著書之例繩之，則悔翁此稿本不欲示人」，那麼，《乙丙日記》實可說
是汪氏所看重(「喪亂之後，筆記爲上」)，但又不欲示人者。它們相當能傳達
汪氏深藏在心中激盪的感情，所以應該把《乙丙日記》當作1850年代一種
不公開的內心活動的紀錄。

三

　　1853年，太平軍攻陷南京，汪士鐸被擄置城外，後來因爲他的女婿謀
於太平軍頭目，乃得邀鄉人結「老民館」於家中，長女汪淑莛被脅爲東王
楊秀清(1820？-1856)書記，不久，次女自殺。9月，汪氏辭太平軍周軍師
之聘，11月，僞爲書吏，更衣剃頭出城乃脫於難。南京的這一段經歷太過
險酷，在汪氏內心留下深刻的傷痕，隔年，他遷居胡適的故鄉安徽績溪，
授徒自給，號曰「無不悔翁」[32]。而《乙丙日記》便開始於次年。這個「無
不悔翁」不但記下大量他在南京等地所目睹的慘狀，而且開始痛切反省政
治、思想、文化的種種問題，它們記錄了一些可能是古往今來最激憤、最
偏矯、最極端的議論。如果不是七、八十年後鄧之誠將《乙丙日記》刊出
來，一般人是不會清楚知道他心中含藏那麼多不合時宜的議論或危險的思
想。這些思想議論有的與時代新興思潮合拍，有的則獨樹一幟。但是，不
管它們是否可以被嵌入一代思想脈動中，他的主張、他的語言都比別人偏

30　鄧之誠：〈汪悔翁乙丙日記序〉，《乙丙日記》，總頁2-3。
31　〈謝興堯跋〉，《乙丙日記》，總頁161。
32　以上據：趙宗復：《汪梅村年譜稿》，《乙丙日記》，總頁176。

宕激烈,以致於他只敢在日記中聊以遣懷。

清代晚期,思想界至少有兩股潮流,第一是「政」、「學」合一的思想,章學誠之所以重新得到重視,乃至思想界之群慕東漢仲長統(179-219)、崔寔(?-約170)等人的政論,都可以在此脈絡下來理解,而這樣一股思想潮流,應該放在晚清內外政治危險動盪的歷史背景中來理解。第二是先秦諸子學之抬頭[33]。同時,在諸子學之外,許多原來散在邊緣,或被當作異端的文獻,此時也突然得到重視,這代表傳統思想內部資源的重估及中心與邊陲的重組,而促成重估與重組的一個重要動因,是思想與社會的互相激盪。思潮與時代互相激盪,使得散在各處的小水滴最後匯成一條大河流,汪士鐸《日記》提供的私人材料,使我們得以從一個微觀的角度對此加以分析。

在一個相對穩定的時代,傳統內部分子大規模重組的可能性不大,但是極度動盪的時代,卻使得汪士鐸這樣的學者用一副全然不同的眼光看待人們所習之不疑的傳統。原來主要是起道德教化規範作用,或是維持日常帝國體系平衡運作功能的儒家,轉而被以現實實用、甚至是戰鬥的角度重新衡量,在能治即是學,「用」重於一切的角度下,儒家之社會性與實用性面臨最根本的質疑。首先,汪士鐸痛責「士」之無用以及科舉取才之狹隘:

> 士自鄉舉以後宜試以世事,不宜復言時文,翰詹宜責以史學,不宜試以詩賦。取才之塗太隘。逆匪楊秀清、韋昌暉、石達開之才皆非今翰詹及方面大臣所及也,特無其虛儀及媚骨爾[34]。

他深恨「士」之無用以及培養「士」的整套文官體系之不靈[35],同時

---

33 王汎森:《章太炎的思想》(台北:時報文化,1985),頁26-33。

34 《乙丙日記》,總頁75。

35 「神農本草藥有三百六十品,氣味各殊,天之生也,其於人亦然。今一以儒取士

被社會的激盪逼出這樣的唱嘆：

> 與其用無用之讀書人，不如用有用之劇盜[36]。

他希望秦始皇復起，由他統領白起、王翦、章邯、項羽、黃巢、朱溫、張獻忠、李自成等猛將或劇盜，「為蒼蒼者一洗之稂秀」、「殺無道以就有道」[37]。

試想，懷抱如此思想的人，如何能安於儒家的價值體系，他痛責孔子最多只能作自了漢，並處處以「妄發」、「作夢」來譴責之：

> 大抵仲尼如如來以語修身作自了漢則可，然亦易入虛無心性空談，以言兵刑皆繆，言禮樂亦只能言敬禮空話，不能言器數實際也，郁郁從周，啟後人之文勝之弊，……正名之言，極於禮樂刑罰無論稱謂文字皆極附會，好禮好義好信而民至，亦屬虛想，與修己安人安民安百姓同一妄發，修文德以來，真是作夢，……[38]

對於儒家所追求的理想，如禮、謙、和，一概責以是「愚」、「詐」、「迂」[39]，對於儒家的好古主義，他也痛責說「腐儒動言復古，真不通哉」[40]。

汪氏認為儒家對國家及世界秩序的一套理想不行了，他說儒家文化基

（續）————————————
而諸才遂見棄置，……而所謂儒者又皆虛儀浮文，僅可俳優蓄之，……」《乙丙日記》，總頁86-87。
36 《乙丙日記》，總頁92。
37 同上，總頁89。
38 同上，總頁136-137。
39 「以禮防亂，以讓全身，以謙下人，以和處事，知己之是，必引為非，知人之非，不苟以是，其行近愚，其心近詐，其言近迂，其事乃可集。」《乙丙日記》，總頁61。
40 《乙丙日記》，總頁139。

本上是嚮往文治,但「己安於弱,不能禁人之不強也」[41]。他不時強調「武」之重要。認爲一個國家固然不應全是武,但是也不能像中國當日全是虛文浮理。

汪氏大罵「遠人不服,修文德以來之」的理想,說,「遠人不服,修文德以來之」可以行之於「猶尙德禮」的古代,自漢朝以來,此說已萬不能行,他揣測說太平天國刪《論語》、去祭祀,並刪去一切「大而無當不可行于後世語」,但未知是否也刪去「遠人不服,修文德以來之」這句話[42]。他嚴厲譴責古代聖人之好談鬼神卜筮祭祀吉禮,認爲太平天國能去除它們是「功德不在禹下」[43]。太平天國設有「刪書衙」,大幅刪改四書五經,他也認爲是「此功不在聖人下也」[44]:

> 賊改四書五經,刪鬼神祭祀吉禮等類,不以人廢言,此功不在聖人下也,後世必有知言者。

他攻擊儒家之無人才、誤國,說「孔門弟子,皆碌碌無所表見」[45],又說儒者之議論施之於極細瑣之事,也就是關係到一、二人者,一百件之中偶有一件奏效的,若施於他事輒不然,「其徒諱其不合者,附會其偶中者而張大之,以誤人家國,然詭言無用之道德仁義,而諱所不能之兵刑富強,終不能有益於人也」[46]。他又將古來學問分爲「頓門」與「漸門」,頓門是「務爲高闊空虛無形影之心性無用之虛說」,而漸門是「求爲瑣細

---

41 《乙丙日記》,總頁82。

42 同上,總頁83。

43 「聖人亦有過歟?曰有,以鬼神愚民,以卜筮誣民也,其費財比於殉葬同,一空地上,以實地下也,其惑人同於僧道,同一假邪說以怵婦子也。賊匪去之,此功德不在禹下,所以延殘喘於數年之久歟。」《乙丙日記》,總頁72。

44 《乙丙日記》,總頁72。

45 同上,總頁137。

46 同上,總頁140。

有用之實事」，孔孟宋儒是頓門，堯舜文武伊尹太公周公是漸門，農桑兵
刑之實政是漸門，《孝經》、《論語》、《周易》、《老》、《莊》、《公》、
《穀》是頓門[47]。他當然是取漸門而菲薄頓門的，其議論頗似於清初的顏
元(1635-1704)、李塨(1659-1733)，但兩者並沒有任何源承關係。

汪士鐸大力揄揚申韓諸子。當時復興諸子的人或重學術，或重義理，
但汪氏完全從實用出發，其口氣之斬絕，對儒家貶抑之厲害，迥非時流可
比。他時時比較儒家與諸子之利病，認為光靠儒家是不足以治國的：

> 立太公、周公、孔子於上，而以韓、申、商，又輔以白起、王翦、
> 韓信，配以管仲、諸葛，則庶乎長治久安之道矣。[48]

他的意思是周公孔子並非不偉大，然而他們不足以應付現實，儒家只
有仁、只有禮，沒有經世，不談兵刑，所以是「無用之學」[49]。在汪氏看
來，儒家因為無用，所以既不行於三代之爭，也不能應付要求富強的今世。
既然當今的世界必講富強，則今日能輔孔子之道的是申、韓、孫、吳[50]。
汪氏有一整套的儒家與諸子互補之說：

---

47 「孔孟宋儒如來文殊維摩詰老莊文列皆頓門，務為高闊虛空無形影之心性無用之
   虛說也，堯舜文武伊尹太公周公皆漸門，求為瑣細有用之實事，如《周禮》、《儀
   禮》、《爾雅》皆頓門，人所不能也，略農桑兵刑之實政而取《孝經》、《論語》、
   《周易》、《老》、《莊》、《公》、《穀》，此後之學頓門者也。」《乙丙日
   記》，總頁140。
48 《乙丙日記》，總頁82-83。
49 「孟子者，儒中之辨士也，其言不無過偏自是之處，究其弊，苟揚等爾。儒者得
   志少而不得志多，故宗孔子者多宗其言仁言禮，而略其經世之說，又以軍旅未之
   學而諱言兵，由是儒遂為無用之學，與佛老等。佛老之遺棄外物以全其真，與近
   儒之言理言氣言心言性，無益於世也同也，此皆孔子不得位無所設施故爾。道德
   之不行於三代之季，猶富強之必當行於今。」《乙丙日記》，總頁74。
50 他說：「故敗孔子之道者，宋儒也，輔孔子之道者，申韓孫吳也，崇宋儒之言以
   為儒而申韓孫吳之論皆從略，致不仁者乘間竊發，追憤其說，遂併孔子而擯斥之，
   則宋儒階之屬也。」《乙丙日記》，總頁74。

黃老，黍稷也，不宜於今人，后稷，小麥稻米也，然五味六氣之
淫，亦有不可食之時，特偶爾馬班大麥也，宜為酒為飴，非日食
者也。周孔參朮也，商申羌活防風也，韓白烏附椒薑也，三者皆
藥物，眠病用之不可缺也[51]。

所以周孔是藥物中之一味，不可獨食，應該和其他諸子並進。他說：

鬼神術數，痰飲狂癇之疾也，耶穌回回，膏盲之疾也，捻匪光棍，
癬疥也，孟荀偏於滋補也，管韓偏於剋伐也，當其病，則愈矣[52]。

而當時的世界正是所謂「當其病」之時，故應以管韓之學剋伐時疾。

汪氏為先秦諸子擬了一個等第，他說周孔賢於堯舜一倍，申韓賢於堯
舜十倍，韓白賢於堯舜百倍[53]。至於後代的儒家，他的評價更低。當時學
術界的兩大主流「漢學」與「宋學」，在他看來都是一些糠粃，只比佛道
之說略高一籌而已[54]。他尤其對孟子一系的思想批判得最厲害，處處反對
孟子性善之說[55]，時時強調「孟子語多不可通」[56]，說孔子成《春秋》而
亂臣賊子懼是孟軻的荒唐之大言也，「《春秋》既成，亂賊十倍於前，……
蓋既為亂賊，何懼《春秋》，此猶後儒正統之辨，……成事之後，史臣諛
之，謂之正統，憚其強盛而無如何，謂之閏統，皆可笑也」[57]。他對子思
一系同樣排斥，說子思「實啟放言高論虛空無稽之祖」[58]，而他攻擊宋代

---

51 《乙丙日記》，總頁86。
52 同上，總頁86。
53 「蓋堯舜以德不如周孔之立言，然失於仁柔，故申韓以懲小姦，韓白以定大亂，
　　又以立功勝也。」《乙丙日記》，總頁95。
54 《乙丙日記》，總頁86。
55 同上，總頁74、90。
56 同上，總頁90。
57 同上，總頁118。
58 同上，總頁96。

以下道學家的言論更是嚴厲，認爲他們「以爭勝爲心，以痛詆異己爲衣缽，以心性理氣誠敬爲支派，以無可考驗之慎獨存養爲藏身之固，以內聖外王之大言相煽惑，以妄自尊大爲儀注，以束書不觀爲傳授，以文章事功爲粗跡，以位育參贊篤恭無言無聲色，遂致太平之虛談互相欺詐爲學問」[59]。他用來罵宋儒的字詞都是最高級的形容詞，並且時時把前人認爲遺憾未得大用的幾個理學名儒說得一錢不值，說「黃石齋、劉念臺、史道鄰，人莫不惜其不用，然用之有益於亡乎？流寇方張，而議道學，可乎？」他說濂洛關閩諸子，束身自愛，可做個聖門狷者，如果賦予特定的事權，則「不過與循吏等能」，論到實幹的本事，則「韓白衛霍之功高周程朱張億萬以至無量大數也」[60]。

他把古往今來的學術人物依其罪之大小分等級，認爲說「王〔弼〕何〔晏〕罪浮桀紂一倍，釋老罪浮十倍，周程朱張罪浮百倍，彌近理彌無用，徒美談以惑世誣民，不似桀紂亂只其身數十年也」[61]。以周程朱張爲罪逾桀紂百倍，是何等猖狂憤激之語。不只此也，他主張國家「禁讀《中庸》等大話」[62]，主張「道學家荒唐門戶，必草薙而禽獮之」[63]，也就是說要把全天下道學家像除草殺禽般除盡。汪士鐸作這些批評時，心中當然有清季提倡道學或奏請講《性理大全》的大臣的影子。他說「性理乃奸佞之所奏」，又說陸建瀛（1792-1853）正是奏講性理之人[64]。而陸氏與太平軍一接戰便兵敗如山倒[65]。

太平天國的動亂非常嚴酷，使得汪士鐸這個吟哦經書，習聞仁義的讀

---

59 《乙丙日記》，總頁76。

60 同上，總頁82。

61 同上，總頁94。

62 同上，總頁127。

63 同上，總頁125。

64 同上，總頁87。

65 王闓運的〈陸建瀛傳〉不無誇張地說自從陸氏兵潰之後，「而江南亦遂殘破」，「自其後，朝廷文臣亦稀復出爲督撫」。王闓運著，馬積高主編：《湘綺樓詩文集》（長沙：岳麓書社，1996），頁208。

書人，痛覺儒家的仁義道德、偃武修文等兩、三千年來幾乎不曾動搖的基本價值全無用處。他說君德不在崇儒重道、偃武修文，而在「英明吏治，綜核名實」[66]，說「賢聖之君」不是像宋理宗那樣講講道學就可以，「講道學者，無用之人借以自高，如僧之坐禪爾」，君德應以文武兼資為上，談心、談性、談理、談氣，「拘文牽義，惡直好諛，此何賢何聖也，……故今日之失，與宋明末之失，皆篤信孔孟之禍也」[67]。他責備賈誼〈過秦論〉中批評秦朝仁義不施是「官話不著痛癢也」，認為班彪(3-54)的〈王命論〉是「時文家荒唐之言，全無著實之處」[68]，而且他的筆下不時出現像「此亦仁義之禍」[69]之類的口頭禪。

這是個希望以不仁不義來壓服叛亂的儒士，他所稱賞的「十四德」是——「城府阻於洞壑」，「機械捷於般倕」，「明睿炳於水鑑」，「靈警敏於鬼神」，「斷制決於齊斧」，「勇敢鷙於鵰隼」，「謀譎詭於良平」，「武略百於起翦」，「矯捷奇於猿猱」，「言辯敏於蘇張」，「巧詐給於湯宏」，「殘忍過於闖獻」，「深刻倍於商韓」，「威力邁於賁育」[70]。這十四德中，像「城府」，「謀譎」，「矯捷」，「巧詐」，「殘忍」，「深刻」等，沒有一件不是反乎儒家理想的。

汪士鐸認為儒家的王道，儒家的仁愛，是沒有用處的，應該要嚴、要殺。他分別「愛克」與「威克」[71]，認為民之「畏威」甚於「歸仁」，人民既然只畏威而不慕仁，則「威克之功大哉」[72]，則此時治理天下，不但不應行仁愛，反而「要至不仁」[73]。他認為道光朝因為人人都想做好人，

66　《乙丙日記》，總頁117。
67　同上，總頁110。
68　同上，總頁115。
69　同上，總頁118。
70　同上，總頁155。
71　同上，總頁26。
72　同上，總頁94。
73　同上，總頁93。

一味柔仁，不敢殺，不能殺，所以釀成大禍[74]。他要求每一個地區要按年配額殺無賴光棍，而且要割下其左耳送到中央[75]。甚至對於官員之不稱職者亦主張要斬殺[76]。

汪士鐸認為，太平軍的長處是「以多殺為貴」，而清廷因為「言仁義」，故所向皆潰，所以清廷如果想得勝，應該學太平軍之好殺[77]。他說團練如果想得勝，也必須學太平軍之多殺，不可講「王道」。「蓋時時欲以王道行而卑論霸術也，然而百萬生靈死於王道矣[78]，汪氏甚至提議召劇盜為用，而不要召江南鄉勇，說「與其用無用之讀書人，不如用有用之劇盜」[79]。

汪士鐸認為人口問題是清季動亂之總關鍵，為了扼減人口，他發展出一整套可能是有史以來最荒謬、最極端的反婦女思想。與晚清女權議論的發抒，形成天壤的對比。

關於清代人口的壓力，已有許多討論，當時人口的數目雖有爭論[80]，不管持何種意見，大多同意清季人口急遽暴增[81]。儒家思想傳統對人口增加——「既庶矣」——是很嚮往的。可是清代人口增長形成龐大無比的壓力，人口與資源之間的競賽，人口與土地之間的競賽，人口與有限度的行

---

74 「此等姦民，十居三四，則皆國法太寬有以釀之也。」《乙丙日記》，總頁106。

75 「各州縣以歲殺光棍三十、盜五人為稱職，以賊為盜者，二賊充一盜，各取左耳送部。」《乙丙日記》，總頁81。

76 《乙丙日記》，總頁81。

77 「賊之勝人處，去鬼神禱祀，無卜筮術數，禁煙及惰，早起夕眠，眠不解衣，殺之外無他刑，以多殺為貴，此皆勝我萬萬也。」《乙丙日記》，總頁79。「我則言仁義，故所向輒潰。」《乙丙日記》，總頁92。

78 《乙丙日記》，總頁24。

79 同上，總頁92。

80 何炳棣認為清代人口由1779年的2億7500萬到1850年增為4億3000萬，見：Ping-ti Ho, *Studies on the Population of China, 1368-1953*(Cambridge, Mass.: Harvard University Press, 1959), p. 64; G. William Skinner則認為，1850年代中國人口為3億8000萬，見："Sichuan's Population in the Nineteenth Century: Lessons from Disaggregated Data," *Late Imperial China*, Vol. 8, No. 1(1987), p. 75. 關於人口問題，這裡要謝謝何漢威兄的幫助。

81 當然也有例外，如章太炎：《訄書》（香港：三聯，1998），〈民數〉篇對此便有懷疑，見：頁26-28。

政管理組織競賽——在當時形成了一個幾乎無法解決的難題[82]。

　　雖然人口壓力如此之大，不過清季思想界對人口與社會的問題仍可分成兩派。像包世臣(1775-1855)根本認為人口壓力不是百姓貧困的原因，他認為人多更能發展生產，社會更富足[83]。但是洪亮吉(1746-1809)、汪士鐸等人則認為人口壓力將為大患。洪亮吉〈意言〉中，對此問題感到憂心忡忡，不時提到「為治平之民慮」[84]，龔自珍(1792-1841)〈西域置行省議〉對生齒日繁之事，也表達了憂慮，但是他們多未提出像汪士鐸那樣的辦法來。汪士鐸的人口危機感更為迫促，他到處推銷人口危機的思想，但是卻很少人理會他，故感慨說「余言人多之患，數十年無人以為然者」[85]。在〈通政使司通政使貴溪朱公墓表〉一文中，他說「當咸豐中，海內多故，非上有失政，下有貪酷也，人滿而天椓之，俗奢相耀而物力不能給，亂民乘間陸梁」[86]，在代胡林翼所作的〈讀史兵略序〉中也說「國家累葉承熙，仁洽寰宇，休養孳息而人滿之患起，其始涓涓，其後滔滔」[87]，他似乎敏感到帝國內部有一種結構性困境，一種自我內捲化(involution)的發展，他發現了這個問題，但一般身處這個結構性變化中的人卻不能體會到困境的本質。他雖然責備帝國武備不修，賞罰不明，不能破格以招攬英豪，不能核實，因循、畏葸[88]，但他認為大抵而言，當時還算不上「上有失政，下有貪酷」。但是有一種結構性的困境，才是真正的世亂之由[89]。他說：

　　　　小民累於家口，生計迫于鋪戶之多，糧餉憂於田土之少，不必有

82　Susan Naquin & Evelyn Rawski, *Chinese Society in the Eighteenth Century*(New Haven: Yale University Press, 1987), pp. 101-114.

83　行龍：《人口問題與近代社會》(北京：人民，1992)，頁217。

84　洪亮吉：《洪北江詩文集》(台北：商務，1979)，卷1，〈意言‧治平篇〉，總頁26a。

85　《乙丙日記》，總頁72。

86　《汪梅村先生集》，總頁472。

87　同上，總頁308。

88　《乙丙日記》，總頁61。

89　同上，總頁152。

> 權相藩封之跋扈，不必有宦官宮妾之擅權，不必有敵國外患之侵
> 凌，不必有饑饉流亡之驅迫，休養久而生齒繁，文物盛而風俗敝，
> 盜賊眾而有司不能捕，遂畏例而壅於上聞，處分繁而吏議日以苛，
> 遂拘泥而不能破格，雖上無昏政，下無凶年，而事遂有不可為者
> 矣[90]。

我們應當特別注意他「不必有權相藩封之跋扈，不必有宦官宮妾之擅權，
不必有敵國外患之侵凌」及「雖上無昏政，下無凶年，而事遂有不可為者
矣」數語，他想藉此點出這個結構性困境非但不是昏政凶年的結果，反而
是太平日久，兵災凶年太少所致，他不認為清代的法度出了問題，故說「今
日之法度規畫雖使堯舜周孔為之，未必有過今日之治平，雖唐虞三代之盛，
未必愈此」，問題出在休養生息既久，「民生日眾，民俗日漓」。

　　汪士鐸關於人滿為患的言論很多，而且用它來解釋許許多多的問題。
他認為人的氣稟日薄而人才益稀與人多有關：

> 人多而氣分，賦稟遂薄，又濡染於風氣，故人才益難[91]。

他說一個家庭人口太旺，是比這個家的成敗興亡還不幸的大事：

> 余向言家之不幸有三，而成敗興衰不與焉，曰族大，曰丁多，曰
> 生女，此三者皆世之所喜，無不怪余言之甚者[92]。

他說人口太多與有限的行政資源形成矛盾：

90　《乙丙日記》，總頁61。
91　同上，總頁120。
92　同上，總頁66。

官不足以官之，……不為亂不止[93]。

人口太多也與自然資源形成緊張關係：

人多之害，山頂已殖黍稷，江中已有洲田，川中已闢老林，苗洞
已開深箐，猶不足養，天地之力窮矣[94]。

人口太多則法令不行，百姓容易恃眾犯令：

人少尚易箝以法令，多則恃眾犯令，感動之說，儒家空言，施之
於今人，真成鑿枘[95]。

尤其重要的是人口太多與廣西太平軍興起有密不可分的關係：

〔粵西〕遍地皆盜，……蓋承平久，孳息繁衍，山中人與徽寧俗同，
喜丁旺，……地不能增而人加眾，至二、三十倍，故相率為盜以
謀食[96]。

　　他認為儒家希慕人口眾庶是很荒唐的想法[97]。他說既「庶」則必不可
能「富」，如果能減去十分之七的人口，則帝國所面臨的一切問題自然解
決，而家給人足，即使驅之為亂，人民也不願意[98]。

93　《乙丙日記》，總頁149。
94　同上，總頁148。
95　同上，總頁150。
96　同上，總頁71。
97　「……既庶之歎，同封人多男之繆，由古時人少，不料末世民多，然啟荒唐人貴
　　丁旺者之口實。」《乙丙日記》，總頁136-137。
98　「既庶何以富之乎？哀矜勿喜乎？不知此等空談，無關事實，皆人多之害也，使

他認爲根本解決所有問題的辦法是減去七、八成人口，不過除了殺之外，他並未構想任何出路來跳脫這個結構性困局。汪士鐸有時說應該有白起、王翦之倫出來「草芟而獸獼之」[99]，有時候又寄望於天災兵厄來減人口——「天不以刀兵消息之，何法處此」[100]，「天不行疫使人死，女子格外多壽」[101]。在寄望於「水旱疾疫」這一點上，他與洪亮吉的看法頗爲相近[102]，但汪氏出人意表地提出有系統的殺女嬰來減少人口。

汪氏殺女溺女的思想早就有人討論過了，其語言之激烈，其性別歧視之嚴重(他未曾提到過殺男嬰或其他針對男性節育的辦法)，實古今所未有之奇。他勸人擺脫「不忍」、「作業」、「報應」、「鬼神」的想法，推廣溺女之策[103]，並認爲溺女、避孕等辦法是「長治久安之策」。他的辦法如下：

> 弛溺女之禁，推廣溺女之法，施送斷胎冷藥頓覺眼前生意少，須知世上女人多，世亂之由也。家有兩女者倍其賦，……嚴再嫁之律，犯者斬決，……廣清節堂，……廣女尼寺，立童貞女院，……非品官不準再取，嚴其法，生三子者倍其賦，廣僧道寺觀，惟不塑像，……三十而娶，二十五而嫁，違者斬決，……[104]。

他希望政府規定非富人不可娶妻，不可生女，生即溺之。生子如形體不端正，相貌不清秀，眉目不佳者，也一樣溺之，即使男孩品貌皆佳，也只可留一子，多不可過二子。生第三子即溺之，並開始吃冷藥避孕[105]。

　　減其民十之七八，則家給民足，驅之爲亂，亦顧戀而不願矣，有他道哉？」《乙丙日記》，總頁90。

　99 《乙丙日記》，總頁75。
　100 同上，總頁150。
　101 同上，總頁152。
　102 洪亮吉：《洪北江詩文集》，卷1，〈意言・生計篇〉，總頁26b。
　103 《乙丙日記》，總頁76。
　104 同上，總頁153-154。
　105 同上，總頁156。

又說女子在十歲以內死稱之爲「夭」，二十歲以內死稱爲「正」，過三十而死曰「甚」，過四十而死曰「變」，過五十歲而死曰「殃」，過六十曰「魅」，過七十曰「妖」，過八十才死，稱之爲「怪」，但男子相反，男子五十以內死稱爲「夭」，六十歲死爲「正」，七十而死曰「福」，八十曰「壽」，九十曰「祥」，百年曰「大慶」[106]。像這樣露骨的性別歧視之論，也是古往今來所僅見。

汪士鐸《乙丙日記》記錄了一個讀書人的內在感受，同時也記錄了一些鄉野人士的議論，其中特別值得注意的是種族思想的萌動。他避亂績溪時，發現鄉野之人開始議論深仁厚澤的皇帝是夷人：

> 此間士人有以本朝爲夷者，不知宋明之人身受其害，有爲言之，身爲人臣而敢言之，有是理乎[107]？

在清朝盛世，人們基本上不大談論統治者是夷狄這個事實，而至少在太平天國的動亂中卻逐漸成爲鄉野士人談論的議題，下迄清季革命派從事種族宣傳有四、五十年之久，似乎說明這場動亂爲種族議論撞開了一道隙縫，鄉野人士開始對此議論紛紛起來。汪士鐸本人急著以各種論據來消滅它，他說華夷之分是荒謬的、無聊的，他說「夷狄者，古人之私心而有激之言也」[108]，績溪人士說清朝的冠服不如明代，汪氏反駁說明代人的冠服也不是三代之法服，績溪人士說滿清名字譯音甚怪，汪氏說經書中也有這一類怪名字[109]。他說「夷」之一名，不能成立，所謂「中國」，也是一個逐漸形成的概念，「所謂中國者，漸拓漸廣，遂取古人所謂夷者中國

---

106 《乙丙日記》，總頁158。
107 同上，總頁122-123。
108 同上，總頁121。
109 同上，總頁123。

之，然則後人安見不六合一家無所謂夷也」[110]。究竟誰是「中國」，誰是「夷狄」，根本沒有定界，他認爲如照著現代人的議論推下去，是擯「伏羲神農舜禹文王爲夷」[111]，他甚至反對歷史上以漢族爲主的正統論[112]。

從他所記，可以看出他在種族上所持的觀點與清代官方的觀點相合。但是，他的隨筆記錄以及他的駁議似乎證實了章太炎（1869-1936）所說的，功令之士的種族觀點，與鄉野里弄對於夷夏的看法是有不同的。汪氏公開發表的文字從未提及績溪鄉野士人這類議論，而他私人的日記中卻報導了這一個尙未浮出的潛流，它逐漸地與官方論述分裂，並形成強烈的對照。當潛流最後成爲主流，並壓倒官方論述時，也就是清朝統治的正當性受到徹底質疑的時候。

汪士鐸與他的前輩龔自珍的議論常有若合符節之處，龔自珍的〈尊隱〉說整個大清帝國是「俄焉寂然，燈燭無光，不聞餘言，但聞鼾聲，夜之漫漫，鶌旦不鳴，則山中之民，有大音聲起，大地爲之鐘鼓，神人爲之波濤矣」[113]。龔氏在〈乙丙之際箸議第九〉又說「起視其世，亂亦竟不遠矣」[114]。龔氏覺察到那個時代有一群「山中之民」，他們不在政府的控管之下，如果整個帝國「不聞餘言，但聞鼾聲」，則這群「山中之民」最終會起來收拾一切。

龔氏的觀察力很敏銳。大致從十六世紀開始，從新大陸傳來花生、甘藷、玉米、馬鈴薯四種適合在沙地、瘠壤、不能灌溉的丘陵、甚至高寒山區種植的新作物[115]，而在大清帝國中期，人口壓力日增，人與大自然爭資源，逼得許許多多人移民到丘陵地及山區，這些「山中之民」在山坡地進

---

110 《乙丙日記》，總頁121。
111 同上，總頁121。
112 同上，總頁118。
113 《龔自珍全集》（北京：中華，1961），頁88。
114 同上，頁7。
115 何炳棣：〈美洲作物的引進、傳播及其對中國糧食生產的影響〉，《大公報在港復刊三十周年紀念文集》（香港：大公報，1978），頁673-731。

行耕墾，嚴重破壞生態，不少人都提出警告[116]。這些「山中之民」同時也
形成了一種不穩定的勢力，在移民地區，政府功能薄弱，移民常常形成各
種組織，這些組織平時可以填補政府力量不到而形成的秩序空隙，但是它
們也隱然與政府形成敵對之勢，在特定時候成為動亂的根源。龔自珍清楚
感覺到「山中之民」與大清帝國隱然成為兩種對立的力量，而晚於他的汪
士鐸，則直截了當地將「山中之民」與平地之民分為兩個範疇，他動言「山
居之民」如何如何，平原之民如何如何[117]，顯然對二者作為對比的政治
力量，而「山中之民」的勢力又與人多以及人們在山中勉強墾殖作物有關，
「人多之害，山頂已殖黍稷，江中已有洲田，川中已闢老林，苗洞已開深
箐，猶不足養，天地之力窮矣」[118]。他又說：

> 余又統觀今古謂作亂者皆山居之民，而受害先在水，次釀亂者皆
> 文墨之儒，而受害先及武弁[119]。

他說「深山大澤實生龍蛇是也」，說山民是「逆賊之羽翼」，說「山
居之民貧而強，性好亂而暴易動」，他觀察到不少「山居之民」為亂的例
子，認為作亂者多「山中之民」，認為洪秀全、楊秀清也是山民為亂[120]。
在他列舉了這些「山民」為害為亂的例子後，感慨地說：「嗚呼，後之從
政者，其因兵威而痛加創艾之哉？」[121] 龔、汪兩人的意見前後相映，他
們都警覺到清帝國如表現無力，人們會尋找第二個權力中心，但汪氏說得
更激烈，龔只是警告，而汪則已作出結論。

---

116 桐城文派的耆宿梅曾亮便曾慷慨言之，見梅曾亮：〈書棚民事〉，收入鄭振鐸編：
　《晚清文選》（上海：上海書店，1987），頁27。
117 《乙丙日記》，總頁61-62。
118 同上，總頁148。
119 同上，總頁66。
120 同上，總頁53、65、71。
121 同上，總頁65。

　　從龔自珍那些尖銳奇詭的議論中，人們得到一種印象，即大清帝國是一個蛀空了的殼子，「文類治世，名類治世，聲音笑貌類治世」[122]，但其實不是「治世」，這類觀察與汪士鐸《日記》中的內容每每若合符節。尤其是這兩人對人才問題的反省，更有驚人的相似性。龔自珍說腐敗的官僚體制將人才「督之、縛之、以至于戮之」，弄得「左無才相，右無才史，閫無才將，庠序無才士，隴無才民，廛無才工，衢無才商」，甚至沒有「才偷」、「才寇」[123]。在汪士鐸看來，洪、楊都是大有才的人，但是因為沒有翰林的媚骨，故不得登用[124]，遂紛紛成為「才偷」、「才寇」。汪士鐸慨嘆於自己的不得志，加上也有與龔自珍相似的感受，故《日記》中不時可以見到他對「才」的問題所發的牢騷。如他說「不實選堪為某官之人，猶循例用人，而豪傑失志也。取士以虛文也，不廣其塗以取人才也」[125]，他痛責用人取才之事不能變祖宗之法[126]，又說「翰林之無用，同於他途，而不得力甚於他途者，以其不明理，不識世務，而官氣格外重，架子格外成」[127]，他說，今之所謂「才」，其實談不上「才」[128]，又說「近專以文人司要務」[129]，「蓋潘錫恩等皆詞垣書生，視此〔戰爭〕有如兒戲，徼幸賊之不來，以為己功，依然蒙蔽之故智，而亦不聞失事之罰，徼幸則以為內聖外王理本一貫，故體用兼備，失事則津潤已肥，逍遙事外，以養尸居之氣」[130]。

　　汪士鐸對道光期的評論與同時代人有相呼應之處。道光朝是近代中國命運的轉捩點，那是最需要變革的時代，但卻是一個因循、疲軟的時代。

---

122 《龔自珍全集》，頁6。
123 同上，頁6。
124 《乙丙日記》，總頁75。
125 同上，總頁78。
126 同上，總頁119。
127 同上，總頁116。
128 同上，總頁119。
129 同上，總頁53。
130 同上，總頁104。

曾國藩給徐玉山的信說：「二、三十年來，應辦不辦之案，應殺不殺之人，充塞於郡縣山谷之間」[131]。而一位常熟的地方士人在他的日記中也記道：「道光朝似寬厚，養成積習，小人競進，賢人退隱，州縣官不以民瘼爲心，皆以苛歛爲事，有司失德於民，封疆吏苟且於國，其德漸薄，民心漸離，天下如是，遂釀成大禍」[132]。對於這種局面，曾國藩主張要殺，汪士鐸也主張要殺。

這種驚人的相似性還發生在太平軍與反太平軍之間，如果撇開「帝」、「賊」之分，汪士鐸與太平天國在某些議題上是同調的。汪氏欣賞楊、韋、石等之才，並一再感嘆像這樣的人才卻考不上科舉，做不了官[133]，他贊同太平天國設刪書衙大刪經書，而且口氣之間常比較自己與太平天國之心思，他認爲某事應該如何做時，也推測太平軍或許也有同樣的思維。

但是比起龔自珍、湯鵬等前輩或他同時代的思想家，汪士鐸更加深刻地感受到帝國在人口及思想上的結構性限制，所以他雖然提出「崇武科，重力及技」，「鄉舉後不用詩文字，講求吏治」「會試試以吏治，時務忌策論氣，虛文論理者斬決」[134] 等改革意見，但不認爲在制度或官僚運作層次上革新、或將已經鬆動的螺絲鎖緊就夠了。汪氏在人口方面的觀點已如前述，在思想上，他似乎認爲儒家傳統已到達極限，超過它的負荷了。儒家的政治思想，儒家所嚮往的理想境界，在這個新的時代中幾乎完全失效，不但失效，而且還是負數。他對二千年來相守勿失的一套價值體系的信心正一步一步流失。他不再從道德教化或社會規範的角度去評估儒家的價值。他所要問的是，到底儒家的資源對解決當前的問題有沒有實際用處，而這種發問的方式是被社會變局逼迫出來的。只以「實用」的觀點來發問並非特例，在汪氏以前及以後，許許多多的讀書人便認爲儒家實際上是有

---

131 曾國藩：〈與徐玉山〉，《曾國藩全集》（長沙：岳麓書社，1994），冊1，頁128。
132 柯悟遲：《漏網喁魚集》（北京：中華，1959），頁71。
133 《乙丙日記》，總頁75。
134 同上，總頁154。

用的，但是新的社會變局使得對「用」的要求更徹底；不是人倫日用，是
富強之「用」。

在「用」的觀點下，汪氏看待從孔子以下的儒家，尤其是自思孟到宋
明理學這個偏向心性論的傳統，是「空話」，是「大話」，是徹底的無用，
但是這也並不表示他傾向荀子那一邊。晚清思想界有尊孟及尊荀兩派，思
孟一系在當時日漸當令，同時有人發起「排荀」運動，但是也有人起而爭
論，認為唯有荀子差可比擬仲尼（章太炎）。汪士鐸並不在這兩者之間作任
何選擇，而是一無例外地排斥。吾人可以說，改變評估的角度，從道德教
化與社會規範的角度轉變為赤裸裸的實用，是一個重大的變遷，而這個變
遷是由社會動亂所牽動的。相傳李鴻章（1823-1901）遊孔林時說「孔子不
會打洋槍，今不足貴也」[135]，也充分顯現了同一心態。

而這種新發問角度引起大規模的思想重估。汪氏對傳統的不滿有不少
同調，不過同時代人都沒有他說得那麼激烈。自從罷黜百家獨尊儒術之後，
經書與諸子，一正統，一異端，其地位是相當穩定的。每當二者的相對關
係發生鬆動時，通常都值得注意，譬如明代後期諸子學即有蓬勃之勢，這
與晚明的復古運動、科舉、心學、商業與城市文明發展，以及內外形勢交
迫都有關。長期被貶抑的諸子學的復活，通常反映了當時社會重大改變的
事實，象徵著有新的力量正在撞擊傳統的思想體系，同時映照出原來的思
想資源不足以應付新的問題。汪士鐸對先秦諸子進行新評價的同時，也有
許許多多的人從不同角度提倡諸子學。但是汪氏的理由似乎與他人不同，
他極少從純思想學術的興趣出發，而是完全以「用」的角度切入。不過汪
士鐸雖然激昂憤慨，他的思想中雖然醞釀著巨大的變化，但他的藥方並不
太新，想來想去，仍然不脫舊的格局。當儒家不足以應世時，仍然只能訴
諸另一個選項，即先秦諸子，換來換去還是那一套。洋務運動並未為他提

---

135 陳旭麓：《浮想錄》，收入氏著：《陳旭麓學術文存》（上海：上海人民，1990），
頁1353。

供多少新的資源。

除此之外，汪士鐸這一代還因社會動亂出現一種對漢宋學一齊撕破的態度。經過這一場動亂，當時思想學術界最重要的兩股勢力漢學宋學都遭到前所未有的抨擊，而且看待漢、宋學術之爭的眼光與評論的語言都產生了劇烈變化，都把這個爭執政治化了。汪士鐸與孫鼎臣這兩個與曾國藩有密切關係，平時持論也頗有交集的人[136]，正好代表兩種極端的論點。孫鼎臣的《芻論》痛言漢學考證是釀起這場大亂的主因，而汪士鐸則痛詆道學家釀起這場大亂。《芻論·論治一》以這樣激烈的話開始他的全書：

> 士大夫學術之變，楊墨熾而諸侯橫，老莊興而氏戎入。今之言漢學者，戰國之楊墨也，晉宋之老莊也。夫楊墨老莊豈意其後之禍天下若是哉。聖人憂之，而楊墨老莊不知，此其所以為楊墨老莊而卒亂天下也。今夫天下之不可一日而離道，猶人之不可一日而離食，人日食五穀而不知其旨，凡物之味皆可以奪之，然而一日厭穀必病，病久穀絕必死，今之言漢學，其人心風俗至如此，後之論天下者於誰責而可乎[137]。

孫鼎臣認為道學是人的日常五穀，不可一日無之，而漢學是敗壞風俗之流毒。郭嵩燾(1818-1859)在這篇文章後面附議說孫氏的激烈之論，「著議似奇似酷，而實正論」[138]，足見它代表當時一群人的看法。先前支持方

---

136 從南京國學圖書館藏孫氏《芻論》上汪士鐸的眉批便可略見一二。孫氏於鹽法主張就場徵稅，而汪氏的眉批不但同意他，而且進一步痛詆鹽商，議論更為激昂。黃濬：《花隨人聖盦摭憶》(上海：上海古籍，1983)，「補編」，頁105。

137 《孫侍講芻論》，卷1，頁4-5。

138 「朝廷以道學為詬病而貪夫慕位，士大夫以道學為詬病而相與蕩名檢、隳志節而不恤，乃使人心風俗之防，一決不振，以成天下之至亂，歸獄於較近為漢學者，其睢盱博辨，所以蘊釀之，非一朝之故也，著議似奇似酷，而實正論。」《孫侍講芻論》，卷1，頁5。

東樹（1772-1851）《漢學商兌》的那一群士人，與經過這場大亂之後的士人，其語言是相當不同的。汪士鐸則代表另一種議論。如前面所已經討論過的，他認為道學家亂天下，應該「草薙而禽獮之」，其主要理由是道學家空言、大話、無用。漢宋兩邊都被從現實出發，指摘這樣或那樣的弊病，他們把當時中國學術界兩大主流的毛病都暴露在大家眼前。

汪士鐸同時也察覺儒家的根本侷限，他說回憶住在陳墟橋蔡邨時，通村千餘家，竟然沒有一本官曆，「四書五經殆如天書，古或有之，今亡矣」[139]。他同時也敏感察覺到小說演義與土俗戲文，才是比儒書更有力量，更能影響下層群眾的文化資源，他說古人「皆空言想像幾幸之議論，併非著有成效，今雖三家之邨，窮僻山岫，罔不知小說演義及土俗戲文」[140]，這裡當然觸及一個近世中國社會的根本問題，究竟在經過種種社會變化之後，在日常生活的層次上，儒家還有多大的現實作用？

餘論

汪士鐸對於傳統的不滿是顯而易見的，但是從汪氏的言論，我們沒有見到新的出路。他們親眼看到帝國已是一具被蛀空了的軀殼，是一具爛尸，大風一吹，便無影無蹤，但是卻顯然沒有發現新的出路，思想方面，翻來翻去，還是非周孔，即申商刑名；在治術方面，也只是痛責不能放開則例取用人才，不能循名責實，不能嚴，不能殺，他的議論比前人激切狠刻，但是在整個制度的規劃或政治思想上並沒有什麼新的出路。

就以他的人口論來說，他能想到的辦法是仰仗天災人禍，或是多殺、避孕、或是韓非說過的溺女嬰、或婦女早死、鼓勵婦女出家等。在1890年代，陳熾(1855-1900)的《庸書》也討論人滿為患的問題，但是陳氏接觸

---

139 《乙丙日記》，總頁89。
140 同上，總頁103。

過西方知識，所以他提出的解決辦法是多設機器生產以解決人口過剩的問題。薛福成(1838-1894)與汪士鐸一樣警覺到中國人口的大危機，他的辦法是一要導民生財，大力發展機器工業、採礦業和鐵路運輸，第二是向國外移民[141]。比較這兩代人的議論可以發現，問題可以是內發的，改革可以是內發的，但在「思想資源」大變之前，人們還是盤旋在老路上。這促使我們重新檢討一個老問題，即「西方衝擊——中國回應」的論式。這個論式曾經相當流行，但是後來被「內變」說所挑戰。以汪士鐸等人的言論來看，「衝擊」與「內變」應該修正爲是一種交叉式的因果關係。晚清「內變」的現象非常明顯，像汪士鐸這種對傳統思想、政制不滿、批判的言論，越來越多；但是，他所提供的處方，轉來轉去，仍脫不出原有的幾個選項。由此可見，如果沒有新的思想資源，即難有「自生近代性」可言。然而，西方來的新思想資源，如果不是遇到一個產生內變並有內發需要的時代，也不大可能生根。所以，兩者的關係應該是交叉性的，是行進中的火車與轉轍器的關係(韋伯語)。內部的變化是一列急駛的火車，而西方的思想是轉轍器。

從汪氏的個案也可以看到舊讀書人內心的分裂。近代史專家陳旭麓說：「曾國藩是封建傳統的忠誠捍衛者，然而恰恰從他身上開始展現了傳統的裂口」，「從曾國藩到康有爲等人，都是從內心的分裂引向社會的分裂」[142]。「內心的分裂」是一個事實，但因果關係似應倒轉過來，是由社會的撞擊造成了內心的分裂，然後又影響到社會。殘酷的社會動亂撞裂傳統的完整性，使得真想面對現實的人的內心，不得不分裂成兩部分，一部分是捍護傳統，一部分是以最不傳統的手段去應付現實的挑戰。汪士鐸雖說「凡爲學者，學至於聖賢而已，聖賢至眾，而以孔子爲集大成」[143]，

---

141 趙樹貴、曾麗雅編：《陳熾集》(北京：中華，1997)，頁135-136。關於薛福成，
　　見行龍：《人口問題與近代社會》，頁244-225。

142 陳旭麓：《浮想錄》，頁1353、1373。

143 蕭穆：〈汪梅村先生別傳〉，《敬孚類稿》，總頁330。

但心中同時懷想著最極端、最反儒家的辦法。他與曾國藩都聲稱堅守著周孔的大道，但實際上卻要用申商刑名或更殘酷的辦法來應付現實。他們或許可以在目的與手段的邏輯上自圓其說，他們可以腳跨「目的」與「手段」兩條船，然而一旦兩條船分得太寬，就免不了要掉進水裡的。

《乙丙日記》也說明了歷史發展的兩個層次，一層是人們公開表現出來的，一層是隱在情緒或私密的層次。在1930年代以前，如果讀汪氏的文集、詩集，所見到的仍是一些冠冕堂皇的議論，或是精細無比的考證，而很難察覺其內心還另有著翻騰與洶湧。目睹變局的他，正在醞釀一些重大的不滿，在尋找新的出路。這些情緒性的文字可能是一時激發的憤慨，事變之後便不願再提，也不肯公開。不過，如本文一開始便提到，情緒世界的變化是不可不注意的問題。在那個時代像汪氏一樣的人究竟有多少，還待進一步探討。除了日記、私人書信之外，在一些當時人認爲不嚴肅的文類，譬如歌謠、俗曲中，或許可以勾勒出一個隱藏的伏流。

而祖父一輩偷偷說的，在兒子或孫子這一輩卻公開地說。在1850年代，汪士鐸將他的激烈之論寫在日記上，但是到了1890年代，許多對儒家不敬的話已經公開宣於眾口，而且去掉了那一頂周孔之道的大帽子，不再深自掩蔽，藏之又藏了。

清末的歷史記憶與國家建構
——以章太炎爲例

在這一篇短文中，我想探討對過去的記憶如何在現實政治行動中發揮作用。全文主要分成兩個部分：第一，是國粹運動與漢族歷史記憶之復返（及虛構）——尤其是明清改朝換代之際的記憶。從道光、咸豐以來，這一段歷史記憶便逐漸復甦了，在這篇文字中主要是以晚清最具領導性，而又與革命行動最爲密切的章太炎（1869-1936）與國粹運動爲主。第二，在召喚歷史記憶之時，原本已經成爲潛流的一些漢族生活儀式，是否重新浮現，並被賦予政治意義。最後則想談在近代國家構成中，這一些記憶資源在現實行動中發生什麼樣的作用？

「過去」在現實上並不存在，但是在清朝末年關於未來國家建構的論辯，尤其是「革命」與「君憲」的論爭中，「過去」扮演一個重要的角色。晚清的革命志士已不再像滿清政權正式取得漢族士大夫的信仰之後的世世代代，把所謂「國」和滿族政權視爲一體。「國」與當今朝廷這個兩百多年無人質疑的統一體分裂開來，而在促使二者分裂的過程中，最重要的是現代國家觀念使得人們不再認爲「國」就是朝廷，梁啓超（1873-1929）在晚清提倡的國家思想發揮了極大的作用。在此同時，清代後期逐步回返的歷史記憶也扮演一定的角色。不過，此處必須強調，滿清政權在現實上的挫敗是引起所有的變化的主要因素。

談清季漢族歷史記憶的復活，必須先考慮它們是些什麼記憶？它們如何被壓抑下去？它們如何復活？

歷史記憶永遠會被自然而然地遺忘，不過，我們此處所討論的不是自

然的遺忘,而是清代歷史上對漢族歷史記憶有意的壓抑,其規模之大,壓抑之徹底,在中國歷史上乃至於世界歷史上,皆屬罕見。這種歷史記憶是被以兩種方式壓抑下去的:首先是官方強制性的作為──文字獄、禁書運動、禁毀目錄的刊行、《四庫全書》中對書籍的刪改等等;其次是官方的強制性行為,所引發的士大夫及一般百姓的「自我壓抑」。自動自發的壓抑擴大了對明末清初歷史記憶的抹除。原來相當有限的官方作為,在百姓的自我揣摩以及不確定感、不安全感下無限擴大,無數不在禁書目錄中的書,或是官方只要求抽毀的書,都長期潛藏不出,或被偷偷毀去。總之,官方的作為形成一種氣氛,而這種氣氛使得大多數人主動地將大量的歷史記憶抹除,或壓抑到潛意識的最底層,它們即使未徹底消失,基本上也已經不再活動了。許多人甚至不再留心滿洲皇帝是不是漢人。譬如在1895年出生的錢穆(1895-1990),曾經不知道當時的皇帝是滿人[1]。少年人的世界自然不可以太過當真,但是它也能說明一時的實況。另一個值得注意的現象是清代中期出現了一些史論,認為在中國歷史上,胡人所創的政權才是正統,漢族政權反倒成了偏統[2]。由於在整個清代對明末清初歷史遺忘得相當徹底,以致於想重新撰寫這段歷史時,如果不靠一些在清季逐漸重現的史書,簡直無法下筆。歷史記憶的復返當然不一定是完全恢復原先的舊觀,它可能是提醒原來被壓抑在意識底層的一些稀薄的東西,也可能是一種「創造」(invention)。它們的出現,形成一股越來越強的記憶資源,對異族政府所灌輸的官版歷史記憶造成顛覆批判的作用。

我在〈清代的政治與文化〉[3]中曾花了相當大的篇幅敘述原先被禁毀的文獻,如何在道光、咸豐以後一步一步地復活、重現。它們的復活與清廷統治力量的衰弱及文網的衰弛有關,而它們的重新出現,對原本已經衰弛的統治力,如同雪上加霜,加速它的瓦解。

---

1 錢穆:《師友雜憶》(台北:東大,1983),頁34。
2 錢穆:《中國近三百年學術史》(台北:商務,1968),頁509-510。
3 國科會計畫報告,編號NSC83-0301-1-1-001-005,約十萬字,待刊。

　　有關明季歷史遺獻的復活過程，在清末的國粹運動中有所表現。國粹運動包含的範圍相當之廣 [4]，此處只談與本題有關的部分。晚清的國粹論者幾乎都有兩個共識。第一是跳過清代官方之正統來重估中國文化之「粹」之所在，故大量有關明末清初歷史及思想的文獻被當做「粹」復活了。第二是追求中國古代真正的理想。這兩件工作是一而二，二而一的。因為要決定什麼是「國」的「粹」，所以不可避免地涉及歷史傳統的重塑。這是一件艱苦的工作，但卻在短短的幾年間有了重大的結果。

　　國粹運動是由1905年創立的國學保存會及其機關報《國粹學報》所主導的。主其事者先後出版了《國粹叢書》、《國粹叢編》、《風雨樓叢書》、《古學彙刊》等。這些大型叢書中收有大量清代禁抑不出的書籍，由其中最有名的《國粹叢書》可以充分看出他們所要標舉的國粹是什麼。《國粹叢書》所印的書可以分為三類：

　　第一類是標舉新哲學的，尤其是對人性持自然主義觀點者，或主張「欲

---

4 國粹運動是一極複雜的歷史事件。清末的國粹主義實深受西方思想的影響，故它的一位領導者說「國粹無阻於歐化」，而且要大量透過學習西方的文化來復興中國原有之「粹」，所以近代中國許多新東西都是國粹運動引進來的。但他們同時又要對抗過度的西化。國粹運動既保存傳統，但又激烈地批判傳統。批判傳統是因為要重塑傳統。所有不要的東西都被批判為「君學」或「偽學」，所有要保存的東西則被承認是傳統，是「國」之「粹」。受西方文化的影響，它認為中國純正「國學」的特質是民主的，同時認為真正「國學」是先秦以前的學問，也就是專制政體尚未形成以前的學說。「國學」是漢族特有的，以小學及歷史兩種為其特色，而這兩者皆是與漢族獨有的歷史經驗密不可分的。所以國學是排他性的，講到最激烈的程度（像章太炎）是不承認歷史上所有胡人政權的。

國粹運動者基本上肯定民主，反對專制，所以他們不斷強調「無用者君學也，而非國學」。它有幾種弦外之音：第一是只承認民主的體制，那麼，歷史上的君主政權，包括滿洲朝廷在內，都在葳棄之列。第二，既然將歷史上有礙於國家發展的思想學問一概打成是「君學」，並認為中國之所以走上敗亡之路，全是被兩千年來的「君學」所誤；則一方面是否定兩千年大部分思想傳統，另一方面是為現代的變革找尋一種更原始、更純粹的根據。一方面切斷，一方面繼承，因為招致敗亡的過去不是真正的國學，所以即便與之切斷關係，在展望未來時，仍令人有一種放心的感覺，因為傳統中仍有「真正」的「國學」，所以中國仍有開展新局面的傳統基礎。因此，人們想望的新中國，仍舊與傳統有著連續性。

當即理」的思想家的書。大抵胡適(1891-1962)《戴東原的哲學》中所特意標舉的思想家的著作，有一大部分皆在《國粹叢書》的第一輯中出現過[5]。

第二類書是以提倡實踐實行、經世致用爲主的，如包世臣(1775-1855)之《說儲》。

第三類則是明代或明末清初的著作。

這是該叢書第二、三兩輯的主要內容。它們的出現，打開了一個新的歷史記憶的世界。其中絕大部份的書在清代中期以後便不再公開流行傳布，或是只以清代官方或私人自我刪竄後的版本流傳，在扼要之處完全嗅不出一絲種族氣味，現在卻大多以原刊本再度出現，則對當時人們記憶世界的刺激之大可想而知。這個記憶世界的復返與仇滿恨滿的熱情甚有關係。柳亞子(1887-1958)便是一個佳例，他曾說自己「積極收集南明故事，以增強自己的反清意識」[6]。

在《國粹學報》上我們看到大量徵集明季禁譁文獻的通告。他們對錢謙益(1582-1664)、劉宗周(1578-1645)、陳恭尹(1631-1700)、黃宗羲(1610-1695)、王夫之(1619-1692)等人的文字、遺墨、畫作皆極力訪求，其艱苦情形可以用鄧實(1877-1951)搜集錢謙益的《錢牧齋初學集箋注》及《有學集箋注》爲例。鄧氏自謂「余托書賈物色將近十年，乃今獲之」。又說錢氏所選《列朝詩集》及文集、尺牘，「至今未得，心常怦怦，世有藏者，如能割愛，余固不惜兼金以相酬耳」。《國粹學報》中並闢「撰錄」一門，專門「徵采海內名儒偉著，皆得之家藏手鈔未曾刊行者」，他們大量刊印這些秘籍及明末遺民以至乾嘉道咸遺文四、五百篇。不止此也，國學保存會的藏書樓(創於1905年)還將這些珍本秘籍供人借閱[7]。

在整個國粹運動中居領導地位的章太炎之國粹思想值得在此討論。章

---

5 如《孟子字義疏證》、《原善》、《顏氏學記》、《顏習齋先生年譜》、《瘳忘編》、《李恕谷先生年譜》等。

6 殷安爲：〈柳亞子的青少年時代〉，《南社研究》，第4期(1993)，頁99。

7 鄭師渠：《晚清國粹派》(北京：北京師範大學，1993)，頁219-221。

太炎所謂的「國粹」有兩方面的意義，一是相對於滿族而說，一是相對於
西學所說。相對於滿族，則「國粹」的一個重要部分即貯存在歷史、小學、
典章制度中的歷史記憶。所以章太炎的「以國粹激勵種性」的主張，其實
即是以漢族的歷史記憶去激勵種族自覺。在這裡，正因為歷史記憶主要是
用來劃分不同族群之間的界域，所以是不分好壞良醜，一旦是我族記憶之
一部份，便值得珍惜。所以章太炎一再說國粹一如祖先的手澤遺跡，它即
使再「僽拙」，後代子孫也不嫌棄，即使再樸陋，也都讓子孫流連忘返[8]。
要緊的是它是一群人共同的歷史記憶。

　　太炎所謂的「國粹」，包括小學、歷史、均田、刑名法律等，但最反
覆強調的，還是小學與歷史二端。他認為這兩種學問特別值得寶貴，因為
它們保存漢民族的歷史記憶，而且也是「中國獨有之學，非共同之學」[9]。
語言、歷史可以「衛國性」，「類種族」。太炎說：「語言各含國性以成
名。」[10] 又說：

> 國于天地，必有與立，非獨政教餉治而已，所以衛國性，類種族
> 者，惟語言歷史為亟[11]。

　　語言、歷史之所以可貴，是因二者都是先民長期創造積累下來的。學
習它們，至少可以培養出一種自覺心，自覺到漢族始終是一個連續體，不
可切斷，並自覺到漢族在所有種族中的特殊性，而且足以綰合整個民族，
激勵使用同一語言並擁有共同歷史記憶者團結在一起。

　　章太炎所參與創立的光復會本意即「光復舊物」之意，也就是光復滿

　8　王汎森：《章太炎的思想》(台北：時報文化，1985)，頁79-80。
　9　張庸：〈章太炎答問〉，湯志鈞編：《章太炎政論選集》(北京：中華，1977)，頁259。
　10　湯志鈞：《章太炎年譜長編》(北京：中華，1979)，頁282。
　11　〈重刊古韻標準序〉，《太炎文錄初編》，卷2，在《章氏叢書》(台北：世界，1958)，
　　　總頁750。

人入主以前漢族之朝代，故又名「復古會」。而當時革命陣營，尤其是《國粹學報》中，出現許多「復興古學」的文章[12]，其中有一個主張即是要恢復漢之歷史記憶，認為回復到滿清以前漢族政權下的衣冠文物，即可與漢族靈魂相契。以語言為例，他說：

> 若是提倡小學，能夠達到文學復古的時候，這愛國保種的力量，不由你不偉大的[13]。

至於史學與種性的關係，太炎基本上認為歷史記憶的連續與種族的自覺性、獨特性關係密切，太炎並引用印度的一段經驗來說明這一點：

> 釋迦氏論民族獨立，先以研求國粹為主。國粹以歷史為主，自餘學術皆普通之技，惟國粹則為特別。譬如人有里籍，與其祖父姓名，佗人不知無害為明哲，己不知則非至童昏莫屬也。國所以立在民族之自覺心，有是心所以異於動物，余固致命於國粹者[14]。

在「以國粹激勵種性」的認識下，太炎為大部分漢學考訂工作找到了現實政治上的意義，認為清初學者的「反古復始」工作與光復運動可以相結合。章太炎認為清學開山的顧炎武（1613-1682）是整理國粹、襄助民族革命的楷模——「顧亭林要想排斥滿洲，卻無兵力，就到各處去訪那古碑古碣傳示後人」[15]，「裂冠毀冕之既久，而得此數公者，追論姬、漢之舊

---

12 如鄧實在《國粹學報》上發表的〈古學復興論〉（1905），見張枬、王忍之編：《辛亥革命前十年間時論選集》（北京：三聯，1977），二卷上冊，頁56-60。
13 〈東京留學歡迎會演說詞〉，湯志鈞編：《章太炎政論選集》，頁277。
14 〈印度人之論國粹〉，《太炎文錄初編》，〈別錄〉，卷2，在《章氏叢書》，總頁848。
15 〈東京留學歡迎會演說詞〉，湯志鈞編：《章太炎政論選集》，頁280。

章，尋繹東夏之成事，乃適見犬羊殊族，非我親昵」[16]。

　　漢學家所作的復古之學，疏釋歷史上種姓遷化之跡，有助於分別「犬」、「羊」，激勵種姓。他以義大利中興為例，說他們是以文學復古為之前導，而清代漢學家所作的工作也是一樣的[17]。前面已經提到過，在章氏看來，因為國粹是以歷史記憶為主，而歷史記憶是不分好壞的，凡是已成過去的，即是記憶的一部分，值得珍惜，所以他一再強調，他不是提倡學習過去，講國粹不一定要照著過去去做。用「保存一民族共同的歷史記憶」的標準看，則凡屬於記憶的便值得保存：

> 國粹誠未必皆是，抑其記載故言，情狀具在，舍是非而徵事蹟，此于人道損益何與？故老聃以禮為忠信之薄，而周室典章猶殫精以治之……[18]。

　　歷史記憶是中性的，「舍是非而徵事蹟」，所以並不對屬於同民族之記憶作是非判斷，只要足以激發思慕之情，有助於民族情感之培養，就可以了。太炎又說：

> 國粹盡亡，不知百年以前事，人與犬馬當何異哉？人無自覺，即為佗人陵轢無以自生；民族無自覺，即為佗民族陵轢無以自存。然則抨彈國粹者，正使人為異種役耳[19]。

　　國粹足以使人知「前事」，則不致於因為異族刻意抹煞漢族歷史記憶

---

16 〈革命之道德〉，朱維錚、姜義華編注：《章太炎選集》（上海：上海人民，1981），頁295。
17 同上。
18 〈印度人之論國粹〉，《太炎文錄初編》，〈別錄〉，卷2，在《章氏叢書》，總頁848。
19 同上。

而不自知。此所以太炎說抨彈國粹者，是替異種奴役中國開路。

章太炎在晚清革命時期寫了許多宣揚種族思想的文字，它們在當時所向披靡，對倒滿的貢獻非常之大。不過太炎積極重建明清之際滿漢衝突的歷史是在革命成功之後。由他一步一步摸索滿洲史事，我們可以知道歷史記憶復活之困難，頗似一步一步「揭開無知的面紗」。

太炎在重建這一段歷史記憶時一再強調，談這一段史事必須依賴「明著明刊」之書，也就是未經官方及民間刪竄的書。民國初年，當清史館還在進行修撰清史工作時，章太炎也在積極重建明清之交的歷史。由他寫給學生吳承仕(1884-1939)的信，可以看出他在讀到一些重新出現的「明著明刊」文獻後，那種恍然大悟的心情：

> 鄙人近得明代官書及編年書數種，乃知滿洲舊事，《清實錄》及《開國方略》等載愛新覺羅譜系，其實疏漏奪失，自不知其祖之事，《明史》於此亦頗諱之……逆知清史館人，必不能考覈至此[20]。

在第二信中，太炎又說：

> 清官書既有所諱，而案牘小文，或有漏泄情實之處……。再明人書自乾隆時抽毀以後，其間要事，多被刪除，今所行《熊襄愍集》，亦非原本。黃石齋《博物典彙》，清《方略》最喜引之，乃謂其述建州舊事，但書兵官，絕無主名。今得明刻原本，則名氏具在，甚矣，清官書之欺人也。明人書必以明板為可信，北京想甚少，外省或猶有可求者[21]。

---

20 〈與弟子吳承仕論滿洲舊事書〉，《華國》，2:2(1924)，頁1。
21 同上，頁3。

太炎說他自己正在做《清建國別記》,「援據二十餘種書,而明著明刊居其半,其《明一統志》,乃鈔自《四庫》者,則未敢深信也」[22]。又說「明人舊籍原刊凡十二、三種,或篋中所有,或借鈔」。因為借鈔不易,所「借鈔者必書其名姓地址」[23]。

歷史記憶復返,還包括一系列原本斷絕的漢族本身生活傳統的復活或「再發現」(reinvention)。此處擬舉服制為例。

據章太炎追述,他們一家二、三百年來都是「遺命以深衣殮」,而這個家族傳統的現實意義到太炎的父親這一輩才又復活過來。《禮記》有〈深衣〉一篇,討論深衣的形式及穿著的場合。深衣是古代中國士以上的常服,也是庶民的禮服[24],但它後來逐漸脫離了日用。

明末清初出現了不少討論深衣的著作,這些書是否都有現實意義目前還不清楚。不過當有人平時要穿它(如王艮)[25],或要穿它下葬時,其行為本身就可能含藏有重要意義。黃宗羲著〈深衣考〉,便與他遺囑中所要求下葬時要穿的衣制有關。在遺囑中他要求「即以所服角巾深衣殮」。他並不完全贊同前人對深衣的描述,所以他詳考深衣,並畫了圖,而且這一份著作竟與〈葬制或問〉及〈梨洲末命〉合在一起[26],足見他的學術討論與為

---

22 〈與弟子吳承仕論滿洲舊事書〉,頁4。

23 同上,頁1。

24 譬如馬王堆三號墓中墓主便是穿著深衣。

25 黃宗羲:《明儒學案》(北京:中華書局,1985),卷32《泰州學案》,頁709。

26 黃宗羲有〈深衣考〉,末附〈葬制或問〉、〈梨洲末命〉。一般認為黃氏〈深衣考〉務生新義,有些地方與《禮記》〈深衣〉之經文及漢、唐以來舊說相違背,而且他攻駁前人有關深衣之說,也不盡恰當。《四庫提要》中甚至說,因為黃氏著述廣博,名氣太大,為恐此書貽誤後人,故特別存目加以批評。這些意見大多是對的。

不過對於〈深衣考〉之後是否原附〈葬制或問〉一文,便有爭論了。《黃宗羲全集》第一冊所附〈著述考〉中提到,把兩者放在一起是從《浙江採集書目》以來,相沿成習之誤。但我個人覺得,將這兩篇文獻結合在一起,即使不是梨洲之本意,也不是一件離譜的事,因為深衣確與黃氏安排身後下葬之事有直接之關係。梨洲

自己將來喪事的安排有關。

以深衣下葬究竟代表什麼意義？第一是表示他想接上儒家古典的傳統。第二層是想藉此表示他死時不與新朝合作，這是大家所知道的。不過，何以穿深衣即有此象徵意義呢？因為穿深衣就可以不必穿清代的章服入殮了。所以穿深衣是他對新朝最後說「不」的一種方式。許多明遺民要求在下葬時以穿著各種衣服來迴避穿戴清服下葬。譬如張履祥(1611-1674)六十四歲卒，「遺命以衰殮」[27]。又如呂留良(1629-1683)死前說：「吾今始得尺布裹頭歸矣，夫復何恨？」[28] 他的詩「醒便行吟埋亦可，無慚尺布裹頭歸」，表示他想以明代士大夫流行的頭巾下葬而不戴清代的冠冕下葬[29]。總之，以深衣殮是一種拒絕當朝的意思。而餘杭章太炎一家便歷代相囑以深衣殮。

章太炎的後人在注釋〈章太炎遺囑〉時，提及太炎始終牢記其父章濬《家訓》中所囑「吾先輩皆以深衣殮」，並記章濬曾對太炎說：

> 吾家入清已七、八世，歿皆用深衣殮。吾雖得職事官，未嘗詣吏部，吾即死，不敢違家教，無為清時章服[30]。

章濬這一段話有值得注意之處。他說「入清已七、八世，歿皆用深衣殮」，

（續）———————————————

既然「卒之日，遺命一被一襦，即以所服角巾深衣殮，遂不棺而葬」(孫靜庵編著：《明遺民錄》〔杭州：浙江古籍，1985〕，頁74)，而一般人又弄不清深衣的樣子，則詳考他本人將穿著下葬的深衣，並與諄諄告誡其家人不用棺槨的〈或問〉、〈末命〉放在一起，自有其邏輯關連。如果這一番安排是出自其子孫，則等於是其家人安排梨洲後事的一份手冊或備忘錄。

27 《明遺民錄》，頁17。

28 同上，頁59。

29 當時也有人遺命以衰絰殮，但不一定有何政治意義，如《明遺民錄》記：吳蕃昌「卒時，母喪未除，遺命以衰絰殮」(頁109)。

30 章太炎：〈先曾祖訓導君先祖國子君先考知縣君事略〉，見〈章太炎遺囑〉，《學術集林》(上海：遠東，1994)，卷1，頁4、12。

似乎章家在清代共有七、八世，且都不穿清代衣帽或官服入殮。這件事本
身饒富象徵意義，即章氏家族暗中有不忘卻漢族之本源或是不承認清朝統
治的傳統。如果這一追述屬實，則太炎一再強調清代有官學、私學之分，
並說閭巷傳說、口耳相傳的歷史記憶，與官方所要人們接受的版本不大相
同的說法，似乎便有著落。也就是說，地方與家族，基本上還保存一套與
官方不同的歷史記憶的版本。那麼，清代歷史中除了士大夫所奉行的官方
歷史記憶之外，似乎還有一個隱藏的潛流。在兩、三百年間，這一歷史記
憶層，像陸塊般始終存在，它們要得到適當機會才會冒出來。

　　章家歷代未必都能了解這項葬禮安排的意義，可是到了章濬這一代
[31]，清朝內部問題叢生，加上西力入侵，一些潛在的分裂性因子，便都有
了即時的意義，所以章濬死時會特別解釋說，雖然他是清朝的官，但未曾
詣吏部銓選，並強調「吾死弗襲清衣帽」。似乎章濬本人也是在受了逐漸
興起的種族情緒影響之後，才清楚地歸納出以上的話[32]。值得注意的是，
以保存明代衣冠作為延續歷史記憶的例子顯然並不乏見。呂思勉(1884-
1957)便說他的家鄉有一人家，其遠祖在明朝滅亡之時，遺留下了明代衣
服一襲，並命子孫世世寶藏，等到漢族光復時再祭告祖先[33]。

　　除了深衣之外，決定反清之後的章太炎馬上面臨日常衣著的問題。他
寫〈解辮髮〉一文，決定倒滿時，馬上想到自己年已而立，「而猶被戎狄
之服」，非常可恥。可是想「荐紳束髮，以復近古，日既不給，衣又不可

31　章太炎之父章濬只是一個地方上的小官，事蹟不清楚，只知在晚清喧騰一時的楊
　　乃武與小白菜案中，因為事情的發生地在餘杭，章濬也曾捲入。見黃濬：《花隨
　　人聖盦摭憶》(上海：上海古籍，1983)，頁379。

32　值得注意的是，太炎的追憶在時間上略有誇大。這些影響先是在心中發酵，並未
　　立即激起推翻滿清的決心。他在1897年曾反對排滿，還說：「張、李橫行，我朝
　　以成龍興之業，苟有揭竿斬木者，是自戰鬥吾黃種。」〈論學會有大益於黃人亟
　　宜保護〉，湯志鈞編：《章太炎政論選集》，頁13。我在《章太炎的思想》中對
　　此問題有所討論，見該書，頁72-73。

33　李永圻：《呂思勉先生編年事輯》，在俞振基編：《蒿廬問學記》(北京：三聯，
　　1996)，頁369。

得……會摯友以歐羅巴衣笠至，乃急斷髮易服」[34]。足見決定反清以後第一個考慮的是如何去除這一身衣服，回復到已經斷絕兩、三百年的漢族傳統服制。但是明代的「荐紳束髮」之制一時不易裁製，所以他決定改穿西裝，甚至後來穿日本的和服——另外兩種「戎狄之服」。

太炎常回憶他反清的幾個重要源頭，第一是十一、二歲時，外祖朱左卿偶講蔣氏《東華錄》、曾靜案。朱左卿告訴他，夷夏之防同於君臣之義。第二，是「十九、二十歲時得《明季稗史》十七種，排滿思想始盛」[35]。值得注意的是，這些書早先並不容易看到，它們都是明季遺獻復返後，才逐漸出現的書。如果章太炎對他家族以深衣葬的傳統沒有誇張，則太炎後來成為反滿革命最堅強的倡導者，實是三種力量混合而造成的：第一是清代歷史中一股不與現實政權合作的潛流，第二是歷史記憶的復活，第三是中國在現代世界的挫折。

被壓抑歷史的復返，或被壓抑潛流的再現，或是被「創造」出來的歷史記憶，形成了一種記憶資源，使得不少人對「國」的定義產生了變化。也就是說「國」與當時的「朝廷」分開了。在清朝鼎盛時期，幾乎沒有人懷疑「國」即是清廷。然而上述的潮流卻凝聚了一股歷史記憶，而與清代官方的歷史記憶相對抗。譬如1903年高燮在〈簡鄧秋枚〉一詩中呼籲召「國魂」，但詩中表示這「國魂」之所以需要召喚，是因為它被異族壓抑[36]。同年9月，陳去病(1874-1933)輯《建州女真考》、《揚州十日記》、《嘉定屠城記略》、《忠文靖節編》這些重新出現的禁毀文獻為《陸沈叢書》時，有黃天〈題《陸沈叢書》詩〉，說「登高喚國魂，陷在腥膻裡，巫陽向予哭，黃炎久絕祀。大仇今不報，宰割未有已……」，則「國魂」與滿人的「腥膻」是相對抗的[37]。又如自由齋主人（高旭，1877-1925）的〈愛祖國

34 《章太炎政論選集》，頁149。
35 朱希祖：〈本師章太炎先生口授少年事蹟筆記〉，《制言》半月刊，第25期，頁1。
36 楊天石、王學莊：《南社史長編》(北京：中國人民大學，1995)，頁7-8。
37 同上，頁13。

歌〉，這個祖國也不是大清國[38]。此外，提到任何「國」字，如國花、國體[39]等，不但不是指大清國，而且是與它敵對的。1904年，柳亞子以棄疾子爲筆名所寫的〈清秘史序〉中甚至說「嗚呼，吾民族之無國，二百六十一年於茲」[40]，即是不承認清爲「國」，則他們的「國」乃另有其物。柳亞子接著說：「燕京破，國初亡；金陵破，國再亡；福都破，國三亡。滇粵破，國四亡；台灣破，國五亡。」[41] 而「國」之重新釐定，與「史」的密切關係，可以從柳氏的同一篇文章中看出。他說：「夫唯中國有史，而後人人知秉特權、握高位者之爲匪我族類；唯胡族有史，而後人人知鳥獸行者之不可一日與居；雖有盲史，亦不復能以雙手掩盡天下目矣。」[42] 而要想復活這一段歷史記憶，必須像《清秘史》的作者有媯氏那樣大量搜集原先久被禁抑的歷史，才足以使「讀此書者，雖其頑囂，當亦恍然悟深仁厚澤之非」[43]。

　　如果不是這一段歷史記憶復甦，人們仍將相信官版的歷史，一般人也不致察覺秉特權、握高位者爲匪我族類，也不致於意識到「深仁厚澤」的皇帝其實是外人，也不會發現彼「大清國」其實非我「國」，那麼體制內的改革或許仍會被士人所接受，而近代中國國家建構便是另一面目了。

　　晚清最後未能滿足於走體制內改革的路子，未像日本走向君主立憲，而是直接走向革命，這一個跳躍性的發展，原因當然非常複雜，中國在現代世界的嚴重挫折感，社會、經濟、政治的失序，以及西方政治思想的傳入都是要素。不過，在其隱微之處也與「國」不再與當前的統治者爲一體

38　同上，頁14-15。

39　楊天石、王學莊：《南社史長編》，頁17。

40　楊天石、王學莊：《南社史長編》，頁29。值得注意的是，在清末，梁啟超亦有「無國」的感覺。但是他認為與當時西方國家相比，中國不是一個現代意義的nation-state。他的關懷與本文所討論諸人的「無國」之感覺並不相同。參考張佛泉：〈梁啟超國家觀念之形成〉，《政治學報》，第1期(1971)，頁5-11。

41　《南社史長編》，頁29。

42　同上，頁30。

43　同上，頁30。

有關，尤其是在決定國家建構最為關鍵的幾次辯論中，革命派常援引過去
的歷史壓倒了君憲派[44]。

　　恢復漢族的記憶成為一股改變現實的力量，清末士人到處印發明太祖
的畫像，或是在詩歌中虛擬自己與明代朝廷根本不存在的臣屬關係，以宣
揚趕走滿人的正當性。了解這一點，才可以解釋為什麼錢玄同（1887-1939）
在革命成功後堅持要穿深衣到教育部上班。但是復古畢竟不合時宜，而且
原來的復古行動政治性很強。在革命成功後，復古的熱情很快消失了，錢
玄同的深衣也只穿了幾天[45]。

　　總之，歷史記憶的復活使得人們把「國」與當今的朝廷分開，最終拒
絕止於體制內變革。重塑傳統的結果，也使得人們相信君主制的傳統與真
正的「國學」不是同一物。所以國粹既是一個identification的過程，也是
一個disidentification的過程，是一個歷史記憶復返的過程，也是選擇性遺
忘的過程。這些複合的因素，相當程度地影響了後來國家建構的基本藍圖，
也使得晚清知識分子最後選擇以拒斥滿清皇帝作為進一步政治變革的前
提。

44　亓冰峰：《清末革命與君憲的論爭》（台北:中央研究院近代研究所，1980），第5
　　章。

45　黎錦熙：《錢玄同先生傳》，附在吳奔星編：《錢玄同研究》（南京：江蘇古籍，
　　1990），頁194。

傳統與現代的辯證

從傳統到反傳統
——兩個思想脈絡的分析

　　本文主要是想針對三種成說進行反省：一種是認為，至少在意圖的層面上，近代的反傳統運動必然是反傳統精神的產物；第二種認為晚清的復古主義與後來的反傳統運動非但不可能有任何關聯，而且是相矛盾；第三種是認為近代反傳統運動或多或少是不愛國或買辦思想之產物。但批評它們並不等於是否定以上三種思維的解釋效力，而是想指出一般所忽略的幾個面相是相當值得注意的。

　　在第一部分「傳統的非傳統性」中，主要是想探討尊孔與復古這兩種精神動力為何可能導出一開始完全意想不到的反傳統結局來。在尊孔的部分，我舉了廖平(1852-1932)與康有為(1858-1927)為例。在復古方面，則主要是以章太炎(1869-1936)等國粹學派的健將為例。在第二部分中，主要是想探討愛國的思想，為何也可能導出反傳統的結果來。

一、傳統的非傳統性

(一)從尊孔到反傳統

　　「西學源出中國說」是晚清很有力量的一派思潮。這派人的論調看起來極為保守，其實卻潛在兩種可能性：它可以成為抗拒西學的有力武器，但也可以成為要求吸收西學的有力護符。我們可以說在這一個軀殼中，事實上擁有兩個靈魂，一個極保守，一個極激進。從保守的一面來說，「西學源出中國」的說法，正可以使人們進一步相信，只要能重新掌握古學的

真諦,即可以克服西人的挑戰。從激進的一面來說,此說無異於承認當今的西洋文明與中國的古學不但不相違背,而且是密切關聯的,故吸收西學即等於是重光舊學,所以此說無異是間接承認了某些西學的正面價值。因此,在「西學源出中國說」這個看來極保守的面具裡,我們竟然看到二種完全相反的可能性。

俞樾(1821-1906)在為王仁俊(1866-1913)《格致古微》所寫的〈序〉中,大力稱讚這部書宣揚「西法」盡包孕於中國舊學的道理:

> 使人知西法之新奇可喜者,無一不在吾儒包孕之中。方今經術昌明,四部之書犁然俱在,士苟通經學古,心知其意,神而明之,則雖駕而上之不難。此可為震矜西法者告,亦可為鄙夷西法者進也[1]。

我們應該注意到前引文的最後二句——「此可為震矜西法者告,亦可為鄙夷西法者進也」——俞樾的意思是:因為西學源出中國,故不必「震矜」於西學之奇;但也正因它源出中國,與中國古學不相違逆,故也不必「鄙夷」。這段話不正為保守與激進兩種可能性作了最好的展示嗎?

接著我想談清季今文家與這種思維的相似性。在開始談廖平與康有為之前,我想先提一點,康有為為了支持他的變法改制,把孔子由一個歷史文獻的整理者改造成一個提倡變法的哲學家。這一來,推倒了古文經的地位,說古文經都是劉向、劉歆父子所偽造的,連帶的使古文經中的內容受到根本的懷疑。除此之外他還處處想「會通」孔子與現代的西方。

廖平、康有為與早期的梁啓超(1873-1929)在會通「孔子」與「西方」的技巧頗近於「西學源出中國說」,只是一時不易從外表覺察出來而已。他們在技術上一樣是「取近世之新學理以緣附之曰:某某者孔子所已知也;

---

1 《春在堂襍文》,六編卷七,在《春在堂全書》(台北:中國文獻,1966),總頁2925。

某某者孔子所曾言也」[2]（梁啟超語），背後的動機都是在替當時地位逐漸動搖的孔學注入新活力，使他可以繼續保持其「生民所未有之聖」的尊嚴。

本來，對每一個時代的人而言，某些經典是不是還有活力，端視它能否有效地關聯呼應當代的境況。但「關聯呼應」（correlated）時代的境況是有一定的途徑與分際的，它一方面要隨時注意境況，用合於那個時代的概念工具來宣揚學說，一方面要不失其本質與獨特性。如果它完全不關心時代的境況而自說自話，那是一門吸引不了人的學問，但是，當傳統儒學參與現代的境況時，假如解經者是從現實境況的諸問題中尋求六經的解答，六經本身也就喪失自我的本質與獨特性，反過來被當代的境況所決定了。對任何時代的經學家而言，這都是一個很難掌握的分際。而廖平、康有為在替孔學注入新活力時，正好陷入這一困境中。

廖平、康有為是如何陷入自己編造的陷阱中呢？這是個相當曲折的問題。

我們都知道晚清的現實境況不時在對儒學發出問題，而且大部分的問題都構成了嚴重的挑戰。像先秦諸子在晚清便逐漸有由末席躋上首座的趨勢。廖平必曾為這個問題感到難堪，為了特尊孔子的地位，他選擇了一個特別辦法來解決，主張諸子皆宗孔子。廖平說：「孔道恢宏如天如海，大而八荒之外，小而方里之間，巨細不遺」[3]。在他看來「孔道」是無所不包、巨細不遺的。轉一個角度來說，「孔道」對諸子百家是不排斥的；非但不排斥，而且還有密切的源承關係。他很含蓄地說：「子家出孔聖之後，子部竊孔經之餘」[4]。廖平原是想說明孔子包容一切的偉大，但卻造成了一個他意想不到的效果，也就是將原先被視為異端的諸子說成是孔門的「分枝

---

2 見梁啟超：〈保教非所以尊孔論〉，《飲冰室文集》（台北：中華，1983），之九，頁56。
3 廖平：《皇帝疆域圖表》（六藝館叢書本，1915年四川存古書局刊），頁114。
4 同上，頁113。

同本」、「僅如兄弟之析居」[5]。譬如墨子，他說：「墨家之宗旨，要皆聖道之支流。」[6]廖平發表這些意見的原初意圖是爲了「奇偉尊嚴孔子」[7]，結果是替諸子取得了正統的地位。廖平爲了增強聖人之道的絕對性，主張它包含一切，但實際的結果卻是使孔子的思想中不容許有任何違反諸子學的東西，將聖人之道降低到和過去認爲是「異端」、「邪說」的諸子學並存的地步。

至於西學的挑戰，更是令他心焦如焚，舉個例說，嚴復（1854-1921）從英國回來就曾上書說：「地球，周孔未嘗夢見；海外，周孔未嘗經營。」[8]這個質問在今天看來不算什麼，但對晚清士大夫來說卻是極爲親切、沈痛的。廖平與康有爲等孔學傳統的堅強擁護者面對這一類挑戰時，心中的衝擊必定是非常鉅大的。事實上，嚴復的那一句話在廖平的書中便被引用而且表達了嚴重的關切，從廖氏的自述中可以十分清楚地發現：從某個層面來說，他之所以根據早年被自己駁得體無完膚的《周禮》撰寫《地球新義》，即是爲了回答嚴復提出的問題。在晚清這一類的質問與挑戰爲數不少，如果孔學無法作有力的回答，那麼它又有何「奇偉尊嚴」之有呢？廖、康二人便花費了很大的精力來從事代答的工作。

從我們現代的眼光來看，廖平、康有爲替孔學回答晚清現實社會挑戰的方式是很奇特的。他們毫不考慮地將自己認爲對這些挑戰最好的回應注入孔子的軀殼中，爲了達到這一點，他們爲孔子裝填了許多孔子自己也不認識的異質思想。

以廖平而言，他爲了特尊孔子，乃將所有「經傳所說堯、舜、禹、湯、文、武、周公帝德王道伯功」說成「皆屬一人之事」。在他看來，這個說法足夠回答那些把六經當成史書的考證學者所懷抱的一個看法：孔子整理

---

5 廖平：《皇帝疆域圖表》，頁114。
6 同上，頁59。
7 章太炎：〈原經〉，《國故論衡》（台北：廣文，1979），頁88。
8 見引於廖平：《經學五變記》（台北：長安，1978），頁4。

六經，而六經所記大多爲周公所創的制度，孔子只是一個記錄之人，那麼周公自然賢逾孔子。但廖平發現這還不夠，不只是六經中的「帝德王道伯功」應該是屬於孔子一個人的，連現今歐美各國的所有文明都應該是孔子所曾昭示過的，這樣，孔子的學說不就是超越所有時空限制的偉大巨構，更有理由屹立於當前世界而無愧色嗎？爲了達到這一個目的，他大膽地以預言的方式解釋孔子學說。把握了這個前提，才能了解廖平所作《孔經哲學發微》、《地球新義》、《皇帝疆域圖表》等幾乎不可理解的釋經之書真正的意涵，也才能理解這個經學家在理路上極爲講究，但內容卻荒誕可笑的解經文字中，有深刻而急切的用心。上面幾部書的一貫特色是把全球五大洲的發展以進化先後排列，中國居最高，其他各洲依清末民初的強盛程度排列，把它們統統納入六經「預言」的範圍中。他以預言代替歷史作爲儒學思想的內容，經此一舉，孔子變成了有生民以來所未曾有的先知，但卻也帶來與他原來意圖完全弔詭的結果。

　　從表面看來，廖氏有意壓低西方各國文明的地位，但實際上是去除了中國文化與他們的隔閡，進而希望接納他們。這話怎麼說呢？因爲居於文化發展最高階段的中國，如果想吸收發展程度較低的西洋文化時，是絲毫不失其自尊之感的。況且夷狄（西洋各國）的文化既是聖人在六經中預言所及的，則我們今天又何必對它們感到見外？這層意思，廖氏在《皇帝疆域圖表》中說得最清楚——他說「大同世界，無所謂夷也」[9]。

　　廖平宣稱西方現代文明孔子所預言過的，西人對中國的挑戰也都是用孔子的思想作爲武器，故他在爲孔學注入新活力時，不只是堅持孔子知有外國，而且強調西方「但施之中國，則一切之說皆我舊教之所有」[10]。他這樣的用心，是想加強孔學回應現實困局的能力，以保住孔子的尊位，故說「自成其盛業，孔子乃得爲全球之神聖，六藝乃得爲宇宙之公言」[11]。

9　《皇帝疆域圖表》，頁56。
10　同上，頁307。
11　《經學五變記》，頁5。

用章太炎的話說，不管廖平或康有為，他們種種作為的原始意圖都是欲「奇偉尊嚴孔子」的。但我們不能忽視，這個行動的副產品是將一向不理於保守派人士之口的西學吸納入孔學內部。

從康有為的文字中可以發現，當列強瓜分中國之局將成時，他心情非常之焦急。當時他的主要關懷是如何「保教」，也就是一方面保住中國，另一方面使孔學不致成為一門過時的、沒有活力的學問。而在他看來，保住中國正是保住孔教的大前提，所以大力主張變法。但他所擬的強國之道是吸收西方人之法，而用來支持其吸汲西學的理論基礎是這樣的：

> 為尊祖考彝訓，而鄰人之有專門之學、高異之行，合於吾祖考者，
> 吾亦不能不節取之也[12]。

他還把當代西方政法學術等同於「三代兩漢之美政」[13]，故從他的邏輯來看，吸收西學即是所謂「尊祖考彝訓」。西學「合於吾祖考」，而當代的中國反而不是先聖心目中理想的中國，在他看來，中國先聖的理想既被「外夷近之」，則外夷「雖其先世卑賤，〔中國〕反為之屈矣」[14]。

他用這個論據來抵擋各方面的攻擊，故當朱一新（1846-1894）斥責康氏是「陽尊孔子，陰祖耶穌」時，康有為答以「是何言歟？馬舌牛頭，何其相接之不倫也」[15]。當大家認為康有為是在壓抑國學以興西學時（用朱一新的話說就是「嬗宗學而興西學」），康有為覺得他的敵人是無可理喻的。因為康氏自認為他自己是在提出一種新的孔學來抵抗西學的挑戰。當時人認為他是在肆無忌憚地毀棄中國之學，他卻自認是更有力地堅守據點。

---

12 康有為：〈與洪右丞給諫論中西異學書〉，《萬木草堂遺稿》（台北：成文，1978），頁259。
13 同上。
14 康有為：〈答朱蓉生書〉，《萬木草堂遺稿外編》（台北：成文，1978），下冊，頁816。
15 同上。

　　既然現代西方之政法即等於中國「三代西漢之美政」，那麼如何把這些「近事新理」緣附到孔子身上呢？這是托古改制論者最關心的問題之一。為了使緣附的工作做起來更無忌諱，廖平、康有為把經書中的史事解為符號，像廖平便把歷史上的魯、商二國解成是「中」、「外」、「華」、「洋」的符號，而這類新解在康有為的《改制考》中更是到處可見。該書卷十二上說：

> 六經中之堯、舜、文王皆孔子民主君王之所寄託……不必其為堯、舜、文王之事實也[16]。

　　他之所以費心抹殺堯、舜、文王的史跡，就是想騰出空間，注入「民主君王」的理想。此外，他還用類似的方式把重女權(男女平權)的理想及選舉的理想說成是孔子所已有[17]，而且愈演愈烈，在光緒二十七年(1901)所撰成的《中庸注》中甚至把「歐美宮室」說成是孔子舊制。其言曰：

> 孔子之制皆為實事，如建子為正月，白統尚白，則朝服首服皆白，今歐美各國從之。建丑，則俄羅斯回教徒從之。明堂之制三十六牖七十二戶，屋制高嚴……則歐美宮室從之……[18]。

《春秋董氏學》卷二中的「王魯」條中亦說：

> 緣魯以言王義。孔子之意，專明王者之義，不過言托於魯以立文字。即如隱、桓，不過托為王者之遠祖，定、哀為王者之考妣。齊、宋但為大國之譬，邾、婁、滕侯亦不過為小國先朝之影[19]。

16　康有為：《孔子改制考》(台北：商務，1986)，卷12，頁2。
17　同上，卷8，頁14、21。
18　康有為：《中庸注》(台北：商務，1968)，頁37。
19　康有為：《春秋董氏學》(台北：商務，1969)，卷2，頁3。

也就是說《春秋》中的每一對名詞全都是孔子使用的代號，不必用考索歷史的方法去探求的，「以事說經」者非但無功反而有罪，他說：

> 自偽左出，後人乃以事說經，於是周、魯、隱、桓、定、哀、邾、
> 滕皆用考據求之，癡人說夢，轉增疑惑[20]。

把二千年來用歷史考證態度解經的所有努力，一筆打成「癡人說夢，轉增疑惑」，他們之所以要如此大膽的抹殺六經的信史性，徹底加以符號化，是因為六經如果只是古代政教典章之紀錄，而不是聖人替今人的境況所製的答案，那麼在他看來孔子學說便不可能揚威於當代了。

朱一新充分道出了他們心中的這份緊張：

> 又炫於外夷一日之富強，謂有合吾中國管商之術，可以旋至而立
> 效也。故於聖人之言燦著六經者，悉見為平澹無奇，而必揚之使
> 高，鑿之使深。……而凡古書之與吾說相戾者，一皆詆為偽造。
> 夫然後可以唯吾欲為，雖聖人不得不俛首而聽吾驅策。……古人
> 著一書，必有一書之精神面目，治經者當以經治經，不當以己之
> 意見治經。六經各有指歸，無端比而同之，是削趾以適屨，屨未
> 必合，而趾已受傷矣[21]。

廖、康為了使「平澹無奇」的六經能馬上有效地回應當代的困境，故要「鑿之使深」，「揚之使高」，「以己之意見治經」。朱氏認為這是在操縱經典，而不是在為聖人服務，是在逼聖人「俛首而聽吾驅策」，把聖人之學（「足」）裁削成跟自己的意見（「屨」）一模一樣的東西，經裁削之後

---

20 康有為：《春秋董氏學》，卷2，頁3。
21 朱一新：〈朱侍御答康有為第四書〉，葉德輝編：《翼教叢編》（台北：台聯國風，1970），卷1，總頁32。

「足」、「屨」不一定相合,但「趾已傷矣」!所以他們的努力出現一個大弔詭——不管是廖平的書或康有為的《偽經考》及《改制考》都是考史之書,但其基本態度及所達到的結果都是反歷史的。他們以崇古作為在現代變法改制的手段,其實際結果則是推倒了上古信史。難怪朱一新要說康、梁的尊聖運動是「經書的厄運」[22],而葉德輝(1864-1927)也說他們是「明為尊經,實則背經」[23]。激烈反對康、梁的余聯沅(晉珊)更說:

> 其自序(案:指《偽經考》)有「劉歆之偽不黜,孔子之道不著」等語,本意尊聖,乃至疑經,因並疑及傳經諸儒[24]。

過去所有指控康、梁疑經毀聖者,大多不能說中其內心強烈的尊聖動機。而余聯沅卻用「本意尊聖,乃至疑經」八個字簡要地把康、梁的「意圖」與「結局」之間的弔詭性和盤托出。

我們知道,傳統主義者最後不可退讓的據點是尊仰孔子。廖平、康有為與他們的論敵在這一點上幾乎是毫無分別的。他們之間最大的不同在於:過去孔子是一個歷史人物,但廖、康、梁卻想將孔子發揮成全知遍在的人格神,乃至在孔子的「軀殼」中填入他們所想鼓吹的內容,使得孔子學說成為一個可以由後人任意決定其內容的空殼子。想使孔子「全知」也好,「遍在」也好,對廖平、康有為來說,都是為了更強化人們對孔子的信仰;但說孔子是「全知」的結果卻反而使孔子六經的面目全被不斷變遷的現實境況所決定,喪失了歷史性。說孔子「遍在」,不只為中國「制法」,且為全世界「制法」,表面上看起來是「張大孔子」,但實際的結果也是使得六經失去它們的歷史性。孔子之道既然是博包的,故不與其他思想對

---

22 〈朱侍御答康有為第二書〉,葉德輝編:《翼教叢編》,卷1,總頁21。
23 〈正界篇上〉,葉德輝編:《翼教叢編》,卷4,總頁224。
24 〈安曉峰侍御請毀禁《新學偽經考》片〉後附余晉珊奏語,葉德輝編:《翼教叢編》,卷2,總頁71。

立，甚至可以包容實際上與它相反的東西，這樣一來，反而把孔子之道降低到和異說平等的地位，更使得孔子之道中不可以有違反人類任何思想的可能性。而以上種種發展都瓦解了傳統——尤其是解消了上古信史。故當我們發現緊接著而來的，是一場翻天覆地的抹殺古代信史的古史辨運動時，絲毫不必感到意外。

這個例子使我們想到：中國知識分子在解釋經典時，常為了經世的要求，刻意與時代尋求關聯，最後竟至嚴重扭曲歷史的客觀性。誠如大家所周知的：中國思想史中有很長遠的經世傳統，而「通經致用」是這個傳統中相當有力量的一支。但是，在「通經致用」的目標下，常會碰到我在先前已提到過的一個困難——如何把已經定型的經典運用到每一個時代不同的特殊境況上，既要顧到訊息的完整性，同時又要照顧到境況的特殊性。也就是說，成功的經典解釋者應當一方面守著經典，一方面關照他的時代，故經典與境況二者應該相互關聯呼應而不是相近似，它們之間永遠存在一種緊張——到底門要決定房屋的結構到什麼程度，或房屋該決定門到什麼程度。想掌握一個恰當的分際並不容易。如果不能把握住恰當的分際，便常會出現這樣一種現象——那就是為了使經典所啟示的訊息與現實境況更密切相關，解釋者自覺或不自覺地依照自己的意見來支配經典。強古人以就我的結果，是使經典成為個人的思想服務之工具。

廖平、康有為的疑古活動都是在近代反傳統運動尚未爆發之際，他們之所以逼出那樣大規模的疑古思想，主要的動力是強烈尊孔衛道的意圖，而他們的疑古成果卻被反傳統運動的健將所繼承，爆發了古史辨運動。這樣一個案例至少告訴我們，近代的反傳統運動在最初萌芽的階段不一定全是反傳統意識的產物。如果我們借用「精神」與「軀殼」這一對名詞來看思想史的演變，那麼可以發現「精神」與「軀殼」之間可以有無限層次、無限種方式的聯結。疑古這個「軀殼」可以與相當不同的「精神」相聯結，尊孔這一個「精神」也可以與相當不同的「軀殼」相聯結；不同意圖、精神可以寄託在同一個結構之中，而不同的結構也可能寄託著同一個精神。

反孔的精神並不一定就會導致推翻上古信史，它們二者雖然有親和性，但卻沒有必然的因果關係。在某些情況下，尊孔也可能發展出令人意想不到的、破壞力極大的反傳統來。像康有爲與廖平，他們「本意尊聖」，但最後「乃至疑經」（余聯沅語），其意圖與結局之間就已是相當弔詭的了。但更弔詭的是，他們的疑古思想被意圖層面完全不同的反傳統人士接收下來，其尊孔意圖被全部捨棄，發展成一個純粹的反傳統運動。

所以古史辨運動雖然有相當程度上是清末民初傳統思潮影響下的產物，卻很快地與民初的反傳統運動合流了。顧頡剛（1893-1980）等人相信「舊道德的權威都伏在古書的神秘之中」，如果依然抱持著傳統的上古史觀，則一方面是「堯舜禹湯一班古人就成了道德的模範」，另一方面則是「儒家的思想就都成了堯舜禹湯早已行過的王政」。這個兩千年來約定俗成歷史系統如今被重重拆散，一方面使得上古歷史有了重構的必要，另方面使得寄託在古史上面的道德系譜也全面崩潰了——因爲這些道德既不曾在上古黃金時代實行過，它們的合法性便受到了空前未有的懷疑。所以拆散古史系統，重新審視它的組合過程的同時，也等於拆散了傳統的道德系譜。

(二)復古與反傳統

學術界有一個相當流行的看法，認爲晚清的國粹主義與保守主義是同義詞。國粹主義當然與保守主義有密切的關聯，但是我們也不能忽略它的另一面影響。

復古主義並不一定是與革新相敵對的，復古主義也可能蘊蓄著巨大的改革動能。在許多時候，復古與守舊完全不能等同看待。晚清復興佛學的大功臣楊文會（1837-1911）就曾說他們佛界中人，「既不維新，又不守舊」，而是「志在復古」，足見在他們看來復古與守舊並不完全一樣，一個守舊的人極可能是效忠當前認可的傳統，可是復古的人則是要跨越當前的傳統，攀向那個更高更純粹的古代。譚嗣同（1865-1898）曾說「變法又適所以復古」，足見至少在晚清，復古是針對當前的傳統的一種改變。因此在

晚清，復古與守舊常屬於敵對的陣營。

以湖南省「南學會」爲例，它是這個保守的省份中，最早從事思想革新的團體，而他們所標榜的一個重要精神便是「復古」。在「南學會」稍前的《沅湘通藝錄》中便有「治新學先讀古子書說」這樣的題目[25]。令人感到納悶的是「新學」與「古子書」有何關係？同時也覺察到復古主義本身正潛藏相當巨大的動能及各種可能性。

晚清復古思潮中有一個相當普遍的前提：即要反對「二千年間專制」、「小人儒」(借用伍琛的話)，直接恢復到先秦諸子爭鳴，儒術尚未定於一尊的時代。他們大多承認中國古代曾經有過兩個光燦奪目的時代，先是周公集堯舜文武之大成，再是戰國時代出現一個空前絕後的黃金時期，而現在是刻意恢復的時候。鄧實的〈古學復興論〉中便充分表達這一層想法。他說在先秦諸子中：

> 其所含之義理，於西人心理、倫理、名學、社會、歷史、政法，一切聲光化電之學，無所不包[26]。

那麼，爲什麼現代中國會遠落西人之後呢？理由是二千年專制小儒阻斷了先秦光輝的傳統，所以他們要回到真正的古代，去發揚中國傳統思想之「粹」。南社的寧調元(1883-1913)於1913年到廣東擔任三佛鐵路總辦，建立了南社粵支部，主張「張樸學於中原，共存國粹」，以復古主義相標榜，可是這一個國粹主義者卻攻擊孔子，罵孔學是專制之學，罵孔子是民賊。他在〈孔子之教忠〉一文中甚至說：

---

25 唐才常：〈治新學先讀古子書說〉，《沅湘通藝錄》，卷3，引見王爾敏：〈南學會〉，《晚清政治思想史論》(台北：華世，1969)，頁115。

26 鄧實：〈古學復興論〉，原刊《國粹學報》第9期(1905年10月)，收在張枬、王忍之編：《辛亥革命前十年間時論選集》，第二卷上冊(北京：三聯，1963)，頁59。

古之所謂至聖，今之所謂民賊也，……孔子者，蓋馴謹成性者
也，……致貽中國二千年專制之毒，民族衰弱之禍。

　　寧氏在〈孔子之右文〉中，又指責孔子不言軍旅之事，使得「文弱演
爲國俗」，還在〈孔子之持家〉、〈孔子之接物〉二文中對孔子的待人處
世提出苛酷的批評[27]。

　　他的例子告訴我們，不少國粹主義者的特徵之一便是將中國傳統徹底
相對化，他們選擇的「國粹」都不一樣，選擇某一部分常常同時意味拒斥
其他部分，也就是以一部分爲「粹」，而把其他部分斥爲渣滓。這個行動
本身便有相當大的破壞力量了。所以像寧調元便拒斥了孔子之學，認爲那
是渣滓，而保留了他所認爲是「粹」的部分。他的復古與國粹之主張與他
的反孔言論並不矛盾。

　　再以國粹學派的領導人章太炎爲例。從現代眼光看來，他便是一個奇
特的複合體，他的思想中既有著復古的思想，同時卻又散布了大量反傳統
的種子。其實，從某一層面看來，這兩者並不互相矛盾。歷史上具有批判
力量的思想並不一定是嶄新的，只要一種思想與該時代流行的思想有著落
差，便可以對該時代起批判作用。故復古與趨新皆可以形成批判力量。章
太炎曾說「復古」即是「禔新」（即趨新）[28]，用梁啓超的詞彙來說，即是「藉
復古爲解放」。他所說的「復古」，即是要回到尚未罷黜百家獨尊儒術的
先秦，重新以那個時代的角度衡量孔學。所以他引先秦諸子的紀錄作爲認
識孔子的依據，以致有《諸子學略說》之作。在這篇關鍵性的文字中，他
徹徹底底地批判了孔子，從它的字裡行間可以很容易地看出「復古」與「反

27　寧調元：〈孔子之教忠〉，收在楊天石、曾景忠編：《寧調元集》（長沙：湖南人
　　民，1988），頁395。〈孔子之右文〉、〈孔子之持家〉、〈孔子之接物〉分別收
　　在同書，頁396、394、394-395。
28　王汎森：《章太炎的思想》（台北：時報文化，1985），頁176。

傳統」的複合[29]。長期以來，章氏已被視爲傳統文化的代言人，但他實際
上已逐步背離了傳統。我們甚至應該這樣說：在「傳統主義者」這一外殼
裡所裝著的已經是過去與大家所認定的「傳統」非常不一樣的內容。章太
炎的思想實代表著傳統文化瀕臨崩潰的前夜，在他的一些思想繼承人手
上，「傳統」像粉一般碎開了。（但為何有些曾經直接或間接促成反傳統運動的人，
後來竟成為新文化運動的反對者，這是我想在別的文章中加以解釋的。）

二、愛國與反傳統

(一)愛國主義與反傳統思想的內在關聯

　　魯迅二十三歲時(1903年)寫的〈自題小像〉：「靈台無計逃神矢，風
雨如磐暗故園。寄意寒星荃不察，我以我血荐軒轅」，充分道出清末民初
知識分子在西方勢力覆壓之下的困境與悲願。在那樣無奈的困境之下，如
何愛國強國，成爲當時大多數知識分子的一個目標。但是選擇何種手段來
達成這個目標，便因人而異了。在意圖與手段之間，可以有無限種方式的
叩接，只要行動者自認爲二者之間是合乎邏輯的，對行動者自己而言，便
不成任何問題了。我們從清末民初中國思想界的情形可以更清楚地看出這
個現象。

　　如前所言，在西方勢力猛力叩關，中國知識分子爲傳統辯護與抵抗的
過程中，有些保守主義者是把西學吸收到傳統的「軀殼」中以達成他們保
守的目的，有些則是回歸到比目前所認識的傳統更爲傳統的狀態中，這兩
種辦法的目標都是爲了使傳統更有效地回應當前的變局。可是，他們用以
達成目標的手段是何等的不同！由於意圖與手段組合方式的變化，中國近
代思想人物的風貌亦繁複萬端：他們有的是意態極爲保守，而手段極爲西
化；有的是意態極爲前進，而手段卻極傳統；有的是意態保守，手段傳統；

29　參考王汎森：《章太炎的思想》，第6章。

有的是意態激進，手段西化。同樣的意圖可能藉著全然不同的手段去達成，而同樣的手段也可能爲完全不同的意圖服務。所以單只是用「傳統」或「前進」，「新」與「舊」來描述他們，常常是不夠充分的。

在愛國救國這個共同的目標之下，出現了無數種手段，最值得注意的有兩種。第一便是以激烈破壞、激烈個人主義來達成愛國救國，以致把大規模的毀棄傳統作爲正面價值來信奉。這樣的行動對有些人的情感來說可能是痛苦的，可是爲了國家民族更高的利益，許多知識分子卻願意犧牲在情感上相當依賴的某些傳統的質素，同時也要求別人作同樣悲壯的犧牲。所以我們經常可以在這一個時期的知識分子的身上，同時看到全盤反傳統與在某些層面上戀執傳統的情形，其實這種矛盾的出現，常是在「救國」這一個最終極的目標下，目的與手段間的緊張和兩難。第二種態度是認爲愛國就必須保持傳統。即使這中間有些人已警覺到傳統的許多成分已不濟於世用了，但是他們仍願意以李文遜（J. Levenson）所謂的對木乃伊審美式的懷念心情來對待。

在這裡想著重討論的是以大破壞爲愛國的手段，以打破傳統的倫理結構，把全中國徹底重新組合爲救國手段的現象。對他們來說，愛國保種之熱情愈爲深切，則打破傳統的決心亦更爲熾盛，二者如影隨形，成爲近代中國最奇特的一種力量。而許多傳統型知識分子之所以決然轉向西化，也必須在這一個脈絡下來理解。

清季掀天揭地而來的變局對那一代傳統知識分子的刺激是很深刻的，而且國家每經一次挫敗，其痛苦就愈深，有良心的讀書人雖然希望對國家民族有所濟救，可是正如章太炎所說的「說經者所以存古，非以是適今也」[30]，他們腦中那一套傳統知識顯然不足夠應付這個變局，那麼該當如何呢？——許多讀書人開始轉步移身到壓迫他們的西方帝國主義身上尋找醫己的

---

30 章太炎：〈與人論樸學報書〉，《太炎文錄初編》，卷2，在《章氏叢書》（台北：世界，1958），下冊，總頁722。

良方。他們之所以轉向西方，不是厭棄祖國，相反的，正是爲了要護衛祖國，才賤棄舊學轉而向他們的敵人學習。以清末大詩人范當世(1854-1904)爲例，陳三立(1852-1937)爲他的《范伯子文集》所寫的〈跋〉中，便很精確地道出范氏向西轉的心路歷程。他說范氏「好言經世……其後更甲午、戊戌、庚子之變，益慕泰西學說，憤生平所習無實用，昌言賤之」[31]。范氏原是個不折不扣的傳統型知識分子，他之所以昌言賤棄生平所習，並不是不要中國，而是因爲他太愛中國了，因爲太愛中國，所以他猜想把中國打得七零八落的泰西諸國應該有足以拯救中國的學說。當康有爲大量引進西方思想時，他的真正用心也是要對抗帝國主義者，而不是如攻擊他的人所說的，康有爲是要把中國出賣給西方帝國主義者。那一代知識分子藉著吸收帝國主義的長處來抵抗帝國主義的曲折心態是很值得注意的。西化論之所以風起雲湧、沛然莫之能禦，至少在意圖的層面上，與強烈的民族情操正是密相結合，而不一定是崇洋媚外的買辦心理之產物。

(二)「愛國」與「破壞」

《學衡》第一期上有一篇柳詒徵(1880-1956)所寫的〈論中國近世之病源〉說道：

> 方清季初變法之時，愛國合群之名詞，洋溢人口，誠實者未嘗不爲所動[32]。

這一個觀察大抵是正確的。在清末民初之際，許多知識分子認爲中國之所以積弱不振，未能有效抵禦西人，最關鍵原因是未能急速凝聚全國的每一分力量來應付空前的危局，而力量之所以無法動員，實因各種藩籬與

---

31 陳三立：〈范伯子文集跋〉，《散原精舍文集》(台北：中華，1966)，卷12，頁279。
32 《學衡》，1期(1922年1月)，總頁343。

隔閡太多，使得直的意志無法貫徹，橫的聯繫也不可能，以致於全國的力量像碎粉般，無法被磁鐵盡可能吸附上來。這些藩籬與隔閡，包含星羅棋布於全國的家族宗法勢力、森嚴的階級區分、三綱五常的束縛、政府與民意嚴重的隔閡等等，因此打破上述種種「分別」相，使這個國家的所有基本分子相「通」，是這個時代許多知識分子共同的要求。佛教破除分別與對待的學說在這時發揮了莫大的社會政治功能，不是沒有理由的。譚嗣同思想中的破對待、破名分、衝決一切網羅，主要便是爲了使「中外通」、「上下通」、「男女內外通」、「人我通」[33]。而「通」的最具體表現即爲平等，所以譚氏特拈平等之義以說「通」。他說：

　　通之象爲平等[34]。

　　從行動的層面來說，要「無對待，然後平等」[35]。而平等及打破所有對待性關係的同時，自然要挑戰既有的倫理及政治社會結構。同時破壞、暴力、激烈，成了歌頌的對象。更值得注意的是，不管破壞或暴力，都被視爲愛國救國的手段，在這一個邏輯關係中，愈暴力、愈破壞，則愈被視爲是愛國的表現。1903年9月《遊學譯篇》第十期上的一篇〈民族主義之教育〉中，作者說：

　　夫善言革命者，當天下之不欲急急於破壞，而日日與之言破壞。……其用在於群，群天下之思想而爲有意識之破壞。其事主於積，積天下革命之材力，而爲有價值之破壞[36]。

33　《仁學》，卷上，〈仁學界說〉，在《譚嗣同全集》（台北：華世，1977），頁6。
34　同上。
35　同上，頁7。
36　不著撰人，〈民族主義之教育〉，收在《辛亥革命前十年間時論選集》，第一卷上冊，頁407。

1902年，梁啓超在《新民說》的〈進步〉一節中便這樣歌頌著破壞：

> 嗚呼！快矣哉，破壞！仁矣哉，破壞！
> 其破壞者，復有踵起而破壞之者，隨破壞，隨建設，甲乙相引，
> 而進化之運，乃遞衍於無窮[37]。

把破壞當做仁舉，跟下面這一段以暴動為愛國的言論是相類似的。1903年，署名「湖南之湖南人」的楊篤生（1872-1911）在《新湖南》一書的第五篇〈破壞〉中這樣說：

> 人曰：今日之言暴動者，敗群也；吾黨則曰：今日之言暴動者，
> 愛國也。人曰：今日之言暴動者畔【叛】夫也；吾黨則曰：今日
> 之言暴動者，貞士也[38]。

暴動者應被尊為「貞士」——這個奇特的評價是怎樣出現的？那是他們把破壞的行為和一個將中國舊社會結構全部打爛來解救中國的前提下，才可能出現的。如果稍微深入分析這類資料，我們或許會感到意外：持這樣激烈看法的人，竟往往是從事傳統學術研究的知識分子。像國學大師劉師培（1884-1919），便於1904年用過一個寓義甚深的筆名——「激烈第一人」，寫下了〈論激烈的好處〉[39]。而另一位大學者黃侃（1886-1935）也用「運甓」這個筆名寫道：如果不能把中國改造成一個平等的社會，「當以神州為巨塚」[40]。他們心中那股不計一切代價徹底打爛江山，重新再造的渴望，在這些地方表露無遺。

37　梁啟超：《新民說》（台北：中華，1978），頁61-62。
38　收在《辛亥革命前十年間時論選集》，第一卷下冊，頁64。
39　同上，頁887-889。
40　運甓：〈哀平民〉，收在《辛亥革命前十年間時論選集》，第二卷下冊，頁790。

　　國學大師章太炎早年(1894年)即寫過〈明獨〉一文，提出想完成「大群」則必須先「大獨」的想法。他說：「夫大獨必群，不群非獨也。」又說：「大獨必群，群必以獨成。」「小群，大群之賊也；大獨，大群之母也。」[41] 都是在說明中國人唯有能從舊親族團體(小群)中解放出來成為「大獨」，方可能達到全國的「大群」；如果仍拘守在舊的親族團體中，永遠不可能「群」。但〈明獨〉一文所標示的思想，仍然相當溫和，到了1907年(光緒三十三年)左右才有了變化。在這一年中，章氏寫下代表激烈軍國主義的〈《社會通詮》商兌〉，提倡以軍國主義把中國組成一作戰體來挽救危亡，而又以盡破傳統宗法社會為達到軍國主義社會之手段。讓我們來看幾段這方面的文字：

> 今吾黨所言民族主義……惟日討國人，使人人自競為國禦侮之術，此則以軍國社會為利器，以此始也，亦必以終，其卒乃足以方行海表，豈沾沾焉維持祠堂族長之制，以陷吾民於大湫深谷中者[42] ？

又說他所倡的民族主義正是要以鎔解宗法社會為其手段：

> 且今之民族主義非直與宗法社會不相一致，而其力又有足以促宗法社會之鎔解者。夫祠堂族長之制今雖差愈於古，亦差愈於歐洲，要其僕遫之體，褊陋之見，有害於齊一亦明矣。人情習其故常，而無持更叫旦者於其左右，則夢寐為之不醒。今外有敵以乘吾隙，思同德協力以格拒之，推其本原，則曰以四百兆人為一族而無問其氏姓世系，為察其操術，則曰人人自競盡爾股肱之力，以與同

---

41 〈明獨〉，朱維錚、姜義華編注：《章太炎選集》(上海：上海人民，1981)，頁2-3。
42 章太炎：〈《社會通詮》商兌〉，《太炎文錄初編》，〈別錄〉，卷1，在《章氏叢書》，總頁828。

> 族相繫，維其支配者，其救援者皆姬漢舊邦之巨人，而不必以同
> 廟之親。……人亦有言，中夜失火，則姻戚不如比鄰，故內之以
> 同國相維，外之以同患相救，當是時則惟軍國社會是務，而宗法
> 社會棄之如脫屣耳[43]。

宗法社會之所以應當摧破，是因為它的「褊陋之見，有害於齊一」，換句話說，它阻礙了力量向最高主體凝聚，這在過去還差可忍受，但「今有外敵乘吾隙」，則必須破除散布各地的宗族，「以四百兆人為一族而無問其氏姓世系」——太炎說這是實踐民族主義拯救中國的要著。

在他看來，若想振興中國，惟有超越血緣結構，以普遍愛取代有差等的愛才能奏功。若欲達此目的，只有「變祠堂族長之制」[44]，盡破宗法社會，將個人從其束縛中解放出來。亦即是把中國的團結建立在打破血緣結構上。

過去那種由鄉土、血緣的遠近親疏所決定的有等差之愛，現在要改造成超越倫理結構的普遍愛。康有為在清末提倡墨子的「兼愛」(即愛無差等)，這種思想在孟子看來是所謂「禽獸之行」。譚嗣同在衝決各種名教綱常之網羅後，只保留五倫中的「朋友」一倫，也是要求超越舊親緣結構的束縛。譚氏的《仁學》上有這樣一段話：

> 自孔耶以來，先儒牧師所以為學，莫不倡學會，聯大群，動輒合
> 數千萬人以為朋友。……為孔者知之，故背其井里，捐棄其君臣
> 父子夫婦兄弟之倫……夫朋友豈真貴於餘四倫而已，將為四倫之
> 圭臬。而四倫咸以朋友之道貫之，是四倫可廢也[45]。

---

43 章太炎：〈《社會通詮》商兌〉，總頁829-830。
44 同上，總頁830。
45 《仁學》，在《譚嗣同全集》，頁67。

所謂「合數千萬人以爲朋友」即是所謂「大群」。但我們必須注意：譚氏是以「捐棄其君臣父子夫婦兄弟之倫」爲成大群的前提。

〈《社會通詮》商兌〉發表後六個多月，章太炎又寫下〈五無論〉（光緒三十三年九月廿五日）及〈國家論〉（同年十月廿五日），更激烈地主張要把個人從家庭、社會、國家等所有組織中解放出來。晚清無政府主義更加深了這一思路。清末民初甚囂塵上的破家論者，在某一層面上，更是這一脈思想之產物。蔡元培(1868-1940)一度宣揚要廢除婚姻制度、行共產。但他又特別強調這樣做絕不是爲了便於宣淫，他鄭重強調這「必有一介不苟取之義，而後可以言共產。必有坐懷不亂之操，而後可以言廢婚姻」[46]。破除婚姻是毀家的先聲，毀家是建造新群的前提。早於1907年時，在《天義報》上便出現過〈毀家論〉的文字了。這篇未署真名的文章中說：

> 蓋家也者，爲萬惡之首。

又說：「欲開社會革命之幕者，必自破家始矣。」[47] 由此可知，1919年1月1日，傅斯年在《新潮》上發表的〈萬惡之源〉中宣稱家是萬惡之源，其實是代表著對當時而言由來甚久的一個想法。而章鐵民在新文化運動期間寫信給他父親要求自某年某月某日起終止父子關係[48]，也不是突發的個案。民國初年的思想界廣泛存在著一種樂觀的想法：認爲歷史會爲我們停止，一切都可以重新造起。套用顧頡剛的話說：「天下無難事，最美善的境界只要有人去提倡就立刻會得實現。」[49] 所以在當時，爲了達成各種特定目標而設計的改組中國社會的方案如雨後春筍般出現，他們要建造「新

---

46 黃世暉記：〈蔡子民先生傳略〉，收在《蔡元培自述》（台北：傳記文學，1967），頁60。

47 漢一：〈毀家論〉，收在《辛亥革命前十年間時論選集》，第二卷下冊，頁916-917。

48 Chow Tse-tsung, *The May Fourth Movement: Intellectual Revolution in Modern China* (Cambridge: Harvard University Press, 1960), p. 184.

49 顧頡剛：《古史辨》（台北：無出版時間），第1冊，〈自序〉，頁17。

社會」。在「新社會」中，連繫每一個別的人的關係都是先由特殊的有意計畫所造成，而不是自然形成的，它可以是各色各樣的新村，也可以是各種合作社。他們都希望把小團體中實驗的成果推展到全中國。既然這一個「新社會」中人與人的關係是依照理性設計而成的，那麼在他們的理想中，傳統的禮教綱常、倫理秩序便無所附著了。

由以上的討論，我們可以發現：愛國的動機與激烈破壞傳統倫常之關係，同時也發現傳統與反傳統之間有著千絲萬縷之關係，使得傳統與反傳統這兩個名詞將不再是那樣容易界定。尤其當我們發現強烈的尊孔衛道，竟可能導出「毀經」的結局，復古竟可能動搖孔子或中國其他聖賢的傳統的地位時，對「傳統」與「反傳統」之間的關係，恐怕是需要更深入地探討的。

中國近代思想中的傳統因素
——兼論思想的本質與思想的功能

　　本文想討論近代中國自我人格與心態之塑造過程中，傳統的思想資源
扮演了什麼樣的角色？近代中國思想以反傳統爲主，但是，各種研究又發
現傳統思維在其中扮演著錯綜複雜的角色[1]。「傳統」的內容異常繁富，
在這裡，我只想從其中的一小部分入手進行討論。以理學爲例，「五四」
前後思想家多反理學，可是他們的思想中卻又常夾有濃厚的理學成分。反
理學思想竟然毫不影響其中一部分人對理學的資源作深入而廣泛的運用。
所以，在研究這一個問題時應該跳出簡單的因果關聯，轉而留意「近代思
想家或行動者如何以思想或傳統來做事」[2]。除了探討思想的本質外，也
應及於它後來在形形色色的「使用」之中所扮演的歷史作用。

　　整體來說，宋明理學的道德修養資源在近代思想與行動中所造成的影
響是紛紜多樣的。由於思想分子之間原有的有機聯絡已經破裂，從它們的
接榫處散開，所以成爲互不相干的一堆東西[3]，這些散開的分子只是材料
（matter），形式（form）已經不存在，新的理念或主義的介入，使它們不斷
游離並重組。由於它們已經脫離了原來的形式，所以分子原來在其有機結

1　關於這個問題，參見張灝：〈傳統與近代中國知識分子〉，收入氏著：《幽暗意
　　識與民主傳統》（台北：聯經，1989），頁171-185。

2　此處我是借用奧斯汀的理論而加以改造。奧斯汀原來是說「人們如何用語言來做
　　事」，見John Austin, *How to Do Things with Words*(Cambridge, Mass.: Harvard
　　University Press, 1975).

3　林毓生：〈五四式反傳統思想與中國意識的危機〉，收入氏著：《思想與人物》（台
　　北：聯經，1983），頁132-133。

構中所受的約束不存在，特定分子本身的作用可能被無限放大，產生它們在原來的結構中所無的性質及份量。以理學而言，近代中國仍有許多牢守矩矱的理學家，但對本文所將討論的許多新思想家而言，理學的諸多成分，被以化合作用般的方式重新組織到一個新的結構中，所以在新的結構中也就不再存在著與舊結構的分子之間同樣的關係。宋明理學本身原來的一套倫理觀及價值觀已經不再居核心地位，它的各個分子被收攝到一個個與理學無關的最終的目標上去。這個目標可以是革命，可以是打倒傳統，可以是救國，甚至可以是反理學。

大體而言，理學思維與近代思想與政治的關係可以分成三個部分。第一，理學中主張自然人性論的部分與新文化運動前後道德思想的轉變大有關係。第二，理學中自我轉化的部分成為新一代行動者自我人格塑造運動的憑藉。它可能在思想與道德混亂的時代，維持個體的道德；也可能培養出打破一切禮法之人，更可能鍛造愛國志士。第三，理學中對「心」的強調，成了一部份人無限擴大自我主觀能動性的憑藉，造成心的神化、人的神化，以達成革命或解放的目標。

一

理學在清代的命運是很曲折的。康熙以前，學分三派，一承東林之餘脈，一提倡朱學，一尚考據。在康熙一朝則以朱子學為盛，乾隆後專尚考據，當時王學滅盡，朱學亦微 [4]。可是在道光、咸豐年間，宋學與心學都有再度復興之勢。宋學家一方面講求致用及維繫社會道德，同時也批判漢學考據，而且箭頭也常常指向考據家的私人品德。康有為（1858-1927）一段話相當簡要地描述了這一點：

---

4 蔣貴麟校訂，《南海康先生口說》（台北：商務，1987），頁186。

段金壇為巫山令，貪劣特甚。孫淵如為山東糧道，受賄三四十萬。
可知漢學家專務瑣碎，不知道理，心術大壞，若從宋學入手，斷
無此事[5]。

晚清理學復興的過程無法在此深入討論[6]。大體而言，邵懿辰(1810-
1861)、唐鑒(1778-1812)、倭仁(1804-1871)、吳廷棟(1793-1873)、李棠
階(1798-1865)、曾國藩(1811-1872)等人是主要倡導人。他們以推闡朱學
為主，所崇拜的是朱子、薛瑄(1392-1464)、張履祥(1611-1674)、李光地
(1642-1718)、陸隴其(1630-1692)等人，重視的是他們維持社會風教、嚴
格要求自我的主張。此外，乾嘉漢學也發展出一種新理學——也就是由戴
震(1723-1777)、焦循(1763-1820)等人所形成的，繼承晚明學者的遺緒，
對理、欲等哲學問題重新加以詮釋。在正統派宋學家看來，他們入室操戈，
偷樑換柱，是理學最大的敵人。

以上兩種思潮在新文化運動前後都有影響。朱學一派基本上發展成一
套新、舊兩派人物皆適用的心性上自我鍛鍊的方法。後來加入王學的成分，
兩者互相吸收、互相激盪，發展成為衝破重圍的行動哲學。至於戴震、焦
循、阮元(1764-1849)、凌廷堪(1755-1809)等人發展出的新理學，在新文
化運動前後也得到蔡元培(1868-1940)、胡適(1891-1962)、周作人(1885-
1967)等人的提倡，與當時解放人類自然欲望的風氣及從西方輸入的功利
主義哲學相糅合而極為盛行。周作人提出的兩句口號最為扼要地概括了他
們的主張：「倫理的自然化，道義的事功化。」[7]

此處先談這種新道德觀的形成。晚清以來，只有極少的士大夫主張理
欲截然對立式的道德觀念，相反的，尊情重欲、尊重人的自然需要的主張

---

5 蔣貴麟校訂，《南海康先生口說》，頁184。
6 目前對此問題並無足夠的研究，可參考史革新：《晚清理學研究》(台北：文津，
  1994)。
7 錢理群：《凡人的悲哀——周作人傳》(台北：業強，1991)，頁188-189。

大爲流行。清末維新與革命兩個陣營中，對於這個問題的態度大抵是一致的。康有爲、嚴復(1854-1921)、譚嗣同(1865-1898)、章太炎(1869-1936)、劉師培(1884-1919)、蔡元培、馬敘倫(1884-1970)、周作人等對此都無異見。康有爲主張色欲交合之事，兩歡則合，兩憎則離[8]，而且重私[9]、重情、重奢[10]、重器、重動，可以說是相當具有代表性的。這個時候告子「生之謂性」的說法獲得壓倒性的支持[11]，王夫之(1619-1692)性「日生日成」之說也得到許多人的信從。他們的態度基本上與明季思想家如顏元(1635-1704)、李塨(1659-1716)、陳確(1604-1677)、唐甄(1630-1704)等人相近，也與清代中期的戴震、焦循、凌廷堪、阮元一脈相傳。所不同的是，這個時候理與欲的內容都擴大而有了現代的內容。所以，這時他們談的「欲」已不是傳統儒者所談的內容。

　　這一時期的思想家雖然主張尊情重欲，但是他們的思想有一個細微之處值得仔細分辨。他們固然主張尊重社會大眾的情欲，可是在談到社會領袖個人時，卻有非常嚴格的紀律化的傾向。章太炎評戴震的情欲思想時說它可以拿來作爲政治家對人民的態度，不可以用來持身，也就是將政治的與私人的道德要求分開。在政治上必須滿足眾人基本的欲望，但對個人的修養並不如此說。蔡元培也是一樣，他一方面欣賞李卓吾(1527-1602)的情欲思想，一方面卻是劉宗周(1577-1646)學說的實踐者；以最寬容的態度處理眾人欲望之事，但以嚴格的鍛鍊對待自己。

　　蔡元培是近代最重視倫理學及其他精神層次之建設的人。早在他考舉人時，便已在考卷上答「夫飲食男女，人生之大欲存焉」，而這份考卷竟

8　張錫勤等：《中國近現代倫理思想史》(哈爾濱：黑龍江人民，1984)，頁88。

9　同上，頁558。

10　譚嗣同：《仁學》，《譚嗣同全集》(台北：華世，1977)，卷上，頁38-39。

11　如汪士鐸之讚賞告子。張錫勤等：《中國近現代倫理思想史》，頁56。如康有爲在《長興學記》中說：「告子生之謂性，自是確論。」如譚嗣同《仁學》中之「生之謂性」、「形色天性」，見《譚嗣同全集》，頁16。

使他中了舉人[12]。這或許反映當時主持功名的士大夫也已經有了變化。蔡氏整理中國倫理學史及編纂修身教科書等，皆凸顯其中尊情重欲、維護女權之一脈。譬如《中國倫理學史》中特講戴震、俞正燮(1775-1840)等人，他編的《文變》一書中所選的文章，也偏重俞正燮的〈妒非女人惡德論〉、〈節婦說〉，痛斥男尊女卑、夫死守節之類的文章。此外，他在爲《安徽叢書》第三集的《俞理初年譜》所作的跋文中，也主張一種唯理而復有情的思想。

周作人則專心致志於提倡一種新道德哲學，這一哲學以戴震、焦循、程瑤田(1725-1814)等幾位清儒爲代表。如前所述，這些思想家都有重人權、體人情、重女權、重體諒、尊欲望[13]、體恤細民百姓，且不抹殺現實常識與人在生物層次上實際需要的特色。他再三致意於戴震《孟子字義疏證》、程瑤田《論學小記》、焦循《易餘籥錄》及俞正燮的幾篇維護女權的文字，並一再強調「通情時變」之哲學，甚至特別欣賞《易餘籥錄》中講「模糊」的一段，無非是希望人們不要以「天理」的高調來責備人、約束人，希望以「模糊」來消解理學的道德嚴格主義。

他們的影響是很大的，連保守的梁漱溟(1893-1988)講「天理」時也強調他不是認定一個「客觀道德」，也就是不執著舊式的倫理道德，而是「自己生命自然變化流行之理」[14]。又說「孔家」原不排斥飲食男女本然的情欲：

---

12 蔣夢麟：〈試爲蔡先生寫一筆簡照〉，收於蔡建國編：《蔡元培先生紀念集》(北京：中華書局，1984)，頁75。

13 但我們應當留意，周作人大量寫這類文字是在敵僞下做事時。這些文字可能一方面呼籲時人體恤淪陷區人民的現實感受，不要以道德高調的「理」來評判他們；一方面又爲自己的行爲辯解，希望人們考慮現實境況而予以諒解。心情及用意很複雜。不過，這些言論亦與其前後思想相當一致。關於幾篇文字的寫作背景，見錢理群：《凡人的悲哀——周作人傳》，頁188-193、211。

14 梁漱溟：《東西文化及其哲學》(台北：九鼎，1982)，頁127。

> 孔家本是讚美生活的,所有飲食男女本能的情欲,都出於自然流
> 行,並不排斥,若能順理得中,生機活潑,更非常之好的[15]。

由上可見,理學中新的理欲觀幫助近代新道德哲學的成立。

前面提到過,宋學復興為近代主體性的鍛鍊提供了資具,此處擬稍加申論。清末民初改造個人、改造社會的思想甚囂塵上,而在這一波造新人的風潮中,主體性的鍛鍊是極為重要的一環,但是在這方面西學並未提供足夠資源。儘管Samuel Smile的《自助》(*Selfhelp*)之類的書曾經影響不少青少年,而且實際造就了他們後來的人生哲學與行事風格[16],不過當人們想起自我人格鍛鍊、自我修養時,大多還是回到宋明理學的傳統去尋找資源[17]。

近代個人主義的發揚與理學式的自我修養鍛鍊並不相矛盾。因為一個健全的個人應該要他能夠做自己的主人,要能對抗情、欲等足以陷溺他的因素。如果能自在地禁絕欲與情,收發自如,才是真正擁有主體性的個人。

他們已經不那麼注意程朱、陸王的分別了。為了救天下,程朱、陸王皆可以在一個團體的不同成員中存在,或甚至於在一個人的思維中同時存在。清末在各地有不少肩負政治社會使命的修身團體,如蔡元培於1906年所寫〈記紹興志學會三大願〉中論及二十五年前(1881年),紹興周亦輝、王積堂、周味芹、戚升洤、程伯索等人所組的志學會。其中周亦輝是程朱派、王積堂是陸王派,但從未鬧過意見。他們用功的方法是看書,寫札記,把札記互相傳觀,互相批評。那些札記的內容大致與宋儒語類相類。這是他們修身的部分,但他們的終極目標卻不止如此,而是三個大願:(一)願天下無貧人。(二)願天下無病人。(三)願天下無惡人。蔡元培說:「當時

---

15 梁漱溟:《東西文化及其哲學》,頁127-128。

16 錢穆在《師友雜憶》(台北:東大,1983),頁35中便曾述及。

17 吳虞是個有趣的例子。他是一位近代反傳統的先鋒人物,但卻有《宋元學案粹語》,光緒三十三年出版。此書並不易得,承羅志田兄為我從四川印得一冊。

我的朋友,大半是治漢學的,把他們三願傳為笑柄。」[18]

他們是一群理學家,只有救天下的大願,不管他程朱、陸王,也不爭學派的純雜,只要求自我鍛鍊成器。當時有一位筆名放鶴所寫的〈民德篇〉也說,正人心以講學為急,只要能達到這個目的,管他程朱陸顏李皆有可取[19]。

在近代自我鍛鍊的思潮中,理學的省心日記產生過相當大的影響。宋學與晚明心學革新派的劉宗周,都發展出極為嚴格的自我鍛鍊的方法。以清季宋學復興要將吳廷棟(1793-1873)《拙修集》中對倭仁以日記自我診察鍛鍊的工夫所作的觀察為例,倭仁把每天從早到晚所有念慮、言動及應事接物,乃至於睡夢的內容都記下來以供自己反省之用。因為是把廿四小時中每一個念頭、每一件行為都記下,而不是選擇性的寫幾件,所以整個自省工作嚴密而有組織,不能有一點自欺或懈怠。吳廷棟說:

> 其人篤實力行,專以慎獨為工夫,有日記,一念之發,必時檢點,是私則克去,是善則擴充,有過則內自訟而必改,一念不整肅則以為放心,自朝至暮,內而念慮,外而言動,及應事接物,並夜而考之夢寐,皆不放過,而一一記出以自責,其嚴密如此[20]。

他們的修身日記是互相傳觀的,讀後還寫意見。吳廷棟讀倭氏日記後也寫有文章。

不過,在新文化運動前後,清代宋學復興的領袖如倭仁、唐鑒、吳廷棟、李棠階等人的名字極少被提到,反倒是明儒劉宗周的《人譜》影響最

---

18 〈記紹興志學會三大願〉,高平叔編:《蔡元培全集》(北京:中華,1984),第1卷,頁395。

19 放鶴:〈民德篇〉,《甲寅》,1:2,頁17。

20 吳廷棟:〈庚子都中與執夫子垣兩弟書〉,《拙修集》(同治十年刊本),卷10,頁1。

大。《人譜》中自省嚴密的程度決不下於倭仁的日記。而且因為劉氏「意」的哲學,使得他的省身哲學格外嚴厲。他特別要求人們不只是把念頭或行為記下來作反省,還應該在惡念即將發動之前,便把它攔截住。最理想的境界則是立定主宰(意)使得惡的念頭根本不發生。劉宗周把小至一個念頭的錯誤看得非常嚴重,所以常說一個念頭的錯失,可以使人由聖賢轉為禽獸[21]。

　　《人譜》的影響,在各種官方頒定的學程或個人論述中都有反映。官方的學程中,如光緒二十九年(1904)十一月二十六日張百熙(1847-1907)、榮慶、張之洞(1837-1909)《奏定學堂章程》中的《奏定初等小學堂章程》,在修身課上規定摘講朱子《小學》、劉宗周《人譜》[22]。可惜一時並未能找到當時的課本,不知道《人譜》的哪些部分被摘用,也不知道小學堂的學生如何踐行《人譜》中極為嚴密的科條。

　　省心日記對「五四」前以湖南楊昌濟(1871-1920)為核心的一個修身講學團體也起過特別的作用。他們修養的主要資糧也是理學,但並不偏於程朱或陸王。從1914年冬到1915年9月,每逢星期六、星期日便有大約十個學生到楊昌濟家討論讀書及哲學的問題(而毛澤東亦於1914年開始將他此時所聞寫成《講堂錄》)。如果對照當時楊昌濟日記中對社會風習之批斥,可以看出楊氏在該年冬天組成這個小組是為了培養改造社會的人才。而楊氏推荐給這個小組的讀物是西洋哲學、倫理學、宋元理學等。從楊氏的記錄及毛澤東《講堂錄》看,理學是他們修身鍛鍊的主要憑藉。而且他們也模仿理學家立日記,並把日記呈給老師楊昌濟批閱,或是互相觀摩批評(參見本書〈近代中國私人領域的政治化〉)。黎錦熙(1890-1978)回憶說:

　　大家每次碰到一起,就把自己一個星期看的書的心得自由地進行

21　參考王汎森:〈明末清初的人譜與省過會〉,《中央研究院歷史語言研究所集刊》,63:3(1993),頁696-712。

22　張之洞等:《奏訂學堂章程折》(台北:台聯國風,1970),頁449。

談論，有時也隨手拿起旁邊一個人的日記看看[23]。

楊昌濟也常有閱某生日記的記載[24]。這種形式與七、八十年前在北京以倭仁等人為主組成的修身團體有相似處，而且他們也多是湖南人。受楊昌濟影響的這群學生，後來又組成「新民學會」，會中仍規定會員互相傳閱日記[25]。

除了立日記以自課自省外，抄前賢的修身訣語也是一個辦法。楊昌濟自己有《論語類抄》，而他的學生們也有人模仿，如「曹生志明仿余之類抄《論語》，手抄《孟子》一本，皆用楷書」[26]，又有「閱張生超所抄修身口訣」[27]。

楊氏自謂從程朱入門，但同時也不排斥陸王的卓絕之識，但徹底反對漢學。他們總是談「大本大源」、克己、存養等問題。曾國藩是他們心目中踐履宋學之英雄人物。在這個團體中產生了毛澤東，他的思想痕跡與楊昌濟所提倡的宋明理學頗有關係。

在北方，北大的空氣中也有一股「懲忿制欲」的理學空氣。陶希聖(1899-1988)在《潮流與點滴》中回憶他「五四」前在北大預科時，以一種《明儒學案節本》修養鍛鍊自己人格的情形：

> 我在預科三年級，先讀梁任公《明儒學案節本》，再讀《明儒學案》原書，然後讀《宋元學案》。這時候讀這兩部書，並不是單純的求知，而是深切的悔悟。一個鄉村青年，進了首都北京，漸染一種「大爺」的習氣。由習氣轉入悔悟的過程中，宋明兩代學

---

23 王興國：《楊昌濟的生平及思想》（長沙：湖南人民，1981），頁156。
24 同上，頁157。
25 同上，頁170-171。
26 楊昌濟：《達化齋日記》（長沙：湖南人民，1981），頁41。
27 王興國：《楊昌濟的生平及思想》，頁157。

案給予我以莫大的啟示[28]。

這一代人常發現民國初年社會風氣太過頹敗，很想過「向上的生活」[29]，而宋明理學中爲涮消「習心」所發展出來的種種辦法，正是少年人用來超越現實習染最佳的憑藉，所以陶氏會和當時北大許多學生一樣向宋明兩《學案》找救兵來幫助自己「由習氣轉入悔悟」。

幾乎與陶氏同時在北大文科讀書的顧頡剛(1893-1980)也作了如下的觀察——「那時大學中，宋代理學的空氣極重」[30]，而且從他筆下所記看來，當時流行的還是宋儒制欲之學。與顧頡剛同時在北大求學的羅常培(1899-1958)也在自傳中談到他當時厲行理學的情形[31]。

很幸運的，我們還可以讀到當時一位大學生留下的日記。從中可以看出他想在道德上作系統反省克己工夫的記錄。這一份日記之所以能夠留下來，與它的作者惲代英(1895-1931)是中共創始人之一的身分有關。

惲氏很年輕就被國民黨殺害了。他活著的時候到處示人日記，並鼓勵人作日記。在武昌互助社中：

> 吾以連年日記示聘三、成章、凱祥等，欲發其作日記之決心……
> 助人、寫信及示人日記，皆含甚大助人之意，又頗勉卓然改過[32]。

他四處勉人立志改過，並每日嚴格計算自己行爲的分數。惲氏所得分

---

28 陶希聖：《潮流與點滴》(台北：傳記文學，1964)，頁32。

29 傅斯年：〈白話文學與心理的改革〉，收入氏著：《傅斯年全集》(台北：聯經，1980)，第4冊，總頁1180。

30 《古史辨・自序》(台北：無出版時地)，第1冊，頁34。

31 〈羅常培自傳〉，中國人民政治協商會議天津市委員會文史資料研究會編，《天津文史資料選輯》，第43輯(1988年4月)，頁2。羅氏日記他當時「喜歡讀康有為主辦的《不忍》雜誌、梁啟超《飲冰室文集》和宋明人的語錄」。

32 中央檔案館等編：《惲代英日記》(北京：中共中央黨校，1981)，頁202，1917年12月16日條。

數通常不高，有幾次甚至低於六十[33]。他在社中嚴格規定「分數在六十分
以下，罰十文，每降十分，加十文」[34]，足見社員們確曾實行計算功過總
分的辦法。規過改過也是社中一大節目。譬如惲代英日記中不時出現這類
的話：

> 與壽民言，凡人自己發現過失，即甚不易。過失發現，而不立改，
> 則浸假又淡忘，不知經若干日而始又發現矣。故有屢經發現之過
> 而必經月始改，經年始改。及即改矣，屢始悔以前經年、經月陷
> 溺於過失之可憐，然已嗟無及矣[35]。

　　在互助社的幫助和影響下成立的小團體，如1918年5月成立之輔仁社，
規定社員「開會時報告自己的過失及其他社員的過失，皆相約直言不諱」
[36]。他們原先是口頭報告，後來「改口頭報告爲傳觀日記」[37]。日新社也
是一樣——「開會時社員必各攜日記，互助展覽以資改進」。不過太過嚴
峻便難持久，1919年2月底開始實行，「到了四月中旬後，社員常多缺席，
同時社員因勸戒過失時，言語太激烈、態度太嚴厲，使人難堪，而犯過失
的一方面又不能容納善言，因此社中便呈出一種不和諧的現象和不穩固的
精神。」[38]
　　當部分「五四」青年熱熱鬧鬧地實行修身日記時，準備整肅新文化運
動佚蕩之風的人也在日記中鈔宋明語錄。理學的道德鍛鍊在他們身上起著
反新文化運動的作用。如北大的湯爾和(1878-1940)，他是北大校長蔡元
培最重要的謀臣，在1919年力主去陳獨秀(1879-1942)北大文學院長一職，

33　中央檔案館等編：《惲代英日記》，頁207-208，1917年12月27日條。
34　同上，頁208，1917年12月27日條。
35　同上，頁200，1917年12月14日條。
36　張允侯等：《五四時期的社團》(北京：三聯，1979)，第3冊，頁138。
37　同上，頁139。
38　同上，頁141。

以致陳獨秀南走上海，並將《新青年》南移，逐步地走向共產黨。胡適（1891-
1962）認爲這是「五四」之後中國思想界極爲重大的變化，故於1936年要
求讀湯爾和當年的日記，才發現「〔1919年〕3月26夜之會上，蔡先生頗不願
於那時去獨秀，先生力言其私德太壞，彼時蔡先生還是進德會的提倡者，
故頗爲尊議所動，……當時外人借私行爲攻擊獨秀，明明是攻擊北大的新
思潮的幾個領袖的一種手段，而先生們亦不能把私行爲與公行爲分開，適
墮奸人術中了。」「今讀〔先生〕七、八年日記，始知先生每日鈔讀宋明理
學語錄，始大悟八年三月之事亦自有歷史背景，因果如此，非可勉強也。」
[39]

在北京趕走新文化運動領袖的湯爾和是理學家言的信奉者，而其他反
新文化運動的人物中更多嚴格實踐宋明理學的人，四川的白屋詩人吳芳吉
（1896-1932）即是一例。吳芳吉是四川江津人，1911年考取留學美國，入
北京清華學校進修。隔年，以言論過激被除名，後來吳氏教書游食各地，
於1931年回到四川江津任中學校長。

吳氏對新文化運動批評很多，認爲當時有所謂「人類」與「魔鬼」之
爭[40]。「夫世變之最著者，至於戰國極矣，至於南北朝極矣，至於五代宋
元極矣，然其痛根皆甚單簡，從未有聚古今中外人類所有之病而潰爛於吾
儕今日之甚者」[41]。吳氏痛批當時知識分子風習污穢的言論在文集中更隨
處可見。他同時是激烈的愛國主義者，在四川江津中學擔任校長時（1931
年），正當「九‧一八」之後，他將「像衙門的校門拆了，改建成一座黃
河鐵橋式的照牆，牆頭四個橋墩上都安置一尊牛兒炮，炮口對準東方，表
示抗日之意。」[42]他在同一時期，也寫下不少愛國詩篇。更值得注意的是，

39　以上見耿雲志主編：《胡適遺稿及秘藏書信》（合肥：黃山書社，1994），冊20，
　　頁108-110，胡適於1936年1月2日致湯爾和信件。
40　《吳白屋先生遺書》（台北：成文，1969），冊2，卷14，書札一，〈與吳雨僧〉六，
　　總頁430。
41　同上，冊2，〈與吳雨僧〉八，總頁433。
42　《王利器自傳》，收在《晉陽學刊》編輯部編：《中國現代社會科學家傳略》（太

他每周給全體學生講劉宗周《人譜》，由他親手楷書，上石藍印，發給大家[43]。在《吳白屋先生遺書》中，我們還可以看到一幀他手寫《人譜》的照片[44]。在這裡，《人譜》的鍛鍊不只是爲了成就仁義道德，以防堵新文化運動以來道德散亂的風氣，同時也是爲了鍛鍊一批愛國救亡的少年。吳芳吉自己的生活方式似也充分體現理學家嚴格的紀律，如清晨三點便起床讀書，也要全體學生同時起床自習[45]。又如他在1932年四月致死之因，是在火辣太陽下提一包新印詩篇及其它東西從船碼頭向學校走了七、八里地：

> 那時學校正在培修校舍，後門大開著，以便施工，假如吳先生從後門進校，可以少走三、二里地。然而吳先生不肯行不由徑，硬要繞一個大圈子，從大門進校，一到寢室就支持不住病倒了[46]。

後來診斷是急性肺炎，而江津全城找不到一支盤尼西林，不到兩天便以三十九之齡病逝。此處值得特別注意的是吳芳吉不肯「行不由徑」，硬要繞一個大圈子從大門進校的道學家舉動。

二

極端反傳統，與舊傳統資源，反差很大的兩個部分之所以能夠結合在一起，是因爲這是一個大分裂的時代，尤其是內在心靈的分裂最爲顯著[47]。

（續）

原：山西人民，1982），第2集，頁81。

43　《王利器自傳》，頁81。

44　《吳白屋先生遺書》，冊1，頁4。

45　《王利器自傳》，頁81。

46　同上，頁83。

47　陳旭麓這樣描述這一個大分裂的時代心靈之特質：「曾國藩是封建傳統的捍衛者，然而恰恰從他的身上開始，展現了傳統的裂口」，「從曾國藩到康有爲等人都是從內心的分裂走向社會的分裂」。見《陳旭麓學術文存》（上海：上海人民，1990），頁1352、1373。

過去緊緊縮合如一的，現在分成一個個(compartmentalized)，譬如，宋明理學中以《大學》的八步思想為主，也就是將「國身通一」的理想作系統的發揮，小從個人的誠意正心修身，大至一個國家社會之治平，皆聯成一個有機的體系。可是近代中國卻面臨了「國」與「身」的分裂。在國的層次，西方的政治、經濟、社會思想取代了舊儒家治國平天下的學問，但是在修身方面，新輸入的學說並不足以取代舊日之學，成了王國維(1877-1927)所說的：

> 自三代至於近世，道出於一而已。泰西通商以後，西學西政之書輸入中國，於是修身、齊家、治國、平天下之道，乃出於二[48]。

本來，傳統的道德系譜的組成分子中，就有些屬於「虛位」的成分。(韓愈〈原道〉中說「道與德為虛位，仁與義為定名」)譬如誠，王夫之《讀通鑑論》中便指出：「誠者，虛位也，知、仁、勇，實以行乎虛者也。故善言誠者，必曰誠仁、誠知、誠勇，而不但言誠。」[49] 同樣的，《大學》中的誠意、正心、修身也可以看成「虛位」，可以誠意、正心、修身於做一個儒家的信徒，也可作為馬克思主義或三民主義的信徒，或其他任何東西。分裂而不相聯屬的成分卻在一個外在最高目標聯結在一起，尤其是以最傳統的人「人格修養」作為完成救國救世理想之「手段」。梁漱溟《我的治學小史》為我們留下一段見證：

> 我那時自負要救國救民，建立功業，……具有實用價值底學問，

---

48 錢基博：《現代中國文學史》(台北：文馨，1976)，頁276。王國維接著說：「光緒中葉，新說漸勝；逮辛亥之變，而中國之政治學術，幾全為新說所統一矣。」但是政治學術之外自我修養部分，基本上仍是傳統之範疇。王國維這一段話給當時人相當深刻的印象，羅振玉〈王忠愨公列傳〉中也引用了，見氏著：《丁戊稿》(羅振玉自刊本)，頁47。

49 王夫之：《讀通鑑論》(台北：河洛圖書，1976)，頁137。

> 還知注意，……對於人格修養的學問，感受《德育鑒》之啟發，
> 頗加留意；但意念中卻認為「要作大事必須有人格修養才行」，
> 竟以人格修養作手段看了[50]。

梁漱溟後來對於把人格修養作為救國救民之「方法手段」，是頗有悔
意的，但是他對於自己少年時代的觀察卻頗有啟發性——即當時有一種「以
人格修養作手段看」的風氣，至於這個手段的目標，則無疑的是「救國救
民，建立功業」。但救國救民，建立功業的辦法是不斷在變的，連要建立
一個什麼樣的理想國家之目標也是不斷在變。「人格修養」可以是不變的；
但卻只能居於工具性的地位，而且愈到後來愈不像梁漱溟那樣還能覺察出
是把人格修養「作手段看」。愈到後來，這個手段與國家的目標愈緊密結
合，以致根本分不出手段與目的的關係了。

由於道德禮法只被當成是工具理性或手段，不是最高之價值，所以黃
節(1873-1935)會慨嘆道：

> 世變既亟，人心益壞，道德禮法，盡為奸人所假竊[51]。

這段話的意思有好幾個層面。其中的一個層面是：自我鍛鍊與修養只
是為了作某一種政治主義的工具，也就是只作馴服的工具而不必問終極性
的問題。路都為你指好了，作為工具的人往前衝就是了。以修養為工具與
以人為工具並不相同，此間尚有一層轉折。不過，以人為工具總有要以修
養為工具作前提。劉少奇(1898-1969)早年在延安所著《論共產黨員的修
養》中大量引用傳統儒家道德修養的思想及方法，作為培養優秀共產黨員
的資具。如他提倡儒家的「慎獨」，說「即使在他個人獨立工作，無人監

---

50 梁漱溟：《我的治學小史》，合刊於梁氏的《教育論文集》（台北：龍田，1979），
　頁33。

51 〈阮步兵詠懷詩注自序〉，《學衡》，57期(1926年9月)，總頁7923。

督，有做各種壞事的可能的時候，他能夠慎獨，不做任何壞事」。要求黨員安心做一個好工具，不必問方向或其他終極問題，應該「只有黨的共產主義的利益和目的，真正大公無私」[52]。那麼，在黨和主義之前，倫理道德及傳統做人道理只是鍛造一件好工具的車床而已。左派如此，右派亦有一切是工具之說。如一九四一年九月林同濟(1906-1980)宣稱的「一切是工具，民族生存必須是目標」[53]。

在救國的目標下，存天理、去人欲的舊格局不需要改變，但「天理」的部分不再是舊道德、五倫五常之類，而是任何政治主義。在新理欲觀下，為了偉大的社會理想，或是為了貫徹領袖的意志，必須壓抑自己的私、欲、情等足以干擾行動效率的成分[54]。在這裡，我還想回過頭來以《德育鑑》一書為例，看梁啓超如何巧妙地將理學工具化，並將原來宋明儒的價值的部分轉換為對現代國家富強的追求。

《德育鑑》基本上大量從《明儒學案》抄錄明代王學的言論，梁氏在選材時偏重兩方面，在鍛鍊自我的層面上是提倡檢點收攝的一派，所以特提羅念菴(1504-1564)、聶豹(1487-1563)、劉宗周，而蔑視狂放的李卓吾。但為培養有氣魄的改革者，他奉大膽解放、縱橫任我的王艮、羅近溪為圭臬。但在終極的目標上，則是想養成愛國合群的現代公民。這些本來湊不在一起的東西，卻在《德育鑑》中統一了。

《德育鑑》在講修養工夫時所錄的皆是王學中偏向嚴格紀律的文字，故說：

---

52 劉少奇：《論共產黨員的修養》（北京：人民，1980），頁40，38。

53 〈廿年來中國思想的轉變〉，收在蔡尚思主編：《中國現代思想史資料簡編》（杭州：浙江人民，1983），第4卷，頁462。

54 以宋明的修養工夫作為政治行動緊張時的一種舒緩工具，張灝先生很精彩地指出梁啟超與宋明理學有此關係。參見 Hao Chang, *Liang Chi-ch'ao and Intellectual Transformation in China*(Cambridge, Mass.: Harvard University Press, 1971), p. 279. 該書中討論康梁與陸王心學之關係處不少，pp. 284-290.

王學之光輝篤實，惟先生(羅念菴)是賴[55]。

他罵李卓吾的學說是給不道德的人提供藉口，最後將導致人心俱爲禽獸：

> 今世自由平等破壞之說，所以浸灌全國，速於置郵者，其原因正
> 坐是，皆以其無礙手也。……故昔之陷溺利欲弁髦私德者，猶自
> 慚焉，今則以爲當然；豈徒以爲當然，且凡非如是者，不足以爲
> 豪傑。嗚呼，是非之心與羞惡之心俱絕，相率而禽獸矣[56]。

左派王學中道德佚蕩的部分，最不能逃梁任公之責備：

> 此當時學風敗壞之點也。今日之學風，其所以自文飾迴護之詞，
> 雖與此異，然其病正相等[57]。

他曾說如果中國能不亡，是因爲出現一批在精神及人格上「受先生(王
陽明)之感化之人」[58]。但卻激烈反對王門的良知現成說[59]。

不過王門左派中不畏一切、獨來獨往的精神，特別爲梁啓超所欣賞。
他特別摘錄羅近溪的「明目張膽而行天下之大道」、「巨浸汪洋，縱橫任
我」[60] 的句子，並且點出其師康有爲之所以如此膽大，其實是服膺王艮及
羅汝芳所鼓吹的精神：

> 如近溪所謂以不屑湊泊爲工夫，以不依畔岸爲胸次……上等根器

---

55 梁啟超：《德育鑑》(台北：中華，1975)，頁6。
56 同上，頁7。
57 同上，頁7。
58 同上，頁28。
59 同上，頁34。
60 同上，頁31。

人，得此把柄入手，真能無罣礙無恐怖，任天下之大，若行所無
事。吾師南海康先生最崇拜心齋近溪者以此[61]。

這種行動精神的境界是「明目張膽而行天下之大道，工夫難到湊泊，即以
不屑湊泊爲工夫，胸次茫無畔岸，便以不依畔岸爲胸次，解纜放船，順風
張棹，則巨浸汪洋，縱橫任我」[62]，是要「以群山爲僕從」（羅近溪）。其中
尤以「以群山爲僕從」的想法，最深刻地影響了康有爲。

在《德育鑑》中，梁啓超把理學的範疇與概念全面改換成現代中國的
社會政治理想。他先講「立志」，但已不是志在維護封建道德或帝王，而
是立真志愛國：

> 先哲所謂義者，誠之代名詞耳。所謂利者，僞之代名詞耳。吾輩
> 今日之最急者，宜莫如愛國。顧所貴乎有愛國之士者，惟其真愛
> 國而已。苟僞愛國者盈國中，試問國家前途，果何幸也[63]？

而且要立志不隨外在境況之變而動搖愛國之心──「試以愛國言，真愛國
者必無以尚之，此志向一定，無論外境界若何變異，而不足相易矣」[64]。
而任公講「良知」，也是以愛國爲良知，這是王陽明（1472-1528）以來所
不曾如此強調的。他說：

> 愛父母妻子之良知，即愛國之良知，即愛眾生之良知[65]。

---

61 梁啟超：《德育鑑》，頁32。
62 同上，頁31。
63 同上，頁3。
64 同上，頁20。
65 同上，頁30。

陽明所一再要人做到的「致良知」之實功，也被轉化成盡心盡力地實踐愛
國合群的理想：

> 不行既不足謂之知，則雖謂天下只有一個行可也。此合一之恉也。
> 試以當今通行語解之。今與人言愛國也，言合群也。彼則曰吾既
> 已知之矣，非惟知之，而且彼亦與人言之，若不勝激昂慷慨也，
> 而激昂慷慨之外，則無餘事矣。一若以為吾有此一知，而吾之責
> 任皆已盡矣，是何異曰：認得孝字之點畫，則已為孝子……而今
> 世之坐視國難、敗壞公德者，其良知未嘗不知愛國合群之可貴，
> 知其可貴而猶爾爾者，則亦不肯從事於致之之功而已，有良知而
> 不肯從事於致之之功，是欺其良知也[66]。

陽明「刻刻不欺良知」的思想，理學自勘其心髓的工夫，被轉化為用
來檢查一個人是否真心愛國合群的辦法：

> 今試問舉國之人，苟皆如先生（王陽明）所謂用其私智以相比軋，
> 假名以行其自私自利之習，及至於其所最親近而相凌相賊者，苟
> 長若是，而吾國之前途，尚可問乎？夫年來諸所謂愛國合群之口
> 頭禪，人人能道，而於國事絲毫無補者，正坐是耳。……然則今
> 日有志之士，惟有奉陽明先生為嚴師，刻刻以不欺良知一語，自
> 勘其心髓之微，不寧惟是，且日以之責善於友朋，相與講明此學
> 以易天下[67]。

任公在談「道」與「學」是否相矛盾這個明代理學爭論不休的問題時，

---

66 梁啟超：《德育鑑》，頁38。
67 同上，頁41-42。

堅決主張兩者是互補的,而「道」即是愛國:

> 如誠有愛國之心,自能思量某種某種科學,是國家不可缺的,自
> 不得不去研究之,又能思量某種某種事項,是國家必當行的,自
> 不得不去調查之。研究也調查也,皆從愛國心之一源所流出也。
> 故曰:如何不講求也。但吾之所以研究此調查此,必須全出於愛
> 國之一目的,不可別有所為而為之。……講王學與談時務,果相
> 妨乎[68]?

他主張要借心學的素養以洞析人的心術,以甄別出貌似愛國而其心術
隱微之中其實不然者。他又特別講究理學中點檢[69]、省察的工夫,甚至還
進一步借用現代心理學觀念去對理學中省察的方法作三種歸類,並用現代
語言作了極精彩的敘述[70]。而不管王學右派也好,左派也好,所有用得上
的思想成分他都揀到一起,最終的目標,就是一個愛國與救國。

三

在近代思想中,心學對塑造一種特殊的行動家的人格具有關鍵作用。
所以一方面是愛國被提到近乎宗教的高度,一方面是張灝先生所強調的「人
的神化」[71],兩者時常交融在一起。傳統中國禮教的規範很嚴,由於有許
多禮儀、規範、傳統的拘束,所以聲稱心即是天理時,通常只是意味著立
志毅然實踐道德理想。但在近代中國,種種規範的束縛已漸消解,心學又

---

68 梁啟超:《德育鑑》,頁39。
69 同上,頁80。
70 同上,頁82。
71 〈扮演上帝:廿世紀中國激進思想中人的神化〉,收在劉述先主編,《中國思潮
與外來文化:第三屆國際漢學會議論文集思想組》(台北:中央研究院中國文哲研
究所,2002),頁323-339。

陶冶出一批以我心爲天理或以「我即天」自命的人物，兩河匯流之後，出現一種上天下地，不顧一切，不爲任何繮索繩墨所羈絆的破壞性革命人物。

這種人物不可能在清代的漢學傳統中出現。考據是專門之學，所考的多是窄而深的題目，而且要羅舉無數的證據來加以支持。耗費氣力很大，卻又無暇顧及現實。而且考據講求的是文獻證據上的客觀限制，也使人們不敢稱心而動、任心而行。

近代心的神化、人的神化的思潮是由三種資源所匯成。第一，清季今文家力斥荀學的收束而稱揚孟學的擴充[72]，相當程度地爲誇張心的力量推波助瀾。荀學講禮制，強調的是作爲客觀共識的規則，不大允許跳躍性的思維。孟學不然，它推尊心的功能，強調「擴而充之」，故有發展主觀能動性的可能。清末荀衰而孟盛，康梁師生便一力提倡孟學[73]，間接幫助了凡事訴諸一心之發動的超越性思維。第二，明代心學一派，將理等同於天，而又將人心等同於理的思維，也是使得破除重圍之哲學得以興盛的重要原因。第三，從清代後期以來有一股強調人的主觀能動性的思潮興起，它將人的主觀能動性誇張到極處，培養出不畏一切、不依傍任何成憲而行動的人物，這一思潮後來與尼采的超人哲學相結合而誕生了心力說。

心力二字原非出自宋明理學，它在《尙書・大禹謨》中出現時只有很普通的意思。「爾尙一乃心力，其克有勛。」其他古代文獻提到時也只有相當普通的意思。可是後來顯然沾染理學中唯意志論的色彩，以致對人的主觀能動性有近乎神秘的崇拜。

龔自珍（1792-1841）是發揚心力說的前驅。他說「報大仇、醫大病、解大難、謀大事、學大道，皆以心之力。」[74] 受龔氏影響，譚嗣同也處處發揮心力的思想。他說：「心力可見否？曰：人之所賴以辦事者是也。吾無以狀之，以力學家凹凸力之狀狀之。愈能辦事者，其凹凸力愈大；無是

---

72 王汎森：《章太炎的思想》（台北：時報文化，1985），頁31。

73 梁任公於時務學堂時期即倡孟子心性之學。

74 龔自珍：〈壬癸之際胎觀第四〉，《龔自珍全集》（台北：河洛圖書，1975），頁15-16。

力,即不能辦事,凹凸力一奮動,有挽強持滿,不得不發之勢,雖千萬人,未或能遏之而改其方向者也。」[75] 受譚氏影響甚大的毛澤東亦大談心力。〈《倫理學原理》批注〉的最後一條批語即「心力」二字[76],而根據他對斯諾(Edgar Snow, 1905-1972)所說的,他在楊昌濟倫理學課上得到滿分的論文,便題爲《心之力》[77]。

留心晚清以來歷史者,常可以發現,在價值的層面上信仰程朱者,多傾向維持既有體制或在體制中改革;而信仰心學者,則有改革或革命的傾向。合「理」的思維是在一個整體架構不應大變之時所採取的態度,但是當整個大架構不值得保存,而現有的運作規則不值得遵循時,則「氣」、情緒性、直覺性的素質,常常被用來作爲打破現有格局或僵局的一個重要動力。在這裡,我想將心學與道咸以來一批改革者的關涉作一整理。

幾乎就在宋學復興的同時,心學也在一些具有打破現狀傾向的人身上重新被使用。他們共同的特色是尊心,將心的力量誇張到與天同高的地步;同時則是蔑視客觀限制,貶低現實的體制,推崇一種「不畏」天地的性格。

龔自珍想「醫大病、解大難」,則不能被拘限於日常生活世界的一點一滴改革式思維中,故說要「大言不畏、細言不畏、浮言不畏、挾言不畏」。要能夠什麼都不畏,要能夠突破現實之樊籬,則要「尊心」。能尊其心則一切皆尊,所以他寫有「發大心文」[78]。另一位改革的先驅魏源(1794-1856)也一樣推崇心學。他對心學人物如王守仁、高攀龍(1562-1626)、劉宗周等都寫有贊文。他一方面強調要把心訓練到能「臨大節時,一則心如止水,一則水火不熾」,同時也要無限擴充心的能量,認爲「心之心,即天地之心」[79]。考據學講的是收束,心學講的是擴充,魏源如此體認,寫有《瀛

---

75 譚嗣同:《仁學》,《譚嗣同全集》,卷上,頁80。關於心力的問題,可參考高瑞泉:《天命的沒落》(上海:上海人民,1991),第1章。

76 中共中央文獻研究室編:《毛澤東早期文稿》(長沙:湖南出版社,1990),頁275。

77 Edgar Snow, *Red Star Over China*(New York: Grove Press, 1978),p. 133.

78 吳雁南:《心學與中國社會》(北京:中央民族學院,1994),頁168。

79 同上,頁180、184、186。

環志略》的徐繼畬（1795-1873）也如此強調。

　　我們很容易在晚清立憲與革命兩派的領袖人物中找到傾向心學的人。先從立憲派說，康有爲一再強調「言心學必能任事，陽明輩是也」[80]，並說「自漢二千年來，全是狂狷人始有成就」[81]。梁啓超在《南海康先生傳》中歸納說：「先生則獨好陸王，以爲直捷明誠，活潑有用。」[82] 康有爲也是講孟子講到相當徹底的人，而他的思想自然也反映在其行動上。《康南海先生口說》中提到孟子有一百十多處，強調「孟子一部書，不道及中和學，惟言其擴充，不防其過中也」。又說：「陸子教人不怕天，不怕地。」既要甩掉中和而專講擴充，那麼舊體制對心靈的羈絆要減到最小；既講不怕天，不怕地，那麼心的主觀力量性可以無限擴大。無怪乎梁啓超形容其師有爲「萬事純任主觀，自信力極強，而持之極毅。其對於客觀的事實，或竟蔑視，或必欲強之以從我。」[83]

　　梁啓超所鼓吹的也是這種自信自足、自本自根、不顧一切的品格。以《德育鑑》爲例，他不斷地講陸子靜「不怕天，不怕地」，講大本大源，管歸一路，強調主宰、頭腦、把柄[84]，講「凡講學標宗旨皆務得之使其在我而已」[85]。講以心、志來籠制事情或萬事萬物。譬如「我能制事，毋令事制我」[86]，「只有練心法，無練事法」[87]。他講自信，說「真有得於王學者，其自信力必甚大甚堅」[88]。譬如引王陽明與聶雙江（豹）書中的「天下信之不爲多，一人信之不爲少」[89]。講人的內心中要有大本才有大力量

80　《南海康先生口說》，頁202。

81　同上，頁197。

82　梁啓超：《飲冰室文集》（台北：中華，1960），之六，冊2，頁61。

83　梁啓超：《清代學術概論》（台北：中華，1956），頁57。

84　梁啓超：《德育鑑》，頁22。

85　同上，頁29。

86　同上，頁100。

87　同上，頁99。

88　同上，頁31。

89　同上，頁40。

90。他要人們先立志,「必立志然後能自撥於流俗」[91],「操舟者,柁不使去手,故士莫要於持志」[92];講「須是吾心自作主宰,一切利害榮辱,不能淆吾見而奪吾志,方是希聖之志,始有大成之望」[93],「不是剛毅的人,斷立腳不住」[94]。

　　譚嗣同早年頗好漢學考據,後來完全棄去,不再受漢學傳統的拘束了。他把「心」的力量提升到極高的高度。他希望集合一批同志講心學。他說:「心之力量,雖天地不能比擬,雖天地之大,可以由心成之,毀之,改造之,無不如意」;「若能了得心之本原,當下即可做出萬萬年後之神奇」[95]。他的仁學又與心學相結合,仁也是無範圍無界限的,與「禮」的講規條限制相對,所以極力貶低禮而強調仁,也就是要極力擴大改變一切的可能性。

　　在革命派這一邊,章太炎、宋教仁(1882-1913)、汪精衛(1883-1944)等,也都以心學來武裝自己,作為他們衝破一切現實的哲學。

　　譬如章太炎素以「瘋」出名,並以瘋自負,他的瘋其實就是任心直往,蔑視客觀的拘束以及人情的束縛,而這正是他和尼采哲學相會通的地方。太炎並不特別看重陽明,不過,他的思想中也有心學之成分。如〈教育泛論〉一文中說「天下皆輕而我則重也」[96],便是一種蔑棄所有現實的拘束

90　同上,頁4。

91　梁啟超:《德育鑑》,頁20。

92　同上,頁19。

93　同上,頁18。

94　同上,頁16。

95　譚嗣同:〈上歐陽瓣薑師書〉,《譚嗣同全集》,頁319。

96　張枬、王忍之編:《辛亥革命前十年間時論選集》(北京:三聯,1977),第一卷上冊,頁402-403。文中還說:「知貴我,則知通今矣。於天地之間而有我,天下皆賓而我則主也,天下皆輕而我則重也,天下之人皆不可恃而我則可恃,天下之理皆不可信,而吾心之理則必可信。……獨斷獨行、獨往獨來,我動而天下不得不動,我靜而天下不得不靜。……佛說:『恒河沙界,惟我獨尊』,此自由獨立之真諦,建諸天地而不悖者也。……情隨地而變,理隨境而移,要在以吾心之明,時時判斷之,時時更變之,而後能應於天下之大勢,而日日進步。」

而一切從吾心之所安而行的哲學，敢於把自己和全天下放在一個天平上較量，而又敢宣稱天平必然倒向我這一邊的心態。這也是他們敢於推倒一個二百四十多年的異族所建帝國最大的精神資本。

我們可以明顯看到在他們使用來支撐其行動並鼓舞世人的心學概念中，有一種二分的對抗性結構，即我與客觀的世界，心與山河大地。在二元對舉之時，他們總愛宣布勝利的是我、是心。這樣做的用意是要蔑棄所有客觀事實及理性算計的限制。如果相信現實是無法一舉改變的，那麼怎麼可能憑一小群人的力量去打倒一個帝國？恐怕只有蔑視客觀物理力量的跳躍性思維，才可能去想改革或革命這些一般人不敢想像的事。

蔑視客觀限制，高度張揚自我，發揮主觀能動性，把良心與情緒等同的結果，表現為那一代行動者的衝動，信任直覺，心勝於理的思維方式，這正是非常時期行動人物的特質。在非常時期，如果對周遭環境的限制盤算過度便難以有所行動了。一切要任心而動，任心而動者的邏輯是跳躍的，儘管十件之中只成功幾件，最終仍是一種成就[97]。

毛澤東是反理學的，可是他的意志論的層面中有大量理學的成分。理學的傳統透過曾國藩、楊昌濟影響了他[98]，使他不停地談「大本大源」，而且這些言語都出現在新文化運動時期。認為在這最根本的最高原理處必須立定腳根，不隨現實的變遷或苦難而動搖。後來他所尋得的「大本大源」自然就是馬克思主義了[99]。

在行動層面，毛澤東要求在那敏感動盪的時代，一切依循心靈及意志

---

97 此外，良知也起著革命的作用。梁漱溟認為中國歷史上只有孔子及陽明兩位聖人，說陽明「完全高過我們，可望不可即」。他並經常以良知來支持他的改造運動。如認為良知是天然而成，人所共有，只是因循服從一時一地之風俗而隱晦不見，但「天資卓越出群的人，都能夠從自己的良知起革命，領導群眾改造社會風俗」。（以上見許紀霖：〈梁漱溟與儒家內聖外王理想〉，《學術集林》，卷2，頁242。）一方面有衝破一切的「心」的力量，一方面有「良知」真理般的依據，則其改變現實的力量很巨大的。

98 有關楊氏的理學思想，可見《達化齋日記》，頁7-8。

99 黎靖德編：《朱子語類》（北京：中華，1986），卷11，頁182、188。

力的支配。他將人的主觀能動性上升到無比的高度，甚至於將朱子所說的
「且如萬一山河大地都陷了，畢竟理卻只在這裡」[100] 一句，暗改為「橫
盡空虛，山河大地一無可恃。而可恃惟我」[101]，也就是認為自我超過所
有山河大地的總和。

在心理層面，毛澤東則篤信「宇宙之真理，各具於人人之心中」[102]。
這是陽明「心即理」的思想，他也篤信「宇宙間可尊者惟我也，可畏者惟
我也，可服從者惟我也。我以外無可尊，有之亦由我推之；我以外無可畏，
有之亦由我推之；我以外無可服從，有之亦由我推之也。」[103] 這也是一
個典型心學家的想法。他主張主觀之道德律，主張「良心與衝動理應一致」
[104]；尤其是豪傑之士的衝動應該被提升到與天理相等的價值：

> 豪傑之士發展其所得於天之本性……本性以外之一切外鑠之事，
> 如制裁束縛之類，彼者以其本性中至大之動力以排除之……大凡
> 英雄豪傑之行其自己也，發其動力，奮發踔屬，摧陷廓清，一往
> 無前，……決無有能阻回之者，亦決不可有阻回者[105]。

但是這樣一個奮發踔屬的人不是志在維護名教綱常，而是志在達到「吾
國之三綱在所必去」，是志在「毀」現實世界，是「吾人甚盼望其毀，蓋
毀舊宇宙而得新宇宙」[106]。

以上的討論使我們想到一個問題：究竟如何理解毛澤東思想的中國根
源。過去幾乎所有的研究都集中在找出毛澤東所引用的這一句或那一句古

---

100 黎靖德編：《朱子語類》，卷1，頁4。
101 毛澤東：〈講堂錄〉，見《毛澤東早期文稿》，頁601。
102 〈致黎錦熙信〉，《毛澤東早期文稿》，頁85。
103 〈《倫理學原理》批注〉，《毛澤東早期文稿》，頁231。
104 同上，頁211。
105 同上，頁218-219。
106 同上，頁152、201。

書，並未能從結構因果觀去理解。毛澤東與所有現代人物必然是要引許多古書的，而且可以找到愈來愈多的證據來證明他們受到傳統這樣或那樣的影響。不過，在他們形成自己的思想後，他們與先前各種思想來源的關係便是結構因果關係，這些成分與他們的行動並不必然有一對一的對應關係。所以並不是毛澤東的思想中有某種成分，後來便有相應的表現。傳統的成分毋寧是融化到一個新結構中去，整體的每一個部分無非是整體的本質的表現，而新結構的總體直接呈現在它的每一個部分中，並且可以從它的每一個部分中被推斷出來[107]。

前面討論了在清末民初這個翻天覆地的時代裡，宋明理學中的許多成分如何展現在各式各樣思想及行動者身上——其中許多還是打倒傳統的健將。文中也說明理學中修身的成分如何一步一步地從它們在宋明理學原來的思想體系中抽離出來，成為近代思想及行動者人格塑造運動的資源，並與救國的各種主義結合起來。此外，本文也討論了陸王心學中的某些成分，如何成為無限擴大人的主觀能動性，造就打破現狀、打破羈絆的個人，甚至成為幫助塑造出「神化的人」。

最後我想強調在思想史研究中，除了留心重建思想的面貌外，應當留意思想傳統如何被以形形色色的方式在「使用」，以及在不同的時代脈絡之下，不同的「使用」所發生的歷史作用。此外，這裡也要強調，探討歷史人物思想中的傳統因素時，除了尋找單線的繼承關係外，更應留心結構性的因果關聯。

---

107 我借用了 Louis Althusser 的觀念，參徐崇溫：《西方馬克思主義》（台北：翻印本，無出版時間），頁622-626。

近代中國私人領域的政治化

　　歷史研究的目的常常是爲了解決研究者自己的困惑；而我最大的不解便是中國過去幾十年如火如荼展開的思想改造及批評與自我批評運動。這些運動中有一種反隱私的想法，認爲在合理的狀況下，應該盡可能公開個人的隱私，供自己反省及他人批評。

　　這個不但不重視個人隱私，而且主張把它盡可能暴露出來，以便達到「治病救人」的想法，除了俄國的背景外，究竟有無傳統的根源？如果沒有，爲什麼在其他國家看不到這麼大規模、這麼深入靈魂的運動？如果有傳統的根源，那麼根源是什麼？其原初型式是怎樣？其最初目的是什麼？又怎樣脫胎換骨，成爲新時代的政治工具？本文便是爲了解決上述種種疑惑而寫的。這裡我將討論過去未曾注意的三種傳統型式，它們與中共提倡的透過批評與自我批評來「治病救人」相似，不認爲人們應該全力捍衛隱私，相反的，認爲爲了道德轉化，「私」的領域應該全部透明，應該將個人全部的隱私置於公共之處，以便在他人的幫助下，去除藏躲在暗處的渣滓。

　　本文所討論的三種型式，一個是鄉約中的彰善糾過，其旨趣是將犯錯的人公開記錄在「記過簿」中，而且主張在約眾集會之時，由主其事的人或他本人公開報告他所犯的錯誤，好藉著群眾的力量督促他改過。把這一思想進行得比較激烈的，像呂坤（1536-1618）的《鄉甲約》，則規定不但要公開報告錯誤，而且還應該在他家門上釘一個木牌，寫明他的罪狀，以督促他徙義改過。第二，現代人認爲閱讀他人的日記是侵犯隱私的行爲，但是傳統中國的書院、講會、省過會中有一種辦法，認爲記日記是爲了完整保留一份個人隱私的記錄，以便作爲師長或會友進行批評指正的根據。

第三是明代理學家所發展出來的省過團體，在這類自發組成的團體中，人們互相糾舉道德上的過誤以幫助他人。

它們的存在顯示了：中國傳統思想中有一股巨大的道德轉化的焦慮，在這股焦慮之下，人們急於提升道德層次，但是又認為靠著自己的力量無法完成這個工作，所以需要藉助他人，一方面幫忙發現病症，一方面進行最無隱諱的批評。故要求人們將自己最隱密的思慮與生活公開化，由他人幫助檢討批評。這種將隱密公開並接受批評的方式，以各種不同的型態呈現出來，所公開的對象也有不同，但基本上是一種善意的、渴切道德超越的機制。

上面三種型式雖然時興時歇，但是對受過傳統洗禮的士人而言並不陌生。以鄉約為例，民初的鄉村建設理論家梁漱溟(1893-1988)還準備大舉復興[1]。我們雖然看不到五四青年積極推動鄉約中「彰善糾過」的例子，不過後來在處理思想改造的問題時，傳統鄉約中那種將個人過錯暴白於群眾面前的作法，不難浮現在他們腦海中。至於公開日記或互評日記，從清季到民初都相當流行，所以對五四青年而言並不陌生。我們甚至發現一些五四青年熱心地加以實踐。不過在五四時期，那些過去基本上屬於道德領域的實踐，在性質上發生了變化。當時傳統文化的約束力已經減弱，道德的定義也發生了改變，青年們渴望成為改造舊社會的先鋒或是新社會的新人[2]。他們雖然排斥傳統，但是卻挪借傳統的方式，繼承了過去那種以公開自己的隱密求得他人批評的修養鍛鍊方式。

1949年以前的延安以及1949年以後的中共，在「將隱私公開化以供他人批評」的思想系譜中，有兩個明顯的變化，自願的道德向上動機逐漸被政治上的控制所侵蝕，自發的組成逐漸變成政治組織中強迫性的活動，而其共同特色即是私人道德領域的逐步政治化。

1　Guy Alitto, *The Last Confucian: Liang Shu-ming and the Chinese Dilemma of Modernity* (Berkeley: University of California Press, 1987), pp. 42, 207.

2　譬如中央檔案館等編：《惲代英日記》(北京：中共中央黨校，1981)中，列舉出來要求自己奉行的，大部分是西方的格言。

鄉約中的彰善糾過

一般都認爲鄉約定型於宋代關中呂氏家族。呂大鈞以來的鄉約中規定
了公開「彰善糾過」一條,也就是在鄉約這種民間組織中,每當聚會之時,
要根據幾條原則,公開表揚同約中表現良好的人,並對犯錯之人公開糾過,
同時要把人們的行爲記錄在兩本簿子中,一爲「彰善簿」,一爲「糾過簿」。
明儒的文集中還保有「糾過簿」的記錄。呂氏鄉約在古代東亞世界有很大
的影響,後來繁衍成各式各樣的規約,內容也有相當的變化,但是再怎麼
變,「彰善」、「糾過」都是其中相當穩定的因素。

宋明理學的幾位代表性人物,都是到處提倡實行鄉約的人,朱子如此,
王陽明(1472-1528)亦不例外。陽明〈南贛鄉約〉便是當時及後來人不斷
仿行的對象。如果深入觀察,我們甚至可以發現明代心學家的一個重要的
社會角色,便是在地方及宗族中推行鄉約之類的活動。明清兩代鄉約的歷
史非常複雜,不過,其發展脈絡有由私人自動發起到官方力量逐步介入的
傾向。尤其到了清代康、雍朝名臣田文鏡、于成龍(1638-1682)等人,鄉
約基本上已成爲地方行政的一部分了。

在各種鄉約中,呂坤的《鄉甲約》影響相當廣泛。呂坤非常幸運死在
明亡前二十七年,所以不必通過改朝換代對士人忠貞的考驗,但他一定覺
得自己還不夠幸運,因爲他生在一個蒙古、滿洲入侵,而社會秩序又相當
混亂的時代。在他的時代,傳統的四民社會已經開始動搖,商人的錢財打
亂了社會秩序,各種通俗讀物也流通到婦人小孩之手。面對這一股新潮流,
當時的士人至少有兩種態度,海瑞(1514-1587)便堅決認爲傳統秩序必須
維持,沒有任何變革的必要,他對商人與富人的敵視便是一個例子 [3]。以

3　Joanna F Handlin, *Action on Late Ming Thought: The Reorientation of Lü Kun and Other Scholar-Officials*(Berkeley: University of California Press, 1983), p. 136.

當時文化界名人陳繼儒(1558-1639)為例,陳氏照理應該是心胸相當開放
的人,他刊刻了許多書,但竟認為小說、戲曲不可以為婦人所閱,並主張
「女子無才便是德」[4]。呂坤則認為,任何想徹底阻斷了這股社會新潮流
的努力都是不切實際的;婦女遲早要讀東西的,與其禁絕,不如編些好的、
富含道德教訓意味的讀物給她們[5]。所以,他傾向於參與社會上的新發展,
並試著從內部改變它們,使得傳統的道德秩序仍然能夠確保。

但是,這並不影響呂坤成為一個道德焦慮感極為濃烈的人。他四十五
歲時刊印了《省心紀》,這是他反省個人道德生活陷溺與自我鬥爭的日記。
他另外一部傳世名作《呻吟語》也是一種自我鬥爭的結晶。他在該書的〈序〉
上說,每當想到自己道德上的過誤與陷溺時,常常痛苦到想放聲大哭的地
步,他給自己起了「新吾」這個號,因為他希望隨時改造自己成為一個「新
我」。但是呂坤在經過一生的苦鬥之後,仍然感到不滿意。他晚年自撰墓
誌銘時說:非常不幸的,現在的他仍然是那一個「舊我」在寫墓誌銘[6]。

呂坤認為每個生命都被欲望所纏繞,整個社會也同樣是被貪婪與自私
所滲透,所以,就像他自己想轉化成一個「新吾」一般,他也希望能有一
套辦法,使社會轉化成新的社會。他繼承了鄉約的傳統,並加以改造,以
《鄉甲約》中「彰善糾過」的部分作為醫治病重的社會的藥方。呂坤的《鄉
甲約》內容相當系統,也相當繁複,在〈鄉甲會圖〉中他規定,每個約要
設置四本簿子,一本用來記錄約眾的善行,一本用來記錄約眾之間的糾紛
及透過辯論而達成和解的案子,一本記錄約眾的過錯或惡行,一本用來記
錄那些答應自己要改過的人的名字[7]。呂坤顯然受到袁黃(1533-1606)《功
過格》的影響,所以為約眾們創造了一些功過可以相抵的公式。

---

4 陳繼儒:〈靳河台庭訓〉,在《石成金家訓抄》中,見王利器編:《元明清三代
  禁毀小說戲曲史料》(北京:作家,1958),頁148。

5 Joanna F Handlin, *Action on Late Ming Thought: The Reorientation of Lü Kun and Other
  Scholar-Officials*, p. 157.

6 侯外廬編:《呂坤哲學選集》(北京:中華,1963),頁83。

7 《呂公實政錄》(台北:文史哲,1971),第5卷《鄉甲約》卷5,總頁661。

依照呂氏的設計，每一個鄉約包括了將近一百個家庭，但縉紳、舉人、生員、監生並不包括在內。呂氏有相當強的階級意識，依照他的規定，樂戶、匠戶、僕人、佃農沒有資格入約[8]。每個家庭一旦入約，便被要求遵守規條並參加所有的聚會[9]。每個鄉約都要準備十面牌子，分別是：「不孝某人」、「不義某人」、「作賊某人」、「賭博某人」、「凶徒某人」、「作偽某人」、「無恥某人」等，一旦同約中某家有人犯了上述的過錯，便將這塊牌子釘在他家大門的右側。每當聚會時，犯有上述過錯的人便要出席長跪，並仔細聆聽執事之人公開朗誦他所犯的過錯，其他約眾也受命不准與他說話。直到犯錯的人悔悟，經過約眾的同意，釘在門上的木牌才可以撤下[10]。

如果把呂坤的規定與影響力極大的〈南贛鄉約〉相比較，可以發現處在衰世的呂坤是非常嚴竣的。王陽明的〈南贛鄉約〉規定，在公開向約眾報告某人的過錯時，言語要和悅、要模糊，如果所犯的是難以改正的大過，不要公開報告以免犯錯的人受不了[11]。但在呂坤的規定中，不只要公開羞辱犯錯的人，甚至不准他在公開場合戴帽子[12]。至於犯有較大過錯的人，則將他的名字大書於地方的申明亭上，在鄉約聚會時，他要先向約眾鞠躬致歉，同時，在約眾的餐宴中，他要暫時除名。至於犯了「大惡」之人，他會被要求在約眾聚會時大聲朗誦他所犯過惡的細節[13]。

不過，呂坤也提出種種辦法來鼓舞人們改過向善，他宣稱只有那些犯了殺人、強姦、縱火或偷竊的人，會被官府定刑。除此之外，任何人只要對自己的過錯表現了悔悟之意，便可以馬上重返鄉約這一個社群，而且馬上將他們的行為從「記過簿」中消除。有些人甚至還會受到獎勵，由鄉約

8　《呂公實政錄》，總頁638、649。

9　同上，總頁637。

10　同上，總頁650-652。

11　《王陽明全書》（台北：正中，1954），頁279-283。

12　《呂公實政錄》，第5卷《鄉甲約》卷5，總頁718。

13　同上，總頁718。

頒給「徙義」的木牌[14]。

　　我們不應該在呂坤《鄉甲約》上停留太久。不過有幾句話仍然應該在這裡說：地方官究竟與《鄉甲約》有何關係？比起其他版本的鄉約，在呂坤規劃的藍圖中地方官有較重的份量。呂坤一再強調，因為地方官是鄉約的最後裁判，所以地方官應不定期在轄區中旅行，以幫助各鄉約推行賞罰。約首也有權利向地方官報告他們所發現的不當行為，以便地方官幫助處理[15]。但基本上，地方官不必定期參加活動。我們可以說，在這裡道德及政治秩序的維持，不必靠官方權力直接介入，道德教化行為本身即是某種形式的政治控制行為，而將個人道德生活上的錯誤加以記錄並公開暴露是一個重要的手段。

　　我們沒有材料印證呂坤的《鄉甲約》實行的效果如何，不過呂氏所提出的這一套辦法，在明末清初受到相當多讀書人及官僚的讚賞。清初思想家顏元（1635-1704）還曾將呂氏給婦女及小孩編的書輯成《通俗勸世集》[16]。呂氏的《實政錄》（《鄉甲約》是其中一部分），也是清代許多官吏的行政參考書[17]。

　　值得一提的是，鄉約的理想始終吸引無數有志於整頓社會秩序的傳統士人。大家或許記得《儒林外史》中那位可憐的老讀書人王玉輝吧，他一生想寫三部鉅著，其中一部即是《鄉約書》[18]。還有《鏡花緣》中，當人們旅行到君子國時所看到的理想國度的一幕，也是鄉約中的「彰善規過」。《鏡花緣》第二四回〈唐探花酒樓聞善政，徐公子茶肆敘衷情〉中有一段「多九公道：請教老丈，貴處各家門首所立金字匾額想是其人賢聲素滿，國王賜匾表彰效法之意。內有一二黑匾，如改過自新之類，是何寓意？老

14　《呂公實政錄》，總頁716、719。

15　同上，總頁696。

16　〈通俗勸世集序〉，《習齋記餘》，卷1，在《顏元集》（北京：中華，1987），頁400。

17　繆全吉：《清代幕府人事制度》（台北：中國人事行政月刊社，1971），頁155。

18　吳敬梓：《儒林外史》（上海：新文化，無出版年代），頁208-209。

者道：這是其人雖在名教中，偶然失於檢點，作了違法之事，並無大罪，事後國主命豎此匾，以為改過自新之意。此等人如再犯法，就要加等治罪，倘痛改前非，眾善奉行，或鄉鄰代具公呈，或官長訪知其事，都可奏明，將匾除去。此後或另有善行賢聲著於鄉黨，仍可啓奏，另豎金字匾額。至豎過金字匾額之人，如有違法，不但將匾除去，亦是加等治罪。」[19] 我們不敢說《鏡花緣》的作者一定讀過呂坤《實政錄》中的《鄉甲約》，不過，他對鄉約是熟悉的。在這位清代中期文人的心目中，將個人道德生活中的善、過盡量加以公開化，是理想國度中天經地義的好事。

檢閱私人日記

接著我要談將修身日記公開在師長或朋友面前尋求批評的傳統。此處所謂的修身日記，基本上集中在兩方面：第一是講會、書院中的日記，第二是有志聞道者組成修身團體時所立的日記。

日記的淵源很長，傳統士人立修身日記的例子很多，不過，此處只談將個人私密生活加以記錄並公開化的部分。首先要談的是講會中寫日記並互相傳觀互相批評的傳統。西元1656年，江蘇昆山地區的陳瑚參加一個在庸夫草堂舉行的講會，他觀察到與會諸子對著孔子像將自己過去一段時間的過錯寫下來，彷彿是嚴師在前一般。並說他們「謁聖」完畢後，還要針對這些過錯「交相勸勉」[20]。清代桐城地區的紫陽講會，對入會會友也有這樣一條規定：散會之後，會友要各備「日錄」一本，記「日行何事」、「接何人」、「存何意」、「吐何論」，要忠實記載，在下次會講時交到講會，讓會友傳看，並分別賞罰[21]。

明清書院中則有呈交日記給師長審閱的規定。宋代白鹿洞書院中已提

19　《鏡花緣》（台北：大佑，1995），頁144。
20　在《確菴先生文稿》，〈不違仁講義〉一文中，全書無頁碼，日本淺草文庫藏本。
21　陳學恂主編：《中國教育史研究：明清分卷》（上海：華東師範大學，1995），頁105。

倡「懲忿窒欲，遷善改過」[22]，明清兩代許多書院則將之落實爲寫日記以
供師長檢查的制度。他們所立的日記通常分爲兩種，一種記載生活細節，
一種記載讀書心得。當清代考據學盛行時，一般書院看重的是讀書考據的
札記，譬如我們現在看得到的《中國歷代書院志》中的一份清代蓮池書院
的日記，基本上就是讀書研究的札記。

比起今天的學校而言，明清書院的組織與生活相當鬆散。在約束學生
的生活與讀書方面，各種以日爲程的簿記扮演不小的功用。簿冊之性質，
每每隨著時代及書院的性質而有不同，品類也相當多，譬如日課簿、日程
簿、日記簿、日記冊、行事日記冊、讀書日記冊等，大抵以學業爲主，而
平日言行也不排除，許多書院規定院生每五日要將它們呈堂評閱[23]。在課
業方面，這些簿冊之形成自然受到程端禮(1271-1345)《讀書分年日程》
的影響。分日將課程節目記在冊中，然後在老師面前試驗，以決定其背誦
或理解是否與所記相符。但在平日思想、言行方面，有的書院實行簿書登
記制度，有的設德業簿、有的設勸善規過簿。譬如光緒二十四年(1898)河
南開封府的明道書院便訂立勸善規過條約五十七則，並且設置一本「勸善
規過簿」，詳列其目，由監院掌之，各齋的齋長則糾察學生之善過而登記
之，於每月初一、十五會講之期呈之院長，以便對院生面加勸警[24]。

此外，像清季的龍門書院，爲每位學生設置兩本日記冊，一爲行事日
記冊，一爲讀書日記冊。前者記每日早晨、飯後、午後、夜間的行爲念慮，
每隔五日便呈師評正，並接受勸誨[25]。清代的端溪書院，除規定院生要將
每日所讀之經書某章某節，誦讀多少遍，記在日課冊中以備師長抽閱抽覆
外，還規定「凡應課生徒，每月朔到院領取日記一部，將每日讀書行事有

---

22 周仲望：〈文公教規〉，周偉編：《白鹿洞書院志》（南京：江蘇教育，在趙所生、
　　薛正興主編：《中國歷代書院志》，第1冊，1995），卷6，頁1。
23 李國鈞主編：《中國書院史》（長沙：湖南教育，1984），頁992。
24 同上，頁987。
25 Barry C. Keenan, *Imperial China's Last Classical Academies: Social Change in the
　　Lower Yangzi, 1864-1911*(Berkeley: University of California Press, 1994).

無心得，有無過失，細注於上，聽講時呈閱，不得欺飾偷懶。」[26]

清季的南菁書院也一樣要求學生記兩本日記，一本是日常行事的記錄，一本是讀書日記。前者記載學生日常的行為[27]。清季安徽蕪湖中江書院的山長袁昶(1846-1900)除了規定院生要立兩本日記，一記言行、一記讀書外，還要求立第三種，每天晚上用它來評估自己這一天的「善」、「過」。同樣的，師長們也必須每五日查看、評閱這三種日記，最後並交給山長總評[28]。

由於明清時代書院中立日記並交師長評閱的辦法是日常生活中習焉而不察的一部分，所以一直到光緒二十五年(1899)，開明士人張謇(1851-1926)在擬〈金陵文正書院西學堂章程〉時，也還是照搬舊套，規定院生「備有日記冊、功過簿，月終彙核分送諸生父兄鑒閱」[29]。不過，先前是規定把日記公開在師長面前，張謇則規定把日記公開在父兄面前。

從以上種種材料看來，在傳統教育中，日記常被建制化為一種道德轉化的資具，不只是私人反省的根據，而且要暴露在第二人或第三人眼中，由他們幫忙檢查批評。

省過會

明清士人還有一種省過會或規過會的傳統，過去一直不曾受到注意[30]。省過會或規過會的形式各別，不過有一個共同的特色：一群有志向上

---

26 傅維森編：《端溪書院志》，收在《中國歷代書院志》，第3冊，卷4，〈梁節庵先生端溪書院章程〉，頁21。

27 Barry C. Keenan, *Imperial China's Last Classical Academies: Social Change in the Lower Yangzi, 1864-1911*, p. 81.

28 Ibid., p. 100.

29 《張季子九錄》(台北：文海，1965)，〈教育錄〉卷1，頁4。

30 我在多年前所寫的一篇文章中已經大略討論明末清初的省過會，見王汎森：〈明末清初的人譜與省過會〉，《中央研究院歷史語言研究所集刊》，63:3(1993)，頁679-712。

的士人爲了激勵道德，組成省過、規過的社團。社友們通常要隨時記日記，以備在定期見面時將各種私生活的細節了無遺露地公開在社友面前，或是上台盡情地報告自己的過失，由社友幫忙檢查、規過。

這些社團大抵是巨大道德焦慮下的產物，參與者都對向上的道德境界帶有無限的嚮往，故糾集志同道合的友人們組織社團，藉助他人的力量來幫助自己反省自己所看不到的過失與潛在的癥結，並且藉助大眾的力量來幫忙開方醫病。

在這裡，我只想舉幾個例子來談規過會。明末清初江蘇太倉一帶的一群士人組成了「考德課業會」，主要代表人物是陸世儀（1611-1672）。會友們規定要準備三種記錄本子，第一是「記事錄」，只記日常行爲中的善舉，第二是「志學錄」，只記日常行爲中的過錯，第三是「相觀錄」，專記會友平日的嘉言懿行。記載每天過錯的「志學錄」必須在每次集會時交給會友閱讀，他們記錄的方式及表格目前還流傳下來[31]。在「考德課業會」中，會友們要對自己的過失盡情地報告，他們常常要公開報告十幾天中的心理狀態，有時候還要公開報告自己從上次集會以來犯了多少「口過」，犯了多少「身過」，還要說明是否曾生「惡念」等細節。在一次集會中，陸世儀坦承在十五天內，他的心中居然只起過四次慾念。以這樣精確的算數來計算心中的慾念，是向內探索心性到了高峰的一個例子[32]。

將互評日記及規過會執行得最爲徹底的，應該是後來曾經影響毛澤東的清初思想家顏元。在顏（元）李（塨）學派中，互評日記之風非常之盛，而且因爲他們把這件工作當成奮發向上的法門，所以進行時的態度是愉悅而嚴肅的，而且是雙向進行，不但師徒互評日記，互相規過，連父子間也互評日記，互相規過。從他所留下的紀錄看來，即使是學生、兒子評老師、父親的日記，態度仍然一絲不苟。在顏元一生中，他不斷地與有志在道德

---

31 見《確菴先生文稿》中的〈聖學入門書〉。

32 王汎森：〈日譜與明末清初思想家〉，《中央研究院歷史語言研究所集刊》，69:2（1998），頁272。

修養上奮勵向上的朋友組成或大或小的規過會。其中以和王法乾共組的規過會維持最久。他們最初約定五日一會，並規定五日一送「規過紙」。規過會中互相摘發對方所不察覺或已察覺而不肯改正的過失時，其氣氛是肅殺的。有一段記載說，每當顏元與他的會友互相規過時，「互無回護，且日記評錄，不肯隱諱飾嫚」[33]。顏元的弟子李塨(1659-1733)在給學生的一封信上說他們「每勸善改過，摘露肺腑，面赤髮直不為甚，以此，雷霆斧鉞受之熟矣，旁人見之，以為不近人情，而與習齋(顏元)直如頭目手足互相救援」[34]。足見互相批評得太激烈時，會友在情面上受不了，難免有面紅耳赤的情形。所以，有人不習慣公開揭露、批評會友的過程，改採用「秘授一小封規之」[35]的辦法。

顏元認為規過會對他及會友們道德轉化上所起的作用非常大。他有一次哭一位朋友之死，說「非會日見〔王〕法乾，則過不得聞」[36]。顏元七十歲時回憶他自己一生之所以能無大過，而且對周公孔子之學似能有所了解，完全是得力於過去四十年時時刻刻的改過[37]。

他們還到處求人定期給自己送「規過紙」，好像現代學者寫完論文後四處搜集批評意見一般。顏元也到處勸人舉行規過會，認為這是「忘一世之紛囂，而釀一堂之虞夏」的妙訣。他在給高陽孫衷淵的信中勸他求一、二位朋友，相與結社，互相規過[38]。河北一位退休尚書，與地方上的貧士及鄉老結社，五日一會，顏元寫信勸他應該在會中加入規過的條目，才不算虛枉[39]。在清代全盛時期，省身日記或規過會的聲勢比較衰頹，不過在道光、咸豐年間又復興了。這一次復興帶有非常強烈的時代意義。清代後

33　馮辰：《李塨年譜》（北京：中華，1988），頁45。
34　同上，頁170。
35　李塨：《顏元年譜》（北京：中華，1992），頁9。
36　〈哭奠會友趙太若〉，《習齋記餘》，卷8，在《顏元集》，頁544。
37　〈題記前示鍾錂〉，《習齋記餘》，卷10，在《顏元集》，頁588。
38　〈與高陽孫衷淵書〉，《習齋記餘》，卷4，《顏元集》，頁456。
39　參見王汎森：〈日譜與明末清初思想家〉，頁276。

期官僚系統的腐敗極為嚴重,只要隨意翻開張集馨(1800-1878)的《道咸宦海見聞錄》、沈垚(1798-1840)的《落帆樓文集》中書信的部分,或當時許許多多的日記、筆記,撲面而來的都是官場的腐敗之氣。這個時候一群有志的士大夫,不約而同地以宋明理學中嚴明整肅的道德超越精神作為他們醫治這個腐敗時代的良方。而寫修身日記並互相傳觀、互相批評的風氣再度成為一種時髦。以當時北京的一個士大夫圈為例,唐鑒(1778-1861)、倭仁(1804-1871)便提倡傳觀日記,相互批評。曾國藩(1811-1872)在道光二十一(1841)年七月十四日的日記上這樣寫著:

> 近時河南倭艮峰(仁)前輩用功最篤,每日自朝至寢,一言一動,坐作飯食,皆有札記,或心有私欲不克,外有不及檢,皆記出。

當時曾氏並未立即受到感召而仿立修身日記。隔年,他向倭仁請教修身之道。倭仁向他指示了明末劉宗周(1578-1646)《人譜》中每天記錄自己過錯的辦法,並告訴他應該馬上寫《日課》。這一次他接受了建議,同時積極地與吳廷棟(1793-1873)、馮卓懷、陳源兗等人互相傳觀日記,並且送請倭仁批閱[40]。倭仁自己也是這樣做的,目前我們所能讀到的倭仁日記中,仍留有當時傳閱者的批語[41]。在當時的中國,這類修身日記像雨後春筍般迸出,蔚為一時風潮,而且一直到民國初年還有影響。

五四青年的辦法

在民國初年的思想空氣中,我們可以看到一個奇特的現象:談修身時,理學的空氣相當濃厚,但是新知識分子們其實是高舉反理學大旗的。最令

---

40 以上參見朱東安:《曾國藩》(成都:四川人民,1985),頁19-20。
41 見《倭文端公遺書》(台北:華文,1968)中日記的部分。

人詫異的是在五四前後，當中國共產黨尚未成立，大部分中國共產黨的骨幹還是青年學生時，不少青年社團在力行傳統的省身辦法。前面所提到的種種將私密的生活公開以便得他人批評的傳統依然具有活力。毛澤東的老師、岳父楊昌濟(1871-1920)是一位留學英國的倫理學教授，但同時也深受晚清宋學，尤其是曾國藩的影響[42]，毛澤東本人則受到清初思想家顏元的影響[43]，曾國藩與顏元都是極力提倡修身日記的人。楊昌濟在湖南師範教書時，曾鼓勵包括毛澤東在內的一群學生們立日記，傳觀日記。他的《達化齋日記》中留下了不少這方面的紀錄。而當這群學生組織新民學會時，他們也一樣寫日記，互相傳觀、互相批評。我們都知道這個學會的會員中包括不少後來共產黨的元老[44]。

惲代英(1895-1931)這位中共早期的靈魂人物，也是五四時期互助社、利群書社的創辦人，這兩個社團提倡傳觀日記，並且要求在日記上嚴格計算自己每天生活表現的總分[45]。

惲代英自己的日記保留了下來。惲氏從十四歲開始記日記，他把日記當作「以是觀吾品行」的重要辦法，一日三省，督促自己克服缺點。在他看來，日記是「最良的」修養方法，故常到處勸人立日記，甚至印製勸人作日記的賀年卡寄給朋友。1917年10月武昌互助社成立後，日記扮演非常重要的「交心」工具，惲氏的日記總是放在桌上，如有朋友來訪而惲氏不在，熟悉的朋友便取日記來閱讀，臨走時常高興地說「我會過代英了」[46]。

在互助社幫助和影響下成立的小團體如輔仁社，一開始便規定「開會時報告自己的過失及他社員的過失，皆相約直言不諱」。但是他們很快地發現了弊病，即「除了預防己身過失外，積極的事沒有做一點」，到了第

---

42 王興國：《楊昌濟的生平與思想》（長沙：湖南人民，1981），頁89-136。

43 李璜：《學鈍室回憶錄》（台北：傳記文學，1973），頁36。

44 宋裴夫：《新民學會》（長沙：湖南人民，1980），頁7。

45 中央檔案館編：《惲代英日記》，頁201-8；張允侯等編：《五四時期的社團》（北京：三聯，1979），冊1，頁173。

46 沈葆英：〈惲代英和他的日記〉，在《惲代英日記》，頁4。

三學期,他們便決定「改口頭報告為傳觀日記」[47]。日新社則規定每星期開會三次,「開會時社員必各攜日記,互相展覽以資改進」,「同時社員因勸戒過失時,言語太激烈,態度太嚴厲,使人難堪,而犯過失的一方面又不能容納善言,因此社中便呈出一種不和輯的現象和不穩固的精神」[48]。健學會則每星期舉行常會一次,「各人都用書面誠懇的報告各人一星期所有的功過」[49]。武昌人社規定每周開常會一次,彼此傳觀日記,後來「議定各人須將自己的過失、醜惡的心理,重行盡情披露,實行人格公開。會期改為每日一次,每周內須作書面的報告,以便隨時考察各人的心理與行為」,或是攜帶日記供社員傳閱,並上講台坦白自己及社友的過失[50]。

值得注意的是,這些五四青年與傳統士大夫一樣,把自我批評與相互批評當做一件好事在做,所以他們提到這些事情的口氣是樂觀、激昂的。譬如1920年10月《互助》上有一封〈遵芳致昌緒〉的信說,「我曾記得當時互助社逐日開會,報告自己的過失,並用記分法以自勵的時候,別人雖然我不知道,卻於我有極大益處,因為那實在是做每天反省的工夫,後來我亦每每覺得我自己比從前——逐日開會的時候——進步了些。現在你們又有了這個會,我很盼望你們時常把你們的得失告訴我,提醒我!不要忘了還有一個在遠方應該規勸的朋友」[51]。在社友的通信中報告好消息時,甚至還會提到「我們的日會沒有間斷,過失的報告都很真實」[52]。從明清士大夫到五四青年,將生活隱私公開化,並以一種類似批評與自我批評的方法,藉助群體的力量以促進自己道德轉化的傳統並未中斷。也許是因為如此,所以當俄國共產黨的「批評與自我批評」引進中國時,人們便自然而然地以傳統的一套辦法加以涵化,將舊的方式套入新的術語中。不過,

---

47 《五四時期的社團》,冊1,頁138-9。

48 同上,頁141。

49 同上,頁142。

50 同上,頁145-146。

51 同上,頁172-3。

52 〈際盛致利群社友〉,《五四時期的社團》,頁181。

由於我對共產黨史了解太少，對這個問題不敢作斬截的判斷。據我了解，俄國共產黨雖然也有公開報告自己過失的辦法，但所觸及的範圍、深度及道德意涵都遠不及中國。而至少在廣度、深度及道德意涵等方面，傳統的幾種批評與自己批評方式，對後來造成過相當大的影響。

私人領域的政治化

中共建黨以後，黨員間便開始實行「批評與自我批評」。從延安時期，尤其是在1949年以後，前述那個以公開私人領域求得道德轉化的傳統有一個重大的轉折，那就是私人領域的政治化。

我們不能否認在中國共產黨發展的軌跡中，可以或多或少找到一種類似「道德彌賽亞」式情結。毛澤東早年在〈《倫理學原理》批注〉中說「吾嘗夢想人智平等，人類皆為聖人」[53]，後來〈送瘟神〉詩中的「六億神州盡舜堯」，以及劉少奇(1898-1969)《論共產黨員的修養》中的一部分內容都反映了這個心態。不同的是，這時「舜堯」不是傳統意義下的道德聖人，而是共產世界的新人。

這個時代，許多天真熱誠的學者、共產黨人是誠心自動地糾舉自己及他人的過錯，不過，自我道德審查逐漸轉化成政治鬥爭的依據，由過去自發的，出於追求人格轉化的道德焦慮，轉而逐漸變成整人鬥人的工具。同時能被容許的「私」的領域愈縮愈小，自我隱密的空間不但要求全部公開，而且幾乎全盤政治化。此外，共產黨幹部在批評與自我批評的過程中，扮演著微妙而且決定性的角色。批評與自我批評是否能夠過關，在相當程度上要靠群眾或幹部的同意，尤其後者更有支配性的地位。再者，批評與自我批評所根據的標準不一樣了，過去是檢討個人是否符合傳統的道德規範；五四時代，則檢討是否符合那個時代青年們所立定的新標準，譬如是

53　中共中央文獻研究室等編：《毛澤東早期文稿》(長沙：湖南出版社，1990)，頁186。

否能在不嫖妓、不賭博、不說謊之外，還希望能塑造自己成為一個改良家庭、改進社會的行動者；新的一代則是檢討是否符合共產世界的新標準。

1942年延安整風運動中，「批評與自我批評」已執行得相當有規模。毛澤東強調整風運動旨在「治病救人，懲前毖後」，其方法則是「批評與自我批評」，以期能改正自己身上熟視無睹的毛病或是別人身上的弊病[54]。

根據陳永發的研究，當時延安有兩萬多名幹部，從該年4月到6月，有一半以上的人捲入這個運動。按照中共中央的規定，這些幹部學習上級指定的二十二個文件，在熟讀這些文件之後，每人根據這些文件來批評自我、同志和機關單位。各人除自傳之外，必須交代階級出身和機關單位，並檢討自己的歷史和工作經驗。尤有進者，必須在小組和大會上公開反省自己，接受同志基於「治病救人，懲前毖後」原則所作的各種批評，然後再由上級就所得到的各種資料作出鑑定意見。

他們沒有像傳統士人那樣將每日每時的思慮言行詳記在日記上，不過依據《延安的陰影》一書所述，他們反覆地寫自傳，而且內容鉅細靡遺，至少包括五部分：(一)自我概述、(二)政治文化年譜、(三)家庭成分與社會成分、(四)個人自傳與思想變化、(五)黨性檢討。即以第五部分為例，當時某黨委提示的「反黨性」行為如下：

> 思想意識上：入伍入黨以後是否時時計較個人利益，患得患失或假公營私，借黨的工作以達到私人某種目的與打擊別人報私仇，對革命前途沒有信心，是否曾經動搖過及戰鬥怕死，愛出鋒頭，逞能幹奪功，好包辦，沒涵養，想家，想老婆。
>
> 言論上：說過些什麼不應該說的話，如黨內秘密，當面不說背後亂說，道人長短，議論上級，不通過組織提意見，有時怕得罪人，該說的不說，甚至聽到反動言論也不駁辯，對群眾不鼓動宣傳等。

---

54 陳永發：《延安的陰影》（台北：中央研究院近代史研究所，1990），頁19。

工作態度上：如計較個人地位，不願作技術工作，不願作埋頭苦
幹的工作，不作機關工作，不願作事務工作，怕麻煩，做工作講
價錢，工作隨便不認真，計畫得過且過，敷衍了事等，工作消極。
日常生活上：如好想（當作「享」）受，圖舒服，計較生活，待遇與
別人比高低，不艱苦，不吃苦耐勞，貪污腐化等。
待人接物上：是否能團結同人，鬧意見過否？為什麼[55]？

　　陳永發對上面這段材料評論說：「中共中央所企望於黨員者，乃置小
我於度外，完全以其所謂『革命』的大我為行事作人的依據，因此一般社
會所容認的許多『小我』行為，中共根據其『革命』需要，不僅認為是不
道德的，而且拒絕視之為理所應然。」「〔中共〕更大量印發如前所引那種
鉅細靡遺的反省指南，把道德主義推展到革命『大我』的極致，要求每一
個黨員和幹部，按照這一種鉅細靡遺的指南，進行批評與自我批評，以至
於『小我』所能享有的一點點自主空間受到進一步壓縮，甚且蕩然無存。」
[56] 批評與自我批評是在幹部及其他黨員眾目睽睽之下舉行，所以必須要大
家都能滿意，否則自我批評就不能停止。而這些自我批評的資料馬上又成
為跟隨自己的檔案的一部分[57]。

　　1949年以後，「批評與自我批評」擴及全國。最近我讀到張紫葛《心
香淚酒祭吳宓》一書，這一部書的真偽引起不少爭議，尤其是作者與吳宓
私人關係的部分。不過該書中有幾幕批評與自我批評的實例，想來是可以
反映時代的情況，我把它們錄在這裡，作為例證。

　　在這一本追憶吳宓的書中，批評與自我批評不斷地出現，足見這是貫
串整個時代的一條線索。吳宓第一次領教到它的滋味是批判《武訓傳》，
當時的辦法是「從鑽研《人民日報》社論入手，聽大報告，閱讀大量參考

55　以上三段皆見陳永發：《延安的陰影》，頁29-30。
56　同上，頁29-30。
57　同上，頁31、37。

文件，反覆討論座談，步步深化，再對準武訓的『反動本質』口誅筆伐。轉而聯繫自己，舉自己的經歷及歷年教課內容，痛罵舊我反動透頂，實為蔣匪幫之忠實走狗，為蔣匪幫培養反動統治爪牙；肯定今日之我仍是『反動知識分子』，必須痛下決心，脫胎換骨，改造思想。」[58] 當時尚未號召展開互相批判，但是吳宓已經非常不能忍受，他表示：「我不僅不能醜語自詆，連旁聽諸位先生的自我辱罵，也覺辱莫大焉。」在批《武訓傳》中，吳宓因為自我批判不夠深入，引起學校領導的不滿，吳宓則不肯退讓，他說：「批評、自詈方興未艾，設若現在就百詞自詈，將來日復一日，由漸而入，復何更醜更穢之詞以進一步自詈，以示長進？」[59]

到了思想改造運動時，人人要在會上交代，批判過關。吳宓一而再、再而三地自我批判，仍然不能過關，最後在校方領導的鼓勵下，隨許多名流學者之後，在1952年7月8日的《新華日報》上寫文章痛切自我批評。這一篇題為〈改造思想，站穩立場，勉為人民教師〉的長文錄在該書[60]，其坦白之徹底，自剖之深入，連動機、念頭都不放過，真正是把「將自我過失盡情披露」的傳統發揮到極致。吳宓自己說它是為了「要捨棄或改正我前此五十餘年曾有之舊思想、舊感情、舊行為、舊習慣，而按照新標準來造成我今後所要有的新思想、新情感、新行為、新習慣」[61]，不由得令人想起呂坤所期許的以「新吾」換「舊吾」。即使如此，他對這種提倡臭罵自己之自我批評和肆意攻擊他人之開展批評，仍頗不滿[62]。

然而不滿歸不滿，批評與自我批評的關卡是隨時要過的。譬如1953年所辦的西南高等學校教師進修部，所謂「進修」，最重要的一環便是批評與自我批評，以便爭取良好的「政治鑒定」，趕快回校教書。根據參與其

---

58 張紫葛：《心香淚酒祭吳宓》（廣州：花城，1997），頁109。

59 同上，頁110。

60 同上，頁211-22。

61 同上，頁211。

62 同上，頁235。

事的張紫葛歸納，爲了給上級一個表現良好的印象，人們形成了三個行爲
準則——「一是對『舊我』大加撻伐，徹底批判：從自己的祖宗三代起，
深挖深批，哪怕只做過教員，也是爲『蔣匪幫』政權效盡犬馬之勞，繼而
深挖資產階級思想，上綱上線，罵深罵透。二是對今日之我極力美化，盡
可能之努力，表現此時此刻之新我，確實已真心實意，堅貞不貳站到人民
立場，一心一意信仰馬列主義，覺悟之高，信仰之堅，堪稱黨外布爾什維
克。第三個行爲準則（這是重點）：拍蒼蠅捕老鼠，事無巨細，奮勇竭力，
表現積極；最最要緊而見效端的，莫過於展開『批評』，用高倍顯微鏡看
別的進修教師，尤其是同組的人；抓住每一個人日常生活中的情節，開會
發言中的細微詞誤，斷章取義，鐵面無私，開展批評。」[63]

　　最近《譚其驤日記》的出版，也爲我們提供不少材料。根據整理者的
說明，那是譚其驤（1911-1992）遺物中的兩冊筆記本，是1952年在復旦大
學歷史系參加思想改造運動的筆記。其內容也充滿這種以公開個人私人深
層的領域來取得別人批評，以幫助自己改造的例子。譬如周谷城公開「我
從來不用公家信紙信封，是爲了怕公私不分的批評。不貪便宜不是爲公家
打算，而是爲自己打算，並不是真正愛護公共財物。」「我敢於批評梁啓
超，一方面是因爲他已經死了，另一方面是由於他是名人，批他也有名。
我評熊十力、郭沫若、洪深都是這樣的目的。」胡厚宣公開自己「曾遺失
圖書五、六本，後來卻買了小冊子賠償，有一部大書《殷墟書契前編》，
遲遲未還，想拖著賴掉」等。此外，其他人的自我批評林林總總，像「住
嘉陵村D17號時燒過兩次電爐」、「拿了蔣匪軍埋下的兩個油桶，兩大根
鉛絲」、「將統考試題紙私用」、「考試作弊，自己管菜，菜就分得特別
多」、「讀高中時偷自己家裡的稻，相當五斗米」、「小時候賭錢，輸了
就拿家裡的錢偷偷還掉」、「解放前，在永生買書打九折」等等不一而足，
引不勝引，真是毛舉細故，盡可能把自己私人領域最深層的動機、意念，

63　張紫葛：《心香淚酒祭吳宓》，頁289。

向大家公開，供大家批評，認爲可以由「痛苦到痛快」[64]。

目前，關於批評與自我批評的史料，已經到了汗牛充棟的地步，而且每一讀及，都讓人有驚心動魄的感覺。這些故事似乎都呈現了幾個特點：首先，人被重新定義。人變成可以填充之物，意識的最深層、最爲隱微之處可以徹底公開，而且應該公開。人也可以被徹底地壓縮，徹底否定其舊有的主體，然後按照新時代的新理想重新塑造。另外一個值得玩味的特色是，傳統中國「以聖望人」的思想，似乎被以一種奇怪的方式加以落實。統治者逼迫百姓作聖人，但是聖人的標準是隨在上位者的想法而定的。通常只有少數人是聖人，其他的都是或大或小的罪人。

此外我們也發現，政治力量假道德名義侵入到每一個人最私密的領域中，用政治力量去逼人「吾日三省吾身」。那個主張將私人領域盡可能公開、盡可能透明的傳統，在經過政治力量的操弄之後，竟使得每一個人都像福柯（Michel Foucault）一再提到的邊沁（Jeremy Bentham）的「環型監獄」（panopticon）中的犯人，不容許有隱藏的東西，不容許有自由意志，也不允許人保留他不願公開的私人領域。而精神裸體的結果，是人人都失去了防衛自己最基本權利的最後一點根據。姑不論其正確與否，傳統士人那種道德轉化的渴求，那種把雷霆斧鉞般的互相批評當作「頭目手足互相救援」的仁舉，中共早期那種以批評與自我批評來「治病救人」的天真熱情，都在政治力量的大舉介入之下，徹底變質了。寫到這裡，我想起了米蘭・昆德拉（Milan Kundera）《笑忘書》的封面，一群天使圍在一起起舞，但映在地上的是一個魔鬼的影子。批評與自我批評，原來是想提升人的品質，最後卻變成鬥人、整人的工具。天使起舞，而最後竟映照出魔鬼的身姿，歷史的發展不常就是這樣嗎？

---

64 葛劍雄編：《譚其驤日記》（上海：文匯，1998），頁307-319。

「思想資源」與「概念工具」
──戊戌前後的幾種日本因素

　　近代中國與日本的愛恨情結，使得任何有關這個問題的研究都很難下筆，而且不容易被平情看待，總覺得在字面之後，還有一些潛在的動機。這種情形當然不是全然子虛烏有，譬如一些傑出的漢學家就將他們的研究與日本對華的政策聯繫起來。內藤湖南(1866-1934)與白鳥庫吉(1865-1942)是兩個好例子。

　　內藤湖南的著作中曾表示，中國的問題太多，內部已經腐爛不堪，早已不再有自生自發、復興自己的能力，因此必須藉著日本的幫助或引導，甚至是武力介入，才可能使中國再生。內藤後來參加了滿洲國，他的一生似乎體現了善意與擴張主義複雜的夾纏與掩飾。白鳥庫吉與津田左右吉(1873-1962)這兩位學者傾向於貶損中國思想文化的價值。這樣的做法仍然有利於日本的擴張主義。而以研究中國人留學日本的歷史著名的實藤惠秀，一度也有透過追索近代中國的日本因素來支持日本侵略的傾向 [1]。在這裡，我並不想介入上述爭論，而只想藉這篇短文來提醒人們注意戊戌前後中國「思想資源」及「概念工具」之變化與日本的關係。

　　以「思想資源」這一點來看，寬泛一點說來，清末民初已經進入「世界在中國」(郭穎頤語)的情形，西方及日本的思想、知識資源大量湧入中國，逐步充填「傳統」的軀殼，或是處處與傳統的思想資源相爭持。

　　我們不能小看「思想資源」與「概念工具」。每一個時代所憑藉的「思

---

1 實藤惠秀：《日本文化の支那への影響》（東京：螢雪書院，1940）。

想資源」和「概念工具」都有或多或少的不同，人們靠著這些資源來思考、整理、構築他們的生活世界，賦予日常事件的意義，同時也用它們來詮釋過去、設計現在、想像未來。人們受益於思想資源，同時也受限於它們。大體而言，戊戌之前用來改革的思想資源新舊雜陳，而此後則是愈來愈新。人們發現舊資源已經應付不了新局面了。

　　弄清楚一個時代「思想資源」的版圖、輪廓與內容非常不容易。在「思想資源」與「概念工具」沒有重大改變之前，思想的種種變化，有點像「鳥籠經濟」，盤旋變化是可能的，出現一批特別秀異獨特的思想家也是可能的，但是變化創造的幅度與深度還是受到原有思想資源的限制，不大可能掙脫這個鳥籠而飛出一片全新的天地。這或許也解釋了爲甚麼傳統士人在面對危機或是面臨重大轉折時，一再想像的解決辦法都是回到上古三代。明末清初幾位思想家的言論可以作爲代表。顧炎武(1613-1682)把「六經之旨」與「當世之務」等同起來，黃宗羲(1610-1695)認爲不讀經書則不能爲「大家」等等。這種現象背後當然還有「崇古」或其他更爲複雜的因素，但是傳統中國「思想資源」的限制是一個關鍵因素。這種心態不只表現在對某些具體事情的看法上，同時亦形成一種普遍的態度，使得傳統士人一旦眼前無路，便想回到上古三代，因爲眼前少有其他更具說服力的「思想資源」及「概念工具」供其選擇了。

　　大量流入近代中國的西方及日本的知識，是繼佛學進入中國後另一次大規模的「思想資源」及「概念工具」的變動，人們詮釋過去、設計現在、想像未來的憑藉也不同了。洋務運動展開以後譯介西洋書籍的風潮已經開始，而且它與晚明翻譯西書有所不同。晚明所譯西書在當時廣大士大夫圈中不占主流位置。但清季西學進入中國時，後面跟隨著洋人的富強與槍炮，所以它的說服性很強。反對它們的人固然不少，但整體而言，西學逐步取得讀書人的注意。如果沒有這一筆新資源，原來盤旋於舊學之下的康有爲

(1858-1927)等人也不會在思想上幡然改轍 [2]。然而，誠如梁啓超(1873-
1929)1897年在〈大同譯書局條例〉中說：京師同文館、天津水師學堂、
上海製造局等機構，在三十年間譯書不過百種而已。甲午戰敗後，來自日
本的思想觀念及書籍，其規模遠大於前者，尤其重要的是，大量西書透過
日本的翻譯轉譯為中文。

一

「思想資源」與「概念工具」的大變動常有其社會政治條件。以傳統
中國士人的文化自信而言，如果不是現實政治社會面臨嚴重問題，根本不
可能為新思想資源的引入創造有利的土壤。故討論日本思想資源輸入的問
題時，首先要看中日兩國在歷史的天平上輕重的轉變。

雖然中日兩國的思想差異遠比我們想像的要大，但無可諱言，在近代
以前，日本始終深受中國文化的影響。以德川時期為例，宋明理學與清代
考據學的影響非常深入，即使到了近代，中國被西方擊敗的經驗也被幕末
的日本充分吸收。大庭脩的著作討論了這一點。他搜集寧波、南京兩地輸
出日本書籍的目錄，並追查其中部分重要書籍的流向，對這一「受容」現
象勾勒了一個輪廓。像《海國圖志》一書，便對幕末日本的領導階層及「志
士」發生重大影響 [3]，是長期閉塞的日本認識西方世界的重要依據。

然而在日本人眼中，中國正逐漸從「正面教員」變成「反面教員」。
中國面對西方帝國主義的一系列敗績，成為日本的「反面教材」。鴉片戰
爭中的挫敗，對當時尚未嘗到洋炮滋味的日本所造成的震撼非同小可，反
而對中國的士大夫圈影響不如想像那麼大。我們發現日本如饑似渴的希望

---

2 康有為：《康南海自編年譜》(北京：中華，1992)，頁9、11、14。
3 大庭脩：《江戶時代における唐船持渡書の研究》(大阪：關西大學出版部，1967)；
 《舶載書目》(大阪：關西大學東西學術研究所，1972)；《江戶時代の中日秘話》
 (東京：東方書店，1980)，頁249-250。

知道西方的情形，許許多多當時中國翻譯的西書，甚至是明末譯的西書，都流入幕府領導階層手中，尤其是《萬國公法》。連大明律也在明治初年得到相當大的注意[4]。

中國成為日本「反面教員」的另一個例子是太平天國戰爭。日本從這一場殘酷的戰爭中學到了許多。1862年，高杉晉作、久阪玄瑞還有其他幕府官員就曾親自到上海觀察太平軍的組織，這些觀察對幕末日本也有影響[5]。當中國勉強從太平天國之亂掙扎過來時，日本正好完成了明治維新，而且進行一系列的新改革。從此時開始，文化交流的方向整個倒過來。黃遵憲(1848-1905)的《日本國志》、《日本雜事詩》為中國保守士大夫勾畫了一個他們幾乎不認識的新日本。這些書也為戊戌變法提供了相當大的動力。

黃遵憲可以說是第一個嚴肅面對一個正在成形的新事實的人，不過他顯然也是透過自己的眼睛在篩選他所看到的東西。黃遵憲雖然對當時日本的自由民權運動以及議會制度存有好感，但是他最強調的，還是日本如何成功地透過中央集權而成為一個現代的國家[6]。有意思的是，黃氏的著作在甲午戰敗之前並未引起當時中國士大夫的注意；該書完成於1887年，以抄本的形式流傳，並且在1895年印行，但是在甲午戰敗之前卻從未廣泛地流通過。這種現象自然與中國亙古以來的日本觀有關：日本長期以來都小心翼翼地注視中國的變化，謹慎地考慮因應之道；反觀中國這一邊，則總是因為優越意識作祟而漠視它的東鄰。在一篇有關中國對日本態度之變化

4　大庭脩：《江戶時代の中日秘話》，頁244-246。

5　市古宙三對日本的太平天國印象作了研究，見他的〈幕末日本人の太平天國に關する知識〉，在《開國百年記念明治文化史論集》(東京：乾元社，1952)，頁453-495。市古發現，當時日本統治階級是把太平天國之亂當做實驗室般，避免日本百姓發起像太平天國那樣的革命，以保持其原有的社會秩序。也有人對高杉晉作的日記進行分析，發現高杉也是把太平天國之亂當成實驗室來觀察。

6　Kamachi Noriko, *Reform in China: Huang Tsun-hsien and Japanese Model*(Cambridge: Harvard University Press, 1981).

的研究中顯示：甲午戰爭之前，幾乎沒有官僚或士大夫認為中國會被日本
擊敗。當時已經有相當數目的書刊報導日本的新發展，所以中國知識分子
並非盲目到完全不了解日本的新發展，但是它們幾乎沒有引起清廷決策者
的注意。

甲午戰爭是中日兩國三百年來的第一戰。這場戰爭之後，日本的自我
形象急遽改變，並在日俄戰爭之後達到高峰。日本對中國的態度亦急遽變
化。在此之前，日本雖然知道中國被英國打敗，但是仍不敢認定中國兵疲
力弱。可是，甲午之戰改變了這一切。

哥倫比亞大學日本文學專家多納德・金(Donald Keene)有這樣的觀
察：在戰前，日本比較嚴肅的文學作品大都是用漢文出版的，這是為了向
它的讀者們保證，該書不是寫給無知識的婦女或小孩看的[7]。甲午之後，
漢文在日本學校課程中的重要性大幅降低[8]，而且有許多日本人認為，是
日本而不是當時的中國，才是中國傳統光輝的繼承者[9]。在當時日本的通
俗讀物中，「到北京去」成為相當流行的口號[10]。

在日本急遽變臉之時，中國方面也有激烈的改變。從1896年起，大量
中國學生湧入日本，光是1906年就有大約八千六百人前往。美國的日本史
權威詹森(Marius Jansen)便認為，以當時中國留日學生的數目而言，可能
是到那一刻為止世界史上最大規模的留學生運動[11]，而戊戌前後中國思想
文化中的日本因素便與這一波留學運動分不開[12]。

---

7 Donald Keene, "The Survival of Chinese Literary Tradition in the Meiji Era," 在譚汝謙
編：《中日文化交流》（香港：中文大學，1985），冊2，頁78。

8 同上，頁85。

9 Donald Keene, "The Sino-Japanese War of 1894-95 and Its Cultural Effects in Japan," in
Donald H. Shively ed., *Tradition and Modernization in Japanese Culture* (Princeton: Princeton
University Press, 1971), pp. 121-174.

10 Ibid., p. 137.

11 Marius Jansen, "Konoe Atsumaro," in Akira Iriye ed., *The Chinese and the Japanese:
Essays in Political and Cultural Interactions* (Princeton: Princeton University Press, 1980).

12 關於這一波留學運動，日本學者實藤惠秀的《中國人日本留學史》（〔譚汝謙、林啟

值得注意的是，大部分留日學生的終極目標並不是學習日本的學術文化，而是學習西洋文化[13]。然而，日本也不僅只是一個「接生婆」，事實上，許多轉手而得的西洋知識已經經過日本的選擇、改變，或已沾染上日本的色彩，這等於是經過日本的咀嚼再放入中國的口中。

二

以下我將舉幾個例子，藉以介紹當時從日本吸收進來的思想資源：

首先是翻譯。早在1939年，佐藤三郎就已經出版過一份目錄，發現有152本日本歷史著作被譯成中文[14]。此後，這一份中譯日本書的目錄越加越長，一部重達數公斤的書中搜集了5767種書目[15]，但據調查，尚有將近一千種書未被收入。試想這是何等龐大的一筆新資源！如果分析這些中譯日本書出現的年代，我們便可看出一個清楚的變化：1896-1911年是譯書的高峰，共有956本書被譯成漢文，1912-1937年則有1759種；相比之下，在1896-1911年間，日本從漢文迻譯過去的書只有16本而已。這是一個近乎諷刺的懸殊比例。在這個時期，日本譯介全世界各種語文著作的工作中，中文書籍所占的分量也急遽下降。在一份根據《明治文獻目錄》(1932年)所做的分析中發現，它所列的1472本從各種語言翻譯過來的書籍中，只有3本是由中文翻譯過來的[16]。

(續)────────────

彥譯〕香港：中文大學，1982)是一部概括面相當廣泛的著作，它的修訂版參考了將近四千種文獻。此外，還有黃福慶的《清末日本留學生》(台北：中央研究院近代史研究所，1975)。

13 Douglas Reynolds, "The Golden Decade Forgotten: Japan-China Relations 1898-1907," in *The Transactions of the Asiatic Society of Japan*, fourth series, vol. 2(1987), p. 146.

14 佐藤三郎：〈歷史學關係書支那譯目錄〉，《歷史學研究》，71(1939年11月)，頁1116-1121。

15 譚汝謙：《中國譯日本書綜合目錄》(香港：中文大學，1980)。

16 譚汝謙：〈近三百年來中日譯書事業與文化〉，收入氏編：《中日文化交流》，冊1，頁223。這個數目字倒是與日本文部省在1903年向內閣提出要求大幅減少日

在大量中譯的書籍中，以各級學校的教科書最爲大宗，這些新教材掀天蓋地鋪向中國的每一個角落。當時，中國各地常爲使用舊式教材或新譯教科書起爭執，陳獨秀(1879-1942)幼年便親歷過這種經驗[17]。本世紀初年出版的《國粹學報》中，對大量從日文翻譯過來的教科書便非常不滿，但是他們並不想再以古代典籍作爲教材，而主張自己編一套。1905年3月《國粹學報》第一期的〈略例〉中有這樣一段話：「我國近今學校林立，而中學教科書尚無善本。」其下有小注云：「我國舊有之載籍，卷帙浩繁，編纂極艱，故無一成書者。坊間所有，多譯自東文。夫以本國之學術事實，反求之譯本，其疏略可知。其可恥孰甚？」但是《國粹學報》編者的抱怨是沒有用的，「疏略」、「可恥」的感覺並沒能阻止日本教科書大規模地注入中國讀書人的腦海中。

接著是文學。如果把近代中國文學變革的根源都算到日本身上，那當然是錯誤的。不過仍有一些學者認爲，「文言合一運動」可以在明治的日本找到根源。日本學者中村志行就日本文學對近代中國的影響作了研究[18]。以梁啓超爲例：梁氏在《新民叢報》中的文體，常被認爲在相當程度上影響後來的陳獨秀與胡適；中村志行分析了梁啓超的《新中國未來記》，發現它有深厚的日本根源[19]；黃得時在研究梁啓超翻譯的《佳人奇遇記》與中國的新小說時，也得到一樣的結論[20]；甚至從梁啓超的詩中可以發現，他提倡的「詩界革命」也有日本的因子[21]；而明治時代的新戲劇運動與晚

（續）————————————————

　　文中漢字的使用量的時代趨勢相符合。

17 唐寶林、林茂生：《陳獨秀年譜》（上海：上海人民，1988），頁41。

18 中村志行：〈中國文藝に及ぼせる日本文藝の影響〉，《台大文學》7:4(1942年12月)，頁214-243；7:6(1943年4月)，頁362-384；8:2(1943年6月)，頁27-85；8:5(1944年11月)，頁42-111。

19 中村志行：〈《新中國未來記》考說——中國文藝に及ぼせる日本文藝の影響の一例〉，《天理大學學報》1:1(1949年5月)，頁65-93。

20 黃得時：〈日本小說の中國語譯〉，在譚汝謙編：《中日文化交流》，冊2，頁111。

21 許常安：〈晚清「詩界革命」の用語について——特にその日本語的なめの〉，《斯文》44(1966年1月)，頁19-30。

清中國的戲劇改革之間也有關聯[22]。

新詞彙的引入似乎更為重要。對日本來說，漢字與中國的詞彙早已像是血液中的成分，去除不掉了。但是戊戌前後，或者說上一世紀的最後十年，日本詞彙大量「倒」進中國。實藤惠秀在《中國人日本留學史》中開列了一張數目龐大的詞彙表，此處恕不具引，有興趣的朋友可以直接參看。但是仍然有人認為他並未窮盡所有詞彙。新詞彙引入的規模之大與涵蓋之廣，大概只有中國中古以來大量出現的佛經詞彙可以比擬[23]。這些新詞彙當然不可能只有單方面的影響，它們形成「雙向拉扯」的現象。不過，毫無疑問的，它們的引進，相當微妙地改變了整個文化。假如沒有這些詞彙作為「概念工具」，許多文章就不會以那樣的方式去思考，也不會以那種方式寫出來，對許多社會、生活、政治現象，也不會賦予這樣或那樣的意義。這使我們想起年鑑學派史家費夫爾（Lucien Febvre）在研究拉伯雷（Rabelais）究竟是「不信者」或只是像伊拉斯莫斯（Erasmus）那樣的基督教人文主義者時，發現16世紀並不存在「絕對」（absolute）、「相對」（relative）、「抽象」（abstract）、「因果」（causality）等字眼，所以在當時的「概念工具」中並不足以產生決然「不信」的概念[24]。新的詞彙、新的概念工具使得人們在理解及詮釋他們的的經驗世界時，產生了深刻的改變。如果想了解這一批從日本引入的詞彙對後來中國的影響，那就得想像這批「概念工具」如果不曾在那個時代存在過，人們到底會怎樣構思為文。

這些新名詞與新概念，成為人們日常語言中的一部分，逐漸改變了舊的思考範疇，而在許多方面造成了深刻的變化。譬如「國家」、「國民」、「社會」等概念，在經過日本人之手而反饋中國之後，幾乎重新規範了中

---

22 中村志行：〈晚清における演劇改良運動〉，《天理大學學報》，3:3（1952年5月），頁37-62；4:1（1952年7月），頁51-78。

23 曲守約：《中古辭語考釋》（台北：商務，1968），《中古辭語考釋續編》（台北：藝文印書館，1972）。

24 Lucien Febvre, *The Problem of Unbelief in the Sixteenth Century: the Religion of Rabelais* (Cambridge: Harvard University Press, 1982), pp. 354-379.

國人對於社會、政治的看法，也廣泛影響學術研究。譬如當時人便因爲這幾個新的概念工具而開始反省傳統史學究竟是不是「國家」、「國民」、「社會」的歷史。如果不是，舊史學能不能稱爲史學，中國究竟「有史」還是「無史」？（參見本書〈晚清的政治概念與「新史學」〉）其他像「哲學」、「宗教」、「主義」、「傳統」等新名詞的輸入，也一無例外地造成相關範圍內深刻而微妙的改變。

這批如海水般席捲而來的新詞彙，有些其實出自中國，經過日本人重新使用再介紹到中國來，其中有些詞彙的意義已經產生變化，譬如「經濟」一詞便是。新人物喜歡用新詞，當時的出版商只要看到稿子中有新名詞，便儼如看到了品質的保證，可是舊人物卻恨之入骨。張之洞（1837-1909）曾經在一份文件上批示不要使用新名詞，可是他的幕僚說，「不要使用新名詞」中的「名詞」二字便是新名詞了[25]。（案：「名詞」二字亦是來自日本的）可見新詞彙滲透力之大，就連反對它的人都不知不覺地在使用它。

另外一個有趣的例子是，清帝退位之後，在東北準備捲土重來的蒙古貴族升允（1858-1931）曾在1913年6月間發表三篇檄文，其中第二篇居然專門攻擊新名詞：

> 嗚呼！近時爲新名詞所惑也衆矣，人有恆言，動曰四萬萬同胞，曰代表，曰保種，曰排外，曰公敵，曰壓力，曰野蠻，曰推倒君權，其不可一二數。凡此皆借以爲籠絡挾制之術者也[26]。

他的檄文當然是針對清末推倒清朝的新政治詞彙而發，而其中有許多便是來自日本。由升允之特別發檄文指斥新名詞可以間接看出新的概念在建構現實的政治時發揮了多大的作用了。

---

25 瞿兌之：《杶廬所聞錄・故都聞見錄》（太原：山西古籍，1998），頁27-28。

26 中國歷史博物館編，勞祖德整理：《鄭孝胥日記》（北京：中華，1993）中抄錄了這篇檄文，見該書第3冊，頁1470。

　　到了1915年，出現一本題為《盲人瞎馬之新名詞》的小書，作者署名「將來小律師」(彭文祖)，他說自戊戌變法維新以來，日文行于中土，其中流行的新名詞有五十九個：「支那、取締、取消、引渡、樣、殿、哀啼每吞書、引揚、手續、的、積極的—消極的、具體的—抽象的、目的、宗旨、權力、義務、相手方、當事者、所為、意思表示、強制執行、差押、第三者、場合、又、若、打消、動員令、無某某之必要、手形、切手、律、大律師、代價、讓渡、親屬、繼承、片務—雙務、債權人—債務人、原素—要素—偶素—常素、取立、損害賠償、姦非罪、各各—益益、法人、重婚罪、經濟、條件付之契約、慟、從而如何如何、支拂、獨逸—瑞西、衛生、相場、文憑、盲從、同化」[27]。這張名詞表中有許多現在已經不流行了，不過如果將其中一大部分從今天的中文中取消，造句作文必定是另一番景象。

　　1934年，江亢虎(1883-1954)、王西坤、胡樸安(1878-1947)、潘公展(1894-1975)、顧實(1876-？)等人組織「存文會」，提出「保存文言」的口號，但他們的宣言書很快就遭到攻擊。1935年5月《現代》刊登了江馥泉的一篇文章，指出存文會的宣言中凡是被他標有底線的詞彙，都是「群經正史諸子百家」見不到的，其實就是來自日本的詞彙[28]。江馥泉標識的這紙宣言書收入《中國人留學日本史》，有興趣的朋友可以參看實藤的原書，譬如第一句「發起旨趣書」，除了「書」字以外，皆是日本詞彙[29]。

　　當然，新詞彙有一個逐步說服人們的過程，譬如梁啟超文章中：「美利堅……一戰而建造獨立自治之國家者，華盛頓時代也……三戰而掌握世界平準(日本所謂經濟，今擬易以此二字)之權者，麥堅尼時代也。」梁氏顯然時時擺盪於中國的舊詞及日本的新詞間，譬如他在這裡便猶豫著究竟要用舊詞「平準」還是新詞「經濟」，後來還是「經濟」占了上風。又如他寫：

---

27 轉引自實藤惠秀著，譚汝謙、林啟彥譯：《中國人留學日本史》，頁213-214。

28 同上，頁223-224。

29 同上，頁217-219。

「日本自維新三十年來，廣求智識於寰宇，其所著有用之書，不下數千種，而尤詳於政治學、資生學(即理財學，日本謂之經濟學)、智學(日本謂之哲學)、群學(日本謂之社會學)等。」[30]最後，當然也是「經濟學」、「哲學」、「社會學」壓倒了「資生學」、「智學」、「群學」。

這些新資源的引入，使人們在考慮事情時有了相當不同的方式。以政治思想為例，明治時期的自由民權運動、無政府主義運動乃至社會主義運動，都深刻影響當時知識分子的政治思維。此處僅舉與本題最為相關的一個例子，即日本的思想資源如何影響康有為和戊戌變法。

康有為在1886年要張延秋告訴張之洞中國西書太少，政治方面尤其缺乏，因為傅蘭雅(John Fryer, 1839-1928)所譯西書，「皆兵醫不切之學」[31]。那麼，在有關政治方面的變革將取資於何方呢？康有為很快地轉向日本，所以隔年12月，他在〈上清帝第五書〉中清楚建議光緒「以日本明治之政為政法」。《康有為自編年譜》1898年條記他與李鴻章(1823-1901)、翁同龢(1830-1904)、廖壽恆、張蔭桓(1837-1900)等討論變法，李曰：「然則六部盡撤，則例盡棄乎？」康氏答以「今為列國並立之時，非復一統之世，今之法律官制，皆一統之法，弱亡中國，皆此物也，誠宜盡撤，即一時不能盡去，亦當斟酌改定，新政乃可推行」，然後陳述法律、度支、學校、農商、工礦政、鐵路、郵信、會社、海軍、陸軍之法，「並言日本維新，仿效西法，法制甚備，與我相近，最易仿摹，近來編輯有《日本變政考》及《俄大彼得變政記》，可以採鑒焉」[32]。黃彰健先生比較《日本變政考》與《明治政史》(1890年)，發現《日本變政考》記明治元年者大部分是據《明治政史》摘譯再加以改竄[33]，而《變政考》中其他不少內容及帶有主觀見解的按語，則顯然取材自黃遵憲《日本國志》。譬如《變政考》

---

30 實藤惠秀著，譚汝謙、林啟彥譯：《中國人留學日本史》，頁201。
31 《康南海自編年譜》，頁36-37。
32 同上，頁36-37。
33 黃彰健：〈讀康有為《日本變政考》〉，《大陸雜誌》，40:1(1970年1月)，頁1-11。

卷二談紙幣，卷三談官祿，卷四談兵制，卷五談內務省、大藏省等官制改革，卷六關於元老院及大審院，皆明顯取材自《日本國志》。光緒在戊戌年頒布的改革詔令，涵蓋官制、財政、憲法、海軍、陸軍、農工商礦等，不一而足，大部分就是從《變政考》轉手而來[34]。所以戊戌可以說是一種「日本模式」的變法，尤其是大幅脫出傳統「六部」的觀念思考官制的細節這一點，便很值得思考。

以歷史寫作爲例，傳統士人會非常順當地一朝接著一朝寫下去，可是日本教科書進來之後，人們的寫法開始改變，不但「章節體」的史書逐漸流行起來，同時也開始採用歷史分期。人們發現只有一姓之變遷不足以爲歷史分期之標準，並認爲如果不分期，則史事雜陳，樊然淆亂。在這方面，由羅振玉（1866-1940）主持的東文學社出版、樊炳清譯桑原騭藏（1871-1931）的《東洋史要》影響最大。這部書取西洋「上古」、「中古」、「近古」、「近世」四期來分中國歷史：第一期斷至秦皇一統，稱之爲漢族締造時代；第二期自秦皇一統至唐亡，稱之爲漢族極盛時代；第三期自五季至明亡，稱之爲漢族漸衰，蒙古族代興時代；第四期包括清朝一代，稱之爲歐人東漸時代，而後來編寫中國文史教科書的人便多採用這種方法，下筆之際，紛紛以四期來劃分。一位留心觀察中國史教科書的人就曾發現：「近年出版歷史教科書，概以桑原氏爲準，未有變更其綱者。」[35]

綜而言之，這是一波沒有陳獨秀、胡適那樣的文化明星卻又影響廣泛的譯介運動，是前於五四的一次啓蒙[36]。近代中國的啓蒙是一個連續體，不是在一次發動中完成。晚清這一筆由日本引入的思想資源固然不像新文化運動那樣轟轟烈烈，不過它的重要性卻不可忽視。它透過各種學門的基

---

34 鄭海麟：《黃遵憲與近代中國》（北京：三聯，1988），第6章第9節。

35 傅斯年：〈中國歷史分期之研究〉，《傅斯年全集》（台北：聯經，1980），第3冊，總頁1225。

36 Douglas R. Reynolds, *China, 1898-1912: The Xinzheng Revolution and Japan*(Cambridge: Harvard University Press, 1993). 及雷頤在〈黃金十年〉中對此書的評介，見《讀書》，1997年7月。

本書籍或是上自大學、下至中小學的教科書，奠下了新的「文化基層建構」
(cultural infrastructure)[37]。

這也難怪梁啓超在《清代學術概論》中會說，英美留學生在戊戌前後
這一場大規模引介西方思想文化運動中幾乎不扮演甚麼角色，反倒是一群
不通西洋語言文字者(主要指留日學生)擔當最重要的角色，「日本每一新書
出，譯者動輒數家，新思想之輸入，如火如荼矣。然皆所謂『梁啓超式』
的輸入，無組織，無選擇，本末不具，派別不明，惟以多為貴，而社會亦
歡迎之」。所以他說：「坐此，為能力所限，而稗販、破碎，籠統、膚淺、
錯誤諸弊，皆不能免。」[38] 梁啓超用了這麼多負面的話來形容他們從日本
稗販而來的西方知識，並不完全是客氣之辭。關於當時留日學生「不通」
的記載非常之多。郭沫若(1892-1978)在《少年春秋》中描述的那位教世
界地理的丁平子，用章太炎式的文筆寫講義，一兩個學期還沒講上兩三千
字。有一個學生在教師吸菸室中寫了「丁平子不通」五字，鬧出大風波，
丁平子這樣答辯：

> 我丁平子，三五少年也曾東渡，前年留學界鬧取締風潮，鄙人被
> 選為四川留學生同鄉會的總幹事……，乃今竟蒙賜以最不名譽之
> 「不通」二字！夫以大通而特通之日本留學界猶稱為通之又通的
> 我丁平子，乃受本府中學的一通不通的學生稱為「不通」呀！這
> 在我從大通而特通的日本留學界猶稱為通之又通的丁平子，豈不
> 是奇恥大辱嗎？……[39]

不管「通」或「不通」，留日學生的確在當時中國占有顯著的地位。

---

37 它的滲透力量很廣泛，並不侷限在思想方面，譬如在書本裝訂上，由線裝書到洋
　裝書的過渡便是。
38 梁啟超：《清代學術概論》(台北：中華，1989)，頁72-73。
39 郭沫若：《少年春秋》(上海：新文藝，1953)，頁158-159。

這種情形一直要到1920年代英美留學生取得思想文化上優勢後，才出現了所謂「鍍金派」——英美留學生與「鍍銀派」——日本留學生的分別[40]。最後「鍍金派」壓倒了「鍍銀派」，成爲思想文化界的驕子，而另一批直接來自西洋的新「思想資源」與「概念工具」也隨著湧至，開啓了思想史中的另一頁。

---

40 關於留英美及留日學生待遇之不同，參見陶希聖：《潮流與點滴》（台北：傳記文學，1964），頁64。

晚清的政治概念與「新史學」

　　近代中國史學經歷過三次革命，三者的內容都非常繁複，不過也可以找出幾個重心。第一次史學革命以梁啓超(1873-1929)的〈新史學〉為主，它的重心是重新釐定「什麼是歷史」；第二次革命是以胡適(1891-1962)所提倡的整理國故運動及傅斯年(1896-1950)在中央研究院歷史語言研究所所開展的事業為主，重心是「如何研究歷史」；第三次革命是馬克思主義史學的勃興，重心是「怎樣解釋歷史」。本文所要討論的是第一次史學革命。在這次革命中，人們往復爭論中國究竟「有史」還是「無史」。

　　讀者們一定感到訝異：在中國這樣一個歷史文獻發達，而歷史編纂傳統又如此豐富的國家，何以在世紀之交突然出現措辭這麼激烈的論爭？在「有史」或「無史」的爭論中，梁啓超等人宣稱中國「無史」，但是也有人出面堅持中國「有史」，最有名的一篇文字是馬敘倫(1884-1970)的〈中國無史辯〉[1]。堅持中國「有史」的一派強調中國史學編纂傳統源遠流長，宣稱中國沒有歷史的這一邊則認為傳統史學大多未將國民的整體活動寫進歷史。這一波論爭促使人們反省「什麼是歷史」，發動這一場爭論的梁啓超在1902年寫了幾篇文章，並在其中提出了四個概念，追隨的人們便以舊史中是否含有這四種概念所指涉的歷史來決定「有史」或「無史」。

　　梁啓超在1902年所寫的〈中國史敘論〉與〈新史學〉兩篇文章，可以說是近代新史學的里程碑，幾乎出現在所有近代中國史學史的著作中；而

1　刊載在《新世界學報》第5、9兩期(1902年10月31日及12月30日)。此外，在《國粹學報》中也零星出現過一些雖然不如馬氏口氣那樣尖銳，但明顯的是要證明傳統中國不是「無史」，而清統治下確為「無史」的論述。

這兩篇文章中的一些片段,歷史學者通常也熟讀成誦,尤其是〈新史學〉中責備舊史家只是寫帝王將相而不寫國民的歷史,久爲大家所熟悉,照理已經沒有太多的賸義可供探討了。不過,一般多專就史學內部的觀點來談這兩篇文字,不曾從晚清以來政治概念與政治詞彙的角度來談它們。所以我想強調的是晚清的政治思想如何促動這場史學革命。我們如果打開〈新史學〉,會發現梁氏所重視的是「國家」、「國民」、「群」、「社會」的歷史,這四個詞彙在傳統中國極少出現,即使出現,也不是近代人所了解的意思。就以「國民」一詞來說,1899年,梁啓超在《清議報》第三十冊「本館論說」中的〈論近世國民競爭之大勢及中國前途〉一文中便表示:「中國人不知有國民也,數千年來通行之語,……未聞有以國民二字並稱者。」[2] 至於其他的詞彙,像「社會」、像「群」等,也無不如此。換句話說,〈新史學〉中有幾個最關鍵的「概念工具」(conceptual apparatus)是過去所不曾出現的。如果晚清思想界沒有這些「概念工具」,則一篇近代新史學的開山之作,勢必不會以這樣的面目出現。本文便是想討論上面三個在晚清政治思想界甚囂塵上的「概念工具」如何塑造史學革命。

　　由於「國家」、「國民」、「群」是晚清時期三個新概念,所以以下我要花費比較長的篇幅,討論這三個概念在晚清思想世界中的形成與衍化過程。晚清政治思想中對政治、國家、國民、社會等問題逐漸形成新的思維,它們與現代的「國家建構」(state-building)有關。在當時內外環境迫壓之下,人們開始覺悟到要有新的政治思維才能保國救國。人們同時認爲史學與這一個神聖的任務有密切的關係,而且應該扮演積極的角色。但是因爲傳統的歷史思維與歷史寫作太過狹窄、太過陳舊了,不可能對新的時代有所啓導,所以史學本身應該有一革命,以適應新的任務。新的史學應

2　梁啟超:〈論近世國民競爭之大勢及中國前途〉,在《飲冰室文集》(台北:中華,1960)之四,頁56。梁啟超並未留意到古代已有「國民」一詞,中央研究院歷史語言研究所的「漢籍文獻資料庫」可以從二十五史中查到四十三條「國民」,不過它們不是現代意義的「國民」。

該寫「國家」、「國民」，寫「群」、「社會」。

一

誠如梁漱溟(1893-1988)在《中國文化要義》中所說的：

> 像今天我們常說的「國家」、「社會」等等，原非傳統觀念中所
> 有，而是海通以後新輸入底觀念。舊用「國家」兩字，並不代表
> 今天這涵義，大致是指朝廷或皇室而說。自從感受國際侵略，又
> 得新觀念之輸入，中國人頗覺悟國民與國家之關係及其責任……
> [3]

在這裡梁漱溟提到「國家」、「社會」是中國原來沒有的觀念。這一段回
憶頗能說明清季的實況。就以「國家」的觀念來說，近代學者曾經引述了
一個故事，說1839年鴉片戰爭爆發之前，一位清朝官僚和一位英國貿易代
表在廣東對話，當英國貿易代表提到中國是一個「國家」時，清朝的官員
顯然不知所云[4]。即使在1842年南京條約簽訂以後，清廷的一些大僚仍然
不相信西方國家的數目可能超過二、三個。到1872年，里雅各(James Legge,
1814-1897)在《左傳》英譯本的前言中仍然提到，中國人不能明白他們只
是世界上許許多多國家中的一個[5]。陳獨秀(1879-1942)便回憶說，一直要
到1901年八國聯軍之後他才了解到，原來世界上是以一國一國的方式存
在：

3　梁漱溟：《中國文化要義》(台北：正中，1975)，頁167。

4　Yü Ying-shih, "Changing Conceptions of National History in Twentieth- Century China",
　in Erik Lönnroth, Karl Molin, Ragnar Björk eds., *Conceptions of National History*(N.Y.:
　Walter de Gruyter, 1994), p. 155.

5　同上。

此時我才曉得，世界上的人，原來是分作一國一國的，此疆彼界，各不相下。我們中國，也是世界萬國中之一國，我也是中國之一人。一國的盛衰榮辱，全國的人都是一樣消受，我一個人如何能逃脫得出呢？我想到這裡，不覺一身冷汗，十分慚愧。我生長二十多歲，才知道有個國家，才知道國家乃是全國人的大家，才知道人人有應當盡力於這大家的大義[6]。

史家呂思勉(1884-1957)曾經回憶說，在1895年左右，人們並不知道「國土」二字怎麼寫[7]。這許許多多的例子都告訴我們，晚清人士常常掛在嘴邊的「無國」之感，究竟是針對什麼而說的。

晚清思想界中「無國」的感憤大抵可以分成兩種：在革命派方面，主要是從種族主義的觀點出發而得到無國的結論，他們抱怨過去兩百多年間中國是被異族所竊據，看來有國，其實是「無國」。南社健將像柳亞子(1887-1958)等人便不斷發出這類的浩嘆[8]。國粹學派健將黃節(1873-1935)的史學名著〈黃史〉中，便反覆開導他的讀者，中國看似有國，但過去二百餘年其實「無國」，因爲「無國」，所以也「無史」。他說：

> 黃史氏受四千年中國史而讀之，則喟然嘆曰：「久矣乎，中國之不國也，而何史之足云！」[9]

另外一種「無國」的感嘆，則是從現代國家(nation-state)的角度發出

---

6 唐寶林、林茂生：《陳獨秀年譜》，(上海：上海人民，1988)，頁17。

7 李永圻：《呂思勉先生編年事輯》，收在俞振基編：《蒿廬問學記》(北京：三聯，1996)，頁350。

8 參見王汎森：〈清末的歷史記憶與國家建構：以章太炎爲例〉，《思與言》，34:3 (1996)，頁1-18。收入本書頁95-108。

9 黃節：〈黃史〉，《國粹學報》，第1期(1905)，頁1。

的，認為中國歷史上只有「朝廷」，沒有「國家」，而對於這個現象批評得最為嚴厲，在建構現代意義的「國家」方面討論得最多，對當時思想界影響最大的，應推梁啓超[10]。

梁啓超的「國家思想」可以分成兩個階段：在戊戌前後他已不斷提出這方面的論點；在政變失敗流亡日本之後，受到日本政治思潮的影響，而另有發展。

梁啓超是康有為(1858-1927)的學生，而康有為、譚嗣同(1865- 1898)等人是反對「國」的。康氏《大同書》雖然完成於後來，不過梁啓超等人早就讀過它的草稿了。在破除「國界」方面，康有為的思想則前後一貫。他說「人患無國，而有國之害如此」[11]，主張「去國而世界合一之體」[12]，又說：

> 雖有仁人義士，不得不各私其國，故其心志所注，識見議論，皆為國所限，以爭地殺人為合大義，以滅國屠人為有大功，……世界人類終不能遠猛獸強盜之心，是則有國乎，而欲人性止於至善，人道至於太平，其道相反，猶欲南轅而北其轍也[13]。

在這方面，梁啓超很快便脫出其師之樊籬。他在1897年寫的〈說群自序〉中已經有「無國」之嘆。戊戌政變之後，梁氏流亡日本，他開始撰寫系列鼓吹國家思考的文字，反映了梁氏受到當時在日本非常流行的伯倫知理(J. C. Bluntschli, 1808-1881)國家學說的影響。

日本在1890年代，思想上有一個明顯的轉向，即由以法國、英國為理想轉向以德國為理想，這一個轉向表現在思想、文化、政治等許多層面，

---

10 參考胡適的回憶《四十自述》(台北：世界文摘，1974)，頁59。
11 康有為：《大同書》(台北：龍田，1979)，頁2。
12 同上，頁107。
13 同上，頁102-103。

而伯倫知理的國家學說是其中一例[14]。梁氏一生寫過許多文章介紹西方思想家,但是在數量上從未像介紹伯倫知理那麼多,足見伯氏的國家思想在他心中的分量;這同時也標幟著梁氏由崇拜盧梭到宣揚伯倫知理,由重人民到更重國家的一個微妙轉變[15]。

這些鼓吹國家思想的文章中較爲人知的有1900年的〈少年中國說〉,此外還有1902年的幾篇文章。1902年是梁啓超的一個重要年份。這一年他創辦《新民叢報》,而且寫下了幾篇影響極爲深遠的文字,像〈論國家思想〉、〈新民說〉的一部分、〈新史學〉等。這些文章應該被看成一個有機的整體,它們大多關心兩個問題:「國家」及「國民」。梁氏在1900年的〈少年中國說〉提到「國」字的定義是有土地、有人民,由居於其土地上的人民自治其所居的土地之事,自制其法律;尤其重要的是「國也者,人民之公產也」,「人人皆主權者,人人皆服從者」。用這個標準來看,古代的中國雖有國之名,其實是「未成國之形」[16]。〈論國家思想〉是比較有系統地討論「國家」思想的一篇文字,他說:

14　Kenneth Pyle, *The Making of Modern Japan*(Massachusetts: D.C. Heath and Company, 1978), pp. 97-101.

15　可惜因為其中一些文字並未收入《飲冰室合集》,所以它的份量比較未被正確估計。參見張佛泉:〈梁啟超國家觀念之形成〉,《政治學報》,1:1(1971),頁11-28。另外,法國巴斯蒂〈中國近代國家觀念溯源──關於伯倫知理《國家論》的翻譯〉一文,也討論梁氏與伯倫知理的關係。該文刊於《近代史研究》,100期(1997),頁221-232。

16　梁啟超說:「欲斷今日之中國為老大耶,為少年耶,則不可不先明國字之意義。夫國也者何物也?有土地,有人民,以居於其土地之人民,而治其所居之土地之事,自制法律而自守之,有主權,有服從,人人皆主權者,人人皆服從者。夫如是斯謂之完全成立之國。」又說:「夫古昔之中國者,雖有國之名,而未成國之形也。或為家族之國,或為酋長之國,或為諸侯封建之國,或為一王專制之國。雖種類不一,要之其於國家之體質也,有其一部而缺其一部。」他接著又說古代的人不知道自己國家的名字:「且我中國疇昔,豈嘗有國家哉,不過有朝廷耳。我黃帝子孫,聚族而居,立於此地球之上者既數千年,而問其國之為何名,則無有也。夫所謂唐虞夏商周秦漢魏晉宋齊梁陳隋唐宋元明清者,則皆朝名耳。朝也者,一家之私產也。國也者,人民之公產也。」見梁啟超:〈少年中國說〉,在《飲冰室文集》之五,頁9-10。

人群之初級也，有部民而無國民，由部民而進為國民，此文野所
由分也。部民與國民之異安在？曰：群族而居，自成風俗者，謂
之部民。有國家思想，能自布政治者，謂之國民。天下未有無國
民而可以成國者也[17]。

在這一篇文章中梁氏還提出國家的幾個定義：首先是「對於一身而知
有國家」。第二是「對於朝廷而知有國家」。朝廷只是公司之事務所，「夫
事務所為公司而立乎？抑公司為事務所而立乎？」「故有國家思想者，亦
常愛朝廷；而愛朝廷者，未必皆有國家思想。朝廷由正式而成立者，則朝
廷為國家之代表，愛朝廷即所以愛國家也；朝廷不以正式而成立者，則朝
廷為國家之蟊賊，正朝廷乃所以愛國家也。」此外是「對於世界而知有國
家」，強調的是競爭之義，「由一人之競爭而為一家，由一家而為一鄉族，
由一鄉族而為一國。一國者，團體之最大圈，而競爭之最高潮也」，「以
國家為最上之團體，而不以世界為最上之團體。」[18]把「朝廷」與「國家」
分開的觀念，是他在〈新史學〉中反省舊史、開闢新史的一個重要憑藉。

梁氏一再強調，中國只有「朝廷」而沒有「國家」的觀念，而且因為
沒有「國家」觀念，而常為外國人所嘲笑。他在1899年《清議報》第二十
四冊特地釋譯日本人尾崎行雄的一篇〈論支那之命運〉。文章的開頭就一
再批評中國沒有「國家」：

---

17 梁啟超；〈論國家思想〉，在《飲冰室專集》（台北：中華，1972)之四，《新民
說》，頁16。

18 以上引文皆同前書，頁16-18；梁啟超：〈中國前途之希望與國民責任〉，頁20：
「非有國而不愛，不名為國，故無所用其愛也。」（在《飲冰室文集》之二十六）。
《先秦政治思想史》，首章，頁2：「謂中國人不好組織國家也可，謂其不能組織
國家也亦可，無論為不好或不能，要之國家主義與吾人夙不相習，則甚章章也。」
（在《飲冰室專集》之五十）。

支那人未知有國家，安得有國家思想[19]？

他認為這是一個至可羞恥的事，正因為沒有國家思想，不知「人人皆主權者，人人皆服從者」，故人民一方面不知道自己是國家的擁有者，也不知道自己需要為這個整體盡自己一分的力量，從而也就沒有「愛國心」，當國家遇到外敵侵襲時，也就沒有因為同屬一個整體而興起的同仇敵愾精神。這也是前面提到過的陳獨秀所自慚的「我生長二十多歲，才知道有個國家，才知道國家乃是全國人的大家，才知道人人有應當盡力於這大家的大義」。

梁氏再三強調，有幾種因素妨礙了「國家」思想之形成。首先是朝廷。中國幾千年來因為「朝廷」觀念的支配，人們只關心一家一姓之事，而沒有全「國」的想法，所以也只注意於這一家一姓的興亡，而不注意國家是一個整體，包括它所有的人民、物產、財力等等。貴族的力量當然也是阻礙國家思想形成之因素。此外，家族思想、地方主義等，凡是使人們囿於一地或一群人之見的，都是創造現代國家之時所要破除的。

梁啟超有一種「自然」相對於「有意識」的思維：以朝廷、貴族、家族、鄉土為主體的傳統社會是「自然」的狀態，而組成一個現代國家必須是「有意識」建構的工作。這種建構工作包括兩方面，一方面要破除舊勢力的作祟，另一方面要有意識地以各種方法凝聚人民，成為種種現代社群，最後凝成一個現代國家。

在這一方面，梁氏與嚴復（1853-1921），還有其他同時代的人，都多少受到當時在西方思想界地位極高，而在中國又廣被稱頌的斯賓塞（Herbert Spencer, 1820-1903）的「社會有機體論」的影響。他們的思維大致是這樣的：國家或社會是一個有機體，社會或國家的每個部分都像是有機體的一部分，司一定職責，而整個有機體的健全，則有賴於每一個部分的健全，

---

19 張佛泉：〈梁啟超國家觀念之形成〉，頁8。

說到最後,即是有賴於每一個細胞的健全。每一個細胞充分發揮它的活力時,也就是整個有機體最有力量的時候,整體與分子必須形成一個環環相扣的全體。所以,國家的力量不應以統制甚至壓制各個分子為主,而應該是讓他們充分發揮其能力。

在「國家」意識出現之後,一些今天習以為常的詞彙,像「國民」、「國力」、「愛國心」才開始流行並取得了它的現代意義。「國力」是全國各個分子力量的總和,而不是朝廷力量之大小。「愛國心」是所有分子對於國家這個最高主體的愛心,而不是對於皇帝一姓一家之愛敬。「國民」則是以國為全體人民之公產,一國之法、一國之事都由國民來負責。

在這裡也就引出了下一個問題,即近代中國「國民」思想的出現[20]。

二

有關「國民」意識的形成,必須分成兩方面說,首行是近代——尤其是戊戌前後,民權思想大興,形成一個沛然莫之能禦的思潮。我們如果回顧戊戌前後的社團及刊物,可以發現以「民」為開頭的詞彙大增,「民權」是人們爭論得很厲害的一個概念,通常也是維新官僚與當時相對而言比較激進的思想家之間主要的分野之所在[21]。有關《時務報》的一則故事多少說明了它是當時思想戰場的主軸。張之洞(1837-1909)是支持多種維新事業的,其中包括《時務報》,該報的主持人汪康年(1860-1911)便可以視為張氏的一個幕僚。但是當《時務報》第九冊中刊出汪康年〈論中國參用民權之利益〉,說「居今日而參用民權,有三大善焉」,並提倡西方國家君民

---

20 我相當了解近代政治思想中對「國民」有異常繁複的論辯,但這不是本文的重點。而且我所討論的這幾位思想家對「國民」還沒有非常精細的思考。

21 原先一起提倡維新事業的人,後來往往因為是否宣揚民權而逐漸分道揚鑣。參見湯志鈞:《戊戌時期的學會和報刊》(台北:商務,1993),第4章,頁143-219。關於梁啟超的民權思想,請參考張朋園:《梁啟超與清季革命》(台北:中央研究院近代史研究所,1969),頁47-65。

共主之制時，張之洞的幕客梁鼎芬(1859-1919)、葉瀚(1861-1933)、繆荃孫(1844-1919)紛紛來信批評，其中便有人說：「周少璞御史要打民權一萬板，民權屁股危矣哉！」[22] 這一則故事未必是真，但是它反映了「民權」在當時的刺激力量之大。當時撰文鼓吹民權的文章非常之多，盧梭民約思想的影響也很大，有人甚至希望在中國作「亞盧」——「亞洲的盧梭」[23]。

晚清以來「民權」思想的升高是一個廣泛事實，但是「國民」所指涉的內容要更特殊一點。關於這個問題，史料很多，此處只能引幾條材料作例子。孫寶瑄(1874-1924)《忘山廬日記》1907年條記：

> 前聞蔭亭言：我國今日為治，當區民為三等，最下曰齊民，稍優曰國民，最上曰公民，一切納賦稅及享一切權利，皆截然不同。而國家亦須設三種法律以支配之。其有欲由齊民躋國民、由國民躋公民者，必其程度與夫資格日高，然後許之。如是則謀國者方有措手處。余以為然[24]。

從這一條材料可以看出，遲至1907年士人們已提出要劃分「齊民」、「國民」、「公民」三種觀念。認為「齊民」是自然狀態下的人民；而「國民」，顯然是指自覺到自己是國家的一分子，而且有充分國家思想，並為國家盡其一分子之力量的人；至於「公民」，孫寶瑄在這裡沒有說清楚，但我們可以猜想是具有納稅、選舉等等權利、義務的人。

這裡必須附帶提到的是「公民」的思想。它與「國民」一樣，也是近代中國全新的觀念，因為它是陌生的，所以康有為在1902年以筆名明夷所

---

22 湯志鈞：《戊戌時期的學會和報刊》，頁172。

23 譬如南社健將柳亞子的幾首詩都寫出了這一點——柳氏自號「亞盧」，即以「亞洲的盧梭」自居。參見楊天石、王學莊編：《南社史長編》(北京：中國人民大學，1995)，頁9。

24 孫寶瑄：《忘山廬日記》(上海：上海古籍，1983)，頁1106。

寫的〈公民自治篇〉中呼籲中國要「造公民」[25]。

使得「國民」思想深入大眾腦海中的也是梁啓超。梁氏的國民思想在問世之後，馬上引起極大的影響。章士釗(1881-1973)在1903年說：「近世有叫號於志士，旁魄於國中之一絕大名詞，曰國民云云。」[26] 從1899年以後，梁氏開始大量使用「國民」一詞。梁氏的「國民」思想有兩個源頭。第一，在「國家」意識覺醒之後，跟隨而來的是「國民」意識的覺醒。前面所引梁啓超論國家思想的文章中常常也同時討論「國民」，並再三強調「國民」與「部民」之不同即是一證。第二是受到當時日本思想界，尤其是德富蘇峰(1863-1957)的影響。一般同意，1880年代後期的日本是「國家」、「國民」思想大盛之時，當時日本知識分子認為如果沒有「國家」，人民無所附著，仍是「非國民」，並且認為要將一個日本人變成「國民」是一個非常複雜的過程[27]。而德富蘇峰對日本「國民」思想的形成出過很大的力氣。他於1887年創《國民之友》雜誌，1890年創提倡平民主義的《國民新聞》，他的主要著作則是《近世日本國民史》，從這些標題可以看出德富氏的國民思想之一斑了。而一般都認為梁啓超受德富氏的影響最大，甚至說他抄襲德富蘇峰的文章[28]。總之，在梁啓超流亡日本的期間，日本思想界的「國民」思想早已風起雲湧十餘年了，他本人的「國民」思想應該受到這一股思潮的啓迪。

梁氏在1899年9月的〈近世國民競爭之大勢及中國前途〉上說：

> 中國人不知有國民也，……國民者，以國為人民公產之稱也，國者積民而成，舍民之外，則無有國。以一國之民，治一國之事，

25 收在張枬、王忍之編：《辛亥革命前十年間時論選集》(北京：三聯，1977)，第一卷上冊，頁180。

26 轉引自張佛泉：〈梁啟超國家觀念之形成〉，頁24。

27 Carol Gluck, *Japan's Modern Myth* (Princeton: Princeton University Press, 1985), pp. 23, 25, 39.

28 馮自由：《革命逸史》(台北：商務，1978)，頁269-271。

定一國之法，謀一國之利，捍一國之患，其民不可得而侮，其國
不可得而亡，是之謂國民[29]。

在同一年寫的〈愛國論〉一文中，梁氏說：

彼其國民，以國為己之國，以國事為己事，以國權為己權，以國
恥為己恥，以國榮為己榮。我之國民，以國為君相之國，其事、
其權、其榮、其恥，皆視為度外之事[30]。

從上面可以看出，「國民」與「國家」意識之密切關係。而從上述引
文中也可以看出，梁氏談「國民」時至少有如下幾種意義：第一，帝室不
是「國家」的擁有者，「國民」全體才是國家真正的擁有者。因為擁有所
有權，所以對於國家有參與感與責任感，對國家的休戚榮辱產生像自己一
家的休戚榮辱那樣的聯屬感。同時因為自己是擁有者，所以有「愛國心」，
一旦國家發生任何危機，能奮起為之犧牲。他們認為「愛國心」是過去那
些不覺得擁有國家的人所不能想像的。第二，他們認為過去的老百姓因為
還沒有「國家」的觀念，所以並不曉得在他們上面有一個更大的整體，做
任何事情時，不會時時從整體的利益出發。梁啟超的〈論國家思想〉中這
樣說：

……則必人人焉知吾一身之上，更有大而要者存，每發一慮、出
一言、治一事，必常注意於其所謂一身以上者[31]。

「國民」因為自知自己屬於更高的整體的一分子，所以做任何事情都把「自

---

29 梁啟超：〈近世國民競爭之大勢及中國前途〉，在《飲冰室文集》之四，頁56。
30 梁啟超：〈愛國論〉，在《飲冰室文集》之三，頁69。
31 梁啟超：〈論國家思想〉，在《飲冰室專集》之三，《新民說》，頁16。

然」的只關心一己的想法提升到「有意識」地以國家之利益爲利益。

第三，因爲自己是國家的擁有人之一，所以要盡種種的責任和義務，要時刻關心這個全體，並盡自己的力量來維持它。所以過去那種完糧納稅便可以一切不管，或是「日出而作，日入而息，帝力於我何有哉」的觀念不應該存在，「國民」應該永遠參與、永遠關心自己的國家，就像呵護自己的家業一般。

第四，「國民」是自由的、平等的，在「國民」之上，不應該有任何不平等的階級或特權存在。當時梁啓超等立憲派並不主張推翻君主，所以人們想像的是「一君萬民」的格局，在這「一君」與「萬民」之間沒有任何壟斷性的力量，而且「君」也只是受人民委託的總管性質的工作[32]。

除了「國家」與「國民」之外，還有「群」與「社會」的觀念。晚清思想界談「群」時是指一般人「有意識」地集合，「社會」則指有組織的人群而言。當時人心中認爲「社會」比「群」更進一步，要群居之民有其同守之約束，也有其共蘄之境界，才稱爲「社會」。關於這個問題，我曾在另一篇文章中討論過[33]，此處不贅。

「群」與「社會」二詞在古書中都出現過，但與近代中國所認定的意義不同，所以應該被視爲新的概念[34]。在當時一些里程碑式的史學文獻中，「群」也是一個相當關鍵的概念。它們大抵指一個人群關係的龐大叢結，

---

32 梁啟超1897年的〈論君政民政相嬗之理〉中說，中國遠古有多君之害，因孔子提倡「大一統」，變多君爲一君，又說「凡由多君政而入民政者，其間必經一君之政乃始克達」（在《飲冰室文集》之二，頁7-11）當時還出現另一種意見，認爲傳統中國的政治其實是「無治」，政府並沒有真正的力量可以有所作爲，所以像麥孟華便鼓吹要擴大君權使國家能辦事，而人民有權而且平等。（麥孟華：〈論中國宜尊君權抑民權〉，在鄭振鐸編：《晚清文選》〔上海：上海書店影印，1987〕，頁489-491。）這些看似相抵觸的思維，其實有一些共同的方向。

33 王汎森：〈清末民初的社會觀與傅斯年〉，《清華學報》，25:4（1995年12月），頁325-343。

34 同上。

或者指一個互動的體系。嚴復對「群」的概念有開闢之功[35]，梁啓超則對「社會」一詞的流傳有過較大的影響[36]。不過「群」與「社會」二詞出現有先後，「社會」流傳較晚，它在梁氏提出〈新史學〉時還未廣用。「群」與「社會」意義也有所不同，從「群」到「社會」中間也有一個遞嬗的痕跡。但無論如何，當時援借這兩個概念的史學家都想指陳一種概念：歷史不是以個人或個人意識爲主體，少數人的主觀能動力量並不能左右歷史的發展，所以專寫帝王將相的歷史已經過時，應該代之以描述一群人整體發展的史學。歷史描述的單位不應只是個人，而應該是一群一群的人，同時人們也認爲傳統史學只記單人的事蹟，不成一個系統。史學應記載複數的人及社會內部所存在的有機的、錯綜交互的關係，並且發現其中的因果規律。

三

　　以上三種概念：「國家」、「國民」、「群」對新學術影響最大，它們促使人們廣泛地評估傳統，甚至反省過去所從事的學問究竟是不是可以稱得上是學問。當時廣被爭論的「君學」與「國學」之分便是一例。人們爭論過去兩千年的學問是屬於君主的學問還是屬於國家的學問。鄧實（1877-1951）〈國學真論〉上說：

　　痛夫悲哉，吾中國之無國學也。夫國學者，別乎君學而言之。吾神州之學術自秦漢以來一君學之天下而已，無所謂國學，無所謂一國之學。何也？知有君不知有國也。近人於政治之界說，既知

---

35 嚴復〈原強〉中說：「其始也，種與種爭，群與群爭」，「惟群學爲最難」，「一群之成，其體用功能無異生物之一體」，「化學原質，自然結晶，其形製之窮巧極工，殆難思議，其形雖大小不同，而其爲一晶之所積而成形，雖折【析】之至微，至於莫破，其晶之積面隅幕，無不似也」，「惟群學明而後知治亂興衰之故」。嚴復：《嚴幾道文鈔》（台北：世界，1971），頁25-30。

36 王汎森：〈清末民初的社會觀與傅斯年〉，頁325-343。

國家與朝廷之分矣，而言學術則不知有國學君學之辨，以故混國
學於君學之內，以事君即為愛國，以功令利祿之學即為國學，其
烏知乎國學之自有其真哉？是故有真儒之學焉，有偽儒之學焉。
真儒之學祇知有國，偽儒之學祇知有君。知有國，則其所學者上
上千載，洞流索源，考郡國之利病，哀民生之憔悴。……若夫偽
儒，所讀不過功令之書，所業不過利祿之術……[37]

照鄧實說來，「國學」是有了「國家」觀念以後才有的，「君學」則
是秦以下兩千年的學術；「國學」與「君學」是「真」學與「偽」學之分，
是「真儒」與「偽儒」之判；「國學」所涵蓋的是全體國民之學，故「考
郡國之利病，哀民生之憔悴」，「君學」則只是為服務於帝王一家一姓之
學。鄧實的文章顯然是「國家」意識下的產物。

「國家」與「國民」思想深刻地影響當時人的歷史研究。在進入這個
主題之前，必須先強調，梁啓超這一代新史家與傅斯年他們不同：傅斯年
這一代的史學家希望歷史不要成為道德教訓的工具，不要讓仁義道德干擾
歷史研究的客觀性，同時也要把歷史與現實政治的關係切斷[38]；但是梁啓
超、章太炎(1869-1936)這一輩的史家，其改造舊史的主要目的就是為了
現實，就是為了鼓舞人民愛國、救國之心。梁啓超認為今日的任務是要自
結其國族以排其他國族，所以新史學的目標是要能使人們覺悟到要自結其
國族，不把國家當做歷史的主體則不足以激勵愛國心，不把人民寫進歷史
也不足以激勵國民，所以史學之良窳與國勢的強弱可以劃上等號。梁啓超
〈新史學〉中這樣描述新的歷史：

國民之明鏡也，愛國心之源泉也。今日歐洲民族主義所以發達，

37 《國粹學報》，27期(1907)，頁1。
38 傅斯年：〈歷史語言研究所工作之旨趣〉，《傅斯年全集》(台北：聯經，1980)，
　　第4冊，總頁1314。

> 列國所以日進文明，史學之功居其半焉。然則但患其國之無茲學
> 耳，苟其有之，則國民安有不團結，群治安有不進化者[39]？

又說：

> 今日欲提倡民族主義，使我四萬萬同胞強立於此優勝劣敗之世界
> 乎？……史界革命不起，吾國遂不可救[40]。

他在〈三十自述〉中又立志：

> 欲草一中國通史，以助愛國思想之發達[41]。

梁氏自然不是孤立的例子。嚴復《群學肄言》〈砭愚〉篇批評前史體
例，說它們「於帝王將相之舉動，雖小而必書；於國民生計風俗之所關，
雖大有不錄」，而他這樣批評的原因是閱讀前史，「一群強弱盛衰之故，
至爲難知」，而歷史惟有令讀者知一「群」，而不是一家一姓的故事，才
能讓國人通曉盛衰強弱之故[42]。誰是歷史的主人？誰是歷史命運的承擔
者？「新史學」是以「國家」、「國民」爲主體，要脫離舊史「萬種腐敗
範圍」，寫出新的歷史承擔者「國民」在過去的歷史[43]。

從上述可以知道爲何梁氏〈新史學〉中會痛批舊史爲「君史」，而以

---

39 梁啟超：〈新史學〉，在《飲冰室文集》之九，頁1。
40 梁啟超：〈新史學〉，頁7。
41 梁啟超：〈三十自述〉，在《飲冰室文集》之十一，頁19。
42 此文先於1897年至1898年間刊於《國聞匯編》，見嚴復譯：《群學肄言》（北京：
　　商務，1981），〈砭愚〉，頁8。
43 此時也有人提倡文明史、探索人群進化現象以求得歷史中的公理公例，這種寫法
　　偏重歷史發展過程中一步一步向上進化的現象，使得讀者得到一種印象，認為這
　　即是人類的公理公例。譬如呂思勉說他讀歷史才知人類社會有進化的道理。

新史學為「國家」及「國民」的史學。梁氏認為兩千年來史學之病源有四端，其中第一、二點與本文有關：第一是「知有朝廷而不知有國家」，認為從來作史者，都是為朝廷君臣而作，沒有一部為國家及國民而作的歷史。那是因為不知「朝廷」與「國家」之分別，以為舍朝廷外無國家。第二是「知有個人而不知有群體」。他說歷史貴在能敘「群」相交涉相競爭相團結之道，以及一群人所以休養生息同體進化之狀，「使後之讀者，愛其群、善其群之心油然生焉」[44]。而當時西方的史學都是講述整個國家全體國民的史學，都是講整個「國民系統」之所由來，及其發達、進步、盛衰、興亡之原因與結果，那是因為西洋「民有統而君無統」。中國則完全相反，「以國之統而屬諸君，則固已舉全國之人民視同無物，而國民之資格，所以永墜九淵而不克自拔，皆此一義之為誤也」[45]。梁啟超的〈新史學〉從「國家主義」出發，批評舊史書之斤斤置辯於「正統」。他說「統」應該在「國」不在「君」，在眾人而非在一人：

> 然則正統當於何求之？曰：統也者，在國非在君也，在眾人非在一人也。舍國而求諸君，舍眾人而求諸一人，必無統之可言，更無正之可言[46]。

對於史書中的「褒貶」他在〈新史學〉中也有新的看法，認為不能只褒貶一人，而應褒貶整個團體，否則「群治」不能進步：

> 而中國史家，只知有一私人之善焉、惡焉、功焉、罪焉，而不知有一團體之善焉、惡焉、功焉、罪焉。以此牖民，此群治所以終

---

44 梁啟超：〈新史學〉，在《飲冰室文集》之九，頁3。
45 同上，頁21。
46 同上，頁25。

不進也[47]。

他又說舊史中所稱道或譏貶的人物，所持的標準也是從這個人對君主一姓之效忠與否出發，不是立足於國民公義，〈新史學〉說：

> 然所謂敢諫者，亦大率為一姓私事十之九，而為國民公義者十之一，即有一二，而史家之表彰之者，亦必不能如是其力也[48]。

他認為應該「褒貶一民族全體之性質」[49]，而不是褒貶某人對一家一姓之忠誠與否。而他評斷傳統史家之優劣時，也是以他們的著作中是否有國家及國民思想為判準[50]。他所嚮往的新歷史著作要能讀後有感動，是以必「激勵其愛國之心，團結其合群之力，以應今日之時勢而立於萬國者」[51]。他甚至說如果「史界革命不起，則吾國遂不可救」：

> 今日欲提倡民族主義，使我四萬萬同胞強立於此優勝劣敗之世界乎？則本國史學一科，實為無老、無幼、無男、無女、無知、無愚、無賢、無不肖皆所當從事，視之如渴飲飢食，一刻不容緩者也。然遍覽乙庫中數十萬卷之著錄，其資格可以養吾所欲、給吾所求者，殆無一焉。嗚呼，史界革命不起，則吾國遂不可救。悠悠萬事，惟此為大[52]！

---

47 梁啟超：〈新史學〉，頁27。
48 同上，頁28。
49 同上，頁29。
50 「細數二千年來史家，其稍有創作之才者惟六人：一曰太史公，誠史界之造物主也，其書亦常有國民思想；……二曰杜君卿，《通典》之作，不紀事而紀制度。制度於國民全體之關係，有重於事焉者也。」（梁啟超：〈新史學〉，頁5）
51 同上，頁6-7。
52 同上，頁7。

〈新史學〉中的這些言論是大家耳熟能詳的,而如果沒有梁氏所一再提倡的「國家」、「國民」思想,是不會有這種史學觀念的。

至於「群」對新史學的影響,前面已提到過一些。「群」的觀念在梁啓超的〈新史學〉中有清楚的反映,他責備舊史「知有個人而不知有群體」的論點,對清末民初的一些歷史著作也有很大的影響,下面在討論「有史」、「無史」的爭論時所將徵引的材料中也會隨時看到。「群」被有意識地用來作爲思考史事的不少,譬如夏曾佑(1861-1924)在《中國古代史》中的〈諸侯之大概〉一節寫道:大禹塗山之會時,執玉帛而會者有萬國,到商湯時有三千,到周武王時還有一千八百,至入春秋時代,國之見於史書者,只有一百四十餘,而且大半無事可記,其可記者十餘國,「蓋群之由分而合也,世運自然之理,物競爭存,自相殘賊,歷千餘年,自不能不由萬數減至十數」[53]。這是充分運用「群」與「物競天擇」的觀念去推測古代歷史的情狀,也是以「群」的觀念作爲考慮古史的一個重要範疇。「社會」在新史學中的分量比「群」要輕,它在提倡新史學的文章中出現的頻率也不像「國家」、「國民」、「群」那樣高,可能因爲它是一個比較後起的觀念。不過,像黃節就曾抱怨中國的舊史不能見「社會得失之故」,說「吾四千年史氏有一人之傳記而無社會之歷史」[54],便是一個值得注意的例子。

四

梁氏的〈新史學〉一文從1902年2月8日起便在《新民叢報》上斷斷續續地連載著[55],一直到該年11月14日才刊完。他那些富含刺激性的話,很快地在知識界引起震盪,1902年到1903年間,便有不少文章回應他的論點。

---

53 夏曾佑:《中國古代史》(台北:商務,1968),頁35。
54 黃節:〈黃史〉,,頁2-3。
55 分別見於《新民叢報》,第1、3、11、14、16、20期。

受他影響的人急著爭論中國過去究竟「有史」還是「無史」。梁啓超的文章像是開動一個機括,提醒人們思考「什麼是歷史」這一個根本的問題,人們爭論歷史應該是什麼,不應該是什麼。在歷史不應該是什麼這一點上,大家的意見相當一致,但是在歷史應該是什麼時,看法便有一些分歧了。他們的文章大都充滿著一些論證簡單,但又對立鮮明的概念。鄧實在1902年8、9兩月所撰的〈史學通論〉就是一個很好的例子。鄧氏在文章一開頭便說他讀三千年來的史書,「淵淵焉而思,眴眴然而憂,曰,史豈若是邪?中國果有史邪?」[56]「史豈若是邪」——這是多麼激烈的語氣,鄧氏不承認他所讀到的史書是歷史,他懷疑「中國果有史邪」,然後說他自己受到「新史氏」(梁啓超)的影響,了然於「史者,敘述一群一族進化之現象者也」。他說:

> 蓋史必有史之精神焉。異哉,中國三千年而無一精神史也!其所有則朝史耳,而非國史,君史耳,而非民史,貴族史耳,而非社會史,統而言之,則一歷朝之專制政治史耳。若所謂學術史、種族史、教育史、風俗史、技藝史、財業史、外交史,則遍尋乙庫數十萬卷充棟之著作而無一焉也[57]。

從上面這一段引文看來,鄧實認為「國史」是歷史,「朝史」不是歷史,「民史」是歷史,「君史」不是歷史,「社會史」是歷史,「貴族史」不是歷史。此外,學術史、種族史、教育史、風俗史、技藝史、財業史、外交史是歷史。但他說在數十萬卷傳紀史書中找不到上面這些東西。

在「有史」與「無史」的爭論中,最常被提到的是「君史」與「民史」的對立。1902年10月,有署名樵隱的人寫了〈中國亟宜編新民史以開民智〉,

---

56 鄧實:〈史學通論〉,在氏輯:《光緒壬寅政藝叢書》(台北:文海,1976),頁714。
57 同上。

強調要有民史，才能啓迪百姓的智慧，所以應該編農史、工史、商史，才能開啓農、工、商的智慧[58]。鄧實也說君史是「一代人之君即一代之史也」，而民史則是一群人的歷史，「民史之爲物，中國未嘗有也」。他又說：

> 夫世界之日進文明也，非一、二人之進，而一群之進也，非一小群之進，而一大群之進也[59]。

歷史的行動者是複數的，不是單數的，所以「歷史者即其一大群之現象影響也」。「夫民者何？群物也，以群生，以群強，以群治，以群昌。群之中必有其內群之經營焉，其經營之成績則歷史之材料也；群之外必有其外群之競爭焉，其競爭之活劇則歷史之舞台也。是故舍人群不能成歷史。」[60] 從上面這些引文中，可以看到「群」的概念如何改變一代史學的方向。

陳黻宸（1859-1917)的〈獨史〉於1902年9月發表於《新世界學報》。他這一篇文章中反覆嘆息中國「無史」，譬如說：「於乎，中國之無史。」又說：「吾觀於南北朝之時，而益不能嘆息痛恨於中國之無史也。」又說：「於乎，我中國之無史久矣。」[61] 他主要針對「史權」這一個觀念來談。他說「史權」不是褒貶予奪，因爲那是一人私斷而不是「公言」：

> 然我謂予奪褒貶，非所以伸史家之獨權也。史者，天下之公言；而予奪褒貶者，一人之私斷[62]。

---

58 鄧實：《光緒壬寅政藝叢書》，頁724-725。他又說二十四史中，除了《史記》以外，「先後一揆」，「一號曰儒，不辨菽麥，不諳生計，不知農工商業爲發達世界之極點」（頁725)。作者認爲當時的中國必須有新的歷史，才能啓迪農、工、商民，在新的世界經濟競爭中站住腳步。

59 鄧實：〈史學通論〉，頁717。

60 同上。

61 陳黻宸：〈獨史〉，《陳黻宸集》（北京：中華，1995)，頁566-568。

62 同上，頁567。

談「史權」則理想上應該讓史家掌管一個機構，收集中央政府的各種史料，而且要在各直省府州廳遍設史館，收集各地人民之史料，且由史家發揮獨立的精神，撰寫充分關照人民歷史的史書。他說：

> 我觀於東西鄰之史，於民事獨詳。……夫歐美文化之進，以統計為大宗，平民之事，纖悉必聞於上。是故民之犯罪者、自殺者、廢疾者、婚嫁者、生者、死者、病者、有業者、無業者，每年必為平均分數，而以其所調查者比而較之。比較既精，而於民人社會之進退、國家政治之良窳，析薪破理，劃然遽解，斯所謂彌綸一代之巨作矣[63]。

陳氏似乎受到英國史家巴克(H. Buckle, 1821-1862)寫的《英國文明史》(*History of Civilization in England*)的影響，他心目中之歷史必須充分解析「民人社會之進退，國家政治之良窳」。他說西洋人之所以能寫出這類史書，是因為他們花費很大的力氣在統計民事，那是因為「泰西民與君近，呼吸相聞」，「故史得資以核其見聞」。中國自秦以後「民義」已衰，不看重老百姓，所以像歐美統計民事的工作也就不可能了。

在「有史」、「無史」的爭論中，也涉及「公史」、「私史」之分。1902年10月，在一篇沒有作者、署名為「星架坡天南新報」所寫的〈私史〉中，作者一開始便責備舊史只重朝代的興亡、強弱、沿革，把歷史與一人一家之譜系劃上等號，他稱之為「私史」，相對立的則是「公史」。「私史」不是歷史，「公史」才是歷史。「公史」的內容是：

> 一切英雄之運動，社會之經練【緯】，國民之組織，教派之源流……

---

63 陳黻宸：〈獨史〉，頁562-563。

64

他認爲這些皆不見於舊史，故浩嘆說：「甚矣！中國之無公史也」，舊史「是一家之史，非全國之史也；一時之史，非萬世之史也。……以是爲史，謂之無史可也」[65]。

當然也有一些史家主張應該對傳統史學具有同情的理解，他們開始反省如果中國真的「無史」，那麼爲什麼會「無史」。他們傾向於劃分古代爲兩個時期：神史——君史。神史時代，其史學好言天道鬼神災異卜筮之事，史官所學皆神事，其歷史記載也泰半帶神話性質。君史時代，一切隨君主而轉移，故歷史也只記載君主一家一姓之事。他們隱隱然要說，如果對歷史具有同情的理解，就不會去責備中國無「民史」，因爲「民史」是人類發展到第三階段的產物，而西方事實上也沒有太久的「民史」[66]。

不過也有人不那麼含蓄。1902年10月及12月，馬敘倫在《新世界學報》連載〈中國無史辯〉，顯欲對「無史」論者加以痛擊。從目前看到的一些片段，可以看出馬氏不滿意國人過度崇拜西洋而輕忽「國粹」。他提出司馬遷的《史記》與鄭樵(1104-1162)的《通志略》爲例，來反擊中國無史論者，表示「然則中國之學術何嘗不及泰西，中國又何嘗無史？嗚呼，恫哉！恫哉！」[67] 1908年，《東方雜誌》上有一篇署名蛤笑所撰的〈史學芻論〉，他說「無史」論者論爲廿四史「可以爲二十四朝君主之譜牒，不可以爲二千餘年民族之記載。又其甚者，且謂吾國自古迄今，尚未有史學，嗚呼，何其卑國之甚也！」可是他的論證也相當有意思。他說：「若夫吾民族千百年來，所以屢受外界之侵凌，而究能獲最終之戰勝，與夫禮俗、

---

64 〈私史〉，《新民叢報》，第19號(1902)，頁99。

65 同上，頁99、100。

66 鄧實：〈史學通論〉，頁715。

67 《新世界學報》，第9期(1902)，頁14。按此文係劉龍心小姐見贈。文缺前半，即刊於第5期者。

學問、美術、技藝、文教、武功之稱雄於東亞者,非官書曷由知之?」[68]他
認爲可以從舊史書來證明中國「有史」的「禮俗、學問、美術、技藝」,
無一不是新史學的標準。堅持中國「有史」的人顯然暗受反對派的影響,
所以用來證明「有史」的標準竟與主張「無史」的人差不多。又如黃節是
反對中國「無史」的,但是他所提出的證據也很有意思:

> 吾觀夫六經諸子,則吾群治之進退有可以稱述者矣。不寧惟是,
> 史遷所創,若河渠、平準與夫刺客、游俠、貨殖諸篇,其於民物
> 之盛衰、風俗道藝之升降,靡不悉書。至如范曄之傳黨錮,謝承
> 之傳風教,王隱之傳寒儁,歐陽修之傳義兒,是皆有見夫社會得
> 失之故,言之成理,爲群史獨例。概以謂吾國四千年舊史皆一家
> 一姓之譜牒,斯言也毋亦過當與[69]!

文中所提到「群治之進退」等,都是「新史氏」認爲舊史欠缺的東西,而
黃節卻用它們來證明中國無史論者主張之不適當,不免讓人覺得他對「什
麼是歷史」這個問題所持的立場已經非常不傳統了。到了這個時候,「有
史」論者和「無史」論者其實都同意「歷史」應該是國史,是民史,是一
大群人之歷史,是社會的歷史,同時歷史敘述應該從宮廷政治史解放出來,
而以宗教史、藝術史、民俗史、學術史作爲它的主體。

　　值得注意的是,儘管有人出面堅持中國「有史」,但整體而言,「無
史」論的一派仍然占上風。最有代表性的一篇文章是〈中國史的出世辭〉,
主張中國過去「無史」,一直到國民史學出現,才是中國史的「出世」。
作者「橫陽翼天氏」(曾鯤化)在這篇文章中說:

68　此文見《東方雜誌》,5:6(1908年6月),頁90、91。
69　黃節:〈黃史〉,頁2。

不佞為四萬萬同胞之國民一分子，願盡四萬萬之一之義務，為我國民打破數千年腐敗混雜之歷史範圍，掀拔數千年根深蒂固之奴隸劣性。特譯述中國歷代同體休養生息活動進化之歷史，以國民精神為經，以社會狀態為緯，以關係最緊切之事實為系統，⋯⋯尋生存競爭優勝劣敗之妙理，究枉尺直尋小退大進之真相，⋯⋯以為我國自古以來血脈一統之龐壯國民，顯獨立不羈活潑自由之真面目[70]。

他又說：

浸假而地球獨立自營大國民之鼻祖，其單刀直入，開闢中華之手段，史筆削之矣；浸假而揮斥八極，亭毒全球氣魄，史筆削之矣；浸假而雷霆萬鈞，震驚大空之勢力，史筆削之矣。吁嗟！吁嗟！其尚得曰：中國有歷史乎？何配談有中國歷史乎？余一人朕天子之世系譜，車載斗量；而中國歷代社會文明史，歸無何有之鄉。飛將軍、大元帥之相斫書，汗牛充棟；而中國歷代國民進步史，在烏有子之數[71]。

他還寫下這樣一段祝辭：

中國歷史出世，謹祝我偉大中國燦爛莊嚴之文明國旗出世於今日，謹祝我中國四萬萬愛國國民出世於今日，謹祝我四萬萬愛國國民所希望理想之自由、所馨香禱祝之獨立出世於今日[72]。

---

70 曾鯤化：〈中國史的出世辭〉，在蔣大椿編：《史學探淵：中國近代史學理論文編》（長春：吉林教育，1991），頁296-597。
71 曾鯤化：〈中國史的出世辭〉，頁596。
72 同上，頁597。

由新的歷史出世，可以聯繫到四萬萬愛國國民之「出世」，乃至於四萬萬愛國國民所希望之理想自由出世，足見他賦予新史學的現實任務之巨大，同時也可以看出晚清新史學與政治之間的密切關係。

結論

　　以上是我對晚清政治概念與新史學的一個反思。過去探討這個問題時，大多就史學論史學，而事實上，史學以外的政治、社會思潮對史學的變化產生了莫大的作用。在這篇文章中我主要是以「國家」、「國民」、「群」與晚清新史學的關係為主進行討論，它們開啓了一個以國民的活動為主體的歷史探討空間，以及一種對複數的、而非單元的歷史行動者的關懷。同時，在它的影響之下，也形成了中國「有史」、「無史」的爭論。在中國這樣的一個史學傳統深厚的國家爭論「有史」、「無史」，意味著人們意識到歷史似乎不應該是傳統定義下的歷史，人們開始關心「歷史是什麼」。從本文中所徵引的材料也可以看出，不管國粹派或立憲派，不分「無史」論者或「有史」論者，他們到了最後都隱然認定歷史應該是「民史」，是「公史」，是「社會史」，是群體的歷史，這對後來的史學發展產生了相當關鍵的影響。不過，二十世紀初期的新史家們基本上主張從舊史關注的範圍中解放出來，放寬歷史的視界，至於二十多年後，以胡適、傅斯年為代表的另一波新史家，則重視新史料、新方法、新工具。這兩波史學革命之間，關懷的重要點顯然有所不同，然而它們對近代史學的發展都有重大的影響。

反西化的西方主義與反傳統的傳統主義——劉師培與「社會主義講習會」

在清末的劉師培(1884-1919)身上似乎可以看到當時思想的兩種特質：第一是近代中國傳統知識分子的一種兩難心態，既痛恨西化，卻又想從「西方」取萬靈丹，所以既不滿意於當時西方事物對中國的影響與衝擊，但是又想學習西方最「科學」、最「進步」的主義。此處姑稱之為反西化的西方主義。同時他們也有一種既批判傳統，又嚮往某種他們認為更純粹的傳統的傾向，我稱之為「反傳統的傳統主義」。第二是追求烏托邦世界的心態。清末民初的中國發展出各式各樣的烏托邦思想，它們有各種不同的來源，內容也形形色色，但卻有一個共同點：絕對的平等，個體自由，去除由文明所帶來的種種隔閡與分別。有一部分抱持上述兩種思想的士大夫在1905年左右加入了革命的陣營，被當時流行於日本的無政府主義所吸引。不過，他們最後也陷入像日本無政府主義領導思想家幸德秋水(1871-1911)般不切實際的理想，並逐漸在革命陣營中邊緣化了。

此處主要是以劉師培在1907年到1908年前後大約一年間轉向無政府主義而最終又放棄的過程為例，對他當時的兩難心態與烏托邦思想作一詮釋。

一

雖然傳統儒家的基本關懷是現實世界，但是其中仍潛在一股烏托邦思

想。當社會面臨嚴重危機時，這一類潛流便會浮現，儒家的大同思想在清季流行便是一例[1]。

晚清社會政治的危機是非常廣泛的，包括西方帝國主義的入侵，社會嚴重的不平等，人口暴增，商品經濟的衝擊等。面對這些困境，清政府開始了自強運動及新政。這些新政的特色是吸收西學，採行議會制度，加強政府對下層的控制，以及警察制度等。但這些政策及自然形成的新商品經濟，卻干擾了傳統的農村社會，議會政治也干擾了傳統心態的士大夫。所以這些人不但被清季內外的亂局所干擾，同時也被為了拯救這個困亂之局所採行的新政策所干擾，時代對他們來說是一把兩面皆刃的刀子。他們既不滿意古老中國的落後與嚴重失序，但是也不滿意西方事物。他們既不滿意舊中國，但也不滿意打破中國舊傳統的新東西，而很不幸地，那些或許在過去可以相當程度地適用於中國社會政治的傳統學問，現在卻完全無法應付挑戰了。無比的困惑與兩難，使他們像是陷入一無門可逃的「鐵籠」中。

緊急的心情與壓迫感逼使人們想望非常的救贖，最好是可以逃脫所有惱人的羈絆而又能在最短的時間內一次解決所有問題。佛學是一項選擇，它在晚清吸引了許多士大夫，梁啟超甚至認為幾乎所有「新學家」都與佛學有關[2]。佛學超越各種組織、階級、國家、文明的分別，並許諾一個普同的完美世界，頗為符合時人的胃口。

值得注意的是，包括像康有為(1858-1927)、章太炎(1868-1936)、劉師培等中國舊經學傳統中今古文兩派的領袖人物，都發展出某種烏托邦的傾向。康有為這位晚清今文學的領袖，是重新發現並詮釋《禮記‧禮運篇》的人。這一篇兩千年來不被學界主流突出表彰的文獻，被康有為推展到前

1　景克寧等：《景梅九評傳》(太原：山西人民，1990)，頁4。關於傳統中國大同思想，可參見陳正焱：《中國古代大同思想》(上海：上海人民，1986)，尤其是第5章，頁292-350。

2　梁啟超：《清代學術概論》(台北：中華，1956)，頁60。

所未有的高度，尤其是其中的烏托邦意味，早已超過它原有的脈絡及傳統的詮釋。而這些含義中有不少接近於現代的社會主義思想。

稍後於康有為，章太炎與劉師培這兩位古文陣營的領袖，也有強烈的烏托邦傾向。以章太炎為例，在1904-1906年之間，他因為「《蘇報》案」被清廷關在上海監獄之中，開始精研佛典，尤其是《瑜珈師地論》，而且深為所動，認為瑜珈之理「深不可加」。他先是被佛學的名相分析所吸引，後來則漸被其烏托邦面所吸引，揉合了一些無政府主義，他嚮往「五無」的境界，也就是無國家、無社會、無人類、無眾生、無世界，到最後達到沒有任何分別、樊籬、組織等存在的境界[3]。

劉師培這位年輕的天才，是儀徵經學世家子弟，其父祖以三代之力重疏《左傳》，成為清代經學史中最可觀的成就之一。劉氏於1903年，也就是他廿歲時，從故鄉來到上海。在那裡，他被章太炎的學養及革命熱情所吸引，甚至將自己的姓名由師培改為光漢。劉師培此時也可能注意到新引進的無政府思想。他認識了張繼(1882-1947)，當時張氏剛出版了一本譯作《無政府主義》的書，這本冊子一般相信是馬拉鐵斯達(Enric Malatesta)的作品。同時，《蘇報》上刊登了幾篇有關無政府主義的文字，劉師培也可能讀過它們。不過，此時劉師培正被盧梭的社會契約論所吸引，竭力主張平等及縮短貧富差距。倒是劉師培的妻子何震(約1884-1919在世)更為激烈，傾向於俄國虛無黨[4]。

章太炎於1906年由上海出獄赴日本，而劉師培夫婦亦於1907年到達日本，他們都成為同盟會會員。1906年正是東京革命陣營的低潮期。有些主張以激烈之暗殺，有些則主張另闢他途以解開這個僵局。章太炎赴日後接手《民報》的編務，並為它發展了新方向。其實早在章氏接手前，《民報》中社會主義的味道已經相當濃，這與當時日本思想界的發展是息息相關

3　王汎森：《章太炎的思想》(台北：時報文化，1985)，頁16。

4　K. W. Kwok, "Anarchism and Traditionalism: Liu Shih-pei," 在《中國文化研究所學報》，4:2(1971)，頁525-527。

的。同時也是近代中國思想史中許多與日本思想平行發展的例子之一。

　　馮自由(1882-1958)、朱執信(1885-1920)、宋教仁(1882-1913)在《民報》上先後發表了一些關於社會主義的文章[5]，有些只是介紹學理，未必出於政治信仰。孫中山(1866-1925)亦受此思潮影響，聲稱中國的革命也是社會主義革命。以上幾位作者對社會革命理解的深度，並不易確定。他們大多是廿幾歲的青年，摘述、翻譯日文或英文刊物中有關社會主義的文章，自己倒不曾深入探索。大體而言，當時孫中山主張土地國有及單稅論，馮自由這一位出生在日本的革命者，則相信德國的國家社會主義最適合當時中國國情，朱執信倡導馬克思主義，廖仲愷(1877-1925)則提倡激進的社會主義革命[6]。

　　但當時日本社會主義團體內部卻有一重要發展，即幸德秋水在1905年至1906年之間的轉變。1905年，幸德在獄中待了五個月，他閱讀克魯泡特金（P. A. Kropotkin, 1842-1921）的作品，並開始嚴厲批評宗教。也就在這期間，他的無政府主義傾向開始浮現。所以當他在1905年出獄前往美國時，他形容這趟旅程有如克魯泡特金轉向無政府主義時的瑞士之行。幸德秋水在舊金山受到美國無政府主義者弗里茲(Fritz)女士以及亞伯特‧強森(Albert Johnson)的招待。在美國的六個月，他的思想產生很大的改變。他放棄了原先所倡導的議會政治與公民普選路線，轉而相信工團主義與暴力主義，而且他也相信，全世界的革命大方向已經轉向無政府主義。幸德秋水在美國時目睹了舊金山大火，這場世紀性的災難給他一個機會觀察在沒有政府的自然狀態下，人類究竟以何種方式相處。他發現，從1906年4月18日起，全舊金山市雖然處於無政府狀態，但人們卻以前所未有的合作精神

5　Martin Bernal, *Chinese Socialism to 1907*(Ithaca: Cornell Univ. Press, 1976), pp. 107-128.

6　Martin Bernal, "The Triumph of Anarchism over Marxism," in Mary Wright ed., *China in Revolution: The First Phase 1900-1913*(New Haven: Yale Univ. Press, 1968), pp. 108-112.

互相幫助。他在日記中感嘆說：可惜這個理想狀態將只持續數週，人們不久就得回到資本主義私有制社會了。這場大災難說服了他：如果依循人類本然的善性，只要舊社會組織能徹底摧毀，人類可以建立一個無政府主義天堂。所以在1906年6月23日當他回到日本時，他宣稱自己已完全變成「另外一個人」──一個行動家。罷工與暗殺，而不是議會普選路線，成爲他邁向建立道德烏托邦社會的途徑。儒家的某些思想成份在這裡與無政府主義匯合，成爲聯手對抗西化的武士。

對幸德來說，道德完善的烏托邦社會的理想並不陌生。對道德社會的追求是他早年就有的夢想。對幸德這樣一個在儒家教育薰陶下成長的人而言，追求道德的完整性，並批評西化的明治日本是一個競逐無已的社會，並不令人感到意外。他批評當時人不再克己自制，自我無限膨脹，而且放棄了理想主義。幸德厭惡當時的自由民權運動，因爲在他看來，自由民權運動是物質功利思想的產物。從1899年到1903年，追求道德完滿的儒家理想使他成爲一個國際社會主義者。當時，湯瑪斯・克卡(Thomas Kirkup, 1844-1912)的《社會主義的探討》(*An Inquiry into Socialism*)一書使他相信：一個具有忍耐、人道、無私地服務社會等特質的理想社會是可能的。有意思的是，克卡的這一本書也影響了毛澤東(1893-1976)，毛澤東認爲它的內容相當近似於《大學》[7]。我們或許可以說，傳統的道德激情是促使他們追尋烏托邦並付諸革命行動的一個共同催化劑。

對道德社會的追求也導引幸德走向激烈批判帝國主義。幸德秋水1907年寫成的經典之作《帝國主義：廿世紀的怪物》反映了同樣的道德熱情。與列寧(1870-1924)的《帝國主義：資本主義的最高階段》不同，幸德秋水的書比較不關心資本主義經濟方面的剝削，而更爲關心道德方面的問題[8]。

---

7 F. G. Notehelfer, *Kotoku Shusui: Portrait of a Japanese Radical*(Cambridge: Cambridge University Press, 1967), pp. 30-31, 39, 55, 76-77, 128, 131, 141.

8 Ibid., pp. 82-83.

　　幸德的轉變導致當時日本社會主義團體的分裂。1907年2月，幸德與他的同志辯論議會政治。幸德堅持，他並不像美國的無政府主義者那樣，認爲議會路線是無效率的（inefficient），他痛恨議會政治是因爲它污染了人的精神[9]。當雙方公開分裂時，幸德組織了一個激進團體「金曜會」，而這個團體與當時在東京的中國知識分子發展出密切關係。

　　值得注意的是，當幸德與他的同志們爭論議會政治的問題時，孫中山與新加入革命陣營的思想家章太炎、張繼、劉師培等也瀕於分裂[10]。而這幾位不合時宜的思想家也就在這個時期決定造訪當時日本社會主義的代表人物幸德秋水。

　　爲什麼幸德對他們具有吸引力？當章太炎取代孫中山的廣東派編輯胡漢民（1879-1936）、朱執信、汪精衛（1883-1944），成爲《民報》主編時[11]，《民報》的內容逐漸脫離了胡漢民在該刊第三號所訂下的六大主義（「傾覆現今之惡劣政府」、「建設共和政體」、「土地國有」、「維持世界真正之平和」、「主張中國日本兩國之國民的連合」、「要求世界列國贊成中國革新之事業」）。章氏對佛教的過渡強調，以及對共和政體、議會政治、基督教、進化論以及《民報》原先所提倡的政治思想的批判[12]，使得他與孫中山派在思想上有了距離。但這個在《民報》內部引起反對的新思想傾向卻與幸德相合。1907年3月26日，透過日本社會主義者北一輝（1883-1937）的介紹，張繼與章太炎寄給幸德一紙短箋，根據糸屋壽雄的報導，這張紙片目前還保存在幸德後人的手中，上面寫著「拜啓：明日午後一時往貴宅敬聆雅教，乞先生勿棄」[13]，由於沒有進一步的材料，所以無法得知這次會面的實況，不過我們可以發現，七天後的《平民新聞》中有一則報導，聲稱中日社會主義者正攜手合

9　F. G. Notehelfer, *Kotoku Shusui: Portrait of a Japanese Radical*, p. 143.

10　Martin Bernal, "The Triumph of Anarchism over Marxism," p. 138.

11　Marius Jansen, *The Japanese and Sun Yat-sen*（Cambridge: Harvard University Press, 1967）, p. 124.

12　王汎森：《章太炎的思想》，頁9。

13　糸屋壽雄：《幸德秋水傳》（東京：三一書房，1950），頁193-194。

作。另一則報導則提到，幸德與孫中山派的中國革命家並不密切，但與同盟會中的「新思想家」相當接近[14]。在他們初次會面後不久，幸德便與這幾位「新思想家」共組了亞洲和親會，除了日本人之外，該會包括有來自安南、菲律賓、印度的會員[15]。

「新思想家」們被幸德所吸引的理由值得進一步分析：他們覺得幸德反帝國主義、反議會政治、提倡經濟平等，直接暗殺行動，但又能倡導傳統道德，與他們的想法相近。而且幸德當時新從美國回來，對西方世界有第一手的觀察，同時又宣稱無政府主義是最科學、最進步的社會主義。這種主義似乎可以解開他們心中的許多兩難，還可以給當時的革命行動提供一些支點。也就是說，各色人等都可以在無政府主義這一個「乾坤袋」中找到一點與他們相似之處，或解決他們思想困境的良方。譬如說，信仰社會主義但卻反對階級鬥爭的人，發現克魯泡特金的理論在某些方面相當符合儒家思想[16]。此外，當時有不少人擔心如果照日本流行的所謂「文明論」的說法，則「文明」像一座階梯，由下往上逐級而往必須耗費極長時日，以中國來說，它必須從農業社會到資本主義社會，最後也許才能爬到社會主義社會。但他們卻發現在無政府主義的理論中，中國不需先成為資本主義社會就可以直接跳到最高級的無政府主義社會，這對一個組織化及工業化程度極低的國家有相當大的吸引力。更何況，無政府主義者認為：正因為中國社會落後組織鬆散——既無大地主，也無大資本家——反而比西歐先進諸國更易於達到理想的無政府境界。落後是一項資本。至於那些痛恨滿清專制統治者也可以在無政府主義中尋得奧援——因為無政府提倡推翻所有的權威。提倡婦女主義者(如何震)，更發現無政府主義足以幫助實現她們的目標[17]。至於那些懷念儒家傳統及田園生活、痛恨西方帝國主義，

14 糸屋壽雄：《幸德秋水傳》，頁91、194。

15 Marius Jansen, *The Japanese and Sun Yat-sen*, p. 124.

16 Martin Bernal, "The Triumph of Anarchism over Marxism," p. 41.

17 Peter Zarrow, "He Zen and Anarcho-Feminism in China," *JAS*, Vol. 47, No. 4(Nov.

並痛恨議會政治之金權化、庸俗化的人，那些不喜歡社會達爾文主義的競爭說的人，還有那些厭惡西洋事物者，以至於那些不滿當時清廷的作爲，主張目前應採行暗殺才可能達成革命任務者，還有痛恨任何「主義」，但又喜歡所謂西洋科學者，皆可以在這新興的社會主義——無政府主義的寶庫中，找到一、兩件他們要的兵器。更重要的是，「無政府主義」不只是一個否定思維的武庫，它同時也提供了一些理想：土地歸公、資本歸公、均貧富、鏟階級、絕對平等、從各種束縛中解放，使每個人得到最充分的自由。

根據景梅九(1879-1949)的回憶，當時在東京的中國留學生，開始從幸德所辦的《平民新聞》上了解無政府主義，連他們也都發現《平民新聞》上所宣揚的主張有與孫中山民生主義相合之處。其實在1905年12月，在第五十九期的《平民新聞》上即已刊登孫中山的文章〈中國問題的根本解決方法〉[18]。而且早在1900年，在國際社會主義的合作運動風潮下，幸德早已和南桂馨(1883-？)、陶治公(1886-1962)有交誼[19]。不過這個時期的幸德秋水尚未成爲無政府主義者。

二

在幸德的影響下，中國無政府主義者迅速地發展著。1907年6月，劉師培及何震這對來到東京才四個月的夫婦，便迫不及待地投入宣揚無政府主義的工作中。他們發起了一個無政府刊物《天義》，當年八月，劉氏夫婦與張繼及章太炎成立社會主義講習會。這個名稱顯然是模仿當時日本的「社會主義講習會」，中國志士所組織的講習會大概有九十個會員。幸德

(續)———————————————
1988), pp. 796-813.
18 永井算己：〈社會主義講習會和政聞社〉，《東洋學報》，51:3，頁67。
19 楊天石輯：〈「社會主義講習會」資料〉，《中國哲學》，第一輯(1979)、第九輯(1983)，以下簡稱爲〈資料〉一、〈資料〉二。

的作品被大量譯成中文。此外,他的《社會主義的神髓》及所譯《總同盟罷工論》亦被轉譯成中文,流傳於留日學生圈中。根據一封幸德給石川三四郎的信,在幸德因大逆案被處死(1911年)前,「新思想家」中的張繼已和他發展出極密切的情誼[20],而幸德金曜會的成員,尤其是片山潛與山川均(1880-?),也在社會主義講習會中扮演重要角色。倒是幸德本人並未密切參與講習會的活動。因爲當講習會進行得如火如荼之際,正好是幸德爲了躲避日警而遁居在他的故鄉土佐一個村莊的時候。在幸德秋水、山川均、堺利彥等人的全集中,並未收入他們在講習會的任何講稿。這也許是體例不合,也許是他們文集編纂者的疏忽。幸德秋水的名字在《天義》上出現時,則被代之以四個空格。當提到「暗殺」二字時 ,「殺」字通常以空格代替,以免刊物受到日本警察的取締。

對講習會最爲熱心的是劉師培夫婦,至於章太炎,雖然深受無政府主義影響,卻未全心參與。講習會的所有活動皆記錄在《天義》上,而在日本外務省也有一秘密檔案題爲〈清革命者與社會主義〉,從這些檔案看來,當時日本政府密切監視著講習會的活動。

講習會最初訂定每周舉行一次演講,後來變爲兩周一次,主要講題是無政府主義、社會主義、中國百姓當時生活狀況等。在1907年,當中國學生大量湧到東京時,講習會的聽眾可以從數十人到近百人不等。(關於與會人數,日本外務省檔案與《天義》報所載有出入)[21]

講習會前後大概舉行過廿一次演講,前六次是由幸德秋水、山川均、堺利彥等人主持。此外的十五次,則分別由章太炎、張繼、何震、陶成章(1878-1912)等主持[22],講習會的成員很快發現日本警察監視他們嚴密的程度一如監視日本無政府主義者。講習會實際上只維持了將近十個月,印了十九期單薄而錯字百出的《天義》報。《天義》常常因爲缺稿脫期而將數

---

20 永井算己:〈社會主義講習會和政聞社〉,頁97。

21 同上,頁55-56。

22 〈資料〉一,頁374-375。

期併爲一本，故全部只有688頁，其中一牛以上的文章出自劉師培及何震夫婦之手。從刊物本身看來，大概在1908年初，《天義》的編者已感力不從心，雜誌一再延期。當最後一冊（十六、十七、十八、十九期合刊）出版時，充斥著西方無政府主義作品的中譯。可能是害怕日本警方的壓力，劉師培決定停刊《天義》。1908年4月起，劉師培發行了一份《衡報》——中國的第一份宣揚無政府主義的報紙。雖然它聲稱在澳門發行，但實際上仍在東京印刷。劉師培聲稱這是一份報紙，但是在六個月間，卻只出了十一期，當年十月，便被日本警方所查禁了。

劉氏在《天義》中的文章偏向闡發無政府主義，而在《衡報》中，偏向對當時中國農民生活苦況的分析以及無政府思想在中國社會如何實踐的問題。我們可以說，這正代表此時劉氏思想的兩層，一是烏托邦面，另一是現實面；而現實面的不滿與兩難，常以烏托邦面爲發洩口。

當講習會正在進行時，他們常被同盟會會員問及該會的宗旨是否影響了反清運動。其實他們同意倒清，但在細部政策上則有分歧。如孫中山主張革命成功之後實行土地國有，但無政府派認爲如果要執行土地國有，需要龐大的官僚機構來掌管土地，那又將製造另外一個專制威權。如果要重新分配土地，那麼革命成功後，也一樣得維持一個強大的政府，這是無政府主義者所不能同意的。他們的目標是，清朝政府垮台之後，中國應馬上成爲一個無政府社會，不應再有中央政府存在。他們認爲這場革命的性質不只是種族的，而且也是一個徹底全面的社會革命，在倒清的同時，要趁機去除所有階級分別[23]。

所以無政府主義者認爲，倒清只是中國過渡到無政府社會的手段之一，而無政府革命又比反清革命更優先，故他們不只憂慮清朝政府能否推翻，同時也擔心革命成功之後，中國傳統社會近乎無治的狀態是否會被一

---

23 〈資料〉一，頁381-384。

種更有統治效力的現代政權所取代[24]。

　　無政府主義派不但不滿革命派，他們也反對立憲派所提倡的議會政治，儘管革命派與立憲派在倒清這一件事上有歧見，但在將來要實行議會政治這一點上雙方主張相同，無政府則認為議會只保護富民、豪民的利益。革命派主張革命成功後實行共和政治，而無政府派則要求無治。在實際行動上，無政府主義派亦有不同意見。章太炎認為革命應是個人的努力而不是組織行動，加上他個人與孫中山之間的意氣，章氏提出應該廢掉同盟會領袖制。同時他也主張以暗殺來代替武裝革命。由於無政府主義者主張以暗殺方式在廿四小時之內實現其理想，故劉師培提倡非軍備主義，甚至反對同盟會的任何軍事準備。以上這些不切實際的主張以及種種爭端，使得無政府主義派在革命陣營中日漸邊緣化。

三

　　劉師培將他對中國細民百姓的同情投射到無政府主義的理想中，使得《天義》及《衡報》的讀者得到一個印象，以為那些文章的作者是一個關心民瘼的傳統儒者。

　　劉師培特別關心當時長江下游小農，故他有幾篇文章是相當精細的農民生活調查。劉師培也鼓勵人們從事類似的調查，以便更有效地改善農民的困境。在社會主義講習會開始幾個月後，劉師培為該社另取了一個名字「齊民社」[25]，充分顯示他的關懷具有兩重性：一方面是無政府主義，一方面是百姓民瘼。藉著無政府主義的種種訴求，劉師培披露了在市場經濟衝擊下江南小農民生活的苦況。這也許正是他自己家鄉的寫照。他悵悼傳統農村生活形態被商業化與工業化沖洗殆盡，以致大量農民脫離土地，湧

---

24 同上，頁384。
25 〈資料〉一，頁400。

向貪婪的資本家所設的工廠。劉氏因而不滿在中國的所有的中西資本家和商人。

劉師培對晚清包括「商戰」在內的許多「新政」持截然反對態度，尤其對富民轉變其經濟資本爲政治資本感到不滿。劉氏說，在選舉過程中，只有富人可能中選，故議員實是豪民的同義詞。他說，在傳統中國，有錢人並不特別受到尊重，而且政府官員也被禁止涉足商業，只有在晚清「新政」之後，富民才在與西洋商戰的名目下獲得政府給予的尊榮。他認爲傳統被藐視的商人階級竟在晚清轉化爲紳士是一件不可忍受之事；尤其使他不滿的是商人可以因商業投資數量之大小，獲得大小不等的官銜。劉提醒國人：在西方，商人比政府還有權力，在商人手中，政府一如奴僕。他希望中國不要蹈西人之覆轍[26]。這些思想與當時的章太炎極爲類似[27]。

劉氏也極度反對土地不均。他說，當時中國資本家剝削工人的程度還不如富農剝削佃民厲害，所以他得到一個結論，在無政府革命的過程中，首先應引導小佃農起而反對地主[28]。劉同時預測他們將是推翻清朝政府的主力。他主張小農抗稅，劫官倉，以毀損政府的財政系統。由於小農是整個社會最重要的組成分子，所以他認爲一旦他們起而反清，則社會其他階層也會起而行動。

劉師培認爲中國農民必然偏好無政府式生活，而且因爲中國歷史上的改朝換代中，小農都扮演著重大角色，這一事實使劉師培對中國達到無政府社會的理想有一種莫名的樂觀。劉師培同時也研究中國下層階級的各種私人團體，他下結論說，因爲這些團體都是小民們爲了各自需要而成立的互助團體，與無政府理想中的個人自發式團體組織相合，而且它們比任何由上至下的統治形式更爲和平而有效率，所以劉師培預期中國下階層的各種組織，甚至包括秘密幫會，都將是推翻現有政府及建立將無政府社會的

---

26 〈資料〉二，頁473-478。
27 王汎森：《章太炎的思想》，頁131-135。
28 〈資料〉二，頁483、487、490。

骨幹。

劉師培甚至認為，因為中國傳統下層社會是近乎無治的社會——這是因為中國幾千年政治思想的理想是被儒家與道家的「無治」觀念所影響——所以傳統中國專制政治的實質是：官吏的統治幾乎未下達到百姓，縣以下的社會始終是近乎無政府的狀態，而百姓也不信任他們的長官，法令近乎是空文，沒有人真正擁有任何權力，也沒有人真正遵循法令。所以在劉師培看來，傳統中國雖然有政府，但實際上等於所有國家建制都被摧毀後的無政府狀態[29]，所以，無政府主義是中國將來最自然的出路。他甚至樂觀地認為中國會成為全世界第一個實現無政府主義的地方。

劉氏雖然厭惡商人和資本家，但對小商人卻持肯定態度。當漢口小商人於1908年5月15日暴動時，他立刻發表文章表示贊同。他說，以漢口在中國交通網的樞紐地位，如果暴動領袖能善於利用這個事件，必定可以迅速擴張到長江流域。劉師培說：在傳統中國，總是大商人先發起抗爭，然後裹脅小商人或小販作為附從，可是他在漢口暴動中看到一種新的現象，那就是小販成為暴動真正的引導者；在傳統中國，商人總是以歇業對抗統治者，但在漢口暴動中，小商人卻以激烈手段摧毀政府建築，他認為這是一個新里程碑[30]。劉師培在文中鼓勵漢口的小商人應起而攻擊大商人，並鼓勵工人破壞機器，以便給資本家製造大麻煩。但值得注意的是，劉師培的文章中從未鼓勵他們組織一支軍隊來加速這個革命。

劉師培主張，理想的無政府社會要依四條原則來建立：(一)不應建立任何形式的政府。(二)廢除任何形式的貨幣。(三)任何人皆應工作。(四)所有人的衣服、食物、居所皆應平等[31]。故所有競爭與壓制以及階級的不同皆應廢除；國王與總統、在中央與在地方之政府、世襲貴族、議員及任

29　〈資料〉一，頁382。
30　〈資料〉二，頁468-473。
31　〈資料〉一，頁411。

何代表公權力之人，資本家及任何擁有財富之人（包括小農）、士兵、警察、還有任何欺壓婦女的人，都應被剝奪其特權或被打壓。這些當然是當時全世界無政府主義者的共同主張。

當所有的權威都破除時，不只是從西方引進的新政，即使是儒家原來的政治思想與價值系統也在剷除之列。所以當中國的無政府主義者以新的思想標準來重估中國傳統時，便處處散佈了激進的種子。傳統中國一批具有激烈思想因子的人物都被特別揄揚，只是因為他們與無政府觀點近似。主張無治的鮑敬言(278？-342)，主張個人自由，不以孔子之是非為是非的李卓吾(1527-1602)，主張體恤細民情欲，並將他們從傳統階級式倫理關係中解放出來的戴震(1723-1777)，主張夫妻平等、父子平等的唐甄(1630-1704)等都特別得到讚揚[32]。

在《天義》中，何震大力提倡婦女解放論。雖然一些由她署名的文章可能是由劉師培代作，但是內容和主張無疑是她的。何震的文章大量揭露中國婦女被男人壓迫之狀，她甚至宣稱全中國男人為婦女之「公敵」。何震主張「男女革命」以達到男女之絕對平等。她同時將中國婦女之黑暗歸罪於儒家學說，說「儒學殺人」。值得注意的是，何震也提到西洋婦女的地位並不如想像中高，她們並非如人們想像中自由。為了實踐她解放婦女的理想，她認為應破壞中國所有的家庭。這一番破家論可以說是五四時期無數破家論或以家為萬惡之源的論調的前驅。

受了儒家思想的影響，中國無政府主義者特別傾向以無政府思想對抗社會達爾文主義，並認為互助論（克魯泡特金）比達爾文的進化論得到更多科學實驗的印證。所以在他們的心中，「互助」而不是「互競」，才是人類進步的神髓。我們可以說那些愛好科學，但又痛恨「互競」，既嚮往西方，卻又憎恨西方的人，最容易被克魯泡特金的互助論所吸引[33]。

---

32 〈資料〉一，頁434-436、439、441-443。
33 同上，頁420-427。

　　但是傳統主義者或反傳統主義者這兩個名詞中任何一個其實都無法涵蓋像劉師培這樣的思想家。他們是一個身體兩個靈魂，既有極傳統面又有極激進面，他們不滿意當時的中國，希望回到他們心目中更傳統更純粹的中國，但同時也極為激烈無情地批判「不純粹」的傳統和政治社會秩序。雖然劉師培與章太炎後來成為保守主義的代表，並深深後悔早年的言行，但是他們早年撒下的激進種子卻都已成為年輕一輩視為理所當然的東西了。

四

　　幸德秋水與日本無政府主義運動的衰落也影響了中國的無政府主義者。1908年1月，張繼參加金曜會第廿次大會，竟被警察所追捕。不久他就離開社會主義講習會前往巴黎了。同年4月，章太炎因與劉師培口角，也不再到講習會來。可能是因為擔心日本警察的騷擾，愈來愈少人參與講習會活動[34]。當年10月，《衡報》遭到日本警察查禁，這標識了講習會的全面結束。這事實上是日警決心清除日本無政府組織行動的一部分。早在該年6月，就已爆發了所謂「赤旗事件」──這個事件的起因是因為幸德的追隨者們在歡迎他們的同志出獄時，揮舞著大紅旗，上面寫著「無政府主義」、「無政府共產主義」的字樣，日本政府對他們施以嚴厲懲罰，並決心全面清除無政府團體，幾乎所有無政府刊物皆被查禁。

　　就在這一年底，劉師培夫婦突然潛返中國並成為端方(1861-1911)的幕僚，不但背離了反滿陣營，而且也放棄了無政府主義。據云何震的姻弟汪公權受僱於端方，是誘使劉師培叛投的主力[35]。這個說法極可能是對的，不過，在劉氏的作品中，我們也可以看到他驟變的痕跡。

34　〈資料〉一，頁337。
35　竹內善作：〈明治末期における中日革命運動の交流〉，《中國研究》，第5期，頁89-92。

在社會主義講習會的一次演講中，劉氏已曾表示，萬一反滿革命不能將中國帶往一個和諧的無政府世界，那麼他寧願中國回到封建之古昔（如漢唐），讓人們過傳統樸素的生活[36]。1908年冬，劉師培這樣性急無恆的青年[37]，完全陷入黑暗的深淵中，革命既陷入膠著，而無政府運動亦遭日警連根除去，既然無政府社會顯然沒有實現的希望，那何不回到中國過舊生活？端方的誘引遂使他迅速地轉變了。

劉師培本人在轉離革命陣營時，自然沒想到革命會成功，而且成功得如此之快。在他而言，離開革命，就好像一個人宣稱，既然我們大家都不能達到那個最高的目標，那又何必作眼前之爭？好像是兩個人爭論俄國文學，一個對俄國文學一無所知，一個雖然懂得很多，但實際上不會俄文，而是從英文著作去了解俄國文學。對俄國文學一無所知的人也可能向他的論敵說，既然我們都無法直接讀俄文原典，那還有什麼好爭的？而你的優越性又在那裡？無政府主義者也可能對革命者說，既然無政府社會是達不到的，用這個高遠的理想來衡量，革命與維持現狀其實沒有什麼差別。而且因為無政府主義不組織群眾進行鬥爭，而是主張暗殺或促使全民覺悟來推翻滿清，他們對革命及立憲派都看不順眼，離開是順理成章的事了。

至於張繼則在逃到巴黎之後，加入了當時對中國思想界影響很大的無政府刊物《新世紀》。為了實踐無政府的理想，他親自到法國南部一個無政府新村中過無政府主義者的生活。可是當他認真過無政府日子時，便發現它在現實世界上是不可能的。最後決心放棄[38]。至於其他的人，則在滿清被推翻後，當巨大的壓力突然消失後，那個被壓力擠出來的烏托邦突然洩了氣。後來，張繼、李石曾(1881-1973)、吳稚暉(1865-1953)都在新政

---

36 〈資料〉一，頁376。
37 這是劉師培的伯父劉富曾對他的描述，見氏著：〈亡侄師培墓志銘〉，收在《劉申叔先生遺書》（台北：大新，1965），總頁21。
38 黨史史料編纂委員會編：《張溥泉先生全集》（台北：中央文物供應社，1951），〈滄州張溥泉先生事略〉，頁447。

府中做了高官,在權力與支配的現實政治工作中,自然不可能再作個無政府主義者。

在撒下那麼多種子後,思想家本人或他周圍的人卻不認賬了。劉師培編纂《左盦集》時,將所有《天義》報及《衡報》上的文章略而不載,當他的朋友錢玄同(1887-1939)爲他編《左盦外集》時,才勉強拼湊了三篇這個時期的文章[39]。至於張繼,他的文集編纂者「國民黨黨史會」也乾脆將他此期文字全部刪除了[40]。

無政府主義在思想層面上影響很大,在現實行動上影響甚小。不過我們也看到一些例子,譬如景梅九在1907年與陳幹(1881-1927)等人,因見青島船廠工人反抗德國資本家之剝削,乃根據馬克思「提倡罷工爲救急的方法」,到船廠工人中活動,舉行罷工。正擬更大規模地進行時,被德國當局驅逐離境,前往北京[41]。在張難先(1874-1968)的一份手稿中也提到,在湖北,有幾位青年實踐《天義》中所提倡的「劫富濟貧」工作[42]。在革命陣營中,朱執信與宋教仁都一度受其影響,宋教仁並曾說,如果中國要實行社會主義,便應行無政府主義[43]。

綜括而言,無政府主義不只破壞了舊的,卻也干擾了新的,它時常對當時正在進行的經濟、政治或社會上的改革造成困擾。所以改革派所面對的敵人,一個是守舊派,一個便是無政府派。因爲所有這些改革或革命,在無政府主義者看來,都不是究極之境,而且比傳統農業社會具有更強的壓制及剝削性,離無政府的理想更遠,因此無政府主義者不可能完全同意他們。即使連共產主義,在他們看來也不道地,而且因爲路線較近,擔心搶奪了他們的領導權,所以衝突更大。這也是爲什麼民國初年無政府主義

---

39 如〈悲佃篇〉,見《劉申叔先生遺書》,總頁1930-1935。錢玄同的識語,見總頁1537。

40 在《張溥泉先生全集》中未見張繼宣揚無政府主義的文字。

41 景克寧等:《景梅九評傳》,頁57。

42 〈資料〉一,頁398。

43 Martin Bernal, "The Triumph of Anarchism over Marxism," p. 136.

者與共產主義者有過幾次大論戰之故[44]。但是，因為無政府主義畢竟是破壞的傾向遠過於一切，所以它到頭來還是幫了革新者的忙。

民國初年無政府主義的主要領導人，一位是從東京回來的劉師復（1884-1915），另一位是與東京及巴黎的無政府團體都有關係的江亢虎（1883-1954）。江是一個機會主義者，他後來成為中國社會黨領袖。江曾宣稱他擁有四十萬黨員。劉師復則是一位虔誠的實踐家，他組織了晦鳴學社、心社，並發行《民聲》。為了實踐無政府主義的理想，他一個人擔負該刊所有的工作，以致因疲累過度而早死。他的道德理想可能影響了蔡元培(1868-1940)。蔡氏在北大發起「進德會」時所提出的「八不」主張中，有幾項就是從劉師復處借來的。劉師復在廣州理髮業與茶館間也有一些影響，並且持續了將近十年。

一般相信1920年以前《天義》與《新世紀》是中國左派知識分子了解歐洲社會主義思想的主要來源。「五四」之後，曾經出現過許多無政府式小團體，在四川至少就有十四個[45]。許多中國共產黨員在服膺共產主義之前，先受了無政府主義的洗禮，周恩來(1898-1976)、毛澤東即是顯例。在1936年與斯諾(Edgar Snow, 1905-1972)的對談中，毛便親自告訴斯諾他曾是激進的無政府主義者[46]。我們委實不易了解毛當時接觸了什麼樣的刊物。不過，我相當懷疑毛澤東讀過劉師培的文章。在實行人民公社前，毛曾印發《後漢書・張魯傳》給各級幹部閱讀。在〈張魯傳〉中提到了「義舍」[47]制度——在「義舍」中吃飯、醫藥都不要錢。而在劉師培的〈論共產制易行於中國〉一文中，他便特別提到《後漢書・張魯傳》中「義舍」的觀念，並認為「義舍」中吃飯不要錢，有病可前往投宿的制度正是無政府主義的理想。〈張魯傳〉自然不是一篇稀見文獻，不過，〈張魯傳〉中

44 史全生主編：《中華民國文化史》（長春：吉林文史，1990），頁18-21。

45 陳漢楚：〈無政府主義在中國的影響〉，《中國哲學》，第7輯，頁231-232。

46 Edgar Snow, *Red Star Over China*(New York: Grove Press, 1961), p. 45.

47 〈資料〉二，頁466。

「義舍」觀念被如此突出表彰，並賦予無政府主義的意義卻是第一次。

在本世紀初，社會主義一度被無政府主義的影響力所超越。大抵從1907年以後，介紹社會主義的文章數量漸少，而介紹無政府的文章增加[48]。可是「五四」前後，大概是受了俄國大革命成功的影響，社會主義(尤其是共產主義)又占上風，回過頭來超過了無政府主義。從1920年代起，許多曾受無政府主義影響者如陳獨秀(1879-1942)、周恩來便開始撻伐無政府主義了[49]。無政府主義的魅力慢慢消褪。雖然這一波無政府主義思潮並未持續太久，但是它所播下的種子，卻不曾完全消失。當前輩無政府主義者早已捐棄早年激烈觀點時，他們早先的一些想法卻成為年輕一輩思想底層的東西。

最後我們可以說，近代中國烏托邦思想從未遇到強有力的批判者。在近代中國，評判一個知識分子時，總先問他是不是一個理想主義者。判定思想之價值時，也只問這是不是一種理想主義，但卻不問這個理想主義的內容是什麼，它的實際結果是什麼。這是近代中國許多災難的一條線索。

48　Martin Bernal, "The Triumph of Anarchism over Marxism," pp. 135-136.
49　陳漢楚：〈無政府主義在中國的影響〉，頁237-238。

思潮與社會條件
——新文化運動中的兩個例子

　　新文化運動有兩個層面，一層是破的，一面是立的。在「破」的方面，可以一言以蔽之，即「去傳統化」；「立」的方面，在思想上是提倡民主、科學、平等、女權等新價值、新觀念，學術上則是在「科學」的大纛下，每一種學問都起了根本的變化，有了新的發展，1920年代以後逐步建立了新學術社會。

　　本文所要討論的並不是「破」的方面或「立」的方面的思想內容，而是想討論「新」、「舊」遞嬗中，社會政治條件所發生的類似火車「轉轍器」般的作用。這個問題牽涉的範圍非常之廣，本文只選擇了兩個例子加以討論：第一個例子偏重在新文化運動的思想背景方面，以陳獨秀和《新青年》的變化為主；第二個例子則是一個地區型人物的變化，我所舉的是四川成都的吳虞。把它們放在一起討論，除了方便入手之外，也是想看看全國性的舞台與地區型知識分子之間的互動。

一

　　傳統思想及倫理綱常至少有四個重要的建制性的憑藉：科舉、法律、禮儀及皇權，它們在二十世紀初次第倒台，使得原來緊緊依托於它們的傳統思想與綱常倫理頓失所依，從而也使一個廣大的群眾隨著它們的消逝而茫然失措。

　　科舉是1905年廢除的。這是當時驚天動地的大事。科舉制度原來是舉

國知識菁英，與國家功令及傳統價值體系相聯繫的大動脈，切斷這條大動脈，則從此兩者變得毫不相干，國家與知識大眾成爲兩個不相繫聯的陸塊，各自漂浮。社會上也出現了大批的「自由流動資源」（free floating resources），他們爲了維持社會菁英的地位，不能再倚賴行之一千多年的這條大動脈，而須另謀他途。它一方面使得吟哦四書五經、牢守功令、恪遵倫理綱常的舊菁英頓時失去憑藉，同時也逼使這些漂浮流動的人才面向許許多多新的選擇、新的前途。

廢科舉也使得八股文失去了「再生產」的憑藉，爲一種新的文學運動清除了道路障礙。如果不是廢科舉使得舊式文章不再與功名利祿連在一起，則白話文不可能得到那麼快、那麼大的成功。而廢科舉與甲午及庚子兩次戰爭的失敗當然有關，所以提過考籃得過功名的陳獨秀（1879-1942）回憶說：「倘無甲午、庚子兩次之福音，至今猶在八股垂髮時代」[1]。胡適（1891-1962）也觀察道：「倘使科舉制度至今還存在，白話文學的運動決不會有這樣容易的勝利」[2]。如果科舉制度還在，古文與墨義仍是名利的敲門磚，則中國的讀書人仍然要「鑽在那墨卷中文堆裡過日子，永遠不知道時文、古文之外還有什麼活的文學」[3]。

傳統思想與禮教綱常的另一個憑藉是法律。在清代，《大清律例》當然是規範人們行爲最爲重要的法典，所謂「無一條非孔子之道」的《大清律例》[4] 在清廷的最後幾年改修，出現大幅模仿西方的《大清新刑律》（草案）。到了民國元年，維護禮教綱常的《大清律例》被具有平等精神的《新刑律》所取代，爲行爲的解放開闢了一個廣大的空間。

除上述所列之外，辛亥革命結束了君主政權，也使得禮儀、文化與之俱

---

1 陳獨秀：〈敬告青年〉，任建樹、張統模、吳信忠編：《陳獨秀著作選》（上海：上海人民，1993），第1卷，頁133。

2 胡適：〈五十年來中國之文學〉，《胡適文存》（台北：遠東，1975），第2集，頁246。

3 同上。

4 陳獨秀：〈憲法與孔教〉，《陳獨秀著作選》，第1卷，頁229。

變。祭孔典禮是民國元年(1912)教育總長蔡元培(1868-1940)廢除的,同時,蔡元培也以政治力量廢除學校讀經。以上幾種變化,當然都有長遠的思想背景,最終在建制的層面上落實,但它們也回過來加速「新」、「舊」思潮的變換。思潮與社會政治條件之間,殆有如火車和「轉轍器」般的關聯。

民國元年以後的幾個政治事件,尤其是舊文化勢力的回流、袁世凱(1859-1916)稱帝以及張勳(1854-1923)復辟事件,也發揮了「轉轍器」的功能。它們逼出了一種深刻的心理變化,使得晚清以來批判傳統與引介新事物的軌道有了微妙的改變,它們使得新文化運動能擴大它在新知識分子中的影響,說服了一些持不同意見或遲疑的人。因為這些政治社會事件,與新文化運動有密切的機緣因果關係,所以會有人在民國八年(1919)說:「近兩年裡,為著昏亂政治的反響,種下了一個根本大改造的萌芽」[5]。不過,我必須聲明,我決不是想談上層建築與經濟基礎的關係,也決非否定在一個長時段的思想發展中,存在著內在的邏輯。

任何有關新文化運動的討論都不能省略《新青年》。《新青年》是近代思想發展的一面鏡子,它的變化非常快,幾乎每一卷都有新的重心。在「五四」之前,它的發展大約可以分為幾個階段。一開始,它強調「青年文化」,同時也介紹各國的青年文化,這與刊物的名稱相符。第二個階段則刻意批評孔教與軍閥因緣為用,並抨擊孔子之道與現代生活的不合。第三個階段提出倫理革命及文學革命。而第四個階段則強調思想革命,認為文學本和文學工具與思想而成,在改變文學的工具之外,還應該改換思想[6]。

---

5 傅斯年:〈《新潮》之回顧與前瞻〉,《傅斯年全集》(台北:聯經,1980),第4冊,總頁1206。

6 周作人:《知堂回想錄》(蘭州:敦煌文藝,1998)說他在1919年作了一篇〈思想革命〉,「彷彿和那時正出鋒頭的『文學革命』,即是文字改革故意立異,實在乃是補足它所缺少的一方面罷了」(頁254)。案〈思想革命〉一文原刊《每周評論》11號,後載《新青年》6卷4號,筆名仲密。當時人清楚覺察到這是一個新方向,如傅斯年〈白話文學與心理的改革〉中便響應「仲密」(周作人)的這篇文章(《傅斯年全集》,第4冊,總頁1176-1186。

在「五四」前後，《新青年》中社會主義的成分愈來愈濃，1919年5月的「馬克思主義專號」即是一個例證。1921年以後，《新青年》逐漸成為中國共產黨的「機關報」。

《新青年》不停地變，新知識分子卻不一定能贊同它每一階段的主張。譬如南社領袖柳亞子（1887-1958），他贊同攻駁孔教，但不同意胡適的文學革命[7]。又如胡適，他提倡文學革命，卻未必贊同《新青年》往社會主義方面發展；而能同意其討論社會主義的，也不一定同意它成為共產主義的喉舌。所以《新青年》像一部急駛的列車，不斷地有人上車，不斷地有乘客下車，能共乘前一段路的，不一定能共乘後一段路。

與我們這裡所要討論較相關的，是第二、第三及第四階段。事實上，《青年》創刊之初，連贈送、交換在內只印一千份；使《新青年》銷量漸增的是宣揚倫理革命的階段，尤其在胡適加入以後，文學革命成為討論的主題；以及1917年該刊編輯組遷到北京，北大一批新教授加入筆陣之後。它的銷量最高達一萬五、六千份[8]。

陳獨秀與陸續加入的幾位新文化運動領袖，都與辛亥革命有關，而他們也都牢守民主共和的理想。

從甲午到辛亥，中國思想界經歷兩大階段。甲午戰爭失敗後，舉國上層及中層社會大夢初醒，泰半認為雖聖人亦不廢富強之策，康有為、梁啓超乃提倡變法。而新舊之爭激烈，舊派走向極端，乃有庚子義和團之亂；經過這次變亂而舊派頓失所依，新派大行。然而康、梁所提倡的改革意見，基本上集中在「行政制度問題」上，而對於政治之根本問題，距離尚遠。清末革命、立憲兩派則辯論民主共和與君主立憲，開始接觸到政治的根本

---

7 中國革命博物館整理，榮孟源審校：《吳虞日記》上冊（成都：四川人民，1984），頁300，1917年4月13日條。

8 關於《新青年》之銷售量，見中共中央馬克思恩格斯列寧斯大林著作編譯局研究室編：《五四時期期刊介紹》（北京：三聯，1978），第一集上冊，頁37。

問題。辛亥革命成功，使得民主共和的主張得到落實[9]。

這個民主共和的新政體，用體制性的力量，公布了許多合於西方潮流的政策。在1912年的最初三個月間，先後發布了三十幾通除舊佈新的文告，它們大多是辛亥革命前十年間，革命黨人宣傳過的主張，此時則以法令、政策的形式頒行全國。而其中最震動人心的是，教育總長蔡元培所宣布的停止祭孔，中小學廢止讀經和北京大學廢除經科正式命名為文科。周作人(1885-1968)說：「這兩件事在中國的影響極大，是絕不可估計得太低的。」當時即有人以「毀孔子廟罷其祀」形容之[10]。1912年4月，袁世凱就任臨時大總統，新思想與新事物失去它在政治上的依靠。這年年底，新文化退潮，而舊文化回流，從中央到地方，新舊兩股政治勢力和文化勢力的鬥爭與歧異，始終是存在的。舊文化的回潮也有政治力量作後盾，袁世凱就任臨時大總統後，尊孔讀經之論，從廣東、山西等地蔓延開來，山西有「宗聖會」，北京有「孔社」，青島有「尊孔文社」，揚州有「尊孔崇道會」，鎮江有「尊孔會」。在蔡元培辭去教育總長後，教育部隨即公布了孔子誕辰紀念日，許多地方紛紛組織慶祝「聖誕」之活動。1913年，江蘇都督張勳的根據地南京的文化復古風氣極盛。這年2月，張勳〈上大總統請尊孔教書〉，孔教會領導人物集會上海發起孔教會，以昌明孔孟、救濟社會為宗旨。6月22日，袁世凱發布「尊崇孔聖令」，說「至悍然倡為廢祀之說，此不獨無以識孔學之精微，即於平等自由之真相，亦未有當也。以心不服從為平等，以無忌憚為自由。」8、9月間，孔教會總部遷到北京，宣傳只要孔教一昌，當時中國所有的問題都可一併解決，政局也可以安定下來。1914年是舊文化全面擴張並進一步政治化之時。這年年初，北京「孔社」舉辦「信古傳習所」，所習科目以經學為首；北京也有人組成「庚子拜經會」，認為想救國族必自拜經始。4月間，有三十餘人向政治會議提出設

---

9 陳獨秀：〈吾人最後之覺悟〉，《陳獨秀著作選》，第1卷，頁176。
10 周作人：《知堂回想錄》，頁222。

立經學館議案，要求將五經流布歐美。此年秋季，袁世凱親赴孔廟祭孔，行三跪九叩禮。這年冬至，袁世凱著古裝在天壇舉行民國首次盛大祭禮，各地文武大員紛紛仿行。1915年，全面推行教育復舊、小學讀經。同時出現小學將廢、科舉將復的謠言。除此之外，在這幾年間，壓抑女權的風氣亦隨之而起。禁止女子參政，禁止女子加入政治結社、或加入政壇集會。1913年〈治安警察條例〉禁止男女自由交往，褒揚貞節烈女的風潮勃起，1914年3月，袁世凱頒布條例，管制戲園，禁止男女合演。同時宗教力量逐漸復甦，毀學興廟之風開始興盛[11]。在這波文化風潮中，袁世凱稱帝的活動開始登場。1915年8月上旬，袁世凱的憲法顧問古德諾率先發表〈共和與君主論〉，主張實行君主制。接著日本人有賀長雄亦發表〈共和憲法持久策〉，為袁氏稱帝製造輿論，楊度(1875-1931)等人組成的「籌安會」與之呼應。籌安會通電各省軍政大員派代表到北京，組織公民請願團；而袁的各地親信也上書勸進，請其「速正大位」。

在所有文化復古運動中，最令人矚目的是風起雲湧的、在憲法中明定孔教為國教的運動。袁世凱表面上雖然對國教不置可否，但不斷地以言論和實際行動加以支持，後來，《天壇憲法草案》第十九條也附上了尊孔的條文。

就在推動袁氏稱帝的聲浪中，陳獨秀創刊了《青年》，這個時間上的順序不能算是偶然。研究陳氏的人不能忘記他在辛亥革命及二次革命中的角色，以及他是個共和政體的信仰者，而袁世凱復辟活動則促使這個革命家猛醒。在當時人的各種回憶中還可以看到類似的例子。以錢玄同(1887-1939)為例，他說洪憲紀元像霹靂一聲驚醒他迷古的美夢：

　　若玄同者，於新學問、新智識，一點也沒有；自從十二歲起到二

---

11 以上全部引自劉志琴主編、羅檢秋編：《近代中國社會文化變遷錄》(杭州：浙江人民，1998)，第3卷，頁1-256。

十九歲，東撞西摸，以盤為日，以康瓠為周鼎，以瓦釜為黃鐘，
發昏作夢者整整十八年。自洪憲紀元，始如一個響霹靂震醒迷夢，
始知國粹之萬不可保存，糞之萬不可不排泄；願我可愛可敬的支
那青年做二十世紀的文明人，做中華民國的新國民[12]。

民國元年(1912)畫出了一個民主共和國的畫餅之後，緊接著是一連串
因對比而形成的失望，而失望與希望的力量至少是一樣大的。新思想家們
敏感地認為中華民國是「一團矛盾」，對於在共和國體之下實際上卻是專
制政治一事大感奇怪[13]。陳獨秀說：

吾人果欲於政治上採用共和立憲制，復欲於倫理上保守綱常階級
制，以收新舊調和之效，自家衝撞，此絕對不可能之事。蓋共和
立憲制，以獨立平等自由為原則，與綱常階級制為絕對不可相容
之物，存其一必廢其一……[14]

平等自由、共和立憲的中華民國，卻同時持守倫理上的綱常階級制，
這是一個大矛盾。陳氏又說，共和立憲如不出於多數國民之自覺，是「偽
共和」、「偽立憲」[15]。這就好像1921年瞿秋白(1899-1935)在提到辛亥革
命時所說的，那次革命「成立了一個括弧內的『民國』」[16]。

---

12 〈保護眼珠與換回人眼〉，《新青年》，5:6(1918年12月)，總頁627。
13 陳獨秀說：「三年以來，吾人於共和國體之下，備受專制政治之痛苦。」〈吾人
　　最後之覺悟〉，《陳獨秀著作選》，第1卷，頁176。
14 同上，頁179。
15 「共和立憲而不出於多數國民之自覺與自動，皆偽共和也，偽立憲也。……以其
　　於多數國民之思想人格無變更，與多數國民之利害休戚無切身之觀感也。」見〈吾
　　人最後之覺悟〉，同上，頁178。
16 瞿秋白：「政治上，雖經過了十年前的一次革命，成立了一個括弧內的『民國』，
　　而德謨古拉西(La democratie)一個字到十年後再『發現』。」見〈餓鄉紀程〉，《瞿
　　秋白詩文選》(北京：人民文學，1982)，頁36。

李大釗(1889-1927)〈新的！舊的！〉中，則說當日的中國是一團「矛盾」：

中國今日的現象全是矛盾現象。舉國的人都在矛盾現象中討生活。矛盾生活，就是新舊不調和之生活[17]。

在所有矛盾中，《天壇憲法草案》第十九條附以尊孔之文當然是最刺眼的。1916年11月陳獨秀在〈憲法與孔教〉中說：

吾見民國憲法草案百餘條，其不與孔子之道相牴觸者，蓋幾希矣，其將何以並存之[18]？

同文又說：

惟明明以共和國民自居，以輸入西洋文明自勵者，亦於與共和政體西洋文明絕對相反之別尊卑明貴賤之孔教，不欲吐棄，此愚之所大惑也[19]。

二十世紀初年以來的廢科舉、廢讀經、廢祭孔，事實上已經將原來是一個有機整體的孔教與國家，分成文化與政治兩個不同的領域。這兩個領域如果各自活動，問題並不大，甚至是值得贊許的。蔡元培說「孔子是孔子，宗教是宗教，國家是國家：義理各別，勿能強作一談」，即是這個意思[20]。陳獨秀在〈憲法與孔教〉中也說：「使孔教會僅以私人團體，立教

---

17 收在蔡尚思主編：《中國現代思想史資料簡編》（杭州：浙江人民，1986），第1卷，頁125。

18 《陳獨秀著作選》，第1卷，頁229。

19 同上。

20 陳獨秀〈再論孔教問題〉中所引，《陳獨秀著作選》，第1卷，頁254。

於社會，國家固應予以與各教同等之自由。使僅以『孔學會』號召於國中，尤吾人所贊許。」[21] 現在的問題是它們的活動太過接近，也就是李大釗所說的「新舊性質相差太遠，而一切活動相鄰太近」[22]。因為「一切活動相鄰太近」，尤其是這兩個已經切開的領域，是因為政治強力介入才又合在一起的，更令人產生荒謬的、不能並存、不能調和的感覺。

一種文化符號的形象，與提倡或闡釋它的人的身分與形象，不能沒有關係。而當提倡孔教的是清一色的軍閥時，儒家不可避免地被政治標籤化，更增一般人的惡劣印象。

「孔教」與「共和政體」這兩個矛盾太大卻又相鄰太近的領域，催發出一種思維，這種思維認為社會文化是一個整體，不可能以舊心理去運用新制度，所以要求全人格的覺悟。梁啟超（1873-1929）在〈五十年中國進化概論〉中敏感地說：

> 覺得社會文化是整套的，要拿舊心理運用新制度，決計不可能，漸漸要求全人格的覺悟[23]。

而在所謂「社會文化整套」觀之中，新與舊不但沒有漸進調和之可能，甚至是勢不兩立的。陳獨秀借用韓愈〈原道〉中的話強調說「不塞不流，不止不行」[24]，學生一輩的傅斯年發表於1919年的〈破壞〉一文也說：「一個空瓶子，裡面並沒多量的渾水，把清水注進就完了。假使是個渾水滿了的瓶子，只得先把渾水傾去，清水才能鑽進來。」[25]

為了解決「相鄰太近」、矛盾太大的問題，他們所想到的解決辦法，

---

21 陳獨秀：《陳獨秀著作選》，第1卷，頁225。
22 〈新的！舊的！〉，《中國現代思想史資料簡編》，第1卷，頁126。
23 梁啟超：〈五十年中國進化概論〉，《飲冰室文集》（台北：中華，1978）之三十九，頁45。
24 《新青年》，2:3（1916年11月），〈憲法與孔教〉，《陳獨秀著作選》，第1卷，頁229。
25 《新潮》，1:2，在《傅斯年全集》，第5冊，總頁1585。

有相當的一致性。李大釗說：「爲了解決矛盾，只有破除一切」[26]。陳獨秀所得到結論也相近：

> 這腐舊思想布滿國中，所以我們要誠心鞏固共和國體，非將這班反對共和的倫理文學等等舊思想，完全洗刷得乾乾淨淨不可[27]。

他在〈答錢玄同〉中又說《十三經》不焚，孔廟不毀，則「共和」的招牌掛不長久：

> 全部《十三經》，不容於民主國家者蓋十之九九，此物不遭焚禁，孔廟不毀，共和招牌，當然掛不長久⋯⋯[28]

　　爲了掛穩「中華民國」這塊招牌，必須毀棄孔廟，焚燒《十三經》、必須將舊的倫理文學洗乾淨。所以他們反對在許多人看起來要比較合理的新舊調和說(杜亞泉)或漸進改良的觀念。

　　我們知道從晚清以來，非儒反孔的言論已經屢見不鮮了，而且這方面的資料愈發掘愈多[29]，不但思想一線延續，連人物也相重疊[30]，使得人們不自覺地要認爲晚清思潮與新文化運動時期沒有什麼改變。然而只要細心觀察，仍可以看出一些微妙的差異。先前偏重在解決黑暗專制的政治是改造舊思想、舊文化的前提，民國初年，人們也多認爲專制政權或軍閥是一切問題的惡因；但是到了此時，新文化運動的領袖卻得出一種相當微妙的新思維：軍閥是「惡果」不是「惡因」。袁世凱死後，上海中西報紙盛傳

26　〈新的！舊的！〉，《中國現代思想史資料簡編》，第1卷，頁134。

27　〈舊思想與國體問題〉，《陳獨秀著作選》，第1卷，頁297。

28　〈答錢玄同(世界語)〉，《陳獨秀著作選》，第1卷，頁320。

29　關於這方面的研究，如筆者的《章太炎的思想》(台北：時報文化，1985)；陳萬雄：《五四新文化的源流》(香港：三聯，1992)。

30　見陳萬雄：《五四新文化的源流》，第1章，〈《新青年》及其作者〉。

袁世凱未死，陳氏說他也「堅信袁世凱未死」，而且認為如果不能鏟除惡因，還有無數的袁世凱：

> 袁世凱之廢共和復帝制，乃惡果非惡因；乃枝葉之罪惡，非根本之罪惡。若夫別尊卑、重階級、主張人治、反對民權之思想學說，實為製造專制帝王之根本惡因。吾國思想界不將此根本惡因鏟除淨盡，則有因必有果，無數廢共和廢帝制之袁世凱，當然接踵應運而生[31]。

同時，他們也開始從新的角度來看當時的政治問題。在此之前，解決政治問題的辦法無非是政論。

1905年至1915年是政論發達的時代，但在袁世凱稱帝之後，連篇累牘的政論卻退潮了，許多政論機關也煙消雲散。胡適在〈五十年來中國之文學〉中觀察說：

> 民國五年以後，國中幾乎沒有一個政論機關，也沒有一個政論家；連那些日報上的時評也都退到紙角上去了，或者竟完全取消了。這種政論文學的忽然消滅，我至今還說不出一個所以然來[32]。

政論文章退潮的徵象，是一向以政論生色的《甲寅》在1915年底停刊。政論文章之退潮，當然與袁世凱的壓制有關，但它還有更深層的理由，也就是政論家們的無力感，一邊是政治評論家們成篇累牘地徵引西方各種政治理論來討論中國的政治，另一邊是梁士詒(1869-1933)、楊度、孫毓筠(1872-1924)們把憲法踏在腳底下[33]。所以黃遠庸(1884-1915)在《甲寅》

---

31 《陳獨秀著作選》，第1卷，頁239-240。
32 《胡適文存》，第2集，頁226-7。
33 同上。

的最後一期說：

> 愚見以為居今論政，實不知從何處說起，……至根本救濟，遠意
> 當從提倡新文學入手……[34]

　　黃遠庸認為「居今論政，實不知從何處說起」，認為根本解決政治的
辦法在提倡新文學。章士釗(1882-1973)的答書代表另一種思想，那是民
國成立以來的主流觀點。他不贊成黃遠庸。他認為政治好了，「而後有社
會之事可言，文藝其一端也」[35]。由這樣一封簡單的信可以看出當時的兩
條路：一條是以新文學來解決中國政治問題；一條是十年來政論文字的老
路，以為政治是解決政治及包括文藝在內的所有問題的根本。從此之後，
新思想領袖們有了新發現：解決政治的問題靠倫理與文學。倫理與文學對
當時中國的意義，到這時候才被以一種全新的方式去了解，從此，談民初
政治的亂象才有了一個新的起點。

　　陳獨秀顯然是與黃遠庸同路的。所以在《青年》的第一卷第一號中，
他在答王庸工談籌安會等問題的來信時，便宣稱「批評時政非其旨也」[36]。
《甲寅》時期的陳獨秀，一直相信多數國民的愛國心與自覺心是解決政治
問題的辦法[37]，他後來雖然沒有完全放棄這個主張，但是重心開始轉移到
別處，認為「學術」、「政治」已經不夠了，認為繼今以往，應該是倫理
革命以及文學革命。故他說「倫理的覺悟，為吾人最後覺悟之最後覺悟」
[38]，認為倫理問題不解決的話，「則政治、學術，皆枝葉問題，縱一時捨

---

34 黃遠庸給章士釗的信，在《甲寅》，1:10，〈通訊〉，頁2。同時收入《遠生遺著》
　　（台北：文海，1968），卷4，頁189。
35 《甲寅》，1:10，〈通訊〉，頁5。
36 《新青年》，1:1(1915年9月)，〈通訊〉，頁2。
37 如發表在《甲寅》，1:4，〈愛國心與自覺〉，《陳獨秀著作選》，第1卷，頁113-
　　119。
38 〈吾人最後之覺悟〉，《陳獨秀著作選》，第1卷，頁179。

舊謀新,而根本思想,未嘗變更,不旋踵而仍復舊觀者,此自然必然之事
也」[39]。又主張:「今欲革新政治,勢不得不革新盤踞於運用此政治者精
神界之文學」[40]。陳獨秀堅持文學、倫理、政治是「一家眷屬」。所以當
易宗夔投書《新青年》表示目前文學革命只要限於言文一致即可,不必推
翻孔學,不必改革倫理時,陳的回答是「舊文學、舊政治、舊倫理,本是
一家眷屬,固不得去此而取彼。」[41]

　　當時,《新青年》的路數顯然相當新穎,所以成都的孫少荊有這樣的
印象:該刊三卷二號上特書一行字──「主張倫理改革、文學改革惟一之
雜誌」[42]。我在《新青年》三卷二號上並未能發現這一行字,孫少荊不知
何所據而言然,但是孫氏的話似乎間接說明了當時人已清楚感覺《新青年》
是提倡倫理革命及文學革命的刊物,而且是惟一的刊物。

　　《甲寅》停刊,《新青年》繼起,《甲寅》的陳獨秀、李大釗、高一
涵(1884-1968)也都成為《新青年》的編者或作者,但在這兩個時期,他
們所寫文章的重點有相當的不同。從《甲寅》到《新青年》,其實代表著
對民初政治現象兩種不同的認知。而這一個思維上的變化,與袁世凱稱帝
的刺激是分不開的。

　　1917年7月間的張勳復辟,則是牽動思潮變化的另一事件,它為《新
青年》的擴大影響與深化提供了助緣。周作人《知堂回想錄》說,此後蓬
勃發展的文化運動,多是受復辟的刺激而興旺的:

　　　　復辟這齣把戲,前後不到兩個星期便收場了,但是它卻留下很大
　　　　的影響,在以後的政治和文化的方面,都是關係極大。……因為
　　　　以後蓬蓬勃勃起來的文化上諸種運動,幾乎無一不是受了復辟事

39　〈憲法與孔教〉,《陳獨秀著作選》,第1卷,頁224。

40　〈文學革命論〉,原刊《新青年》,2:6,《陳獨秀著作選》,第1卷,頁263。

41　他們的討論見1918年10月《新青年》,5:4,總頁431-433。

42　吳虞引其友孫少荊語,《吳虞日記》,上冊,頁313,1917年6月1日條。

件的刺激而發生的、而興旺的。

周作人還以《新青年》前後的發展爲例,說明這個歷史事件:

> 即如《新青年》吧,它本來就有,叫做《青年》雜誌,也是普通
> 的刊物罷了,雖是由陳獨秀編輯,看不出什麼特色來,⋯⋯我初
> 來北京,魯迅曾以《新青年》數冊見示,並且述許季茀的話道:
> 「這裡邊頗有些謬論,可以一駁。」大概許君是用了民報社時代
> 的眼光去看它,所以這麼說的吧。但是我看了卻覺得沒有什麼謬,
> 雖然也並不怎麼對,我那時也是寫古文的,增訂本《域外小說集》
> 所說梭羅古勃的寓言數篇,便都是復辟前後這一個時期所翻譯的
> [43]。

周作人告訴我們在復辟之前,他自己是寫古文的,而《新青年》是「普通的刊物」,許壽裳(1883-1948)認爲其中有許多謬論,周作人本人雖不認爲是謬,但也不認爲怎麼對。經過復辟事件的刺激,他們翻然改變,「因爲經歷這次事變,深深感覺中國改革之尚未成功,有思想革命之必要。」[44] 周氏還說:

> 經過那一次事件的刺激,和以後的種種考慮,這才翻然改變過來,
> 覺得中國很有「思想革命」之必要,光只是「文學革命」實在不
> 夠,雖然表現的文字改革自然是聯帶的應當做到的事,不過不是
> 主要的目的罷了[45]。

---

43 《知堂回想錄》,頁224。
44 同上,頁215。
45 同上,頁224。

　　魯迅(1881-1936)也是在復辟之後，才決定告別隱默抄碑的日子，寫
起小說來──「這也是復辟以後的事情」，「結果是那篇《狂人日記》，
在《新青年》次年4月號發表，……如眾所周知，這篇《狂人日記》不但
是篇白話文，而且是攻擊吃人的禮教的第一炮，這便是魯迅、錢玄同所關
心的思想革命問題，其重要超過於文學革命了」[46]。

二

　　在北京這個全國思想的中央舞台，沸沸揚揚進行中的新文化運動，牽
動了各地的知識分子。許多地方都有「新」「舊」兩派人在爭執、對立，
它也吸引了一些呼應新文化主張的人向北京發展，其中包括遠在四川的一
個不得意的讀書人吳虞(又陵)。

　　被胡適稱爲「隻手打倒孔家店的老英雄」吳虞，靠著《新青年》中的
幾篇文章，在新文化運動之後，從一個不見容於成都的士人，一躍而爲全
國思想舞台中央的重要人物，並於1921年離開四川，成爲北京大學教授。
1917年《新青年》三卷一號中，將一、二卷目錄特列一頁，上署大名家數
十名執筆，其中赫然有吳虞的名字。吳虞在日記中寫下這樣一段感受：

> 不意成都一布衣亦預海內大名家之列，慚愧之至。然不經辛亥之
> 事，余學說不成，經辛亥之事而余或不免，四川人亦無預大名家
> 之列者矣，一嘆[47]。

　　這一段告白很可玩味，它透露了幾層意思：吳虞認爲他非儒反孔、痛
批中國傳統家族主義的思想言論，與辛亥年的經歷有關，此即「不經辛亥

46　《知堂回想錄》，頁225。
47　《吳虞日記》，上冊，頁310，1917年5月19日條。

之事，余學說不成」[48]之意。第二，辛亥年之事是有生命危險的，故說「經辛亥之事而余或不免」[49]。吳虞經辛亥年之事而發展成的學說是什麼？非常賞識這位「老英雄」的胡適在為《吳虞文錄》作序時曾特別指出吳氏思想的兩個重點：第一是指出孔子之道與現代生活不合，並主張「非孝」；第二便是批評中國的法律因為受傳統綱常名教的影響而異常落後[50]。吳虞在新文化運動中最為人們重視的這兩種論點，都有其「存在的基礎」（existential basis）。吳氏在辛亥年前後與其父吳士先之間慘酷的爭執，與其「非孝」思想有關。就在父子爭訟的過程中，他因痛感舊律將「不孝」置於「十惡」之中，而對《大清律例》產生嚴重的不滿。

吳虞在他的日記中一貫以「老魔」稱呼自己的父親，他們父子究竟因何啓釁？同為川人的李璜（1895-1991）說，辛亥年吳虞曾在成都散發傳單，攻擊其父對媳婦之醜行[51]。不過，除了李璜之外，目前還未見到相同的說法。我們可以確定的是1910年11月吳虞因為不滿其父的行為而發生衝突，被父親告到官府，成了轟動成都教育界的大事。雖經審斷理虧的是他父親，但卻遭到四川教育文化界譴責，認為是大逆不道的行為，吳虞乃油印了〈家庭苦趣〉一文散發各學堂。時任四川教育總會長的徐炯（1862-1936）特別召開了一次教育會，申討這個「投畀豺虎，豺虎不食，投畀有北，有北不受」的名教罪人，將之公逐出教育界，諮議局亦進行糾舉[52]。

〈家庭苦趣〉一文曾刊於《蜀報》第八期[53]，述及其父與前後兩個續娶婦人的種種醜穢以及父親、繼母對他們夫婦的虐待，這就是他後來所說

---

48 同上，頁208，1915年8月31日條。
49 同上，頁342，1917年9月5日條。
50 本文完成後，偶然發現小野和子有〈吳虞與刑法典論爭〉一文，刊在《中國文化》，11（1995年7月），頁230-241，敬請讀者參看。
51 《學鈍室回憶錄》（台北：傳記文學，1973），頁12-13。
52 趙清、鄭城編：《吳虞集》（成都：四川人民，1985），〈前言〉，頁4。余英時：〈中國現代價值觀念的變遷〉中提到吳虞與其父公開爭訟是受清末新思潮影響的結果，見余先生的《現代儒學論》（香港：八方文化，1996），頁85。
53 以下所引〈家庭苦趣〉一文俱見《吳虞集》，頁18-20。

的「家庭慘酷，……外遭社會之陷害，內被尊長之毒螫」[54] 及「早受家庭嚴酷摧殘，幾不免於死」[55]。

但吳虞還和父親爭奪財產。吳虞在1911年從逃遁的山間回到成都後，曾向妻弟借了一本《大清律例》，翻查卷九〈田宅條例〉：

> 告爭家財田產，但係五年之上，並雖未及五年，驗有親族寫立分書已定，出賣文約是實者，斷令照舊管業，不許重分再贖，告詞立案不行[56]。

查完此律之後，吳虞在日記中抄錄光緒十九年(1893)其父在親友見證之下所立的約定：

> 恁族眾親友議定，以新繁祖遺龍橋場水田一百零三畝零載糧一兩五錢三分，正房屋俱全合付與兒子永寬一手掌理，至士先手內自置水田六十餘畝留作養膳。將來如再有子息，此項兒子永寬即不得與聞，……[57]。

光緒十九年的這個約定，是其父第一次再娶之後所立定的[58]。也就因為先前立有此約，所以吳虞在武昌起義之後返回成都，急忙查《大清律例》

54　《吳虞日記》，上冊，頁83，1913年4月19日條。

55　同上，頁335，1917年8月20日條。

56　《吳虞日記》，上冊，頁9，1911年冬月日條，惟日記中標點有誤，此據新校本《大清律例》(天津：天津古籍，1995)，頁212改正。

57　同上，頁10，1911年冬月9日條。

58　而此約顯然大有講究，也就是將「祖遺」與吳父自置的田產分開。依照當時的慣習，一家之長雖有權支配財產，但是祖先留下的田產仍宜由子孫繼承，一家之長不便任意處置，而「自置」的部分則可以自由處分。關於「祖遺」與「自置」財產的問題，此處參考了滋賀秀三：《中國家族法の原理》(東京：創文社，1990)，頁211-212。

卷九〈田宅條例〉，確定「但係五年以上，並雖未及五年，驗有親族寫立分書已定」者，「不許重分再贖」。照吳虞在〈家庭苦趣〉中的說法，其父子第二次再娶後，繼母即將田房衣服器具變賣罄盡，兩人並作文書於東岳廟詛咒吳虞夫婦死亡。此時吳父顯然不願遵照光緒十九年所立約定實行，而希望最少能再分得部分財產，但脾氣強硬乖拗的吳虞堅不同意，《吳虞日記》上說：「老魔欲分租房押銀百金，吳〔慶熙〕搖手止之曰：『不行。』老魔又欲請斷田五十畝，吳復曰：『他尚有一大家人，要繳你二人一月十二元盡足用了。』」[59] 從光緒十九年（1883）到1911年已經超過法律規定的五年，當時武昌起義雖已成功，但仍沿用舊律，所以如依舊律審斷，則對吳虞有利。但是在傳統中國，兒子控告父親是不得了的罪狀，不管法律如何，「不孝」的罪名是沒有人承受得起的，更何況吳虞不單將父親的醜行印成傳單，並且公然刊於報紙。除了和父親爭訟外，1910年，吳虞因為編《宋元學案粹語》，在例言中引李卓吾的話，清政府曾令四川學政趙啓霖（1859-1935）查禁，不准發售。1911年他又為文反對儒教及家族制度，四川護理總督王人文（1863-1941）曾移文各省逮捕，其中有「就地正法」之語，吳虞乃逃出成都到山間避難[60]。而所謂避難山間，似乎是逃到其舅劉藜然家，劉是哥老會首領[61]。

從以上看來，吳虞所謂「辛亥之難」有兩個層次，第一個罪狀是發表非孔非孝的言論，這些言論在辛亥以前幾年陸續隱現在他的詩注中，但在辛亥年前後卻公開發表出來。他的第二個罪狀是不孝，為了爭田產而與父親大吵，被父親狀告官府。這兩個罪狀都使他不見容於成都以禮教自持的舊派人物，以徐炯為首的舊派人物，發起成都教育界將他公逐。同時他也不見容於清朝政府的大僚，欲將他「就地正法」。當然他也不能在一開卷便是五服圖及以「不孝」為「十惡」之一的舊律中得到公平的審判，而必

---

59 《吳虞日記》，上冊，1911年冬月11日條，頁11。
60 〈吳虞略歷〉，在《吳虞日記》，頁1-2。
61 《吳虞集》，〈前言〉，頁5。

須逃離成都,遁居山中。

但是武昌起義的消息卻使這個罪人一步一步離開山中,一步一步接近成都,也使得個人的問題與歷史的劇變發生交會。細察他的日記,可以看出舊政權的崩裂,如何鬆動了禮教秩序,如何使得以它爲憑藉的舊知識分子、舊官僚失去依恃,也使得舊思想失去建制性的依靠,使得非孝、非孔的罪人,可以逐漸去除頭上的緊箍咒。

四川鐵路國有之爭是辛亥革命的前奏,從這年8月起,四川政局便已激烈動蕩。1911年9月16日,當時不在四川的一個年輕學生在日記上便記著:「前數日報上固已有四川宣告獨立之電矣,何以獨立之旗猶未見拂拂於蜀山頂上也?」[62] 9月22日,他的學堂監督在訓話中便已「勸吾儕剪指爪去髮辮也」[63]。到了10月12日,便有:「課畢後閱報紙,見專電欄中有云:武昌已爲革黨所據,新軍亦起而相應,推黎元洪爲首領,……此事也,甚爲迅速與機密,出其不意,遂以成事。武昌據天下上游,可以直搗金陵,北通燕趙。從此而萬惡之政府即以推倒亦未可知也。」[64] 10月28日記:「匯各報而統計之,則十八省省城,只一南京尙未動也」,「從此以後,腥羶盡滌,大恥一洗,漢族同胞共歌自由,當即有一共和政體之中華民國發現於東半球之東,樂矣哉!」[65] 這份日記,大致反映當時人從報紙所了解的革命發展情況,因爲它所記的消息得自新聞報導,與實際歷史發展有不吻合之處,尤其是「十八省省城,只一南京未動」並不確實。但是到了10月28日,幾個省城都已易幟。成都光復雖晚,然而全國局勢已定,人們主觀上也相信「中華民國」將出現於東亞。我們再回過頭來看看《吳虞日記》。

現存《吳虞日記》的第一條是10月31日,「同白仲琴由谿廠起身,轎子雇至眉州」,然後至彭山城外,然後到成都,暫住其妻弟處,與其妻見

---

62 樂齊編:《葉聖陶日記》(太原:山西教育,1998),頁11。
63 同上,頁13。
64 同上,頁22。
65 同上,頁32。

面[66]。由他的行止可見他因見到舊政權已近崩潰，通緝令失效，故決定回到滿布敵人的成都。選在這個時候回到成都，當然是出於一種估算：隨著舊政權的崩潰，舊官僚、舊人物、舊道德、舊法律皆將動搖，對他這個「大逆不道」的新派人物是有利的。

在新舊政權遞嬗中，舊官僚階層暫時失勢。他們之中的許許多多人後來雖然都以不同的方式回流，不過已經不再能享受滿清時代的權威。吳虞在1911年12月22日的日記中這樣寫著：「早飯後聞趙季鶴、王寅伯已就戮。周孝懷正在逮捕中，此人上半年欲殺余，不意今日竟不能免，此亦積惡之報也。後悉周、王二人十八日之變即遠行，未常【嘗】獲也。」[67] 這一段話中說周孝懷、王人文在辛亥革命成功後不久遁逃[68]，周、王是晚清時代四川的主政者，他們兩人曾是晚清時代的新派人物，但是每一代「新」的尺度不同，他們並不「新」到可以接受吳虞的行為的程度，故曾經要把吳虞「就地正法」。在晚清，當新舊兩種思想態度激烈衝突時，政府常常是當時正統派的憑藉，但是因為辛亥鉅變，使得正統派的守護者成為通緝犯，而非儒非孝的舊通緝犯吳虞卻危機頓除。

除了官僚階層因政權之更迭而有起落處，地方上的文化菁英也一樣。四川與當時中國所有地方一樣，有新舊兩種文化菁英，而改朝換代卻使舊派人物頓失依靠。在1912年1月5日的日記中，吳虞寫下：「周擇、劉彝銘、賃溶、康千里、曾頤、周邦勤、葉茂林、徐炯、朱華國，以上諸人皆小人之尤，不能再與修好。且此等小丑本不足道，與之往還徒污人耳。周善培、唐汝聲外間自有公論，亦不足較也。此後外交，注意歐陽黨、客籍黨、蒲

---

66 《吳虞日記》，上冊，頁3，1911年9月10日條。《吳虞日記》以舊曆記載，以上
　　引用皆換成新曆，以便比較。

67 《吳虞日記》，上冊，頁7，1911年冬月3日條。

68 案：四川軍政府成立之後，原總督趙爾豐擁兵駐於舊督署，在1911年12月8日乘機
　　唆使屬於舊勢力的巡防軍譁變，四川軍政府遂攻入督署中槍殺趙氏。吳氏日記所
　　謂十八日之變，即指巡防軍之變。

黨，或聯絡之或解釋之，則周擇、徐炯之黨勢自孤耳。」[69] 前述九位也就是他所謂「小人之尤」者，其實就是他在四川教育文化界的死對頭，其中徐炯曾發起將他公逐出教育界。徐炯是四川華陽人，字子休，號霽園，學者稱爲霽園先生，擁有舉人的功名，在四川以道學聞名。後來袁世凱當國，孔教運動高漲，徐炯在四川成都及華陽兩縣成立孔教會的支會，而且在北京孔教總會發表尊孔演講，攻擊民國。1914年1月的《孔教會雜誌》（卷一第十二號）刊載他批評民國「其污俗者乃不惟不變，又加甚焉」，又說「孔子之教真足使國利民福」。1918年，他創「大成會」，擔任會長，1923年辦大成中學校並自任校長，足見他是尊孔復古派的代表[70]。在政治上，他親近滿人，辛亥年四川軍政府誅殺趙爾豐時，成都八旗官民極爲疑懼，軍政府曾派他出面勸諭旗兵投降[71]，足見他的社會網絡之一斑，故吳虞說「旗人多依附徐炯」[72]。徐氏後來曾經是袁世凱稱帝的勸進者，所以吳虞曾印刷《四川勸進人表》，藉以揭露徐炯等人擁袁的事蹟來保護自己[73]。

　　徐炯所代表的舊知識群體很快地失勢了。徐氏當時是通省師範監督，1912年4月26日，該校學生在橋工公所開大會，「研究徐炯」，說他「引用私人，朋比宵小，敷衍學務，假充道德」，並且聲言徐炯「如敢再來，必全體輟學，並通告教育司、教育總會及中央教育部云」[74]，四天後，吳虞於午飯後游公園，「見各處貼通省師範學生宣布僞道學徐炯罪狀書」[75]，隔天，「早起往半邊橋看徐炯罪狀書，則已撕去。飯後遊公園，沿途罪狀書尚多」，兩天後，「《公論日報》登通省師範學生昨日於教育總會召集

69　《吳虞日記》，上冊，頁12，1911年冬月17日條。

70　以上引隗瀛濤等著：《四川近代史》（成都：四川省社會科學院，1985），頁667-668。

71　同上，頁579。

72　《吳虞日記》，上冊，頁288，1917年3月2日條。

73　唐振常：《章太炎吳虞論集》（成都：四川人民，1981），頁96。

74　《吳虞日記》，上冊，頁34，1912年3月10日條。

75　吳虞又說：「甚爲痛快。各學生尚須在教育總會開特別大會，研究處理徐炯之方法。已貼廣告矣。」《吳虞日記》，上冊，頁35，1912年3月14日條。

全體學生開會，到者千餘人，議決徐炯罪狀……」[76]。5月18日，吳虞高興地記下：「徐炯已倒，由沈與白代理。」[77] 徐炯被學生以「假道學」等罪名，逐離通省師範監督之職，足見新舊政權之更迭，也爲舊派文化菁英的消逝，提供了社會條件。

此外，政權更迭也導致新舊刑律的改換。這使得在舊刑律之下，犯了「十惡」之一「不孝」之罪的吳虞，突然間得到了生機。

關於新舊刑律的更迭，有一段複雜曲折的歷程，其中牽涉到舊禮教與舊道德之處甚鉅。這裡需要將《大清新刑律》的內容及引起的爭論稍作說明。《大清新刑律草案》是在清朝最後幾年由沈家本主持，請日本法學家岡田朝太郎等人所起草。它雖也參考了中國的舊律，但主要是依據德國的最新刑法，其特色便是法律與禮教分離，及法律之前人人平等。但是這一部新刑律命運多舛，從一開始便引起道德禮教派的激烈攻擊，認爲它將法律與禮教分離，違背三綱，不合國情。張之洞(1837-1909)代表學部對這份草案逐條簽駁。他認爲自古以來因倫制禮，據禮制刑，刑之輕重等差，根據「倫之秩序，禮之節文」，故無禮於君、父、刑罰特重，而西方各國因主張平等，故父子可以同罪。《新刑律》不牽涉服制，張之洞則主張將《五服圖》重新列入[78]。勞乃宣、劉廷琛等人也加入攻擊的行列[79]。沈家本所代表的法治派雖加以反擊，但由禮教派訂了五條《暫行章程》附在《大清新刑律》之後加以頒行[80]。這五條暫時性章程附於正條之後，可以在適

---

76 《吳虞日記》，上冊，頁35，1912年3月17日條。

77 同上，頁36，1912年4月2日條。吳虞在四月二十八日(6月13日)特地將徐炯罪狀書寄上海商務館編輯所(《吳虞日記》，上冊，頁39)，欲將他的「惡名」播於外省。

78 以上根據潘念之主編，華友根、倪正茂著：《中國近代法律思想史》(上海：上海社會科學院，1992)，上冊，頁210-215。

79 勞乃宣、劉廷琛在〈奏新刑律不合禮教條文請嚴飭刪盡摺〉中說，新刑律不合禮教處甚多，而最爲悖謬的，是子孫違犯教令及無夫婦女犯奸不加罪數條。倪正茂著：《中國近代法律思想史》，頁219。

80 五條《暫行章程》的第一條是凡侵犯皇室罪、內亂罪、外患罪、殺或傷親屬罪處死刑的，由原來的絞刑改爲斬刑。第二條，凡犯發冢和損壞遺棄盜取屍體、遺骨、

當時候更改或取消。但《新刑律》在清朝最後幾年，並未執行，民國元年3月，袁世凱就職臨時大總統，下令暫行《大清新刑律》，司法總長伍廷芳（1842-1922）則於元年3月24日，要求刪去侵犯帝室之罪全章及關於內亂罪之死刑等「與民國國體牴觸」之條文，並取消該律後面所附的五條暫時章程，其餘均由國民政府聲明繼續有效，並由參議院議決通過，易名爲《暫行新刑律》[81]。

　　吳虞本來就是留日學習法政的，他說在日本時，即已「聞憲法，民、刑法，歸國後，證以《大清律例》、《五禮通考》及各史議禮、議獄之文，比較推勘，粗有所悟」——他所悟出的當然就是《大清律例》等與西方民、刑法之根本差異。而在辛亥年逃遁山間、幾遭不測時，新舊刑律的不同，對他有現實的利害關係。他自謂日讀《莊子》、孟德斯鳩《法意》，對於專制立憲之優劣、儒家立教之精神，「大澈大悟，始確然有以自信其學矣。」[82]《大清律例》以儒家的禮教綱常爲基礎，與立憲國家法律之平等精神南轅北轍。而《大清新刑律》因通篇不見一個「孝」字，所以對揹負不孝罪名的吳虞而言，《大清新刑律》的命運，其實也就是他個人的命運。民國伊始，他就密切注意與這部新刑律有關的消息。

　　1912年3月3日吳虞在日記寫著，「孫逸仙以改訂法律爲第一要事，可

（續）————

　　遺髮及殮物罪，包括對尊親屬在內的罪，本處二等以上有期徒刑或無期徒刑的，改處死刑。第三條是強盜罪應處一等有期徒刑，以及強盜行爲應處無期徒刑或二等以上有期徒刑的，改爲死刑。第四條是無夫婦女犯奸，由無罪改爲有罪，而且上告論罪與否，完全由此婦女的尊親屬決定。第五條是對尊親屬有犯，不得適用正當防禦的條例，即使對尊親屬行正當防禦，亦應治罪。以上見倪正茂著：《中國近代法律思想史》，頁227-228。

81　張國福：〈關於暫行新刑律修訂問題〉說：《暫行新刑律》不是公布於1912年3月30日，南京臨時政府法制局未對《大清新刑律》進行刪修，孫中山也未曾公布暫行新刑律，根據民國元年10月15日北洋政府《司法公報》及同年4月份北洋政府《臨時公報》之記載，可以認定其爲袁世凱公佈的。見《北京大學學報》（哲學社會科學版），第6期（1985年），頁123-124。

82　《吳虞日記》，上冊，頁208，1915年8月31日條。

謂知本。以伍廷芳任司法卿，因其曾改訂新律也。」[83] 後又記「《公論日報》登：《中央臨時約法》，及此間〈法制局呈請實行新刑律文〉，皆有絕大關係。」[84] 6月12日則以欣喜興奮之情記「昨日《共和報》載：『中央法部暫行新律頒到，現行刑律廢止。』真第一快事。去年新律後附暫行章程五條概行刪去，尤快也。」[85] 這部通篇四百一十條不見一個「孝」字的新刑律[86]，對吳虞非常有利，6月15日的日記又記「司法司令通行新刑律」，又記商務印書館新出書可買者即有《新刑律釋議》[87]，此後更不時看到他看新刑律或買新刑律的記錄[88]。

這部新刑律確實使舊禮教綱常失去其建制性的憑藉。吳虞特別當留意與《新刑律》有關之判例，譬如奸通無夫之婦女，在《大清律例》中要治罪，而且親族都可以舉控，但在《新刑律》中，因為根據外國法典的精神，故不治罪。他說根據報載「新繁孀婦陳姓某氏，少年失偶，暗中與馮定國往來，日前被族人陳浩察覺，捉赴地方檢查廳呈控。惟按照新律無夫奸律無正條，判事訊明認為無罪。此實用新律殊可喜也。」[89] 由吳虞對奸通無夫婦女獲判無罪而感到「殊可喜」，足見其意態[90]。

又如毆父，在舊刑律中是滔天大罪，但吳虞記：「王意先來，言成都一瘋子毆死其父，擬辦永遠監禁。法部駁下謂精神病者無罪。」吳虞高興地評論說瘋子殺父而判無罪，是「此家族制將消滅之徵也。然成都人驚矣！」[91]

上述兩個案件，一通奸，一殺父，在舊律中都是重罪，但在新刑律中

---

83 同上，頁24，1912年正月15日條。
84 同上，頁34，1912年3月10日條。
85 同上，頁39，1912年4月27日條。
86 吳虞：〈說孝〉，《吳虞集》，頁177。
87 《吳虞日記》，上冊，1912年5月1日條，頁40。
88 同上，頁47（1912年6月9日條）、56（1912年8月4日條）、61（1912年8月23日條）。
89 同上，頁93，1913年6月12日。
90 又如1912年8月18日條，其友方琢章判一重婚案監禁兩年，也是用新刑律。《吳虞日記》，上冊，頁60。
91 同上，頁66，1912年9月16日條。

卻有完全不同的判決。這對受困於禮教綱常的吳虞，不啻是感同身受，也
難怪他鼓掌叫好，又不無幸災樂禍地說「成都人驚矣」。就在《新刑律》
之下，吳虞的父親雖仍屢次告他，卻都有驚無險地度過了[92]。

但是，就像法國大革命之後新舊勢力糾纏不息，1912年4月1日袁世凱
就任臨時大總統之後，四川政治文化界中的舊勢力也跟著復甦。這年夏天，
吳虞還一度爲了躲避風聲，到四川嘉定擔任縣政府的科長。1914年，吳氏
在成都《醒群報》投稿，發表家庭革命與宗教革命的文章，被四川尊孔的
邵從恩（1871-1949）、羅綸（1876-1930）向內務部報告，內務部長朱啓鈐
（1872-1962）還電令四川總督胡景伊封禁該報[93]。袁世凱提倡尊孔時，徐炯
等舊派人士也在四川熱熱鬧鬧地辦孔教支會，當時批判孔教顯然有某種程
度的危險，所以廖平（1852-1932）一度勸吳虞言論宜稍平和，以免觸忌[94]。
但是已經推倒在地的，雖然有時捲土重來，其威信早已失去，雖然造成騷
擾與不安，卻不會再有「就地正法」的危險了。

吳虞「發跡變泰」，從地方上的不祥人物上升到全國舞台的轉捩點，
是與全國思潮變化，尤其是《新青年》密切相關的。

劉師培早就已經說過，四川思想風氣的開通比其他省份要晚十年[95]。
民國初年，吳虞首先是在四川《醒群報》刊〈李卓吾別傳〉，再者是在上

---

92 新的執法者對吳虞也處處顯得通融。1911年底當吳虞的父親控告他時，步軍統領
　　吳慶熙便帶兵多人到吳虞處，表示他「當爲余將此事了結，以便出來做事。」然
　　後吳慶熙當著吳父之面作出完全偏向吳虞的判決，並宣布：「吳氏父子之事，我
　　已了息。吳又陵並非不孝之士，此後諸人不得譏侮人，違者我即不能答應。」《吳
　　虞日記》，上冊，頁10-11，1911年冬月11日條。

93 〈致陳獨秀〉，《吳虞集》，頁385。又參隗瀛濤等：《四川近代史》，頁669。

94 〈哭廖季平前輩〉詩：「四十非儒恨已遲（予非儒之論，年四十始成立），公雖憐
　　我眾人嗤（袁世凱尊孔時，公與予步行少城東城根，勸予言論宜稍和平，恐觸忌）。」
　　《吳虞集》，頁378。

95 《吳虞日記》，頁48-49，1912年6月19日條：「（民國元年）劉申叔請余勿辭《公
　　論報》社事，余以川人知識茫昧，於近應法學尚不能研究，真難與言。申叔謂余
　　言在南邊十年前或有詫者，今日則固不怪矣。川人到南人程度尚待十年後也，悲
　　夫。」

海、日本等地的《婦女雜誌》、《進步》、《小說日報》、《甲寅》發表
文章。到了1916年底,他因爲看了《新青年》中刊有〈孔子平議〉這類激
烈文字,覺得主張相近,故與《新青年》的主編陳獨秀聯絡上了。陳獨秀
回信贊同他說儒術孔道與近世文明決不相容,認爲儒學一貫的倫理政治綱
常階級之說如不「攻破」,則「吾國之政治、法律、社會道德,俱無由出
黑暗而入光明」[96]。此後,《新青年》在二卷六號及三卷的一至五號,連
續發表吳虞攻擊儒家及家庭制度的文章。這幾篇文章都在他主動與陳獨秀
聯絡前後陸續寫成[97],而「成都報紙不甚敢登載」[98],一旦它們陸續披露
在《新青年》,吳虞的大名遂不脛而走。

　　非孝、反孔這些幾乎奪去他生命的思想觀點,卻在新的風潮下成爲思
想進步、到處受人贊美的資本,陳獨秀即盛稱他爲「蜀中名宿大家」[99]。
過去是要命的壞思想,如今成爲了不得的長處;過去是罪案,如今成爲敲
門磚。吳虞那些「成都報紙,不甚敢登載」的文章,一旦連續披露在《新
青年》這份舉國聞名的文化刊物時,作者馬上成爲名震全國文化界的大人
物。而且,在1917年8月以後,長期被排斥在教育界之外的吳虞,又重新
在四川的幾個學校教書。

　　從1917年上半年連續刊在《新青年》中的〈家族制度爲專制主義之根
據〉、〈禮論〉、〈儒家主張階級制度之害〉、〈儒家大同主義本於老子
論〉、〈讀荀子書後〉及〈消極革命之老莊〉,以及1919年在《新青年》
發表的〈吃人與禮教〉都猛烈抨擊傳統,而其根源則皆與其父有關。在1910
年底散發的傳單〈家庭苦趣〉的結尾中,吳氏已批評中國倫理綱常的不平
等──「中國偏於倫理一方,而法律亦根據一方之倫理以爲規定,於是爲

96　1917年1月1日,《新青年》,2:5,頁4。又見於《陳獨秀著作選》,第1卷,頁258。

97　故吳氏〈致陳獨秀〉中已列篇名,並表示「暇當依次錄上,以求印證」。《吳虞
　　集》,頁385-386。

98　吳虞:〈致陳獨秀〉,《吳虞集》,頁385-386。

99　《吳虞日記》,上冊,頁311,1917年5月22日條。

人子者，無權利之可言，惟負無窮之義務。而家庭之沈郁黑暗，十室而九。」[100] 他後來不斷地在傳統中搜尋與自己的經歷有關的歷史事跡。譬如明代的鄭鄤，因爲被誣爲「不孝」而被磔死，吳虞便對他發生興趣，到處搜尋相關材料[101]。爲了非孔，他也到處搜尋明代激烈思想家李卓吾的事跡[102]，最後寫成〈李卓吾別傳〉。翻前人之案，實即所以翻自己之案，這些舉措都不是偶然的。

在他行諸理論的文字中，譬如膾炙人口的〈家族制度爲專制主義之根據論〉，便對「五刑之屬三千，罪莫大於不孝」以及《大清律例》於「十惡」之中列有「不孝」深爲不滿，說：「蓋孝之範圍，無所不包，家族制度之與專制政治，遂膠固而不可以分析。……其於銷弭犯上作亂之方法，惟恃孝弟以收其成功。」「其主張孝弟，專爲君親長上而設。但求君親長上免奔亡弒奪之禍，而絕不問君親長上所以致奔亡弒奪之故，及保衛尊重臣子卑幼人格之權。」他主張廢棄孔子孝弟之義，代之以老子的「六親不合有孝慈」──「然則六親苟合，孝慈無用，余將以『和』字代之。既無分別之見，尤合平等之規，雖蒙『離經叛道』之譏，所不恤矣。」[103] 在〈說孝〉一文中說：「我的意思，以爲父子母子不必有尊卑的觀念，都當有互相扶助的責任。同爲人類，同做人事，沒有什麼恩，也沒有什麼德。要承認子女自有人格，大家都向『人』的路上走。」[104] 上面幾段引文彷彿都是他對自己痛苦遭遇的告白，而1919年11月在《新青年》六卷六號刊出的〈吃人與禮教〉，語氣更激烈──「孔二先生的禮教講到極點，就非殺人吃人不成功，真是慘酷極了！一部歷史裡面，講道德、說仁義的人，時機一到，他就直接間接的都會吃起人肉來了。」「吃人的就是講禮教的！講禮教的

---

100 《吳虞集》，頁20。

101 《吳虞日記》，上冊，頁200、201，1915年7月28至29日條。

102 同上，頁206(1915年8月23日條)、214(1915年9月13日條)。

103 以上皆見1917年2月1日《新青年》2:6。又見《吳虞集》，頁61-66。

104 《吳虞集》，頁177。

就是吃人的呀！」[105] 彷彿是在說那些想將他「就地正法」，想將他逐出教育界的所謂「偉人大儒」們[106]。

前面已經說過，吳虞對新舊刑律中與「孝」有關的文字特別敏感。在〈家族制度爲專制主義之根據論〉中，他深爲新刑律中把《大清律列》「十惡」中的「不孝」諸條「一掃而空之」喝采，表示「此即立憲國文明法律與專制國野蠻法律絕異之點」[107]，甚至狂熱到要把整部《新刑律》翻過，看到它從頭到尾不見一個「孝」字，而在文中大加喝采[108]，那種歡欣鼓舞，也多少反映了這個一直被「不孝」罪名纏身的人的境遇。

當他的〈家族制度爲專制主義之根據論〉在《新青年》刊出後，他在日記上寫著：「余之非儒及攻家族制兩種學說，今得播於天下，私願甚慰矣。」[109] 顯示除了純思想的興趣之外，還密切地關聯著個人的存在境遇。

其實像吳虞那樣有家庭苦趣之經驗的人，是無時無刻不存在的，可是在一個禮教秩序及政治秩序相對穩定的時代，這些境遇通常壓在社會及意識的最底層，即使爆發出來，也馬上被文化、政治或法律規範撲滅，像旋起旋滅的泡沫。但是當禮教及政治秩序鬆動，而舊禮教與綱常的建制性憑藉逐漸消失之時，那些可能是千年以來無時不有的生活境遇，卻可能從社會及意識的底層解放出來，形成反思性的言論，並匯聚點滴成爲江河。一旦蟄伏的點滴形成思潮，走到舞台的中央，它又像是一個「乾坤袋」般，把各地零星的力量吸納進去。新思潮一旦成了氣候，它便像是一項保護傘，爲人們正當化（legitimize）了許許多多的行動；它也提供了一套語言，使得原先不知如何說，也不知如何解釋的生活經驗有了一套反思性的說辭。新思潮甚至也提供了新出路，使得反傳統成爲社會名利的敲門磚。此後，不

---

105 《吳虞集》，頁171。
106 關於吳氏筆下的「偉人大儒」，見《吳虞日記》，上冊，頁316，1917年6月16日條。
107 《吳虞集》，頁64。
108 〈說孝〉，《吳虞集》，頁177。
109 《吳虞日記》，上冊，頁295，1917年3月25日條。

一定是理想，而可能是人們的自私自利，使某些思想擴大渲染，蔚爲風潮。
思潮的歷程當然遠比上面說的要複雜得多，但是上面這些也不能不考慮進
去。

　　思想不能與「存在的境遇」劃上等號，一個思潮的形成，更不能簡約
地與一代人的存在境遇，輕易地聯結在一起。不過，近代「去傳統化」的
過程中，起過決定性角色的譚嗣同（1865-1898）、錢玄同、吳虞、施存統
（1898-1970)的存在境遇卻不能忽視。譚嗣同自述「吾少至壯，遭綱倫之
厄」[110]，在相當程度上轉化爲《仁學》中的衝決三綱五常之網羅。而錢
玄同的「鏟倫常、覆孔孟」也不能說與他少遭倫常之厄無關[111]。浙江施
存統提倡「非孝」，鬧出杭州一師風潮[112]，也與其父在家庭中的暴虐有
關。吳虞亦復如此。我們還可以舉出其他不少例子。同樣的，「五四」青
年中，也有許許多多人是因爲目睹舊家庭的黑暗而批判家族制度，也有許
多人是受害於舊式婚姻，轉而批判傳統婚姻制度。上述種種生活世界中的
不滿與反抗，在大變動的時刻與歷史會遇，生活史與思想史便融合爲一了。

　　此處還要特別說明的，科舉制度的崩潰，使得廣大讀書人與舊的管道
斷絕聯繫，大量舊讀書人被拋擲出來，成爲「自由流動的資源」，他們從
儒家正統及官方意識型態漂離，尋找新的「成功的階梯」(ladder of success)，
而漸成氣候的新思想便提供了一個「階梯」，吸引許多前途未定的年青人。

　　在新舊轉變的過程中，有許多地方上的人物因爲與軸心思潮相應而上
升到全國舞台，吳虞是一個例子。劉半農(1891-1834)是另一個例子。劉氏
原來是在上海《禮拜六》之類鴛鴦蝴蝶派刊物上寫文章的油滑少年，也因
爲《新青年》中幾篇響應文學革命的文章而洗盡洋場孽少的習氣，頓時從

---

110 關於譚嗣同的存在境遇，見張灝：《烈士精神與批判意識》(台北：聯經，1988)，
　　頁14-15。
111 黎錦熙：《錢玄同先生傳》，在沈永寶編：《錢玄同印象》(上海：學林，1997)，
　　頁69。
112 關於施存統〈非孝〉一文與浙江一師之風潮，可參夏衍：《懶尋舊夢錄(增補本)》
　　(北京：三聯，2000)，頁29-30。

地方走向全國舞台，執教北大，成爲新文化運動的旗手[113]。

三

　　一種思想運動，產生困難，維持與擴散亦不易，而研究者們卻常常忽視這一點。在維持與擴散方面，當然也牽涉到社會政治條件等複雜的問題。「五四」與新文化運動，一個是政治運動，一個是文化運動，它們通常被視爲一體，但也有人主張應該細分爲二，至少親歷其境的胡適是這樣主張的。而「五四」這個政治運動，也確實爲新文學運動的傳播，提供有利的條件。胡適說：

> 　　民國八年的學生運動與新文學運動雖是兩件事，但學生運動的影響能使白話的傳播遍於全國，這是一大關係；況且「五四」運動以後，國內明白的人漸漸覺悟「思想革新」的重要，所以他們對於新潮流，或採取歡迎的態度，或採取研究的態度，或採取容忍的態度，漸漸的把從前那種仇視的態度減少了，文學革命的運動因此得自由發展，這也是一大關係。因此，民國八年以後，白話文學的傳播真有「一日千里」之勢[114]。

　　1919年這一年中，至少出現了四百種白話報。白話文學的力量甚至渲染擴大到舊勢力中——「時勢所趨，就使那些政客軍人辦的報也不能不尋幾個學生來包辦一個白話的附張了。」1920年，白話文終於得到建制性的支持，教育部頒了一個部令，要求國民學校一、二年的國文，從該年秋季起，一律改用國語[115]。同時因爲新文化運動帶出了一個新的「閱讀大眾」

---

113 鮑晶編：《劉半農研究資料》（天津：天津人民，1985），頁69-71。
114 胡適：〈五十年來中國之文學〉，《胡適文存》，第二集，頁255-256。
115 同上。

(reading public)，爲了營利，出版商也隨機而變。以商務印書館爲例，它的領導階層很快就北上向新人物們請教，它的幾個持重的大雜誌《東方雜誌》、《小說月報》漸漸改成白話，並出版合於新潮流的書籍。同時，許許多多的出版業者也都有類似的轉向。

在五四新文化運動之後，幾乎全國各地都有「新」、「舊」之分，校園中尤其不同。「新學生」與「舊學生」，對許許多多事情的看法都不同，除了我們所習知的家庭、婚姻、愛情等問題外，連讀書做學問的方式也不一樣。青年馮友蘭(1895-1990)便親眼觀察到：

(一)新學生專心研究學問，舊學生專心讀書。
(二)新學生注意現在和未來，舊學生注意過去。
(三)新學生之生活爲群眾的，舊學生之生活爲單獨的。
(四)新學生注重實際，舊學生注重空談。[116]

這一類事情，也就是新文化運動在小地方、小範圍中運作的情況，從未像占據全國舞台中央的《新青年》或《新潮》那樣引起足夠的注意，但它們都是使這個思潮擴散深化的要素，也都展現了一種新的「說服」、「壓倒」舊的過程。而當新力量取得優勢之後，「五四」也慢慢成了一塊敲門磚，後來甚至有人觀察道：「北伐成功以來，所謂吃五四飯的飛黃騰達起來，都做了新官僚。」[117]

「五四」帶來一種新的政治文化。政治家與軍閥們認識到，不只是軍隊和政黨是一種政治力量，在物理力量之外，還有一種新的政治力量，那便是學生、思想、文化。孫中山在五四運動之後的告海外同志書中，要求募款建立一個像商務印書館那樣的出版機關來從事宣傳，而且馬上辦了《建

---

116 馮友蘭：〈新學生與舊學生〉，原刊《心聲》，創刊號(1919年)，《馮友蘭全集》（鄭州：河南人民，1994），卷13，頁619-623。
117 周作人：〈紅樓內外〉，《知堂乙酉文編》（台北：里仁，1982），頁122。

設》。我覺得胡適的觀察非常值得注意。他說:「到了『五四』之後,大家看看,學生是一個力量,是個政治的力量,思想是政治的武器,從此以後,不但國民黨的領袖孫中山先生,後來國民黨改組,充分的吸收青年分子。在兩年之後,組織共產黨,拚命拉中國的青年人。同時老的政黨,梁啓超先生他們那個時候叫研究系,他們吸收青年,……所以現在那些小的政黨都是那個時候出來的。中國國民黨的改組和共產黨都是那個時候以後出來。」[118] 嚴格說來,北伐的勝利,也與這一般青年文化的運動有密切的關係。

「五四」以後,思想界很快地分裂了。新文化運動與俄國大革命(1917年)及一次大戰的結束(1918年)幾乎同時。一次大戰歐洲文化的破產,使得許多中國知識分子對1840年以來所追求的西方開始有所懷疑。受梁啓超《歐遊心影錄》影響,思想界出現了一個所謂「東方文化派」。在當時人心目中,梁啓超、張君勱(1887-1969)、張東蓀(1886-1973)、梁漱溟(1893-1988)、章士釗都可以算進這一派。他們雖然不是舊式的保守主義者,但是希望能以東方的思想文化來補西方之不足。同時,因為俄國大革命的成功,馬克思主義對西方資本主義文明不留情的批判,並提出構建一種新社會的理想,也使得另一部分知識分子在英、美、法為代表的「西方」之外,發現了另一個「西方」,使得原本非常單純的模仿、參照系統發生了變化。同時,對於「德先生」、「賽先生」的詮釋很快地發生分裂。究竟是誰的「民主」,究竟是哪一種「科學」?「民主」是不是就是西方議會式民主?民主是某一階級的事,或應該「是全世界、全社會、各民族、各階段的『直接的民主』」[119]?「科學」究竟應該是像「實驗主義」那種西方資產階級的科學,還是馬克思主義的社會科學?

---

118 〈五四運動是青年愛國的運動〉,《胡適講演集》(台北:胡適紀念館,1970),中冊,頁134-135。

119 瞿秋白1919年11月所寫的〈革新的時機到了〉,蔡思尚主編:《中國現代思想史資料簡編》,第1卷,頁643-644。

「五四」提倡個人主義，提倡批判傳統，但是到了「五卅」（1925年），思想界已明顯地由批判傳統轉移到反帝國主義，從個人主義的立場轉移到反個人主義的立場[120]。對於1840年代以來所追求的「富強」也產生了根本的懷疑，轉而反對資本主義（富）與帝國主義（強）。以俄國爲代表的另一個「西方」吸引了許多新知識分子的注意力，而新文化運動所爭論的許多盤根錯節的問題，皆可以用一個更犀利有效的武器來解決，那便是馬克思主義。

我們讀《獨秀文存》時會得到一種印象，先前許多困難的問題或兩端的意見，後來都逐漸找到一個會通解決的辦法，那便是用社會主義來重新考量那個問題；原先是泥中鬥獸，此時都有另進一境豁然開朗的感覺，而《獨秀文存》竟像是一部《天路歷程》般。就以科學與人生觀論戰來說，「科學派」與「玄學派」在那邊爭得不可開交，但陳獨秀卻以馬克思主義的理論概括而通解之。在〈科學與人生觀序〉的最後，陳獨秀說：「我們相信只有客觀的物質原因可以變動社會，可以解釋歷史，可以支配人生觀，這便是『唯物的歷史觀』。我們現在要請問丁在君先生和胡適之先生：相信『唯物的歷史觀』爲完全真理呢，還是相信唯物論以外，像張君勱等類人所主張的唯心觀，也能夠超科學而存在？」[121]

青年們努力尋找另一個「根本的覺悟」，「社會」是他們的答案。「社會」才是解決一切問題的關鍵。而且這個社會基本上不是繼承自傳統的社會，而是用人的理性能力規劃的新「社會」。當時許許多多新青年們毫不遲疑地主張建造一個「新社會」才是「徹底」解決所有問題的辦法，建造一個新的社會才是「吾人最後覺悟之最後覺悟」。舊倫理、舊思想、舊文學、舊秩序的權威都一掃而空了，那麼，在這個全新的社會中，合理的規範與秩序，究竟應該是什麼？舊道統去了，補充空虛的「新道統」是什麼？

---

120 阿英：〈小品文談〉，《阿英文集》（香港：三聯，1979），上冊，頁100。
121 陳獨秀：〈科學與人生觀序〉（1923年11月13日），《陳獨秀著作選》，第2卷，頁554。

「主義」的崇拜成了一個「新道統」。新青年們認爲有主義總比沒有主義好。王光祈（1892-1936）在〈少年中國學會之精神及其進行計畫〉中說，少年中國學會的工作，是訓練使用各種「主義」的人。他說：「我們學會會員對於各種主義的態度，極不一致，而且各會員對於他自己所信仰的主義，非常堅決，非常徹底，這是有目共睹的。但是我們有一個共同的趨向，就是承認現在中國人的思想行爲，無論在什麼主義之下，都是不成功的。若要現在的中國人能有應用各種主義的能力，必先使中國人的思想習慣非徹底的改革一番不可。」「少年中國學會的任務，便是從事各種主義共同必需的預備工夫。」[122]目迷五色的各種「主義」在中國競逐，再理想、再荒謬的「主義」都有人提出過，而且帶有異常濃厚的實驗色彩。如所周知，在各種「主義」的競逐聲中，最後是馬克思主義脫穎而出。

---

[122] 蔡思尚主編：《中國現代思想史資料簡編》，第1卷，頁449、452。

近代知識份子自我形象的轉變

　　中國近代知識份子處在一個過去熟悉的規範與秩序皆跌得粉碎的時代，想要尋找自己的新定位，變得非常困難。菁英與國家、社會，菁英與群眾的關係必須重新定義。這是一個中國歷史上影響最大的階層轉型變化的歷史，其中有許多的曲折與複雜性，想將它們作一個比較完整的陳述，最少需要一本書。此處所要討論的只是其中一個問題：在芸芸的新知識份子中，固然大多數仍自居為四民之首，但也有一群文化菁英在「自我形像」上有了重大的改變，他們逐步改變對自己的看法，以至從「士以天下為己任」，最後變為時時質問自己「我為什麼還不是一個工人」？

　　本文直接靈感是來自於余英時老師的一篇名文〈中國知識份子的邊緣化〉[1]。我與許許多多讀者，都受到這篇文章深刻的啓發[2]。余老師在此文裡討論了文化及政治環境的改變與邊緣人的崛起，如何一步一步把知識份子擠到歷史舞臺的邊緣。我這一篇短文則是從知識份子「自我邊緣化」的角度出發，希望為余老師的文章作一條註腳。所以此處要先作三點聲明：我所處理的是思想或文化史的問題，故未從政治或社會史的角度入手，如果是從後者入手，必需考慮仕、紳、商、學，乃至軍閥在當時社會的情狀，尤其是商人力量興起，新式政黨、軍閥壟斷了政治權力，對士的邊緣化都有重要的影響，不過，余英時老師的文章早已言簡意賅地談到其中幾個重

1　收在余英時：《中國文化與現代變遷》（台北：三民書局，1992），頁33-50。

2　請參看羅志田兄對邊緣知識份子崛起之討論，見〈近代中國社會權勢的轉移：知識份子的邊緣化與邊緣知識份子的興起〉，收入他的《權勢轉移：近代中國的思想、社會與學術》（武漢：湖北人民，1999），頁191-241。

要的問題了。我在這篇文章所著重的不是現實層面上知識份子的處境,而是知識份子如何界定、想像他們的地位,而且使得這種觀點成爲影響歷史的重大動力,所以本文只限在思想或心態層次的探討。第二,本文基本上分成兩段,第一段是晚清,第二段是新文化運動以後,第一段是舊「士」,後一段是新「士」,前一段的自我邊緣化泰半來自傳統士大夫自我定位的危機,而這種危機一方面來自外在環境的改變,一方面來自士人的內省;第二段自我邊緣化則除了知識份子的內省外,主要是來自於俄國大革命的影響。我認爲新文化運動之後,知識界對這個問題的看法基本上已經分裂了,一派以現代知識份子作爲社會發展的重心,一派是以「如何成爲一個工人」(施存統)自期,而以上兩種思想,基本上在1930年代以前都已經確定了,此後雖有許多相同討論 3,但本文仍只討論到1930年代。第三,讀者很容易發現,本文所討論的歷史人物,跨越了不同的時代,包括了不同的立場,所牽涉的是各種不同的文本,但是居然在「士」的自我形象上有如此同質的看法,就是一股不能不注意的趨勢了。但是我也要在這裡強調,這並不是當時有關士之自我形象的惟一趨勢,而且歷史也不必然要順這個路發展下去。但是對照後來的歷史事實,我們也不得不承認它在眾多競爭的思潮中,最後成爲最有現實影響力的一支。

事實不管軍閥勢力如何猖獗,商人勢力如何勃興,或知識份子如何被拒於政治中心之外,知識份子在一般社會心目中仍佔據最中心位子,輿論也仍在讀書人的手中,五四運動後尤其如此。最有意思、也最令人驚奇的不是知識份子在當時社會階層中的實況,而是知識份子如何想像自己,如何定位理想中的自己。這篇文字討論文化菁英如何自己造自己的反,在思想層次上將自我邊緣化。即使在現實行爲或其內心中的感覺不一定如此,但這種矛盾並不表示這一類言論沒有歷史的重要性。事實上,不管是出自

---

3 一直到1983年,還有中共中央組織部及中共中央文獻研究室編:《知識份子問題文獻選編》(北京:人民出版社,1983),討論如何扭轉數十年來打壓知識份子的風氣。

內心真正的信仰，或只是因年輕氣盛，加上儒家價值體系之崩解，而有些情緒性語言脫口而出，在實際行動或其他場合中並非如此執著於這樣的觀點，但是它們逐漸匯集成一股思潮後，對後來歷史的發展便會產生實質的影響。尤其是以中共建國之後為甚。即使是特定社會環境下形成的非理性言論，並不表示它沒有歷史作用，這一點，希望讀者不要誤會。

在先秦古書中，「四民」的概念常常出現。在有些古典中只出現士農工商之名，並未排出一個先後順序，或是與後來人們所習知的次序不同，但後來慢慢地有一個優先順序：士→農→工→商(如《管子·小匡》)，孟子也提出「勞心」及「勞力」兩種人，並說「勞心者治人，勞力者治于人」，很清楚地是以勞心的「士」為治人階層，勞力的農工商是被治的階層。這個順序流行了幾千年，而且幾乎不曾改變過。人們也不大追問為什麼農人工人要生產東西給勞心者使用，為什麼天底下有一批勞心者的工作就是「治人」？

在西方封建時代也有類似的概念。法國史家Georges Duby在他的《三種秩序》(*The Three Order: Feudal Society Imagined*)[4] 中區分這三種人，一種是打仗的貴族，一種是從事生產的普通人，一種是向上帝祈禱的僧侶。如果我們把表達方式更換一下，則生產者是「勞力」者，而僧侶是「勞心」者。西洋中古時代的人民也把它奉為天經地義的社會秩序。

也許有些人不喜歡以下的說法，但它幾乎是一個事實，那就是從漢代以後的歷史，即使連元代的所謂「九儒十丐」[5]或一些特定的時期外，「士」的崇高地位近乎是天經地義的[6]，不需要討論也不必質疑。歷史上當然也

---

4 Georges Duby, *The Three Orders: Feudal Society Imagined*(Chicago: University of Chicago Press, 1980).

5 蕭啟慶的研究指出這是一個誇大的說法，他認為元代儒士並未受到歧視，見〈元代的儒戶〉，收入氏著：《元代史新探》(台北：新文豐，1983)，頁1-58。

6 歷史發展的過程本來就不是一條平滑的曲線，而是雜聲四起，在歷史上也就不乏對讀書人進行批判的言論。秦始皇焚書坑儒，在歷史上不乏呼應者，明代趙統的〈始皇坑儒原〉，說始皇殺讀書人是「殺得好派」即是一例。以對書本的態度來

出現許多對士大夫加以困辱、壓迫的事件，但至少在絕大部分人心中，「士為四民之首」，是毫無爭論餘地的命題，需要討論的只是在這天經地義的大前提之下，反省「士」之職能與任務應該是什麼？想瞭解這個問題最方便的方式是打開各個時代文集篇目分類索引那一類書，查與「士」有關的條目。讀者會很輕鬆地發現，以清代為例，就有不少文章是通過訓詁或其他方式，給理想中的「士」應該如何作或隱或顯的討論，人們也許對他那一個時代的士風有很大的不滿，有的高聲疾呼要把鬆動的螺絲鎖緊，有的是討論理想上應該如何修正士與社會政治的關係等。但無論如何，在晚清以前，幾乎未見到讀書人嚴重質疑「士」之優位性的文字。

但晚清出現兩種觀點，它們急遽地改變了「士」的自我形象，第一是「四民皆士」的新觀點，第二是所謂的「規範知識」與「自然知識」的對立。

在晚清，當西方科技知識湧入，而中國又一再地挫敗之後，興起了一種專業主義，它一方面是強調追求應用性知識技能，另一方面是分工、專精理念的興起，取代原來「通」儒的理想，或君子不「器」的觀念。他們認為，長期以來被社會心態貶抑為末流的「百工」，應提高到與傳統的士所追求的知識相平等的地位，要治國平天下非得要有「百工」不可。

在西方科技知識大舉湧入中國之後，幾乎形成兩種知識型式的對立。在這裡，我想借用費孝通的一個觀念。費孝通說：「在人類所知的範圍裡，本來可以根據所知的性質分成兩類，一是知道事物是怎樣的，一是知道應當怎樣去處理事物。前者是『自然知識』，後者是『規範知識』。」他說

（續）────────

說，歷史上已不乏主張燒書的人，荀子固已啟焚書之端（參錢穆：〈秦漢學術思想〉，見《新亞生活〔雙週刊〕》，3卷1期〔1961年5月〕，第四講。收入《錢賓四先生全集》〔台北：聯經，1998〕第52冊，《講堂遺錄》，頁175-184），隋唐五代也不乏此呼聲，顧炎武《日知錄》中主張燒異端或與正道不相干的書，顏元則乾脆說書是「乾坤四蠹」之一。除了秦始皇等極端言論的人，主張貶抑士人的畢竟不多見。而以書為乾坤四蠹之一或其他燒書之論，仍只是主張摧抑不合「正道」的書。

「規範知識是勞心者治人的工具」[7]。

在過去，「自然知識」與「規範知識」的區分是沒有社會及思想意義的，原先，農圃百工的「自然知識」是士所看不上眼的，並不形成一個對立的範疇，「萬般皆下品，唯有讀書高」的「書」主要是指四書五經之類的規範知識。而且，宋代以後的知識體系，基本上是以《大學》的「八條目」──「格物、致知、誠意、正心、修身、齊家、治國、平天下」為主。在《大學》「八條目」的傳統下長大的讀書人，格物致知與修身齊家治國平天下的知識是一個連續體。更何況是在理學的傳統下，認為「格物致知」並不是單純的向外追求自然知識。但是現代西方科技知識進來之後，人們逐漸發現所謂格致與治平天下之學不同的，格致與詞章考據是不同的[8]，那也就是「自然知識」與「規範知識」之不同。前者是百工器物、是實用的，後者是道德、政治的原理。四民之中，農工商屬於前者，士屬於後者，這兩種知識的升降當然也就決定了「四民」的性質與定位。

一、四民皆士

晚清出現一種「四民皆士」的觀念，認為理想的現代國家，「士」不是一小群讀書應考者的專稱，所有人民都應該受教育。曾國藩(1811-1872)有一段話，可以說是含蓄的四民皆士的主張，他說：「西人學求實濟，無論為士、為工、為兵，無不入塾讀書，共明其理。」[9]他並未說出「四民皆士」，但是他抱怨中國除「士」以外便不入塾讀書的傳統。「四民皆士」

---

7 費孝通：〈論「知識階級」〉，在費孝通、吳晗等：《皇權與紳權》(上海：知識觀察社，1948)，頁12-3。

8 李端棻：〈請推廣學校疏〉：「格致、製造、農、商、兵、礦諸學，非若考據、詞章、帖括之可以閉戶獺祭而得也。」收在鄭振鐸編：《晚清文選》(上海：上海書店，1987，據1937年初版影印，以下簡稱《文選》)，頁574。

9 〈擬選聰穎子弟赴泰西各國肄業摺〉，《曾國藩全集‧奏稿(十二)》(長沙：岳麓書社，1994)，總頁7332。

的主張很簡單，即四民中的農、工、商也應該讀書、講求他那一門的專業
知識。農、工、商不能只靠一點代代相傳的經驗，也應該研究其中的知識，
所以他們也應成為「士」。郭嵩燾(1818-1891)說古代的士與耕者工者相
同，各以其所能而自養，舜及伊尹是耕者，傅說是工人，呂尚屠且樵，孫
叔敖是商人，皆可任為士[10]。鍾天緯(1840-1900)在〈擴充商務十條〉中也
要求放寬「士」的定義，說「有商中之士，有工中之士，有農中之士」[11]。
後來梁啓超(1873-1929)在《變法通義》的〈學校總論〉中更進一步說：
「士者，學子之稱，夫人而知也，然農有農之士，工有工之士，商有商之
士，兵有兵之士。……今夫有四者之名，無士之實，則其害且至於此。」
[12] 郭嵩燾及梁啓超可以說已將「四民皆士」的主張清楚提出來了。如果回
到前面所提的「規範知識」與「自然知識」之區分，則「四民皆士」是主
張「士」或「讀書人」不應只是攻習「規範知識」的人。不管所講求的是
「自然知識」或「規範知識」，他們都是「士」。在今天看來，這是何等
平常的觀念，但在晚清，這是一個非常令讀書人感到不安的想法，湖南的
王闓運(1832-1916)就認為四民皆讀書是危險而要不得的事[13]。

　　「四民皆士」的思想在晚清是頗有力量的，1900年鄒容(1885-1905)
的《革命軍》也受到這個思潮影響。他說：

> 中國人群，向分為士農工商。士為四民之首，曰士子，曰讀書人。
> 吾見夫歐美人無人不讀書，即無人不為士子。中國人乃特分別之

---

10 《養知書屋文集》(台北：文海，1968)，卷2，〈論士〉，頁1-2。
11 鍾天緯：〈擴充商務十條(上南皮張制軍)〉，收入葛士濬編：《皇朝經世文續編》
　　(台北：國風，1964)，〈光緒十四年序〉，卷116，頁5a。
12 《飲冰室文集》(台北：中華，1950)之一，頁15-6。
13 王闓運：《王志》，卷1，〈論尚志〉：「孔子曰：『民不可使知。』而講學者務
　　使民知，乃至倡為四民徒隸皆須讀書明理之言，…」見王闓運著，馬積高主編：
　　《湘綺樓詩文集》(長沙：岳麓書社，1997)，頁507。

曰士子，曰讀書人，故吾今亦特言士子，特言讀書人。[14]

鄒容的話是當時許多人心中想的，歐美是「無人不為士子」，而中國把「士」獨立出來並高居四民之首是不對的。以上所引，從曾國藩、郭嵩燾、鍾天緯、到梁啓超，到鄒容，經歷了數十年時間，議論也一步比一步突顯。不過另外還有一群人，並未說得如此簡易直截，他們仍想在「士」為四民之首的框架下來重新安排，或者說在以「規範知識」為主體的框架下將「自然知識」安排進去。

為什麼需要如此大費周章呢？因為他們既想維持「士」的優位性，但又充分了解專業知識的重要性。他們有的藉著「部分化」（compartmentalized）來處理，像張之洞（1833-1909）〈勸學篇〉（1902年）中「政」與「藝」的區分即是。他說一個理想中的「士」應該同時掌握「政」（規範知識）與「藝」（自然知識），但是這兩者之間應該有一個先後順序，「政」應該優先於「藝」[15]。王韜（1828-1897）所說的「宜於制科之外，別設專科」[16]也代表這一派的思想。

另外一種想法是承認四民皆士，但認為「士」所學的東西有「大學」、「小學」之別。像熊亦奇便說，應該在所謂「四民」之外加上「兵」成為「五民」，這「五民」所學，「大學」的部分是士所獨學，「小學」的部分是專門之學，士、農、工、商、兵所同[17]。「士」比其他四民多一層「規範知識」之素養，但是他與其他四民一樣都得要擁有某種專業知識。

我不敢說「四民皆士」或上述那些調和論者那一個在當時較佔上風，不過，我們確知當時有一種新四民觀，它逐漸地衝撞自古以來士→農→工

---

14 收在張玉法編：《晚清革命文學》（台北：新知雜誌社，1972），頁114。
15 苑書義等編：《張之洞全集》（石家莊：河北人民，1998），卷271，〈勸學篇〉外篇，「設學第三」，總頁9740，張之洞在談到設立學堂時，小學堂先藝而後政，大、中學堂先政而後藝，「大抵救時之計、謀國之方，政尤急於藝」。
16 〈變法下〉，收在《弢園文新編》（北京：三聯，1998），頁20。
17 〈京師創立大學堂條議〉，《文選》，頁567。

→商的四民順序。

晚明因爲商人精神之興起而出現了「士商異業而同道」，「良賈何負
於閎儒」等帶有突破舊的四民秩序的看法[18]，不過，因爲「士」爲四民之
首的社會價值觀仍在，所以如果能有機會，仍有許多人要「易賈爲儒」，
或栽培子弟成爲讀書人。晚清逐漸形成一種輿論，士、農、工、商地位相
同，並沒有由那一個轉向另一個的需要。除了「四民皆士」之外，晚清也
有以商、工爲本的論調。當時甚至出現一種以「商」立國的論調。鄭觀應
(1841-1923)《盛世危言》說：

> 商務者國家之元氣也，通商者疏暢其血脈也[19]。
> 中國以農立國，外洋以商立國[20]。

又說要：

> 全以商賈之道行之[21]。
> 講求泰西士、農、工、商之學，裕無形之戰以固其本[22]。

鄭氏說西學分爲天、地、人三學，「所謂人學者，以方言文字爲綱，
而一切政教、刑法、食貨、製造、商賈、工技諸藝，皆由人學以推至其極
者也。」[23] 王韜有〈恃商爲國本論〉，薛福成則說「商握四民之綱」，宋
恕(1862-1910)則說「東西文明之國爲士農工商之天下」[24]，也是很清楚點

---

18 余英時：《中國近世宗教倫理與商人精神》(台北：聯經，1987)，頁104-121。
19 《盛世危言》(瀋陽：遼寧人民，1994)，〈商務一〉，頁246。
20 同上，〈商務三〉，頁255。
21 同上，〈商務二〉，頁254。
22 同上，〈商戰下〉，頁244。
23 同上，〈西學〉，頁27。
24 孫寶瑄：〈《忘山廬日記》錄宋恕言行〉，收在胡珠生編：《宋恕集》(北京：中

出在現代國家農工商之重要性。

前面所引的幾段文字，不只提倡四民同樣重要，而且隱隱然將商或工擺在士之上。像前面所引郭嵩燾的《養知書屋文集》中的話，最後幾句是唐宋以後士為閒民，士不能自養，故士之名乃消失[25]。不管是「恃商為本」或士不能自養則「士」之名乃消失，其態度是很激烈的，嚴復（1854-1921）在1895年發表的名文〈救亡決論〉中，也以是否「有用」來決定「士」的地位。他先是說「求才、為學二者，皆必以有用為宗。而有用之效，徵之富強；富強之基，本諸格致。」[26] 也即是說「格致」，即「自然知識」，才是「有用」的，是能致富強的，「規範知識」是不行的，故他在這篇大量批評「士」的長文中宣稱士「為游手之民」、「士者，固民之蠹也」[27]，「然吾得一言以蔽之，曰：無用。」[28] 清末的鄒容則說：中國讀書人不但無用，而且是愚笨，老百姓之愚是因為他們沒讀書，而士人之愚則是因為讀錯了書，故愚笨的程度要超過老百姓：

> 中國士子者，實奄奄無生氣之人也，何也？民之愚，不學而已，士子愚，則學非所學而益愚[29]。

如果我們簡單歸納以上的討論，可以發現「四民皆士」的觀念的興起，以及在士大夫心目中以「規範知識」為主體的典範沒落，形成交互更迭的兩個軸心。過去被輕視的「自然知識」不但逐漸取得與「規範知識」相平等的地位，慢慢地，「自然知識」的地位還要壓倒「規範知識」，它使得士要回過頭來反省並質問自己的定位。實際上，中國當時具有專業知識的

（續）
華，1993），頁1043。

25 《養知書屋文集》，卷2，〈論士〉，頁1-2。

26 嚴復著，王栻主編：《嚴復集》（北京：中華，1985），第1冊，頁43。

27 同上，頁42。

28 同上，頁44。

29 鄒容：《革命軍》，張玉法編：《晚清革命文學》，頁115。

人非常之少，但是實際的數量，並不影響士之「自我形象」的變化，也不影響士人們要以何種標準來評估自己。這種對自我定位的深刻質疑是負疚感的一個重要來源。

二、仕、學合一的中斷

從某一個層面來說，1905年廢科舉是「自然知識」與「規範知識」決裂點，晚清最後幾十年的輿論及現實最終使得「自然知識」壓垮了「規範知識」的地位。

廢科舉是一件劃時代的大事，它為讀書人開啓了許許多多新路，讀書人可以不必一輩子兩眼盯著科舉考試所限定的幾本書，自由地追求各種知識；讀書人也可以不必擠向那近乎唯一的成功的窄門，路途可以無限寬廣，人們可以成為各種專業人士，但是家門前的一條河，有的人會放一條小船航向遼闊的世界，也有的人會把它當作自己和外面世界的天然阻隔，對大部分人來說，廢科舉是斷喪了他們的前途，把只有規範知識而無自然知識的舊讀書人，推向社會的邊緣。廢科舉，使得仕、學合一的傳統中斷了，對某些人來說是解放，但對大部分的讀書人而言，是逼使「士」成為一個漂浮的階層。蔣夢麟(1886-1964)在《西潮》中說，他少年同學中凡是用力於科舉舊學而又表現優秀者，大多潦倒以終，而他自己這位舊書讀得不怎樣的人後來卻輝煌騰達。用他的話說，「我的這些禍根後來竟成為福因，而先生們認定的某些同學的福因結果都證明是禍根。」[30] 仕、學合一的傳統中斷了，四書五經又與現實生活不大發生直接關係，舊的士階層頓失所

---

30 蔣夢麟：《西潮》(台北：世界，1974)，頁30；另一個有趣的實例是來自包天笑(1876-1973)；他的表兄尤子青原在科場上相當得意，但是科舉廢除之後，反倒是由得新學風氣之先的包天笑，將新資訊傳告給他。而且後來包天笑在協辦山東青州府中學堂時，學生中多有年紀稍長者，甚至以獲得秀才、舉人等功名，這使得只有生員資格的包氏「很為慚愧」。見包天笑：《釧影樓回憶錄》(太原：山西古籍，1999)，頁128、297、365。

依，同時也形成舊士與新士之決裂。寫八股文的人看不起新派讀書人，新派讀書人更看不起舊士。但無論如何，廢科舉造成一大群讀書人失業或汲汲營營尋找新出路，也更突顯士之無用及自我定位之困難。

我覺得瞿秋白（1899-1935）〈餓鄉紀程〉中形容所謂「破產的士」，雖然寫作年代已晚至1920年，但對「士」經濟生活之崩潰這一點仍有參考價值。瞿秋白說他自己東奔西走，像盲蠅般亂投，要求生活的出路，「而不知道自己是破產的『士的階級』社會中之一社會現象呵！」[31] 士的經濟困難有兩個來源，一個是廢科舉之後無法調適的士的流離失所，一個是支撐舊讀書人的傳統宗族、農業經濟在西方商品的大量流入之下終於破產，這兩個因素將舊讀書人拋擲出來。瞿秋白用這篇文章來寫他自己，廢科舉時他只有七歲，幾乎不能算是受廢科舉直接影響的人，但是他都有那樣深刻的感受了，我們可以想像老一輩人的境遇[32]。我並不敢說現實上的困境必然導致士的自貶，但我們必須放在心上的是，1905年廢科舉是空前的事件，它的拋擲力也是空前的，它把「士」的「無用」映照得格外鮮明，這與士之自貶自抑不可能沒有任何關係。

三、從「無用」到「無道德」

除了因為無「用」而引起的自貶外，清末還有一些讀書人開始認為，即使從道德的層面去考量「士」的水準，則士自許為四民表率的說法根本站不住腳，當時「士」的道德水準不但不是最高的，甚至可能是四民中最低的。這是讀書人造自己的反的一個新高度。章太炎（1869-1936）在1906

---

31 瞿秋白：〈餓鄉紀程〉，在《瞿秋白詩文選》（北京：人民文學，1982），頁33。
32 例如身處山西而只有舉人功名的劉大鵬（1857-1942），對廢除科舉一事便指出當時士心渙散，讀書人將不知何去何從，教學於蒙館者紛紛失業，無以謀生。見劉大鵬：《退想齋日記》（太原：山西人民，1990），1905年10月15日至12月25日等條，頁146-48。

年之〈革命道德說〉即從道德的良窳來論貶士流。

　　章氏這篇文章當然有其時代背景，他顯然是想反駁梁啓超《新民說》一開始那幾篇強調「公德」重於「私德」的文章，同時也針對當時革命志士道德水準低落而發。章氏在文章中認爲革命黨人須先具「私德」，沒有「私德」便談不上「公德」。章氏認爲道德的程度隨職業而變，他將中國當時人民依職業分成十六種：農人、工人、稗販、坐賈、學究、藝士、通人、行伍、胥徒、幕客、職商、京朝官、方面官、軍官、差除官、雇譯人，「其職業凡十六等，其道德之第次亦十六等」，而且職業愈高，知識愈高，道德水準愈低。決定道德高下的標準是「確固堅厲、重然諾、輕死生」，而依這個簡單的標準去衡量，農人道德最高，工人、稗販、坐賈、學究、藝士，雖各有一些毛病，但都不失爲有道德之人，但是從「通人」以上，便開始進入沒有道德的範疇！章氏說「故以此十六職業者，第次道德，則自藝士以下率在道德之域，而通人以上則多不道德者」，「要之，知識愈進，權位愈申，則離于道德也愈遠」，而且他說「今日與藝士通人居，必不如與學究居之樂也；與學究居，必不如與農工稗販坐賈居之樂也；與丁壯有職業者居，必不如與兒童無職業者居之樂也。」[33]

　　「通人」是劃定道德高下的界限，「通人」以上是壞的，「通人」以下才是好的，誰是通人？「通人者，所通多種，若樸學，若理學，若文學，若外學，亦時有兼二者。樸學之士多貪，理學之士多詐，文學之士多淫，至外學則并包而有之。」又說「通人要多無行」[34]。而「無行」的人不只是治傳統學問之人，甚至還包括熟習西學的人。

　　章太炎有一層沒有說出的意思，憑藉專門技術維生的人比較有道德，無專門技術或其職業本身牽扯太多社會交往的人，其道德水準多不可保，社會化愈深，道德水準愈低。

33　〈革命道德說〉，《太炎文錄初編‧別錄》，卷1，在《章太炎全集》（上海：上海人民，1985），冊4，頁280、283、287。
34　同上，頁281-3。

　　章太炎還說，有道德的六種人，如果變得有知識了，就要開始失去其
道德品質，他說「浸假農為良農、工為良工、賈為良賈，則道德且不可保；
學究、藝士進而為通人，資藉既成，期于致用，其道德又爽然失矣。」[35]
這真是一個奇怪的標準，愈有知識，愈無道德，愈為良農良工良賈，即道
德愈不可保，所以，樸拙是好的，「知識」是壞的，讀書人是有知識的人，
所以也是道德上有問題的人。

　　有趣的是章太炎將「學究」與「通人」對立起來。學究本來是被嘲笑
的，但在這裡是比較高的，「通人」本來是儒家的理想，這裡成了最無道
德的之人。而他此處的所謂「通人」大多指的即是當時的學者。而「通人」
以上者，則大多求作官，而且他所指述的這些作官的途徑，大多是靠著鑽
刺，這似乎是在說儒家最大的問題是「湛心榮利」，而章太炎認為，「士」
以作官為職志是行不通的。章太炎寫這篇文章時，科舉剛廢，而太炎似乎
也在說仕、學合一的傳統是不行的。

　　章太炎對「士」毫不容情的批判當然與他對「儒」的研究與批判不能
完全分開。在〈諸子學略說〉中，他動輒說「儒家之病，在以富貴利祿為
心」[36]，說「儒家之湛心榮利，較然可知」[37]，說「君子時中，時伸時絀，
故道德不必求其是，理想亦不必求其是，惟期便於行事則可矣。用儒家之
道德，故艱苦卓厲者絕無，而冒沒奔競者皆是。」[38] 又說「儒家者流，熱
中趨利，故未有不兼縱橫者。」[39] 如果比較〈革命道德說〉與上述的幾段
話，可以發現判斷有無道德的標準是一樣的是否能「艱苦卓厲」，是否能
言必信，行必果，而儒者所熟習的是一些在現實上沒有作用的四書五經，
又沒有專門的維生技能，故必須依靠著買空賣空販售其所謂治國平天下的

35　〈革命道德說〉，頁283。
36　收在湯志鈞編：《章太炎政論選集》（北京：中華，1971），頁289。
37　同上。
38　同上，頁291。
39　同上，頁296。

知識以維持住自己的身分,所以只能是熱中趨利,是奔競,是不能堅守原則。

　　章太炎對中國社會各階層道德品質的分析,與他對晚清士流的第一手觀察有關(其中還包括對康有為等孔教人物的不滿),但是他的反省與批判也等於指出「士」的舊路是走不通的,不應該有這一個階層。

　　對「士」的失望使得這批讀書人寄希望於另一階層,即下層百姓。造成這一思路的原因很多,非此處所能詳論。清末浮現的社會主義思想,尤其是無政府主義當然與此有關[40],在談到這一思路時,還是要再提一下當時的思想怪傑宋恕。宋恕顯然懷抱著濃厚的社會思想。他曾出語驚人地宣稱應「由貧民來定道統」[41],他又宣稱「士大夫之品評無據,遠不如種田挑擔人之有真是非。」[42]可惜宋恕並未充分開展這一思想,所以其深義並不容易把握。

　　與宋恕、章太炎約略同時的「白話道人」林獬(1874-1926)則宣稱「現在中國的讀書人,沒有什麼可望了」。白話道人在《中國白話報》的發刊辭上,一方面說只要這一個報館一直開下去,用不到三年,「包管各位種田的、做手藝的、做買賣的、當兵的,以及孩子們、婦女們,個個明白,個個增進學問,增進識見,那中國自強就著實有望了。」但同時也說「唉呀!現在中國的讀書人,沒有什麼可望了!可望的都在我們幾位種田的、做手藝的、做買賣的、當兵的,以及那十幾歲小孩阿哥、姑娘們。我們這一輩子的人,不知便罷,倘然知道了天下的大勢,看透了中國的時局,見得到便做得到,斷斷不像那般讀書人口是心非,光會說大話做大文章,還要天天罵人哩。」[43]我們當然可以猜想白話道人是為了推廣報紙給下層

40　劉師培等無政府主義者皆持這類看法。
41　胡珠生:《宋恕年譜》,在《宋恕集》,頁1126。
42　同上,頁1096。
43　收在張枏、王忍之編:《辛亥革命前十年時論選集》(北京:三聯,1962),第一卷下冊,頁604-5。

百姓看，所以說些討好百姓的話，可是討好、鼓勵下層百姓並不一定要同時貶抑讀書人。同時代辦白話報的人，像陳獨秀(1879-1942)宣揚他的《安徽白話報》時，就未說這種話。

四、「我很慚愧，我現在還不是一個工人」

讀書人的自貶、自我邊緣化可以分兩階段。前一階段是「士」，下一階段是「知識份子」。前一階段是現實環境逼出來的，後一階段則是在俄國革命思潮影響下讀書人自我形象的改變。前一階段意見是分散的，後一階段的意見比較集中，前一階段側重「士」之無品無用，而第二階段著重強調做一個知識份子是有罪的，或者說理想上不應該做個讀書人，而應該是作個工人。「勞工」成為人們追求的理想，而不是知識份子。這時人們想望的不是「四民皆士」，而是「四民皆工」。他們並不主張四民平等，而是認為「士」是四民之末。這個階段開始於新文化運動，或應該說俄國大革命成功之後。

俄國大革命為中國的社會主義者打了一劑強心針，李大釗(1889-1927)在俄國大革命成功的消息傳來後，在《新青年》的五卷五號上發表了〈庶民的勝利〉(1918年11月5日)，說今後的世界會變成勞工的世界，「我們應該用此潮流為使一切人人變成工人的機會」，同時又說「我們要想在世界上當一個庶民，應該在世界上當一個工人。諸位啊！快去作工呵！」[44]

北大校長蔡元培(1868-1940)發表了一篇〈勞工神聖〉，蔡元培是這樣說的：

> 不管他用的是體力、是腦力，都是勞工。所以農是種植的工，商是轉運的工，學校職員、著述家、發明家，是教育的工，我們都

44　〈庶民的勝利〉，《李大釗選集》(北京：人民，1978)，頁111。

是勞工[45]。

由「四民皆士」到「四民皆工」，前後不過短短幾十年而已。

在俄國大革命成功之後不久，便有「五四運動」。「五四」是以知識
份子為主體的運動，這兩個事件使得此時有關知識份子的問題，出現了兩
種意見，一派認為知識份子是社會的重心，一派認為勞工才是社會的重心，
在當時知識份子心中，也常以同時存有這兩種互相矛盾的想法，當然也有
主張這兩者應該聯手的。李大釗在1920年一篇文章中說「勞工階級」與「知
識階級」應該攜手合作。李氏在這篇題為〈知識階級的勝利〉中說，五四
以後，「知識階級的勝利已經漸漸證實了。我們很盼望知識階級作民眾的
先驅，民眾作知識階級的後盾。」不過他又進一步定義「知識階級」就是
「一部分忠於民眾作民眾運動的先驅者」[46]。在說了這麼多之後，他並不
放棄民眾主體論中不與民眾發生關係的讀書人，即不能為「知識階級」。

李大釗的思想在當時青年學生中很有力量。羅家倫(1896-1969)、傅
斯年(1896-1950)等《新潮》領袖，在當時都免不了受到他的影響。1919
年，剛從北大畢業的傅斯年在山東老家寫了這樣一篇後來從未發表的文稿
〈時代的曙光與危機〉，他說「然而僭竊者何嘗專是帝王貴族紳士的高號
呢？我們不勞而亦食的人對於社會犧牲的無產勞動者，也是僭竊者，將來
他們革我們的命，和我們以前的人革帝王貴族的命是一種運動。」[47]以前
的「士」也是「不勞而食」者，可是他們看到汗水淋漓的農人、工人，卻
並沒有什麼不安或慚愧的感覺，但這一代的青年想法不同。他們受到新思
想的洗禮，所以即使看到的是亙古以來不變的現象，心中的反應卻是截然
不同的。

---

45 收在中國蔡元培研究會編：《蔡元培全集》(杭州：浙江教育，1997)，第3卷，頁464。

46 原載：《新生活》，23(1920年1月25日)，《李大釗選集》，頁308。

47 傅斯年未刊稿，在中央研究院歷史語言研究所收藏「傅斯年檔案」中，因原先夾
於文件中，未編號。

　　與傅氏同在北京、帶有浪漫色彩的王光祈(1892-1936)，受了左派思想及「新村主義」的影響，在1918年6月與李大釗等人發起了少年中國學會。1919年王氏在〈少年中國學會之精神及其進行計劃〉描繪這一個孕育了一代有志青年的團體說，改造中國最有希望的是「中國勞動家」，而他們想達到的理想社會是沒有階級的，「智識階級同時便是勞動階級」，「我們自身便是勞動者，便是勞動階級的一份子」，在這個社會中讀書和作工是在一起的[48]。王光祈自己是讀書人，而想望成為「勞動階級的一份子」，相當值得注意。1919年底王氏在北京發起工讀互助團，試驗「學者」、「作工」的生活理想。毛澤東(1893-1976)在「少中」發起為每一個人洗衣服，每次收一枚銅板，即充分體現了北京工讀團將「工人」與「學者」合為一途，「工人」即「學者」，「學者」即「工人」的理想。雖然北京工讀及各地響應的組織在經過短短的幾個月就宣告失敗[49]，王光祈也很快地出國留學，最後死在德國，但這個社團對一代青年的影響是非常大的。有人就說：「念書人是什麼東西，還不是『四體不動，五穀不分』，無用而又不安生的一種社會的蠹民嗎？號稱是受了高等教育的人了，但是請問回到家裡抗得起鋤，拿得起斧子、鑿子，擎得起算盤的可有幾個人？」[50]

　　在這樣的空氣中，來自杭州的一位敏感青年施存統(1898-1970)──他幾乎對當時的每一個新風氣都敏感，在新文化運動時，大膽寫出〈非孝〉的文章，引來杭州政府當局對浙江第一師範的鎮壓。而這個時候施存統也敏感到這一種新的浪潮，他這樣煩惱地慨歎著：

　　　　我很慚愧，我現在還不是一個工人[51]。

48　《少年中國》，1:6(1919年12月)，頁6-7。

49　彭明：《五四運動史》(北京：人民，1984)，頁512-20。

50　真：〈教育的錯誤〉，《平民教育》，第9號，1919年12月6日，轉引自彭明：《五四運動史》，頁506。

51　施存統：〈復軼千〉，《民國日報‧覺悟副刊》，1920年4月16日。施存統後來陸續寫過像〈只要我是一個工人〉的文章(《民國日報‧覺悟副刊》，1924年12月7

　　五四之際，「階級」這個概念成爲思想家分疏既有概念的另一項重要武器，他們的論說愈趨細密，像李大釗就說「平民政治」是不對的。他說，因爲「平民政治」的曖昧會把作人民半數的婦女排出去，並把大多數無產階級的男子排出「平民」之外，所以他所要的是「工人政治」（Ergatocracy）[52]。而左轉之後言論日趨激烈的陳獨秀討論到現在及將來的國民運動時，認爲主要的動力是商人、工人、農民，但知識階級的「連鎖作用」仍不可輕視，「正因爲知識階級沒有特殊的經濟基礎，遂沒有固定不搖的階級性。」應該使知識階級爲工人政治服務[53]。

　　在1927年，當王國維（1877-1927）自沈後，顧頡剛（1893-1980）在《文學周報》發表了一篇紀念文字，他一面紀念，一面卻又責備王氏。他說學術研究工作應該是要像「作工」一樣，「我們應當造成一種風氣，把學者脫離士大夫階級而歸入工人階級」，這段話有兩種意義，即學術研究像是工人作工，而且「他們的地位跟土木工、雕刻工、農夫、織女的地位是一樣的，他們都是憑了自己的能力，收得了材料，造成許多新事物，他們都是作工，都沒有什麼神秘。」應當「把學者們脫離士大夫階級而歸入工人階級」，所以人們不必認爲會寫文章的人有什麼神聖，必定要做官，也必定要被社會「捧作民眾的領袖」，學問研究與作官是兩回事。知識份子應該和「民眾」在一起，他拿王國維作反面教材批評說，王國維少年時期在日本已經剪了辮髮，到了民國成立後反而留起辮子來，最後還殉清，「這就是他不肯自居於民眾，故意立異，裝腔作勢，以鳴其高傲，以維持其士

（續）———————————

　　日）。關於施存統〈非孝〉一文與浙江一師之風潮，可參夏衍：《懶尋舊夢錄（增補本）》（北京：三聯，2000），頁29-30。關於施氏一生之梗概，參見石川禎浩：〈施存統と中國共產黨〉，《東方學報》，68冊（1996），頁245-358。

52　李大釗：〈平民政治與工人政治〉，原載：《新青年》，9:6（1922年7月1日），收在《李大釗全集》，頁396-398。

53　陳獨秀：〈中國國民革命與社會各階級〉，任建樹、張統模、吳信忠編：《陳獨秀著作選》（上海：上海人民，1993），第2卷，頁562。

大夫階級的尊嚴的確據。這種思想是我們絕對不能表同情的。」[54] 顧氏原來是想成爲王國維弟子的，但在這裡竟有譴責的意思，其關鍵原因是讀書人積極希望成爲他們所不是的身分，他們認爲自居爲士大夫是可恥的，應該成爲「工人」或「民眾」，而王國維卻選擇維持士大夫的架子。

經過幾年的宣傳，「勞工神聖」的論調已定，翻開當時的各種報刊雜誌，都不難看到類似「我很慚愧，我現在還不是一個工人」或「只要我是一個工人」之類的話，只是文字沒有這麼戲劇性而已。左派知識份子對這個主張非常敏感，此處僅舉惲代英(1895-1931)爲例，他到處批評人們是「士大夫救國論」者，1924年10月青年黨國家主義派出版《醒獅週報》，這個刊物直截了當反對共產主義，惲氏在次年4月25日的〈評醒獅派〉中說：「自從《醒獅週報》出版以後，我又加了一種不贊成他們的理由：便是他們的『士大夫救國論』。他們是把士商階級看得很重要，而忽略農工平民的力量。」「他們的意思，卻只是說這一派士大夫是太糟了，須得另外換一批好的士大夫來。」他又說：「二、三十年來，康有爲、梁啓超、章行嚴、黃炎培、胡適之輩，皆曾爲一時士大夫救國者之領袖，然一一都墮落，成爲過去之人物。」[55] 青年黨領袖左舜生(1893-1969)很快地在5月16日《醒獅週報》三十二號上發表〈答共產黨并質惲代英君〉，說他們並沒有提出「士大夫救國論」，對惲代英「硬指定我們的言論是『士大夫救國論』」表示不解，並反唇相譏共產黨是一批大學校長、教授及大學生利用青年、利用農工階級爲「攘奪政權的武器的士大夫」[56]。文章刊出，惲代英又於《中國青年》八十二期(1925年7月18日)中說「我們卻做夢不敢自命爲『士大夫』，更不敢自命靠『士大夫救國』」。他仍強調士大夫時時可以賣國，並要左舜生「還是丟了那個迷信士商階級的空想，來與我們注

54　以上見顧頡剛：〈悼王靜安先生〉，在《王觀堂先生全集》(台北：文華，1968)，冊16，頁7134-5。

55　原載：《中國青年》，收在《惲代英文集》(北京：人民，1984)，下卷，頁665-6。

56　左舜生文發表於《醒獅週報》32號，第二、三版。

意下層階級發展他們的監督力量罷！」[57]

同年七月，戴季陶(1891-1949)發表了《國民革命與中國國民黨》，其中提到最少在未來五十年，中國的政治應該完全握在「信奉三民主義的中國青年手裡」[58]。瞿秋白馬上在《嚮導》發表他那有名的〈中國國民革命與戴季陶主義〉(1925年)，指控說戴季陶是以為「等到政治權力握在所謂三民主義青年(知識階級)手裡之後，自然會實現民生主義。[59]」從以上爭執我們可以看出當時思想界已清楚分成兩邊，五四以後「青年」是時髦的，但這個時候只是「青年」還不夠，必須認定勞工才是肩負歷史未來走向的重心。而鼓吹它的，當然一無例外是讀書人。

五、「偽知識階級」

我認為在林林總總的相關文章中，最有代表性的一篇是陶行知(1891-1946)的〈「偽知識」階級〉(1927年)。陶氏受教於杜威(John Dewey, 1859-1952)，熟聞其「生活即教育」之宗旨。他又對當時左翼知識份子的思想相當同情，所以這篇震撼一時的〈「偽知識」階級〉是上述兩種思想的集合體，再加上一點清儒顏元(1635-1704)的色彩。

陶行知的思想發展歷程及其事業當然遠比上述複雜，他的事業以鄉村教育為主，他的理想是使得全國二千六百萬鄉村的農民皆能得到教育，同時要以學校作為改造社會的中心，他認為為了達到這個目標，傳統教育與舶來的教育都不行，他逐漸摸索出一套「教學做合一」的方法，而且強調教、學、做三者之間不可以有逗點，因為這三者是一件東西[60]。就在這一

---

57 〈答《醒獅週報》三十二期的質難〉，《惲代英文集》，下卷，頁688。
58 《國民革命與中國國民黨》(台北：陽明山莊影印，1951)，頁63。
59 瞿秋白：〈中國國民革命與戴季陶主義〉，《瞿秋白選集》(北京：人民，1985)，頁184。
60 華中師範學院教育科學研究所主編：《陶行知全集》(長沙：湖南教育，1985)，卷2，〈教學做合一〉，頁41。

套理論逐漸發展成熟時，他辦了曉莊師範，在創辦曉莊師範一年後，他發表了〈「偽知識」階級〉。在這篇長文中，陶行知把「知識」等同於「銀行」，說如果「知識」沒有實際生活中的作用，即等於「濫發鈔票」。西方的實用主義強調「思想」是一張支票，不能實用的「思想」即等於不能兌現的支票[61]。如果再把費孝通的「規範知識」與「自然知識」拿來作為參照，則陶行知對「真知識」的定義，有時候比晚清以來強調「自然知識」的人還更狹窄。他說：

> 只有從經驗裡發生出來的文字才是真的文字知識，凡不是從經驗裡發生出來的文字都是偽的文字知識[62]。

這不等於是不自覺地把聲光化電之學中比較深奧的原理的部分排除在外了嗎？至於他所指斥的「偽知識」，則是舊讀書人所熟悉的「規範知識」：

> 偽知識和偽鈔票一樣，必須得到特殊勢力之保障擁護才能存在。「偽知識」階級是特殊勢力造成的，這特殊勢力在中國便是皇帝[63]。

他說帝皇之所以要保護沒有用的「偽知識」的理由是他們要把江山當作子孫萬世的財產，所以必須收拾這些讀書人，收拾的法子便是使這些讀書人離開「真知識」去取「偽知識」[64]。後來費孝通的〈論知識階級〉中，也出現了相近的論點，說「規範知識」是靠著皇帝的保獲繁衍下去。陶氏

61　《陶行知全集》，卷2，〈「偽知識」階級〉，頁88。
62　同上，頁90。
63　同上。
64　同上，頁90-5。

又說「僞知識的工夫做得愈高愈深，便愈能解決吃飯問題」[65]，而且整個家教都要把他們的年青子弟趕進皇帝所設的圈套[66]：

> 這種知識除了帝王別有用意之外，再也沒有一人肯用錢買的了；
> 就是帝王買去也是絲毫無用，也是一堆一堆的燒去不要的[67]。

陶氏認爲近代中西之對抗，用另一句話說，即是「僞知識的國」與「真知識的國」的抗衡，兩者對抗像雞蛋碰石頭一般[68]。

陶行知不能算是反智論者，他用很大力氣闡明「書只是一種工具」，他提倡類似「四民皆士」，也就是「三百六十行，行行都要用書」來打破「讀書人的專利營業」，既然三百六十行的人都用書，也就沒有「讀書人」這一行了。他說書是拿來「用」的，書不是拿來讀的，「所以提到書便應說『用書』，不應說『讀書』，那『僞知識』階級便沒得地方躲了。」他說：

> 農人要用書，工人要用書，商人要用書，兵士要用書，醫生要用書，……三百六十行，行行都要用書。行行都成了用書的人，真知識才愈益普及，愈能發現了。

他說等到三百六十行都是「用書人」，「讀書的專利營業」，「三百六十行決沒有教書匠、讀書人的地位，東西兩半球上面也沒有中華書呆國的立足點。」[69] 既然三百六十行沒有「教書匠」，「讀書人」的地位，那

65　《陶行知全集》，卷2，〈「僞知識」階級〉，頁90。
66　同上，頁91。
67　同上。
68　同上，頁92。
69　同上，頁95。

麼「教書匠」與「讀書人」的地位在那裡呢？他們要如何定位呢？用毛澤東的話說：「皮之不存，毛將焉附？」

寫到這裡，我必須強調，以上這些文章的作者都是讀書人，絕沒有一言一字來自農、工、商。真正的農、工、商始終對讀書人抱有相當高的敬意。讀書人要造自己的反，這是一個擋不住的潮流。

必須強調的是，與此同時另一批文化菁英主義者，像胡適（1891-1962）、傅斯年、蔣廷黻（1895-1965）這些人的言論中都見不到對知識份子如此灰心喪志的話，他們仍相信一群有理想的文化菁英仍然是積極正面的力量，相對於「勞工階級」，他們提出的是所謂「社會重心論」，希望中國知識界出現幾十個出色的學者，成為社會的重心，並以他們為核心領導國家的穩定進步。胡適一生的言論幾乎都是在提倡如何檢討中國社會的病根，並步趨西方文明腳步，在這個前提下，現代知識份子，而不是工人，才可能成為建設一個現代社會的承擔者。胡適在1926年的兩段言論可以代表這種看法。這一年7月，胡適出國前在北大演講「學術救國」，說「救國不是搖旗吶喊能夠行的，是要多少多少的人投身于學術事業，苦心孤詣，實事求是的去努力才行，……日本很小一個國家，現在是世界四大強國之一，這不是偶然來的，是他們一般人都盡量的吸收西洋的科學學術才成功的。你們知道，無論我們要做甚麼，離開學術是不行的。」[70] 同年9月17日的一段日記上也說：

> 德國可學，美國可學，他們的基礎皆靠知識與學問。此途雖迂緩，
> 然實唯一之大路也[71]。

而比他們年輩較早的蔡元培、吳稚暉（1865-1953）、李石曾（1882-

---

70 耿雲志：《胡適年譜》（北京：中華，1986），頁98。
71 《胡適的日記（手稿本）》（台北：遠流，1990），第5冊，未標頁數。

1973)、汪精衛(1883-1944)也持相似之論。吳稚暉說:

> 近日余與子民、石曾、精衛等聚談,皆確然深信:惟一之救國方
> 法,止當致意青年有志力者,從事于最高深之學問,歷二、三十
> 年沈浸于一學。專門名家之學者出,其一言一動,皆足以起社會
> 之尊信,而後學風始以丕變。即使不幸而國家遭瓜分之禍,苟此
> 一種族,尚有學界之聞人,異族虐待之條件,必因有執持公理之
> 名人為之刪減。于是種人回復之力,可不至于打消淨盡[72]。

　　至於傅斯年,前面已經提到過,傅斯年在五四前後有一個短時間對作
為讀書人的身分是相當內疚的,但是他在五四之後隨即出洋,在英德兩國
待了七年多,深受當時西方自由主義傳統的洗禮,他早年的那種語調經過
七年多的淘洗已經慢慢消失了,傅氏後來發表的文章雖然還一貫地同情下
層民眾,可是他顯然已轉化成一個學術菁英主義者,把學術建設當作救中
國的正途[73]。九一八之後,全國輿論空氣中對知識階級責備甚深,蔣廷黻
在1933年的〈知識階級與政治〉中,雖不無歉然地表示中國近二十年的內
亂,與其歸咎武人不如歸咎文人,並且說知識階級應該要做某些事,不應
做那些事,但是他仍然堅持知識階級是國家的重心[74]。由上述可以看出,
文化菁英主義者也是不絕如縷。

　　不管是第一階段或第二階段,知識份子的自我貶抑運動,歸根究底,
皆與近代儒家自我定位的危機有關。「士」原來的自我定位是什麼?簡言
之,即以四書五經為其訓練,去實踐治國平天下之理想,其職業則是作官,

---

72 〈四十九歲日記選錄〉,收在《吳敬恒選集》(台北:文星,1967),「序跋遊記
雜文冊」,頁221。

73 參見我的 *Fu Ssu-nien: A Life in Chinese History and Politics* (Cambridge: Cambridge
University Press, 2000), pp. 67-8.

74 收在《蔣廷黻選集》(台北:文星,1965),冊2,頁299-306。

「做了官是大夫，沒有做官是士；士是候補的大夫。」[75] 但近代中國現實上的變局使得四書五經中的「規範知識」遠遠敵不過聲光化電的「自然知識」，即使在治國平天下方面，西方那一套政經制度看來也要遠比中國的四書五經所規範的那一套強，1905年廢科舉則從現實上徹底切斷舊讀書人原先認定的天經地義的出路——作官。以上種種嚴重動搖了舊讀書人的自我定位，在俄國大革命成功之後，「階級」觀念湧入，讀書人不但懷疑自己是不是承擔國家前途的階層，而且自責、自疚，認為自己是一不勞而食的階層，是四民之末，應該謙卑地學習成為工人，應該不時反身自問「為什麼我還不是一個工人」。

李大釗、陳獨秀、瞿秋白、惲代英等思想家對知識份子所持的論點，在後來基本上是延續未變，並且形成國家政策。任何一種有關中共知識份子歷史的研究中，都很清楚指出，雖然中共領導人承認廣大知識份子是革命動力之一，是首先覺悟的成分，但知識份子所受到的對待基本上是不行的。在不行中仍然有起有落，知識份子有過兩個「春天」，但也有無數的壓抑，中共領導人們有的傾向壓抑「戴眼鏡的」(如李立三、張國燾等)，有的持較寬大的態度(如周恩來、鄧小平等)，但是無論寬嚴，其理想仍是把知識份子改造成為工人階級的一部分。毛澤東在建國之初宣示，對知識份子要「團結、教育、改造」，而所謂「改造」，就是改造成工農階級的一部分。

只要稍一閱讀相關的文件，我們可以發現，凡是想為知識份子爭取比較寬大待遇的，就反覆論證當時的知識份子已經是工人階級的一部分了。譬如1950年，在〈關于劃分農村階級成分的決定〉中說當時全國二百多萬知識份子中，大多數屬於「職員」，而「職員為工人階級中的一部分」。周恩來於1956年所發表〈關於知識份子問題的報告〉中說，知識份子中絕

---

75 朱自清：〈文學的標準與尺度〉，《朱自清古典文學論文集》(台北：源流文化，1982)，頁5。

大部分「已經是工人階級的一部分」，鄧小平在1977至1978年所主持的一系列會議，反覆論證知識份子是工人階級的一部分，到了1983年，胡耀邦，也是藉著宣告知識份子已是工人階級的一部分來提高知識份子之待遇。凡是要打壓知識份子的時候，則每每要從各方面闡釋知識份子仍不能算是屬於工人階級，譬如毛澤東在1957年7月9日的上海幹部會議上有名的講話，強調知識份子不是工農的同盟兄弟，而是工人、農民請來做服務工作的，要聽工農使喚[76]。

不管是要整知識份子或善待知識份子，在理念的展現上，仍然與「四民皆工」或「我為什麼還不是一個工人」的想法相一致，足見它早已由早期的思想討論變成為國家政策。讀書人自己造自己的反，自己貶低自己，其後果當然是很明顯的；自貶久了，統治者就要把你澈底踩在地上了。讀書人既然這麼貶低自己，統治者有什麼理由要看重讀書人呢？把「臭老九」送給讀書人的是另一個讀書人，當然也不令人感到意外。

結語

上述的討論，只是想釐清一段劇烈的歷史變化，那就是「士」如何由自視為四民之首到變成以工人自期，同時希望把幾千年來政治領域中無足輕重的工農提到政治的中心；這是秦漢以來最重要的變化之一。這個大變化可以分成兩個階段，第一個階段是現實的挫折造成的，一方面是「自然知識」壓倒「規範知識」，另一方面是仕學合一傳統的中斷。可是第二個階段顯然就沒有那麼明顯的客觀環境因素了。在知識份子還佔著思想界主流的地位，甚至是在知識份子領導的五四運動之後不久，受到俄國革命的影響，讀書人開始自問為何我還不是一個工人。

---

76 以上引文皆見於戴知賢：《毛澤東文化思想研究》（北京：中國人民大學，1992），頁129-175。

　　自我邊緣化並不是當時唯一的一種聲音，與之相頡抗的是以建立中國
的學術社會爲主軸的一批文化菁英主義者，這兩派對學術發展形成兩種截
然不同的看法。菁英主義者力求「提高」思想學術水準，以求步趨西方之
後，最後超越西方。另外一派是想儘可能地「適應」，適應這一個以廣大
農村爲主體的中國社會，甚至應該主張回過頭來向大眾學習。陶行知的許
多話，譬如說「文化是大眾所創造的，文化是被小眾所獨占」，或是說「近
代工人對于發明上千千萬萬的貢獻都給科學家偷去寫在自己的賬上」，又
如說社會即學校，整個鄉村是我們的學校[77]，都反映了一種根深蒂固的心
理，用他的話說，是「小眾」（知識份子）竊取了「大眾」的業績，「小眾」
應該向「大眾」學習。胡適、傅斯年、蔣廷黻等文化菁英主義者，則認爲
中國知識太過落後，大眾應該在知識份子領導下，向英、美、日本學習。
當然，這兩派人對救國究竟應該走學術的路，還是走工農的路，也是截然
劃分的。

　　許多學者指出，傳統中國的支配階層是由一種三位一體的格局所組成
的：一是官僚，二是地主，三是士大夫，它們形成了綿密複雜的互動與制
衡[78]。熟悉傳統知識份子歷史的人，當然不會天真到相信傳統士大夫確能
如何有效地與專制皇權相抗衡，但是至少在主觀的理想上，不少讀書人是
自信可以也應該如此做的，所以會出現天下唯「理」與「勢」最尊、而「理」
尤尊於「勢」（呂坤語），或是「皇帝應該是吾儒學中儒者做，不該把世路
上英雄做」、「吾儒最會做皇帝」（曾靜語）這樣的話。可是當知識份子認
爲自己不如一個工人時，這種要約束甚至抗衡統治者的正當性及氣勢都變
得有點可笑了。有許多人好奇，何以現代中國的知識份子一步一步失去制
衡統治者的力量，這當然是一個相當複雜的問題，有人歸因於知識份子的
軟弱，但是怎麼會突然有一、兩代的知識份子都變得如此軟弱，原因之一

77　《陶行知全集》，冊3，〈文化解放〉，頁76。
78　鄒讜：《二十世紀中國政治》（香港：牛津大學，1994），頁47。

應該是在自我邊緣化之後知識份子失去了抗衡統治者的正當性與自信。同時，社會也失去多元的聲音，政治決策也全面輕視專業知識的重要性，以致許許多多的問題也跟著產生了。

第三編

新知識分子與學術社群的建立

一個新學術觀點的形成
——從王國維的〈殷周制度論〉到傅斯年的〈夷夏東西說〉

在現代中國的新學術社群中，出現不少新的論述，它們紛紛取代舊說，成為人們在相關研究領域中的典範。而這些論述的形成，有學術內部發展的邏輯，但也常常帶著新思潮的烙印。現在，我想舉史學研究方面的一個例子，來分析新論述形成的過程。我想討論的是「古史多元觀」的形成，它是一個相當有力量的「工作假設」（working hypothesis），對古代歷史作了一種由一元到多元的詮釋。而這個新詮釋觀點與王國維（1877-1927）和傅斯年（1896- 1950）是分不開的。

王國維與傅斯年出生時間相差將近二十年，一位是清代遺老，一位是五四青年；一位聲嘶力竭提倡保護傳統文化的價值，一位是近代反傳統的健將。他們的社會角色截然不同，著作卻有著相當微妙的關聯。但是在傅斯年的已刊及未刊文稿中，除了早年的一篇書評外，從未專文討論過王國維，這就使得後人要考索這一層因緣變得相當困難。然而傅氏藏書中對王氏著作的眉批卻是提供了一些線索。

一

在1920年代至1930年代，先後出現幾種論著提倡多元古史觀，依時代先後，分別有蒙文通（1894-1968）的《古史甄微》（1927年）、傅斯年的〈夷夏東西說〉（1934年）、徐炳昶（1888-1976）的《中國古史的傳說時代》（1943年）。

古史多元論的產生，與顧頡剛（1893-1980）的古史辨運動自然有密切

的關係。他在一些震人心弦的文章中質疑古代民族出於一元的舊觀念，提出古代民族應當出於多元的推想，同時也頗懷疑殷、周本不相干[1]。古史辨派將上古信史擊成碎片，使得後來的史家能較無拘束地將這些碎片重新綴合。蒙、傅、徐三人在某種程度上都是對顧頡剛《古史辨》的回應。蒙文通的三集團說最早出，但在當時影響較小。徐炳昶先生之書最爲晚出，以分析古代神話爲主。

至於傅斯年的〈夷夏東西說〉，不只批判性地運用文獻，而且深受當時考古新發現的影響，並時時以新出土之甲骨作爲證據，論證相當細密，貫串全文的方法，一個是種族的，一個是地理的。引用勞榦先生的話，這一篇文章對於殷人在東、周人在西這一點「有一個透徹的了解」，「根據這個理論來推斷殷、周兩部族的來龍去脈，以及中國文化史的淵源與其分合，那就更顯然如在指掌」[2]。這篇文章一直到今天都有重大影響。

傅斯年這一篇文字的思想源頭是多方面的。有人認爲他可能是受了哥廷根大學漢學家哈隆(Gustav Haloun)的影響[3]，我個人不太贊同此說。傅氏在歐洲並不學歷史，而且我遍檢他的藏書也未見到哈隆的文章。細讀哈隆的文章，也可以發現他的觀點與傅氏並不相同。惟有重視上古多元民族，民族遷移這一方面兩人的取徑有相似之處，但是重視種族本來就是當時德國史學界共同關心的問題[4]，不一定要特別受到某人的啓發。我個人傾向於認爲傅氏原有一些東、西二分的模糊看法，而王國維〈殷周制度論〉深化了他原先的觀點。

---

1 〈討論古史答劉、胡二先生〉，《古史辨》(台北：翻印本，無出版時間)，第1冊，頁105-150，尤其是頁142-150。

2 見傅樂成：《傅孟真先生年譜》，在《傅斯年全集》(台北：聯經，1980)，第7冊，總頁2637。

3 Gustav Haloun, "Contribution to the History of Clan Settlement in Ancient China I," *Asia Major*, vol. 1(1924), pp. 76-111.

4 Friedrich Meinecke, *Cosmopolitanism and the National State*(Princeton: Princeton University Press, 1963), pp. 12-13.

　　傳統中國有一種牢固的成見，認為三代出於一元，認為殷、周皆起於西土，而且認為西土是孕育強盛朝代的地方。《史記》中的一段話反映了這一種意識：

　　或曰：「東方物所始生，西方物之成熟。」夫作事者必於東南，收功實者常於西北。故禹興於西羌，湯起於亳，周之王也以豐鎬伐殷，秦之帝用雍州興，漢之興自蜀漢[5]。

　　在這一段話裡，「湯起於亳」之「亳」，經常被解釋為是在西邊。譬如徐廣(352-425)就說京兆杜縣有亳亭，照此說則在三亳阪尹之外，又有一個西亳，那麼商也是起於西土的。不過，清儒中已有不少人對此提出不同的看法，孫星衍(1753-1818)、胡天游(1696-1758)、郝懿行(1757-1825)、金鶚(？-1819)、畢亨，都主張偃師之西亳為後起之亳，湯之始都應在東方[6]。王國維顯然繼承了清儒這方面的成績，然後再往前推進了一步，提出了一條有力的證據證實湯之亳為漢代山陽的薄縣，也就是今天山東的薄縣。他引的材料是《左傳·哀公十四年》「宋景公曰，薄，宗邑也」。

　　這裡必須強調的是，在王國維的瓜皮帽及長辮髮之下，其實是位思想異常新穎的史家，他運用地理的觀點，將一些自古以來認為一脈相傳的系統拆解開來。傳統的一元系譜被他空間化、多元化了。譬如他在1916年提出戰國時秦用籀文，六國用古文，一東一西，便打破了由古文而籀文，由籀文而篆，由篆而隸一脈相承之說。在〈殷周制度論〉等文字中，他也運用地理的觀點，將過去認為一脈相傳的朝代加以空間化。

　　王國維的一系列考證都邑地理的著作，如〈自契至於成湯八遷〉、〈商〉、〈亳〉等都指向一個地理上東、西二分的結論，即殷以前帝國宅京皆在東

　　5 《史記·六國年表》(北京：中華，1983)，頁686。
　　6 傅斯年：〈夷夏東西說〉，《傅斯年全集》，第3冊，總頁840。

方，惟周起於西土。他說：

> 自上古以來，帝王之都皆在東方太皥之虛，在陳大庭氏之庫，在
> 魯黃帝邑於涿鹿之阿，少皥與顓頊之虛皆在魯衛，帝嚳居亳，惟
> 史言堯都平陽，舜都蒲坂，禹都安邑，俱僻在西北，與古帝宅京
> 之處不同。然堯號陶唐氏，而冢在定陶之成陽，舜號有虞氏，而
> 子孫封於梁國之虞縣，孟子稱舜生卒之地皆在東夷。蓋洪水之災，
> 兗州當其下游，一時或有遷都之事，非定居於西土也。禹時都邑
> 雖無可考，然夏自太康以後以迄后桀，其都邑及他地名之見於經
> 典者，率在東土，與商人錯處河濟間蓋數百歲。商有天下，不常
> 厥邑，而前後五遷，不出邦畿千里之內。故自五帝以來，政治文
> 物所自出之都邑，皆在東方，惟周獨崛起西土[7]。

王國維在〈殷周制度論〉中又說：

> 自五帝以來，都邑之自東方而移於西方，蓋自周始，故以族類言
> 之，則虞、夏皆顓頊後，殷、周皆帝嚳後，宜殷、周為親。以地
> 理言之，則虞、夏、商皆居東土，周獨起於西方，故夏、商二代
> 文化略同[8]。

又說：

> 殷、周間之大變革，自其表言之，不過一姓一家之興亡與都邑之移
> 轉，自其裡言之，則舊制度廢而新制度興，舊文化廢而新文化興[9]。

---

7 王國維：〈殷周制度論〉，《觀堂集林》（台北：河洛圖書，1975），頁451-452。
8 同上。
9 《觀堂集林》，頁453。

在這篇文字中，王國維不但是將商、周這兩個過去習以為是前後相承的朝代以地理上分為東、西，而且從制度上廣泛論述殷、周之不同。

當〈殷周制度論〉於1917年發表時，在北大國文系讀書的傅斯年顯然並未留意，在他的任何文字中也從未提到過。1927年8月，傅斯年從廣州到上海時首度購讀《觀堂集林》，我們很幸運地在傅斯年逝世後所遺的藏書中，看到這部《觀堂集林》（封面題「中華民國十六年八月旅次上海，斯年」），所以可以清楚看出他注意到〈殷周制度論〉，並在該文的「中國政治與文化之變革，莫劇於殷、周之際」上眉批：

> 此蓋民族代興之故。

這句簡短的眉批必須配合著傅斯年的兩段話來看。他在1924年所寫的一篇〈評丁文江的「歷史人物與地理的關係」〉中有這樣一段話：

> 或者殷、周之際，中國的大啟文化，也有點種族關係正未可知。
> 要之中國歷史與中國人種之關係是很可研究的[10]。

此外，〈與顧頡剛論古史書〉中的一段話也應仔細玩味。在這一封寫於1924至1926年，沒有寄出的長信中，他已經表示了一些後來〈夷夏東西說〉的影子了：

> 周之號稱出於后稷，一如匈奴之號稱出於夏氏。與其信周之先世曾竄於戎狄之間，毋寧謂周之先世本出於戎狄之間。姬姜容或是一支之兩系，特一在西，一在東耳。
> ……我疑及中國文化本來自東而西：九河濟淮之中，山東遼東兩

10　《傅斯年全集》，第4冊，總頁1550。

個半島之間，西及河南東部，是古文化之淵源。以商興而西了一
步，以周興而更西了一步。不然，此地域中何古國之多也，齊容
或也是一個外來的強民族，遂先於其間成大國[11]。

傳氏在這封信中又說：

究竟誰是諸夏？誰是戎狄[12]？

以上幾點充分顯示出他對上古中國種族複雜性的興趣。

種族觀點在傳斯年早年便已深深蝕刻。辛亥革命所牽涉到的種族問題
想必在其腦海中留下深刻印象，而他在評桑原騭藏(1871-1931)的《東洋
史要》時也已透露這方面的想法。桑原之書是最早以新式題材撰寫的中國
通史，在當時中國影響極大[13]，許多新出版的教科書皆以之爲準，劃分上
古、中古、近代[14]。傳斯年熟讀該書並曾有過評論。他並不滿意桑原「始
以漢族升降爲別，後又以東西交通爲判，所據以爲分本者，不能上下一貫」
[15]，認爲「宜據中國種族之變遷升降爲分期之標準」。他說：

研究一國歷史，不得不先辨其種族，誠以歷史一物，不過種族與
土地相乘之積，種族有其種族性，或曰種族色者(Racial Colour)，
具有主宰一切之能力，種族一經變化，歷史必頓然改觀[16]。

---

11 《傅斯年全集》，第4冊，總頁1533-1534。

12 同上，總頁1535。

13 桑原書之中譯本我未見到，該書原本《中等東洋史》收於《桑原騭藏全集》(東京：
岩波書店，1968)，第4卷，頁1-290。

14 傅斯年：〈中國歷史分期之研究〉，《傅斯年全集》，第4冊，總頁1225。

15 同上，總頁1226。

16 同上，總頁1230。

在傅斯年留學德國期間「歷史一物,不過種族與土地相乘之積」一類想法,必然被進一步深化了。在當時德國歷史學界,種族史始終是熱門的一支,'譬如與傅氏同在德國留學的陳寅恪也不約而同地表現出以「種族──文化」為主軸來詮釋歷史變動的現象。陳寅恪治史時重「種族──文化」之特色早已有人指出[17],陳先生《唐代政治史述論稿》第一句即引《朱子語類》「唐源流出於夷狄,故閨門失禮之事不以為異」一語,然後說「然即此簡略之語句亦含有種族及文化二問題,而此問題實李唐一代史事關鍵之所在,治唐史者不可忽視者也。」故他說要先論唐代三百年統治階級中心是皇室之氏族問題,「然後再推及其他統治階級之種族及文化問題」[18]。至於《隋唐制度淵源略論稿》中提出隋唐制度的三種來源,也是從「種族──文化」著眼[19]。傅斯年在歐洲的六、七年間,對歐洲歷史作過廣泛的閱讀,在傅氏的古史論文中,隨處可見這方面的痕跡,如〈大東小東說〉中提到大哥里西、哥里西、大不列顛、小不列顛,近於羅馬本土者為小,遠於羅馬本土者為大,如〈論所謂五等爵〉之得到歐洲封建時代爵制之啟發。他尤其注意歐洲史中的種族問題,如〈周東封與殷遺民〉(1934年):

> 試以西洋史為比:西羅馬之亡,帝國舊土分為若干蠻族封建之國,
> 然遺民之數遠多於新來之人,故經千餘年之紊亂,各地人民以方
> 言之別而成分化,其居義大利、法蘭西、西班牙半島、義大利西
> 南部二大島,以及多瑙河北岸,今羅馬尼亞國者,仍成拉丁民族,
> 未嘗為日耳曼人改其文化的、語言的、民族的系統……遺民之不

17　1958年在《歷史研究》中,有署名北京大學歷史學三年級三班研究小組的〈關於隋唐史研究中的一個理論問題──評陳寅恪先生的「種族──文化」觀點〉,文中痛罵陳氏未能與馬克思主義史學合節。不過這篇文章倒是把握到陳氏史學的一個特質即「種族──文化」。見《歷史研究》,12(1958),頁37-52。

18　《陳寅恪先生論文集》(台北:九思,1977),頁153。

19　〈關於隋唐史研究中的一個理論問題──評陳寅恪先生的「種族──文化」觀點〉,《歷史研究》,12(1958),頁37。

以封建改其民族性也如是[20]。

值得注意的是除了種族方面的觀點，他還受到巴克(H. Buckle, 1821-
1862)《英國文明史》(*History of Civilization in England*)中地理史觀的影
響，一度還想將它譯成中文[21]。所以，傅氏在1926年冬回到中國時，心
中必有牢固的「種族」及「地理」觀點。他從歐洲運回來的藏書中便有
不少這兩類的書。正由於他關心種族史問題，所以他個人的研究工作會
以「民族與古代中國」為主題，而且可以說這是他所有關於古代史著作
的總綱；而史語所工作之計畫與布置，亦與這個主題密切相關，如史祿
國(S. M. Shirokogoroff, 1887-1939)等人之體質人類學調查、西南少數民族
調查等，都是為了解決中國古代民族的問題。

當他回到闊別多年的中國後，首先引起他注意的，也是「種族─地理」
方面的研究。他在為董作賓(1895-1963)〈新獲卜辭寫本後記〉所作的跋
中說他在上海買到《觀堂集林》，發現王國維對「族類」與「地理」有可
喜的研究：

> 十六年八月，始於上海買王靜菴君之《觀堂集林》讀之，知國內
> 以族類及地理分別之歷史的研究，已有如〈鬼方玁狁考〉等之豐
> 長發展者[22]。

《觀堂集林》中最主要的文章之一是〈殷周制度論〉。這篇論文開啟
了種種可能性，在學術背景不同的人讀來，即有相當不同的發揮。譬如郭
沫若(1892-1978)在1930年出版的《中國古代社會研究》中認為那是時會使

---

20 《傅斯年全集》，第3冊，總頁902。
21 朱家驊一度擬聘傅氏為中研院地理所籌備委員之一，足見其地理方面的素養。信
　存中央研究院近代史研究所檔案館。
22 《傅斯年全集》，第3冊，總頁998。

然，即經濟狀況已發展到另一階段，自不能不有新興的制度逐漸出現，並認為是由氏族社會到奴隸社會的變化[23]。然而，王國維比較殷、周制度異同，並以地理的觀點將殷、周加以東、西二分的文章，在心中懷抱著「種族—地理」觀點的傅斯年看來，意義卻不一樣。殷、商之際文化上如此劇烈的變化，顯然與「民族」代興有關。這不是王氏原有的觀點。因為在這方面，王國維仍持守傳統的看法，主張「殷、周皆帝嚳後。宜殷、周為親。」(按：《世本》、《帝繫姓》皆以殷、周同出帝嚳之後)但在後人讀來，頗覺殷、周文化差異如果以民族代興去解釋，似乎更為合理。所以王國維將直線的發展切開平鋪，而傅斯年又以種族觀點將它們劃分兩個集團，所以傅氏會在「中國政治與文化之變革，莫劇於殷、周之際」之上批以「此蓋民族代興之故」。

王國維的學生徐中舒(1898-1991)顯然也是從其師〈殷周制度論〉讀出王國維意想不到的結論。徐氏在1927年所寫的〈從古書推測之殷、周民族〉中暗駁其師殷、周皆出帝嚳之說，認為：

> 殷、周之際，我國民族之分布，實經一度極劇之變遷，其關係後世，至為重要。舊史非但不載其事，又從而湮晦其迹，使我國古代史上因果之關係，全失真相[24]。

他由幾個方面證明殷、周非同種民族，譬如說：

> 今由載籍及古文字，說明殷、周非同種民族，約有四證。一曰由周人稱殷為夷證之……二曰由周人稱殷為戎證之……[25]

---

23 潘光哲：〈王國維與郭沫若〉（未刊稿）。

24 《國學論叢》，1:1(1927)，頁109。

25 《國學論叢》，1:1(1927)，頁110。關於徐文與王國維之關係，參考顧頡剛：《當代中國史學》（南京：勝利，1947），頁131。王國維與傅斯年的關係，周予同〈五十年來中國之新史學〉也曾點及。見朱維錚主編：《周予同經學史論著選集》（上海：上海人民，1996），頁551。

　　徐中舒所引材料中尤有《左傳‧襄公十四年》「我諸戎飲食衣服,不與華同,贄幣不通,言語不達」一條,說明周人之語言文字其初是否與中國相同,實屬疑問[26]。徐氏強調殷、周非但不是同一種族,而且兩者之間有激烈的衝突。他說牧野之戰實係兩民族存亡之爭,後來周人將這個事實掩蓋起來,而儒家又以弔民伐罪解釋之,於是東、西兩民族盛衰變遷之迹無聞焉。(按:殷、周是不是屬於不同種族,目前學界仍未有定論,有不少史家認為它們沒有分別。不過這並不是本文討論的主旨之所在)

　　傅斯年以「民族代興」的觀點來理解殷、周之間劇烈的變化,深化了他原有的周人在西、殷人在東的觀點,成為他後來的古史方面的幾篇傑作,尤其是〈「新獲卜辭寫本後記」跋〉、〈周東封與殷遺民〉及〈夷夏東西說〉的一個基本論點。在〈「新獲卜辭寫本後記」跋〉中傅斯年一再強調殷、周種姓不同,認為「《詩》《書》上明明白白說出他們種姓、地理、建置,各項差別的」[27]。在〈夷夏東西說〉中傅斯年又說從地理上看,三代及近於三代前期,有著東、西二個系統:

> 歷史憑借地理而生……現在以考察古地理為研究古史的一個道
> 路,似足以證明三代及近於三代之前期,大體上有東、西不同的
> 兩個系統[28]。

他說東、西對峙史即三代史:

> 東、西對峙,而相爭相滅,便是中國的三代史。在夏之夷、夏之
> 爭,夷東而夏西。在商之夏、商之爭,商東而夏西。在周之建業,

---

26 《國學論叢》,1:1,頁109。
27 《傅斯年全集》,第3冊,總頁986。
28 同上,總頁823。

商奄東而周人西[29]。

至於傳統一元式的古史觀倒像是希臘的「全神堂」，本來是多元的，卻硬被湊成一個大系統：

> 《左傳》中所謂才子不才子，與《書・堯典・皋陶謨》所舉之君臣，本來是些互相鬥爭的部族和不同時的酋長或宗神，而哲學家造一個全神堂，使之同列一個朝廷中。「元首股肱」，不限於千里之內、千年之間。這真像希臘的全神堂，本是多元，而希臘人之綜合的信仰，把他們硬造成一個大系[30]。

不過，我們絕對不能輕率地認為〈夷夏東西說〉是〈殷周制度論〉單純的延續。事實上在〈夷夏東西說〉中，直接稱引王國維的地方只有寥寥幾處[31]，而且，〈夷夏東西說〉的許多觀點還與王氏明顯不同。譬如王國維說夏在東而傅斯年說夏在西，王國維很少說及夷，而傅文中考論東夷的部分相當之多。然而，在原始的精神上，我們仍可以在這兩篇文字之間發現一些微妙的聯繫。

王國維與傅斯年之間關係當然還不止於此。

傅斯年早年傾向疑古，但他後來不滿意於懷疑，並主張重建古史。促成其轉變的，當然是史語所殷墟考古的成果，不過王國維〈殷卜辭所見先公先王考〉及〈續考〉等文字也有微妙的影響。傅斯年在1930年所寫〈「新獲卜辭寫本後記」跋〉中說：

> 即如《史記・殷本紀》的世系本是死的，乃至《山海經》的王亥，

29　《傅斯年全集》，第3冊，總頁887。
30　同上，總頁883。
31　傅斯年特別注意到的是王國維對於「亳」的考證。

《天問》的恆和季，不特是死的，並且如鬼，如無殷墟文字之出
土，和海寧王君之發明，則敢去用這些材料的，是沒有清楚頭腦
的人。然而一經安陽之出土，王君之考釋，則《史記》、《山海
經》、《天問》及其聯類的此一般材料，登時變活了[32]。

他接著推論說，〈殷本紀〉之世系雖有小誤，但是「由文字傳寫而生，
不由虛造。既不妄於〈殷本紀〉，何至妄於〈楚世家〉？」[33] 足證〈殷卜
辭所見先公先王考〉及〈續考〉兩篇文字增強了他對古代文獻的信心。值
得注意的是1940年出版的《性命古訓辨證》中，也有一段顯然與前引有關
的話，認為夏代之存在是可信的：

即以殷商史料言之，假如洹上之跡深埋地下，文字器物不出土中，
則十年前流行之說，如「殷文化甚低」、「尚在游牧時代」、「或
不脫石器時代」、「〈殷本紀〉世系為虛造」等等見解，在今日
容猶在暢行中，持論者雖無以自明，反對者亦無術在正面指示其
非是。差幸而今日可略知「周因於殷禮」者如何，則「殷因於夏
禮」者，不特不能斷其必無，且更當以殷之可借考古學自「神話」
中入於歷史為例，設定其為必有矣。夏代之政治社會已演進至如
何階段，非本文所能試論，然夏后氏一代之必然存在，其文化必
頗高，而為殷人所承之諸系文化最要一脈，則可就殷商文化之高
度而推知之[34]。

他從出土的殷商遺物中推論其「乃集合若干文化系以成者，故其前必

32　《傅斯年全集》，第3冊，總頁961。
33　同上，總頁978。
34　《傅斯年全集》，第2冊，總頁632-633。

有甚廣甚久之背景可知也。」[35] 這個態度與王國維《古史新證》「總論」上所說的「雖古書之未得證明者，不能加以否定，而其已得證明者，不能不加以肯定」，頗爲相近[36]。

二

除了王國維以外，從未見到傅斯年對任何學者如此傾心。他在給陳垣（1880-1971）的一封信中，表示了他對西洋學術羨妒交加的情緒，既肯定他們在東方學研究上的成就，「並漢地之歷史材料亦爲西方旅行者竊之奪之，而漢學正統有在巴黎之勢」同時又「慚中土之搖落」，希望能建立一個機構，聚合一群學者急起直追。但傅斯年在悲嘆「中土之搖落」時，卻認爲王國維與陳垣是兩位足以傲視西方的學者。他說：「幸中國遺訓不絕，經典猶在，靜菴先生馳譽海東於前，先生(陳垣)鷹揚河朔於後」[37]。單以甲骨文來說，他在董作賓《殷曆譜》序中說，自孫詒讓（1848-1908）始得甲骨文字以來，對甲骨文的研究，「若夫綜合研究，上下貫穿，旁通而適合，則明明有四個階段可尋，其一爲王國維君之考證殷先公先王，與其殷墟文字考釋之一書」[38]。

不過傅斯年顯然認爲王國維的史學觀點仍有所限制，即他並不能脫離「二重證據法」，仍然侷限於將地下史料與古代文獻相比較的方法，未有「整個的觀點」[39]。故在〈「新獲卜辭寫本後記」跋〉中又說：

殷代刻文雖在國維君手中有那麼大的成績，而對待殷墟之整個，

---

35 《傅斯年全集》，第2冊，總頁633。

36 《古史新證》（北京：清華大學出版社，1994），頁2-3。

37 傅斯年致陳垣函，藏於中央研究院歷史語言研究所「公文檔」。

38 〈《殷曆譜》序〉，《傅斯年全集》，第3冊，總頁953。

39 關於「整個的觀點」，參見傅斯年：〈考古學的新方法〉，《傅斯年全集》，第4冊，總頁1337-1347。

這還算是第一次[40]。

言下之意，傅氏認為史語所以「整個的觀點」處理商代考古發掘的工作，是超出王國維的境界了[41]。

此外，傅斯年也沒有王國維〈殷周制度論〉中所反映的那種強烈的道德關懷。王國維說：「周人制度之大異於商者，……皆周之所以綱紀天下，其旨則在納上下於道德，而合天子諸侯卿大夫士庶民以成一道德之團體。周公制作之本意，實在於此。」[42] 從王國維語氣中可以清楚看出他是「周文化主義者」，所以說周是一個「道德團體」。傅氏與王國維不同，他是新文化運動的健將，對他而言傳統宗法社會早已失去了光環。在〈殷周制度論〉的文末，我們可以看到傅斯年的幾句眉批，充分反映兩代學者在面對相近的歷史現象時全然不同的觀點：

> 殷、周之際有一大變遷，事甚明顯，然必引《禮記》為材料以成所謂周公之盛德，則非歷史學矣。

此外，傅斯年〈周東封與殷遺民〉及〈夷夏東西說〉中不但在一些史事上與王氏有不同，而且還透露出一種強烈的「東方主義」，強調東夷和商的文化貢獻。他說東夷中「如太皞，則有製八卦之傳說，有制嫁娶用火食之傳說。如少皞，則伯益一支以牧畜著名，皋陶一支以制刑著名。而一切所謂夷，又皆以弓矢著名。可見夷之貢獻於文化者不少。殷人本非夷族，而撫有夷之人民土地……」[43] 又說：

---

40 《傅斯年全集》，第3冊，總頁959。
41 參見王汎森：〈什麼可以成為歷史證據——近代中國新舊史料觀點的衝突〉，《新史學》，8:2(1997)，頁117。該文收入本書中。
42 《觀堂集林》，頁454。
43 《傅斯年全集》，第3冊，總頁882。

商朝本在東方，西周時東方或以被征服而暫衰，入春秋後文物富
庶又在東方，而魯、宋之儒、墨，燕、齊之神仙，惟孝之論，五
行之說，又起而主宰中國思想者二千餘年。然則謂殷商為中國文
化之正統，殷遺民為中國文化之重心，或非孟浪之言[44]。

王國維以周為中國文化之中心，而傅斯年以殷商為中國文化之正統，
一西方，一東方，也反映出兩代學人對宗法道德完全不同的態度。

在這一篇短文中，我討論了兩個問題。第一是從王國維到傅斯年，一
個新詮釋典範形成的曲折過程。第二是在追溯傅斯年〈夷夏東西說〉的思
想淵源時可以看出，王國維這位堅守傳統道德價值的學者，以相當微妙的
方式為新文化運動開道。但是在新一代人看來，他那具有深刻道德關懷與
經世用心的〈殷周制度論〉卻有了相當不同的意義，「所過者化，所存者
神」（《孟子·盡心上》）。王國維與傅斯年這兩代學者的關係似乎就是這樣。

附錄

本附錄是輯抄傅斯年藏書中對王國維著作所作眉批中的學術評論。

《觀堂集林》卷二〈說商頌下〉批云：「此所論至允，然以不敢違魯
語，故仍不敢從韓詩之說，卒之奮發荊楚之語，無以解矣。」

《觀堂集林》卷十〈殷周制度論〉，傅斯年在「中國政治與文化之變
革，莫劇於殷周之際」上用毛筆加句讀，並於其上批：「此蓋民族代興之
故」在「是故大王之立王季也，文王之舍伯邑考而立武王也，周公之繼武
王而攝政稱王也，殷制言之皆正也」上批云：「此言未愜，傳長子之弟與

---

44 《傅斯年全集》，第3冊，總頁902-903。

傳弟有別，僅周公攝政合殷制耳。」在「由傳子之制而嫡庶之制生焉」一語上批：「此語因果倒置。」於此文最後批：「殷周之際有一大變遷，事甚明顯，然必引《禮記》為材料以成所謂周公之盛德，則非歷史學矣。」

《觀堂集林》卷十一〈太史公行年考〉上批：「自莊、孔以來今文說，王君俱不采。此等今文說誠有極多可笑者，然亦有不可易者，王君既不取，則論《史記》非其所長矣。」在此文一開始不久「安國既云蚤卒，則其為臨淮太守，亦當在此數年中，時史公年二十左右，其從安國問《古文尚書》，當在此時也」上批云：「此真捕風捉影之考矣。」

《觀堂集林》卷十二〈說亳〉上批：「此下二文，大體皆襲人前說，僅其第一證為新說。」（按：此處所謂此下二文，可能是〈說耿〉、〈說殷〉。）

《觀堂集林》卷十三〈鬼方昆夷玁狁考〉，是全文圈點之文，無眉批，但有夾條云：「左哀二十三，申鮮虞，此亦以國名名人者。」

另一篇全文圈點的是〈殷卜辭所見先公先王考〉。

《觀堂集林》卷十五〈漢黃腸木刻字跋〉上批云：「安陽殷王墓中所見之木室蓋即黃腸之淵源矣。」

《觀堂集林》卷十八〈胡服考〉在第一頁「胡服之入中國始於趙武靈王，其制冠則惠文」上批曰：「『《左，僖二十四》：『鄭子臧好聚鷸冠，鄭伯聞之，使盜殺之。』此斯冠之始也，以為惠文，誤。杜曰：『鷸，鳥名，聚鷸羽以為冠。』」

在《觀堂集林》全書中，傅氏對〈五聲考〉一文批評最多，認為王氏「無音學常識」。文中批語不少，如：「入聲不純然另是一類，對轉之說可能，配陰配陽則局論耳。」

在《海寧王忠公遺書三集》（戊辰孟春校印）〈今本竹書紀年疏證序〉最後批云：「此書之輯，或以有徐位川、陳逢衡輩之書為之會集材料於前，並非難事，未可擬於惠君之疏偽書也，至徐、陳諸人之愚陋則不待證。」「又此書大體，比之孫氏所疏增益不多，孫氏之力，何可略也？」

傅斯年對胡適文史觀點的影響

幾十年來胡適(1891-1962)與傅斯年(1896-1950)常被當做同一個學派。在政治上，中共所發起的批判胡適思想運動中，提及胡適的「黨羽」時必提傅斯年[1]。在學術上，提到胡適的整理國故運動時，亦必提到傅斯年的歷史語言研究所是這個運動實際的中心。他們兩個人關係密切，不言可喻。當傅斯年病逝時，胡適所發表的紀念文字尤其證實這一點。胡適提醒大家：中國喪失了它最忠實的愛國主義者。同時，胡適在1950年12月20日的日記上寫著：

今天下午四點半，宋以忠夫人(應誼)打電話來，說AP報告傅斯年

---

1 關於胡適與傅斯年這個題目，已有人寫過，但頗有錯誤。如蔣星煜：〈胡適與傅斯年〉(刊於《山西師大學報》〔社會科學版〕20:1)一文中說：「1918年3月15日，胡適在北京大學國文研究所小說科作了〈論短篇小說〉的演講，傅斯年已經畢業，在研究所當研究員，他為胡適記錄後，即在《北京大學日刊》刊出」(頁85)。所謂「畢業」是不了解當時北大學制的說法。研究員可以是大學本科畢業生，也可以是高年級學生，而傅斯年屬於後者。又如說傅斯年當時由黃季剛的得意門生轉而追隨胡適，「人們對之迷惑不解，陳獨秀寫信給周作人，懷疑他是什麼人派來的奸細。胡適只覺得他恭順可愛，第二年就讓傅斯年用庚款到英國倫敦大學和德國柏林大學去留學了」(頁85)。是否「恭順可愛」沒有材料記載，不過傅氏赴英念書是考上山東官費，既不是過去所傳是受穆藕初資助，也非此處的使用庚款。胡頌平：《胡適之先生年譜長編初稿》(台北：聯經，1984)，頁2932：「今天蔣復璁帶來民九、民十兩年的北京政府教育公報」，「編者附記：在附錄裡，還有傅斯年當年考取出國的分數是八十二分，第二名。」為了這次官費考試，還有一個插曲，即許多考官因為傅斯年是激烈學生而不擬錄取。當時山東省教育廳的科長陳雪南出面力爭，認為成績如此優秀的學生非取不可，終於定案。值得注意的是，此後陳雪南與傅氏保持相當友好關係，1948年，傅在美國，竟被選為立法委員，傅氏不就，也是託陳雪南勸說才接受。

今天死了。這是中國最大的一個損失！孟真天才最高，能做學問，
又能治事，能組織。他讀書最能記憶，又最有判斷能力，故他在
中國古代文學與文化史上的研究成績都有開山的功用。在治事的
方面，他第一次在廣州中山大學，第二次在中研院史語所。第三
次代我作北大校長，辦理復員的工作。第四次做台大校長，兩年
中有很大的成績[2]。

　　因爲胡、傅二人在生活、學術上異常密切，故大家在注意到二人的相
似處之餘，竟常忽略了二人的相異之處。也因爲傅斯年是胡適的學生，所
以一般只留意胡適對傅的影響，而少探究傅氏對胡的影響。

　　在傅斯年結識胡適的卅五年中，同在中國的時間，只有不到十五、六
年（北大二年、1927年至1937年，1946年至1948年），其餘時間皆相暌隔，而同在
中國的時間內，且住在同一城市者，只有在北京的幾年。

　　胡適與傅斯年的關係有過幾度變化。毛以亨（1895-1968）回憶說，1916
年胡適初到北大後數日曾講墨子，毛與傅斯年去聽，未覺精采，所以胡適
與馬敍倫（1884-1970）所共同指導的十六個研究員中，十五個人跟隨馬敍
倫研究老莊，而只有班長趙健一人與胡適研究墨經。當時整個學術風氣尙
未轉變，章太炎學派仍占主流地位，太炎弟子馬敍倫吸引大量對文史感興
趣的學生是很自然的事。毛以亨回憶說，當時他們聽完胡適的墨子演講：

回來覺得類於外國漢學家之講中國學問，曾有許多觀點，爲我們
所未想到，但究未見其大，且未合中國之人生日用標準[3]。

　　在新文化運動時期，胡適與傅氏關係變得極爲密切，胡適是《新潮》

2　《胡適的日記（手稿本）》（台北：遠流，1990），1950年12月20日條，無頁碼。

3　以上皆見毛以亨：〈初到北大的胡適〉，原刊香港《天文台》，無日期，見「傅
　　斯年檔案」（以下簡稱「傅檔」），I: 1696。

的指導老師，而傅是《新潮》的主編，又是胡適心中在舊學根柢上極令人敬畏的學生。可是傅斯年在歐洲遊學近七年而未得任何學位，在胡適看來是一大失敗，故1926年胡適日記上便記有，傅斯年甚「頹放」，在歐遊學而無所成之類的句子。此外，日記中並塗去九行顯然對傅不滿的評語[4]。不過，他也感受到傅斯年許多精闢的見解，故同時的日記中不時有這樣的句子：「談得很好」，或說傅氏精彩的論點太多，「不及記下」[5]。

當時胡適顯然是拿傅氏與顧頡剛（1893-1980）相比。顧氏在《新潮》時期並未占有傅斯年般顯著的位置。不過他後來因爲替胡適訪求與《紅樓夢》相關的書籍，又與胡適共同發起標點出版《辨僞叢刊》，懷疑上古信史，而名滿天下。當1926年胡適與傅斯年在歐洲相見前，《古史辨》第一冊已結集出版，震動一時[6]。其聲光之盛，自然使得胡適對眼前的傅斯年感到失望，故胡適在當時日記上說傅斯年不及顧頡剛之勤[7]。

傅氏回到中國後，在中山大學任文科學長（文學院院長），曾多次電邀胡適到中山任教，甚至將課程預先排出，但最後胡適仍未前往。傅與顧頡剛同任教於中山大學時，兩人關係急速惡化。《胡適來往書信選》中收有顧頡剛向胡適控訴傅氏專權任性的信件。胡適將攻擊傅斯年的信給傅氏看過後，引起兩人極大的不快[8]。

---

4 這九行在《胡適的日記（手稿本）》，1926年9月5日條，無頁碼。它們可能是胡適決定將日記交傅氏在台代爲保管時塗去，或是胡適重讀日記時抹去。

5 《胡適的日記（手稿本）》，1926年9月2日條。

6 而後恒慕義（Arthur Hummel）還在地位極高的《美國歷史評論》中撰文介紹。Arthur Hummel, "What Chinese Historians are Doing in Their Own History," *The American Historical Review*, vol. XXXIV, no. 4(July 1929). 此文亦收在《古史辨》，第2冊，頁421-443，後附中譯。

7 《胡適的日記（手稿本）》，1926年9月5日條。

8 顧潮：〈顧頡剛與傅斯年在青壯時代的交往〉，《文史哲》，1993:2，頁17。從最近公布的一封顧氏給胡氏的信（此信並未包括在《胡適來往書信選》中），可以發現傅、顧兩人的衝突或有另一原因。在這封信中，顧頡剛希望由他與胡適分史語所之權：「……最好，北伐成功，中央研究院的語言歷史學研究所搬到北京，由先生和我經管其事，孟真則在廣州設一研究分所，南北相呼應。這也須先生來

1929年，史語所遷北平，當時胡適在上海，不過自1930年以後，胡適與傅斯年便因同在北平而常有見面機會。胡適日記中屢屢有傅斯年今夜來訪，或談身世，或談上古史事。胡適認爲傅氏在當時上古史之見解當不做第二人想。其中胡適對史語所年輕人才的訓練及成績尤其感到驚喜。安陽殷墟發掘的成果也深爲胡適所欣賞[9]，日記中甚至還保留了當時媒體報導史語所的剪報[10]。這些事蹟皆使胡適對傅斯年的印象改觀，同時胡適與顧頡剛也日漸疏遠[11]。整體而言，從1926年起，傅斯年在三方面對胡適有所影響。首先要談胡適古史觀由疑而信的過程，及傅斯年在此變化中所扮演的角色。

傅斯年對胡適古史觀有兩個方面的影響：第一是由「疑古」到「重建」，第二是多元的古史觀。而這兩者其實也有相會合之處，即多元的古史觀其實解決了古文獻中的一些矛盾，而使得原來認爲是古人作僞的，現在可以別有合理的解釋。

胡適、傅斯年在新文化運動時期皆傾向於疑古。胡適在《中國古代哲學史》中說《尚書》「或是儒家造出的托古改制的書」，「無論如何沒有史料的價值」[12]。後來相信瑞典地質學家安特生(Johann G. Anderson, 1874-1960)的臆測，認爲商代的中國仍是新石器時代[13]。他同時也受晚清今文

（續）────────────────

此商量的。」耿雲志編：《胡適遺稿及秘藏書信》（合肥：黃山書社，1994），冊42，頁353-354。

9 如《胡適的日記（手稿本）》，1935年6月6日條，無頁碼。

10 同上，1930年2月12日條，無頁碼。

11 胡適與顧頡剛感情之漸趨疏遠，應該是當時人所感覺得到的，所以當時顧頡剛的學生何定生出了一本《關於胡適之與顧頡剛》，此冊不能得見，不過可以由顧氏給胡適的一封信中看出其大概：「有一件事情，使我很不安的，是何定生君出了一本《關於胡適之與顧頡剛》，趁我不在北平的時候，用話騙了樸社同人，印出來了。其中文字，有幾篇是廣東做的，先生已見過，有幾篇是新近作的，其中對於先生頗有吹索之論。這也不管，他不該題這書名，使得旁人疑我們二人有分裂的趨勢，而又在樸社出版，使人疑我有意向先生宣戰。」顧潮：《顧頡剛年譜》（北京：中國社會科學出版社，1993），頁172；顧致胡信，見《胡適遺稿及秘藏書信》，冊42，頁402。

12 胡適：《中國古代哲學史》（台北：商務，1978），頁22。

13 見《古史辨》，第1冊，頁120，胡適寫信告訴顧頡剛：「發現澠池石器時代的安

家疑偽思想的影響，在1919年的井田論戰中，一再說《周禮》是偽書，王
制是漢朝博士造的[14]，而且又強調東周以前古史不可信。傅斯年在《新潮》
的文章中偶然也說東周平王以後「始有信史可言」，或是誇讚《史記志疑》
等疑偽之書的價值[15]。可是到了1926年左右，從歐洲留學回來後的傅斯年
對古史的看法已有改變。但當時胡適還很支持顧頡剛《古史辨》的工作，
並樂道其實驗主義方法在《古史辨》上的大成果[16]。

　　傅斯年對古代歷史由疑轉信的過程是逐步發展逐步調整的。1924年至
1926年傅氏斷續寫成的〈與顧頡剛論古史書〉中已露出徵兆。此時他對於
古史信多於疑，雖然處處還流露著晚清今文家疑偽的口氣，而且認為堯、
舜、黃帝等可能是傳說，但態度已大大不同，而且商、周為東、西二集團
的初步想法，以及東夷一地(渤海灣－帶)是中國古文明的發源地之想法也已
隱然成形。雖然因為沾染今文家說而對《左傳》等書的態度仍有所保留，
但基本上已信過於疑了。而且覺得今文家懷疑是古文家偽造的許多東西必
有很長的淵源，不可能只是順應政治需求而造出[17]。傅氏回國以後，回過
頭來治中國古代文史之學，從〈戰國文籍中之篇式書體──一個短記〉等
文章便可發現，他已發展出一些足以破解疑古思想的論述[18]。不過「五四」
這一代青年基本上對傳統文獻沒有太大信心，他們相信的是科學地下發掘
的成果。從1928年起，安陽殷墟的發掘逐步使傅氏相信古史辨派過疑，故

(續)────────

　　特森，近疑商代猶是石器時代的晚期(新石器時代)，我想他的假定頗近是。」又
　　《胡適的日記(手稿本)》，1930年12月6日條：「如我在六、七年前，根據澠池發
　　掘的報告，認商代為在銅器之前。」

14　《胡適文存》(台北：遠東，1990)，第1集，頁430-431。
15　傅斯年：〈中國歷史分期之研究〉，《傅斯年全集》(台北：聯經，1980)，第4冊，
　　總頁1231；〈清·梁玉繩著《史記志疑》〉，同書，總頁1417-1419。
16　「傅檔」I: 1678胡適1926年8月24日致傅斯年信，信上說：「頡剛在他的《古史辨》
　　自序裡說他從我的〈水滸傳考證〉裡得著他的治史學方法。這是我生平最高興的一
　　件事。」
17　Wang Fan-sen, *Fu Ssu-nien: A Life in Chinese History and Politics*(Cambridge:
　　Cambridge University Press, 2000), pp. 110-114.
18　《傅斯年全集》，第3冊，總頁739-744。

此後文章常駁古史辨派。如〈「新獲卜辭寫本後記」跋〉中,便因「命周侯」一段甲文而懷疑古史辨派所提的商、周不相臣屬之說[19]。

尤其值得注意的是,我在傅斯年的一本題為《答蘭散記》的筆記本中,發現一則短篇諷刺小說〈戲論〉。這一則小說無法斷代(大約寫於1930年左右),文字潦草凌亂,極不易辨認[20]。全文是諷刺錢玄同(1887-1939)及顧頡剛的,尤其針對《古史辨》最核心的方法論「層累造成說」,極盡揶揄嘲諷之能事。而這個方法論正是他過去認為是顧頡剛「將寶貝弄到手」的「寶貝」,現在卻譏為荒誕之至。這件檔案在近代疑古思潮衰褪的過程中是極為重要的史料,我將全文放在附錄中[21]。

殷墟中出土的大量器物,尤其是精美青銅器,也打破了胡適原先持之甚堅的「商是新石器時代」之說。1930年12月6日,他在史語所演講時便承認:

> 在整理國故的方面,我看見近年研究所的成績,我真十分高興。
> 如我在六、七年前根據澠池發掘的報告,認商代為在銅器之前,
> 今安陽發掘的成績,足以糾正我的錯誤[22]。

此處所謂「商代為在銅器之前」,其實是一婉轉的說法。六、七年前,胡適認為商是新石器時代,而不是「銅器以前」。足見殷墟考古對其古史觀點的重大改變。而這一修正作用應該早從1928年底或1929年殷墟實物出土就已開始了,所以在1929年3月11日,當胡適還在上海擔任中國公學校長時,顧頡剛因辭了中山大學而順道過訪,胡適告訴他:

---

19 《傅斯年全集》,第3冊,總頁959-1005。

20 我曾於1990年,將其中一部分譯成英文,附在我的 *Fu Ssu-nien: A Life in Chinese History and Politics*, pp. 205-206.

21 「傅斯年檔案」II: 910,杜正勝先生的隸定刊於《中國文化》,1990:12,頁250-251。

22 《胡適的日記(手稿本)》,1930年12月6日條,未標頁數。

> 現在我的思想變了，我不疑古了，要信古了[23]！

顧頡剛說：

> 我聽了這話，出了一身冷汗，想不出他的思想為什麼會突然改變的原因。後來他回到北大，作了一篇〈說儒〉，說孔子所以成為聖人，是由於五百年前商人亡國時有一個「聖人」出來拯救他們的民族……這就是他為了「信古」而造出來的一篇大謊話……宜乎這篇文章一出來，便受到郭沫若的痛駁，逼得他不敢回答[24]。

在1951年批判胡適的座談會上，顧頡剛說：

> 我本是跟著他走的，想不到結果他竟變成反對我。
> 固然我所說未必對，可是他自己卻已「寧可信而過，不可疑而過了」……錢玄同先生曾在1936年對我說：「真想不到，適之的思想會如此的退步。」[25]

　　胡適這一重大轉變應與殷墟發掘有關。胡適的疑古是有特色的，他的態度基本上是「寧可疑而錯，不可信而錯」，但是一旦發現地下材料可以證明不當疑時，馬上進行修正。1921年1月28日，他在〈自述古史觀書〉中已說過這樣的話：

23　顧潮：《顧頡剛年譜》，頁171。
24　〈我是怎樣編寫《古史辨》的？（上）〉，《中國哲學》，第2輯，頁341。郭沫若的駁文見他的《青銅時代》。
25　《大公報》（上海），1951年12月16日，轉引自劉起釪：《顧頡剛先生學述》（北京：中華，1986），頁263。

> 大概我的古史觀是：現在先把古史縮短二、三千年，從《詩》三
> 百篇做起。將來等到金石學、考古學發達，上了科學軌道以後，
> 然後用地底下掘出的史料慢慢地拉長東周以前[26]。

所以當考古學有所發現時，他是可以很快修正其古史觀的，尤其是這考古
工作如果是用科學的發掘，說服力更大。1928年秋天，董作賓（1895-1963）
率員在小屯發掘，已經發現不少重要東西。胡適不一定讀過他的〈民國十
七年十月試掘安陽小屯報告書〉[27]，不過以他與傅斯年的關係，及傅氏對
安陽發掘之重視，他對發掘所得必有所知。

　　1929年的第二次發掘從3月7日至5月10日止，由李濟（1896-1979）所主
持，「獲灰坑十三處，有字甲骨六百八十四版，並得大宗陶器、陶片、獸
骨，銅器以及其他各種貴物。」[28] 李濟是哈佛大學博士、清華國學院講師、
也是第一次由中國人主持的科學考古山西西陰村發掘的主持人，用的是科
學方法，有清楚的地層紀錄，這使得他的發掘的信服力大大增強。所以雖
然所出銅器不多，但商代是一物質文明相當高的階段已可確定。在那年3
月11日胡適與顧頡剛見面之前，胡適未必知道這些新發現，不過1928年秋
天以來殷墟的種種發現，當能逐漸改變商是新石器時代的看法。這也就符
合胡適前面所說的「考古學發達，上了科學軌道以後，然後用地底下掘出
的史料慢慢地拉長東周以前」，所以他會告訴顧頡剛「我不疑古了」。

　　1931年，胡適進一步接受傅斯年〈周東封與殷遺民〉中的觀點。據傅
氏1934年6月在該文刊出的前記上說：

> 此我所著《古代中國與民族》一書中之一章也。是書經始於五年
> 以前，至民國二十年夏，寫成者將三分之二矣。日本寇遼東，心

---

26 《古史辨》，第1冊，頁22。
27 李濟：《殷墟發掘報告》（南京：中央研究院歷史語言研究所，1929），第1冊，頁3-36。
28 石璋如：《考古年表》（台北：中央研究院歷史語言研究所，1952），頁11。

亂如焚，中輟者數月。以後公私事紛至，繼以大病，至今三年，
未能殺青，慚何如之！此章大約寫於十九年冬，或二十年春，與
其他數章於二十年十二月持以求正於胡適之先生。適之先生謬為
稱許，囑以送刊於《北大國學季刊》。余以此文所論多待充實，
逡巡未果。今春適之先生已於同一道路上作成豐偉之論文，此文
更若爝火之宜息矣。而適之先生勉以同時刊行，俾讀者有所參考。
今從其命，並志同聲之欣悅焉[29]。

這段引文中所指《古代中國與民族》一書是傅氏未完成之作，〈周東封與
殷遺民〉原預定為該書第三章[30]。在傅斯年先生遺檔中尚有一些殘件，討
論〈天問〉、種族變動與社會階級等問題。因此胡適先生在1931年冬見到
的不只是〈周東封與殷遺民〉，而且包括〈夷夏東西說〉的一些初步草稿。
我在檢視傅先生遺稿時，在一個牛皮紙大信封中見到以上稿件中間夾著胡
適的一張便箋(這張便箋沒有檔號)：

孟真兄：

大作極好。佩服！佩服！

如不難鈔寫，請鈔一份送給我作參考，如何？山東人今尚祀「天

---

29 《傅斯年全集》，第3冊，總頁894。

30 胡適與傅斯年在1931年左右針對上古史事有過幾次談論，當時也正是傅氏撰寫《古
代中國與民族》的後期，所以見面所談亦常環繞手中正進行的工作。1931年2月17
日條，《胡適的日記(手稿本)》上說：「孟真來談。談他的〈「新獲卜辭寫本後
記」跋〉，此文論二事……，一因卜辭『命周侯』而論『殷周的關係』。兩題皆
極大貢獻，我讀了極高興。」隔天下午，傅斯年又前往胡宅談論古史，《胡適的
日記(手稿本)》，1931年2月18日條下：「下午孟真來談古史事，爾綱也參加。孟
真原文中說：『每每舊的材料本是死的，而一加直接所得可信材料之若干點，則
登時變成活的』，此意最重要。爾綱此時尚不能承受此說。」《胡適的日記(手稿
本)》，1935年6月6日條上說；「孟真來談他的古史心得，特別是秦民族的問題，
極有趣味。他是絕頂聰明人，記誦古書很熟，故能觸類旁通，能從紛亂中理出頭
緒來。在今日治古史者，他當然無有倫比。」

齊」，即黃飛虎。……

適之

20、12、15

此處所指的「大作」一定是以〈周東封與殷遺民〉為主的一批稿件，一方面因為這封信夾在這份稿子中，二方面是因講到「黃飛虎」的部分，正是〈周東封與殷遺民〉之論點：

> 周人逐紂將飛廉于海隅而戮之，飛廉在民間故事中曰黃飛虎。黃飛虎之祀，至今在山東與玄武之祀同樣普遍。太公之祀不過偶然有之，並且是文士所提倡，不與民間信仰有關係[31]。

傅斯年認為，魯的下層是殷遺民，他們祀的黃飛虎，即飛廉。而太公，是從西方來的周的統治階級所崇祀，故即使到現代山東祀姜太公也仍是上層文士所提倡的。

　　〈周東封與殷遺民〉對胡適的古史觀影響極大。他於1952年12月20日，在「傅孟真先生逝世兩周年紀念會」上演講時提到〈周東封與殷遺民〉一文對他的影響：

> 我在《中國哲學史》內提到古代服三年之喪這個問題，感覺到很困難。孔子的弟子宰我曾說一年就夠了，但孔子卻說「夫三年之喪，天下之通喪也。」過了一百年以後，當滕文公繼承他父親為滕侯時，孟子居然說動了滕文公，說喪禮應服三年。但當時滕國的士大夫都不贊成；他們都反對「三年」。他們說，「吾宗國魯先君莫之行，吾先君亦莫之行也。」這兩句話與孔子的話是衝突

---

31 《傅斯年全集》，第3冊，總頁902。

的……究竟是孔子說假呢？還是滕國大夫錯了呢[32]？

　　有關三年喪的歷史矛盾，使得胡適在哲學史中主張孔子「說假」，可是傅斯年的〈周東封與殷遺民〉用古史二元文化觀解開這個矛盾——殷朝雖然已亡，「但其後七百年間，上邊統治階級與下邊人民的習俗不同。絕對多數的老百姓是殷遺民，而三年之喪是殷民的制度，孔子自稱是殷人（而孔子之天下，大約即是齊魯宋衛，不能甚大，可以「登太山而小天下」為證），所以孔子以三年之喪為天下通喪是不錯的。」[33] 胡適說「我接受了他的觀念，寫了一篇五萬字的文章，叫做〈說儒〉」，而從這個觀念來講，「根本推翻我過去對於中國古代思想史的見解」[34]。尤其重要的是，在這個新詮釋系統中，孔子不必再如晚清今文家所極力主張的，是一個「說假」的人。細讀〈說儒〉全文，便可以發現貫串這篇文學的關鍵架構，便是周人在西，殷人在東，殷被周征服，但上邊的統治階級與下邊的人民文化習俗不同這個二元觀點。

　　胡適在〈說儒〉中說周是西邊來的征服者，而殷是東方的亡國遺民。儒原是殷民族的傳教士，他們的人生觀是亡國遺民柔順的人生觀。殷亡國後，有一個「五百年必有王者興」之懸記，而孔子乃被認為應此懸記而生的聖者，他將殷商民族部落性的儒擴大為仁以為己任的儒，把柔懦的儒改變為剛毅進取的儒。1932年12月1日在武漢大學的演說〈中國歷史的一個看法〉中，胡適基本上也是使用古史二元的論點：

　　〔商民族〕在這正在建設文化的時候，西方的蠻族——周，侵犯過來了，他具強悍的天性，有農業的發明，不久把那很愛喝酒的、敬鬼的、文化較高的殷民族征服了。這一來，上面的——政治方面是屬於周民族，下面的就是屬於殷民族，二民族不斷的奮鬥，在上

32　〈傅孟真先生的思想〉，《胡適講演集》（台北：胡適紀念館，1978），頁344。
33　〈傅孟真先生的思想〉，頁345。
34　同上，頁346。

面的周民族很難征服下面的殷民族，孔子雖是殷人(宋國)，至此很想建設一個現代文化，故曰「吾從周」，而周時也有人見到兩文化接觸，致有民族之衝突，所以東方(淮水流域)派了周公去治理，南方(漢水流域)派了召公去治理，封建的基礎，即於此時建設[35]。

　　從「傅斯年檔案」中所存〈周東封與殷遺民〉的殘稿看來，它不是一次定稿，所以1931年胡適所讀的是初稿，夾在《古代中國與民族》的一堆稿件中。1934年3月14日胡適擬作〈原儒〉一文，尚未動手[36]，遂請傅斯年將前稿送來，這一次他看到的或許是〈周東封與殷遺民〉較爲清楚的稿子。胡適日記1934年3月20日條記：「孟真來談，他昨晚送來他的舊稿〈周東封與殷遺民〉諸文，於我作〈說儒〉之文甚有益，已充分採用，今天我們仍談此題」[37]。1934年5月19日，〈說儒〉脫稿，胡適在8月30日給孟森(1868-1938)的信上得意地表示此文是「數年來積思所得」，並說三年喪制這個久不得解決的制度，現可歸爲殷禮，亦是「致思至十七年之久，近年始覺惟有三年喪制爲殷人古禮之說足以解決一切疑難矛盾」[38]。值得注意的是，胡適在〈說儒〉中主張殷爲祖先教，乃殷代盛行人殉的觀點，也

35　《胡適選集》(台北：文星，1966)，演說，頁85-86。

36　《胡適的日記(手稿本)》，1934年3月14日條，無頁碼。

37　同上，1934年3月20日條。章希呂日記中記1934年4月30日「把適之兄做的〈說儒〉抄一兩章，計一萬字。今天抄完。」(見顏振吾編：《胡適研究叢錄》〔北京：三聯，1989〕，頁257。)在胡適寫〈說儒〉的過程中，傅斯年不時前往胡宅討論。根據羅爾綱《胡適瑣記》中追憶：「1934年春，胡適撰〈說儒〉，每星期天下午，是他在家做研究的時間，傅斯年就過來共同討論。」(羅爾綱：《師門五年記·胡適瑣記》〔北京：三聯：1995〕，頁138)。章希呂1934年日記中也不時記傅斯年來胡宅之事(見顏振吾編：《胡適研究叢錄》，頁245-277)。

38　見引於耿雲志：《胡適年譜》(香港：中華，1986年)，頁142。有意思的是傅斯年北大時期的同學毛以亨，在追憶傅氏的文章中說：「傅氏有若干獨到見解，如〈說儒〉，胡適之先生曾依其說而撰一長篇論文(〈關於傅斯年的一封信〉，香港《天文台》，1951年1月2日、4日)。」毛氏不治中國上古史，所以將整個事實顛倒了過來。不過他的回憶倒也說明了當時有不少人留意到兩人文章之間的關係。

與傅斯年的〈周東封與殷遺民〉有關。胡適於1945年在哈佛大學神學院講座中依舊指出：「殷人的祖先教的用人祭及殉葬等慘酷風俗，引起後來思想家的反抗，故孔子說未知生焉知死，未能事人焉能事鬼……都帶有Agnosticism意味。」[39]

胡適在〈說儒〉中其實已一再提到傅斯年對他的影響，但該文在1935年發表之後，一般讀者似未注意傅、胡二氏前後思想沿承的關係，故對於這一段思想公案常有誤解。如陳榮捷先生以英文撰寫《近代中國宗教趨勢》時，竟說胡適的〈說儒〉得到傅斯年的聲援，所不同的是，胡適所用皆傳統文獻史料，而傅斯年多用甲骨文材料[40]。

在〈說儒〉中，胡適推崇孔子為殷商亡國之後，是應「五百年必有王者興」之懸記而起的聖者。他將「五百年必有王者興」比為耶穌基督的「懸記」，這是傅斯年原來所沒有的想法，可能與胡適撰稿期間所讀關於耶穌基督的歷史有關[41]。

值得注意的是胡適在由疑古轉而重建古代之時，也逐漸擺脫他早年深受影響的清季今文家言。錢穆注意到胡適在寫《中國古代哲學史》時，只用《詩經》，不用《左傳》。他問胡適緣故，胡適告以因為當時過信清季今文家言[42]。胡適後來一步步擺脫疑古思維，除了傅斯年及史語所地下發掘的影響之外，也當與錢穆的《劉向歆父子年譜》的發表有關[43]。

39　《胡適的日記(手稿本)》，1952年1月7日的這一段話可以與傅斯年的〈周東封與殷遺民〉及後來的《性命古訓辨證》的第三章相比較(參考《傅斯年全集》，第3冊，總頁902及總頁602、622)。《胡適的日記(手稿本)》，1952年1月7日條，無頁碼。

40　Chan Wing-tsit, *Religious Trends in Modern China*(New York: Columbia University Press 1953), pp. 27-30.

41　據章希呂1934年4月11日記「適兄說新舊約是一部奇異之書」，似當時正精讀這一部書(見顏振吾編：《胡適研究叢錄》，頁253)。攻擊〈說儒〉成為攻擊整理國故派的一個重點。郭沫若、錢穆、馮友蘭、范文瀾等都有文章批評。而「五百年必有王者興」這一「懸記」及商、周是否為二民族集團更是被攻擊的重點。

42　錢穆：《師友雜憶》(台北：東大，1983)，頁144。

43　譬如《胡適的日記(手稿本)》，1930年10月28日條：「顧(頡剛)說一部分作於曾見錢譜(《劉向歆父子年譜》)之後，而墨守康有為、崔適之說，殊不可曉。」1931

　　錢穆在《師友雜憶》上對胡適古史觀的變化有扼要觀察：

　　　適之於史學，則似徘徊頡剛、孟真兩人之間。先為〈中國大史家
　　　崔東壁〉一文，僅成半篇，然於頡剛《古史辨》則備致稱許。此
　　　下則轉近孟真一邊[44]。

胡適的轉變是件有重大意義的事，它代表一個由拆解上古史，到重建上古
史的過程，而這個轉變竟發生在一開始提倡疑古辨偽的胡適身上。而促成
胡適改變商是新石器時代、孔子「說假」等觀點的，主要是傅斯年的上古
史觀及史語所的殷墟發掘。這種由疑而信，由疑偽而重建的趨勢，不只發
生在胡適身上，但胡適當時的轉變，卻有重大的示範作用。殷墟發掘之後，
才有講上古史的書敢將商代作為信史放在書的開端[45]。足見其影響之廣泛。
　　除了古史觀外，1926年8月胡適與傅斯年在巴黎見面時，傅斯年提出以
發生學觀點治文學史的口號，也曾深深影響了胡適。傅斯年的觀點，貫串
在兩年後所寫的《中國古代文學史講義》中。他說文學的生命彷彿有機體：

　　　都是開頭來自田間，文人借用了，遂上台面，更有些文人繼續的
　　　修整擴張，弄得範圍極大，技術極精，而原有之動盪力遂衰，以
　　　至於但剩了一個軀殼，為後人抄了又抄，失去了擴張的力氣：只
　　　剩下了文字上的生命，沒有了語言上的生命。……文學史或者可
　　　和生物史有同樣的大節目可觀，「把發生學引進文學史來！」是
　　　我們工作中的口號[46]。

（續）────────────

　　年3月31日的日記上則說：「今天講西漢經學……我現在漸漸脫離今文家的主張，
　　認西漢經學無今古文之分派，只有先出後出，只有新的舊的，而無今古文分家。」
44　錢穆：《師友雜憶》，頁147。
45　蘇秉琦：〈建國以來中國考古學的發展〉，在《蘇秉琦考古學論述選集》（北京：
　　文物，1984），頁300。
46　《傅斯年全集》，第1冊，總頁13。

在「傅斯年檔案」中，我們可以看到一份題爲《赤符論》的筆記本，只有兩頁擬目，及一些零星的筆記。其中有一頁傅氏寫了一行「文學由俗而雅，由雅而典，由典而則，有則則死」，也是同樣的意思[47]。

就在胡適與傅斯年見面大約十天後，當胡適爲自己所編《詞選》寫〈序〉時，便沿用了這個說法：

> 但文學史上有一個逃不了的公式。文學的新方式都是出於民間的。久而久之，文人學士受了民間文學的影響，採用這種新體裁來做他們的文藝作品。文人的參加自有他的好處：淺薄的內容變豐富了，幼稚的技術變高明了，平凡的意境變高超了。但文人把這種新體裁學到手之後，劣等的文人便來模仿；模仿的結果，往往學得了形式上的技術，而丟掉了創作的精神。天才墮落而爲匠手，創作墮落而爲機械。生氣剝喪完了，只剩下一點小技巧，一堆爛書袋，一套爛調子！於是這種文學方式的命運便完結了，文學的生命又須另向民間去尋新方向發展了[48]。

胡適《白話文學史》基本上發揮這一想法[49]，胡適後來回憶說這是因爲他與傅斯年見解的相同。他說：

> 我們做學問功力不同，而見解往往相近。……孟真有「生老病死」的議論，與我很相同。

47　《赤符論》，見「傅檔」，無檔號。
48　《詞選》（台北：商務，1975），〈序〉，頁9-10。
49　《白話文學史》（台北：信江，1974）中寫於1928年6月5日的〈序〉中要人們特別注意他這方面的觀點（頁10）。在頁13中胡適說：「一切新文學的來源都在民間。民間的小兒女、村夫農婦、癡男怨女、歌童舞妓、彈唱的、說書的，都是文學上的新形式與新風格的創造者。這是文學史的通例，古今中外，都逃不出這條通例。」

此處談到文學形式「生老病死」之觀念，應該說是受到傅斯年影響。胡適在一篇回憶傅氏的文字中便說1926年8月：

> 〔這次孟真〕從柏林趕來〔巴黎〕與我同住了許多天，……那個時候他就已經撒下了許多種子。他說：中國一切文學都是從民間來的，同時每一種文學都經過一種生老病死的狀態[50]。

此外，在哲學的觀點上，傅斯年似乎也曾對胡適有所影響。1918年傅斯年發表一篇文章，主張哲學門不當隸屬於文科，此文是傅氏深得蔡元培欣賞的開始。在這篇文章中，他認為哲學問題的解決有待科學的發展：

> 凡自然科學作一大進步時，即哲學發一異彩之日。以歷史為哲學之根據，其用甚局；以自然科學為哲學之根據，其用至溥。

又說：

> 以為哲學、文字聯絡最為密切，哲學、科學若少關係者，中國人之謬見然也。……在於西洋，凡欲研治哲學者，其算學知識，必須甚高，其自然科學知識，必具大概。今吾校之哲學門，乃輕其所重，絕不與理科諸門謀教授上之聯絡，竊所未喻也[51]。

不過此時他只說哲學與科學較文學、歷史為近，但在歐洲受實證主義的深刻薰陶之後，他對哲學的看法更為激進，進而主張取消哲學了。他陸續說：

50　〈傅孟真先生的思想〉，《胡適講演集》，頁342。
51　傅斯年：〈論哲學門隸屬文科之流弊〉，高平叔編：《蔡元培全集》（北京：中華，1984），第3卷，頁194-197。原刊1918年10月8日出版《北京大學日刊》第222號。

哲學是一個大假定[52]。

哲學一定要合經驗。哲學與科學用一樣方法[53]。

哲學不能出於人性[54]。

中國本沒有所謂哲學，多謝上帝，給我們民族這麼一個健康的習慣[55]。

而且當他初抵國門不久，辦理中山大學文學院時，他決不諱言他的目標是：

絕國故，廢哲學，放文人及存野化[56]。

而最終目標是「必使斯文掃地而後已」。這是傅斯年受當時歐洲實證主義影響的結果。而這些論點曾在巴黎見面時給予胡適相當深刻的影響。在《胡適遺稿及秘藏書信》中有一封信，也許是因為字跡太過潦草不易辨識，故並未收於《胡適來往書信選》中。在這封信中，傅斯年主張中國只有「方術」，沒有「哲學」，而且認為這是中國極幸運的地方——「多謝上帝，使得我們天漢的民族走這麼健康的一路。」[57] 他說：

我當方到英國時，覺得我好像能讀哲學書，甚至德國哲學書，後來覺得不能懂德國哲學了。覺得德國哲學只是些德國語言的惡習慣。現在偶然想起一部Hume來，也不知所謂了。總而言之，我的腦筋對於一切哲學都成石頭了。我於這個成績，也很歡喜[58]。

52　《傅斯年全集》，第4冊，總頁1255。

53　同上。

54　同上。

55　〈與顧頡剛論古史書〉，《傅斯年全集》，第4冊，總頁1521。

56　〈朱家驊傅斯年致李石曾吳稚暉書〉，《傅斯年全集》，第7冊，總頁2445。

57　傅斯年1926年致胡適信，在《胡適遺稿及秘藏書信》，冊37，頁357。

58　《胡適遺稿及秘藏書信》，冊37，，頁359。

傅斯年這時以哲學爲語言的「惡習慣」，以不能讀哲學爲「很歡喜」。從胡適8月24日的回信可以看出胡適對此大有共鳴。由於胡適的回函保留在「傅斯年檔案」中未發表，故詳細摘抄於此：

> 孟真：前天發一信，已接到否？我決計住到九月三號，甚盼你能早來。……你最得意的三件事，我卻也有點相像。一、近來每用龐居士臨死的遺訓勸人：「但願空諸所有，慎勿實諸所無。」龐居士也許注重在上半句，我卻重在下半句。你的幾句中國書，還不曾忘得乾乾淨淨，但這不關緊要。只要把那些捆死人的繩索掙斷幾條——越斷的多越好——就行了。二、捆人最利害的是那些蜘蛛肚裡吐出來捆自己的蛛絲網，這幾年我自己竭力學善忘，六、七年不教西洋哲學，不看西洋哲學書，把西洋人的蛛網掃去了不少，自己感覺痛快……這一層我很得意。因為我是名為哲學教授，很不容易做到把自己吃飯傢伙丟了。三、我很佩服你的「野蠻主義」。我近來發表一文〈論西洋近代文明〉，你若見了此文，定有許多地方能表示同意。我在那文裡說：「西洋近代文明不從宗教出發，而結果成一新宗教，不管道德，而結果自成一新道德」。此言與你的「一學得野蠻，其文明自來」同一見解，但沒有你說得痛快[59]。

胡適在留學時期的日記中一再談到他將以哲學爲志業，他是哲學博士、哲學教授，又以《中國哲學史》享大名，但從此以後卻傾向廢哲學。他真正將廢哲學的想法付諸行動是1931年擔任北大文學院長時，「曾言其辦文學院其實則只是辦歷史系，因其時適之已主張哲學關門。」[60] 這和1927年傅

---

59 「傅檔」，1: 1678。
60 錢穆：《師友雜憶》，頁147。

斯年主持中山大學文學院時想「廢哲學」的主張何其相近。哥倫比亞大學哲學系畢業的胡適，竟主張關閉哲學系，甚至在日記中不時吐露反哲學言論。如1929年6月3日日記上記：

......

(2)哲學的根本取消：

問題可解決的，都解決了。一時不能解決的，如將來有解決的可能，還得靠科學實驗的幫助與證實。科學不能解決的，哲學也休想解決；即使提出解決，也不過是一個待證的假設，不足以取信於現代的人。

故哲學自然消滅，變成普通思想的一部分......[61]。

這是胡適原來所不曾有的想法。極可能是傅斯年的影響，認為所有哲學皆該消滅，並認為中國沒有哲學是一件值得慶幸的事情[62]。

以上是將傅斯年與胡適之間的思想交涉痕跡作一勾勒，主要指出在古史觀、文學觀及哲學觀這三方面，傅斯年對胡適的影響。這些思想交涉，對當時中國整個學術界具有相當的意義。以胡適在當時全中國思想學術界的關軸地位，他的逐步由疑古轉為相信，由破壞而走向重建，自有漣漪效

---

61 《胡適的日記(手稿本)》，1929年6月3日條，無頁碼。

62 此外，胡適在日本京都支那學會演講時，提出一個與傅斯年在〈史語所工作旨趣〉中相同的看法，即西洋漢學家在所謂「虜學」的範圍中，貢獻特別大。傅氏是這樣說的：「凡中國人所忽略，如匈奴、鮮卑、突厥、回紇、契丹、女真、蒙古、滿洲等問題，在歐洲人卻施格外的注意。說句笑話，假如中國學是漢學，為此學者是漢學家，則西洋人治這些匈奴以來的問題，豈不是虜學，治這學者豈不是虜學家嗎？然而也許漢學之發達有些地方正借重虜學呢！」(《傅斯年全集》，第4冊，總頁1305-1306。)「傅檔」V: 26是傅在德國時的一本書目筆記，其中便列有「虜史」一目，我推測這個觀念在1926年胡、傅二人巴黎見面時，傅氏可能也對胡適說到過。1927年4月間，胡適在京都演講時，依吉川幸次郎的回憶，他在黑板上大書「虜學」二字，並發揮了類似的觀點。見《吉川幸次郎全集》(東京：筑摩書房，1967)，第16卷，頁432。

應，而他接受上古二元集團的史觀，也對史學界的上古史詮釋有所影響。他逐步傾向「取消哲學」，使得他的學問領域變得愈來愈轉注於文獻考訂的工作，未多關心哲學理論與時代的密切關聯，未能同情中國傳統哲學，也未努力發展任何哲學思維來對抗當時日漸壯大的馬克思主義思潮。

附錄

戲論—[63]

時宇相對，日月倒行，我昨天在古董舖裡搜到半封信，是名理必有者寫的，回來一查通用的人名典，只說「理必有是……三十三世紀的人，好為系統之疑古，曾做《古史續辨》十大冊，謂民國初建元時談學人物頗多，當時人假設之名，有數人而一名者，有一人而數名者，有全無其人者，皆仿漢儒造作，故意為迷陣以迷後人。甚謂孫文董[64]《西遊記》孫行者傳說之人間化、當時化，黃興亦本『黃龍見』之一種迷信而起。此均是先由民間傳信，後來到讀書人手中，一面求雅馴，一面借俗題寫其自己理想的。此等議論盛行一時，若干代人都驚奇他是一位精闢的思想家」。他這信的原文如下：

中華民國三千二百十四年六月十日[65]疑成[66]疑縣理必有奉白：

顧樂先生，辱你賞我一封信，敘述你先生自己于民國初建元史料上之心得，何等可感！細讀幾回，甚為佩服。我于此時史事亦曾研究其一面，始以為但是當時文士之一面，數年後頓覺此實是當時一切史實之線索，蓋當時史事多此數君以一種理想為之造作者，弟已布專書，現在略舉兩、三個例。弟于《胡適年譜》上已證成世傳之《胡適文存》很多是後人續入者，

---

63 按：杜正勝先生將此稿整理出來。
64 原稿如此：疑「董」應做「是」。
65 本行旁另有附語：「希望我們民國這麼長。我的附注」。
66 原稿如此：疑「成」應做「城」。

於《顧君攷》上證名[67]顧君《古史解》頗多增改。此均不甚箸警之論。其使人可以長想者，則有如錢玄同問題，世人以錢玄同與疑古玄同為一人，實是大愚。更傳會謂錢越人，故武蕭王之苗裔，則等于橋山有黃帝陵一種之可笑矣。查「玄」是滿洲朝康熙帝名，是則此名必不能先于民國元年，若曰在民國元年改的，則試看所謂錢玄同一人之思想，實是最薄中國的古物事者及通俗物事者；有此思想之人，必不于此時改用此一個百分充足道士氣之名無疑。故如玄同為王敬軒之字猶可說也，玄同為此等思想之人之改定名，在理絕不可通。又如「錢」之一字，今固尚有姓錢者，今世人用文采粲然之紙幣、皮幣大張精印，而三千年前則用一種不便當的可憎品，當時人尤以為不然。今雖書缺文脫，而常常見「銅臭物」一個名詞，果然自己改名「玄」，名「玄同」矣，何不並姓而亦改之？胡留此一不甚雅之字以為姓乎？細思方覺此實一非有先生、亡是公子，姑名為「玄同」以張其虛，姓之曰「錢」以表其實。世無有虛過于玄而實過于錢者，以此相反之詞為名，實係一小小迷陣，若謂別人曰：看破者上智，看不破者下愚。何以見得呢？錢君後來至改姓疑古，疑古二字與錢同以喉音為紐，明是射覆的意思。我又比列一切見存錢君著作，所有在陳氏《理惑集》（按此必《新青年》知于後世之名）、《胡氏春秋》（按此必適之先生之《努力》及其《讀書雜誌》）、《古史解》（按此必君之《古史辨》也），按其年次而列之，見其頗不一貫，顯係至少有三人，一為一欲舉一切故傳而彙之者，一為一好談當時之所謂注音字母者，一則但為一以一種激斷論(radicalism)治經史材料者，所謂疑古玄同是也。此三類行文上甚不同，雖然勉強使其外表同，使其成語前後一貫，因而其吃力勉強，造成此前後求若一貫之狀態，從此愈為顯著。余曾斷定末一玄同（疑古），實顧頡剛舉其最激斷之論加此名下而布之，其他二端亦當時《理惑集》中人所設亡有先生，蓋《理惑集》中無此一格，在建築意義上為不備格，一切證據均詳該書（惜乎此地不詳舉，可惜！可惜！我的

---

67 原稿如此：「證名」應做「證明」。

註。）謂余不信，則試看錢玄同名下一切文字中之含性，始也便是一切掃蕩之談，而卒之反局[68]於辯經[69]疑古之績。如有錢玄同其人，必是一多聞中國故事物者，於其名下之文字中可見。如先弄了些中國故事，後來願舍而去之，亦必先經辨經疑古之一步，然後更放而至於為一切掃蕩之談，理為順敘。若既已至於一切掃蕩矣，又安得轉身回來，標小言詹詹之疑古氏哉？此種顛倒之程敘[70]，按之[71]胡適氏之個人或社會思想進化步次論，絕然不符；按之顧君之累層地造成之組織學論亦無。譬如藉薪，後來居下[72]者也。今人信民國初元人之疑古，而忘疑民國初元人之古；不知民國初元人性德上亦若漢初元人耳。見斯公整齊文字，則謂史籍亦然；則有周公，則謂亦有伊尹，此漢初儒者的說法。識破這些圈套矣，而另造些圈套以試試後人之眼力，此民國初儒者的說法。明知沒有左丘明，更沒有丘明作傳的故事，偏自編一部書，說是丘明作的傳，這是劉子駿的辦法。明知沒有譙周，更沒有譙周作《古史解》故事，遍[73]造了這斷[74]故事，又作了一部書，使他□□三分之二，同于烏有譙周之憑虛書，卻不說《古史解》是譙周之作了。這是顧頡剛的進化了的辦法，此之進化是時代的果……（下文不及見，可惜！）

　　請頡剛轉以質之我們的玄同先生，這斷[75]小小疑古是難保無呵，或者是「莫須有呢」？

　　我想諸公「作法自斃」，「不暇自哀而使後人哀之也」。

68　原稿如此：「局」應做「侷」。
69　原稿如此：「辯經」應做「辨經」。
70　原稿如此：「程敘」今多做「程序」。
71　此字後作者插入一句：「今時通以為然」。
72　此「下」字旁原標二圈（○○），以排版限制，改易為「　」符號。
73　原稿如此：疑「遍」當做「偏」。
74　原稿如此：「斷」應做「段」。
75　原稿如此：「斷」應做「段」。

什麼可以成為歷史證據
——近代中國新舊史料觀點的衝突

　　史學史的研究至少應該包括兩個層次，一方面是研究史學意識的發展，一方面是史家們實際上如何作研究。因爲出現在史學方法論教科書上的並不一定反映在實際工作的層次。把過多的注意力放在里程碑式的宣言，而忽略了在實際研究工作中眼光及方法的轉變，其實有所缺憾。

　　關於傅斯年(1896-1950)及他所創立的歷史語言研究所——中國近代歷史上第一個專業的史學研究機構——已經有相當多的研究。不過包括我自己在內，在研究傅斯年時，不知不覺地出現一種「本質主義」的傾向，把太多注意力放在〈歷史語言研究所工作之旨趣〉(以下簡稱〈旨趣〉)一文的解析，而對〈旨趣〉一文的討論，又過度關心傅氏及他所領導的史語所究竟可以歸諸西方哪一學派。一般認爲，傅斯年所倡導的是德國的蘭克史學，不過我們需要注意：傅斯年一生只提到蘭克二、三次，他的藏書中沒有任何蘭克的著作，而他留學英、德兩國，並非專修歷史；傅斯年在英、德的求學生涯，主要的精力是了解西方學術整體發展的情形，所以他的藏書幾乎包括當時西方學術的每一個方面，這使他不曾得到任何學位，但也使他可運用各種工具治史 [1]。本文想探討的是他在實際領導史語所展開工作時，究竟如何實踐他所謂的新史學，以及新學術的社會條件、新學術與「國家

---

[1] 關於傅斯年藏書中無蘭克著作一事，參Wang Fan-sen, *Fu Ssu-nien: A Life in Chinese History and Politics*(Cambridge: Cambridge Univ. Press, 2000), pp. 62-63。傅斯年在英留學的紀錄中並無史學方面的課程，在德正式修課的紀錄，見王汎森、杜正勝主編：《傅斯年文物資料選輯》(台北：傅斯年先生百齡紀念籌備會，1995)，頁53。

建構」(state-building)，以及新學術與晚清至民國以來政治社會問題的糾纏。

一、對舊史料觀的反省

　　傅斯年以「史學就是史料學」一語聞名。至今，許多人仍將他所創立的史語所稱爲「史料學派」。這樣的標籤不一定正確，不過，也反映出「史料」確實在他所提倡的新史學中居相當核心的地位。討論傅氏新史料觀時必須強調幾個前提。第一，傅氏領導同時代中與他有相近史學觀點的新學者以實踐其新史學，他把這一群人從各個地方找來領導史語所的相關各組，從事「集眾式的研究」。第二，傅斯年等人所展現的一些史料觀點，先前不是完全沒人分別提到過，但是出現在討論史學方法的文章上的論述，不一定展現在史學家日常的實踐中。第三，以集體的力量搜尋新史料成了一般口號，形成了一種集體的自覺，而不僅止於是個人的嗜好，也是自此開始。第四，討論新史料觀必須了解舊史料觀是什麼？這必牽涉到兩方面的問題：一、傳統學者認爲什麼是學問？知識的最後判準是什麼？包括哪些範圍及內容？二、傳統學者們認爲什麼可以作爲史學的「證據」？而對文字資料的「迷戀」(obsession)，以及學術帶有「古董化」傾向兩點，是新學者對舊史家的主要批評。而所謂「舊史家」常常是指清儒或是受清儒影響的學者。

　　相對於明儒，清儒對「知識」與「證據」的看法相當不同，心學籠罩下的知識分子基本上認爲「心」才是知識最終的來源與根據，但清儒認爲記載在經書上的文獻知識，才是知識的根源。此外所有相關的文獻及實物，包括子書、佛藏、道藏等，都是經學之附庸。或許它們後來獲有獨立的地位，甚至「婢作夫人」，但至少在一開始及相當長的時期內都只是經學的婢女而已[2]。所以如果以什麼是「事實」(fact)、什麼是「重要」(important)

---

2 關於這一點，胡適在〈《國學季刊》發刊詞〉及〈治學的方法與材料〉中已詳述，見《胡適文存》(台北：遠東，1990)，第3集。

作為判準，那麼在清代，經書的研究大抵即兼為「事實」與「重要」。

但是經典考據學發展的過程中，也逐漸形成「求其古」與「求其是」兩派。前者以吳派為主，強調追尋最古的經典注疏[3]。因為西漢的注疏最古，最接近孔子及其弟子們活動的時期，吳派學者認為，如果能將它們好好地整理出來，可以對儒經的原始面貌有最直接的了解。另一派主張「求其是」，以皖派為代表。他們主要認為古儒家義是一固定不移之物，故不分解與變動，他們想在各種詮釋中尋得一個最恰當的解釋。在清代，一般學者推崇「求其是」一派勝過「求其古」一派，那是因為清儒所最關心的是如何對經書求得一個最合於聖人本意的了解，而不是每一代人如何了解聖人。到了民國時代，經書的神聖地位動搖了，開始有人認為，如果以歷史發展的眼光看，「求其古」一派更有勝處，因為他們至少不會將不同時代的詮釋混在一起，「求其古」之一派所整理的歷朝經解，其實即是等於歷朝的學術史料，譬如他們所輯出的漢代經解，即是漢代學術史材料[4]。也就是說，經過他們的手，一層一層的史料被梳理清楚了。

清代在惟六經三史是尚的研究典範下，所用的方法及材料偏向內循環，基本上是從文字到文字，從文獻到文獻，間有實物的研究，也是為了佐證或釐清文獻裡的記載，盡可能地將它與六經三史或與文字史料相聯繫，所以重視的是銘文、著錄之校勘，以及傳遞源流等等，而不大留意實物還可以告訴我們什麼其他的知識。在這樣一個典範中，所重的是功力，不是理解，所重的是如何在文字證據中作考證與判斷，而不是去開發文字以外的新史料。但是，從文獻到文獻的過程中，即使下了極大的功夫，累積了極深厚的功力，許多問題還是無法得其確解。繼承山東考據學大家許印林（1797-1866）之緒餘的金石及古史家王獻唐（1897-1960）就這樣批評清儒是「古董式之學術」：

---

3 傅斯年：《性命古訓辨證》，《傅斯年全集》（台北：聯經，1980），第2冊，總頁501-502。

4 同上。

獻唐昔年治學，頗摭拾鄉先輩許印林先生緒餘，以音求義，又以
義求音，其術殆出於高郵，蓋印林為伯申先生弟子故也。近歲漸
悟清人所治聲音訓詁，多為死音訓詁，古自古，今自今，結果只
造成一種古董式之學術，供人玩賞而已[5]。

　　王獻唐所感嘆的，也正是後來李濟(1896-1979)等人所感嘆的——經
過有清三百年，學術是「古董式之學術」。這是一群既深悉清儒的工作，
又受到現代學術洗禮的新學者提出的反省。大概在1920年代至1930年代，
中國一群領導性的史學家不約而同地提出新的反省，他們對史料的態度有
一個革命性的變化，這些人包括胡適(1891-1962)、傅斯年、顧頡剛
(1893-1980)、李濟等。他們的文字分散各處，如果稍加比輯，可以發現
一個認識論上的改變。首先，對這一代人而言，傳統的權威已經幾乎倒塌
了，所以六經在他們看來都只是史料了——是供人研究的材料，而不是讓
人尋求治國平天下大道理之所在。在這個前提之下，他們同時也提倡一種
歷史發展的觀點，也就是平等看待每一時代學術思想材料的價值，不再以
為只有那最高點才有價值。

　　在歷史發展式的史料觀之下，注意力不再侷限在那最高的一點。每一
個時代，甚至每一階層的人所留下的史料都有相等的價值，所以產生了蔡
元培(1868-1940)所形容的「平等的眼光」。「平等的眼光」有多方面的
作用，它解放了以經學為正統的舊局，同時在史料的範圍及意義上也有擴
充。既然是平等看待每一時代，平等看待每一階層的歷史，治史的問題及
史料的範圍便前所未有地擴大了(參見本書〈價值與事實的分離？〉一文)。

　　首先談胡適對舊史料觀的批評。胡適在1923年的〈國學季刊發刊宣言〉
中表達了他對清儒經書中心主義之不滿：

---

5 引自山東大學歷史系張書學等：〈新發現的傅斯年書札輯錄〉，未刊稿。

他們脫不了儒書一尊的成見，故用全力治經學，而只用餘力去治他書[6]。

三百年的心思才力，始終不曾跳出這個狹小的圈子外去[7]。

他們排斥異端，他們得著一部《一切經音義》，只認得他有保存古韻書古詞典的用處；他們拿著一部子書，也只認得他有旁證經文古義的功用。他們只向那幾部儒書裡兜圈子；兜來兜去，始終脫不了一個陋字[8]！

胡適也指出受清儒影響的學者有「古董家的習氣」，也就是不管任何學問，皆注意最古的東西，而忽略其餘：

近來頗有人注意戲曲和小說了；但他們的注意仍不能脫離古董家的習氣。他們看得起宋人的小說，而不知道在歷史的眼光裡，一本石印小字的《平妖傳》和一部精刻的殘本《五代史平話》有同樣的價值，……[9]

在1928年9月所寫的〈治學的方法與材料〉中，胡適批評清儒的史料觀，認為這三百年間的學術「方法雖是科學的，材料卻始終是文字的」，「故這三百年的學術，也只不過是文字的學術」[10]，是「紙上的學問，紙上的工夫」，「文字的材料有限，鑽來鑽去，總不出這故紙堆的範圍，故三百年的中國學術的最大成績，不過是兩大部《皇清經解》而已。」[11] 紙上的材料只足以形成一種內循環——「紙上的材料本只適宜於校勘訓詁一

6 《胡適文存》，第2集，頁4。
7 同上。
8 同上，頁6。
9 同上，頁9。
10 《胡適文存》，第3集，頁111。
11 同上，頁115。

類的紙上工作，稍稍踰越這個範圍，便要鬧笑話了。」[12]

最有意思的是，對他們形成最大挑戰的是西洋漢學家如高本漢（K. Klas Benhard, 1889-1978）。這恐怕是因為西洋漢學家所治的問題常與乾嘉諸儒相似，而以不通中國之人竟能在幾年之間勝過三百年漢學家之成就，使得他們大為驚嘆。胡適便說高本漢「他有西洋的音韻學原理作工具，又很充分地運用方言的材料，用廣東的方言作底子，用日本的漢音吳音作參證。」用了幾年功夫便可以推倒顧炎武（1613-1682）以來三百年的中國學者的「紙上工夫」[13]。他的結論是向來學者所認為紙上才能解決的學問，如今都要「跳在故紙堆外去研究了」[14]。

接著談傅斯年。傅斯年的史語所工作〈旨趣〉，年代與胡適〈治學的方法與材料〉幾乎一樣，這兩篇文章看不出有互相影響的痕跡，但對史料的看法卻有相近之處。傅斯年在這篇文章中表達對侷限於紙上的文字史料的不滿，故主張要「上窮碧落下黃泉，動手動腳找材料。」他提到「一種學問能擴張他研究的材料便進步，不能的便退步。」[15] 要無限擴大史料，故說「能利用各地各時的直接材料，大如地方志書，小如私人的日記，遠如石器時代的發掘，近如某個洋行的貿易冊」[16]，「近代史學所達到的範域，自地質學以至目下新聞紙」[17]。

傅氏更直接地表示說要「改了『讀書就是學問』的風氣」[18]，又說「西洋人作學問不是去讀書，是動手動腳到處尋找新材料，隨時擴大舊範圍。」他說「如神祇崇拜、歌謠、民俗、各地各時雕刻文式之差別，中國人把他們忽略了千百年，還是歐洲人開頭為規模的注意。零星注意，中國向來有

12　《胡適文存》，第3集，頁120。
13　同上，頁120-121。
14　同上，頁121。
15　《傅斯年全集》，第4冊，總頁1305。
16　同上，總頁1304。
17　同上，總頁1301。
18　同上，總頁1314。

的」[19]。他甚至宣稱「我們不是讀書的人」[20]。這大概是他那一代人對史料問題最決絕的一句話。

顧頡剛並未多討論史料的問題。不過1925年他已經公開地說「凡是真實的學問，都是不受制於時代的古今、階級的尊卑、價格的貴賤、應用的好壞的」，「是一律平等的」，「在我們的眼光裡，只見到各個的古物、史料、風俗物品和歌謠都是一件東西」[21]。所以他1927年為中山大學圖書館所計畫搜集的東西廣及十六類，其中有許多是舊經史家決未想見的[22]。

至於李濟，他是一個考古學家。他在1928年12月演講〈中國最新發現之新史料〉，強調「就歷史這學問的立場而論，不與古董客一樣，材料不在完整大個，大小是同等價值的」[23]。李濟發現清代雖是古學最發達的時代，可是如果以現代學術的眼光去看，許多方面比宋儒還落後。他在幾十年後曾以宋呂大臨《宣和考古圖》（1092年）的記載與清末端方（1861-1911）的《陶齋吉金錄》（1908年）這兩部金石學的里程碑著作相比，發現就銅器的出土地一項而言，前者遠比後者詳細。八百年來的士大夫似乎變得愈來愈不了解出土地是研究青銅器的重要材料。呂大臨所定下的一些研究吉金的基本規則逐步被忽棄，只剩下最學究味的工作，對實物的研究被題跋所取代，客觀的了解被古董趣味的欣賞所凌駕[24]。

當以上這些新學者提出種種不滿時，其實也在批評同時代的舊學者，因為後者與清代學者的心態基本上沒有太大的不同，依然牢守幾種舊觀

---

19 《傅斯年全集》，第4冊，總頁1306。

20 同上，總頁1312。

21 顧潮：《顧頡剛年譜》（北京：中國社會科學，1993），頁119。

22 同上，頁141，包括經史子集及叢書、檔案、地方志、家族志、社會事件之記載、個人生活之記載、賬簿、中國漢族以外各民族之文籍、基督教會出版之書籍及譯本書、宗教及迷信書、民眾文學書、舊藝術書、教育書、古存簡籍、著述稿本、實物圖像。

23 李濟：〈中國最近發現之新史料〉，《國立中山大學語言歷史學研究所周刊》，5:57、58(1928)，頁3。

24 李濟：〈中國古器物學的新基礎〉，《李濟考古學論文選集》（北京：文物，1990），頁60-61。

點：第一是經書中心主義；第二是對文字史料的過度迷戀，忽略實物，即使在面對實物時，也貴鼎彝而忽略日常使用的器具，對銘文題記的重視也代替了實物的研究，而且往往注意文字學的研究而非歷史學的研究；第三是沉迷於搜求宋版書。

新舊史料眼光之扞格，造成了一些隔膜與衝突。首先我要以和本文沒有直接關係的一則事例開始。顧頡剛於1927年抱著十六大類史料的目標出發前往各地購書時，他發現整個圖書界基本上仍籠罩在以六經三史為中心的史料觀中，全中國的書商與舊藏書樓「正統派的氣息」極重[25]。所以，他想買的與書商們所提供的，形成極諷刺的對比：

> 就是我志在為圖書館購書，而他們則只懂得正統派的藏書。他們
> 心目中以為可藏的只有這幾部，所以送來的書重複太多，一也。
> 我所要的材料，他們以為不應買，所以不肯(實在也不會)替我去搜
> 集，使得我不能完全達到我的計畫，二也[26]。

在圖書市場上所遇到的新舊眼光之矛盾，同樣也出現在檔案的買賣以及考古發掘中。以下我便想以傅斯年創所初期主持的兩件最重要、影響最深遠的工作為例，從細微之處勾勒出兩代人史料眼光之不同及更迭的情形。有意思的是這兩件事都發生在1928、1929年，只比顧頡剛為中山大學搜集史料的時間稍晚一點而已。

二、明清檔案

史語所初創時，傅斯年搜集史料的方式及眼光便相當引起同時代人的

---

25 顧頡剛語，見顧潮：《顧頡剛年譜》，頁165。
26 同上，頁143-144。

注意[27]。傅氏是以集團的力量到處尋找材料,這一點,在此前當然也有,譬如北大國學門便有這類活動,但大體而言,在當時中國並不普遍。史語所創所之初便派出三支隊伍,進行雲南人類學知識初步調查、泉州調查、川邊人類學調查[28],但實際成就不大。明清內閣大庫檔案及殷墟發掘則是當時較爲成功的兩件大事。

有關史語所購買明清內閣大庫檔案的過程,已有許多相關的論述作過鉅細靡遺的考論[29],所以此處不擬再花筆墨講述整個故事。爲了說明新舊兩代史料觀的不同,此處只對相關處扼要地加以敘述。

光緒三十四年(1908)冬,德宗及慈禧太后相繼崩殂,宣統嗣位,醇親王監國,令大臣於內閣大庫中檢取清初攝政典禮之舊檔而不得,故上奏說庫檔無用,請求准予焚毀,並且得到准許。海寧章梫(1860-1949)偶於庫書中得到宋人玉牒殘頁,影照以呈張之洞(1833-1909),張之洞遂持之請教羅振玉(1866-1940)。羅振玉表示這即是《宋史·藝文志》所提到的文獻。羅氏認爲內閣大庫是明代文淵閣故址,則其中藏書必多,請張之洞詢問其閣僚,果然發現有文淵閣所藏殘破舊書。「鄉人(羅振玉)乃以文淵閣書目進,且告文襄,宜歸部保存,備將來貯之圖書館。文襄以爲然。乃委員檢查,且命鄉人時往相助。鄉人於庭中見紅本高若丘阜,結束整齊。既詢知爲奏毀物,大駭。亟言於文襄,謂是皆重要史料,不當毀棄。遂與會稽司長任丘宗梓山樹楠謀,裝爲八千麻袋移貯部中,已又移貯南學敬一亭」[30]。此中最可注意者,以張之洞這樣的碩學大僚,又是《書目答問》的作者,對此等史料之價值並不能了解,所以並不能察知準備毀棄的高若丘阜的紅本

---

27 錢穆:《師友雜憶》(台北:東大,1983),頁146。

28 這三支隊伍的相關史料在史語所公文檔案中。

29 如徐中舒:〈內閣檔案之由來及其整理〉、〈《明清史料》甲編首本序〉;〈再述內閣大庫檔案之由來及其整理〉,《中央研究院歷史語言研究所集刊》,3、4(1933),頁538-571。劉錚雲:〈史語所明實錄校勘與內閣大庫明清檔案的整理〉(兩岸古籍整理學術研討會,1996)。

30 甘孺:《永豐鄉人行年錄》(南京:江蘇人民,1980),頁33-34。

是重要史料。這其實相當準確地反映了清代儒者的知識觀及價值觀。

　　由於這批檔案是比較殘破不完整的，所以被移置午門，無人看管。在張之洞建議不要將之毀棄之後，有不少官員或因職務或因私人理由陸續前來察看。官員自然不是學者，所以他們不一定用史料的觀念來看待這堆檔案，但他們之中不乏有濃厚學術興趣的學士大夫，即使如此，來來往往的人都只注意夾雜在其中的宋版書或宋版殘頁[31]，退而求其次，也是明版書。所以一旦發現在這堆檔案中找不到上述東西時，便認爲它的價值已盡，可以任意處置了。清季最有名的藏書家之一傅增湘（1872-1950）前來踏勘之後，便因再三搜尋不再發現宋版書之後，認爲它已經毫無價值[32]。總之，他們視書本文獻之價值高過一切，所以對於檔案，尤其是殘破的檔案，還

31　宋版書的價值是多方面的。在學術上，清代嘉道年間的版本大家黃丕烈（1763-1825）、顧千里（1766-1835）的話可以作為一代表。黃氏認為書愈舊愈佳。即最先刻者為佳，說明刻不如元刻，元刻不如宋刻。顧千里甚至說宋本書無字處亦好。論其市場價值，則在明末即以頁論價，汲古主人毛晉（1598-1659）便曾榜於門曰：「有以宋刻本至者，門內主人計頁酬錢，每頁出二百，有以舊鈔本至者，每頁出四十。」抗戰前浙江圖書館收刻《名臣碑傳琬琰集》，是建本，乃所謂宋本之最下者，每頁價達銀元五枚（張舜徽：《中國古書版本研究》，在《中國古籍研究叢刊》〔台北：粹文堂，無出版年代〕，頁36-38）。

32　李光濤：《明清檔案存真選輯》（台北：中央研究院歷史語言研究所，1959）〈序〉說：「及至傅增湘氏來長教部，他本是富有藏書的名人，所以他很關心這八千麻袋，以為麻袋裡定有好的宋版書『海內孤本』。有一天，他就發一個命令，第一次先搬了二十個麻袋到教部西花廳倒在地上試行檢查。……前後兩次檢查的所獲，大概是賀表、黃綾封、題本、奏本，題本以小刑名案子居多。至於宋版書，有是有的，或則破爛的半本，或是撕破的幾張……也有清初的黃榜，也有實錄的稿本，還有朝鮮的賀正表，也是其中之一寶。而他們對於這些發現比較最感興趣的，便是宋版書。於是傅氏更要大舉整理了。……那時整理的方法，據原來參加這項工作後來又充當歷史語言研究所整理檔案工作的工友佟榮說，當初這些東西從麻袋裡倒出來的情形大概都是整大捆的居多，這樣的自然也用不著什麼整理，只須將一捆捆的提出來堆在一起便算了事。最奇怪的，就是當時整理的工友也不知道是奉到什麼人的命令，大家都一致認真的在塵埃和亂紙中拚命的去找宋版書。當然，工友們也不是版本家，宋版不宋版全無分別，但只要能夠找出書冊一本，便會現金交易，立時賞以銅元四十大枚（等於銀元二角），其餘的亂紙自然也就視同廢紙了。」（頁1-2）

不能敏感到其學術重要性。最後這堆檔案被賣到紙廠作還魂紙。

　　真正能以較具現代史學之眼光審視這一批檔案的，仍是在近代史料學中極具關鍵地位的羅振玉。他從紙行手上搶救了這一批檔案，並且從中擇取了一些比較重要的，刊成《史料叢刊初編》[33]。但是，當這批檔案輾轉賣到另一位當時中國有數的大藏書家李盛鐸(1859-1937)之手時，李氏所最留心的，仍是想從中找出宋版書。前有傅增湘，後有李盛鐸，可以看出清代學者的注意力被價值昂貴的宋版書所盤據的情形。

　　當李盛鐸透露要賣出這批檔案時，史語所很快地在陳寅恪(1890-1969)的主導下進行購買。在洽購的過程中，民族主義的情緒是一個重要的力量。當時滿鐵及哈佛燕京社皆挾有鉅資，而史語所的經費則非常困難，陳寅恪在給傅斯年信促請中央研究院買下時，便屢屢說出重話。譬如說：

> 觀燕京與哈佛之中國學院經費頗充裕，若此項檔案歸於一外國教
> 會之手，國史之責，托於洋人，以舊式感情言之，國恥也[34]。

　　從史語所與李盛鐸往復商洽的過程中，亦可以再度看出不同學術眼光之間的更迭。當交易將定未定之際，李盛鐸表現出他所掛念不置的仍然是，將來萬一在這八千麻袋中繼續發現宋版殘頁，仍應歸他[35]。在這關鍵性時刻，陳寅恪在1929年3月10日寫信給傅斯年，從其中可以看出新一代史學家所看重的是完全不同的東西。陳寅恪說：

> 此檔案中宋版書成冊者，大約在曆【歷】史博物館時為教育部人
> 所竊，歸羅再歸李以後，則尚無有意的偷竊。……又我輩重在檔

33　案：《史料叢刊初編》的《天聰朝奏疏冊》係轉錄而來，非內閣大庫原檔，見李
　　光濤：《明清檔案存真選輯》，〈序〉，頁6。

34　1928年3月2日函，在「史語所公文檔案」(以下簡稱「公文檔」)元字第4號卷中。

35　見陳寅恪1928年12月27日致蔡元培、楊銓、傅斯年函中，在同前號卷中。

　　案中之史料，與彼輩異趣，我以為寶，彼以為無用之物也。

這封信中「我輩重在檔案中之史料，與彼輩異趣，我以為寶，彼以為無用之物」等句，最能點出兩代學者眼光之差距[36]。

　　陳、傅這一輩新學者重視檔案有兩層原因：第一，與他們在歐洲，尤其是德國，所受重視歷史檔案的薰陶有關。蘭克便以大量使用教廷的外交檔案著稱。當他們在德國時，編輯檔案史料出版的工作始終大量進行著，尤其是德國中古史的相關檔案[37]。傅斯年本人的藏書中便有這一類的書籍。他們極度強調第一手史料。傅氏在〈歷史語言研究所之工作旨趣〉中這一方面的話很多。陳寅恪在一封給傅氏的信上也說：

　　　蓋歷史語言之研究，第一步工作在搜求材料，而第一等之原料為
　　　最要[38]。

　　第二是他們幼年時代受晚清革命宣傳影響，認為清代官書實錄經過歷朝改竄，極不可信，所以他們寄極大希望於這一批檔案，甚至在心理上假設會有石破天驚的新發現。1928年9月傅斯年致蔡元培院長要求購買檔案的信中充分透露這一心情：

　　　午間與適之先生及陳寅恪兄餐，談及七千袋明清檔案事。……其
　　　中無盡寶藏。蓋明清歷史，私家記載究竟見聞有限，官書則歷朝
　　　改換，全靠不住，政治實情，全在此檔案中也。且明末清初，言

36　張之洞、傅增湘、李盛鐸等人當然不是嚴格意義的史學家，但在他們的時代中，嚴格意義的史學家並不多。

37　當時德國出版檔案情形，見James Thompson, *A History of Historical Writing*（New York: Macmillan Press, 1942）, vol. 2, pp. 166-168.

38　1928年12月17日，在「公文檔」元字第4號卷中。

> 多忌諱，官書不信，私人揣測失實，而神、光諸宗時代禦虜諸政，
> 《明史》均闕。此後《明史》改修，《清史》編纂，此為第一種
> 有價值之材料[39]。

因為他們一致認為「此後《明史》改修、《清史》編纂，此為第一種有價
值之材料」，所以當後來耗費大量人力整理這批檔案而無石破天驚的新發
現時，傅斯年會有所感嘆，李濟遂詢以：「難道先生希望在這批檔案內找
出滿清沒有入關的證據嗎？」[40]

三、殷墟發掘

囤放在午門的明清舊檔，幾十年間曾有大大小小的學者官員前往看
過，但都只想在這破紙堆中發現宋版書，而未將眼光放在檔案上面；殷墟
也是這樣，這一個廢墟因為出甲骨而著名，在史語所從事發掘之前的幾十
年，也不時有人前往勘查，但是眼光之所注都在有字的甲骨。想從午門的
爛紙堆中發現宋版的人，自然發覺寶庫已空，應該送進紙廠作還魂紙；而
想要看到檔案的人，則這一堆破紙正是「寶貝」。想在殷墟這一塊遺址中
找有字甲骨或青銅器物的人，在經過幾次探勘後亦覺「寶庫已空」，但史
語所的學者想求的是文字以外的知識，所以認為它還有無盡寶藏。這兩種
史學眼光呈現一種鮮明的對照。此下，我想以不同人不同時期前往殷墟的
不同著重之點，看他們所代表的不同學術眼光。

講殷墟，羅振玉又是不可不提的人物。他對殷墟的認識其實是一步一
步地成長。殷墟卜骨出於光緒己亥年(1899)，十年後，也就是宣統元年
(1909)，羅振玉才從河南古董商人口中知道它的出土地是安陽縣西五里之

39　1928年9月11日函，在同前號卷中。
40　李濟：〈傅孟真先生領導的歷史語言研究所〉，《感舊錄》(台北：傳記文學，1967)，
　　頁82-83。

小屯而非湯陰。羅氏又從刻辭中得到殷代十幾個帝王的名諡，乃恍然悟出這批卜骨是殷王朝之遺物[41]。隔年，他派遣祝繼先、秋良臣兩人大索於洹水之陽，一歲之間，得到兩萬片卜骨。「汰其贗作，得尤異者三千餘」[42]。又隔年(1911年)，他派弟子赴河南訪殷墟遺物。此行除卜骨外，「凡得古獸骨骼齒角及犀象、雕器、石磬雕戈之屬各若干事，皆精巧絕倫，幾與彝器刻鏤同，古良工遺制也。」[43]四年後(1915年)羅振玉決定親赴安陽踏勘[44]。他到了現場一看，感嘆「寶藏幾空」[45]。

羅振玉幾次派人前往殷墟大索的主要目標，仍是甲骨。他還得到了一些零星古器物，「嘆得睹三千年前良工手迹」[46]。他很能在有字甲骨之外注意到實物。可是因為他的眼光只到此為止，所以在他親自踏勘，確定「寶藏幾空」後就出版了《殷虛古器物圖錄》。此書之出版，有告一總結的意思。

十一年後，當傅斯年派董作賓(1895-1963)前往安陽時，董先生似乎也仍停留在前一階段的學術眼光。

董作賓的教育背景中並無現代考古學的訓練，所以他對殷墟的預期，與前一代史家羅振玉相近。1928年他到安陽後給傅斯年的報告信說，他在三十六個地方試掘十三天後，只發現一小部分甲骨。董先生認為在史語所財務困難重重之際，可以放棄這個計畫了。

他主張放棄，是因為所存甲骨不多，這一想法與羅振玉的「寶物幾空」相近。這些喟嘆曲折地反映出他們的史學眼光，以發現帶字的甲骨或銅器為主，一旦不再發現這些東西，即認為沒有再進一步工作的價值。

傅斯年給董作賓的回信相當值得注意，那是一種新史學眼光的展示。

---

41 甘孺：《永豐鄉人行年錄》，頁38。
42 同上，頁39。
43 同上，頁41-42。
44 同上，頁55。
45 同上，頁62。
46 同上。

董先生悲觀地說：「觀以上情形，弟甚覺現在工作之無謂，不但每日獲得之失望，使精神大受打擊，且勞民傷財，亦大不值得。……試想發掘已卅六坑，而得甲骨文字者，不過六、七處，且有僅此三數片者，有爲發掘數四之殘坑者，有把握者不及全工五分之一，豈敢大膽做去？」[47] 但傅斯年卻樂觀地答覆：「連得兩書一電，快愉無極，我們研究所弄到現在，只有我兄此一成績。……但即如兄弟第二信所言，得一骨骼，得一骨場，此實寶貝，若所得一徑尺有字大龜，乃未必是新知識也。此兄已可自解矣。我等此次工作目的，求文字其次，求得地下知識其上也。蓋文字固極可貴，然文字未必包新知識。」[48]

對於抱持新史料眼光的學者，這空無所存的遺址其實是「觀之令人眼忙」(詳後)的寶庫。傅斯年堅持有字的甲骨並不重要，重要的是地下整體的情形，他甚至慨歎：「不知羅振玉『大獲』時，地下情形如何，當時不知注意及此，損失大矣。」[49]

後來傅斯年在回憶董作賓這一段工作時，仍強調以舊眼光——即以中國歷來玩古董者之眼光論之——此處寶物已空，但以近代考古學眼光看，則仍是富於知識之地：

> 董君試掘十餘日，知其地甲骨文字之儲藏大體已為私掘者所盡，所餘多屬四下沖積之片，然人骨獸骨陶片雜器出土甚多。如以中國歷來玩骨董者之眼光論之，已不復可以收拾。然以近代考古學之觀點論之，實尚為富於知識之地[50]。

---

47 此信在「公文檔」元字第23號卷中。
48 傅斯年：〈歷史語言研究所報告書第一期〉，在「公文檔」元字第198號卷中。
49 此信在「公文檔」元字第23號卷中。
50 傅斯年致河南省政府信，引自〈史語所發掘殷墟之經過〉，《傅斯年全集》，第4冊，總頁1326。

董作賓尋即以殷墟工作超乎其能力爲由謙辭領導人之職[51]，李濟被派去負責殷墟的工作。以李濟代董作賓之舉其實也反映兩種學術眼光之更迭。李濟與董作賓的看法完全不同，他在給傅斯年的信上說：

> 晏堂此次發掘，雖較羅振玉略高一籌，而對於地層一無記載，除甲骨文外，概視爲副品，其所謂副品者，有唐磁，有漢簡，有商周銅石器，有沖積期之牛角，有三門紀之蚌殼，觀之令人眼忙[52]。

李濟在給院長蔡元培及總幹事楊銓(1893-1933)的信中，也說：

> 此次董君挖掘，仍襲古董商陳法，就地掘坑，直貫而下，惟檢有字甲骨，其餘皆視爲副品。雖繪地圖，亦太簡略，且地層紊亂，一無記載。故就全體論之，雖略得甲骨文(約四百片)，並無科學價值。惟晏堂人極細心，且亦虛心，略加訓練，可成一能手，並極願與濟合作，斯誠一幸事[53]。

李濟於1929年在安陽工作了兩季之後，在該年10月間，突有河南博物館館長何日章派人帶領河南省教育廳之告示前來禁止中研院繼續工作，並擬自行發掘。此事的導火線是1929年5月間，因爲軍事突興，安陽駐軍不知去向，縣長亦逃，土匪並起，李濟乃將發掘器物之一部分運往北平史語所。河南地方人士認爲此舉違反當初將古物留在河南的約定，故一面向研究院交涉，一面設法自行開掘。何日章(1895-？)河南商城人，北京高等師範蒙學部畢業，自云曾問學於羅振玉。

李濟於1929年10月21日報告傅斯年云，何日章擬來挖掘，他與董作賓

51　《傅斯年全集》，第4冊，總頁1326。
52　此信在「公文檔」元字第25號卷中。
53　同上。

已商量了應付之法，準備暫時停工回北平。他強調這並不是退，而是「以退為進」。他表示自己之所以這麼有信心，是因為深知以何日章的史學眼光，所想找尋的必是字骨，而如果以字骨論，當時殷墟已「寶藏幾空」了，李濟說：「蓋彼輩注意者只字骨頭而已，若以此為目標，則小屯希望實少，至於瓦片獸骨，則彼等必無此膽量廣為收集。以此計之，則彼等若三日不見字骨，必心忙，七日不見字骨，必收工。所患者，彼輩挖掘，又多亂幾處地層耳。好在關於此種問題弟等心中已略有把握，多亂幾處固自惜，然實亦無法挽救。反之，若拒之使其不來，則我輩無此力量，彼卻有地方上之援助。……此次所得甲骨文字甚少，故弟等敢毅然決作此以退為進之打算也。」[54]

李濟寫信時衝突剛發生，等到何日章真正派人前來時，其工作實況所展現的學術眼光亦正如李濟原先所推測的。可惜，我們沒有何日章這一面的材料可用，未能稽考其史學觀點。不過在中央大學出版的《史學雜誌》中有一篇〈中央研究院歷史語言研究所傅斯年君來函〉，對何日章這邊的工作情況略有描述：「由彼之妻舅警察學校畢業軒君率領『發掘』，無方法，無問題，公然聲言是來找寶貝的。」「遇一墓葬，見頭取頭，見腳取腳，積而成之，不知誰為誰之頭。其葬式之記載，更無論矣！……若地墓問題，更不知何解矣。又專以市場價值為價值。彼等初次到安陽，經介紹到吾等工作地參觀三日，不言何為。見一白瓦片，大喜，謂若置開封，可值九十餘元。近督責工作，亦以誰能找到出寶的地方，則分半價獎之為言。」[55]

傅斯年並未故意扭曲何日章這邊的工作實況。從1929年10月21日河南教育廳機關報《河南教育日報》上的一條報導，我們可以看出找字骨確實是他們發掘的主要目標。該報載：「河南圖書館館長何日章奉令擬定自掘

---

54 李函在「公文檔」元字第152號卷中。
55 〈中央研究院歷史語言研究所傅斯年來函〉，《史學雜誌》，2:4（1931），頁1-2。

辦法十二條。」其中多牽涉到人員組織、待遇、經費等問題。不過也有幾條記載工作重點。如第五條：「如有人報告甲骨所在地，因而掘獲時得予二元以上至二十元以下之獎勵金。」第十一條：「甲骨運至開封後，精裝玻璃櫃公開陳列。」第十二條：「聘請金石專家羅振玉蒞汴考證出版。」而〈河南省政府公函第三二一二號〉中引何日章的話也說：「安陽地中所存之龜骨等器物，實爲河南地方文明之表率，以中國國粹供中國人之研究則可，以河南地方文明之表率，盡移置於他方，則不可。如此請准將掘得器物，仍留在開封保存。」[56]

何日章的觀點還表現在他所散發的傳單及他所主持河南博物館中的陳設。在河南博物館中，三皇五帝皆有塑像[57]，足見其對古代史事仍採信古態度。史語所當時並不主張疑古，不過對上古史事基本上採合理的批判重建態度[58]。傅氏本人與李雲林爭論〈堯典〉年代以至在火車上揎袖欲打的故事，可以印證此一思想趨向[59]。在何氏所發傳單中，除聲明他是羅振玉學生外，並對中國文字的歷史演變發表了一段相當陳舊的話：

> 夫文字爲民族精神之所賴以寄託，歷史實國家文化之所由以表現，此義至顯，寰宇皆同。而吾國爲東方最古之邦，文化策源之地。觀其文字制作之始，造端之閎大，包羅之廣博，孳乳之繁多，年祀之邈遠，絕非世界其他各國所能相提並論。嘗溯庖犧畫卦，倉頡作書，均在洪荒初闢之時。改易殊體，又更六十七代之賾。至於夏商，始粲然大備，象形指事，精誼發皇。吾人生隸楷迭變之後，讀結繩以降之書，自非宿學專門，潛心冥索，無以辨其跟

---

56 此件在「公文檔」元字第141號卷中。

57 傅斯年：〈史語所發掘殷墟之經過〉，《傅斯年全集》，第4冊，總頁1332。

58 當時史語所這方面的態度，請參考杜正勝：〈從疑古到重建──傅斯年的史學革命及其與胡適、顧頡剛的關係〉，《當代》，116期（1995年12月），頁10-29。

59 屈萬里：〈敬悼傅孟真先生〉，《傅故校長哀輓錄》（台北：台灣大學，1951），頁15。

肘，啟其鑰鍵。自史籀作大篆而古文雜，李斯作小篆而古文亡。
魏晉以還，僅恃許氏一書以略窺文字之徑[60]。

在談到甲骨文出土時又說：

> 羅氏與海寧王國維，致力尤勤，纂述綦富，既據〈項羽本紀〉洹
> 水南殷虛上之文，定其地為殷墟，命之曰殷墟書契，奇文異字，
> 省釋盈千，世系名號都邑遷徙之序，足補龍門之遺闕者，不一而
> 足。字體之瑰琦詰屈，變化錯綜，日月風雷，魚龍犬豕，以至名
> 物制度，無論鉅細繁簡，無不神形俱肖，理性兼存，可見六書之
> 始，首在象形，所謂庖犧觀象於天，觀法於地，視鳥獸之跡，與
> 地之宜，近取諸身，遠取諸物，及倉頡見鳥獸遞嬗之跡，文理可
> 相別異，始作書契。百工以乂，萬品以察諸說，絕非穿鑿附會之
> 詞，皆信而有徵，昭然若揭。若不睹此史籀未作以前之真古文，
> 何由知之[61]。

　　反觀史語所這邊，既然不是在尋找字骨，又認為已不太出字骨的殷墟
是「觀之令人眼忙」的富藏，那麼他們在找什麼？他們的新眼光是什麼，
吾人可以一語概括之，即他們想擺脫對文字史料的迷戀，求取一個「整體
的觀點」。
　　蔡元培為《安陽發掘報告》所寫的〈序〉是這樣說的，「古來研究文
字者，每每注意在一字一字上，而少留意其系統性，考定器物者尤其是這
樣」。但中研院這幾位新史學者「立足點是整個的」，「他們現在的古學

---

60 何日章：〈陳列安陽殷墟甲骨暨器物之感言〉，此傳單存在「公文檔」元字第142
　　號卷中。
61 同上。

有其他科學可資憑藉」[62]。傅斯年也反覆這樣說:「以殷墟爲一整個問題,並不專注意甲骨等」[63],李濟強調的一樣是「對於一切挖掘,都是求一個全體的知識,不是找零零碎碎的寶貝」[64]。

既然是「整體的觀點」,則必涉及材料及工具兩方面之擴充。所以傅斯年、李濟當時的文字中,除一再宣示,一片土可以比一篇文字更有意義外,對於治史工具的擴充也再三致意。工具不只是蘭克學派所強調的紋章學、印章學、泉幣學、古文字學、古文書學之類,如以〈旨趣〉中所言,近代史學的工具包括西方近代自然科學的全部[65]。

傅、李二人都批評前人考古的舊方法最根本的問題是過度侷限於文字的材料。傅斯年在〈考古學的新方法〉中說:

> 中國人考古的舊方法,都是用文字做基本,就一物一物的研究。文字以外,所得的非常之少。外國人以世界文化眼光去觀察,以人類文化作標準,故能得整個的文化意義[66]。

傅並強調,1918年他一開始派董作賓前往殷墟調查的目標便與前人不同:

> 蓋所欲知者,爲其地下情形,所最欲研究者,爲其陶片戰具工具

62　《安陽發掘報告》,第1期(北平:中央研究院歷史語言研究所,1929),頁1-3。

63　〈中央研究院歷史語言研究所傅君來函〉,頁2。

64　〈現代考古學與殷墟發掘〉,《安陽發掘報告》,第2期(北平:中央研究院歷史語言研究所,1930),頁406。

65　〈旨趣〉中扼要地說是「利用自然科學供給我們的一切工具,整理一切可逢著的史料」。(《傅斯年全集》,第4冊,總頁1301)譬如掘地,「沒有科學資助的人一鏟子下去,損壞了無數古事物,且正不知掘準了沒有,如果先有幾種必要科學的訓練,可以一層一層的自然發現,不特得寶,並且得知當年入土的蹤跡,這每每比所得物更是重大的智識。所以古史學在現在之需用測量本領及地質、氣象常識,並不少於航海家。」(《傅斯年全集》,第4冊,總頁1307)。

66　《傅斯年全集》,第4冊,總頁1341。

之類，所最切搜集者，為其人骨獸骨。此皆前人所棄，絕無市場
價值。至於所謂字骨，有若干人最置意者，乃反是同人所以為眾
庶重要問題之一，且挖之猶不如買之之廉也[67]。

他所標舉的方法其實已涉及西方在二十世紀前二十年才大為流行的嚴密的
地層學方法：

吾等每掘一坑，必先看其地層上下之全，並為每一物記其層次，
及相互距離，此為考古學之根本工作。不如是，則器物時代皆已
紊亂，殷唐不分，考古何云[68]？

至於殷墟，他指出從許多沒有文字的，前人所決不感興趣的材料所能得到
的古學知識。譬如人骨與陶，他說：

考古學上最難定的是絕對的時期。而殷墟是考古學上最好的標準
時期，便於研究的人去比較：因為這個時期，是史前的一個最後
時期，以這個時期的人骨做標準，去比較其他地方所發現的人骨，
來定他們的時代先後，可以知道人類的演進是怎樣；同時以殷墟
發掘的陶器作標準，推出其他地方的陶器變更情形，及其時代關
係，可以斷定其時文化是怎麼樣[69]。

又如從豬骨及髮鎮等材料也可以推知歷史狀況：「獸骨的種類，有野馬、
野鹿、牛、羊等等，豬骨很少，可以證明當年此地尚屬遊牧民族的地方。」
「又發現商代的衣冠形式，以及髮鎮（為壓頭髮用的）等項，可以證明當時『衣

---

67 《傅斯年全集》，第4冊，總頁1317。
68 同上，總頁1318-1319。
69 同上，總頁1343。

裳之治』，當時的民族，決非斷髮民族。」[70] 此外，居室、獸骨皆可以揭示無限知識——「又如商、周生活狀態，須先知其居室；商、周民族之人類學的意義，須先量其骨骼。獸骨何種，葬式何類，陶片與其他古代文化區有何關係，此皆前人所忽略，而爲近代歐洲治史學古學者之重要問題。」[71]

李濟與傅斯年一樣，指出現代中國學者對於考古學尙有一種很普遍的誤會，以爲「考古學不過是金石學的一個別名。」他說這種誤會有兩個來源：（一）因爲缺少自然科學的觀念。（二）以爲古物本身自有不變的歷史價值。「由第一種誤會就發生一種人人都可考古的觀念，由第二種誤會就發生了那『唯有有文字才有歷史價值』的那種偏見。」[72] 他說「土中情形」比文字的材料更能解答許多問題：

> 我們並沒有期望得許多甲骨文字……就殷商文化全體說，有好些
> 問題都是文字中所不能解決而就土中情形可以察得出的[73]。

在〈現代考古學與殷墟發掘〉文中，李濟反覆聲明耽溺於文字史料是過時的，並強調要得到「整個的知識」。而想得到整個的知識必須有三個前提：（一）一切自然科學的基本知識。（二）人類史的大節目。（三）一地方或一時期歷史的專門研究。而傅斯年在史語所所一再提倡的「集眾研究」便在此顯出其意義來——「這些資格也許不必全具於一人，卻在一個團體內，總要全代表出來。」[74] 他說：

---

70 《傅斯年全集》，第4冊，總頁1344。

71 同上，總頁1317。

72 李濟：〈現代考古學與殷墟發掘〉，頁405。

73 同上，頁407。

74 同上，頁406。

我們擬定的工作秩序，有下列的重要題目：（一）殷商以來小屯村
附近地形之變遷及其原因。（二）小屯村地面下文化層堆積狀況。
（三）殷墟範圍。（四）殷商遺物。

而在這四項題目中，甲骨文只占第四類中的一小部分而已[75]。

傅斯年、李濟所提倡的方法，對於當時中國的古代史學界是一個相當
大的突破。當時最為人所重視的是王國維的二重證據法。二重證據法基本
上是以地下史料印證文獻記載，而史語所考古工作的方法及意趣顯然已經
超出了這個範圍。新史學觀念的說服力，可以拿史語所成立之後中國的檔
案及考古方面風起雲湧的工作作為例證。譬如顧頡剛這位以辨古史而享大
名的學者，便曾帶團親訪殷墟，在1935年所寫〈戰國秦漢間的造偽與辨偽〉
的〈附言〉中有感而發地說：「以前中國的上古史材料只限於書本的記
載，……當然不知道史料可從地底下挖出來的。」[76] 李、傅等人所提倡的
觀點對不少治金石文字的舊學者產生相當大的說服力，山東的王獻唐便
說：

> 從前治金石文字，其材料但能求之地上，不能求之地下，但能求
> 諸文字經史方面，不能求諸社會學、生物學、地質學。故其效果，
> 偏於臆度，而缺乏實驗，偏於片斷，而缺乏系統。此非古人聰明
> 不及今人，實其憑借不及今人耳。晚近數年以還，國人治學，漸
> 變前此虛矯之習，趨篤實，其代表此篤實學風，真正運用科學方
> 法，整理新舊材料，不墜其人窠臼者，實以貴院為先導，此非獻
> 唐一人之私言也[77]。

---

75 李濟：〈現代考古學與殷墟發掘〉，頁408。
76 《古史辨》（台北：無出版時地），第7冊，頁64。
77 引自張書學等：〈新發現的傅斯年書札輯錄〉，此信寫於1930年9月13日。

但最有意思的例子還是何日章的考古隊在田野上的表現了。

學術新典範取代舊典範的明顯痕跡是舊典範的守護者也對新典範有樣學樣。何日章的考古隊了解史語所正在進行的是一種全新的方法，所以也想模仿，但卻知其然而不能知其所以然——「……何氏中僅有一位號稱古學家之關君，從未一履安陽工作之場。率其事者，乃其警官妻舅。無照相專人，僅雇一照相館員學我等工作時照相，而不知其何謂。……陶片則一往棄置，見吾等收之，偶效吾等保留若干。」[78] 何日章並抄了一些李濟、傅斯年的方法論。他在1930年元旦所發的傳單〈陳列安陽殷墟甲骨暨器物之感言〉中這樣說的：

> 而又以當時發現之後，除文字有所發明外，其他貢獻頗少。殊為考古學者之遺憾，爰本其職守，請教專家，作精密之設計，備詳確之說明，分段興工，重行發掘，匪第取其有記載之骨甲，且於其他器物之形狀種類以及土質顏色、地層紋理、土中位置、距地深淺，莫不詳為記錄，設法影照，務期於古文字外能再有古文化之遺跡，供當代考古家之探討[79]。

敏感的讀者可以馬上發現他是襲用1929年11月19日傅氏在河南演講〈考古學的新方法〉的觀點。先前在殷墟的田野上，因無文字參考，故只能有樣學樣。但一旦有了現成文字可抄時，便有了此宣言中的幾種論點[80]。

在討論過傅斯年等人所代表的新史料觀點與舊觀點之間的更迭後，我想以兩點作結。

---

78 〈中央研究院歷史語言研究所傅斯年君來函〉，頁2。

79 此傳單收在史語所「公文檔」元字第142號卷中。

80 傅氏在給《史學雜誌》的函中說：「然何君傳單，直是欺語。彼見吾等工作之術，不得不抄襲若干方法論。然其在安陽在開封所作為者，則與此全不相干。」見〈中央研究院歷史語言研究所傅斯年君來函〉，頁2。

首先，傅斯年等人新史料觀點基本上是從西方來的，它們之所以能很快得到知識界的信服，與當時整個中國的思想文化生態有關。新文化運動以後，知識分子對舊的傳統失去信心，爭趨新潮，新史料觀的勝利與這一文化氣氛息息相關。

第二，新史學觀念之所以能夠落實下來並逐漸開展，對史學界造成決定性的變化，與史語所這個新的學術建制，以及與這一派史學關係密切的機構、刊物有關。它們使得新史學觀念有制度性的實踐基地，對當時知識系統的轉換造成關鍵性的作用。

在新史學觀念的影響下，取得治學材料的方法產生了變化，傳統「讀書人」那種治學方式不再占支配性地位。傅斯年說「我們不是讀書的人」，他們是帶著儀器、鋤頭，「上窮碧落下黃泉，動手動腳找材料」的人。

附錄：民初中央、地方與新舊學術觀點之糾纏

學術上新、舊觀點之爭，其實也涉及政治上中央與地方的爭端，在安陽，中央代表著新，而地方代表著舊。

中央研究院是南方國民政府所設之國家最高學術機關，所以它的發展與北伐軍的推進息息相關。傅斯年在史語所的工作〈旨趣〉中便有「稍過些時，北伐定功，破虜收京之後」要如何如何的話[81]。中研院所網羅的一批受過新學術訓練的學者以及國民政府的文化人士隨著北伐軍的力量逐步伸入各地，在學術文化上也有以新學術眼光和地方保守人士的力量相抗的傾向。在雙方的爭持中，中研院與地方人士的著眼點不同。以殷墟的爭執為例，中研院在各種來往文稿中一再強調的「是為了國家學術光榮」，是為了向國際學術人士宣達學術成果，河南地方人士強調的則是地方文化之

---

81 《傅斯年全集》，第4冊，總頁1311。

榮光[82]。「中央」與「地方」在文化上存在著緊張。

安陽發掘團與何日章等河南人士的爭執雖曾有兩次相當程度地解決了，但是過了不久，舊問題仍再度爆發。它某種程度地證明了，河南當地的聲音相當大(可惜我們看不到何日章及河南當地這一面的材料)，同時也證明當時中央的命令只是所謂「中央」而已，在河南當地並無多少力量。

當時中央與地方政治的變幻與學術事業之間密切的關係，可以從史語所公文檔案中各種來往文稿的細微之處看出。當河南尚非國民政府所能直接控制之際，河南地方意識相當高，對中央的電令基本上採陽奉陰違的態度，所以蔣介石的兩度電令，及傅斯年親往開封所達成的協議都不算數。地方政府對中央學術機構派來的研究人員也是威風十足[83]。

當中研院與河南省衝突之際，在中央研究院這一邊認為北伐已成功，全國已統一在南京的中央政府之下了，在河南當地的看法並不一樣。從民國肇建以來，河南始終在北洋軍閥手上，從未真正隸屬於國民政府，安陽發掘爭論發生的那段時間，河南基本上是馮玉祥的勢力範圍，馮玉祥派下的人物才是河南真正的統治者，中央只是名義上的中央。中央研究院認為本身「為全國最高的學術研究機關」，負「中國學術大任」[84]，但在全國統一尚有名無實之時，河南當地人士並不認為有所謂「全國最高學術機構」。

中央研究院認為依照歐美各先進國之古物法令，古物是屬於全國的，但當時中國並無古物保管法令[85]；而河南當地地方意識甚強，認為物出河

---

82 〈河南省政府公函第3212號〉，在「公文檔」元字第141號卷中。

83 茲引一例。1929年10月23日李濟致傅斯年函：「今日休息，卻受了一陣悶氣，因為要向地方上的『要人』表示好意，聯絡感情，所以同此邊高級中學校長請了一棹客。請的時候為正午，等到兩點半鐘才到。這位縣長是初次見面，卻把我們的事——按，即在安陽發掘糾紛之事，一句也沒說，只帶了五個馬弁，吃了一陣，揚揚而去，『余今日乃知□□之尊也』。」

84 1929年10月23日傅致蔡元培、楊銓函。

85 近代中國第一部古物保管法令頒行於安陽爭執之後，於1930年6月7日由國民政府公布，1933年6月15日施行。見衛聚賢：《中國考古學史》(上海：商務，1927)，〈附錄〉，頁287-289。

南，應該留在河南陳列，以彰當地文化之光輝。中央研究院認爲發掘的目標是爲研究，而不是爲了陳列。蔡元培在致河南省政府函中說：「本院爲全國最高學術研究機關，集著名考古之專家，爲三代古都之發掘，同此國土，同屬國民，共致力於學術，何畛域之可分？」並表示發掘「係考古學上之要端，不只爲地方文明之表率」[86]。但是對河南當地而言，「同此國土」並無決定性的說服力。

正因爲中央與地方認知差異如此之大，而且是學術夾雜著政治，所以1929年10月24日傅斯年致教育部蔣夢麟(1886-1964)部長函稿時說：「此事關係行政系統、吾國學術至大。」[87]行政系統與學術在這裡已分不開了。李濟於1929年11月23日致董作賓函也足以令人感覺學術眼光的新、舊之分與中央、地方之爭密不可分：「至於彼等挖法，實在可笑可恨之至。傳聞彼等已得三墓葬，皆爲見頭挖頭，見腳挖腳，十有八九，均搗碎了，無記載，無照相，無方向，挖完了不知到底是怎麼回事。此等方法名之曰研究（張尚德說：雙方都是研究），而省政府提倡之，此真中華民族之羞也。」「總論此事有須注意者數點：（一）省府何以不遵國府令，國府對此事是否有追究……」[88]。在1929年11月時的河南，中央當然追究不了河南地方政府。

其實何日章在1929年10月前來禁止中研院發掘的時機，可以和蔣介石與馮玉祥關係之急遽惡化相對照。1929年10月10日，西北軍將領宋哲元(1885-1940)等二十七人通電反蔣，隨後兵分三路，直指河南。11日，蔣介石下令討伐，蔣、馮戰爭爆發[89]。大戰一起，鹿死誰手尙難斷定，而何日章便選在10月中旬前來安陽殷墟阻止中央研究院發掘。當時中央爲了發掘事交涉的對象是省主席韓復榘(1890-1938)。韓雖係馮玉祥的愛將，但蔣於1929年3月召韓至武漢，盛宴款待，賜以重金，使長期處在馮氏家長

---

86 蔡元培致河南省政府函，稿爲史語所代擬，在「公文檔」元字第141號卷中。
87 此信在「公文檔」元字第141號卷中。
88 同上。
89 陳傳海、徐有禮：《河南現代史》（開封：河南大學，1992），頁114-115。

式權威統制之下的韓萌生異志。5月，韓在洛陽通電叛馮投蔣，蔣後來委以河南省主席一職。不過蔣調唐生智（1890-1970）到河南與馮玉祥作戰後，要唐軍留駐鄭州，並且電渠要監視韓復榘。唐心懼有朝一日被蔣吞併，遂與韓復榘、石友三（1891-1940）共謀反蔣。所以當中研院與河南地方人士衝突發生之時，韓復榘與中央的關係也在變易不定之時。

來自南京方電令自然不易產生作用。以上諸節當可以說明何以傅斯年在1929年底於河南大學演講，並與中州政學要員周旋再四，終於在1930年初與河南省政府達成協議，但協議歸協議，河南人照樣前來發掘的緣故，中研院真正再度工作是1931年春天，也就是中原大戰結束，馮玉祥的力量退出河南，而國民政府已直接控制河南之時。從公文檔案也可以看出在此之後，中央政府、中央研究院與河南政府來往函電之間，地方對中央採全力配合之態勢，連原來對中研院語多不遜的教育廳長李敬齋（1889-1987）也對史語所考古工作者極力配合[90]。上面所道中央與河南地方政治之分合，及中央學術機構與地方文化人士之間的爭執密切對應的程度，可以從下面這張對照表看出[91]。

河南省大事	史語所發掘團與當地人士之衝突
一、1920年起河南便陷入長期動亂。1922年馮玉祥任河南督軍，但一部分地區（豫西、豫北）仍為吳佩孚所控制。	
二、1922年10月吳、馮失和，馮軍離豫他往，吳派人長豫。	

90 李敬齋1931年9月24日致傅斯年函，在「公文檔」元字第156號卷中。1929年11月日李敬齋致教育部長段錫朋的信中說史語所請各方電援，「均嫌幼稚」。此信在「公文檔」元字第141號卷中。

91 本表關於河南史事係根據沈松僑：《中國現代化的區域研究，河南省，一八六〇至一九三七》（國科會專題研究成果報告，1988）與陳傳海、徐有禮：《河南現代史》第三、四章及張鈁：《風雨漫漫四十年》（北京：中國文史，1986）編成。

三、1924年,直奉戰爭,直系敗後,胡景翼、岳維峻相繼主政。 四、1926年後,吳再度入主豫省。 五、1927年初北伐軍入河南,馮軍亦入。6月,國民政府任命馮為河南省主席。	
六、1928年,北伐完成,馮名義上服從中央,但河南實際上為馮之地盤。 七、1929年,馮為編遣問題與南京決裂。5月,任護黨救國西北軍總司令,集兵西北與蔣抗,戰爭爆發。	一、1928年9月28日河南省同意史語所發掘。1928年冬間,董作賓在安陽工作。 二、1929年2月間,李濟開始在安陽工作。 三、1929年8月安陽等地土匪起,史語所將一部分發掘物搶運北平,引起發掘團與當地人士抗議。 四、1929年10月間,何日章云奉河南省政府之命禁止中研院發掘。何日章獲河南教育廳長李敬齋批准,自行發掘。 五、1929年10月間,傅斯年透過吳稚暉請蔣命令河南當地政府合作,國民政府文官處電令河南省主席韓復榘,未發生作用,何日章仍來發掘。 六、1929年11月2日李敬齋函中研院,云此次衝突係雙方誤會。 七、1929年11月教育部長段錫朋致傅斯年信,表示事情已解決。 八、1929年11月傅親赴河南周旋,達成協議。 九、1929年12月何日章發表第一份傳單。
八、1930年3月,馮、閻、李集合反蔣。5月,中原大戰爆發。此年10	十、1930年2月傅發表〈史語所發掘殷墟之經過〉一文。

月間，劉峙為河南省主席。12月中原大戰結束，河南正式在南京政府掌握之下。不過因為豫省政局至為混亂，各地民團、土匪、軍閥殘餘勢力仍多，劉峙一開始能控制的多是政治交通要衝，安陽也是其一。劉峙長豫前後共五年。	十一、1930年2月，何日章發表第二分傳單。 十二、1930年2月5日，郭寶鈞函董作賓，表示河南地方人士仍想自行挖掘。史語所工作仍停頓。 十三、1931年春天，中原大戰結束後，史語所才能順利工作，一直到抗戰爆發。

　　北伐成功後國民政府要將它的影響力盡其可能地伸到每一個角落，這是近代「國家建構」（state-building）的重要一環。但中國經過晚清以來的督撫分權、軍閥割據，地方力量在相當程度上是獨立的。現在，代表全國的政府要將統治權擴張到此地，對習於晚清以來政治社會情勢的人民而言，是一件不能習慣的事。名義上已經統一全國的國民政府與各個地方仍充滿緊張。國民政府派人到各地去，想支配原先帶有濃厚地方色彩的事務，自然引起相當大的矛盾，尤其當中央的軍事政治力量尚無法完全控制時，中央來的命令或文件表面上或許會得到地方尊崇。但實際上地方另有一套。而安陽的衝突便是眾多這類矛盾中的一個。

　　除了安陽的爭執外，北伐之後文化領域中還有幾件相似的事例：第一、是1929年12月間政府收取《清史稿》之事。第二、是保存唐塑運動之事。第三是教育部收取國學書局之事。這些爭論都發生在北伐以後的幾年間，由於材料的限制，此處只能就所知者略加陳述。

　　國民政府於1929年12月決定檢校《清史稿》。此事之提議人是故宮博物院長，但背後的促動人或可能是著少將軍服，於北伐後到清華大學擔任校長的羅家倫[92]，而其提議檢校《清史稿》，代表「國家建構」過程中中

92　傅振倫：〈清史稿的查禁與清史的重修〉，在《傅振倫文錄類選》（北京：學苑，1994），頁88。

央對歷史詮釋權的掌握。《清史稿》基本上原是由一群清遺民所修，其中固有不少錯誤[93]，但是新興國民政府的中央大員想要加以檢校的理由是其中有袒護清朝政府汙蔑國民革命的話。故宮博物院檢舉的十九條中有七條是：一曰反革命也。二曰藐視先烈也。三曰不奉民國正朔也。四曰例書偽諡也。五曰稱揚遺老鼓勵復辟也。六曰反對漢族也。七曰為滿清諱也[94]。以上幾點是國民政府所不能忍受的。在軍閥割據的時代，舊軍閥中有不少對清廷尚存懷念之心，所以清史館在1927年北伐軍攻占長江各省時便在北京先印。未及發行完畢，北伐告成。當北伐軍到達北京時，金梁(1878-1962)早已帶著四百部跑到瀋陽。整個事件即反映了中央的力量準備大舉伸入原先被軍閥保護的一些文化思想範圍中。

南京國學書局及甪直鎮唐塑的保護問題，一個是由清季地方政府遺留下來的搖搖欲墜的文化機構，一個是在地方政府力量下無人理睬的古蹟，它們一如殷墟，原本是「河南省內棄置三十年從不過問」[95] 者，但當中央的力量介入接管時，則馬上發生中央與地方相互爭持的情形。

所謂南京政府教育部沒收江蘇省政府所屬國學書局一事，其過程是這樣的：南京的國學書局原名江南書局，是曾國藩(1811-1872)任兩江總督時所創設，專司校刊經史。到了清季，因為新學興起，該局逐漸沒落，先後多次改易名稱，而書局營運也始終處於「不絕若線」的狀態。不過該局始終隸屬於江蘇地方政府。

北伐成功後，國民政府定都南京。因為書局難以為繼，該局負責人遂於1928年上書南京大學院，希望由地方改隸中央。蔡元培批准了此事。由大學院改組的教育部也在1929年9月20日正式行文表示接受。但此事迅即

---

93 此可參傅振倫的兩篇長文〈清史稿之評論(上)(下)〉，在《傅振倫文錄類選》，頁93-146。

94 朱師轍：《清史述聞》(香港：太平，1963)中所載〈故宮博物院呈請嚴禁《清史稿》發行文〉，頁419-421。

95 《傅斯年全集》，第4冊，總頁1317。

被地方人士解釋爲是新興的中央政府介入地方文化事業。江蘇人士呈文曰:「惟蘇省地方人士,均以前清數十年經營之事業,及民國以來省方十餘年維持之歷史,所繫於人心及觀瞻者甚鉅,斷不容自省政府時代任其放棄。……應請仍舊移歸省方,俾得發揚而光大之,以爲一省文化之基礎。」[96] 與這個書局有過密切關係的中央大學教授柳詒徵(1880-1956)則將此事件解釋爲「上級機關擅奪下級機關所相沿治理之事」[97]。

至於引起中央的黨國大老與江蘇地方古物保存分會爭執的楊惠之塑像保護工作,也幾乎與安陽糾紛及檢校《清史稿》等事同時,涉及的是同一批中央黨國要員,如張繼(1882-1947)、蔡元培等;而反對的陳佩忍也曾於1922年在中央大學的前身東南大學教書,他曾經是辛亥革命的參與者,但北伐後並未在國民政府中擔任高職。

用直鎮楊惠之塑像的「再發現」,與史學家顧頡剛有分不開的關係。依顧氏1923年底在《小說月報》上所寫的幾篇文章看來,早在1918年他在江蘇吳縣東南用直鎮的一次旅遊中,便驚詫於保聖寺的唐塑精神彌滿,但是1923年重遊時,卻發現這些塑像因無人理睬,四年之內竟變得「地下滿積著瓦礫,大佛座身之後幾乎全坍塌了!我最不能忘的題壁羅漢,因爲塑在東北角裡,也連著倒得全無蹤影了」[98]。他照了照片,發起保存運動,向各處接洽。運動了一年,卻未能奏效,乃作〈記楊惠之塑羅漢像〉一文投《努力周報》,引起了高夢旦、任鴻雋(1886-1961)的注意,立刻函請江蘇教育廳長蔣竹莊派員拆卸保存。但鎮上人士知道此事後,由沈伯安等自己集款將楊惠之塑像真跡三尊,及雖經修飾而尚未失神的二尊拆下,安置在陸龜蒙祠中,並想捐錢造一公園安頓之[99]。又過了五年(1928年),葉恭綽(1881-1968)遊用直,發現該寺已於數月前傾圮,其餘存留者亦毀頹,

---

96 柳詒徵:〈論文化事業之爭執〉,《史學雜誌》,2:1 (1930),頁6。
97 同上,頁7。
98 顧頡剛:〈楊惠之的塑像〉(二),《小說月報》,15:1 (1918),頁20。
99 同上。

故分函蔡元培、張繼、譚延闓、李石曾、易培基、于右任、胡漢民、鈕永
建、葉楚傖等宣傳保護，並得到蔡元培答應協助，由大學院撥款一萬元作
為保存唐塑之經費。葉恭綽接著組織「唐塑保存會」。此事因為有中央要
員介入，很快地形成中央與地方人士之矛盾。1928年10月，古物保存會江
蘇分會出面議決此事由當地人士沈伯安主辦。該會主席陳佩忍則表示，古
物之保存，自應歸入分會之範圍，不須另設機構（「唐塑保存會」）。支持唐
塑保存會的陳彬龢則怒罵：「楊惠之塑像之棄於角直，為樵夫、牧童所不
顧，蓋亦久矣！」陳氏又說當唐塑會進行保存之前，江蘇分會對唐塑絲毫
未有任何具體之計畫，一至有人「欲加保存，則十目視之，十手指之」，
「矧蘇省需保存之古物猶夥，今江蘇分會何獨不予注意，而惟干涉別人已
加進行之事。」[100]

　　保護唐塑的爭執中除涉及中央大員與地方人士之爭執外，也涉及兩種
古物保存觀點的不同。沈伯安係該地小學校長，他想將保聖寺的寺址變成
小學校園，故反對修廟，但主張拆卸保存五尊羅漢。而新派人物則認為合
理的保存方法是原地原式修建，留下整體的遺跡以存歷史意味。

　　在這次爭執中，葉恭綽及他所致函的當道，都是北伐成功的國民政府
中較為關心文化的中央大員，而出面支持大學院的亦是中央機構，則唐塑
保存會雖不似中央研究院之為中央機構，但其性質、意味皆頗相近，後來
教育部下令組成的保管委員會，基本上也是以全國性人物為主組成，沒有
將地方人士納入。

　　以上事件，是當時文化、社會、政治轉換的集中反映，是晚清以來地
方督撫分權，以及社會、政治動盪之總反響，是新興的中央在「國家建構」
過程中接管地方事務而與地方人士較勁的例子。其實，中央及地方的軍政
領袖根本不會太過在意學術上的事。以殷墟爭執為例，當時河南局勢混亂，

---

100 陳彬龢：〈保存唐塑運動之經過——楊惠之算是倒楣〉，《國立中山大學語言歷
　　史學研究所週刊》，6:70（1929），頁16-17。

民疲兵困，加上中原大戰之前的種種縱橫捭闔，軍政大員中，大概除了以搜集唐代碑刻拓片聞名的千唐齋主人張鈁之外，不會有人真正關心這種爭執。但是中央與地方分裂是一個事實，地方上的文化人士便可以運用這一個事實與中央來的、一樣是手無寸鐵的學術機構周旋下去。即使「中央」函電交加，但是一旦中央不是真正能夠控制時，這種周旋便無已時[101]。

　　從以上事例不難看出新舊學術之間的更迭也涉及當時政治、社會的複雜糾葛。而前面所整理出來的這些新與舊、中央與地方，以及北伐與中國近代新學術等方面的問題，似乎同時也反映了近代學術發展與晚清以來社會政治之矛盾的密切關係。

---

101 有意思的是投稿者也知道各種主要刊物的態度，如何日章從河南遙寄其傳單至柳詒徵主持之《史學雜誌》，因知其一向反對新文化與新學術也。而陳彬龢亦知將其抗議江蘇地方文化人士有關楊惠之塑像的文章投到《中山大學語言歷史研究所週刊》，因為知道它是倡導新學術的刊物也。中央大學中文系教授一向為反對、批評新文化運動之大本營，吳宓之《學衡》固不論矣，柳氏及其學生對傅斯年及史語所一貫采取批評態度。史語所的考古事業受其諷刺（柳詒徵在〈論文化事業之爭執〉中說：「正不必炫鬻骨董，求人間未見之書而讀之也。」見該文，頁7），傅氏本人的〈周頌說〉及《東北史綱》也受其撻伐。

價值與事實的分離？
——民國的新史學及其批評者

　　在1920、1930年代，中國史學界產生了一些重大的變化，出現了一些新的解釋風格，其主調是：學術研究是一回事，道德是一回事，信仰又是另一回事，簡言之，是「價值」與「事實」的分離——尤其是傳統的義理價值與歷史事實之分離。這種學術風格與兩種研究方式有關：首先是將古往今來的載籍文獻「對象化」，都視為是研究的「材料」，把一切化為研究對象及研究材料後，所追求的是科學知識，而非道德修養，所以不再關心、甚至刻意擺脫道德或倫理意涵。第二，是把一切研究對象「歷史化」。「歷史的方法」（genetic method）是當時流行的方法論，它要求以歷史發展的態度去看待事物，認為所有文學、哲學、人物，都是時代環境的產物。一個時代有一個時代的事物，且隨著時間的前進不斷地產生變化。所以不能回到一個原點看事物，也不能承認所謂天經地義、亙古不變的道理與價值。同時要把一切歷史或人事還原到其歷史脈絡中，看它的真相是什麼，卻不管它對現代有沒有意義。一切「歷史化」的結果，導致在價值方面要明顯地區分「歷史的價值」與「現世的價值」。以孔子為例，把孔子看成是個歷史人物，而且僅只是一個歷史人物時，也就等於只承認孔子在他那個時代是個了不起的聖人，承認他的「歷史價值」，但不一定承認他到今天還有「現世的價值」。古代的宗教或是道德規約，也都是歷史現象，是歷史的產物，不必與今天相關。這一類態度在價值層面帶來相當大的衝擊。

　　同時，因為研究歷史是為了追求知識，不再像傳統那樣帶有價值性的、道德性的、社會性的，甚至政治性的關懷，所以歷史知識的社會功能、史

家的社會角色,也經歷了重大的變化。而上述風格,使得這個時期的新史學與所謂傳統派史學,形成分庭抗禮的的局面。

在文章的一開始必須先作幾點聲明,以免引起不必要的誤會。我決不是想寫民國時期任何一個段落的史學史;關於這一方面,早已有許多成書可讀,我的構想是區分出1920、1930年代史學界中的兩種不同史學風格。故此文中並不敘述各種史學史的細節,而是想舉出一些實例,凸顯出兩派學者對史學性質的不同看法,以及研究工作中所展現出來的不同的態度與解釋風格。

本文選擇1920及1930年代的史學發展進行探討是有理由的。我個人認為近代史學有三個大段落,第一階段是晚清民初,以梁啓超(1873-1929)所開展的「新史學」革命為主,第二階段是新文化運動以後,尤其是1920年代開始,胡適領導的所謂整理國故運動,它的風起雲湧的響應者,以及中央研究院歷史語言研究所成立之後所開展的工作。第三個重要段落是社會史論戰之後,馬克思主義史學的興起。

在1949年以前,胡適(1891-1962)、傅斯年(1896-1950)、顧頡剛(1893-1980)等人所領導的研究工作在學院中佔據主流地位,雖然它在1920年代末已開始受到馬克思主義史學的挑戰,但是它畢竟是1920、1930年代最有力量的學派。而本文所謂「新派」,便大抵是指胡、傅、顧所領導的學派。新派史學之來源與三種因素是分不開的,第一是新文化運動所提倡的思想解放,第二是胡適所提倡的實用主義的方法論,第三是西方史學的引進,尤其是德國史學。

所謂「新派」與「傳統派」是一組相對的概念,而且隨時代之演進而有不同,譬如清末民初的某些新派人物,到了1920、1930年代,已被當成舊派人物了。在1920、1930年代的「新派」史家,有種種不同的稱呼,如整理國故派、如北派、如新考據派、如新漢學派,不管名稱如何不同,隱約都在指胡、顧、傅所領導的學風。我之所以放棄「北派」或「新漢學派」來稱呼新派史家,是因為新派並不一定都是在北方,譬如史語所有一段時間是在南方;它又不全然認同「整理國故」的概念,而且許多新派人物也未必自認為是在從事新考據或新漢學。新派批評者是散在全國各地的,其

中南京的中央大學(中央大學的前身是南京高等師範、東南大學，此下不再作仔細的區分)最有組織，他們有時候被稱爲南派、或東南學派。本文中以「傳統派」來概括新派的批評者，只是爲了討論上的方便，事實上我個人一時也還找不出一個合適的名詞來稱呼他們。

這裡必須指明的是，「新派」或「傳統派」的稱呼並未預作價值優劣的判斷。而且我也不是說新派所提倡的事業，沒有別的學者在做，或是做得不出色，即以發掘新史料及整理新史料而言，羅振玉(1866-1940)的成績就非常大。不過，此處所強調的是一種有意識的提倡，並且成立學院建制，發爲一種風氣。從今天看來，真正的舊派並不那麼多，許多一直被認爲舊的人，其實具有不少新的觀點。新派史學也並不是都展現了完全一樣的史學風格，他們在文化態度上也不是完全一樣，譬如陳寅恪(1890-1969)在文化態度上與胡適、傅斯年顯然並不完全相同，但是常常被歸納到新漢學派中，而且新派史學中並不一定存在誰影響誰的問題，許多看法是同時俱起的。此外，這裡所舉的只是其中幾種較爲突出之風格，並不是說新派只有這些特色。

一

新文化運動之後，史學中隱隱然分成兩種意見，雙方的代表性人物都感歎他們的時代是歷史不發達的時代，北方的胡適如此說，而南方的繆鳳林(1898-1959)也有同樣的感喟。他們各持不同的標準在衡量歷史研究。胡適感歎的是「古學大師漸漸死完了，新起的學者不曾有什麼大成績表現出來」，繆鳳林是感歎這麼多年來沒有一部「完善的史書」[1]。他們的批評與感歎都意有所指，但是心中對一部好的史書的看法是相當不同的。

---

1 胡適：〈國學季刊發刊宣言〉，《胡適文存》(台北：遠東，1990)，第2集，頁1。繆鳳林在〈中國史之宣傳〉，《史地學報》，1:2(1922)，頁3中說「出版界無一完善史書」。

而且上述兩派之間顯然也很少交集。在一篇署名叔諒（陳訓慈，1901-1991）的〈中國之史學運動與地學運動〉中，作者便觀察到「近來學術界有一不幸之現象，即耆學宿儒往往與新進學者各不相謀」[2]。有的人還以「北方」、「南方」為分。其實新派大多指北方的整理國故運動，而「南方」大抵指以中央大學為主的傳統派學者。關於北學，胡厚宣晚年回憶：

> 當時北京有所謂京派，講切實，重證據，為新樸學，新考據。京派主要在北大，北大以胡適為翹楚，他常談少談政治多讀書；拿證據來。表現在史學方面的是整理國故的國故學、疑古學、古史學[3]。

至於南方，則以南京中央大學諸教授辦《學衡》、《史學雜誌》、《史學年報》等與之作正面的抗衡[4]。新派與傳統派之間除了學問觀點外，在現實上也壁壘分明，舉凡教授職位的取得與學生的遴選都可以看到有意識的劃分。如「史語所檔案」中有一封徐中舒（1898-1991）致傅斯年函：「方欣安兄來云，欲向中大找幾點鐘書教，遼金元或六朝唐斷代史均可擔任。惟京中舊派頗佔勢力，不知能容納若欣安之流否？先生便中能否為詢志希先生否？」[5]這裡的「中大」便是指中央大學。至於學生的選取，如出身南京中央大學、其姑父是王伯沆的周法高（1915-1994）投考北大文科研究

---

2 《史地學報》，2:3（1923），頁13。

3 胡文刊於《書品》，1997年1月，轉引自胡振宇：〈胡厚宣先生治學與史語所的傳統〉，杜正勝、王汎森編：《新學術之路》（台北：中央研究院歷史語言研究所，1998），頁665。

4 錢穆在〈維新與守舊〉一文中說：「以余一人所交，在北大如孟心史、湯錫予，清華如陳寅恪，燕大如張孟劬，其他南北學者，如馬一浮、熊十力、錢子泉、張君勱諸人，余皆嘗與之一一上下其議論，固同對適之有反感，而中央大學教授柳翼謀，明白為一文，力斥章太炎、梁任公與胡適之三人。」《錢賓四先生全集》（台北：聯經，1998），第23冊，頁29。

5 「史語所公文檔案」元字第63-15號，署4月14日。

所時，內心中的矛盾與衝突，也是一個例子[6]。

上述兩派也有不同的刊物與不同的讀者。兩派的學報或雜誌是鼎足而立的，但是在新派當令之時，傳統派的雜誌大多隱而不彰，以致今天不大容易在圖書館中訪得。他們所討論的問題，所使用的語言，也與新派學刊有所不同。大凡談宋明儒、談經書、談現實關懷，喜作通論性文字，或是以舊格式寫作，在新學報中幾乎不曾出現。

不過，這裡必須強調三點：第一，新派在當時佔主流位置，他們並不以「新」自稱，但傳統派則常以「新人」、「新學者」稱呼他們。第二，所謂新派、傳統派史家只是一個很粗鬆的劃分，譬如有些被視為新派或被新派所欣賞的史家，在文化理想上其實是以傳統派自居的，像陳寅恪、湯用彤(1893-1964)都是。但是無論如何，當時的確是有許許多多人敏感到學壇中有兩個不同陣營[7]。第三，我用來討論新派學術風格的，並不限在史學論著，有時也旁及廣義的文史領域[8]。我基本上不只從各種具有宣言意味的文章中勾勒他們的史學特質，同時也希望從作品本身去探求他們有意無意間流露的風格與態度。我的採樣並不限於1920、1930年代出版的作品，而是以這個階段的作品為主，並輔以這個階段養成的史家後來的作品，或受這個學風影響的新一代學者的著作，所以用來作為例證的作品偶爾可能發表在1930年代之後。而且我也並不是說所有新學者的著作都體現了這些風格，只是說這些風格在當時浮現，並得到當時主流派的鼓吹和欣賞。

前面已經提到新派學者大多與新文化運動有關，關於新文化運動的討論已經到了汗牛充棟的地步。可是關於新文化運動對學術、文化、政治、

---

6 參見周世箴：〈周法高先生的學術與人生〉一文。文中引述了許多周氏私人的材料，該文收在杜正勝、王汎森編：《新學術之路》，頁827-862。

7 楊樹達：《積微翁回憶錄·積微居詩文鈔》(上海：上海古籍，1986)常透露出這層消息，如頁90。

8 譬如胡適，他只是說他有歷史癖，並不認自己只是一個史學家。與他一度親近的羅爾綱告訴我們，胡適史學方面的藏書是非常少的。見羅爾綱：《師門五年記·胡適瑣記》(北京：三聯，1995)，頁128-9。

社會領域細緻深微的影響，卻仍有研究的空間。事實上，這一個鉅大的文化運動不可能侷限於白話文及民主、科學等幾個方面，而是無遠弗屆、無所不及的。它最重要的影響不是直接表現在這個或那個部分，而是它的整體風格及態度使得許許多多領域都重新反省其工作之性質與方法。以史學來說，新文化運動雖然不大談史學，但是它的許多主張卻對歷史研究的性質、歷史的解釋、歷史的眼光產生了微妙的影響。而以上三者當然是史學的重要成分。

　　新文化運動雖是一場以文學革命為主調的文化運動，但同時也是一場學術重建的運動。當時從北大校長蔡元培(1868-1940)及不少老師和學生，都提出了一條綱領，即「學問」的提升應該是關係國家盛衰的根本大事，並且認為大學的目標是「研究高深的學問」，而不是應付眼前社會的需要，更不是官僚的養成所。而且他們將中國學問當作世界學術的一部分，並且以世界學術的標準而不是以傳統文史舊學的尺度來衡量中國學術的成就，所以他們一再感歎中國學術的落後。〈《新潮》發刊旨趣書〉中就這樣說：「今日出版界之職務，莫先於喚起國人對於本國學術之自覺心。今試問當代思想之潮流如何？中國在此思想潮流中位置如何？國人正復茫然昧然，未辨天之高地之厚也。其敢於自用者竟謂本國學術可以離世界趨勢而獨立，夫學術原無所謂國別」，而在與世界學術比較之下馬上發現「西土文化之美隆如彼」而「今日中國學術之枯槁如此」[9]。

　　這篇〈旨趣書〉的作者傅斯年主張「學術」之不發達與「民德」之墮落有密切的關係[10]，他堅持中國「群德墮落，苟且之行遍於國中」，其根

9　《傅斯年全集》(台北：聯經，1980)，第4冊，總頁1398。

10　傅斯年又說：「群眾對於學術無愛好心，其結果不特學術銷沈而已，墮落民德為尤巨。不曾研詣學問之人恆昧於因果之關係，審理不瞭而後有苟且之行。又，學術者深入其中，自能率意而行，不為情牽。對於學術負責任，則外物不足縈惑，以學業所得為辛勞疾苦莫大之酬，則一切犧牲盡可得精神上之酬償。……又觀西洋"Renaissance"與"Reformation"時代，學者奮力與世界魔力戰，辛苦而不辭，死之而

本原因是「群眾對於學術無愛好心」[11]，故學術之提升與群德之提升不是兩件事，所以在他及他的一群同志看來，「爲學問而學問」不但可以提升學術，而且可以提升國人的道德水準。

他們認爲自己還有一個任務，那便是希望「在中國建設一個學術社會」。當時的知識分子對舊文人的一切感到不滿，覺得中國的知識界不濟事，無法形成純學術的傳統，傅斯年與顧頡剛這兩位五四青年對此感受最深。1929年2月顧氏爲《中山大學語言歷史學研究所年報》所擬的〈序〉基本上代表了他們的共同的想法：

> 我們這班人受了西方傳來的科學教育，激起我們對於學問的認識，
> 再耐不住不用了求真知的精神，在中國建設一個學術社會了[12]。

「民主」與「科學」的主張也影響了這個學術運動。以「民主」來說，其主張相當廣泛，但其中相當重要的一點即是平民地位的提高，並泯除上層士大夫與下層百姓的距離。譬如陳獨秀(1879-1942)比較《四書》與《聖經》之後，說孔孟所接觸的盡是一群諸侯，而《聖經》中所說耶穌來往的卻是下層民眾，充分顯出其不同[13]。又如在國語運動中，錢玄同(1887-1939)堅持不用文言文，甚至廢漢字，也是希望泯除階級差異；他說文言文與漢字是士大夫用來把自己與下層民眾區別開來之利器。「民主」思想使得他們對「傳統」重新定位，對究竟誰代表「傳統」重新認定。這些主張都不是爲史學而發的，但是都深刻的影響了這一代人選題及對歷史材料的眼光。

以「科學」來說，當時人受了「賽先生」這個口號的影響，有意識的

(續)————

　　不悔。若是者豈真好苦惡樂，異夫人之情耶？彼能於真理真知灼見，故不爲社會所

　　征服；又以有學業鼓舞其氣，故能稱心而行，一往不返。」同上，總頁1399。

11　《傅斯年全集》，第4冊，總頁1399。

12　轉引自顧潮：《顧頡剛年譜》(北京：中國社會科學，1993)，頁169。

13　陳獨秀：〈基督教與中國人〉，收在任建忠、張統模、吳忠信編：《陳獨秀著作

　　選》(上海：上海人民，1993)，第2卷，頁86。

提倡科學研究以及科學精神，在此之前並不是沒有人從事這方面的工作，可是有意識地覺醒並匯爲一個有力的運動，卻是從這時候開始。研究文史的學者也受到這個科學運動的感召，希望在他們的研究中根絕傳統思想中含糊籠統的毛病，以及過度沈溺於玄遠、神秘的思維，或是過度偏重內省式哲學的探討，並希望引進西方精密嚴格的科學精神。

其實當時的人文領袖對於所謂科學精神，只有相當粗疏的瞭解，胡適反覆標舉的實驗主義精神以及傅斯年等人提倡的實證主義是兩大支柱。對科學的崇拜，在1923年起展開的科學與人生觀論戰中，再度得到加強。當時許多人很不滿意科學派並未提出具體的科學的人生觀應該是什麼，不過，他們在痛斥傳統的、內省式的人生觀，提倡一種乾燥無味的人生觀時卻發揮很大的作用。而這種對內省式傳統的痛斥，對整體文化氣氛有很大的影響，同時也影響到歷史研究工作。此後人們總是選擇那些不涉及心性、不涉及形上，或是不涉及神秘的、不涉及帶有人類學意味的問題，即使在從事解釋時，也對於涉及形上、心性、神秘、人類學的地方，或者視而不見，或者以批判的態度加以對待，或者自然而然地朝向理性、科學的、去形上、去神秘的方面解釋。同時在論證時，也傾向於只相信有「證據」可證實的部分，而不將「想像」放在很正面的地位；那些從事相反方面研究的人，或是在研究中展現相反風格的人，在當時學界並不能占最主流的位置。

以上這些特質在今天已經廣受批評，或被認爲是一種過時的態度，但是在那一代知識分子中卻被當作一件緊要的任務。他們常用的一些語言中反映這個趨勢。新派學者常說他們想提供國人「可依賴的」、「靠得住的」的知識，或是客觀的、科學的知識，或是想節制國人含糊籠統隨意比附的思維習慣[14]，或是想醫治國人愚昧的毛病[15]。

---

14 傅斯年在〈中國學術思想界之基本謬誤〉中痛論中國學人的思維習慣。見《傅斯年全集》，第4冊，總頁1213-1223。

15 譬如李濟在1959年9月22日給張光直的信上說：「中國學術在世界落後的程度，只

二

1920及1930年代史學界有三件大事，第一是以胡適爲主的整理國故運動，第二是繼之而起的古史辨運動，第三是中央研究院創立之後，以歷史語言研究所及與它相關的一群學者爲主的新學術運動。追本溯源，胡適及其「整理國故」的觀念是這一場新史學運動最大的動力。他所提倡的「國故」的概念、平民的眼光、清儒的治學方法、歷史的方法論，以及存疑的態度這五點有最大的影響。

近代的學術觀念經過幾次的變化，以我們所討論的文史研究爲例，首先是晚清風行的國粹主義。國粹派認爲在文化遺產中應該進行選擇，屬於「粹」的部分應保留，屬於「渣」的部分應該去除，所以國粹運動者可以相當保守，也可以相當激進——激進到不以孔子的學說爲國粹而加以痛斥的地步[16]；激進到有一個名爲「絕學期明會」的組織，其所謂「絕學」，竟然是以老莊爲宗，反對孔學[17]。

接著是「國學」時代。「國學」基本上也有兩面性，首先它是相對於世界各種學術，認爲中國的學問爲國學，是屬於中國獨有的。但是國學論者也承認傳統學問不是放諸四海而皆準的，而是一種地域性的東西，故一方面是肯定自我，一方面侷限自我。而在這兩點之外，晚清以來國學論者還有一種心態，喜歡拿西方的思想學問來詮釋中國的固有之學，其潛在的

(續)————————————

有幾個從事學術工作的人，方才真正的知道。我們這一民族，現在是既窮且愚。」「但是，每一個中國人——我常如此想——對於糾正這一風氣，都有一份責任。……據我個人的看法，中國民族以及中國文化的將來，要看我們能否培植一群努力作現代學術工作的人。……」張光直：〈編者後記〉，在張光直與李光謨合編：《李濟考古學論文選集》(北京：文物，1990)，頁992。

16 王汎森：〈從傳統到反傳統——兩個思想脈絡的分析〉，在周陽山編，《從五四到新五四》(台北：時報文化，1989)，頁242-267。收入本書。

17 見中國革命博物館整理，榮孟源審校：《吳虞日記》上冊(成都：四川人民，1984)，頁37，1912年4月13日條。

希望是賦予傳統新的面目,但實際上是使得國學最多只能與西方一樣,而不能顯發出獨特優勝之處。

新文化運動以後則進入「國故」的時代。在這個階段中,「國學」與「國故」常常互用。即使提倡國故的人有時也使用國學一詞。不過當時在「國學」一詞下似乎分成兩派,一派認為傳統中仍有值得保存的東西,各種國學館屬之;一派是以國學為國故之同義詞,而他們使用「國故」時,用的是章太炎(1869-1936)的概念,照錢穆(1895-1990)說,章太炎的「國故」只是指過去的「老東西」[18],並不帶有保存的意味。

最早談整理國故的一篇文章是毛子水(1893-1988)寫的〈國故和科學的精神〉,傅斯年隨即在〈毛子水「國故和科學的精神」識語〉中有這樣的回應:「研究國故有兩種手段,一、整理國故;二、追摹國故。由前一說,是我所最佩服的:把我中國已往的學術、政治、社會等等做材料,研究出些有系統的事物來,不特有益於中國學問界,或者有補於『世界的』科學。中國是個很長的歷史文化的民族,所以中華國故在『世界的』人類學、考古學、社會學、言語學等等的材料上,佔個重要的部分。或者因為中華國故的整理的發明,『世界的』學問界上,生一小部分新采色——如梵文的發明,使得歐洲言語學上得個新生命,婆羅門經典入歐洲,便有叔本華派的哲學,澳洲生物界的發明,進化論的原理上得些切實的證據等等——亦未可知。」「至於追摹國故,忘了理性,忘了自己,真所謂『其愚不可及』了。」[19] 又說「國故是材料不是主義。」[20]「國故」既然只是過去的老東西,那麼就只是研究的對象,沒有「追摹」的價值了。

胡適接續毛子水與傅斯年的討論,先後寫了〈論國故學〉、〈國學季刊發刊宣言〉等文章,宣言整理國故運動。胡適提倡的整理國故運動有兩

---

18 錢穆:〈太炎論學述〉,《中國學術思想史論叢》(台北:東大,1980),第8冊,頁350。

19 《傅斯年全集》,第4冊,總頁1258-9。

20 同上,總頁1259。

個要點，第一是「歷史的眼光」，第二是「學術的態度」。而「歷史的眼光」一詞有幾層含義：第一，它把歷史上一切高明偉大的人物、制度放進歷史脈絡中去考察，譬如孔子，一旦放進歷史脈絡中，便由天縱的聖人變成一個偉大的「歷史人物」。第二，是用一種發展演進的觀點來看歷史文化，譬如說，不再把中國文化的最高成就放在黃金古代，而是認爲中國文化是一步一步發展而成的。第三，是把過去的學問全都看成是歷史的材料。所以難怪胡適在解釋章學誠(1738-1801)的「凡涉著作之林皆是史學」時，會說「其實先生的本意只是說一切著作都是史料」。「史」與「史料」的差別是很大的[21]，胡適的觀點是相當激烈的。依此態度，則經、史、子、集都不再是聖道王功或是富含高度哲理的話，而都是些「史料」，都是研究的對象，沒有高下之別，沒有美醜之分。

當一切傳統歷史文化都被吸納在「歷史」的概念範疇之下，化爲一種被研究的「對象」，用「學術的態度」來加以研究，則一切傳統歷史文化都是客觀研究分析的材料。當時西方的學術態度大致便是如此，但是這與傳統學者的關心及態度顯然有很大的不同。

晚清以來，學問日漸分科，人們相信分科愈細，愈有獨得，分科尤其表現爲各種學問脫離經學而獨立，但是在分成各個專門學科之後，顯然又合到一個新的總概念之下——「學術」。在中國，「學術」一詞可能是廿世紀初才開始流行的概念，在這個新概念下，對所探討的一切皆有一個態度上的改變，它是在探討知識，而所有載籍文獻都是研究及認識的對象，所以它有去應用化、去價值化、去道德化、去心性化等特質，而這與傳統士大夫的觀念並不相合。傳統儒者基本上認爲自己是生活在文化傳統之中，就像魚游泳於水中，牠的生活與這一泓水是分不開的。即使清儒在從

---

21 姚名達(1904-1942)在《民鐸》中給何炳松(1890-1946)的一封信，說：「即如胡適之先生名滿天下，而其作《章實齋先生年譜》，於章先生中心見解，不免誤釋。章先生謂『凡涉著作之林皆是史學』，其下胡先生釋之曰『盈天地間，一切著作皆史也』，又曰『其實先生的本意只是說一切著作都是史料。』」《民鐸》，6:5(1925)，頁1。

事客觀考據之學時，看來似乎有瑣碎、乾燥的毛病，但在其內心中大多還是相信自己最後是在研索「道」的一部分。但是，一切皆「歷史」化、「學術」化之後，那些具有生活意味的、屬於價值層次的東西，便不再是主要的關懷，或根本認為不應關懷，最重要的關懷是學術研究的卓越化。因此學問由過去的「為己」之學變為「為人」之學。這裡我要引一個處在新學風之下，卻感到有點兩難的學者的日記來說明這一新變化。夏承燾《天風閣學詞日記》1941年有一條記：

〔陸微昭〕謂近日治學風氣，偏於為人，嗇於為己，考據家以搜括態度為學，此皆西洋弊習，甚有害於心身[22]。

夏氏是非常同意這段分析的，不過，前一年夏氏又有一段日記：

謂有譏近人治學為鑽牛角尖者。予謂科學方法分科愈細，愈有獨得，以學問言，牛角尖非貶詞，治學與應世，應世與謀生，謀生與餬口，皆分兩途[23]。

夏氏自己深受新風氣之影響，故在課堂上努力實踐鑽牛角尖的方法[24]，又說「以學問言，牛角尖非貶詞」。他也相信「以學問言」，則「治學」與「應世」應該不相干，「應世」與「謀生」也不應相干，甚至「謀生」與「餬口」也不相干。「治學」與「應世」分為兩途的想法也就是顧頡剛常對人說的，整理國故是「求知」，不是「應用」。但是夏氏內心中仍有矛

22 夏承燾：《天風閣學詞日記(二)》（杭州：浙江古籍，1992），頁323，1941年8月1日條。

23 同上，頁169，1940年1月19日條。

24 故有一段日記說他「講文學史，論由約求博，勸學生由窄求深。」同上，頁229，1940年9月13日條。

盾，他仍不能不同意友人所說的，學問應該是「為己」之學，學問應該是為自己涵泳、像魚生活於水中的事，而不是為了做給學術社群中的同行看的東西。夏氏的矛盾其實是一個時代「新」「舊」兩種學問態度的矛盾。

新派學者希望學問不受生活中價值領域的干擾，也不應刻意要求它成為生活的指南，當然也不必刻意求學問與現實發生關係，更不必使得一篇論文都是行動的號角或是政治的藍圖。

新派學者的這一個基本態度，是民國學術史中非常重要的一頁，影響整體學術發展至鉅，是「價值」與「事實」分離的始點。所以在這裡我要引顧頡剛的幾段話進一步加以說明。顧頡剛在《小說月報》中發表〈我們對於國故應取的態度〉，說：

> 我們對於國故的態度，是研究而不是實行[25]。

1924年7月，他在一個向北大女學生講話的場合中又說：

> 至於整理國故與保存國粹的大別，乃是一個是求知的態度，一個是實用的態度，……整理國故，即是整理本國的文化史，即是做世界史中的一部分的研究[26]。

隔年12月下旬顧氏為《國學門周刊》作1926年的始刊詞：「凡是真實的學問，都是不受制於時代的古今，階級的尊卑，價格的貴賤，應用的好壞的」，「是一律平等的」，「在我們的眼光裡，只見到各個的古物、史料、風俗物品和歌謠都是一件東西，這些東西都有它的來源，都有它的經歷，都有它的生存的壽命」，「都是我們可以著手研究的」，「固然，在風俗物品

25　顧潮：《顧頡剛年譜》，頁75。
26　同上，頁97。

和歌謠中有許多是荒謬的、穢褻的、殘忍的」，但是「社會上有這些事實乃是我們所不能隨心否認的。我們所要的是事實，我們自己願意做的是研究」，「至於老學究們所說的國學，他們要把過去的文化作爲現代人生活的規律，要把古聖賢遺言看做『國粹』而強迫青年們去服從，他們的眼光全注在應用上，他們原是夢想不到什麼叫作研究的，當然說不到科學，我們也當然不能把國學一名輕易送給他們。」[27] 在另一篇宣言性文字中，顧頡剛也再度強調我們研究學問的目的不是求美善，乃是求真[28]。

顧氏上面幾段話把胡適所提倡的整理國故運動發揮得相當清楚了，它只是一種「求知」，不涉及任何「實用」，是求「真」，但不管是否「善」與「美」。

除了幾篇綱領性的宣言外，胡適的小說史和其他幾個方面的考證性文章，爲「整理國故運動」奠下了基礎。他在材料、問題、方法、解釋四個方面都開啓一種新視野。

它們令人聯想起近來流行的「文化霸權」與「東方主義」兩種理論，前者譴責菁英階層掌握了文化解釋，後者批判西方帝國主義者將他們的眼光加諸被殖民地區。然而，我們在胡適等新學者身上看到的，正好是相反的例子。他們雖然是新的知識菁英，但卻主張「造自己的反」，認爲應該以庶民文化作爲中國文化傳統的主幹。他們也不認爲用西方人的眼光來看中國的歷史文化是錯的，相反的，應該學習西方人的方法和眼光來研究和評估中國的歷史文化。

胡適提倡一種「平民的眼光」，它對治學的題材及治學的材料，都產生

---

27 顧潮：《顧頡剛年譜》，頁119。

28 同上，頁131，記1926年10月3日，在廈大慶孔誕會上作〈孔子何以成為聖人〉之演講，講前先對於林文慶校長的〈孔子學說是否有用於今日〉之講演表示「林校長所講注重應用，重應用者必重好壞，其目的在止於至善。吾輩研究歷史者注重證據，重證據者必重然否，其目的在止於至真。」

了解放與擴大的作用。以致知識份子在重估傳統、重新定義中國的「文化」是什麼時，其重點由過去的菁英文化變成歷代平民百姓日用習聞的東西。

胡適受實驗主義影響非常大，他師承實驗主義者的一句名言「一個觀念（意思）就像一張支票」[29]，端看它能不能產生實際的作用，這使他在對傳統的歷史文化的態度上與過去的學者截然不同：一、既然思想、文學都像一張支票，那麼應該以它是否能被應用、或應用廣泛的程度來決定其價值。二、思想、文學是為了應付時代的需要而生的產物，那麼，有每一代不同的環境，便有每一代不同的思想與文學。而每一代的思想與文學的地位相等，都值得研究。三、因為是以實用來看思想、文學的價值，所以一個時代中對大多數人產生最大影響的文學或思想應該得到史學的重視，而不可以將眼光老盯著一些菁英階層的古典著作。因為眼光擴及廣大平民，所以研究的題目與材料也應大幅放寬。

胡適與新派學者們有一個共同的敵人，即舊式文人。在新文化運動的許多文章中可以看到這種憎惡的情緒。胡適雖然沒有用惡毒的話來罵舊文人，但是他反對舊文人的態度也非常明顯。而他的學生傅斯年，在《新潮》時期則總是以好淫、好為官來刻劃舊文人。他挖苦、調侃、痛罵舊文人的文字令人印象極為深刻，他當時有一句名言──「文人做到手，『人』可就掉了」[30]。傅氏從歐洲回國之後，辦理中山大學文科（文學院）時，強調他辦中文系的目標是要「放文人」[31]，足見幾年留學生涯並沒有沖淡他的情緒。他們心中隱隱然將社會分成三群人，一群是舊文人，一群是「他們」──平民，一群是「我們」──受過現代學術洗禮的新知識菁英。

在傳統中國，「文化」的承擔者是「文人」，但是新一代知識菁英想「放文人」，想將「文化」的領導權與解釋權從舊文人手中拿過來，「文

---

29 胡適：〈五十年來之世界哲學〉，《胡適文存》，第2集，頁291。
30 如〈隨感錄〉，《傅斯年全集》，第4冊，總頁1191-3，又如〈白話文學與心理的改革〉，同上，總頁1178。
31 〈朱家驊傅斯年致李石曾吳稚暉書〉，《傅斯年全集》，第7冊，總頁2445。

化」的承擔者不再是傳統文人，而是新的知識菁英與平民，原先被壓抑的平民文化成為文化的主體。「他們的」應該成為「我們的」。胡適在回顧白話文運動時，便將「他們」與「我們」作了全新的闡述：

> 二十多年以來，有提倡白話報的，有提倡白話書的，有提倡官話字母的，有提倡簡字字母的，這些人難道不能稱為「有意的主張」嗎？這些人可以說是「有意的主張白話」，但不可以說是「有意的主張白話文學」。他們的最大缺點是把社會分作兩部分：一邊是「他們」，一邊是「我們」。一邊是該用白話的「他們」，一邊是應該做古文古詩的「我們」[32]。

胡適說，1916年以來之文學革命運動，不但「有意的」主張白話，更重要的是「這個運動沒有『他們』、『我們』的區別，白話並不單是『開通民智』的工具，白話乃是創造中國文學的唯一工具。」[33] 白話由「他們的」變成「我們」共同擁有的，由此可見，「我們」與「他們」合而為一，是非常關鍵的一件事。在這裡，甩掉了舊文化菁英「應該做古文古詩」的「我們」，新的文化菁英是新的「我們」，而這個「我們」是要與廣大的使用白話的百姓——「他們」——合而為一的。而且胡適時常表示「我們」應該緊緊地跟著「他們」。在討論破體字時，胡適說，在創造破體字這一件事情上，「小百姓總算盡了他們的力了；現在又輪到學者文人來做審查與追認的一步工夫了。」[34] 他說，錢玄同、黎劭西（錦熙，1890-1978）認為這些破體字是進步，不是退化，所以不應該是「小百姓印曲本灘簧的私有品，乃是全國人的公共利器。所以他們現在以言語學家的資格，十分鄭重的對全國人民提出他們審查的報告，要求全國人採用這幾千個合理又合用

---

32 〈五十年來中國之文學〉，《胡適文存》，第2集，頁246。
33 同上。
34 〈國語月刊漢字改革號卷頭言〉，《胡適文存》，第2集，頁540。

的簡筆新字來代替那些繁難不適用的舊字。」[35] 在這裡，新的文化菁英們所做的是把原來由小百姓所創造的文化，作爲全國人，包括上、下各階層的「公共利器」。

　　「我們」不但要肯定「他們」，還要服從「他們」的教導。在〈《國語月刊》「漢字改革號」卷頭言〉中胡適說：

> 在語言文字的沿革史上，往往小百姓是革新家而學者文人卻是頑固黨。

在新學術的觀點中，小百姓由「雅」文化的偏離、背叛者變成創造者、革新家：

> 促進語言文字的革新，須要學者文人明白他們的職務是觀察小百姓語言的趨勢……

士大夫階層領導、支配、詮釋的權力，分別何者爲正統、何者爲異端的地位陡然喪失了：

> 小百姓二千年中，不知不覺的把中國語的文法修改完善了，然而文人學士總不肯正式承認他；直到最近五年中，才有一部分的學者文人正式對這二千年無名的文法革新家表示相當的敬意[36]。

胡適的實驗主義態度與他對「他們」、「我們」的重新釐定互爲表裡。
　　用胡適的話說，實用主義既然認爲「一個觀念（意思）就像一張支票」，

35　《胡適文存》，第2集，頁540。
36　以上見《胡適文存》，第2集，頁539。

端視其能否兌現，那麼文學及文化的價值亦無不如此[37]。他在〈五十年來中國之文學〉中，先討論了白話文運動之前的四派古文，講它們如何掙扎著要做到能夠「應用」，但結果都失敗了，因為這四派人「都不知道古文只配做一種奢侈品，只配做一種裝飾品，卻不配做應用的工具」。譬如甲寅派的政論是民初一個重要文派，但「在實用的方面，仍舊不能不歸於失敗」，因此，他總結說這是一段「古文學勉強求應用的歷史」[38]。這一段話充分顯示出一個實用主義者，以是否能應用作為判斷一種文體價值最重要標準；而這一態度與傳統文人對文章的態度顯然不同。而這種態度無所不在，使得他看待什麼應該成為文化「正統」的眼光有了根本的變化——他主張那最大多數人日常應用的文化，應該成為「我們」與「他們」一起分享的正統文化。在胡適各種文字中，到處可以發現他運用這種眼光重估一切，譬如他提到過去無數參加科考的士人們為了省力而發展出來的一些參考用書，這類為了射名求利而作的書，在舊文化菁英的眼中，是投機取巧或邪魔歪道，但胡適在《國學季刊》的〈發刊宣言〉上，卻認為那正是當日所應該提倡的「結賬式研究」的新辦法：

> 我們試看科舉時代，投機的書坊肯費整年的工夫來編一部《皇清經解縮本編目》，便可以明白索引式的整理的需要；我們又看那時代的書坊肯費幾年的工夫來編一部《皇清經解分經彙纂》，便又可以明白結賬式的整理的需要了[39]。

〈《國學季刊》發刊宣言〉是一篇里程碑式的宣言，其中提出索引整

---

37 譬如他在〈吳虞文錄序〉說：「我們對於一種學說或一種宗教，應該研究他在實際上發生了什麼影響：『他產生了什麼樣子的禮法制度？他所產生的禮法制度發生了什麼效果？……』」《胡適文存》，第1集，頁796。

38 《胡適文存》，第2集，頁181-182。

39 同上，頁12。

理與結賬式整理，而竟然給科舉時代「投機書商」及應考士子的參考書以
正面的評價。它似乎在告訴人們，「難能」並不一定「可貴」，展現「功
力」不一定可貴，能「實用」才是可貴。

又如他反覆強調對幾部通俗小說的研究，如〈三國志演義序〉中說的：
「五百年來，無數的失學國民從這部書裡得著了無數的常識與智慧，從這
部書裡學會了看書寫信作文的技能，從這部書裡學得了做人與應世的本
領。」而相較之下《四書》《五經》卻不能滿足這個需求，《廿四史》、
《通鑑》、《綱鑑》也不能，《古文觀止》與《古文辭類纂》也不能，但
《三國演義》卻可以[40]。又說，過去這五百年中「流行最廣、勢力最大、
影響最深的書，並不是四書五經，也不是性理的語錄，乃是幾部『言之無
文行之最遠』的《水滸》、《三國》、《西遊》、《紅樓》。」[41]《水滸》、
《三國》、《西遊》、《紅樓》既然用處最大、流行最廣，就應該加以特
別的注意與研究，而不是像少年胡適及無數青少年一樣要偷偷地閱讀。同
樣的，研究文學史也要將眼光放在那最大多數人的文學，放在「他們」，
而不是舊文化菁英的「我們」。他在為徐嘉瑞(1895-1977)的《中古文學
概論》寫序時這樣稱許徐氏，說他「認定中古文學史上最重要的部分在那
時間的平民文學，所以他把平民文學的敘述放在主要的地位，而這一千年
的貴族文學只占了一個很不冠冕的位子。」[42]他稱許徐氏的書讓人知道一
千五百年前也曾有民間文學作正統文學的先驅[43]。

不但看文學的眼光要變，看待其他許多事物的眼光亦然。胡適贊許清
儒在文字聲韻學中展現的科學精神，但是他也稱讚《鏡花緣》作者李汝珍
那不怎麼正統的音韻學。胡適反駁《中國人名大辭典》中說李氏不通音韻
學，他說所謂不通，是對求古音韻而說的，一旦放在今音、放在實用、放

---

40 《胡適文存》，第2集，頁474。
41 〈五十年來中國之文學〉，《胡適文存》，第2集，頁245。
42 同上，頁498。
43 同上。

在敢於變古這三點新標準來衡量，評價便完全不同。「考古派儘管研究古音之混合，而實用派自不能不特別作今音的微細分別」[44]，所以李氏不但不能算是不通音韻，而且是一個創新者。這種處處要改變舊文化傳統的品味的態度，蘊含著很大的動能。

這種眼光、態度上的大解放，使他主張在歷史研究的選題與使用的材料上應該有平等的眼光，過去是異端的，現在要放入正統。《國學季刊》的〈發刊宣言〉中就說：

> 廟堂的文學固可以研究，但草野的文章也應該研究。在歷史的眼光裡，今日民間小兒女唱的歌謠，和《詩》三百篇有同等的位置；民間流傳的小說，和高文典冊有同等的位置；吳敬梓、曹霑和關漢卿、馬東籬和杜甫、韓愈有同等的位置[45]。

即使是對戲曲小說，也要有一種新態度，即不要拘泥於骨董家的習氣，只看得起年代較早的，而看不起年代晚的，看得起文人作的，而看不起百姓自然的歌謠：

> 近來頗有人注意戲曲和小說了；但他們的注意仍不能脫離骨董家的習氣。他們只看得起宋人的小說，而不知道在歷史的眼光裡，一本石印小字的《平妖傳》和一部精刻的殘本《五代史平話》有同樣的價值[46]。
>
> 過去種種，上自思想學術之大，下至一個字，一隻山歌之細，都是歷史，都屬於國學研究的範圍[47]。

---

44 〈鏡花緣的引論〉，《胡適文存》，第2集，頁410。
45 《胡適文存》，第2集，頁8。
46 同上，頁9。
47 同上。

對於所有這些原先不被看重、甚至被視爲異端的東西，應該與研究思想學術一樣用同等的力量去處理，正如清代經學家研究經書般嚴格與鄭重。胡適自己在主張《水滸傳》的中國文學史地位比《左傳》、《史記》還要重大時，便聲言它「當得起閻若璩來替他做一番考證的工夫，很當得起一個王念孫來替他做番訓詁的工夫」[48]，而他自己用最嚴格的方法與材料去考證《水滸傳》，便爲這種近乎破天荒的新態度提供一個例證。胡適還告訴人們，清代經學大家用全力治經學，但他們的經學著作反而不能流傳在社會，倒是那些用餘力做的，當時或許不那麼看重的，像《墨子閒詁》、《荀子集釋》、《莊子集釋》等「結賬式」的書反而流傳最廣[49]，給他的新眼光提供一個例證。

胡適的作品同時也給人一種啓發，新史料是非常重要的。一個問題能否解決，往往就決定於一部書之能否找到，有許許多多問題要靠孤本才能解決[50]。所以胡適仰賴各地的藏書及書商。他看重新材料、講求好版本的作法，給當時研究學問者莫大的影響。

胡適提倡以科學方法整理國故，但他的幾篇宣言性的文字及實際研究工作卻給人一種印象，以爲他是在提倡清儒的學問。在1922年的〈國學季刊發刊宣言〉一文後，胡適發表了幾篇重要文字，如〈清代學者的治學方法〉、〈論國故學〉、〈發起《讀書雜誌》的緣起〉、〈治學的方法與材料〉、〈幾個反理學的思想家〉等文，都讓人覺得在傳統學問中，清儒最近於科學。他對先秦諸子的研究，幾篇小說史考證，以及〈古史討論讀後感〉，四篇〈井田辨〉等，都風行一時，也都使人覺得所謂科學方法幾乎等同於清儒的治學方法。

胡適儘管對清儒有所批評，如他們不能在書本以外求證據，而且不能

---

48 〈水滸傳考證〉，《胡適文存》，第1集，頁506。
49 〈國學季刊發刊宣言〉，《胡適文存》，第2集，頁13。
50 如〈跋紅樓夢考證〉，《胡適文存》，第2集，頁435。

脫離於經史之外找問題，不能運用現代方法，以致一個高本漢(K. Klas Benhard, 1889-1978)用了幾年的功夫便可以一舉超過清儒三百年聲韻學的成績。但整體而言，他對清儒非常推崇，認為清儒擅用歸納法，在歸納之餘又能求得通則，更相當體現了近代科學的精神。胡適發起《讀書雜誌》，不但刊名沿用王念孫(1744-1832)的書名，而且還在〈緣起〉上表示他對王念孫的佩服[51]。胡適刻意提倡清儒的治學方法，對後來的學風有相當大的影響，以至於一般多稱其所領導的學派為新漢學或新考據[52]。

近代史學在方法論上有過一次重要變化，而它與胡適等人所提倡「歷史的方法」是分不開的。這個方法論的變化使得人們看待歷史事物出現一種「from being to becoming」的大革命[53]。胡適說：

> 怎麼叫做「歷史的態度」呢？這就是要研究事物如何發生，怎樣來的，怎樣變到現在的樣子[54]。

所謂「歷史的方法」很顯然是受「實用主義」的影響，威廉·詹姆斯在《實用主義》(*Pragmatism*)中論到實驗主義的真理觀時，反覆強調「發生學的方法」[55]，杜威(John Dewey, 1859-1952)一生更不時強調這個方法。胡適、

---

51 〈發起《讀書雜誌》的緣起〉，《胡適文存》，第2集，頁19。即是一例。

52 此外，胡適還有一些其他的主張，譬如他認為古書未經一番新式整理是沒辦法讀的。而所謂整理，包括1. 加標點符號；2. 分段；3. 刪去繁重的、迂謬的、不必有的舊注；4. 酌量加入必不可少的新注；5. 校勘；6. 考訂其真偽；7. 作介紹及批評的序跋。(〈再論中學的國文教學〉，《胡適文存》，第2集，頁492-3)這一個綱領，對後來大量整理古書的工作有決定性的影響，一直到今天仍然在發揮作用。尤其是「考訂其假」這一點，影響了後來無數文獻考訂的工作。

53 借用Franklin Baumer, *Modern European Thought*(New York: Macmillan Publishing Co., 1977)一書中的概念。

54 〈實驗主義〉，《胡適文存》，第1集，卷2，頁296。

55 關於genetic method，參William James, *Pragmatism*(Cambridge: Harvard University Press, 1975)，尤其是p. 37。

馮友蘭後來在回憶中反覆提到他們受到杜威這方面的影響[56]。在具體的研究中，胡適到處使用歷史發展的方法論。譬如〈水滸傳考證〉提到歷史進化的文學觀念，談到種種不同的時代發生種種不同的見解，也發生種種不同的文學作品等觀念都是。在這篇影響頗大的文章中，凡是胡適推論的部分，無不有歷史發展的方法論做為基礎[57]。而傅斯年也是這個方法論的信奉者。他的許多著作，像《性命古訓辨證》、〈周東封與殷遺民〉，都有意無意地運用這個方法論。透過他們的理論提示及實際作品的影響，歷史發展的方法論產生了莫大的影響。

新派學者還有一種「寧可疑而錯，不可信而錯」的態度。大家都知道這句話出自胡適的〈國故研究的方法〉，胡氏在許多場合中都一再重複這個意思。如在〈評論近人考據老子年代的方法〉中說「懷疑的態度是值得提倡的，但在證據不充分時肯展緩判斷(suspension of judgment)的氣度是更值得提倡的」[58]。另外在〈自述古史觀〉一文中，他呼籲要先將古史縮短二千年，等將來地下出土物多了，再據以延長[59]。語意雖然不算輕率，但基本上仍是先疑再說的態度。這種存疑的態度影響是非常廣泛的，不只是上古史研究受到它的影響，在當時許許多多的文史研究中，也莫不在有意無意間傾向於「疑」，傾向於不信傳統的成說，傾向於要提出與古人不同的新觀點。好「疑」、好「新」成為這一時期學術研究的兩個重要特色

---

56 馮友蘭在哥倫比亞大學時，杜威曾向他說：「這些派別是否有個發展的問題，例如這一派發展到那一派，而不是一把扇子那樣平擺著。」馮氏又說：「杜威的實用主義，在研究社會現象的時候，本來是注重用發生的方法。」見《三松堂自序》，在《三松堂全集》（鄭州：河南人民，1985），第1卷，頁193、201。胡適也提到杜威這一觀點，見胡頌平：《胡適之先生年譜長編》（台北：聯經，1984），第2冊，頁459，1921年6月30日條。胡適說杜威「歷史的方法—祖孫的方法。他從來不把一個制度或學說看作一個孤立的東西，總把他看作一個中段：一頭是他所以發生的原因，一頭是他自己發生的效果……」。

57 以上見〈水滸傳考證〉，《胡適文存》，第2集，卷3，頁535、539、545。

58 《胡適文存》，第4集，頁128。

59 《古史辨》（台北：無出版時地），第1冊，頁22。

（當然後來也有新派史家轉而對過度疑古加以批判糾正的，如傅斯年）。其中又以顧頡剛所領導的古史辨運動影響最為深遠，古史辨運動之興起，與清季今文家之歷史觀有複雜的淵源關係，不過「寧可疑而錯」、或是今人比古人聰明的心態，也發揮了很大的效果。

古史辨運動聲勢浩大，影響深造，以致於有人說疑古學派幾乎籠罩了全中國的歷史界[60]，「存疑主義」是當時新派史家很重要的一種特質，也是傳統派非常不滿的地方，本應在這裡多作敘述，不過古史辨運動是一個異常龐大的問題，已經有不少討論，包括我自己所寫的一本小書在內 [61]，故這裡不擬重複，只簡單舉幾段話說明顧頡剛在古史論戰開始時的「存疑」觀點。

顧頡剛於1923年2月間所寫的〈與錢玄同先生論古史書〉是引發這場論戰的關鍵文字。這篇文章後來刊在《努力》的增刊《讀書雜誌》中，文中充斥激烈的疑古之言，吾人可以從中看出它遠遠超過胡適所提倡的「存疑主義」。譬如說：

> 因為古代的文獻可徵的已很少，我們要否認偽史是可以比較各書而判定的，但要承認信史便沒有實際的證明了[62]。

又說：

60　徐炳昶：《中國古史的傳說時代》（北京：科學，1960），頁23。

61　王汎森：《古史辨運動的興起》（台北：允晨文化，1987）。請同時參看Laurence Schneider, *Ku Chieh-kang and China's New History*(Berkeley: University of California Press, 1971)、劉起釪：《顧頡剛先生學術》（北京：中華，1986）、彭明輝：《疑古思想與現代中國史學的發展》（台北：商務，1991）等書。

62　《古史辨》，第1冊，頁59。（按：以下有關古史辨之討論，取材自我的《古史辨運動的興起》）

我們要辨明古史，看史蹟的整理還輕，而看傳說的經歷卻重[63]。

他提出「層累造成說」，強調「時代愈後，傳說的古史期愈長」、「時代愈後，傳說的中心人物愈放愈大」、「我們在這上，即不能知道某一件事的真確的狀況，但可以知道某一件事在傳說中的最早的狀況」[64]。他在文章中否定了「禹」的史跡之可信性。

顧氏不斷提到「造史」的人或「偽史家」，把層累而成的古史系譜當作他們偽造的成果。像后稷這個人物過去是很不好解釋的，現在卻很容易地推給「造史的人」：

造史的人想著太古的人專事漁獵，必有創始漁網的，故有庖犧氏，……后稷之名，很可看出是周人耕稼為生，崇德報功，因事立出的，與庖犧、燧人有同等的性質[65]。

總之，上古史事無不造偽，所造的古史也正是春秋戰國諸子現實環境的直接反映。

以上所述，不過是《古史辨》最開始那幾篇驚天動地文章之一斑。《古史辨》牽涉範圍極廣，而且它所散布的一種疑偽精神，不只影響上古史，事實上滲透到中國文史研究的每一個領域。

在整理國故的大纛之下，各地紛設國學研究院，所出論文極夥，先後編成的《國學論文索引》就有四編(1929-1936)。整理國故運動所涉及的機構與活動很多，是近代學術史上非常豐富而有趣的一頁。當時，北京、上海、西北、東北、閩粵乃至香港等地都有新成立的學術團體，而北京大學、

---

63 顧頡剛：〈與錢玄同先生論古史書〉。
64 同上，頁60。
65 《古史辨》，第1冊，頁140。

東南大學、清華大學、燕京大學、廈門大學、齊魯大學，也都先後成立以「國學」爲名的研究所或研究院，此外還有一些堅持舊文化的人所舉辦的國學講習會和國學專修館[66]。儘管如此，人們對「國學」、「國故」這些名詞的定義卻始終爭論不休，未能有一致的看法，而且，每個人舉辦這類活動時，所懷的意旨也未盡相同[67]。在這股風潮中，有兩個單位成績最好，而它們又都與胡適有關，一個是1922年成立的北京大學國學門，一個是清華國學研究院。前者與胡適關係相當密切，它的機關刊物《國學季刊》的宣言便由胡適執筆。後者由吳宓擔任主任，吳宓是《學衡》的主編，其途轍與胡適相反，儘管如此，清華國學研究院的組建過程中，胡適仍有相當的影響力。

北大國學門、清華國學研究院、廈大國學研究院至少有三個共同特色，即注重搜集整理新史料、展開民俗調查，強調考古發掘。值得注意的是，這些機構似乎較少被貼上新派的標籤並成爲攻擊的對象。而且它們的成員對顧頡剛所領導的古史辨運動多持批評之態度。

北大研究所國學門成立於1921年11月，馬衡（1881-1955）、李大釗（1889-1927）、顧孟餘（1888-1973）、袁同禮（1895-1965）、李四光（1889-1971）、魯迅（1881-1936）、沈尹默（1883-1971）、沈兼士（1886-1947）、朱希祖（1879-1944）、錢玄同受聘爲委員，設五個研究室（文字學、文學、哲學、史學、考古學），並相繼創立歌謠研究會、風俗調查會、整理檔案會、古跡古物調查會（後改爲考古學會），其中「歌謠研究會」搜集了大量歌謠，開近代中國相關工作的先鋒。考古研究會也陸續開展若干實地發掘工作。而在檔案整理方面亦有沈兼士所領導的明清檔案之整理工作[68]。從上面看來，

---

66 桑兵：〈晚清民國時期的國學研究與西學〉，《歷史研究》，6(1996)，頁30-45。

67 譬如章太炎與沈崇恩，章太炎與金天翮之間，皆對國學抱不同看法。參考沈延國：〈記章太炎先生‧在蘇州〉，見陳平原等編：《追憶章太炎》（北京：中國廣播電視，1997），頁408-416。

68 傅振倫：《蒲梢滄桑——九十憶往》（上海：華東師範大學，1997），頁61-64。

檔案整理、考古發掘、搜集民俗材料這三點是其工作重點[69]。

清華國學研究院於1925年創立。當時中國史學界的兩件大事，一是古史辨運動進行幾年後，於民國十五(1926)年結集第一冊問世。二是新史料的發現與研究。古史辨運動表現為激烈破壞上古史，而各種文物的發現與整理，則對建立古史有相當的幫助。一破壞，一建立，兩股勢力雖不一定在每一個論題上都有針鋒相對的情形，但總體而言，是一種競爭或緊張的狀態。而當時清華國學研究院的幾位導師，在提倡新史料上，是積極的擁護者，但在激烈疑古方面，卻是堅決的批評者。

清華國學研究院建立時之導師梁啟超、王國維(1877-1927)、陳寅恪、趙元任(1892-1982)，及講師李濟(1896-1979)，大多對新方法或新史料有相當深入的掌握，尤其是陳、趙、李三人，更是新從西洋留學歸來，深受西方漢學家治中國學之影響者，借用陳寅恪先生的話，凡於新史料新問題有所通習者，謂之「預流」，否則謂之「不入流」，則當時國學院導師是「預」當日史學界新發展之「流」的。

顧頡剛以層累造成說為骨幹，解釋上古歷史虛構之過程。當時學界雖有劉掞藜、胡堇人、陸懋德、張蔭麟(1905-1942)、傅斯年等人的商榷，在學界仍造成極大波瀾，但並未出現有力的反駁。此情形一如當年《新學偽經考》出現時，學界之震驚與呆滯，當時雖有在杭州詁經精舍的章太炎以數條駁之，但並未能成一系統[70]。當顧頡剛大舉抹殺上古信史時，學界中反對其說者之反應亦如此。不過清華園中的幾位大師對之都有或隱或顯的批評，首先，陳寅恪敏銳地指出了經學史學兩種學問之特質與經學研究之內在困境：

---

69 關於這個學術機構的情形，我建議讀者直接參考相關的專書。如陳以愛：《中國現代學術研究機構的興起——以北京大學研究所國學門為中心的探討(1922-1927)》(台北：國立政治大學歷史所，1999)。

70 後來符定一(1879-1958)亦曾出版《新學偽經考駁誼》，可是一方面出版太晚，二方面亦未引起學界足夠重視。

　　獨清代之經學與史學，俱為考據之學，故治其學者，亦並號為樸
學之徒。所差異者，史學之材料大都完整而較備具，其解釋亦有
所限制，非可人執一說，無從判決其當否也。經學則不然，其材
料往往殘闕而又寡少，其解釋尤不確定，以謹愿之人，而治經學，
則但能依據文句各別解釋，而不能綜合貫通，成一有系統之論述。
以誇誕之人，而治經學，則不甘以片段之論述為滿足。因其材料
殘闕寡少及解釋無定之故，轉可利用一二細微疑似之單證，以附
會其廣汎難徵之結論。……往昔經學盛時，為其學者，可不讀唐
以後書，以求速效。聲譽既易致，而利祿亦隨之。於是一世才智
之士，能為考據之學者，群捨史學而趨於經學之一途。其謹愿者，
既止於解釋文句，而不能討論問題。其誇誕者，又流於奇詭悠謬，
而不可究詰。雖有研治史學之人，大抵於官成以後休退之時，始
以餘力肆及，殆視為文儒老病銷愁送日之具。當時史學地位之卑
下若此，由今思之，誠可哀矣[71]。

　　經學內部資料的特性，使才智之士可以自由的建立任何他想建立之體
系，得以利用一、二極細微的材料附會其廣泛難徵之結論，而且其論既出，
學界便不易反駁。我覺得陳寅恪先生對這些問題的了解很深，觀察很細。
但是以上所舉只是他的負面批評意見。在正面建立方面，陳寅恪在〈梁譯
《大乘起信論》偽智愷序中之真史料〉中即指出偽古書中亦有真材料，不
能一概抹殺[72]，顯然是針對顧頡剛對上古史料激烈的觀點而下之針砭。
　　談清華國學研究院便不能略去王國維，但我決無意將他歸入新派或傳
統派。王國維這個人在文化上是很傳統的，在學術上卻很新穎，很難將他
歸入新派或傳統派；而他自己恐怕也絕不會認為自己是新派或傳統派。不

71　陳寅恪：〈陳垣《元西域人華化考》序〉，收入氏著：《金明館叢稿二編》（北京：
　　三聯，2001），頁269-270。
72　收在《金明館叢稿二編》，頁147。

過，既然我們談到清華國學研究院，便不能不把他和該院的一批新學者陳
寅恪、趙元任等合在一起談。王國維對當時激烈疑古的風氣曾加以批評。
顧頡剛對王氏學問極為欽敬，曾寫信向王表示等將來雜務較少時，希望成
為王之弟子。王雖未公開批評過顧，可是在清華園之講義《古史新證》便
顯然是針對顧氏而發。如第一章〈總論〉中即針對顧氏觀點說：

> 研究中國古史為最糾紛之問題，上古之事傳說與史實混而不分，
> 史實之中固不免有所緣飾，與傳說無異，而傳說之中亦往往有史
> 實為之素地，二者不易區別。

又說：

> ……而疑古之過，乃併堯、舜、禹之人物而亦疑之。其於懷疑之
> 態度及批評之精神，不無可取，然惜於古史材料未嘗為充分之處
> 理也。吾輩生於今日，幸於紙上之材料外更得地下之新材料，由
> 此種材料，我輩固得據以補正紙上之材料，亦得證明古書之某部
> 分全為實錄，即百家不雅馴之言，亦不無表示一面之事實，此二
> 重證據法惟在今日始得為之，雖古書之未得證明者，不能加以否
> 定，而其已得證明者，不能不加以肯定，可斷言也[73]。

這篇文章的開頭第一句話指責人們看「傳說」與「史實」不分，即是針對
顧頡剛在《古史辨》中所強調的「我們看史蹟的整理還輕，而看傳說的經
歷卻重」，但實際上只重傳說的態度[74]。此外，第二章〈禹〉更明顯地是
針對顧氏抹殺大禹史實之觀點而發：

---

73 王國維：《古史新證》（北京：清華大學，1994），第1章，〈總論〉，頁1-3。
74 顧頡剛：〈與錢玄同先生論古史書〉，《古史辨》，第1冊，頁59。

夫自堯典臯陶謨禹貢皆記禹事，下至周書、呂刑亦以禹為三后之
一，詩言禹者尤不可勝數，固不待藉他證據，然近人乃復疑之，
故舉此二器知春秋之世，東西二大國無不信禹為古之帝王，且先
湯而有天下也[75]。

王國維還說：「又雖謬悠緣飾之書如《山海經》、《楚辭》〈天問〉，成
於後世之書如《晏子春秋》、《墨子》、《呂氏春秋》，晚出之書如《竹
書紀年》，其所言古事亦有一部分之確實性，然則經典所記上古之事，今
日雖有未得二重證明者，固未可以完全抹殺也。」[76]

　　前面提到，當時清華國學研究院也提倡新材料，陳、王、趙、李皆是
最能注意新材料或發掘新材料之人。王國維初入清華時之演講題目即爲「中
國近二、三十年來新發現之學問」，他本人亦最能利用新材料。陳寅恪對
各國新見中亞史料極爲熟悉，對敦煌史料下過莫大的功夫（「敦煌學」一詞亦
由其首創）。此外，他對新材料的興趣更下及於明清檔案，如閱讀滿文軍機
處檔即是一例。當時陳氏所開課程指導學生亦大多注重新材料，或利用新
材料與舊文獻作比較研究。

　　此外，新思潮及新社會環境也影響了他們的歷史解釋。

　　民國史學上許多創新性的解釋，大多是在過去傳統文化籠罩下的人所
不能察覺，或甚至是所不敢說的。舊禮教綱常之觀念限制了歷史解釋之可
能性。在新思潮衝擊之下，歷史研究者碰觸了許多前人忽略的面相，並揭
露了一些先前不敢或不能揭露的部分。

　　以王國維爲例，在他死後，殷南（馬衡，1880-1955）所寫〈我所知道
的王靜安先生〉強調即使以歷史解釋來說，王國維的辮子只是形式的，「而
精神上卻沒有辮子」：

75　王國維：《古史新證》，第2章，〈禹〉，頁6。
76　同上，頁52。

他能不為綱常名教所圍，集合許多事實，以客觀的態度判斷之。
即如他說：「大王之立王季也，文王之捨伯邑考而立武王也，周
公之繼武王而攝政稱王也，自殷制言之皆正也。」這種思想，豈
是衛道的遺老們所能有的？即使有這種思想，也是不敢寫的。清
初多爾袞之娶順治的母親，遺老們因為禮教的關係一定替他諱言，
其實自滿清風俗言之亦正也。我有一次和他談這件事，他也首肯。
所以我說他的辮子是形式的，而精神上卻沒有辮子[77]。

王國維成長的時代，中國舊文化的地位已開始動搖了。他幼年深不喜《十三
經》，早期成學過程中則完全以西方哲學、心理學為主，並曾援引叔本華之
學說以非難儒家倫理，則其後來之古史解釋亦不能不與晚清新思想有關。

　　陳寅恪之歷史解釋亦透露此層消息。第一，他將研究中心放在中國邊
境上之異族，以外族史作為國史研究之中心，顯然打破了過去歷史研究中
的漢族中心觀。此外，他不再只說漢族文化對少數民族之影響，而改注意
草原文化對中原文化之影響[78]，譬如在〈懺悔滅罪金光明經冥報傳跋〉中，
他便指出中國長篇小說往往合幾種冥報而成，而佛經之首冠以感應冥報傳
說是受「西北昔年一時風尚」的影響[79]，同時他也重視異族人物在中國境
內之歷史角色。

　　此外，如陳寅恪後來討論元稹(779-831)、白居易(772-846)時，提出元
稹利用新舊兩種社會之不同道德標準，遊走其間以滿足個人的私利，也可

77　殷南：〈我所知道的王靜安先生〉，《王觀堂先生全集》（台北：文華，1968），
　　冊16，頁7166。顧頡剛在〈悼王靜安先生〉（同前書，頁7132）一文中也說：「他
　　用的方法便是西洋人研究史學的方法，不過這一點他因為和遺老的牌子有些衝突，
　　所以諱莫如深而已。他對於學術界最大的功績，便是經書不當作經書（聖道）看而
　　當作史料看，聖賢不當作聖賢（超人）看而當作凡人看。他把龜甲文、鐘鼎文、經
　　籍、實物作打通的研究，說明古代的史蹟，他已經把古代的神秘拆穿了許多。」
78　中國中古之印度化運動亦同時為陳寅恪及胡適等所注意。
79　《陳寅恪先生論文集》（台北：九思，1977），頁1403-1404。

能與民主社會中新舊遞嬗之間的實況有關[80]。我們不敢斷言如果沒有民初那樣的社會，陳氏不會有此歷史慧見，但無疑的，兩者之間必有密切關係。

至於廈大的國學研究院，則比清華國學研究院晚一年創立，主要是以一批北大人爲骨幹。顧頡剛雖然不是名義上的主持者，但毫無疑問的是這個機構的靈魂人物。這個爲期甚短的機構展現出與北大國學門相當近似的特色。第一是它們設定的工作範圍，仍不外乎考古發掘與民俗調查。而其學問態度則是顧頡剛所常說的幾條，即第一，求應用與求真應該分開；第二，看古書的態度，只是一個歷史研究的態度，要虛心看出它的背景。如《尙書講義》第一編所說的：「希望諸君在這一冊講義裡得到一個歷史觀念，知道一件事實是不會無端而來的。」第三，學問應以實物爲對象，正如廈大《國學研究院周刊》的〈緣起〉上所說的：「所以我們要掘地看古人的生活，要旅行看現代一般人的生活，任何骯髒和醜惡的東西，我們都要搜集，因爲我們的目的不是求美善，乃是求真。」[81]

以上這些機構皆在中央研究院歷史語言研究所之前成立，它們的成員，有不少後來陸續加入史語所，如顧頡剛、陳寅恪、李濟、趙元任、徐中舒、董作賓等。而中研院和史語所是新文化運動以後，規模最大，延續最久，成績也最顯著的一個專業史學機構，故此下要用比較長的篇幅來討論它。

三

在胡適發起整理國故運動時，後來史語所的創辦人傅斯年早已出國讀書了。胡適旁邊有兩大圈人，一批是與他密切聯繫的學者[82]，另一批則是

---

80 《陳寅恪先生論文集》，頁768-779。

81 以上引自顧潮：《顧頡剛年譜》，頁130-136。

82 這一個圈子不容易劃出來，他們未必是以老師、學生、或工作機構為限，不過從《胡適來往書信選》及《胡適遺稿及秘藏書信》的通信者中，可以大致將這個圈子勾勒出來。

北大、清華、中央研究院的學者，而一般人認爲胡適所領導的整理國故運動是以傅斯年的中央研究院歷史語言所爲基地[83]。

不過，傅斯年雖然在《新潮》時期提出「整理國故」一詞，在他創辦史語所時，便宣稱「國故」這一詞「不通」，只有廣義的歷史學或其他一切學科，並沒有中國的歷史學或中國的化學[84]。在傅氏留歐七年回到中國之後，整理國故運動聲勢浩大，但他在許多文章中卻刻意重申「絕國故」這一點[85]，即使在史語所籌備階段所發出的聘書中，他也一再強調這一個研究所並不研究「國學」。在一份「聘書稿」中他這樣寫道：

> 現在中央研究院有歷史語言研究所之設置，非取抱殘守缺、發揮其所謂國學，實欲以手足之力，取得日新月異之材料，供自然科學付與之工具而從事之，以期新知識之獲得。材料不限國別，方術不擇地域，既以追前賢成學之盛，亦以分異國造詣之隆[86]。

所以他是要將人文學建立得像自然科學一樣，在中國建立科學的東方學之正統，而不標榜國故或國學。在這方面，他的觀點早就越出胡適的藩籬了。但是，傅斯年本人與胡適密切的關係，胡適與史語所之間的親和性，不但宣之於口說，而且見之於各式各樣的行動。同時傅氏與他領導的史語所的研究風格，與胡適之間又常有吻合之處(尤其是重考證及重視新史料方面)，那麼，二者被籠統地視爲一體，不是一件值得驚訝的事。

本章旨在討論被許多人視爲整理國故運動大本營的中央研究院歷史語言研究所的史學風格。這裡必須先聲明三點：第一，我並不是說該所所有

---

83 如徐復觀在〈三十年來中國的文化思想問題〉等文中便堅持這一點。該文收入氏著：《學術與政治之間》(台北：南山，1976)，頁347。

84 傅斯年：〈歷史語言研究所工作之旨趣〉，《傅斯年全集》，第4冊，總頁1309。

85 如〈朱家驊傅斯年致李石曾吳稚暉書〉，《傅斯年全集》，第7冊，總頁2445。

86 「史語所公文檔案」，元字第130號。

的著作中都可以找到這些特質。第二,這些特質只是舉例性的,事實上我們也很難窮盡所有的特質。第三,這些特質中個別的部分或許也能在當時傳統派史學中找到零星的例子,不過它們並未突出成爲一種有意識的努力或「約定俗成」的主張。

從胡適的整理國故運動到傅斯年領導的史語所,在強調科學方法上是一致的,但是「科學」的內容卻得到大幅的擴充。史語所提倡的科學方法,已不只強調存疑、強調證據、強調歸納法而已,而是要廣泛的援引自然科學中許多工具來解決歷史的問題。又如在選擇歷史研究的問題方面,也呈現了許多的變化。傳統史學側重在與國計民生或道德教訓有關的題目,此外的題材,或被認爲沒有研究價值,或視而不見。新史家們有意識地跳出這個範圍,所以出現了許多前人所不注意的問題。他們不但不以聖賢看待古人,選題上也有一種從重「人」轉到重「事」的變化。

在看待中國歷史的眼光方面,他們也有意識的把中國史放在世界歷史的脈絡中,認爲中國歷史不是分離的、個別的,而是整體的、世界的,所以研究中國,也要涉及西亞、東亞,乃至全世界,而且需要中西學者共同研究[87]。同時,也要求學者以比較研究的方法,藉助西方歷史、印歐語言學的訓練,更深入瞭解中國歷史、語言的現象(即以比較語言學的方法來建設中國古代語言學)[88]。值得注意的是,中西比較或在世界歷史中來認識中國歷史是不少人共同的自覺,顧頡剛給丁文江(1887-1968)的一封信中表示希望「在世界的古史中認識中國的古史」[89],連通常被視爲傳統派史家的蒙文

---

87 這一類文字甚多,如〈歷史語言研究所工作之旨趣〉。

88 舉例來說,何茲全的〈東晉南朝的錢幣使用和錢幣問題〉一文補充了全漢昇〈中古自然經濟〉一文,其論點便是受了東、西羅馬帝國不同發展之影響。何茲全:〈李莊板栗坳‧史語所──我終生懷念的地方〉,《新學術之路》,頁823。而全氏的《中古自然經濟》是讀了B. Hildebrand之書得到的啟發。見全漢昇:〈回首來時路〉,在《新學術之路》,頁488。

89 在史語所藏「丁文江檔案」中。整理中,尚未編號。

通(1894-1936)也因進行中西歷史比較而從中得到重要啓發[90]。不過，新派史家更加有意識地提倡這種治學方法。

此外，他們是新知識份子，是自覺的專業史家，不是舊讀書人，他們刻意排斥舊文人或讀書人的治學及生活方式。他們認爲舊文人的生活習慣是靜的、書本的，對他們而言，研究學問即是讀書，但新一代卻有人以非常激烈的話來勾勒現代學人治學的特質——「近代的學問是工場」[91]。這一句話的涵義是多方面的，其中一點是近代的學問強調「集眾式研究」。傅斯年在〈歷史語言研究所工作之旨趣〉中一再強調這一點，他說：「歷史學和語言學發展到現在，已經不容易由個人作孤立的研究了，他既靠圖書館或學會供給他材料，靠團體爲他尋材料，並且須得在一個研究的環境中，才能大家互相補其所不能，互相引會，互相訂正，於是乎孤立的製作漸漸的難，漸漸的無意謂，集眾的工作漸漸的成一切工作的樣式。」[92] 在這段話中他提到：第一，史料要靠學會或圖書館提供，要靠團體爲學者尋材料；第二，要靠團體講論，互相增益，互相激發。靠團體爲他尋材料這一點，體現在當時各種學術考察團中，像史語所早期所出動的種種調查團，在當時人心中是一種搜集史料的新作法。即使是傳統文獻的工作，他們也傾向於以一隊人馬來搜集整理[93]。而史語所的學術講論會傳統也體現了前

90 他後來回憶說：「中外進行比較，是研究歷史的一個重要方法。寫《古史甄微》時，就靠讀當時學過些西洋史，知道點羅馬、希臘、印度的古代文明，知道他們在地理、民族、文化上都不相同，從這裡受到啟發，結合我國古史傳說，爬梳中國古代民族可以江漢、河洛、海岱分為三系的看法，從而打破了關於傳說時代的正統看法。」蒙文通：〈治學雜語〉，蒙默編：《蒙文通學記》(北京：三聯，1993)，頁2。

91 傅斯年給胡適的一封信這樣寫著：「這個研究所(史語所)確有一個責任，即『擴充工具、擴充材料』之漢學（最廣義的），這樣事業零星做也有其他的機會，但近代的學問是工場，越有聯絡，越有大結果。」耿雲志編：《胡適遺稿及秘藏書信》(合肥：黃山書社，1994)，冊37，頁409-410。

92 《傅斯年全集》，第4冊，總頁1313。

93 如傅斯年給陳寅恪信中所談到的：「故如吾兄領之而組織一隊，有四處尋書者，有埋頭看書者，有剪刀□(案此字無法辨識)者……」傅斯年致陳寅恪信，「史語所公文檔案」，元字14-7號，1929年9月9日。

面所說的「要靠團體講論，互相增益，互相激發」。講論會便是為了脫離「孤立的製作」，使「大家互相補其所不能到，互相引合，互相訂正」。這是當時歐美司空見慣的辦法，但在中國卻是相當創新的[94]，譬如董作賓（1895-1963）《殷曆譜》的「點」、「線」、「段」的方法論，即是一大群人故意與他論辯逐漸激發出來的。李濟對這種工作方式有了這樣的反思——「這一情形很具體地證明了一件事，即近代的學術工作大半都是集體的，每一件有益思想的發展，固然靠天才的領悟和推動，更要緊的是集體合作的實驗、找證據，以及復勘。」[95]

對於研究，新派史家看重的是問題的解決，而不是博學或功力的展現，學術刊物中所刊載的也不是純博學的文章，而是針對一個特定問題，以第一手資料寫成的有創見的論文，而且每個結論都必須站立在足夠的證據和參考資料上。這種問題取向的、窄而深的研究，與傳統學者所一再強調的，中國貴通人不貴專家的觀念相當不同。

由於重視「專」而不看重「通」，所以他們在指導人從事研究時，習慣為他畫下一個特定的範圍。譬如胡適給吳晗的信強調治史不是要他寫一部明史，而是要他整理明代史料[96]。如錢穆說傅斯年似主先修斷代史，不主張講通史，又說史語所的青年學者抱怨傅斯年只許他的屬下進行某一個朝代的研究，不許上窺下涉[97]。

傳統史家常重書本的研究，譬如以前寫先秦史的人很少，但卻有許許多多關於《史記》、《漢書》的研究。新一代強調問題取向[98]，在實際工

---

94 但這並不是說歷史上不曾出現過這種形式的講論，如明代的各種講會，如清初的講經會都是。

95 李濟：〈南陽董作賓先生與近代考古學〉，《感舊錄》（台北：傳記文學，1967），頁111-112。

96 蘇雙碧編：《吳晗自傳書信文集》（北京：中國人事，1993），頁76。

97 錢穆：《師友雜憶》（台北：東大，1992），頁146-7。

98 楊向奎便回憶說他在北大那次接觸到傅斯年所提示的問題式研究時的新鮮感。李尚英：〈楊向奎先生學術及著作編年〉，《清史論叢》（1994），頁1。

作上也有這種自覺的意識，譬如陳述(1911-1992)給傅斯年的信（1938年2月25日）中提到他如何由先前在大學時的舊作法（如做〈補《南齊書·藝文志》〉與〈《金史》氏族表〉）逐漸轉移到以歷史問題為主的探討：

> 生到所時，曾擬為此題（按：唐宋之際南北和戰繫年），半年搜集時期，
> 多聆教誨，兼得諸同事講習，略窺老舊史家與今日史家之異趣，
> 似舊日多以書為本位，現代則多重歷史問題，……[99]

陳述在信中說到，他在受一群新學者薰習後，發現「老舊史家」與「今日史家」之異，是前者以書為本位，後者則重「歷史問題」。對碑刻的使用也呈現這種變化，以前也有無數學者研治碑刻，但他們大多寫題記跋尾，作人物傳記資料，而受新學術薰陶的人便有意識地把它們用作研究制度史問題的史料，擴大碑刻之用途[100]。

　　新一代希望成為專業史家，不是成為通人。專業學問的建立當然不是從這個時候開始，從晚清以來，許多知識份子便極力呼籲，如薛福成(1838-1894)的〈振百工說〉、〈治術學術在專精論〉[101] 即是一例。不但「百工」要專業化，也有人主張政治要專業化[102]，但是將歷史研究專業化則是新的要求[103]。

---

99 「傅斯年檔案」III：230。陳雯怡：〈陳述在史語所時期的學術發展〉，《新學術之路》，頁508。

100 如嚴耕望，後來在《石刻史料叢書》（台北：藝文，1966）〈序〉中便說：「蓋兩宋以來，石刻史料之應用，多偏重人物之行歷，取碑文校史傳，最為能事。今人治史重事不重人，又無作題跋之風習，故宋清以來石學之盛況遂不復見於今日。」（頁1）

101 以上二文見鄭振鐸編：《晚清文選》（上海：上海書店，1987），頁226-8。

102 譬如民國黃濬《花隨人聖盦摭憶》中說的：「近人論政，漸主專家各治其事之議，此實砭時要義。蓋亂甚則皁隸化為侯王。……抑豈知吾國之病，病在人民什九失學。夫不學何以臨民？無專家治事，何以繕民之生？」黃濬：《花隨人聖盦摭憶》（上海：上海古籍，1983），頁11。

103 值得注意的是，過去有許許多多從事研究的學者，寫出一流的嚴謹之作，但是他們不一定認為自己是一個專業的史家，而是以通儒自期。像王國維，其研究風格

（一）新史料觀

在這方面，他們直接或間接受到德國語言歷史考證學派之影響，他們通常對新見材料、或檔案、或出土材料有極高度的熱情，而且信新材料過於舊材料，以上古史來說，有人甚至宣稱非出土材料不可信。這種史料至上主義，廣泛地影響到一般的學者，一時之間，崇重史料的風氣瀰漫[104]。

因為他們認為，學問不是為了實際應用或培養人格，學問是為了增進知識，在這個由求做人到求知識的轉變中，看待史料、搜集史料的眼光與角度也跟著改變。同時，他們放棄了做研究等於讀書的舊觀念，不是印成的書才能作為歷史證據，知識的世界比書本更大、更複雜，內容更豐富，而書本不過是它在某一個方面的一個紀錄而已，而且還不一定是忠實的紀錄，所以應該把求書本以外的實物視為優先，或至少與求書本不相上下，這是一個很重要的改變。

在史語所成立前不久，傅斯年與顧頡剛在廣東中山大學辦「語言歷史研究所」。這個所的宗旨及工作方式與史語所是相貫通的，1927年4月，顧頡剛為中山大學作〈購求中國圖書計畫書〉，其中有一段文字反映了第一種觀念。他說：「以前人看圖書是載聖人之道的，讀書是要學做聖人，至下也是文人，所以藏書的目的是要勸人取它作道德和文章的。現在我們的目的是在增進知識了，我們要把記載自然界和社會的材料一齊收來，⋯⋯使得普通人可以得到常識，專家們也可以致力研究。」[105] 此外，顧頡剛

(續)————————————————

實近於新派學者，但並不自認為是專業史家。而新學者大多有意識地以專業史家自期。

104 其影響所及，譬如鄭振鐸(1898-1958)在1937年以後於淪陷區搜集圖書文獻，在數百通書信中，他對「史料書」之重視可謂連篇累牘，譬如1940年2月23日的一封信中說「史料書不可與尋常集部相提並論」，同年4月29日信中說「此類書，關於文獻最鉅，似萬不宜放手。」見錢文忠：〈鄭振鐸與戰亂中的文獻〉，《學術集林》，卷6(1995)，頁330。

105 顧潮：《顧頡剛年譜》，頁140-141。

在1927年9月所作的一份文件上說：他自己與當時的書商存在著一種隔膜，
「就是我志在爲圖書館購書，而他們則只懂得正統派的藏書。他們心目中
以爲可藏的只有這幾部，……我所要的材料，他們以爲不應買，所以不肯
（實在也不會）替我去搜集，……。」[106] 而這種隔膜正顯示了兩種不同史料
觀點之間的矛盾。

　　傅斯年的口號是「我們不是讀書的人」[107]，意味著想擺脫對書本的
崇拜。他強調讓沒有語言、或是不會言語的東西告訴我們歷史。而他所欣
賞的古代學者，也多是能從實物或實際觀察中得到知識的人，譬如強調說
顧炎武用自己的肉眼觀察地形地勢以察古地名[108]。

　　在這裡，我不想覆述一些宣言性文字中對史料的看法，而想以幾個實
例來說明史料觀之變化，同時也想由史家們獲得史料時的實作方式去看這
種變化。這種實作方式一旦建立，並逐漸約定俗成，便很快地成爲近代史
學的一部分。這裡要談新一代學者獲得史料，包括以團體的力量長期出外
尋找史料，以及收集紀錄的方式。這種以集眾的力量，有計劃、有步驟、
長時期到各地搜集史料的方式，給當時人留下深刻的印象。在此之前，當
然也有人寫文章提倡這種工作方式，但是將它大規模地加以落實，卻很罕
見。今天回顧起來，或許不覺得這種工作方式有什麼特別之處，可是在當
時如此這般獲得史料、擴充史料，的確是前所罕聞的。

　　這當然不是出自他們自己的創造，當時西方已經將這種辦法運用得非
常純熟了，也有一些西方學者在中國進行這一類的工作[109]。

　　而當時西方學者也認爲中國的讀書人永遠不可能出現這種拿著鏟子鋤
頭下田野工作的方式，他們說舊文人的衣衫很長，指甲留得很長，他們是

---

106 《本館舊書整理部年報專號》卷頭語，見引《顧頡剛年譜》，頁143。
107 傅斯年：〈歷史語言研究所工作之旨趣〉，《傅斯年全集》，第4冊，總頁1312。
108 同上，總頁1309。
109 張光直：〈考古學和中國歷史學〉，《中國考古學論文集》（台北：聯經，1995），
　　頁17-18。

不可能下田野的。而舊式讀書人心中所謂研究學問也是不必下田野的。研究學問通常是一個人坐在書齋中以筆硯批讀古往今來的書籍，所以不會認爲挖掘或採集來的資料有太多學術價值。1920年代開始有人決定要靠手腳找資料。中央研究院歷史語言研究所成立之前，清華的李濟已在西陰村發掘歷史的遺存。李濟後來加入史語所。史語所在進行籌備之時，派出過幾支隊伍，四處尋找學問的材料。因爲人事或其他複雜因素，這幾支隊伍中，除了殷墟發掘團外，多半未得到令人滿意的成果。不過它們的組成及工作方式卻是值得注意的，因爲它們標誌著一種有意識的以團體的力量求取資料的方式，像「雲南人類學知識初步調查」、「泉州調查」、「川邊人類學調查」、「安陽調查」都是。他們也要求擺脫舊的工作方式，去調查記錄實物材料：譬如史語所當時曾派黎光明前往川西作川邊人類學調查，而黎氏似乎尙未完全脫離《小方壺齋輿地叢鈔》中的記遊式工作方式。在一封傅斯年寫給黎光明的信中便提醒他舊方式是不對的，要「多照相」，「不亂走，所得知識是系統的」[110]。在安陽試掘時，傅斯年給董作賓的一封信也提醒說，應該多注意地層等問題，「求文字其次，求得地下知識其上也」[111]。

　　當時有許多工作是開創性的，譬如史語所人類學組的凌純聲(1901-1978)的名著《松花江下游的赫哲族》一書，長期成爲中國民族學田野研究的範本，便是因爲它是中國第一次正式的科學民族田野調查，它開啓了中國人從事民族學、文化人類學實地田野資料採集調查研究的傳統[112]。而在語言學方面，趙元任等語言學家在全國各地採集語料、錄成音檔，或是以語音實驗設置來測定音值等都是一種全新的工作方式。而這種新工作方式往往帶來重要的學術成果[113]。

---

110 1929年2月16日傅斯年致黎光明函，在「史語所公文檔案」中。

111 此信在「史語所公文檔案」，元字23號卷中。

112 李亦園：〈凌純聲先生的民族學〉，在《新學術之路》，頁739。

113 馬學良在最近一篇文章中談到他發現彝語中元音鬆緊的特性過程，而這個重要的

重視實物的治史態度在上古史研究上影響最大。1929年，李濟在〈小屯地下情形分析初步〉中將這種重視地下情況的態度說得相當清楚——「我們可以明瞭要是我們挖掘的時候觀察疏忽一點，那掘出的實物的意義就完全失了。」[114] 以甲骨來說，新史家認為甲骨如果不配合地下知識，則其價值頓減，而這是前代人所沒有、或很不自覺的觀念。傅斯年在1928年的一份給中央研究院的報告書中，便講到他們使用甲骨與羅振玉、王國維等的不同，羅、王基本上從撿拾或商販處購得甲骨，但新一代人希望研究科學的考古發掘所得的甲骨：

> 〔甲文〕至海寧王國維先生手中，成就極重大之發明，但古學知識不僅在於文字，無文字之器物，固是學者研究之要件，而地下情形之知識，尤為近代考古學所最要求者。其但憑取得文字所作發握【掘】者，所得者一，所損者千矣[115]。

為取得「地下情形之知識」，有非常繁複的工作要做——長期參與殷墟發掘的一位學者說殷墟一至九次的發掘所用探坑法是：「工作人員把土色、遺物、遺蹟等不同的情形，隨著不同的深度，畫在規定比例的米厘紙上。如有特別情形另開支坑，如墓地、穴窖等，要把它們的全形找出、畫

(續)————
發現是與一種新的工作方式分不開的。他回憶從李方桂處學得嚴謹的記音方式：「一個月的工作，不僅學得了技術，更重要的是學得了一種科學態度和方法。李先生在聽音審音上是毫厘必究的，比如撒尼彝語的a，圓唇和展唇分為兩個音位，這是到了工作結束臨行之前才發現的，為此重新審聽了全部有關卡片，……後來我在李先生指導下進一步調查記錄彝語時，發現了元音鬆緊的特性，這是彝語乃至彝緬語支語言的一個重要語言特徵。」後來在1986年馬氏在指導學生記錄錫伯語時發現擦音〔xh〕送氣的問題，這個在阿爾泰語系滿通古斯語族中的一個重要普遍性現象之所以長期未被發現，「除了受到文字的影響，主要還是記音的基本功問題。」參見馬學良：〈歷史的足音〉，收在《新學術之路》，頁870-871。
114 《安陽發掘報告》，第一期（北平：中央研究院歷史語言研究所，1929），頁47。
115 原件藏「史語所公文檔案」，元字第198-1號。

出；同時都紀錄在每坑的記載本上。」[116] 遺物的堆積情況，坑層位置的紀錄與史實的重建有關，以至於最細微的擾動，都被認爲影響到科學性。譬如安陽H127坑甲骨整塊裝箱運到南京史語所時，等拆開木箱，才發現甲骨底朝天。工作人員雖然將朝天的甲骨從上而下按層揭取，並且編號、繪圖，想恢復原來的堆積狀況，等清理完畢，根據繪圖、編號，結合甲骨文字判斷，認爲甲骨是一次拋棄，沒有什麼層位關係。但是張政烺卻認爲「用最嚴格的田野考古要求來衡量，這一坑甲骨的發掘科學性受到影響是不言而喻的。」[117] 這一段話頗能反映兩件事，第一是他們把重建地下的情形看得何等重要，第二是即使按層揭取、編號、繪圖，但在一個嚴謹的學者看來，一旦受過擾動，即使努力重建，其科學性仍然受到影響。這種態度，顯然與羅振玉、王國維的時代有很大的不同。

　　實物常常勝過書本，而有紀錄的實物又常常勝過沒有紀錄的實物，在實物中，也不因其器物之精美與否而影響其史料價值的高低。一件製作精美的器物，如果沒有出土紀錄，不明它的出土背景，它的史料價值還不如那些殘破石器陶片貝殼。而一些有重大意義的發現，又常常是對實物做細微的觀察與紀錄而得到的。譬如對安特生的錯誤之改正，先是由梁思永（1904-1954）〈小屯、龍山與仰韶〉一文而開其端，而此文的重要證據是後崗三疊層的發現。這個發現的重要根據便是土色與地層的疊壓，判斷後崗上，在白陶文化的人居住之前，黑陶文化的人曾在那裡住過，在黑陶文化的人以前，又有彩陶文化的人在那住過。在此之前，人們只知道中國在石器時代東部曾有一種黑陶文化，但是它與其他文化的關係都一無所知，有這一個發現，才知道它的時代與地位，及它與白陶文化和彩陶文化之關係[118]。傳統學者不會用土色來作歷史證據，從土色及地層的疊壓來求得

---

116 石璋如：〈我在史語所〉，《新學術之路》，頁640。
117 張政烺：〈我在史語所的十年〉，在《新學術之路》，頁537-8。
118 梁思永的文章〈後崗發掘小記〉發表在《安陽發掘報告》第2期（1933），頁609-625。
　　〈小屯、龍山與仰韶〉發表在《歷史語言研究所集刊》外編《慶祝蔡元培先生六

歷史知識也不是傳統學者所能想見。

即以甲骨來說，有文字的固然重要，但即使是無文字碎片也有用處，譬如拼兌甲骨，有時候得藉助於無字碎片作爲橋樑，才能使兩版連接起來。又如在武丁時期甲骨上發現紡織碎片，如果能得到科學鑒定，便可能對商代物質生活有新的瞭解[119]。以銅器研究爲例，傳統史家多將注意力放在銘文上，新一代則每注意於文字之外的形製紋樣。如徐中舒《鸎氏編鐘圖釋》中強調「中國學者對於銅器，向來惟重視其文字，至於器物之形製與紋樣則殊漠然。」而他便以「文字」之外的「形製紋樣」來爲青銅器斷代[120]。他的〈古代狩獵圖像考〉也是系統研究花紋的前驅著作。該文中強調銅器斷代乃研究銅器之先決問題，他抱怨「向來學者對此問題，惟據文字以爲推斷」，而狩獵圖像之銅器，因爲文字少，故傳統著錄年代混亂，徐氏在這篇名文中便以銅器的圖像考論其年代，並討論中國銅器自身之演化與所受外來文化之影響[121]。

新一代不但直接觀察實物，還要藉助現代的實驗得出一種清楚的瞭解和認識。考古學家吳金鼎(1901-1948)最重要的文章之一是〈高井台子三種陶業概說論〉。他在英國讀書期間曾去倫敦中央高等工業學校學習原始製作陶器的方法，他將工業學校中所學到的運用到中國古代陶器製作的分析。在這篇文章中，作者沒有徵引任何古書，而是從物質的層次，分析幾種陶片的出土情形、顏色裝飾與表皮、泥質及肉壁、及製作法，而得知高井台子紅、黑、灰三種不同的陶業製作風格，從而推論「紅陶之時代，約與後岡之紅陶期相同。而其黑陶卻早於後岡之黑陶。二者顯然之別，即後岡黑

(續)————————————————

十五歲論文集》(1935)，頁555-568。以上是用石璋如〈考古方法改革者梁思永先生〉的敘述，該文收在《新學術之路》，頁352-366。

119 以上皆見張秉權：〈學習甲骨文的日子〉中自述其研究之經歷，《新學術之路》，頁923-932。

120 《鸎氏編鐘圖釋》(台北：中央研究院歷史語言研究所，1932)，頁5。

121 該文載《慶祝蔡元培先生六十五歲論文集》(北平：中央研究院歷史語言研究所，1935)，頁569-618，引文見頁569。

陶乃係輪製而此址黑陶仍係在轉盤上模製。」「此址之灰陶……其技術與殷墟同」，而印證了梁思永的「三疊層」的發現，認爲這種現象至少在豫北一帶是通常情形[122]。又如李濟對安陽發掘所得陶銅之處理，也進行大量實驗室的工作，自己能作的自己作，自己不能作的，則請專家代勞，質量的分析由化學家負責，石質的鑑定，則請岩石學專家，動物骨骸則請古生物學家[123]。

　　而實作的過程中也確實能夠產生過去侷限在文獻上難以解決的問題。譬如董作賓以龜甲實際燒灼，發現裂開的那一刹那所發出的聲音是「卜」，因而知道「卜辭」的「卜」字之起因[124]。又如在董氏的〈甲骨文斷代研究例〉這篇名文中，據以判斷分期的標準之一是筆劃，董氏用放大鏡看每一刻辭筆劃的先後次序，發現筆順隨著時代而有不同。有先刻直劃，再刻橫劃；也有的先刻橫劃，再刻直劃。這些習慣的轉變，大可以幫助後人訂定刻辭的時代[125]。像用放大鏡來觀察每個時代甲骨刻辭的筆順與風格，以定卜辭之時代，就是沒有文字、不會言說的資料，卻提供後人歷史知識的一個實例。

　　又如他們處置出土器物時，也常擺脫奉過去那幾種古書不刊之典則的成見，王國維已經是非常新穎、非常深刻的現代學者了，然而以古器物的分類爲例，新一輩人便認爲他的觀念仍嫌保守。在清華國學研究院時期，當李濟將西陰村史前遺存送回清華大學展示時，他與王國維有一個短暫的討論，王氏對於它們深感興趣，但對於古器物的處理，「他以爲這一類的著錄仍應該奉《博古圖》及《考古圖》爲準則」，這一點接觸，使得李濟

---

122 吳金鼎：〈高井台子三種陶業概論〉，《田野考古報告》（上海：商務，1936），第1冊，頁201-211。

123 石璋如：〈李濟先生與中國考古學〉，此文原刊：《中華文化復興月刊》，8:5（1975），現收入《新學術之路》，頁151。

124 李濟：〈南陽董作賓先生與近代考古學〉，《感舊錄》，頁99。

125 同上，頁100。董作賓：《甲骨文斷代研究例》（台北：中央研究院歷史語言研究所，1965），頁101。

「深深地感覺到，一個在純中國傳統中，產生出來的頭等學人，與近代科學研究的思想並沒有精神上的隔離。不過觀堂先生的內心裡，似乎總感覺得碰到了一個不解的結；他雖能了解近代科學的意思，但似乎認爲有一點不可越的距離」[126]。而李濟這一輩則不奉經書或《宣和博古圖》、《考古圖》爲準則，他的《殷墟器物甲編》上輯走出自宋以來金石學的範疇，把一向稱爲禮器的「稱爲『容器』，把一向稱爲『利器』或『武器』的，稱爲『鋒刃器』，他覺得這樣的分類『至少可以澄清形態與功能混攪的局面』」[127]。而一般認爲夏鼐(1910-1985)的貢獻之一，也是在玉器研究上走出經學家的束縛[128]。

(二)對正統史料態度改變

在《史地學報》二卷二期中有一篇〈梁任公「中國歷史研究法」之回聲〉，其中引了一向以舊派學者自居，並時時撻伐新派的張爾田(1874-1945)的一封信。張氏在信中說：「今人不宜動以稗說野紀以非正史，不可據孤證輕易舊文。」[129] 這一段話點出當時學界的一種現象，即新派好疑正統史書，有時也好以非正統的、邊緣性的稗說野記來非難正史；自古以來享受極高地位的正統史書地位開始動搖了，人們不但時常把過去認爲正統的與非正統的史料的價值等量齊觀，而且在某些特定時候，看重非正統史料過於正統史料，使得原先是中心滑落到邊陲，而原先是邊緣的成爲中心。

新學者們不迷信官書，甚至刻意反對官書的態度，相當清楚地表現在他們的研究中。以陳寅恪爲例，他與傅斯年在主張購買明清內閣大庫檔案時所列舉的理由中，有一條爲清代官書全不可信，而歷史的真相每需向檔

---

126 〈南陽董作賓先生與近代考古學〉，《感舊錄》，頁95。
127 石璋如：〈李濟先生與中國考古學〉，《新學術之路》，頁151。
128 石興邦：〈夏鼐先生傳稿〉，《新學術之路》，頁728。
129 《史地學報》，2:3 (1923)，頁114。

案中去求[130]。清代是異族統治的時代，官書所記常遭扭曲或有意的竄改，陳氏的態度猶可瞭解，但在處理其他時代的歷史問題時，他也常表現出類似的意態。譬如他的〈順宗實錄與續玄怪錄〉一文中說考證史事須「將官書及私著等量齊觀，詳辨而慎取之」，又說「私家纂述易流於誣妄，而官修之書，其病又在多所諱飾」[131]。在這篇論文中，他便展現了如何以《續玄怪錄》這樣一本「不經之書」勾稽出唐順宗被宦官所弒的真相，並指出官修史書對這一件事諱莫如深。

對史料的不同態度至少引發過兩場相當激烈的論戰：明成祖生母問題的論戰，及李唐氏族起源的論戰。在明成祖生母問題的論戰中，有一派信從官書的記載，認為明成祖為明太祖妃所生，但是反對派卻相信筆記稗史，主張明成祖是元天順帝之遺腹子。官書派是朱希祖(1879-1944)，反對派是李晉華、傅斯年，以及提供幫助的陳寅恪、吳晗等。姑不論雙方實際的勝負以及後代史家對這個問題的看法如何[132]，這個爭論本身便凸顯當時兩派史家對於史料截然相異的看法。

在有關李唐氏族起源的論戰中，朱希祖篤信官書中對李唐先世之記載，並批評陳寅恪因不信官書，故有「李唐先世疑出邊荒雜類，必非華夏世家」及「李唐先世似本非漢人」這樣不尋常的看法。其實陳氏的中古史研究仍然以正史為主，不過他並不盲從，時時持批判的角度。朱氏則一再說「官書」之可信，並反對李唐氏族有任何出於胡人的可能[133]。朱希祖對陳寅恪的批評有些意氣與誤解，陳寅恪並未明說李先世為胡人，但是朱希祖認為陳氏的觀點開啟了李唐先世為胡人之說，所以他的

130 王汎森：〈什麼可以成為歷史證據——近代中國新舊史料觀點的衝突〉，《新史學》8:2 (1997)，頁106。亦收入本書中。

131 《陳寅恪先生論文集》，頁525。

132 關於近人對此問題之討論，見陳學霖：〈「真武神・永樂像」傳說溯源〉，《明代人物與傳說》(香港：中文大學，1997)，頁114-5。

133 朱希祖：〈駁李唐為胡姓說〉，《朱希祖先生文集》(台北：九思，1979)，第3冊，頁1833。

學生劉盼遂(1896-1966)曾寫〈李唐爲蕃姓考〉，而日本人金井之忠曾寫〈李唐源流出於夷狄考〉。關於這個問題陳寅恪曾改變其見解，但其不信官書之態度則前後一致。這場論爭同樣也見證了當時的兩種史料觀點對立的情形。

菲薄官書的態度也可能造成重大的錯誤，而由這類錯誤中，正可以看出他們從事歷史研究時不曾明白說出的一些意態是如何左右著他們的歷史思維。譬如陳寅恪晚年《柳如是別傳》一書中討論黃毓祺時，便不信清代官書的記載，陳寅恪依舊和幾十年前一樣，認爲「清代官書未必盡可信賴」，「實錄之編纂，累經改易，編者綜合資料，排比先後，表面觀之，雖如天衣之無縫，然未必實與當時事件發生之次序一一吻合」[134]。但在錢謙益(1582-1664)與黃毓祺一案上，不信官書卻造成一連串的失誤。依照近人的研究，《柳如是別傳》中關於這一節出現許多問題，「所涉及的內容，達百餘頁篇幅之多」[135]。

對《山海經》一書的使用，充分顯示人們對「異端史料」的重視。過去讀書人談到《山海經》，大多認爲謬悠難信，但是在王國維、蒙文通、傅斯年看來，這部不經之書中卻有許多寶貴的材料。早先，王國維以《山海經》及《楚辭》來證殷王世系，傅斯年則更爲有意識地提出古代非正統史料的價值，並強調經過儒家「倫理化」的史料不能全信。譬如以殷代歷史而言，《史記·殷本紀》的記載有不少錯誤，而《左傳》、《國語》的記載又過度倫理化，它們的史料價值都低於幾種帶有神秘不經色彩的古籍，像《山海經》和《楚辭》〈天問〉[136]。他甚至告訴北大學生說，上古史料中，離開儒家愈遠的愈可相信[137]。

---

134 《柳如是別傳》(台北：里仁，1985)，下冊，頁882、891。

135 何齡修：〈《柳如是別傳》讀后〉，《紀念陳寅恪教授國際學術討論文集》(廣州：中山大學出版社，1989)，頁634-5。

136 傅斯年遺稿：〈中國上古史與考古學〉，在「傅斯年檔案」Ⅰ：807。

137 傅斯年遺稿：〈中西史學觀點的變遷〉，在「傅斯年檔案」Ⅱ：945。

因爲當時學風有認爲非正統史料高於正統史料的趨勢，不少學者受此感染，對小說、戲曲、俗文學等任何「俗」的東西都感到興趣，有時還透露出一種超乎高文典冊的驚奇感。譬如鄭振鐸1925年10月底訪得一本繡像小說時的振奮心情。胡適特地記載這件事——「振鐸天天逛舊書攤，尋得了舊版的小說。有一天他跑回旅館，高興得很，說：『我找到一部寶貝了！』我們看時，原來他買得了一部海上奇書。這部海上奇書是一種有定期的『繡像小說』！」[138] 而胡適自己在重新出版清光緒壬辰年（1892）間問世的《海上花列傳》時，也覺得「甚爲寶貴」[139]。

他們看待「俗」史料的價值高過正統史料。胡適說：「中國文學史上何嘗沒有代表時代的文學？但我們不該向那『古文傳統史』裡去尋，應該向那旁行斜出的『不肖』文學裡去尋。因爲不肖古人，所以能代表當世。」[140] 鄭振鐸《中國俗文學史》中呼應了這一段話，並進一步發揮說：

> 有三五篇作品，往往是比之千百部的詩集、文集更足以看出時代的精神和社會的生活來的，它們是比之無量數的詩集、文集，更有生命的。我們讀了一部不相干的詩集或文集，往往一無印象，一無所得，在那裡是什麼也沒有，只是白紙印著黑字而已。但許多俗文學的作品，卻總可以給我們些東西。他們產生於大眾之中，為大眾而寫作，表現著中國過去最大多數的人民的痛苦和呼籲，歡愉和煩悶，戀愛的享受和別離的愁嘆，生活壓迫的反響，以及對於政治黑暗的抗爭；他們表現著另一個社會，另一種人生，另一方面的中國，和正統文學、貴族文學、為帝王所養活著的許多文人學士們所寫作的東西裡所表現的不同。只有在這裡，才能看

---

138 胡適：〈海上花列傳序〉，《胡適文存》，第3集，卷6，頁483。

139 同上，頁484。

140 胡適：《白話文學史》（台北：信江，1974），〈引子〉，頁4。

出真正的中國人民的發展、生活和情緒[141]。

俗文學中「可以給我們一些東西」，而詩集文集「只是白紙印著黑字而已」
的論斷，處處左右著這位了不起的文獻蒐集者看待「正統」及「異端」史
料的態度[142]。

此外，這一種新眼光也使得「俗」的意義轉變了 。「俗」原本意味
著難登大雅，應該用「雅」來加以糾正的東西，如今卻被看成是俗民的創
造。如陳寅恪〈敦煌本十誦比丘尼波羅提木叉跋尾〉中呼籲：「若能搜敦
煌寫本中六朝唐代之異文俗字，編爲一書，於吾國古籍之校訂，必有裨益」，
並認爲這是考古學文字學之重要事業[143]。如劉半農(1891-1934)在巴黎抄
寫敦煌卷子時，刻意將別字、俗字原樣抄錄，而蔡元培在爲他的《敦煌掇
瑣》作序時也特別指出這一點[144]。

(三)背離傳統的歷史解釋

歷史解釋常常深受時代思潮的影響。前面已經提到過，晚清以來思想
上的逐步解放，尤其是新文化運動的反傳統思潮，都可以在史家的作品中
看到它的烙印。如果不是從傳統思想的束縛解放出來，許多歷史解釋都不
可能出現，或不可能公開發表，而且思想既解放，歷史解釋亦更進一層。
此處先以多元古史觀的形成爲例。

我們知道，王國維的名作〈殷周制度論〉無意間爲後來多元古史觀點
開道[145]，雖然許多話未經王國維的口直接說出，但是王氏將古代帝王宅

---

141 《中國俗文學史》(上海：上海書店，1984)，頁20-21。
142 這種新態度在鄭氏訪書買書的過程中不時反映出來。參見鄭振鐸：《西諦書話》(北
　　京：三聯，1998)。
143 《陳寅恪先生論文集》，頁140。
144 見《敦煌掇瑣》(北平：中央研究院歷史語言研究所，1931)，蔡元培：〈序〉，頁3。
145 詳見我的〈王國維與傅斯年〉，《學術思想評論》第三輯(遼寧：遼寧大學，1998)，
　　頁473-492。

京分出東西方兩個系統，將殷周制度分成兩個系統。在另外一篇文章中，他將古代文字也分出東西兩個系統。這些作品給人一種暗示，好像自來一元相傳的架構，以及寄託於一元相傳的架構上的聖道王功似乎有點問題，這當然不是受舊式價值觀所束縛的人所能想像的，即使想像得到也不敢大膽發表[146]。

但是，王國維雖然在歷史中看到那麼多「異常現象」，他仍然極力發揮他的道德主張，認為周人是一個道德團體，而且這個道德團體支配了中國兩千年的歷史。所以王國維只是不為綱常名教所抑，歸根結蒂，他不但不反傳統，而且還透過自己的歷史研究處處宣揚傳統道德在現實上的重要性。他雖然分出古代帝王宅京有東西兩個系統，但是他仍然緊守傳統，認為它們出於一系，都是帝嚳之後。但是比他晚一輩，受新文化運動的反傳統思想洗禮的新一代史家，看法就不大一樣了，傅斯年在尋得出土材料的佐證，並對文獻史料加以嚴密的爬梳後，就認為王國維所展示的現象不應該用同出帝嚳一系的解釋，乃大膽將東西兩個系統拆散了，形成古代歷史有東西兩大集團的論斷。從王國維的〈殷周制度論〉到傅斯年的〈夷夏東西說〉，從仍以帝嚳為殷、周共同祖先到以殷、周分屬東、西兩個系統，在這一脈發展過程中，受傳統束縛程度的多寡，乃至於反傳統思想的影響，是一個相當重要的因素。

顧頡剛是另一個例子。晚清今文家為尊孔衛道所發展出來的一些經學解釋，在這個五四青年的手中，便登時粉碎了古代信史，並開啓了無數反傳統的歷史解釋。以上這些例子都顯示了新文化運動後思想界的空氣，使得許多原本已經不太穩定的歷史圖像登時崩解了。

在歷史解釋方面，一方面受到新文化運動的科學觀的影響，另方面是受到西方實證主義的浸染，他們對於帶有主觀價值色彩，道德教訓意味，甚至太過通論式的歷史寫作都相當不以為然。這種態度自覺或不自覺地表

---

146 即以西亳一點，清代也有幾位學者提出，但是他們都不曾想到那麼遠。

現在這一代學者的歷史解釋中。

首先是不要著史、不要史觀、不要史論。傅斯年在〈歷史語言研究工作之旨趣〉中已經用很嚴重的口氣表示不要「著史」，不要「歷史哲學」[147]。在當時史學氣氛下，陳述就非常留心自己的文字是否涉及「史觀」，他在私下通信中流露出這種緊張。在1935年12月22日他給陳垣（1880-1971）的一封信中，他說自己的〈曳落河考釋及其相關諸問題〉一稿「屢曾刪改，仍恨涉史論之嫌」，所以遲疑再三，便是一例[148]。

第二是不要涉及價值。胡適把整理國故與捉妖打鬼視為一事，把研究傳統文化當作是捉妖打鬼的工作，他聲明要化神奇為腐朽，化玄妙為平常。胡適稍早寫的《中國哲學史大綱》，即經常以批判或化玄妙為平常的方式落筆。

新史家在處理涉及心性方面的問題，也自覺或不自覺地要把玄妙的講成平常，譬如傅斯年在撰寫《性命古訓辨證》時，張政烺為他處理一批金文材料，張政烺寫信告訴他金文中的「生」及「令」二字沒有玄妙的心性含義[149]，而要貶低古代儒家思想心性一脈的地位也是貫串《性命古訓辨證》一書的思想主軸。

（四）發展變動的觀念

新史家歷史解釋的另一個特色是發展變動的觀念。中國歷史文化中常常出現兩種傾向，首先是一種尋求最高、不動的原點的傾向，或可稱之為「原型」的崇拜，雖然每家的「原型」不一定相同。同時還有一種「統之有宗，會之有元」的傾向，把多元分散的現象收攝到一起。哲學如此[150]，

---

147 《傅斯年全集》，第4冊，總頁1301-1310。

148 見陳智超編注：《陳垣來往書信集》（上海：上海古籍，1990），頁621。案：此文後來以〈曳落河考釋及其相關諸問題〉於1938年刊於《中央研究院歷史語言研究所集刊》7:4。

149 「傅斯年檔案」IV: 291，IV: 295。

150 以哲學來說，蒙文通便認為，所謂人性，究竟是要經過逐步發展才可以完善，還

考證學亦如此。在考證方面，清儒的考古之學非常精到，但是他們每每缺
乏發展的觀念，其研究中每每希望求得一個最純粹最合於古代的真相或聖
人的正解。

　　使得發展式的觀點得以成立的最重要起源，當然是進化論。進化論使
得本世紀初葉幾乎所有的學問都必須按照「歷史發展」的脈絡加以安排。
從晚清到民國，它始終都是一個佔支配地位的方法論。它跨越各種領域，
對史學、文學等都產生絕大的影響，以史學來說，使中國史學開始脫離經
學霸權的是梁啟超，進化論是他的重要武器[151]。夏曾佑（1863-1924）也是
以人群進化論中國史跡，夏氏是尊奉今文經學的，今文經學的三世進化本
身即帶有某種程度發展變化的觀點，但與進化論仍有分別，故夏氏在《中
國古代史》中說：

> 本編亦尊今文學者，惟其命意與清朝諸經師稍異，凡經義之變遷，
> 皆以歷史因果之理解之，不專在講經也[152]。

　　夏氏說「凡經義之變遷，皆以歷史因果之理解之」一語充分顯示了他
與清代經師的不同。經今文學仍然認定一個孔子的理想作為終極追求的目
標，故雖然有三世進化的眼光，最終仍然想找到「昇平世」的理想[153]。
　　進化論當然使得回到最古最高的原點不再具有吸引力。回到最古最高

（續）————————————————

　　是一生下來便純然全善。前者屬於發展論，後者屬於先天論，他認為傳統思想家
　　大多主張後者。不過，蒙文通認為也有一些例外。譬如孔子的性近習遠、明末清
　　初的陳確，都有一種發展論的傾向。陳確（1604-1677）認為人性像種子，要「經霜
　　性始全」，非教善成就則其性不全，即是脫離了先天論而走向發展論。見其〈治
　　學雜語〉，在蒙默編：《蒙文通學記》，頁25。

151 朱維錚編：《周予同經學史論著選集》（上海：上海人民，1996），頁537-539。

152 夏曾佑：《中國古代史》（北京：商務，1935），頁340。

153 不過，清末今古文兩派的領導人物康有為、章太炎都在某種程度上接受了進化論，
　　「也就是關於一切事物都有發生、發展及彼此間存在著互相聯繫的過程的科學理
　　論。」夏曾佑：《中國古代史》，頁954。

原點的希求與「黃金古代」的思想有關。「黃金古代」事實上也不是一個
封閉不變的原點，事實上，因為每一個時代都以當時的水平去投射出一個
比其時更高、更理想的黃金古代，所以黃金古代的樣子也是不斷地改變，
不斷地被豐富化。但是進化論使得最高的原點不在古代，「郅治之世」不
在「古昔」，而是在未來，以至於有人要將「生我不于千載上」這一句詩
改成「生我不于千載下」[154]；恨不能生於千載上是嚮往著能回到原點，
而恨不生於千載下則是認為最美善的境界在未來，越晚出世則越能領略到
未來最美善的境界。而清季以來中國社會文化急遽變化所產生的轉折感及
歷史斷裂感，也為上述思想提供了社會條件[155]。

前面已經說過了，新文化運動的幾位領袖對歷史演進法的推廣有很大
影響。胡適將「歷史演進法」的觀點帶入中國古籍、古史，尤其是小說研
究中。

發展變化的觀點使得人們以一種新眼光評估過去的學術研究。以清儒
最有成績的音韻學為例，新一代的學者錢玄同就這樣評論說：「就是因為
他們沒有歷史觀念，古今中外的音韻，只能有異同，不能說有好壞。至章
太炎、黃季剛兩先生確[卻]認為元、明以前的都好，唯有到了元、明就糟
了。所以自清代以來，上而至於顧炎武、戴東原，以迄段玉裁、孔廣森，
下面至於王念孫、章太炎，以迄黃季剛，都是專講元以前的音韻，至於元、

---

154 夏承燾：《天風閣學詞日記(二)》，頁609，1945年7月22日條。
155 值得注意的是，在史學方面，敘事結構的不同也使得人們對史事的處理方式產生
    變化。章節體的引入是一個關鍵性的變化，它使得事件不是孤立的，而是以一個
    發展的過程出現。以早期出現的一批歷史教科書為例，梁啟超的《中國史敘論》
    完全採用歐美的章節方式來敘述。《中國史講義》也是用章節體。劉師培《中國
    歷史教科書》的〈凡例〉則特別提到這一種寫法的創新性。桑原騭藏以篇章體方
    式編寫的《東洋史要》(1899年)、那珂通世之《支那通史》(1899年)、市村瓚次
    郎之《支那史要》(1902年)對中國影響甚大，如普通學堂之《普通新歷史》即以
    日本的一本《東洋歷史》為藍本，柳詒徵、夏曾佑等都是以章節體撰史的。以上
    關於這種敘事方式帶來的發展變化觀念，參見胡昌智：《歷史知識與社會變遷》(台
    北：聯經，1988)，第3章。

明則絕口不道。」[156]譬如清儒對周德清(1277-1365)《中原音韻》的排斥,「不提則已,一提就大罵一頓」[157],對於《洪武正韻》也是一樣——「清代學者因爲好古的原因,所以總是排斥《洪武正韻》的,而其實清人所以排斥《洪武正韻》的地方,正是我們所以稱讚《洪武正韻》的地方。」[158]「清儒」與「我們」正好標幟兩個時代兩種觀點。清儒排斥《洪武正韻》因爲它只是一個時代的音韻,不能符合原型,而錢玄同能欣賞《洪武正韻》即反映一種以發展的觀念看歷史事物的意態。

在這裡我想舉傅斯年的幾種研究來看發展變化的觀點如何貫串於他的歷史解釋。傅斯年深受發生學方法之影響,並把它運用到史學研究中,他在競選中央研究院院士時,自己作簡介,即強調自己是用「地理及進化的觀點」[159]。這個方法論在他的諸多作品中表現得相當清楚。譬如〈大東小東說〉,講周東封是由武裝集團,一步一步地往東推進的過程,所以即使是同一個國名,實際地理位置卻有變化。這一個發展的觀點,幫助後來人解決了一些問題,譬如王毓銓在研究古代錢幣時,便運用這一觀念解決了他的難題[160]。

不過,由《性命古訓辨證》一書,似更能看出發展變化思維的實踐。

《性命古訓辨證》一書,在今日受到各方的批評,但在當時,因爲它以統計學方法、語言學觀點治思想史,所以是一部開創新局面的著作[161]。清代經師阮元(1764-1849)有《性命古訓》一書,傅斯年則對它進行「辨證」,比較兩者的方法與態度,便可發現新一代史學家的方法論與前人有

---

156 任訪秋:〈錢玄同論〉,沈永寶編:《錢玄同印象》(上海:學林,1997),頁147。

157 同上。

158 同上,頁148。

159 傅樂成:《傅孟真先生年譜》,在《傅斯年全集》,第7冊,總頁2644。

160〈大東小東說〉,《傅斯年全集》,第4冊,總頁745-756。關於王毓銓,見Wang Yu-ch'uan, *Early Coinage*(New York, 1951), pp. 150-153.

161 陳垣讀了,深覺自己落伍。1940年8月16日,陳垣致陳樂素函,在《陳垣來往書信集》,頁662。

何不同。阮元的《性命古訓》是沿承戴震(1723-1777)之學而起的，他基本上和戴震及許許多多清代學者一樣，都想尋得先儒之「古義」。傅斯年承認，阮元有一個了不起之處，即他能以語言學觀點解決思想史中的問題[162]，不過他對阮書也有不滿。傅氏對阮元最不滿意的，就是阮元及他的前輩戴震都沒有的「發展」「變動」的觀點。他說：

> 語學的觀點之外，又有歷史的觀點，兩者同其重要。用語學的觀點所以識性命諸字之原，用歷史的觀點所以疏性論歷來之變。思想非靜止之物，靜止則無思想已耳。……前如程、朱，後如戴、阮，皆以古儒家義為一固定不移之物，不知分解其變動，乃昌言「求其是」，庸詎知所謂是者，相對之詞非絕對之詞，一時之準非永久之準乎[163]？

傅斯年指出程、朱、戴、阮皆以為古儒家義是一個固定不動之物，所以不知分解其變動。他又說：

> 在此事上，朱子猶勝於戴、阮。朱子論性頗能尋其演變，戴氏則但有一是非矣。……故戴氏所標榜者孟子字義也，而不知彼之陳義絕與孟子遠也。所尊者許、鄭也，而不察許、鄭之性論，上與孔、孟無涉，下反與宋儒有緣也。戴氏、阮氏不能就歷史的觀點疏說《論語》、《孟子》，斯不辨二子性說之絕異，不能為程、朱二層性說推其淵源，斯不知程、朱在儒家思想史上之地位。阮氏以威儀為明德之正，戴氏以訓詁為義理之全，何其陋也？今以演化論之觀點疏理自《論語》至於荀子古儒家之性說，則儒、墨

---

162 「即以語言學的觀點解決思想史中之問題，是也」，《性命古訓辨證》〈引語〉，在《傅斯年全集》，第2冊，總頁498。

163 《傅斯年全集》，第2冊，總頁501。

之爭，孟、荀之差，見其所以然矣[164]。

他說戴、阮的限制正是不能以歷史的觀點去分解「性」、「命」二義在歷史上之變動，而一味要求古義，因而不能瞭解其發展之過程，而他的書正是以「演化論的觀點」去疏理發展歷程，遂能看出許多原來看不到的東西。

(五)多元的觀念

新史家的歷史解釋的另一個重要特色是多元的觀念。

前面已經說過，前儒好以「統之有宗，會之有元」的思維方式，將各種實際上多元歧出的東西收攝到一個宗旨下面，而不願將紛繁變化、多元歧出當作實態。即使到了近代，我們仍可以在像廖平(1852-1932)這樣的經學家身上看到這種思維方式。

廖平一生的學術思想有所謂「六變」，他最後幾變愈變愈玄，要進入所謂「天人之境」了。廖氏早期顯然已經受到現代學問觀念的影響，但是傳統的思維習慣仍舊非常濃厚。在《今古學考》中，廖氏其實已經看出先秦儒家中有多元而相衝突的質素，同時也看到三代禮制之間的歧異，但他仍把這些可以分解成多元的東西，說成是孔子早、中、晚年授徒時所發表的不同言論，有的弟子得其早年的思想，有的得其中、晚年思想[165]，而不逕直承認它們其實是多元發展的現象。

以多元的觀點看，則對許許多多問題的解釋會有重大的不同。這裡我想再回到王國維與傅斯年的例子。前面已經說過，王國維已經受了很多新學術的影響，所得常超出乾嘉諸儒的範圍。他以地理的殊異來解釋歷史，從而得出一些多元的觀點，譬如古文與籀文，過去視為一線相承的文字，王國維則以地理的觀點把它排成一西一東，古文是東邊六國使用的文字，

---

164 《傅斯年全集》，第2冊，總頁502。
165 《今古學考》(台北：長安出版社，1974)，卷下，頁7-8。

籀文是西邊秦系的文字。在王氏論著中，以地理多元的觀點巧妙地解釋歷史上爭論不休的問題的例子還所在多有。譬如他在〈殷周制度論〉這一篇幅絕大的文字中，詳論殷、周制度之差異，可是他還是擺脫不了過去那種三代一系相承的一元式觀點，故在〈殷周制度論〉中強調殷、周皆出自帝嚳。我們從相關論點後來的發展可以看出多元觀點如何一步一步取得優勢，王國維的學生徐中舒〈從古書推測之殷周氏族〉則將同出帝嚳這一層丟掉了，主張殷、周是兩個不同的民族，周可能出自戎狄。到了傅斯年則完全採用多元的解釋。他使用各種細微的文獻證據以及考古發掘的新材料，主張夷夏在古代是東、西兩個集團，並說後來儒家為了將古史倫理化，才將東、西兩個集團相爭相滅的殘酷史蹟泯除了。儒家更造出一個「全神堂」，把東西兩集團的祖先拉到一個「全神堂」來作一系相承的祖先。傅氏在其他地方也不斷地強調「古代非統一，而文化發源地不一處」的觀點[166]。

值得注意的是，這種多元觀念不是新派史家的專利，而是這個時代一些敏銳的古史家由不同途徑推得的共同結論，如蒙文通的《古史甄微》，完全依仗傳統文獻，由古代史事在各地文獻中記載的不同而歸納出古代有三大集團。而較後的徐炳昶(1888-1976)，則在《中國古史的傳說時代》中，透過對神話的分析，得出上古三集團的觀點。這三位史家不約而同地將古代一元相承的觀點打破，提出多元的觀點，很可以代表當時史學的特色。

多元觀點成為一把鋒利的刀，切割開許多過去困擾難解的現象。譬如語言學家王靜如(1903-1990)將上古方言分為東土方言與西土方言[167]，又如治文字學的容庚(1894-1983)，認為治殷、周古文字之學，要先分別殷、周文化之異同，殷商固已融合入華夏族文化中，而殷商實出自東夷[168]。徐中舒的〈耒耜考〉也以東、西來區分耒與耜之使用，說「耒為殷人習用

---

166 以上見王汎森：〈王國維與傅斯年〉，《學術思想評論》，第3輯，頁473-492。
167 王靜如：〈跋高本漢的「上古中國音當中的幾個問題」〉，《歷史語言研究所集刊》，1:3(1930)，頁403-416。
168 李瑾：〈記容庚師治學及待人之道〉，《新學術之路》，頁341。

的農具，殷亡以後，即爲東方諸國所承用，粗爲西土習用的農具，東遷以後，仍行於汧渭之間。」[169] 李濟後來在分析殷代銅器時也強調殷商文化是一種多元複合文化，不是單純的古代的中國文化，而是本土、西亞、南亞文化的複合體，其中尤其是認爲殷商文化中有南亞文化一點，是前所未有之見解[170]。

此處必須強調的是，以上這些多元觀點並不一定是不刊之論，事實上，殷、周是不是分屬不同的集團，仍有人質疑，我在這裡只是以它們作爲例子來說明當時占有很大勢力的一種史學解釋風格而已。

(六)西方的眼光

除了上述種種之外，如果我們觀察新學術領袖們的言論，便會發現他們相當努力地希望用西洋的眼光來看待自己的歷史文化，至少在不滿新派學者的人眼中，這是一個很重要的特點，這樣的觀察與控訴不一定公平，但也不是完全沒有根據。我們今天看待這個問題可以有更爲精細的分析。

新一代學者受當時西方各種理論的影響很濃厚，關於這方面，討論的文字比較多，此處想談的是他們與當時歐洲東方學的關係。

新史家們對當時歐洲的東方學者有一種「羨妒交加」的情緒。他們非常不滿意當時中國學術的落後，連研究東方的學問也瞠乎洋人或日本人之後。在一些私人文件中這種羨妒交加的情緒是很常見的。陳寅恪民國十八年(1929)送北京大學史學系畢業生的詩說：

> 群趨東鄰受國史，神州士夫羞欲死。
> 田巴魯仲兩無成，要待諸君洗斯恥[171]。

---

169 《中央研究院歷史語言研究所集刊》，2:1(1930)，頁42。
170 周予同：〈五十年來中國之新史學〉，朱維錚編：《周予同經學史論著選集》，頁552。
171 陳美延、陳流求編：《陳寅恪詩集》(北京：清華大學，1993)，頁18。

同年，傅斯年在寫給陳垣的一封信中也說：

> 斯年留旅歐洲之時，睹異國之典型，慚中土之搖落，並漢地之歷
> 史言詞材料亦為西方旅行者竊之奪之，而漢學正統有在巴黎之
> 勢，是若可忍，孰不可忍[172]。

同年，李濟在寫給傅斯年的一封信上也道出心中的一種不滿的情緒：

> 他們〔外國人〕面子上雖說是很客氣，心裡總以老前輩自居，對於
> 我們這種窮小子只是提攜獎勵而已，而自己以為是站在無所不容
> 的地位。這也未嘗不是實在情形，不過我們實在覺得難堪。自然，
> 能擺脫他們勢力幾分就擺脫幾分，實在沒法子，也只得像那「猿
> 人」似的彎著脖子走走再說，耐性等著那「天演的」力量領著我
> 們上那真真的人的路上去。也許我們的兒子(應該說我的)可以替我
> 們出這口氣，希望總要有的[173]。

　　李濟以「猿人」之不能直立形容中國人治漢學之不能「直立」，要等
到將來進步了才可能一步一步站立起來，成為一個真正的人，甚至寄望下
一代「替我們出一口氣」。前引這些文件是私人間的通信或贈詩，充分表
達了那一代新學術領袖心中的不滿，而傅斯年在〈歷史語言研究所工作之
旨趣〉中則公開宣言說：「中國境內語言學和歷史學的材料是最多的，歐
洲人求之尚難得，我們卻坐看它毀壞亡失。我們著實不滿這個狀態，著實
不服氣就是物質原料以外，即便學問的原料，也被歐洲人搬了去乃至偷了
去。」他大聲疾呼「我們要科學的東方學之正統在中國」[174]。

---

172 「史語所公文檔案」，元字第109號。
173 「史語所公文檔案」，元字第25號。
174 〈歷史語言研究所工作之旨趣〉，《傅斯年全集》，第4冊，總頁1308、1314。

　　這些充滿著自傷而又不服、不滿、「是可忍孰不可忍」、想「出一口氣」的情緒，基本上是針對歐洲的東方學者而發的。這種既羨又恨，要與巴黎、柏林爭正統的態度，正是推動他們學術工作的重要動因。

　　前面提到他們的口氣中除了「妒」之外還有「羨」——承認西方人在他們所能做、所專長的部分，確實領先中國學者，所以李濟會說「這也未嘗不是實在的情形」，傅斯年也說「虜學」是中國所不擅而西方學者所獨長的[175]。所以在不服、不滿、「出一口氣」、「是可忍孰不可忍」之外，是一種承認，是一種羨慕。他們要與西方學者爭，而且要在他們的路數上來爭，以中國學者的努力來「分異國造詣之隆」[176]，「欲步法國漢學之後塵，且與之角勝。」[177] 除要「發達我國所能，歐洲人所不能者」外，「同時亦須竭力設法將歐洲人所能、我國人尚未能者亦能之」[178]，要「以歐洲人的心術爲心術」，是要「螟蛉有子，蜾蠃負之」[179]。這些話都是在先承認歐洲人的研究範圍及路數的前提下說的。觀諸史語所所聘的外籍通信研究員名單，則對這種複雜的情緒也可以思過半矣。史語所所聘的米勒、伯希和、高本漢、安特生等人，都有傅斯年等人認爲彼有所能，而我同仁尚未能的本事，是所「羨」者，但同時也是所「妒」者，是要學習並加以超越的對象。

　　傅斯年決定聘李濟，是因爲見到李濟寫文章反駁史祿國(S. M. Shirokogoroff, 1887-1939)[180]，李方桂有關古韻之文引起與高本漢之討論時，傅斯年驕傲地向蔡元培報告，說「高君在中國語學之地位，不久將轉

---

175 〈歷史語言研究所工作之旨趣〉，總頁1305-6。

176 〈1928年傅斯年手擬史語所研究員聘書草稿〉，見王汎森、杜正勝主編：《傅斯年文物資料選輯》(台北：傅斯年先生百齡紀念籌備會，1995)，頁62。

177 顧頡剛1973年7月補記日記語，見顧潮：《顧頡剛年譜》，頁152。

178 王懋勤：《史語所所史資料稿》未刊(一)，頁18。

179 「傅斯年檔案」，I: 433。

180 見《羅家倫先生文存》(台北：國史館，1976)，〈附編〉，頁524。轉引自杜正勝：〈無中生有的志業——傅斯年與史語所的創立〉，《新學術之路》，頁30。

到方桂身上矣」，並強調當時史語所之工作「此時對外國已頗可自豪焉」
[181]。安特生主張仰韶文化晚於齊家文化，並推論中國文化西來的研究，
被史語所的梁思永、劉燿（尹達，1906-1983）等所批駁時[182]，他們心中洋
溢著驕傲感。在這裡，反駁、爭勝，都是看得起對方的表示。

　　這也可以解釋傅斯年給陳寅恪的一封信，宣稱今日修國史，「非留學
生不能爲役」；所謂「非留學生不能爲役」，便是因只有留學生能懂得西
洋的方法、工具，它道盡了非以西洋的「心術」整理國史不可的態度。在
同一封信中，傅斯年力勸陳寅恪領導編撰宋史的長編，主要是因爲隋唐史
方面，與外族的牽纏太多，而「虜學」是西洋學者擅長之地，所以「非與
外國人拖泥帶水不可」；而宋代歷史中較少牽涉異族史，可較少與西方學
者「拖泥帶水」，故可以遠遠邁越西人，這也就是前引中所說的「發達我
國所能，歐洲人所不能者」[183]。

　　但是，既然要以西方人的「心術」爲心術，寖假便成了他們的批評者
所形容的以西洋人的眼光看自己的歷史文化。繆鳳林〈中國史之宣傳〉痛
斥當時的留學生平素以溝通中、西文化自任，但既不能介紹中國正確之歷
史給西人，又不能匡正西人對中國歷史的瞭解，「顧乃竊其謬論，奉爲圭
臬」[184]。唐君毅（1909-1978）則這樣說：

　　學術界人心所趨，則不只以西方之學術思想為標準，以評判中國
　　之學術與文化，乃進而以中國學術文化本身之研究與理解，亦應
　　以西方之漢學家之言為標準[185]。

181 王汎森、杜正勝主編：《傅斯年文物資料選輯》，頁79。
182 尹達：《新石器時代》（北京：三聯，1979）曾多次提到1937年這次討論，如頁115。
183 傅斯年致陳寅恪函，「史語所公文檔案」，元字第14-7號。
184〈中國史之宣傳〉，《史地學報》，1:2（1922），頁3。
185 唐君毅：《說中華民族之花果飄零》（台北：三民，1978），頁36。

當時史學界確有許多人不以讀外國的中國文史研究為然,韓儒林(1903-1983)在〈回顧與展望〉中便觀察道:「有些學者不願正視外國東方學的巨大成就,甚至譏責中國學者讀外國人研究中國文史著作為可恥。」[186] 但是要與歐洲學者爭高下,也就是陳寅恪所謂的「預流」,其代價便是進入歐洲東方學者的「論述」(discourse)中,所注意的範圍、問題、材料,便不能不受其影響,以致脫出傳統史學關注的範圍。這裡牽涉到一個問題:究竟中國史是為中國人而作,還是為世界學術社群而作?章太炎〈救學弊論〉所觀察到的:「蓋中國之史自為中國作,非泛為大地作」,「域外諸國與吾有和戰之事,則詳記之,偶通朝貢,則略記之,其他固不記也。今言漢史者喜說條支、安息,言元史者喜詳頗羅斯、印度,……此外國之人之讀中國史,非中國人之自讀其史也。」[187] 究竟步趨西洋學術後塵,是「失其故步」,還是一種提升,也是史學中新派與傳統派的爭執點。

四

以上是新史家們的一些特色。從今天回顧過去七、八十年史學的發展,必須承認新派史家們無與倫比的貢獻。他們的工作帶來了空前的改變。不過,無可諱言的,他們的學術特質也很快的使他們面臨了一些內在的困境。他們所遭遇的困境有兩個方面,第一是它與民族主義之間的緊張,這種緊張隨著外敵的入侵而一天一天的增加;第二是意義感之失落。

(一)新學術與民族主義之間的緊張

從事客觀研究之學者,基本服膺蘭克在《拉丁和條頓民族史》中所提倡的「描述事情當時的真實情況」(*wie es eigentlich gewesen*),所以他們不

---

186 《韓儒林文集》(南京:江蘇古籍,1988),頁800。
187 《太炎文錄續編》(蘇州:章氏國學講習會,無出版年),卷1,頁100。

願在史學研究中寄寓任何道德教訓,也不希望史學研究成為民族主義的傳聲筒。他們可以是極熱烈的民族主義者,但是並不認為民族自信應該建立在扭曲或吹噓古代的歷史的光榮。也因此,他們的史學研究所得到的結論有時不但不能為國家民族的光榮服務,尚且與民族主義的立場相忤。陳寅恪有一段話充分顯示他敏感地察覺到這一個緊張,但他仍舊堅守客觀之學的立場:

> 又唐代武功可稱為吾民族空前盛業,然詳究其所以與某甲外族競爭,卒致勝利之原因,實不僅由於吾民族自具之精神及物力,亦某甲外族本身之腐朽衰弱有以招致中國武力攻取之道,而為之先導者也。國人治史者於發揚讚美先民之功業時,往往忽略此點,是既有違學術探求真實之旨,且非史家陳述覆轍,以供鑑誠之意[188]。

陳寅恪認為在研究唐代與外族關係的歷史時,如果刻意吹噓盛唐武功之偉大而忽略了客觀的事實,也就是有時候不是因為唐本身的武功,而是「外族本身之腐朽衰弱有以招致」,則是有違學術探求真實之旨。而陳氏恪遵「學術探求真實之旨」所得出的一系列有關中古歷史的新見解,卻傷了許多人的民族主義感情。這裡還是再以有關李唐氏族起源之爭論為例,陳寅恪的〈李唐氏族之推測〉一文,斷定李唐為後魏拓跋氏弘農太守李初古拔之後裔,而李唐自稱西涼王李暠孫李重耳之後裔乃係偽託[189]。他後來又寫〈李唐氏族之推測後記〉,對於前說有所修正[190],他說李唐先世本係漢族,始為趙郡李氏,而後冒為隴西李氏,然後自謂出於李初古拔之後裔,後來,陳氏又撰〈三論李唐氏族問題〉,仍持李唐出於趙郡李氏之說[191]。

---

188 《唐代政治史述論稿》,在《陳寅恪先生論文集》,頁275。
189 《中央研究院歷史語言研究所集刊》,3:1(1931),頁39-48。
190 《中央研究院歷史語言研究所集刊》,3:4(1933),頁511-516。
191 《中央研究院歷史語言研究所集刊》,5:2(1935),頁175-178。

陳寅恪的〈三論李唐氏族問題〉一文是爲了反駁日本人金井氏的〈李唐源流出於夷狄考〉，但是，金井氏之說也正是受陳寅恪〈李唐氏族之推測〉一文之影響而寫成的。朱希祖乃撰文反駁，他對於陳寅恪原先考證李唐先祖出於胡人，深爲不滿，認爲陳氏將中國歷史最足以自豪的李唐歸於胡種是自損民族自信的，1936年11月便擬撰〈北魏武川人物考〉，主張周、隋、唐三代祖先，皆發祥於武川，秉受塞外豪強之氣，開創周、隋、唐偉大之事業，但不是胡人[192]。這篇文章撰成之後題爲〈駁李唐爲胡姓說〉及〈再駁李唐氏族出於李初古拔及趙郡說〉[193]。

前文提到過的另一場有關明成祖生母問題的爭論，也牽涉到幾乎同一批學者，同時也夾雜深刻的民族主義情緒。朱希祖認爲明成祖這樣橫戈北征、馳騁大漠的雄主，傅斯年、李晉華竟費盡力氣證明說他們是元順帝的遺腹子，而不是漢人所生，等於是證明外族的活力以及中國人民血液之衰老[194]。朱希祖概括李唐氏族及明成祖生母問題說：「詳言之，則李唐祖先，實爲東胡鮮卑種耳。此與指明成祖爲元順帝子同其謬誤。若依此等說，則自李唐以來，惟最弱之宋，尚未有疑爲外族者，其餘若唐若明，皆與元、清同爲外族入居中夏，中夏之人，久已無建國能力，何堪承襲疆土，循其結果，暗示國人量力退嬰，明招強敵。」[195] 從這一段話可以看出客觀徵實之學與民族光榮之間的緊張性[196]。並不是說客觀徵實之學必然與民族主義有所扞格，但一味求真，而不能隨時注意到它與民族情感的關係，是

---

192 〈朱逖先先生年譜〉，《朱希祖先生文集》，冊6，總頁4298。

193 《朱希祖先生文集》，冊3，總頁1831-1915。

194 同樣的現象，也出現在陳寅恪的許多研究上。這些論文都精彩地考證了包括民間故事、醫療絕技……都可能是出自印度或中亞草原文化的影響。而不滿的史學家便要問，爲什麼它們非出自外來的影響不可？爲什麼傳統記載不可信？

195 《朱希祖先生文集》，冊3，總頁1832。

196 孫世揚：〈海寧朱先生哀辭〉中也指出朱希祖這方面之特色（《朱希祖先生文集》，冊6，總頁4376），他說：「夫新學之徒，有取於日本讕辭則不信尚書，有取於西洋考古派則不信正史，其爲學也，始於懷疑，中於發冢，終於考證，歷代名人皆爲他族，二十年間，風靡一國，惟先生戢然守正，確然不移。」

可能造成困擾的。徐中舒在1947至48年間寫了一篇〈北狄在前殷文化上之
貢獻——論殷墟青銅器與兩輪大車之由來〉，這篇長稿因爲不明理由始終
未發表。它的主要論旨之一，是證明北狄在先殷文化上之關鍵性作用，以
至於像兩輪大車及銅器等，皆是由他們作爲中介由西方或北方傳來，從今
天看來，這些觀點當然不是定論。我之所以談這篇文字，是想說明當作者
花了極大力氣論證之後的一段告白，這段告白可以看出一個史家寫作過程
中夾在「史實」與「民族尊嚴」之間的緊張。徐中舒說：

> 至於銅器與兩輪大車非我國所固有，在篤愛我國文化之人士言之，
> 寧非憾事。但吾人尚論古史，當以史實爲依歸，吾人由此知中國
> 文化在遠古並非孤立，此亦非無益之事。吾人觀殷墟文物之盛，
> 即在能擷取他人之長而迅即融會爲己有，且發揚而光大之。吾人
> 今日之恥辱，不在倣效他人，而在他人發明與日俱增，而我即追
> 慕倣效，猶不能彷彿其什一也[197]。

他以非常曲折的方式，把他所探索而得的「史實」，與「民族主義」巧妙
地結合起來。他表示如果能因此而明白中國古代文化之深受北狄影響，並
能善於學習創發，從而得出一種燦爛之文明，則今日之中國當更朝這個方
面努力。而今日中國之可恥者厥爲不能如先人般摹仿創造。此外，以疑古
史學爲例，許多人指責疑古史家所建構的史實造成民族自信心喪失。1929
年顧頡剛爲商務所編輯的《現代初中本國史教科書》書中不承認三皇五帝
爲事實，該書旋遭國民政府查禁，戴季陶(1891-1949)便認爲它「動搖了
民族的自信力，必於國家不利」[198]。足見新派史家與民族主義之間的緊
張。

---

197 徐中舒：〈北狄在前殷文化上之貢獻——論殷墟青銅器與兩輪大車之由來〉，《古
　　今論衡》，3(1999)，頁173-4。
198 顧潮：《顧頡剛年譜》，頁172。

(二)新學術與意義感之失落

史學專業化是新學者們努力追求的目標,而且專業化的訴求,也逐漸說服許多舊學者,形成了一股潮流。但從史學與社會之關係著眼,卻有幾種困境隨之而來。

首先,因為專業化,所以重視的是「窄而深」的研究,重視的是學術成就,而不是現實功能。對於史家的報償不再是他們的知識具備治國平天下或改善社會、鑑往知來等實際功能,而是學術成就及學者們在其專業社群中的名聲與地位,學者們對其專業社群的效忠與興趣,常常超過如何促使歷史發揮社會作用的興趣。這一類的話在當時很少被直接說出來,但胡厚宣在1950年代自我批判時卻常有吐露。它們雖然是政治運動中的產物,但是並非全不可信。胡氏一再說當時自己是「幼年窮苦,受刺激,發憤求名利,入北大而鞏固,中研院而發展。因在學術上求名利,所以脫離政治,不認真教學,受胡適、傅斯年影響,勸同學讀學報,死讀書,不談政治。」[199]

在一個承平時代,脫離政治、社會,盡忠於學術研究工作並沒有什麼罪過,但是在紛亂頻仍的中國,每當出現亡國的威脅,社會各界及學術社群就不免要對「為學問而學問」感到不滿,無以釋懷,尤其到了九一八之後,不滿於為學術而學術以及新考據之學不注意心性問題之批評日盛,譬如余嘉錫(1884-1955)根本認為國難是因為新漢學而起[200]。鄧之誠(1887-1960)於1933年完成了《中華二千年史》時說,他希望通過讀史,介紹救國之道——「二千年來,外患未嘗一日或息,軒黃胄裔,危而復安,弱而能存,滅而再興者,何莫非由群力群策得來,其艱難經歷,非史事何由徵之?」[201]新學術的領導人李濟也說九一八之後,「我們常常自問:我們這種工作,

---

199 葛劍雄編:《譚其驤日記》(北京:文匯,1998),頁377。
200 牟潤孫:《海遺雜著》(香港:中文大學,1990),頁133。
201 《中華二千年史》(香港:太平,1964),〈敘錄〉,頁2。

在我們現在所處的環境中，是否一種浪費？」[202] 到了抗戰，風氣更變，原先反對讀書不忘救國，主張為學問而學問，不要急於求用的蕭公權(1897-1981)，後來回憶說：「我在這樣的局勢中講學術獨立，談學術研究，當時雖然覺得理直氣壯，振振有詞，事後看來真有癡人說夢之感。」[203] 當時劉燿(尹達)在未出版的日照兩城鎮的考古報告稿(現藏史語所)上面也有這樣一段話：

> 別了，這相伴七年的考古事業！
> 在參加考古工作的第一年，就是敵人鐵蹄踏過東北的時候，內在的矛盾燃燒著憤怒的火焰，使我安心不下去作這樣的純粹學術事業！但是，事實的訴語影響了個人的生活，在極度理智的分析之後，才壓抑了這樣的矛盾，暫時苟安於「考古生活」之內。
> 現在敵人的狂暴更加厲害了，國亡家破的悲劇眼看就要在我們的面前排演，同時我們正是一幕悲劇的演員！我們不忍心就這樣的讓國家亡掉，讓故鄉的父老化作亡國的奴隸；內在的矛盾一天天的加重，真不能夠再埋頭寫下去了！我愛好考古，醉心考古，如果有半點可能，也不願意捨棄這相伴七年的老友！但是我更愛國家，更愛世世代代所居住的故鄉，我不能夠坐視不救！我明知道自己的力量有限，明知道這是一件冒險歷危的工作，但是卻不能使我有絲毫的恐怖和畏縮[204]！

李濟在當時也對自己不能扛起槍來上前線，每天尋些破爛，覺得良心有愧。

---

202 李濟：〈安陽最近發掘報告及六次工作之總估計〉，《李濟考古學論文集》（台北：聯經，1977），頁139。

203 《問學諫往錄》（台北：傳記文學，1972），頁179、182。

204 張光直：〈二十世紀後半的中國考古學〉，《古今論衡》，創刊號（1998年10月），頁39。

吳金鼎在1943年離開史語所，也暫時離開考古，他覺得戰時抗日的工作比考古更重要。

這種變化不只發生在新派人物身上。

比較親近傳統派的夏承燾（1900-1986）原先被新學風所說服而走向專業考證，後來卻又因為國難的刺激，對這一路數感到遲疑、感到不滿，甚至感到憤怒。1934年10月間，他在日記上寫著說：「覺二十年來所學皆非，擬棄去一切，為其高者大者，近作詞人譜，尤虛費光陰於無用。」[205] 11月，素以舊派自居，著有《新學商兌》（此書尚未見）的張爾田給夏氏的信上也抱怨「今考據破碎之弊，甚於空疏，且使人之精神，日益逐外，無保聚收斂以為之基，循此以往，將有天才絕孕之患，斯又亭林之所不及料矣。」又說：「今人治學如市然，……一時有一時之花樣，試問此是何種動機，吾最恨之！」[206] 1935年7月，夏氏記下這樣的感憤：「國難如此，而猶沈湎於此不急急務（按：原文如此），良心過不去。擬舍詞學而為振恥覺民文字。」[207]「閱報，內憂外患如此，而予猶坐讀無益於世之詞書，問心甚疚。頗欲一切棄去，……而結習已深，又不忍決然捨去。日來為此躊躇甚苦」[208]，充分反映了他內心的掙扎。

現實政治也使得「窄而深」式的、問題取向式的專題研究失去吸引力。缺乏大理論、缺乏整體全面的歷史、缺乏對現實的指導、太過重視古代而忽略現代史，使得新史學遭到挑戰，使得左派史學漸漸成為主流，同時也使得傳統派史家得到不少人的注意。這也是錢穆等人的歷史著作，尤其是《國史大綱》，能吸引大量關懷現實的人的一個主要原因。

梁漱溟（1893-1988）與胡適在1930年的一次討論，充分顯出新漢學的

---

205 夏承燾：《天風閣學詞日記（一）》，頁324，1934年10月5日條。
206 夏承燾：《天風閣學詞日記（一）》，頁334-335，1934年11月12日條。此信1933年
　　11月8日發。
207 同上，頁393，1935年7月8日條。
208 同上，頁394，1935年7月16日條。

侷限。梁漱溟在向胡適請教的長信中說人們等不及了，當大家都在爭論中國社會性質之時，如果像胡適那樣喜作歷史考證的人都不能給一個答案，是難以壓服人們內心的渴望與疑惑的[209]。

原先偏於考據的治學風格也紛紛轉變，轉向大格局或與現實較為相關的問題。陳垣於1943年給方豪(1910-1980)的一封信中說：「至於史學，此間風氣亦變。從前專重考証，服膺嘉定錢氏；事變後頗趨重實用，推尊崑山顧氏；近又進一步，頗提倡有意義之學。」[210] 抗戰期間留在北京的陳垣刻意在自己的著作中注重中國文化和民族氣節，轉徙西南的陳寅恪則注重政治制度和社會變遷，不專主考據。陳氏於《唐代政治史述論稿》中講內政與外患之關係，都與時代有關。顧頡剛於1934年發起禹貢學會，〈發刊詞〉說，如果不能弄清地理沿革，開口便錯，日本造了「本部」一詞，暗示邊陲原不是中國的，而地理教科書竟也照著說，是可忍，孰不可忍[211]？抗戰時期，顧頡剛到重慶，創通俗教育館，辦《文史雜誌》，以淺近通俗語言宣傳歷史，喚起民眾抗日情緒，也是一種饒有意味的發展。

時代也使歷史與民族之義之間出現了另一重緊張。姚從吾(1894-1970)在1935年有一篇耶律楚材研究，寫得相當得意，但是不敢發表。他在一封信上說他想寫一篇文章，敘述耶律楚材在蒙古侵入內地時，對漢文化的種種匡救事業，雖然草稿已成十之八、九，「可是後來想一想，現在那裡是表彰耶律楚材的時候，這一類的文章，似乎不應在現代發表！因此決定停止，另想他種題目。」[212]

時代的危機也使人們在涉及歷史評價時，心中時刻警覺，譬如對秦檜(1090-1155)的評價便是一個例子。姚從吾向傅斯年推薦作〈秦檜傳考評〉

---

209 梁漱溟：〈敬以請教胡適之先生〉，在《胡適論學近著》(上海：商務，1935)，附錄一，頁56。
210 《陳垣來往書信選》，頁302。
211 顧潮：《顧頡剛年譜》，頁217。
212 「傅斯年檔案」Ⅱ：345，姚從吾致傅斯年函，本函繫年為1935年5月3日。

之某丁君，便得再三爲之解釋：「據弟所知，他是反對秦檜的。彼意秦檜誤國之罪有三：一、言行前後不一致，其主和不是爲國爲公，而是揣摩投機。二、和成以後粉飾太平，不思積 極恢復，三、誅謬【戮】不必要的異己！」[213]

最能顯示在時代壓力之下，客觀徵實、爲學問而學問的治學風格之自我調整的，是發生在傅斯年身上的一個例子。當時大量撤退到西南的人文學者發現西南是民族史與人類學的一片嶄新天地，所以組織了「西南民族學會」，興高采烈地研究這方面的學問。他們研究西南民族史時，對西南地區民族歷史的獨立性大加討論，傅斯年見了這些論文後勃然大怒，他痛責說，當此之時，日本軍國主義正在提倡大傣主義，煽動雲南脫離中國與泰國聯合之際，而竟考訂他們種族上不同於中國，當龍雲等人以中國人自居而正共同爲抗戰而努力之時，竟考查出他們原本是儸儸，是民家，而且「更有高調，爲學問作學問，不管政治」。他說這些研究成果如果只是在「專門刊物」上發表，關係還小，而竟騰諸報章，他忍不住痛斥「西南民族學會」所治的是「無聊之學問」[214]。從這個小插曲，可以看出時代困局對一向不遺餘力提倡客觀之學的人的挑戰與他們內心之兩難。

以上討論的這些人都是當時第一流的新學術工作者，他們或者痛覺意義感的失落，或者調整其治學風格，可見新學術當時困境之一斑。

五

新派學者面臨了來自兩邊的批評：傳統派史家以及左派史家。在這裡我只想討論傳統派史家的批評。傳統派史家認爲新學者是乾嘉漢學的翻版，他們大多不滿意乾嘉以來唯考據是尚而不能兼顧義理的治學風氣，認

---

213 「傅斯年檔案」Ⅱ：337，姚從吾致傅斯年函，時傅斯年擬從西南聯大選取史學系卒業高材生，月給三十元，以學習名義留史語所研究讀書。
214 《傅斯年全集》，第7冊，總頁2449-2452。

爲這種學術風氣使得學問嚴重脫離社會。

然而，他們並非全然菲薄考證，而且也不全然否定新史料的重要性，但在實作層面上仍以舊史或官書爲主。他們認爲「整體」應該先於具體問題，尤其不應爲了追逐新材料而迷失整體的歷史或重要問題，「昔人治史，尋其根株，今人治史，摭其枝葉」[215]，在他們的批評中，「枝葉」與「根株」的對比反覆出現。不過，他們最爲不滿的地方還是在「事實」與「價值」的分離這一點上。他們認爲歷史不能與道德、倫理分開[216]，歷史研究不僅要豐富人們的知識，還要教人如何做人，要能引導社會，而且要與國家民族的發展相關，而不只是講授中性的「學術」。他們認爲史學研究仍有榮耀祖國的任務，所以有時並不同意爲了客觀之學而暴露歷史的醜惡面。他們認爲，歷史研究如果既無現實用處，又不能給人以道德教訓，則所從事的學問是既不能自救，也不能救人。

他們不屑與現代專家爲伍，也不認爲學問的提升是治史的唯一目的，他們基本上認爲學問是「爲己」之學，治史者應該涵泳生活於歷史之間，所以治國史時不應取不動感情的旁觀者的態度，也不應將國史看作一堆史料加以分析研究。

這裡以哲學家熊十力（1885-1968），以及史學家中的錢穆、中央大學歷史系的柳詒徵（1880-1956）、繆鳳林等人爲例來看傳統學者對新派的批評。中央大學以柳詒徵爲領袖的一批文史學者，對於新史家持一貫批判的立場。值得注意的是，中央大學同時也是對五四新文化運動作系統批判的《學衡》雜誌的所在地，《學衡》所代表的文化傳統主義與柳詒徵等學者所代表的史學主張亦常相呼應，它們的作者，有時也互相重疊，足見兩者是分不開的。他們對新文化運動與新史學之批判早在1920年代便開始了，

---

215 章太炎：〈救學弊論〉，《太炎文錄續編》，卷1，頁101。
216 譬如王國維說：「學術固爲人類最高事業之一，然非與道德法律互爲維持則萬無獨存之理。」袁英光、劉寅生：《王國維年譜長編(1877-1927)》（天津：天津人民，1996），頁433。

而且這個知識社群的形成與南京的特殊傳統有關，所以儘管《學衡》在1924
年即已隨吳宓北遷，但是這一文化態度卻並未消失，甚至於新派的羅家倫
(1897-1969)到中央大學擔任校長，對這一與北京新文化圈持敵對態度的
知識社群造成不小的衝擊，卻也未能徹底改變它。

　　首先，他們批評現代學術建制所設定的目標。從蔡元培以下，新派的
理想是將大學變成研究高深學問的地方，大學與研究機構成為一個自主的
社群，獨立於社會之外，有自己的經費來源，儘可能不受外在環境的干擾。
同時，他們也相信「應用」是由研究自然而然帶來的結果，正不必刻意在
研究的過程中去求應用，大學或研究機構中的學者，並不以著作之暢銷與
否或立即應用的程度為首要考量。他們的首要目標應該是提升學術水準，
貢獻於本國及全世界的學術界，而新派文史學者相信，學術的提升最後必
能在最深遠的層次上有益於自己的社會與國家。大學、研究所、學報是三
位一體，在此學術建制之下，學者們應該將其研究成果發表於學報，而不
是報紙或是一般文化讀物上，更遑論通俗刊物了。而學報的標準及方向基
本上是面向學術社群，為了符合學報而撰寫的論文，也自然而然地不再注
意一般讀者，不考慮對廣大群眾的影響，也不考慮它對社會的立即用途。
但這種學術態度，並不妨礙他們始終對社會抱持的關懷。

　　新學術建制標舉的這種專精的學術風格，招致不少傳統學者的批評。
譬如熊十力，他參加過辛亥革命，自己也在大學教書，卻仍然與當時許許
多多人一樣批評大學文科的學術風格。熊十力雖然寫過《中國歷史講義》，
但決不可稱為史學家，但作為現代「新儒家」的開山人物，他對所謂「新
派」的文史學者的批評卻相當具有代表性。在他之後，「新儒家」對「新
派」的持續批評，形成了一個傳統。《十力語要・初續》中說：

> 今日各大學文科，皆習為雜碎考據，哲學與文學方面，既不足言
> 思想。歷史為民族精神所繫。前代大政治家，其涵養身心之道，
> 與經綸世務之業，多由精研歷史，……吾在清末，見革命黨志士，

實未有以反己之意，去研經史者。蓋清代漢學家，純是考據風氣，
治學與其作人無關，其治史，不過以考定故事，自務博雅而已[217]。

由這段話看來，他不滿清儒研究歷史的態度，並認爲當日之大學文科，實
承襲清儒，他並非不滿「大學」這個建制，但是對當時「大學」中人所從
事的文史之學有極大的不滿，而這種不滿在當時相當普遍。熊十力認爲當
時大學文科爲新考據學所盤據，在文、哲方面所研究的問題，既瑣碎又無
思想。在歷史方面，這門學問本是「民族精神所繫」，也被這種雜碎的考
據之風攪得面目全失。他尤其責備中央研究院等幾個專門研究機構：

又今各大學研究所、及中央研究院，皆尚考據之風。向者〔林〕宰
平云，今之業考據者，比乾嘉諸老尤狹隘。如江慎修先生雖精考
據，而必以義理為宗，今則無此風[218]。

這裡的「中央研究院」主要當然是指歷史語言研究所。他引林志鈞的
話，說新考據的學風比清儒更窄，清儒如江永還以考據求義理，今則有考
據無義理。他引張東蓀的話說「西方人把學問當作知識，而東方人把學問
當作修養」[219]，言下之意當然是責備在西學影響下的新學風，把學問當知
識而不把學問當修養。熊十力還提到形形色色的新學問根本與現實毫無關
係：

蓋清代漢學家，純是考據風氣，治學與其作人無關，其治史，不
過以考定故事，自務博雅而已，於世務素漠不關心，雖熟讀百代
之中，終不能開啟其德慧，……此等學風，深入社會，使人失其

---

217 《十力語要·初續》（台北：洪氏，1977），頁149。
218 《十力語要》（台北：洪氏，1975），頁399。
219 同上，頁101。

為學之本，而一般人終不悟也。今之學風士習，比清儒尤變本加
厲，治歷史者，形形色色，吾不欲言，即欲言之，亦無從說起[220]。

把史學與現實與人生切離開來，在新派是理想，在傳統派看來是流弊，
此所以熊十力形容當時治歷史者之弊病，用了「吾不欲言，即欲言之，亦
無從說起」那樣沈痛的話。這裡就令人回想起顧頡剛所說的，我們今天做
研究是為了求知識，而不是求應用；也令人想起傅斯年在〈歷史語言研究
所工作之旨趣〉所懸的意趣[221]。在熊十力看來，他們對「學問」的認識
完全背離東方的傳統，是一種根本的錯誤。

對於把價值與心性從史學研究中去除，熊十力批評說：「清世考據家
將反己一路，堵塞盡矣。今猶不反諸。漢學之焰，至今盛張（托於科學方法
及考古學）。毒亦彌甚。全國各大學文科學子，大抵趨重此途，高深理解，
斷絕其路。」[222] 他說清儒考據已將傳統思想中「反己一路」堵塞住了，
新學者們更不願涉及心性價值，比清儒走得更極端，其毒更甚，使得「高
深理解」變得不可能。在他看來這樣的學問是於己無益，於人有害，與社
會國家也扯不上關係。熊十力認為大學及中央研究院這些新學術建制應該
是「高深思想之發生地」，但是因為他們競為考據，又堵塞靈明，所以完
全不能克盡厥責[223]，他說新學者只是以科學方法作為幌子來文飾其舊考
據學，其實所謂以科學整理國故運動的底子還是清儒的考據[224]，他認為

---

220 《十力語要・初續》，頁149。
221 傅斯年說：「歷史學和語言學之發達，自然於教育上也有相當的關係，但這都不
    見得即是什麼經國之大業、不朽之盛事，只要有十幾個書院的學究肯把他們的一
    生消耗到這些不生利的事物上，也就足以點綴國家之崇尚學術了——這一行的學
    術。這個反正沒有一般的用處，自然用不著去引誘別人也好這個 。」《傅斯年全
    集》，第4冊，總頁1311。
222 《讀經示要》（台北：廣文，1960），卷2，頁142。
223 「國內各大學文學院，及文科研究所，本當為高深思想之發生地，而今則大都以
    無聊之考據為事。」《讀經示要》，卷2，頁118-9。
224 「今日只有中、西之爭，舊有漢、宋之爭雖未已，但漢學則托於科學方法及外人

新學者其實並不真懂西方科學，所謂「科學方法」也只是皮面。他指責新派學者致力於破壞，致力於宣傳，是「浮氣乘之，浮名中之」[225]。這樣悲憤痛切的控訴，在當時舊派學者文人的筆札著述中真是俯拾皆是。那麼，兩種學術觀點的對立，就不只是史學內部的事了。

在史學的功用方面，民國十五年（1926）所創《史學與地學》第一期〈弁言〉中這樣說：「故欲明宇宙之真相，舍治史地，其道無由。……故欲知國家之真諦，舍治史地，其道無由，……故欲識人生之真義，舍治史地，其道無由。」[226] 認為史學完全是為了求現實的應用而生。繆鳳林在〈中央大學歷史系課程規例說明草案要刪〉中也宣言「史為經世之學，故以實用為歸」，又說「較之時人之以考據空想為史學，或稱為史而學史者，頗有不同」[227]。同時，繆氏在另一篇文章中也表示史學是為了求「真」，但「真」要能解決現實之疑難，故吾人今日研究歷史，應「求所以應付現今問題之法」。譬如有人提倡公妻公產，「此其行之果有利耶？果有害耶？史家應知解答之」。少數學者盛倡破壞國家，究竟是否可行，「史家應知解答之」。其他像民德之墮落，生計之艱難，軍人之跋扈，盜賊之充斥，「按之歷史，果有何術以拯之哉？史家應知解決之」[228]。他們評價歷史學著作時要看它的用處為何。譬如1922年，吳宓讀到張其昀（1901-1985）〈論劉知幾與章實齋之史學〉時，便感歎道：「宓始嫌其為考古述學之專著，無關國事及時局（後來此類之稿多矣）。」[229] 由此可見其對無關國事及時局的「考古述學之專著」之排斥矣。

（續）

考古學等，而藉西學以自文。」《讀經示要》，卷2，頁104。

225 「新人皆年少，於外學又不必深研，而勇於破壞，輕於宣唱，浮氣乘之，浮名中之。」《讀經示要》，卷1，頁8。「昔托鄭、許，今更托西洋，而漢學之幟，則且托科學方法以益固。」《讀經示要》，卷1，頁10。

226 《史學與地學》，1（1926），柳詒徵〈弁言〉，頁1。

227 《史學雜誌》，1:1（1926），頁1-2。繆氏在〈歷史之意義與研究〉（《史地學報》，2:7〔1923〕，頁23-27）中還闡發了史學的八種用處。

228 繆鳳林：〈歷史與哲學〉，《史地學報》，1:1（1921），頁50。

229 吳宓著，吳學昭整理：《吳宓自編年譜》（北京：三聯，1995），頁234。

　　他們認為以應用而言，則必須掌握國史之「全部」[230]，那麼幾部舊史書儘足夠了，所以柳詒徵說：「我們研究歷史，最好還是看《紀事本末》、《通鑑》、《易知錄》等，較為有用。」[231] 由以上這些文字可以看出既然認為「應用」是史學的首要關懷，那麼新學者大張旗鼓地尋求新史料，鼓吹窄而深的研究，是沒什麼意義的。他們希望開發歷史中的道德教訓，這當然是與新史學要求不要以傳統道德仁義來干擾史學研究的態度迥不相侔。柳詒徵《國史要義》中討論到王國維的〈殷周制度論〉中說周人合天下以成一「道德之團體」，雖周亡而其精神依然為後世所因，千古引之為鵠的。他引申說，「歷代之史，匪帳簿也，臚陳此團體之合此原則與否也。地方志乘、家族譜牒，一人傳記，亦匪帳簿也，臚陳此團體中之一部分合此原則與否也。」[232] 從這一段話可以看出，他認為史學家不能把歷史當作「帳簿」那樣的材料來看，史學家的一件重要工作是要看每一時代之是否符合道德原則。所以歷史研究不應該脫離道德仁義。

　　在當時的中國，談歷史與應用，有一個根本的難題，即在衰敗的歷史中如何開啟新局的問題。這個問題對所有堅持歷史應照顧到現實應用的人都是一個挑戰。新派人物顯然認為過去兩千年的政治都是黑暗的，那麼，除了避免重蹈覆轍，或是為了捉妖打鬼之外，它對於現代人是不能有什麼積極教導的，又有什麼研究的用處[233]？而柳氏對這個問題的回應甚有意思，他說歷史發展不一定是因果相續，譬如孔子誕生之前，並無何因果條件可尋。他說：「這可以說是無因果的，……我們處世，應當在無因果處

230 柳詒徵說：「考據的方法，是一種極好的治學方法，不過學者所應留心的，就是須慎防畸形的發達，不要專在一方面或一局部用功，而忽略了全部。」〈歷史之知識〉，《史地學報》，3:7(1925)，頁21。

231 同上。

232 《國史要義》(台北：中華，1984)，頁218。

233 錢穆談到當時他想開中國政治制度史一課，系主任陳受頤不允，認為「中國秦以下政治，只是君主專制，今改民國，以前政治制度可勿再究。」見錢穆：《師友雜憶》，頁147。

用力，來適應環境，適應歷史。故歷史的最後，還是無因果的。須憑個人
自己去造因果，此不特個人爲然，國家亦然。我們居這種偉大的國家裡，
有這種偉大的歷史，須能不辜負此國家，不辜負此偉大的歷史。」[234] 錢
穆也有一套論證，使得當前衰敗的中國能與未來復興的機緣相湊合。他說
一民族一國家有其「生力」亦有其「病態」，兩者起起伏伏[235]。他又盡
力強調由過去歷史可以得知中國之文化「生力」之悠久淵深，遠在四、五
千年以上，「生機之軋塞鬱勃，終必有其發皇暢遂之一日」[236]。他又將
一個民族的歷史質素分成「生原」與「病原」兩種，「生原者，見於全部
潛在之本力；而病原則發於一時外感之事變」，「究生力必窮之最先，診
病況必詳之最後」[237]。總之，民族的復興是內蘊的，與過去的歷史文化
有內在的邏輯關聯，而病原只是一時的，如果能掌握歷史，便能深入了解
「生原」之博厚闊深——「我民族國家之前途，仍將於我先民文化所貽自
身內部獲得其生機。我所謂必於我先民國史略有知者，即謂此。」[238]

　　這自然不是胡適等人所能同意的。胡適強調「五鬼鬧中華」，強調不
要將近代挫折歸諸於帝國主義之入侵，而要承認自己凡百不如人。他提醒
人們要時時分別，究竟幾十年來，是梁任公和他的「自責主義」的路子還
是高談國粹的路子對國家民族的進步起了作用[239]。持此態度的人當然不
會相信，「仍將於我先民文化所貽自身內部獲得其生機」。

　　在求「用」的前提下，自然反對「爲學問而學問」的治學態度。傳統
派史家批判「爲學問而學問」的治學態度的言論非常之多，這裡僅引錢穆
《國史大綱》〈引論〉中的一段話。他說近代史學有傳統派、革新派、科
學派之分，而其中的科學派是「乃承以科學方法整理國故之潮流而起。此

---

234 柳詒徵：〈歷史之知識〉，《史地學報》，3:7，頁21。
235 《國史大綱》（台北：商務，1982），〈引論〉，頁24。
236 《國史大綱》，頁29。
237 同上，頁25。
238 同上，頁28。
239 《胡適的日記(手稿本)》（台北：遠流，1989），1935年6月12日條，無頁碼。

派與傳統派，同偏於歷史材料方面，路徑較近，博洽有所不逮，而精密時
或過之。二派(傳統派與科學派)之治史，同於缺乏系統、無意義，乃純爲一
種書本文字之學，與當身現實無預。無寧以記誦一派，猶因熟諳典章制度，
多識前言往行，博洽史實，稍近人事，縱若無補於世，亦將有益於己。至
考訂派則震於科學方法之美名，往往割裂史實，爲局部窄狹之追究。以活
的人事，換爲死的材料，……既無以見前人整段之活動，亦於先民文化精
神，漠然無所用其情。彼惟尚實證，夸創獲，號客觀，既無意於成體之全
史，亦不論自己民族國家之文化成績也。」[240] 錢穆所責備的「以活的人事
換爲死的材料，既無以見前人整段之活動，亦於先民文化精神，漠然無所
用其情」、「缺乏系統、無意義」、「純爲一種書本文字之學，與當身現
實無預」換一個角度說，正是新派學者「爲學問而學問」的治學態度下的
產物。

　　錢氏痛責「窄而深」的研究使得史學與時代脫節。他在所寫的一篇短
文〈學術與心術〉中最系統地表達這些不滿。錢氏寫這篇文字已是到台灣
之後，年代甚晚，但與他早年的看法是一致的，姑引於此，作爲參證：

> 然學術與時代脫節，事終不美。此數十年來，國內思想潮流乃及
> 一切實務推進，其事乃操縱於報章與雜誌期刊少數編者之手，大
> 學講堂以及研究院，作高深學術探討者，皆不能有領導思想之力
> 量，並亦無此抱負[241]。

他說因爲學問與時代脫節，所以大學與研究院不能領導時代思潮，反將指

---

240 《國史大綱》，〈引論〉，頁3-4。錢穆私下亦不斷提出類似的批評，如民國三十
　　年(1941)給李埏的信上說：「近人治史，群趨雜碎，以考核相尚，而忽其大節，
　　否則空言史觀，游談無根。」《素書樓餘瀋》，收入《錢賓四先生全集》，第53
　　冊，頁378。
241 錢穆：《學籥》，《錢賓四先生全集》，第24冊，頁160。

導時代的責任讓給了報刊雜誌，而且新學者們因為對學問的宗旨別有看法，所以也沒有指導時代的抱負。他又說：

> 所謂窄而深之研究，既乏一種高瞻遠矚總攬並包之識度與氣魄，為之發蹤指示；其窄深所得，往往與世事渺不相關。即在承平之世，已難免玩物喪志之譏。何論時局艱危，思想徬徨無主，群言龐雜，不見有所折衷，而學術界曾不能有所貢獻。所謂為學術而學術，以專家絕業自負，以窄而深之研究自期，以考據明確自詡，壁壘清嚴，門牆峻峭，自成風氣，若不食人間煙火。縱謂其心可安，而對世情之期望與責難，要亦無以自解[242]。

他認為新學者們「為學問而學問」、「以專家絕業自負」、「以窄而深之研究自詡」、不食煙火式的超乎時代、超乎現實式的研究，在道德上是站不住的，故說「縱謂其心可安」，但面對「世情之期望與責難，要亦無以自解」[243]。

針對新派的史料至上主義——或以為「史學即史料學」，或以為古今著述之林皆是史料，傳統派提出要分別「歷史材料」與「歷史智識」的主張。錢穆《國史大綱》說當代中國「乃為其國民最缺乏國史智識之國家」[244]。他在《國史大綱》〈引論〉中說：「我民族國家已往全部之活動，是為歷史。其經記載流傳以迄於今者，只可謂是歷史的材料，而非吾儕今日所需歷史的智識。……歷史智識，隨時變遷，應與當身現代種種問題，有親切之聯絡。歷史智識，貴能鑒古而知今。至於歷史材料，則為前人所

---

242 錢穆：《學籥》，頁161。
243 按：錢穆在《學籥》中還有廣泛的批評，如「其考據所得，縱謂盡科學方法之能事，縱謂達客觀精神之極詣，然無奈其內無邃深之旨義，外乏旁通之塗轍；則為考據而考據，其貌則是，其情已非。」頁162。
244 《國史大綱》，〈引論〉，頁1。

記錄，前人不知後事，故其所記，未必一一有當於後人之所欲知。然後人
欲求歷史智識，必從前人所傳史料中覓取。」[245] 在錢穆看來，把歷史當
材料，與獲得「歷史智識」是兩件事，也就是因爲傳統派史家認爲求得「歷
史智識」才是歷史研究的目標，所以他們會無視於新史家們的努力成果而
一再慨嘆近代中國是史學最不發達，沒有一本歷史著作可讀的時代，也是
最沒有「歷史智識」的時代。

　　傳統派學者認爲新史料的出現可遇而不可求，即使刻意去搜求，也不
一定總能得到具有重大意義的材料，所以充滿偶然性。被偶然性的史料牽
著鼻子走，而不能立定一個宗旨去講史事，使得在看重新史料的風氣下寫
成的論文，通常不具連貫意義。另一方面即是枝節性，大部分新出史料只
能補充或校正一枝一節之歷史，而不能掌握歷史之整體，所以在唯新史料
是尙的風氣下，予人「逐葉」而略「根株」之感。章太炎在1924年所寫的
〈救學弊論〉中便這樣批評。當時也有一些傳統派史家刻意不用或少用新
史料，而且有意表示不用新史料也可以寫史。鄧之誠《中華二千年史》就
是一個例子，他在該書〈敘錄〉上不時說道：「求證於金石甲骨，所得既
渺，毋寧付之闕如」，「謂金石以外無史，竊以爲稍過矣」。對於新派史
家之看重實物材料，鄧氏也批評說：「又今人喜臚前人實物，寶爲重要史
料，……特凡此種種，不過證史而已。史若可廢，考證奚施，且實物發現，
較之史書所記，固已多少不侔矣」，他又批評矜尙新出文籍的風氣：「復
矜尙孤本秘籍，採山之銅，豈不可貴，若之誠不敏，妄欲寢饋取求於《二
十四史》之中。」[246]

　　錢穆對追逐新史料之風也有嚴重的不滿。他早年在北大講中國上古史
時，謂「龜甲文外尙有上古史可講」，而且吸引許許多多學生[247]。幾十

---

245 同上，頁1-2。
246 以上見《中華二千年史》，頁7。話中有自謙，但在自謙之外，還有一種對抗的意
　　味。
247 《師友雜憶》，頁142。

年後，在《學籥》中，他無忌諱地批評崇拜新材料的流弊：

> 遂一意於材料中找罅縫，尋破綻，覓間隙，一若凡書盡不足信，
> 苟遇可信處，即是不值學問處，即是無可再下工夫處。……否則
> 覓人間未見書，此所謂未發現之新材料。因謂必有新材料，始有
> 新學問。……遂若一堆材料，一項方法，拈得一題目，證成一破
> 綻，即是大發現、大學問[248]。

錢穆認爲崇拜新材料其實是一種特殊心態的產物，也就是蔑視傳統，不把
「傳統」當作一個仍有活力的有機體，而只把「傳統」當作「一堆材料」
之下的結果[249]。

　　前面已經說過，新派學者喜求新，同時也處處抱著「存疑主義」。這
種風格，用柳詒徵的話說，就是「好翻案」[250]。

　　對於疑古，新史家中也有不同的態度。史語所的工作便已不滿於疑古，
而希望重建上古歷史了，尤其在殷墟發掘之後，傅斯年愈來愈相信上古有
一豐美的物質文明傳統，甚至相信夏代應該是存在著的，影響所及，胡適
也漸漸脫離極端的疑古，轉向重建。由與顧頡剛相親近，逐漸轉而與傅斯
年同氣相求[251]。但是我們不能忽略的是以顧頡剛爲代表的疑古學派始終有
其影響力的，而且「疑」的情緒不只限於上古史，乃遍及於對各個時代歷
史的研究。所以整體而言，新派留給當時人最深刻的印象是善疑，而且多

---

248 《學籥》，頁165-166。他又說道：「故學問必先通曉前人之大體，必當知前人所
　　已知，必先對此門類之知識有寬博成系統之認識，然後可以進而為窄而深之研討，
　　可以繼續發現前人所未知，乃始有事於考據。」見頁166。
249 故他說：「盛言考據者，其實則蔑視本國傳統，僅謂是一堆材料，僅謂堪尋隙踏
　　瑕，作為其所謂科學方法者之一種試驗與練習耳。」《學籥》，頁169。
250 柳曾符、柳定生編：《柳詒徵劬堂題跋》（台北：華正，1996），頁282。
251 王汎森：〈傅斯年對胡適文史觀點的影響〉，《漢學研究》，14:1(1996)，頁181-4。
　　收入本書中。

疑。

　　章太炎對這股疑古風氣早已有許多批判[252]，他曾說「今以一端小過，悉疑其僞，然則耳目所不接者，孰有可信者乎？」[253] 章太炎很早就對新的學術風氣不滿，而且認爲這種風氣的產生與他所深惡痛絕的晚清今文學分不開。他的一系列批判文字，如1924年的〈救學弊論〉，即是針對此風而發的。而太炎晚年在蘇州辦國學講習會，其宗旨之一便是批判新學風。1935年9月16日《制言半月刊》第一期發行，太炎於〈發刊宣言〉中說：「今國學所以不振者三：一曰毗陵之學，反對古文傳記也；二曰南海康氏之徒，以史書爲帳簿也；三曰新學之徒，以一切舊籍爲不足觀也。有是三者，禍幾於秦皇焚書矣。」又說：「其間頗有說老、莊，理墨辨者，大抵口耳剽竊，不得其本。蓋昔人之治諸子，皆先明群經史傳，而後爲之，今則異是，皮之不存，毛將焉附耶？其次或以筆記小說爲功，此非遍治群書，及明於近代掌故者，固弗能爲。」[254] 而當日接聞章氏緒論之孫思昉、姜亮夫(1902-1995)，對於上述宗旨的種種記述，值得參看。從他們的闡述中，可以知道，太炎晚年的許許多多言論都是針對新學者而發的[255]。在古史辨運動初期，劉掞黎起而反駁的文章即刊在《史地學報》中。柳詒徵在演講〈正史之史料〉中，也相當系統地批判疑古運動，他說「古人以信爲鵠，初未嘗造作語言以欺後世」[256]，又說「徒就一二遺編，毛舉細故，斥史公之不經，或他人之作僞，豈不冤哉？」「史書無一事無來歷，其小有出入，乃一時之疏，非故意以誤後人，不得執一以疑其百也」。較有意思的是他提出史家之爲務，應考史書的來源，而不是取史書對勘，這是一個相當有意思的觀點。史書對勘，則容易以一字一句之不同懷疑其中必有隱

252 王汎森：《章太炎的思想》（台北：時報文化，1985），頁51-52。

253 〈救學弊論〉，《太炎文錄續篇》，卷1，頁100。

254 章太炎：《制言半月刊》，第1期（1935），〈發刊宣言〉，頁1。

255 一士：〈章太炎弟子論述師說〉，在陳平原等編：《追憶章太炎》（北京：中國廣播電視，1997），頁417-438。

256 以上皆見柳詒徵：〈正史之史料〉，《史地學報》，2:3（1923），頁39-40。

情，但是如果從來源下手，會發現像起居注這一類史官據以修史之書是不致作偽的[257]。

除了上述種種之外，傳統派史家對新派學者還有一種根本的不滿，他們批評新派史家未能認識中國古代史學的光榮，更不願宣傳中國古代歷史的光榮。他們認為治史者的責任應該盡量講述過去歷史之光榮及為西人所不及之處[258]，應該從歷史求民族復興之路[259]。同時，他們深不滿意新派學者不但不能認識中國古代史學優勝之處，而且還處處加以貶抑[260]，認為史家應該抉發舊史學的長處以顯揚於世界，並闡述中國文化政教源流及其特點以增強民族自尊心。他們反對新派對歷史處處採取批判的態度，未能「附隨一種對其本國已往歷史之溫情與敬意」[261]。

最後必須強調，在1920年代，完全不理會西洋學問的傳統派已經日漸減少了。他們與新文化運動時期的林紓(1852-1928)相較，除了在反對白話文這一點上還依稀舊派面目外，所持的主張已經相當不同了。《學衡》的許多主將都是英美留學生，所以他們絕不是新式的傳統主義者。他們瞭解西方，也主張吸收西方，但是他們不滿意西方的功利主義與實證主義，對古希臘羅馬的傳統及其他幾個古老文明懷抱深刻的敬意，並認為那才是人類文化精髓之所在。所以他們標舉了另一種「西方」，並主張要吸收那真正的「西方」文化的精髓來豐富中國的文化傳統，從而在亞洲建立一個

257 同上，頁44-47。
258 繆鳳林：〈中國史之宣傳〉，《史地學報》，1:2(1922)，頁213-214。
259 柳詒徵1934年在《國風》五卷一期上寫〈從歷史上求民族復興之路〉。
260 其實傅斯年等人也同意中國古代史學曾有一段榮景，不過舊學者對此顯然更強調，他們通常要從黃帝時代溯起。民國十八年《史學年報》發刊詞——「而我國自夏而後，已有正式年代之記載，東周而後，三千年來，人類社會進化之迹，粲然在目，他國之必待考古物，訪奇俗，以間接推求之者，吾國早有明確之記載。」(頁2)又如叔諒在〈中國之史學運動與地學運動〉中說：「但就歷史地理言之，則吾國古昔之造就，實高出於他族，而歐美之克臻今日之盛者，大部分由於近數十年之努力。」(《史地學報》，2:3，頁2)
261 錢穆：《國史大綱》，「凡讀本書請先具下列諸信念·二」，頁1。

「新希臘」，所以如果稱他們是「新傳統主義者」當不爲過。

同樣的，1920年代以後的傳統史家也不都是對西方史學發展充耳不聞的人，他們甚至認爲新學者們不但不瞭解中國史學的精髓，同時也未必真正懂得當時西方史學的精髓。他們的目標，不僅要與西方並駕齊驅，而且還想在吸收「真正的」西方史學之後，把它們置放在中國的史學傳統及價值脈絡中，並充分發揮中國史學獨有之長處，從而凌駕於西方史學之上。

以柳詒徵來說，他雖然不大提西方史學，但柳氏本來就對日本的東洋史有所瞭解，至於他的學生一輩像繆鳳林等人，更刻意表現自己對西方史學如蘭克、魯濱遜等人作品的熟悉[262]，他們的史學作品其實並不一定是那麼樣傳統，而且時常提倡與新派相當近似的東西[263]。

以考古的重要性爲例，在陳訓慈的〈中國之史學運動與地學運動〉一文中便提到：「西洋古史之再造，以及古文明之發見，多賴掘地事業之發達，吾國一二出土之物(如殷墟龜甲、敦煌石室、流沙墜簡等)，已大有助於歷史。果能從事開掘，必能多所發見」[264]，則作者對於考古發掘並不排斥。又如新派極力提倡的「集眾式研究」及以大規模的隊伍投入各種史料蒐集或考古發掘的方式，也受到熱烈呼應──「但就本國而言，則國史之整理，與本國地理之裁訂，無在不賴大規模之工作」，在強調「大規模之工作」的必要後，又說「如(1)古史之較證與開拓，必需掘地發藏，非合群力不能進行。(2)地輿之實測，人文地理之調查，皆爲全部之事業，非統籌不能集事。(3)探險事業必有團體而後可以從事。(4)舊史之整理，必須分工而後可以完成。(5)歷史教學與地理教學之改造，尤非支節更變所能濟事。」[265]

---

262 如繆鳳林在〈研究歷史之方法〉，《史地學報》，1:2 (1922)中也談蘭克史學。
263 中間當然還有一個重大差別，即他們並未以實際行動付諸實踐。也許他們只瞭解到其必要性，但是並未能確知如何操作。
264 叔諒：〈中國之史學運動與地學運動〉，《史地學報》，2:3 (1922)，頁11。
265 同上，頁10。

即使對非文字性史料，也有人在一陣遲疑之後，轉向肯定。繆鳳林在〈研究歷史的方法〉中也說：「國人研究歷史，自來皆依據文字，此其弊不僅未有文字以前之歷史，無從考證，即有史以後之事，亦不能知其全。」[266] 他並痛斥墨守千百卷官書而以爲史學全在於是的人說「學術之無標準，果一至於是哉？」[267] 不過，他們在前述那些根本的問題上與新派史學的意見仍是截然對立的。

結論

總括而言，新派學者在身分上大多與新文化運動有關，在職業上，大多是專業史家。他們在研究歷史時，重視從原始材料出發，重視版本，重視新史科——尤其是檔案及新出土材料。同時他們也主張對傳統文獻施以嚴格的批判及校訂的工作。因爲他們的態度、觀點及問題的變化，使得史料的範圍大幅擴大。他們當然不是最早使用新材料的人，不過卻是有意識地提倡使用新材料，而且是大量、並熟練地使用這些新材料的學者。

新學者主張盡可能將個人的色彩減到最少，進行最爲客觀的研究，不但把研究與情感分開，而且要把「事實」與「價值」分開。他們進行研究時，在倫理方面盡可能中立——即使在他們內心深處，倫理觀念可能仍然牢不可拔，但至少在有意識的層面上是力求嚴守價值中立的。他們提倡爲學問而學問，有些人後來可能因爲國家變局而對此有所改變，但大體上仍以「爲學問而學問」爲號召。他們提倡研究與應用分開，認爲應用是因研究而自然帶來的結果，故反對爲了現實應用先認定一個立場或選定一個觀點，然後將之安放在研究上。

在他們的研究過程中，歷史的「真」與「善」並不被當作一個不可分

---

266 《史地學報》，1:2(1921)，頁238-239。
267 同上，頁241。同文也大談人類學的方法。

割的整體，而是應該加以分別對待的。他們也不再像傳統史家是生活在其所研究的東西中，而是以一個冷靜觀察者的角色在分析一個對象。

新學者認爲史學研究應該與自然科學一樣，牢守自然科學的一些原則。科學是沒有國界的，所以他們或多或少認爲自己所從事的學問最後是要與「世界的」學問相匯通。而且他們認爲學問的提升便是國家民族程度的提升。

他們提倡具問題取向的、「窄而深」的專題研究，所以在入手處較少將過去歷史視爲一個必須加以全體把握的整體。此外，由於他們的歷史思考受到脫離道德、脫離倫理領域的觀念的影響，他們在考慮歷史問題時儘量脫離傳統的思維方式，譬如考慮歷史上的盛衰榮枯時，不再純以國君是否實行仁政作爲判準，而是廣泛地從各個相關聯的方面去衡量。

此外，由於他們的目標在重建歷史，而未必顧及「現在」或「未來」的用處，所以在其研究工作中並不刻意將「過去」、「現在」、「未來」結合在一起，這使得他們遭受到各方的攻擊，覺得他們只是一群「飽學的奴才」，一群在象牙塔中的學者。

上述種種態度，引來傳統派史家嚴重的不滿與批評。從社會史問題論戰以後，另一種新派史學逐漸佔領上風，即馬克思主義史學。他們也對胡適、傅斯年、顧頡剛等人所領導的學派進行猛烈的批評。他們提供另一種號稱「客觀」的歷史解釋，並刻意把歷史與現實緊緊相扣。後來，至少在現實政治發展上，它們壓倒了原來的新舊兩派，成爲中國學界的主流。

「主義崇拜」與近代中國學術社會的命運——以陳寅恪爲中心的考察

建立一個「學問之獨立王國」

陳寅恪(1890-1969)有兩句口頭禪:「獨立之精神、自由之思想」。自從他在1929年爲王國維(1877-1927)撰寫紀念碑銘時使用了這兩句話以後,在他一生的各種文字中,它們便反覆出現。我必須承認,過去只是把它們當做老生常談,不曾加以留意。但是近來我卻深覺這是貫串一代學術精神的重要線索,值得討論。而且這個討論必須放在近代中國的兩種脈絡下來進行,首先是近代中國思想中建立一個純淨的學術社會的理想,第二是對近代中國精神世界危機的憂慮。然而,近代中國的發展有一個特色,即政治吞沒了學術文化,大我吞沒小我,主義籠罩學術,使得上述兩條思路與近代中國的發展顯得格格不入。這兩條思路無法簡單加以描述,但至少可歸納出幾個特點:

第一,認識到中國衰弱的根本問題是學術不如人,而這裡所強調的「學術」偏重在純學術,尤其是不刻意涉及世用的基礎學術。人們也認識到在發展學術時,必須把學問從刻意求實用的心態下解放出來,同時也要把學問從現實權力的干預與政治教條的桎梏中解放出來,保障其獨立發展的空間。第二,體認到中國除了政治社會經濟危機之外,還有一個最根本的問題,即精神世界的危機。不管求學問或精神文明的發達,都要能脫離政治

之束縛，必須建立一種獨立自主的精神。陳寅恪認為王國維的一生充分體
證了這一精髓。本文則是以陳寅恪為例，針對「主義」與「學術」這一點
所做的探討。

　　陳寅恪本人自然也是終生服膺此訓的。他終生堅持「士之治學讀書，
蓋將以脫心志於俗諦之桎梏」，他七十五歲時在〈贈蔣秉南序〉中綜括自
己一生時也說「默念平生固未嘗侮食自矜，曲學阿世，似可告慰友朋」，
都是指這個意思。不過王、陳兩人並不是孤例。近代中國是有一批學人主
張以學問為目的，不為手段，認為學問旨在「求真」，應有其自足的領域，
「應用」是學問自然的結果，不應在研究學問的過程中刻意求用，也不應
受到現實利害或政治主義之干預，更不應該「曲學」以服務現實政治。而
且，既然是求「真」，則唯有運自由之意志、獨立之精神於其間，學問才
可能真正的進步。如果用張君勱的話來說，就是要避開救國的熱情及政治
意識形態的無窮干擾，而建立一個「學問之獨立王國。」[1]

　　此下我要勾稽這一個建立「學問之獨立王國」的思路。

　　嚴復（1854-1921）是最早清楚表示學問與治事應該分開的思想家，他
寫有〈論治學治事宜分二途〉[2]，在〈論世變之亟〉中則強調「學術則黜
偽而崇真」[3]，這幾個字的意思大可玩味。他認為中國真正的落後是學問
上的落後，而學問上的增進是靠求「真」，求真的過程不容任何現實功利
與道德教條之支配。在〈救亡決論〉中，他對講求抽象的學理如此強調著：
「且西士有言：凡學之事，不僅求知未知，求能不能已也。學測算者，不
終身以窺天行也；學化學者，不隨在而驗物質也；講植物者，不必耕桑；
講動物者，不必牧畜。其絕大妙用，在於有以練智慮而操心思，使習於沉
者不至為浮，習於誠者不能為妄。是故一理來前，當機立剖。……西學格

1　張君勱：〈文化核心問題——學問之獨立王國論〉，《中西印哲學文集》（台北：
　　台灣學生書局，1981），頁167-190。
2　收在王栻編：《嚴復集》（北京：中華，1985），第1冊，頁88-90。
3　同上，頁2。

致，非迂途也，一言救亡，則將舍是而不可……且客謂西學爲迂途，則所謂速化之術者，又安在耶？」[4] 用這類標準來看中國傳統學問的特色，他發現中國的學問都不能稱做「學術」，因爲他們不是純粹的學理，只是閱歷知識的累積。

對此，晚清今文經學的領導人表現出截然不同的態度。康有爲(1858-1927)一派主張應該通經致用，以今文經學來指導變法改制。章太炎(1869-1936)卻堅決反對自古以來「通經致用」的傳統。章氏這方面的演講，曾經給當時還在北大讀書的顧頡剛(1893-1980)很大的影響。顧氏後來在《古史辨》的長序上曾特別強調章氏的觀點，並認爲他開啓了一個純粹治學的風氣[5]。

王國維的一些言論也必須擺在這個脈絡下來看。他與嚴復一樣主張學問與治事應該分開。1911年2月，他爲羅振玉(1866-1980)所創《國學叢刊》撰寫的發刊詞中說：

> 學之義不明於天下久矣。今之言學者，有新舊之爭，有中西之爭，有有用之學與無用之學之爭。余正告天下曰：學無新舊也，無中西也，無有用無用也。……凡事物必盡其真，而道理必求其是，此科學之所有事也[6]。

他又說：

> 自科學上觀之，則事物必盡其真，而道理必求其是，凡吾智之不能通而吾心之所不能安者，雖聖賢言之有所不信焉，雖聖賢行之有所不慊焉。……中國今日實無學之患，而非中學西學偏重之

---

4 以上均出〈救亡決論〉，王栻編：《嚴復集》，第1冊，頁45-46。
5 顧頡剛：《古史辨》(台北：翻印本，無出版時間)，第1冊，〈自序〉，頁26。
6 《王靜庵文集》(台北：僶勉，1978)，頁219。

患……余謂凡學皆無用也，皆有用也……事物無大小，無遠近，
苟思之得其真，紀之得其實，極其會歸，皆有裨於人類之生存福
祉。己不竟其緒，他人當能竟之，今不獲其用，後世當能用之，……
世之君子，可謂知有用之用而不知無用之用者矣[7]。

這段文字一再強調「無用之用是為大用」，強調基礎學理的重要，駁斥當
時人在學問上斤斤於求實用的功利態度。他在〈論近年之學術界〉中，更
再三強調要視學術、文學為「目的」，不能視之為政治教育之「手段」：

又觀近數年之文學，亦不重文學自己之價值，而唯視為政治教育
之手段，與哲學無異，如此者其褻瀆哲學與文學之神聖之罪，固
不可逭，欲求其學說之有價值，安可得也？故欲學術之發達，必
視學術為目的，而不視為手段而後可……，未有不視學術為一目
的而發達者，學術之發達，存於其獨立而已。然則吾國今日之學
術界，一面當破中外之見，而一面毋以為政論之手段，則庶可有
發達之日歟[8]！

　　嚴復、王國維等人在言論上鼓吹，蔡元培(1868-1940)則在教育界實
踐這一理想。他在就任北大校長時，說了「大學以研究高深學問為目的」
這句看來非常平淺的話，卻是當時中國文化界的一顆炸彈。因為當時研究
高深學問並不認為是一件了不得的大事。我覺得史家呂思勉(1884-1957)
的〈蔡元培論〉最能道出當時的實況。這一篇短文並不易找，我儘可能抄
在這裡：「學術為國家社會興盛的根源，此亦眾所共知，無待更行申說，
然要研究學術，卻宜置致用於度外，而專一求其精深。此非謂學術可以無

---

7 《王靜庵文集》，頁220。
8 同上，頁173-176。

用；學術之終極目的，總不外乎有用，這是無可否認的。」「中國人對於
學術，非不重視，然於此，頗嫌其未達一間。所以以學術事功，相提並論，
總不免有輕學術而重事功之見。而且談起學術來，還要揭舉著『有用之學』
四字。其實學問只分真僞，真正的學術，那有無用的呢？」他說蔡元培一
生最重要的貢獻是提倡高深的研究，「在他主持北京大學以前，全國的出
版界，幾乎沒有什麼說得上研究兩個字的。不是膚淺的政論，就是學校教
本，或者很淺近的參考用書。當這時代，稍談高深學術，或提倡專門研究，
就會被笑爲不合時宜。……還記得在民國八、九年之間，北京大學的幾種
雜誌一出，若干種的書籍，一經印行，而全國的風氣，爲之幡然一變。從
此以後，研究學術的人，才漸有開口的餘地。專門的、高深的研究，才不
爲眾所譏評，而反爲其所稱道。後生小子，也知道專講膚淺的記誦，混飯
吃的技術，不足以語於學術，而慨然有志於上進了。這真是子民先生不朽
的功績。」[9]

　　在蔡元培領導下的北大學生中，以「國民社」爲代表的一支，偏向以
政治行動救國，而「新潮社」的社友則偏向建立學術社會爲救國之根本方
策。傅斯年(1896-1950)在《新潮》發刊詞上一再強調西人學術之「美隆
如彼」，而中國學術之「枯槁如此」[10]。他的老師胡適（1891-1962）於1920
年在〈提高和普及〉這篇講演中強調「我們若想替中國造新文化，非從求
高等學問入手不可」，並表示「不希望北大來做那淺薄的『普及』運動，
我希望北大同人一齊用全力向『提高』這方面做工夫。」[11] 傅斯年的同學
顧頡剛則在1929年明白提出「要在中國建一個學術社會」[12]。他不斷用相
當淺白的文字表達這一個理想：

---

　9 收於俞振基編：《萬廬問學記》（北京：三聯，1996），頁440-443。
　10 《傅斯年全集》（台北：聯經，1980），第4冊，總頁1398。
　11 《胡適講演集》（台北：胡適紀念館，1978），中冊，頁489-490。
　12 顧潮：《顧頡剛年譜》（北京：中國社會科學，1993），頁169。

為學問而學問的積極態度，正值得大提倡而特提倡[13]。

應用與學問應有分別[14]。

他還一再將「求善」與「求真」分開來看，認爲「求真」不應與「求善」混爲一談，學問與應用不應混爲一事[15]。

接著談陳寅恪。陳寅恪與王國維相遇於北京的清華園，已是1926年的事了。王、陳兩人能在短時間裡形成親密關係，至有陳寅恪所說的「許我（陳寅恪）忘年爲氣類」，至少有幾個原因：第一是對傳統文化所抱持的敬意；第二是他們對中國學問世界及精神世界危機的共同體認。他們兩人一再以工作及言論示人，學問應是不計有用無用，一時看起來無用的，其實是有大用，所以治學不應一味地現實功利。王國維這方面的言論已如前述，陳寅恪則一再表示學術的發展關係到「吾民族精神上生死一大事者」[16]，認爲自昔大師巨子，「其關係於民族盛衰學術興廢者……而尤在能開拓學術之區宇。」[17]

至於傳統文化以及近代維新自強之士太重實用而輕抽象形上，以致造成中國精神世界的空乏的問題，1919年12月14日吳宓日記中記有陳寅恪一段非常重要的談話：「中國之哲學美術，遠不如希臘。不特科學爲遜泰西也。但中國古人，素擅長政治及實踐倫理學，與羅馬人最相似。其言道德，惟重實用，不究虛理，其長處短處均在此。……今則凡留學生，皆學工程實業，其希慕富貴，不肯用力學問之意則一。而不知實業以科學爲根本，不揣其本，而治其末、充其極，只成下等之工匠。境遇學理，略有變遷，

---

13 顧潮：《顧頡剛年譜》，頁92。

14 同上，頁115。

15 同上，頁31。

16 陳寅恪：〈吾國學術之現狀及清華之職責〉，《陳寅恪先生論文集補編》（台北：九思，1977），頁46。

17 陳寅恪：〈王靜庵先生遺書序〉，《陳寅恪先生論文集》（台北：九思，1977），頁1435。

則其技不復能用。所謂最實用者,乃適成為最不實用。至若天理人事之學,精深博奧者,亙萬古、橫九垓,而不變。凡時凡地,均可用之。而救國經世,尤必以精神之學問(謂形而上之學)為根基。」「今人誤謂中國過重虛理,專謀以功利機械之事輸入,而不圖精神之救藥……。」陳寅恪表示中國人可為世界之富商,「然若冀中國人以學問美術等之造詣勝人,則決難必也」[18]。

儘管陳寅恪對新文化運動並不滿意,不過,在某種程度上,他仍被歸為新文化運動之後、居學術主流的所謂考據學派。這一學派基本上以胡適的「整理國故」運動為口號,以胡適、傅斯年及和他們聲氣相求的一大批學者為代表。批評他們的人稱他們為「新漢學」或是「乾嘉餘孽」。如果按照當時及後來人的說法,他們的治學有幾點特色:一個是「為學問而學問」;一個是重視史料;其三是對馬列史觀的拒斥。

但是他們至少面臨兩種挑戰。第一,政治危機動搖了許多知識分子原先對學術獨立自主的信念(請參見本書〈價值與事實的分離?〉一文)。譬如史家陳垣(1880-1971)在1940年代給友人的一封信中說,在國家危亡的關頭,學風應該改變,由考據轉為重視實用。許多人後來回顧這一時期的學術發展時也說世亂不應講考據,連蕭公權(1897-1981)這位純淨的讀書人也反映了這一個轉變。

蕭公權《問學諫往錄》中回憶說他原先認為「粗淺的實用主義」是中國教育停滯的主因。他反對「讀書不忘救國」,認為應該為工作而工作,「我們不應當把工作當作本身並無價值,而只是達到工作以外某項目標(無論這目標是如何重大)的手段」[19],主張「為學問而學問」,「認定學術本身即是目標,而不是達成另外任何目標的工具」[20],「學術與政治的界限必

---

18 吳學昭:《吳宓與陳寅恪》(北京:清華大學,1992),頁9-10。

19 《問學諫往錄》(台北:傳記文學,1972),頁175。

20 同上,179-180。

須劃清」[21]。他在對日抗戰將勝利之前所寫的一篇〈學術獨立的真諦〉中有這樣幾段話:「我們必須把學術自身看成一個目的,而不把它看成一個工具。國家社會應當有此認識,治學求學者的本人應當有此認識。所謂學術獨立,其基本意義不過就是:尊重學術,認學術具有本身的價值,不准濫用它以爲達到其他目的之工具罷了。」「學校必須先與社會『脫節』,然後才能進步。」[22] 但在面對戰後滿目瘡痍之局,他卻對自己過去的論點興起一種「癡人說夢」的感慨,說:「我在這樣的局勢之中講學術獨立,談學術研究,當時雖然覺得理直氣壯,振振有詞,事後看來真有癡人說夢之感。」[23]

第二,近代中國思想界有一個極爲重要的現象,我名之爲「主義崇拜」,許多思想家稱頌「主義」的神妙作用,傅斯年甚至說有主義總比沒有主義好。所以新文化運動以後的發展,一方面是追求新學術,另一方面是要找「主義」,兩條矛盾的路數平行前進。而國民黨和共產黨,都想用一套「主義」來指導思想學術的發展。不同的是國民黨心有餘而力不足,雖想以「主義」干預思想文化領域,但實際收效極微,反而招致大量知識分子的不滿,而共產黨在這方面便做得游刃有餘了。

從1928年起,歷史唯物主義的史學觀點已漸在中國歷史研究的舞台上占據顯著地位。以社會史論戰爲例,發展到後來,似乎使人感覺到如果不用馬列史觀,便難以研究歷史。與左派史家纏戰的陶希聖(1899-1988)的作品尤其表現出這一特點。從1928年到1949年,大約二十年間,這一股歷史思潮的力量愈來愈大,說服了無數青年學者轉向其學術陣地。

左派史學對胡適、傅斯年所領導的以考據爲主的「爲學問而學問」的風氣非常不滿,攻擊、批判的文字非常之多。翦伯贊(1898-1968)便堅持史家要與現實的政治鬥爭密切結合,史學著作應該成爲「戰鬥指南」,批

21　《問學諫往錄》,頁180。

22　〈學術獨立之真諦〉,《迹園文錄》(台北:聯經,1983),頁248-249。

23　《問學諫往錄》,頁182。

判胡適、傅斯年集團是一群「飽學的奴才」，並呼籲要將歷史解釋的陣地從他們手中奪過來[24]。搶奪歷史解釋的陣地，隨著國民黨的潰敗成為事實。過去是靠理論著作來說服人，現在又輔之以雷霆萬鈞的政治力量。而政治壓力與理論上的心悅誠服又常如車之兩輪，扶搖而進。

「彌天之網」下的新標準

早在1948年11月毛澤東(1893-1976)在給吳晗(1909-1969)的信中就說他「尚未完全接受歷史唯物主義作為觀察歷史的方法論」[25]。如果毛澤東先前還帶有建議性質，那麼1949年春天，中共軍隊進入北京開始，京華學人便開始一步一步罩入歷史唯物主義這個「彌天之網」了。這一張網的範圍非常之廣，此處只能就當時學人所留下的印象最深刻的幾個重點作一敘述：第一是必須服膺階級理論，文章中不應該有超階級的觀點；第二，必須放棄「為學問而學問」的原則，學問要為政治服務。在「彌天之網」籠罩下來之際，史家們或出於主動，或出於被動，竭力想使自己的著作與新主義的尺寸相合。史學如此，其他許許多多學問亦如此。我個人認為將來這方面的材料會越出越多，而形成對研究一代知識分子心態史的最重要材料。在這裡我想以幾位傑出史家的轉變為例，利用書信、日記來勾稽出他們心態的變化。

首先我要舉與陳寅恪並稱「二陳」的陳垣為例。陳垣的轉向相當具有代表性。他在1949年4月給胡適的一封信，曾引起許許多多的討論。胡適懷疑這封信出自偽造，因為它的思想與文筆都不像出自陳垣之手。不過，如果配以陳氏先前給自己兒子的一封私函，便可以發現他是真正起了變化。1949年3月14日，他給三子陳約之(1909-？)的信上說：

---

24 許冠三：《新史學九十年》(香港：中文大學，1988)，下冊，頁120。
25 〈吳晗自傳〉，在蘇雙碧主編：《吳晗自傳書信文集》(北京：中國人事，1993)，頁18。

> 余近日思想劇變，頗覺從前枉用心力。從前宥於環境，所有環境
> 以外之書不觀，所得消息，都是耳食，而非目擊。直至新局面來
> 臨，得閱各種書報，始恍然覺悟前者之被蒙蔽。世界已前進，我
> 猶故步自封……[26]。

這裡的「新局面」是指共軍於1949年1月底進入北京。各種「新書報」使
他覺得過去是「枉用心力」。突然之間，學術典範變了，自己覺得過去幾
十種著作完全無用。將近一個半月後他給胡適的信，其實相當忠實地反映
了一種心態，覺得過去被胡適這些人所提倡的治學方法與態度「蒙蔽」了，
現在突然發現新世界，對歷史有了全新的看法。這封信是這樣寫的：

> 我活了七十歲的年紀，現在才看到了真正人民的社會，在歷史上，
> 從不曾有過的新的社會。經過了現實的教育，讓我也接受了新的
> 思想，我以前一直不曾知道過[27]。
> 在這樣的新社會裡生活，怎麼能不讀新書，不研究新思想的方法。
> 我最近就看了很多很多新書，這些書都是我以前一直沒法看到的
> [28]。
> 說到治學方法，我們的治學方法，本來很相近……如今我不能再
> 讓這樣一個違反時代的思想所限制。這些舊的「科學的」治學方
> 法，在立場上是有著他基本錯誤的，所以我們的方法只是「實證
> 主義的」。研究歷史和其他一切社會科學相同，應該有「認識社
> 會，改造社會」兩重任務。我們的研究，只是完成了任務的一部
> 分，既有覺悟後，應即扭轉方向，努力為人民大眾服務，不為反

---

26 陳智超編：《陳垣來往書信集》（上海：上海古籍，1990），頁709-710。
27 同上，頁192。
28 同上。

人民的統治階級幫閒[29]。

……我只是以為學術與政治是可以分開來看的，這種錯誤的看
法，直到最近才被清除。我才知道了「一切文化服從於政治，而
又指導了政治」[30]。

就在寫這封信的八、九年前，陳垣也一度覺得自己落伍了。1940年8
月14日陳垣在給他的長子陳樂素(1902-？)的信上說，他讀到傅斯年的《性
命古訓辨證》，發現「內多新材料、新解釋」[31]。8月16日，又在一信中
說：「余閱《性命古訓辨證》，深知余已落伍，未知在他人覺得如何耳。」
[32] 短短八、九年之間，陳垣再度有了鉅大的轉變，而且我頗相信，這種轉
變是相當真誠的。它不是孤立發生的，政權的改變是一個重要的觸媒。不
過，陳垣並未運用「新理論」來將自己的舊作通體改正一遍，或是在後來
的著作中充分體現這些理論特質。陳氏1949年後著作數目銳減，或許與他
在理論世界的「新發現」不無關係。

當時的一些史家在向新主義轉變時的語氣都先帶著悔恨，然後是一片
光明。1950年，原本與胡適、傅斯年關係密切的吳晗寫了〈我克服了超階
級觀點〉，口氣中也是先充滿悔恨，覺得過去被誤導，思想不通，所以沒
有好成績：

這二十年寫了四、五十篇專門論文，但由於思想沒有搞通，不會
運用辯證法，更由於受了胡適之極深的影響，治學鑽到考據的牛
角尖裡去，也就自然不會有什麼好的成績了[33]。

---

29 陳智超編：《陳垣來往書信集》，頁193。

30 同上，頁194。

31 同上，頁661。

32 同上，頁662。

33 此文收在蘇雙碧編：《吳晗自傳書信文集》，頁26。

他又痛悔自己過去「超階級」的觀點：

> 於此，我應該說明，不是毛主席教育了我，一直到今天，我還會
> 是糊塗的，不清楚的，自以為是「超階級」的[34]。

吳晗《朱元璋傳》的幾種改本，充分反映了這種改變。其改寫進程是在馬克思主義經典作家的理論指導下進行。譬如1965年版《朱元璋傳》的第四章，不再以朱元璋個人的好惡喜怒來談明初政局與治術，而改以階級分析來安排。第六章題為〈社會生產力的發展〉，第七章為〈統治階級的內部矛盾〉，這都是1949年及之前別版所無的[35]。

「超階級」的觀點是一種錯誤，「為學術而學術」亦然，而且成為可以控訴人的罪名。此處僅舉謝國楨（1901-1982）為例，在一篇懷念他的文章中說「甚至有人曾批評謝先生是『為學術而學術』，這是很不公平的」[36]。紀念謝國楨的人覺得謝氏不純然是「為學術而學術」，而我們所特別感興趣的倒不是這一點，而是當時人的普遍心態中認為這是有罪的。

新的改變使得舊學者頓失信心。這一個心態上的變化很值得大家注意。他們突然惶惶不知所措，拿著過去的成稿請比較有「理論素養」的學生或青年朋友修改，以便符合新的主義。經學史大家周予同（1898-1981）的經驗是很好的例子。周氏將不少經學史著作請人以馬列觀點改一遍，「以期符合用馬克思主義觀點寫經學史的要求」[37]。這一類的故事到處都有，見諸文字記載者與未見者很多。許多文稿在一改再改，來去數次之後，弄得面目全非。

---

34 蘇雙碧編：《吳晗自傳書信文集》，頁27。
35 潘光哲：〈學習成為馬克思主義史學家——吳晗的個案研究〉，《新史學》，8:2（1997年6月），頁133-185。
36 劉重日：〈文章、風範、長者——懷念謝國楨先生〉，《明史研究》，第2輯，頁37。
37 朱維錚：〈《周予同經學史論著選集》增訂版前言〉，《學術集林》，卷8（上海：遠東，1996），頁88。

在這裡，我要引幾段日記中的材料，作爲這一節的結束。史家金毓黻（1887-1962）的《靜晤室日記》是很珍貴的材料，刻劃出一位出色史家誠惶誠恐地接受「新思想」指導的細節。在1949年共軍進入北平以後，金毓黻的日記中突然出現一批新理論、新史家、新著作，這些都是他過去日記中極少或幾乎不曾出現的。日記中到處用一種初入門學徒讚嘆的口氣講新理論；而且還連篇累牘地往日記上抄，以便掌握那些本來完全不熟悉的東西。

一些原來在史學舞台上居於邊陲地位的史家，開始頻繁地出現在他的日記中，並且寄以高度的矚目。甚至連華崗（1903-1972）在某處養病，榮孟源在何處工作都記下來。然後是一批以唯物史觀爲指導原則寫成的書，這些書成了新榜樣，有些其實只是政治宣傳的冊子。此外，斯諾（Edgar Snow, 1905-1972）的《西行漫記》，還有《聯共黨史》，是他最常提到的。對於後者，金毓黻日記中不時談到要以該書爲模範進行歷史寫作。

一批新的歷史詞彙也湧進日記中。最常出現的是「歷史的發展規律」一詞，不但要以此來解釋歷史，而且要用來解釋包括生命觀在內的各式各樣的問題。但是，最值得注意的是，舊的與新的幾乎沒有延續性，舊的完全沒有價值，新的卻還沒有學到手，所以日記中稱自己現在是「兩手空空」。舊時自負而孤芳自賞，現在突然變得自卑起來。過去所有的成就一下子打得粉碎，覺得現在的自己比一個青年學生還不如，因爲學生可能比自己還懂得新主義。像金毓黻這樣早有所成的史家，突然之間發現自己不會研究歷史了，碰到一些原本可以得心應手的研究工作，因爲自覺理論素養不夠而變得「幾至不敢下筆」[38]。他甚至一度寫信渴望原先可能完全不放在心上的榮孟源來指導自己，而且語氣之謙卑，一如對待一位大師。一直到1956年5月19日，他還覺得自己理論水平太低──「寫作歷史研究文字，應具

38　《靜晤室日記》（瀋陽：遼瀋書社，1993），頁7129。前述諸點散見於該日記冊9、10，卷157至158中。

有三條件，一爲理論，二爲資料，三爲技術。吾所謂理論，即爲馬克思列寧主義辯證唯物論，寫作無此基礎，則爲無源之水，必不足觀。……吾自解放以來，歷時七稔，苦於理論水平太低，幾至不敢下筆。」[39] 怎麼辦呢？六天後的日記上寫：「近日我極留意於寫作的理論與技術兩個問題，我把學習的重點放在哲學講座上……此是對於加強理論的簡單辦法。關於技術，我係從細讀重要經典著作及劉少奇、周恩來等重要領導人講話稿以及《人民日報》社論隨時加以體會和揣摩做起。」[40]

　　尤其值得注意的是，在新理論的衝擊下，陳寅恪、岑仲勉這些他過去認爲不得了的大家所寫的中古史論述，轉不如楊志玖以「新理論」所寫的《隋唐五代史》：

> 陳、岑兩氏研究唐史之作，得到若干問題的深度，而彼此之間的聯繫，特別是內在聯繫，常常感到不夠[41]。
> 楊著能以新觀點新方法以及站在立場治史[42]。
> 如陳、岑二氏於新理論尚未能全部接受，即為其美中不足之一，楊著雖晚出，但於理論一端則差勝[43]。

尚鉞(1902-1982)的《中國歷史綱要》也高於陳寅恪及岑仲勉，因爲：

> 陳、岑二氏書中皆於生產經濟尚未觸及，尚著則並此二者(博、通)而貫通之，即為後來居上之顯徵[44]。

39　《靜晤室日記》，冊9，頁7129，1956年5月19日條。
40　同上，頁7140，1956年5月25日條。
41　同上，頁7165，1956年6月15日條。
42　同上，頁7168，1956年6月17日條。
43　同上，頁7175，1956年6月22日條，〈復卞孝萱函〉。
44　同上，頁7174-5，〈復卞孝萱函〉。

他細讀過陳寅恪的經典著作《隋唐制度淵源略論稿》後，深不以為然，認為該書特詳禮制，好像以為只要在禮儀之學上能窮源竟委，則其他制度思過半矣。而事實上「〔禮儀〕影響所屬止限於少數特殊階級。津津樂道何為者，此誠結習使然，吾未敢以為然也。」[45] 金毓黻的態度代表當時無數人的態度，覺得如果把陳寅恪這些舊時代的史學大師放在新時代的理論天平上稱，其價值頓然改觀。

「改男造女態全新」

而陳寅恪就在上面這種新氣氛下度過他的最後二十年。他所熟悉的京華學人，或出於自願，或出於「彌天之網」的壓力而紛紛轉向，這使得陳寅恪不禁發出對「尊朱頌聖有成規」、「改男造女態全新」的無限喟嘆。因為，以政治主義干涉史學研究，與求「真」的學問風格相悖逆，尤其是與他和王國維共同信守的「獨立之精神、自由之思想」相衝突。我個人認為，陳寅恪最後二十年生命中的種種起伏與跌宕，都與「真諦」與「俗諦」的這個根本衝突分不開。

陳寅恪的性格是自主而不受人左右的。關於這一點，我個人在整理他給傅斯年的幾十封信（連載於1995年12月台北《聯合報》副刊）中可以非常清楚看出。生活上如此，思想學術上亦復如此。他真心堅持「自由的意志」和「獨立的精神」是發展學術及一個國家精神文明不可或缺的質素。在1949年以前和1949年以後的許多文章中，都反覆強調這一點。

但是陳寅恪的一生，卻恰好處在一個「主義」壓倒一切的時代，左與右的政黨都希望以「主義」來指導一切，而且許許多多人都認為「主義」是一件好東西[46]，不但要在政治領域中發生效力，並且要在學術文化領域

45　《靜晤室日記》，頁7191，1956年7月2日條。

46　連後來極為反對「主義」的傅斯年，在新文化運動時期也一度主張有「主義」，比沒有「主義」好。

中作爲指導。

陳寅恪原先遇到的是國民黨北伐之後進行的黨化教育，陳氏的反對與抗拒是一貫而且強烈的。他在1927年告訴吳宓，極爲不滿黨的力量進入校園。吳宓的日記1927年6月29日條記：

> 夕，陳寅恪來。談大局改變後一身之計畫。寅恪贊成宓之前議，力勸宓勿任學校教員，隱居讀書，以作文售稿自活，肆力於學，謝絕人事，……又與寅恪相約不入〔國民〕黨。他日黨化教育瀰漫全國，爲保全個人思想精神之自由，只有捨棄學校，另謀生活，艱難固窮，安之而已[47]。

爲了「保全個人思想」以對抗國民黨的黨化教育，陳寅恪甚至想「捨棄學校，另謀生活」，足見其態度堅決。《陳寅恪編年事輯》的增訂本中有一段，是1936年，他對國民政府教育部下令「中學歷史教科書不得有挑撥國內民族感情之處，於民族戰爭不得言，要證明民族同源」，表示「予以爲這是不必的」[48]。

「自由之思想」、「獨立之精神」，還表現在他對胡適的幾次態度上。陳寅恪與湯用彤等人，常被視爲考據學派的大家，與胡適同路，但是在文化觀點上，他們其實不盡相同，對激烈反傳統主義尤其不能同意。陳寅恪與吳宓日常的談話中不時透露出他們對傳統文化、道德、禮法的溫情與敬意。新文化運動時期，與他們接近的張鑫海甚至說，今日羽翼未豐，所以無可奈何，等到將來學成，必與胡適等人痛戰一番。陳寅恪到嶺南大學後，一度還對情誼深厚的陳序經說「你的全盤西化怕也要倒倒車了」[49]，也是

---

47 吳學昭：《吳宓與陳寅恪》，頁48-49。

48 蔣天樞：《陳寅恪先生編年事輯(增訂本)》（上海：上海古籍，1997），頁99。

49 張鑫海語見吳學昭：《吳宓與陳寅恪》，頁19。陳寅恪語見陸鍵東：《陳寅恪的最後貳拾年》（北京：三聯，1995；繁體字版，台北：聯經，1997），頁31。

這個意思。

可是，陳寅恪在1940年的中央研究院長選舉時，卻堅持要出席投胡適一票，不願意支持蔣介石提名的顧孟餘(1888-1973)。據當時人回憶，顧孟餘名聲不算太差，但陳寅恪決不願選蔣介石的私人秘書作院長，並將之詮釋為是捍衛學術獨立與自由意志之舉。而1949年，國民政府派赴北京搶救學人的飛機，陳寅恪不願與有官方色彩的人同行，卻願意與胡適同機[50]，也代表學問脫離政治之干預的態度。

他在1953年給科學院的答覆中再度提到三十幾年前的一段往事：

> 我認為研究學術最主要的是要具有自由的意志和獨立的精神。所以我說「士之讀書治學，蓋將以脫心志於俗諦之桎梏」，「俗諦」在當時即指三民主義而言，必須脫掉「俗諦之桎梏」，真理才能發揮，受「俗諦之桎梏」，便沒有自由思想，沒有獨立精神，即不能發揮真理，即不能研究學術[51]。

「俗諦」在過去是指三民主義，在1950年代便是指馬列主義。他認為要研究學問，要求「真諦」，便不可以學三民主義也不可以學馬列。所以在1953年這一封給科學院的答覆中，他堅決表示，要他主持中古史研究所的先決條件是，「不能先存馬列主義的見解，再研究學術。我要請的人，要帶的徒弟都要有自由思想、獨立精神。」[52]

陳寅恪未必認為馬列主義全是糟粕，不過他對馬列主義的教條作用的不滿是非常清楚的。他1957年給劉銘恕的信中表示決不以「太史公、冲虛真人」之學說來研究歷史[53]。余英時先生已經指出所謂「太史公」與「冲

50　陸鍵東：《陳寅恪的最後貳拾年》，頁5。
51　同上，頁111。
52　同上，頁112。
53　同上，頁213。

虛真人」即是「馬列」,這個推論堅確不移。我在《陳寅恪先生編年事輯》
的增訂本中讀到蔣天樞學生的一篇「後記」,作者提到蔣天樞生前編陳寅
恪詩集時曾刪去一首〈讀史記與列子〉詩中對《史記》、《列子》作了非
常嚴厲的批判。他當時問蔣,何以不收此詩,蔣告訴他一個非常能令人信
服的理由,但是作者表示他已經完全不記得了[54]。看來陳寅恪不但在給劉
銘恕的信中表示不為馬列之學,他還曾形諸吟詠,藉著對《史記》與《列
子》之批判痛斥馬列。這層理由蔣天樞自然懂得,但怕被人覷破,所以不
敢將詩收入。而馬列到今天還是中共的「國教」,約束力還在,所以「後
記」的作者技巧地為我們留下了這一段材料,卻以不記得為由未將之說破。

不可化解的矛盾

　　1949年以後,「真諦」與「俗諦」兩股力量的緊張與衝突規範了許多
人的生命型態,也是陳寅恪最後二十年生命中最具張力之處。

　　1949年以後,「主義」的威力、壓力比國民黨政權時代不知強過多少
倍,但陳寅恪的主體性依然很強。因為強,所以在不常接觸的人覺得「有
點怪」,或直接說他「脾氣很強」。他始終拒絕用「主義」來指導學術研
究,這使他的處境變得非常詭異。

　　1949年以後,陳寅恪這個舉世知名的大學者引來不少新朝大官的好
奇,他們大多具有一些知識分子背景。由共產黨大官與他接觸的故事,可
以看出一個現象,凡是想以新上級身分壓他的,他都會以各種方式頂回去,
即使是「關照」得不得法也一樣。因為「關照」不得法則仍有以上對下的
意思。這也是為什麼他往日的學生汪籛幾乎被他逐出家門的原因。陸鍵東
在《陳寅恪的最後貳拾年》上是這樣寫的:「汪籛顯然用了『黨員的口吻』、

54　蔣天樞:《陳寅恪先生編年事輯(增訂本)》,頁260。

『教育開導的口吻』與陳寅恪談話」[55]，在汪籛這位激進的共產黨員心中，當時的氣氛會讓他覺得以黨員對非黨員，至少在政治問題上，當然是可以用開導者的口氣講話的。雖然他這時仍不改對其師的尊敬，但是在陳寅恪看來，汪仍然是學生，學生而突然因為「政治正確」便以這種態度凌駕老師，他是吃不消的，所以馬上頂回去。相反的當主管廣東文教的杜國庠（1889-1961）與陳寅恪見面時，「甚少以關懷的口吻說話」[56]，便引來相當的好感。

周揚上門時，也是犯了陳的忌諱，從聯絡到見面的過程，讓陳氏覺得周揚以大官自居，所以當二人一見面時，陳寅恪便突然「襲擊」，問他是否管新華社，「新華社何以先是宣揚學生可以教老師，不久又改口」等等[57]。郭沫若（1892-1978）寫給陳寅恪的信中錯了一個字，當時中山大學的人相傳陳氏為此作詩諷刺郭氏[58]。這也是一種心理反應，寫錯一個字而未察覺，似即表示對收信人不尊敬。此外，康生等人的到訪，陳寅恪的種種表現，其實都是一種「語言」，用來表現他的主體性。

在生活態度上如此，在學術工作上也是如此。

陳寅恪對中共會以彌天之網般的「俗諦」罩向學術文化領域，似乎有些措手不及。1949年以後，北京學界的舊友、學生，一個一個自願或被迫倒向「太史公」與「沖虛真人」之學說，使得他對自1920年代起便游息其間的北京學術文化圈的逝去感到惋惜與悲憤。這種情緒表現在與汪籛的一席對談。汪籛當日必定告訴他某也今如何、某也今又如何，使得陳寅恪破口痛罵之為「可恥」[59]。所以《元白詩箋證稿》出版後，北京友人中只有鄧之誠（1887-1960）收到一部，並附了一封信，表示京華學者皆趨「新學」，

---

55 陸鍵東：《陳寅恪的最後貳拾年》，頁103。
56 陸鍵東：《陳寅恪的最後貳拾年》，頁264。
57 同上，頁280。
58 同上，頁119。
59 同上，頁106。

只有鄧氏可能讀他的書了[60]。

對於思想改造，他諷以「改男造女態全新」[61]，對一些符合政治教條所編的中國歷史書在文化界大行其道，他「忽展圖看長嘆息」[62]，在1953年，他除了對隨時勢而變的學人表示深惡之外[63]，還寫下「尊朱頌聖有成規」的詩句[64]。在談話中，他對冼玉清（1894-1965）說「我要為學術爭自由。我自從作王國維紀念碑文時，即持學術自由之宗旨，歷二十餘年而不變」[65]。其夫人唐篔也對人說：「陳寅恪最不願意看到別人寫文章時，時時提到馬列主義，一看到頭就痛。」[66]

前面提到的1951年〈對科學院的答覆〉一文也是針對彌天之網下「改男造女」的情態而發的。陳寅恪堅信以政治主義指導學術，則學術不可能進步，所以這篇答覆的第一句話便是「我的思想，我的主張完全見於我所寫的王國維紀念碑中」，也就是「我認為研究學術，最主要的是要有自由的意志和獨立的精神。所以我說士之讀書治學，蓋將以脫心志於俗諦之桎梏。必須脫掉俗諦之桎梏，真理才能發揮，受俗諦之桎梏，沒有自由思想，沒有獨立精神，即不能發揚真理，即不能研究學術。」這一段話與嚴復「學術則黜偽而崇真」的精神是一致的。為了「崇真」，必須擺脫政治教條，也就是他所說的俗諦。他只點出在他寫王國維紀念碑時，這個「俗諦」是三民主義，但不好意思說現在這個「俗諦」是馬列主義。

他自己表示「絕不反對現在政權」，這句話可能不是門面話。但這並不表示他對中共有多少了解，而是他對蔣介石政權不滿。他早年詩中「看花愁近最高樓」等，都是對蔣氏表示不滿之意。他在給科學院的答覆中還

---

60 同上，頁138。

61 陸鍵東：《陳寅恪的最後貳拾年》，頁49。

62 同上，頁50。

63 同上，頁76。

64 同上，頁107。

65 同上，頁102。

66 同上，頁109。

表示早在宣統三年留學瑞士時便已讀過《資本論》。所以對這一套理論是有所了解的，顯然也不全然排斥。問題是，學問應該是一個自主獨立的領域，要運用什麼理論，應該由研究者就當時之需要去擷取，如果研究者覺得有必要時，當然可以引用《資本論》，《資本論》是治學的參考而不是教條。如果把政治教條擺在研究學問之前，無獨立之精神與自由之意志，則學問不可能進步。故他說「沒有自由思想，沒有獨立精神，即不能發揚真理，即不能研究學術……一切都是小事，惟此是大事」[67]。他又說：

> 因此，我提出第一條：允許中古史研究所不宗奉馬列主義，並不學習政治。其意就在不要有桎梏，不要先有馬列主義的見解，再研究學術，也不要學政治。不止我一人要如此，我要全部的人都如此[68]。

他並且要求「請毛公或劉公給一允許證明書，以作擋箭牌。」[69] 陳寅恪大概沒料到後來「彌天之網」會以如此嚴酷的方式罩下，所以還敢請毛公、劉公給一證明，而且說毛、劉二人是國家最高領導人，應和他有同樣的看法，「否則，就談不到學術研究」[70]。

《紅樓夢》批判，尤其是胡適批判，代表「彌天之網」的進一步收緊。許多胡適的故舊門生都起而批判胡適資產階級史學的方法，陳寅恪痛罵北國學人為「一犬吠影，十犬吠聲」[71]。但最為傳神的是在1954年底所寫的「無題」詩：「世人欲殺一軒渠，弄墨燃脂作計疏，猧子吠聲情可憫，狙公賦芋意何居。」他特地為這一首詩寫了一條長註，說《太真外傳》中有

---

67 陸鍵東：《陳寅恪的最後貳拾年》，頁111-112。
68 同上，頁112。
69 同上，頁112。
70 同上，頁112。
71 同上，頁134。

康國「猲子」之記載，並大加發揮說「猲子」「即今人所謂『北京狗』，吾國人呼之爲『哈吧狗』。」[72] 這與周作人(1884-1968)與其兄魯迅(1881-1936)決裂之後所寫〈破腳骨〉一文，藉考證「流氓」一詞以痛罵其兄的語氣很像：「破腳骨官話曰無賴曰光棍，古語曰潑皮曰破落戶，上海曰流氓，南京曰流屍曰青皮，日本曰歌羅支其，英國曰羅格……」[73]。陳寅恪當然不會是受到周作人的影響，不過他的「無題」詩顯然在諷刺參與批俞平伯(1900-1990)、批胡適的學人是「哈吧狗」。他未必欣賞胡適，但卻不能同意以政治力量動員批判學術。

　　1949年以後，陳寅恪始終以老病爲由不參加政治學習。擔任護士的容宛梅是這樣回憶的。她說她到中山大學兩年，「第一次聽到了當時覺得有趣的陳寅恪的三不條件：一不學馬列主義，二不參與行政事務，三不參加政治學習。」[74] 他也堅持不刻意在教學研究中套用馬列新理論。這使得他在「改男造女態全新」的新世界中，顯得非常奇怪。在當時的中山大學中，他也有一些想法比較接近的朋友，如數學家姜立夫(1890-1978)，說他始終服膺「超政治、純技術」[75]，如經濟史家梁方仲(1908-1970)堅持「學術人生」，認爲「學術價值永恆，政治只能解決一時的問題」[76]。如他的忠實門生劉節(1901-1977)所說的「求真」與馬列主義相矛盾[77]。但是他們畢竟是異類，得要挨鬥。新時代的風氣反對「只問學術，不問政治」，反對「爲學問而學問」，反對考據，反對專門問題的深入考證，主張要通，要能聯繫全面及歷史發展的規則，但最重要的是要能使歷史爲現實所指導，或最好是歷史爲現實所用。毛澤東說「政治和業務是對立統一的」[78]，陳

---

72 陳美延、陳流求編：《陳寅恪詩集》(北京：清華大學，1993)，頁88。

73 錢理群：《凡人的悲哀──周作人傳》(台北：業強，1991)，頁 49-50。

74 陸鍵東：《陳寅恪的最後貳拾年》，頁387。

75 同上，頁30。

76 同上，頁231。

77 同上，頁226。

78 同上，頁220。

伯達(1904-1989)說「積累資料如果接受馬克思主義、無產階級領導，那麼他們的材料是有用的，否則有什麼用呢」[79]，周揚也說「學術不配合政治要犯錯誤」[80]。從1958年「厚今薄古」運動起，陳寅恪不再能自外於「彌天之網」了，他被痛批為「偽科學、假權威」。最值得注意的還是來自學生的批評。由這群年輕孩子批評陳寅恪時所用的詞彙，可以看出當時人認為什麼是錯的，什麼是天經地義的。中山大學歷史系三年級學生攻擊陳寅恪迷惑學生，販賣為學術而學術的狗皮膏藥[81]，又罵他企圖玩弄把政治和學術分割開來的思想把戲[82]。也有學生寫大字報奉勸陳寅恪上課時多運用馬克思主義觀點，批判他代表資產階級的繁瑣考證[83]。也有的大字報說他「為史料而史料，為考據而考據，根本不指導學生對歷史作階級鬥爭的分析」，「是用考據代替馬克思主義的辯證法，宣揚史料的廣博和考證的精深是歷史科學的最高境界」[84]。此外，北京大學歷史系三年級所寫的一份批判陳寅恪的文章，據說是當時批判陳氏文字中水準較高的一篇，也是反覆責備他未用馬列史觀來治史[85]。

我覺得看清陳寅恪與整個「彌天之網」之間不可化解的矛盾之後，才能了解陳寅恪最後二十年的兩件事：第一，是似受優待又受迫害的現象；第二，是他不肯離開中國大陸，而後來詩中又有無數怨苦的控訴。

在陳氏最後二十年生涯中，一次又一次與知識分子有關的政治運動，無不是以改造資產階級知識分子為主要目標，希望他們徹底改頭換面，運用馬列思想來看世界、想問題、作研究、寫文章。這個方向基本不曾變，

79　同上，頁235。

80　陸鍵東：《陳寅恪的最後貳拾年》，頁370。

81　同上，頁271。

82　同上，頁272。

83　同上，頁268。

84　同上，頁246。

85　〈關於隋唐史研究的一個理論問題──評陳寅恪先生的「種族─文化」觀點〉，《歷史研究》，1958:12，頁37-52。

也不曾鬆懈。此中自然也有幾個特別關照知識分子的人物，像陶鑄（1908-1969）、周恩來（1898-1976），給知識分子脫帽，照顧知識分子生活。但是在優禮士人的同時，他們的基本政策還是希望讀書人成為「社會主義的知識分子」，並不是要他們獨立自主。而且這些優禮士人的大官通常是對知識的實用價值看得比較清楚，比較長遠的一些人。

優待是可以的，某種程度的放鬆是可以的，但是在碰到最根本的意識形態問題時，便要站穩立場了。陳寅恪想重印《元白詩箋證稿》，被批為「與時代不合」[86]，想印《唐代政治史述論稿》，當局還把它送去審批，引起陳氏的震怒[87]，他想印《論再生緣》，也被康生否決[88]，這些使他在與胡喬木（1912-1992）談話時，對作品審查表示深惡痛絕[89]。

個別的優待是可以的，但是不能改變其基本命運。優待是出自新朝大官們私人對一位不世出學者的尊禮，但是客觀的大潮流是與此相反的。

最不懂得陳寅恪的當然是一些受「主義」影響很深，或根本不懂陳寅恪學術價值的人。在他們看來，陳氏價值的高低應該用新標準來重新估量，符合這一標準才有價值，不符合的，哪怕有通天本領，最多也只有邊緣價值。政治覺悟高的黨幹部，最容易表現出這一傾向。龍潛這一個多少帶點趣味的人物便可以做一個例子。他應該是一個「以黨為綱」的幹部，在其心中，不能服從馬列的歷史研究基本上沒有多大價值，所以他對陳寅恪的態度那樣大刺刺，甚至說讀他的書不如去看小說，直到發現自己的上司們關心陳寅恪時，才又勉強改變態度。至於陳寅恪的門生金應熙，則有兩種分裂的身分：作為學者的金應熙，他敬佩陳寅恪；作為黨員的金應熙，他痛批陳寅恪[90]。

---

86 陸鍵東：《陳寅恪的最後貳拾年》，頁82。
87 同上，頁155。
88 同上，頁369。
89 同上，頁363。
90 同上，頁253。

陸鍵東《陳寅恪的最後貳拾年》中搜集的一些材料，尤其是那些不在史學這一行的人(黨工、學生、幹部)，他們在大字報中對陳寅恪的攻擊，不因其「胡言亂語」而完全無價值，這些「胡言亂語」反映當時的一種集體心態──符合主義才有價值，否則最多只是下降為「材料」而已。我直覺地以為，一再有人提到要在多少年內在占有史料的材料上超過陳寅恪，甚至發起一人讀一本書運動，希望最後集合起來便可以勝過舊史學權威陳寅恪[91]，或是像周揚向他的秘書說看陳寅恪主要是想看他的藏書等，似乎認為陳寅恪不過是讀書多、材料廣，至於談到「解釋」，也就是一篇文章真正靈魂的理論部分，陳寅恪是不值得多談的。

綜觀陳寅恪的最後二十年，儘管他曾向遠道來訪的吳宓(1894-1978)表示中共的「優待是虛有其名」，但雖「虛有其名」，仍表示存在著。對照當時的情形，特級稿費，使用小汽車，鋪白色泥道路[92]，三個半護士，每天三瓶牛奶，陶鑄特別關照購買落地式收音機，一籃空運而來的鮮荔枝，每天七人份的肉食等，甚至連看不上戲也可以震驚廣東副省長，都算特別的待遇。但是在大潮流大環境下，仍不能改變他始終被被劃為「中右」，及愈來愈擋不住被批判的命運。

不參加任何政治運動的陳寅恪慢慢地擋不住「彌天之網」了，在他的著作中，我們始終看不出他刻意用「太史公」與「沖虛真人」的理論來寫文章。然而在研究中可消極抵抗，在生活中，他卻抵擋不住批判。1958年6月，他被貼大字報，冠以「偽科學、假權威」，學生指斥他誤人子弟，陳寅恪震怒，從此不再開課。1959年，他的得意門生金應熙起而批判他。1966年「文化大革命」開始，中山大學後勤部門首先發動對陳寅恪的批判，後來大字報貼滿了陳寅恪住宅的外表，最後並貼到了他的床頭。陳寅恪被迫提出書面檢討，1969年，他被迫搬離東南區一號。不久，一代史學大師

---

91 陸鍵東：《陳寅恪的最後貳拾年》，頁274。
92 同上，頁169。

陳寅恪逝世。

　　1969年中山大學的一份「形勢報告」中有一段敘述，爲我們猜測陳寅恪最後三年的精神狀態留下極重要之原始材料——「陳寅恪對於蔣家王朝的覆滅，對於亡國、共產黨是不甘心的。他聲稱不吃中國麵粉，不爲五斗米折腰。他狂叫興亡遺恨尙如新。他還說：雖然年紀老到皮包骨了，但還不願死，要看共產黨怎樣滅亡，死了以後，骨灰也要拋在大海裡，不留在大陸。簡直反動透頂，惡毒至極。在無產階級文化大革命中，革命群眾對他也確實憤恨至極……他要至死不變，就讓他帶著花崗岩腦袋見上帝去吧。」[93] 陸鍵東表示，在中山大學當年的「總結」或「形勢報告」中，用了這樣的評語，陳寅恪是唯一一人。如果這份「形勢報告」多少可信，那麼陳寅恪則是到死都不願調和「真諦」與「俗諦」之間的對立與緊張。

---

93 陸鍵東：《陳寅恪的最後貳拾年》，頁477-478。

附錄一

思想史與生活史有交集嗎？
──讀「傅斯年檔案」

本文是根據閱讀「傅斯年檔案」的一些札記所寫成的，主要探討四個方面的問題：第一，是傅氏留學時期的幾次轉變；第二，是傅氏的幾件著述計畫；第三是以傅氏爲例討論新舊時代之轉換；第四是傅氏的民族主義情緒。

「傅斯年檔案」一共有五個皮箱，內容從日常生活中所用的什物到醫院診斷書、催稿信、賬單、給學生的試題等，品類相當繁多。

我個人對傅斯年作過一些研究，凡涉及比較大的問題者，大致見諸我的英文書 [1]。但我總覺得有些材料，雖然不易組進一個較大的論旨中，卻多少可以反映傅先生這個人和他的時代，而從中卻可以思考「思想史」與「生活史」是否有交集這個問題。

留學時期的幾次轉變

重構傅斯年的生命史時，最爲困難的是他的少年時代及在英、德讀書的七年。本來，對任何歷史人物來說，少年時代的材料一向最少，不足爲

---

1 Wang Fan-sen, *Fu Ssu-nien: A Life in Chinese History and Politics*(Cambridge: Cambridge University Press, 2000).

怪。不過近代中國新知識分子多有一段留學異國的經驗，這一段經驗在他們一生思想及事業發展中常居關鍵位置，所以也特別值得注意。

傅氏自歐洲回來時，可能只留下幾本筆記，其餘一概丟棄，以致我們很難掌握他在那七年間學思歷程的變化。幸而傅氏的大量藏書幾乎都保留下來，有不少書都有閱讀眉批的痕跡或簡單的購買紀錄，這寥寥幾個字通常能給我們一些線索去探測傅氏在特定時期的學思狀態。購買的書不一定讀，但購買代表一種興趣和傾向。

五四青年對心理學有很大的興趣，汪敬熙(1897-1968)、吳康(1897-1976)都是例子。傅氏到英國念心理學是受了章士釗(1881- 1973)演講詹姆士心理學之影響。他到倫敦大學 University College，從心理學家 C. Spearman(1863-1945)讀書，並研究弗洛伊德學說。傅氏有關心理學及弗洛伊德的藏書多購於1921-1923年，同時幾乎不買其他書籍，足見剛到英國的兩年，他的整個精神多放在心理學上。這是傅氏出國最初立定專攻的學科，但是最後未能繼續。他受柏林大學量子力學及比較語言學兩門學問的吸引，於1923年轉到該校。

1923年到柏林後，傅氏的整個注意力似乎都被馬赫(E. Mach, 1838-1916)所吸引；馬赫的《感覺的分析》(*Die Analyse der Empfindungen*)德文本購於此時，應該也是讀於此時，書中還夾了一張該書重要辭彙的英德文對照表，書中偶有零星眉識也多用英文，可能還在適應的階段。此後心理學的書買得少了，轉而買物理學、數學方面的書。在傅氏留學的最後階段，又有一個轉變，即他轉向比較語言學研究，開始大量購買有關梵文、藏文、緬甸文等方面的書，甚至西洋研究中國語言音韻方面的書，尤其是大量蒐集了高本漢(K. Klas Benhard, 1889-1978)的著作。這些書多是在1925年到1926年間買的，代表此時傅氏學問興趣已轉變到歷史語言學方面。從歷史語言學轉向史學則是傅斯年最後一階段的轉變；其實這並不令人感到詫異，以傅氏自幼以來中國文史根柢之深厚，回到歷史研究本是駕輕就熟的事，何況當時歐洲的歷史學風本就有此一路。如蘭克(Leopold von Ranke,

1795-1886)本人就是由歷史語言學轉向史學，而與傅氏同時在德國讀書的陳寅恪(1890-1969)亦是由歷史語言學轉向史學。傅氏一直到1931年左右，仍對歷史語言學興趣濃厚，從他藏書中的一些眉批中可以看出。

在整個留歐期間，傅斯年對統計學、或然率興趣特別高，尤其希望將之運用到有關人類事務的研究上。他留歐期間所感到興趣的幾位大家都與統計學有或多或少的關係，如Karl Peason(1857-1936)，他對近代統計學理論奠基的工作貢獻很大，傅斯年很喜歡他的作品，在1925-1926年的筆記本中列有一些他的作品。他想譯巴克(H. Buckle, 1821-1862)的史書，也是看重其中歷史統計的方法。Spearman是吸引傅氏到英國讀實驗心理學的人，他是在廿世紀前期建立心理統計學的一位重要學者。凡此種種，皆因他認為統計可以改變中國傳統人文學的含糊籠統的習慣。傅斯年回到中國後，先在中山大學任教，所授科目除了「中國古代文學史」等外，還有心理學方面課程，我們現在可以確定的是他教過「統計學導論」，在史語所公文檔案(編號元字第477號)中尚存有一份授課講義及考試試題，從一些零星鋼筆筆跡可以看出這是屬於傅斯年的。整體而言，傅氏這幾年中博洽宏觀的學術歷練，開展了他後來領導學術機構的眼光。

未完成的幾件著譯計畫

傅斯年治學的興趣與範圍比他已發表的著作要寬得多。一般人以為傅斯年只講斷代史，或只講上古史，但事實上傅氏對歷朝各代都曾有論述的計畫。傅氏想寫一部《民族與古代中國史》而終未能成，這是胡適(1891-1962)、勞榦等先生一再提到而深感遺憾的。在「傅檔」中我們可以看到他對這個問題，另有一些遺稿，不過因為他太忙，所以不曾進一步清理。大約1933年，傅氏曾在三張八行紙上自擬一張著述的計畫表。我謹抄錄如次：

●待寫成之稿

（一）古逸叢書本姓解跋

小文已寫成待抄

（二）遼帝后哀冊匯跋

去年四月在京寫好待抄

（三）答朱希祖先生論明成祖生母文

（四）答繆鳳林等評《東北史綱》

（五）清太祖建號時八旗制之性質

此據舊文證明彼時八旗制乃如唐府兵明衛所非以原有部落為單位

（六）中國詩體之四段演講論

（七）汲冢文籍考

●專書

民族與古代中國史

已成三之二　全書約十五萬—二十萬字 [2]

　　其中像遼代帝后的問題，傅先生著手搜集材料甚久，遺檔中存有一些
哀冊的拓片，傅先生還編成宋遼外交關係文書目錄，此外，並未見到任何
成稿。傅先生經常留意明代歷史，並計畫有所撰述。這可能與他和朱希祖
爭論碩妃是否爲明成祖生母及史語所的明清檔案、校刊《明實錄》兩種
計畫有關。這兩種計畫有不少由傅氏親自擘畫。在傅氏1939年的一個筆記
本中 [3]，有幾頁題爲《明書三十志》的目錄，茲抄錄如次：

　　曆法志、皇統志、祖訓志、地理志、京邑志、土司邊塞志、氏族
　　志、禮樂民風志、學校選舉志、職官志、刑法志、兵衛志、財賦

2　「傅斯年檔案」（以下簡稱「傅檔」），I: 799。

3　「傅檔」V: 14。

志、河渠志、商工志、儒學志、文苑志、典籍志、書畫志、器用
志、宦官志、黨社志、釋道志、朝鮮安南志（琉球附）、韃靼西域
志、烏斯藏志（喇嘛教附）、倭寇志、南洋志、西洋志、遠西志、建
州志。

乍看之下會以爲這一份目錄是讀明代史書的筆記。不過如果把它和鄭天挺
（1899-1981）〈自傳〉中所存的一份目錄相比勘，則知二者完全相同[4]。依
鄭天挺追記，這是傅斯年約鄭氏合作的計劃，原擬五年完成，傅氏認爲如
果此書能夠完成，則明史可以不必重修了。他們當時想約湯用彤（1893-
1964）及陳受頤（1899-1977）合作，不過這個計劃後因戰亂及傅氏事忙而胎
死腹中。如果仔細比勘，可以發現鄭天挺在一字不漏地抄錄傅氏當年所提
議的著作計劃時，有所省略，譬如在「建州志」條下略過幾字，即「直敍
其大事至台灣之亡」。

　　當時傅氏亦以明史素養爲外人所知，「傅檔」II: 88是負責一套叢書
編輯工作的黎東方（1907-1999）來信，邀請傅氏寫明史，並表示如果傅氏
不允，再請吳晗（1909-1969）[5]。傅氏曾在私函中向胡適表示他想以明太祖
爲題寫一部傳。這個構想與後來吳晗的《朱元璋傳》是否有關，不得而知。
不過「傅檔」中倒是有一封信，是吳晗寫《朱元璋傳》時，將他預定的大
綱寄請傅斯年指正的。

　　傅氏對民國歷史亦曾欲有所撰述，「傅檔」V: 14是一冊空白日記本，
其中有擬目如次：

《民國北府記》
前篇

---

4 見鄭天挺：〈自傳〉，在吳廷璆等編：《鄭天挺紀念論文集》（北京：中華，1990），
　頁700-701。
5 III: 213是王雲五的來信，也是請傅氏寫明代史的。

袁氏當國篇

附傳　徐世昌　馮國璋

　　　　倪嗣沖　張勳

　　　　梁士詒　錢能訓

　　　　張鎮芳　李經羲

段氏秉政篇

附傳　徐樹錚

吳氏用兵篇

北方大亂篇

附傳　曹　錕

　　　　張作霖

　　　　張宗昌

四紀

日本侵略紀

思想運動紀

國際大勢紀

地方民物紀

獨傳

民國翊輔傳　黃　興（？）

　　　　　　黎元洪

民國死事傳　吳祿貞

循良傳　王永江　王　瑚

　　　　朱啟鈐

清正傳　嚴　修　傅增湘

逸民傳

懷舊傳　王世珍　康有為

名士傳　張　謇

　　　　　　　　梁啟超　　熊希齡

儒藝傳　　王樹枏　　柯劭忞

文士傳　　王闓運

　　　　　　　　樊增祥

凶□傳　　鄭孝胥

　　　　　　　　羅振玉

　　　　　　　　楊　度

叛賊傳[6]

　　傅斯年另有一本通論性的文化史的寫作計劃《赤符論》（按：《赤符論》
收藏於傅斯年圖書館保險箱，未入「傅檔」。），可惜只有一個目次，未見任何進
度。不過，由此目錄也可以看出他的一些構想。這份目次上所標的小題號
碼相當亂，顯然是倉促寫成的：

《赤符論》一個啟開中國歷史之正形之嘗試

●前書

　　論先於秦始皇帝之歷史及藝文之直接的材料今泰多不可見而一
　　切間接材料大體上在我們將漢朝四百年歷史未弄清楚之先我們
　　沒有去用之正誼

　　(一)太史公書之缺陷

　　(二)天祿石渠定本流傳不是晚周藝文之真面目

　　(三)漢志之存漢面目

●本書

　　(一)論歷史各時代之價值不相等

　　(二)論歷史由種族、物質建制的遺傳合起成一甚複雜之函數

6　「傅檔」V: 14。傅先生在黃興名下打一問號。

(三)論歷史為有機體或可喻為人

● 以上泛論

(四)論封建之中國在民族和文化上不是一元

(五)論春秋戰國之交在文化史上之勢

(六)論秦并六國而未嘗變法

(七)漢只承秦未嘗更易

● 以上胎論

(八)論漢朝形勢之政治不能轉移

● 論秦漢大一統之義

(九)敘漢武帝

(十)世家制之廢

(十一)明表本書之中央論旨

(十三)論今文之流緯書及古文之反動

(十四)論東漢之凝結的儒家並論漢後儒家無新題目

(十五)論漢朝的九流及方士墨家之流為黃巾

(十六)論佛教之歷史上的價值在其信仰不在其學

(十七)論漢之鹽鐵論

(十八)論漢法

(十九)論階級的民俗

(二十)人口問題與中國　沙漠與中國

(二一)黃巾與清談

(二二)兩漢之龐大系統狀態到東漢之凝結並到魏晉之超越直到

　　　梁陳之為歷史的線形Natural Death

(二三)王莽和王安石

● 以上為旨論

(二三)表面的例外一　文學

(二四)表面的例外二　文藝

（二五）表面的例外三　漢學

（二六）表面的例外（然亦是有限的例外）四　藝術

● 以上枝論

（二七）論五胡

（二八）論北朝隋唐之佛教

（二八）論唐之「一統天下」

（二七）論宋理學

（二八）論蒙古之征服中國

（二九）東來航路之開通及耶穌會士

（三十）論滿洲咸豐同治朝人對歐洲文化觀念之謬

● 以上輔論

● 餘記[7]

　　我們不易斷定《赤符論》是何時的寫作計畫，不過在《胡適遺稿及秘藏書信》中，可以見到他大約於1930年8月30日給胡適的一封信上曾如此自道：

　　　　這次回來大用功，完全不出門，下午睡覺，徹夜用功（讀書收材料），
　　　　這樣下去，文學史明年有了，《赤符論》後年也有了[8]。

寫這封信時，傅先生正在北京，除任中央研究院歷史語言研究所所長外，也在北京大學授課。此處所謂「文學史有了」的「文學史」，可能是將《中國古代文學史講義》（現已編在《傅斯年全集》中）改寫成定本，但《赤符論》則始終未見成稿。

7　《赤符論》，無檔號。

8　耿雲志主編：《胡適遺稿及秘藏書信》（合肥：黃山書社，1994），冊37，頁400。

關於這一份大綱有兩點值得討論，第一，傅氏對哲學及中國哲學之觀點。第二，傅氏對九流是否出於王官的看法，及他對胡適學術之評價。

首先，何以這部預定寫成的大書叫《赤符論》？我推測因為傅斯年從不認為中國古代有所謂哲學，而只有所謂的「方術」，而「赤符」正是漢代符讖之名。譬如〈劉希夷謁漢世祖廟詩〉：「運開朱旗後，道合赤符先」。

所謂中國古代只有方術而無哲學，以及傅氏對於哲學之觀點，頗值得注意。按：傅斯年在北大作學生時，因為一篇讀者投書而得到蔡元培校長之賞識，即〈論哲學門隸屬文科之流弊〉。此文原刊《北大日刊》，未收入《傅斯年全集》，但卻收入高平叔所編《蔡元培全集》。這篇文章大意是說：「凡自然科學作一大進步時，即哲學發一異采之日。以歷史為哲學之根據，其用甚局；以自然科學為哲學之根據，其用至溥。」「以為哲學、文學聯絡最為密切，哲學、科學若少關係者，中國人之謬見然也。」「在於西洋，凡欲研治哲學者，其算學知識，必須甚高，其自然科學知識，必具大概。今吾校之哲學門，乃輕其所重，絕不與理科諸門謀教授上之聯絡，竊所未喻也」[9]。這是1918年10月間之事，其時離五四運動還有一段時間，距傅斯年赴英留學前亦有一年以上，當時對哲學的見解已與他在留英之後所持意見相一致了。這是因為他在北大讀書時，已深受實證主義影響之故。傅氏接觸英文哲學方面書籍甚早，而這些書之內容屬於實證主義一路的居多。

---

9 高平叔編：《蔡元培全集》(北京：中華，1984)，第3卷，頁195-196。蔡元培對此文之按語亦可於《蔡元培全集》第3卷中見之。〈對傅斯年來函的案語〉(1918年10月8日)說：「案：傅君以哲學門隸屬文科為不當，誠然。然組入理科，則所謂文科者，不益將使人視為空虛之府乎？治哲學者，不能不根據科學，即文學、史學，亦莫不然。不特文學、史學近皆用科學的研究方法也。文學必根據於心理學及美學等，今之實驗心理學及實驗美學，皆可屬於理科者也。史學必根據於地質學、地文學、人類學等，是數者，皆屬於理科者也。如哲學可併入理科，則文、史亦然。如以理科之名，僅足為自然科學之代表，不足以包文學，則哲學之玄學，亦決非理科所能包也。至於分設文、哲、理三科，則彼此錯綜之處更多。以上兩法，似皆不如破除文、理兩科之界限，而合組為大學本科之為適當也。」

　　傅氏留學英、德回來之後，對「哲學」的態度更爲負面而激烈。1926年給胡適的一封信中便大貶哲學，說中國之所以沒有哲學，「多謝上帝，使得我們天漢的民族走這麼健康的一路。中國只有『方術』——用這個名詞，因爲這個名詞是當時有的，不是洋貨。中國的方術論者大多數是些世間物事的議論者。」[10] 這封信其實等於是在說胡適《中國哲學史》的題目是錯的。在這封信中，傅氏表示他對胡適在小說史考證方面的貢獻看得非常重——「至於先生之評《水滸》等，實一洗前此『談資派』的小說評。如俞曲園評小說，也偶然有好話，但決不是把他當做一問題科學的處置之。有之，自先生始，其中若干結論和論議，我尚不能與先生同意……但先生究竟開闢了一條新世界，引人入此最妙的勝境也。」[11] 不過，對於《中國哲學史》，傅氏之看法便不大一樣：

　　　　覺得先生這一部書，在一時刺動的效力上論，自是大不能比的，
　　　　而在這書本身的長久價值論，反而要讓你先生的小說評居先。何
　　　　以呢？在中國古代哲學上，已經有不少漢學家的工作者在先，不
　　　　爲空前，先生所用的方法，不少可以損益之處，難得絕後[12]。

　　而傅氏最不能同意的一點，也就是胡適最自負的一個論點：諸子不出王官論[13]。他並未在這封信直接談這一點，不過在此後不久所寫〈戰國子家敘論〉中卻曲折地說明胡適駁《漢志》諸子出王官論「甚公直」，不過也「不盡揣得其情」。傅氏認爲諸子之出並非全無背景，而是「有一個物

10　耿雲志主編：《胡適遺稿及秘藏書信》，冊37，頁357。

11　同上，頁356。

12　同上，頁357。

13　胡文影響極大。顧潮：《顧頡剛年譜》1917年(二十五歲條)：「冬，在《太平洋雜誌》上讀胡適〈諸子不出於王官論〉，極受啟發，『從此我不信有九流，更不信九流之出於王官，而承認諸子的興起各有其背景，其立說在各求其所需要。』」頁44。

質的憑藉」——「百家之說皆由於才智之士在一個特殊的地域當一個特殊的時代,憑藉一種特殊的職業而生」。他是以「職業」說取代《漢志》的「王官」說,但是,比起胡適的諸子無背景之論,他與《漢志》仍較接近,故他又說諸子出王官說「其辭雖非,其意則似無謂而有謂」[14]。

在給胡適的這封信中,傅斯年也有一段談《漢志》的話。這一段話與《赤符論》中的條目有一貫性。傅氏在信上說:

> 又如《漢書·藝文志》上的話語,先生以為完全不通,自然對的,但我偶然想起他們何以不通到這步田地(如論墨子)。細把經部一看,恍然大悟,他是把當時的狀況和漢朝的狀況混了□□,墨籍上有尚賢、兼愛,而漢朝自號為墨家者,特選士、大射、三老、五更之說。那麼,一部不通之議論,反成一部絕好之史料了……有如此一切情形,故論古代方術家,當先清理漢朝這一筆賬[15]。

在《赤符論》這部筆記本的一則札記中,傅斯年正好有一小段話論「九流出於王官」。他這樣寫著:「九流出於王官,皆古文家之ideals,雖非信論,然正betray西漢末儒家思想之趨勢」。按,此處betray一字是不經心地顯露之意;也就是說九流出於王官之說正好無心地流露了漢代古文家的理想。傅氏又說:「蓋九流至向、固時、皆已儒化,墨已衰息,至不能自立,遂一切著(?)之於儒,而本書作者又是儒家,固其儒色特別濃厚,此亦不能盡代表矣,然當時八家之儒化則一不可掩之事實。」在《赤符論》這份綱目中,他以「正形」為副標題,即是想清理漢朝對先秦思想之混亂後,恢復周秦思想學術之「正形」。

大抵清末民初學者都發現後人對先秦學術的理解被一個凹凸鏡所扭

---

14 〈戰國子家敘論〉,《傅斯年全集》(台北:聯經,1980),第2冊,總頁422、431。
15 耿雲志主編:《胡適遺稿及秘藏書信》,冊37,頁359。

曲，必須將它移走，才可能得到先秦文化之「正形」。但是凹凸鏡之所以
形成的看法則並不一致，康有爲以爲是莽、歆之僞造，而顧頡剛也一再說：

> 古學與古書均至漢時始從流質變爲固體，在它凝結的時候，加入
> 漢人的分子不少[16]。

從《赤符論》的條目看來，傅斯年同意有這一凹凸鏡的存在，不過他強調
這一凹凸鏡是自然形成的，而不是刻意造作。

前面提到傅斯年在他預定寫作計劃中，有回答批評《東北史綱》者的
文字。這篇文章未曾作成，在遺檔中也未見到任何殘稿。

《東北史綱》是傅斯年在九一八事變之後心焦如焚下趕出來的作品，
主要是爲了說服國聯李頓調查團東北自古以來是中國領土，故出版不久隨
即由李濟(1896-1979)節譯成英文小冊子送交調查團，而由該團後來提交
國聯的報告可以看出在敘述滿洲歷史的部分並不太離譜，其中或有一部分
與此有關。不過，傅氏此書一出，引起大量的批評，其中繆鳳林(1898-1959)
與鄭鶴聲的文章非常嚴厲。繆、鄭二人皆屬中央大學，亦即南高系統，他
們對北大及五四新文化運動抱持敵意，對傅氏所標舉之治史方法亦極反
感，而刊載繆鳳林對《東北史綱》書評的《大公報・文學副刊》的主編吳
宓(1894-1978)正是反新文化運動的要將。這一切都不是偶然的，涉及當
時思想界兩個陣營的競爭。繆鳳林用語尤其刻毒，說：「傅君所著，雖僅
寥寥數十頁，其缺漏紕繆，殆突破任何出版史籍之紀錄也。」[17]

《東北史綱》主要是反駁日本的「滿蒙非中國領土論」。1930年代，

---

16 1924年顧頡剛：〈我的研究古史的計劃〉。錢穆評說：「無論政治和學說，在我
看來，從漢武到王莽，從董仲舒到劉歆，也只是一線的演進和生長，而今文學家
的見解，則認為其間定有一番盛大的偽造和突異的改換。」「顧先生和今文家同
樣主張歆、莽一切的作偽。」以上見顧潮：《顧頡剛年譜》，頁184。

17 〈評傅斯年君《東北史綱》卷首〉，《大公報》(天津)，《文學副刊》第284期，
1933年6月12日，第11版。

當中國學者反駁滿蒙非中國領土論時，似乎不太深究此說在日本之來源。當時《東方雜誌》有包瀚生兩篇反駁文章。包瀚生只說「日人矢野博士稱『歷史上的滿蒙不是屬中國』，日本帝國大學把這種言論向各國宣傳。日人田中義一且說，『支那人對於矢野立說，亦無有反對者。』」[18] 傅斯年先生《東北史綱》中並未提及矢野之名，只在「引語」上說：「日本人近以『滿蒙在歷史上非支那領土』一種妄說鼓吹當世，此等『指鹿為馬』之言，本不值一辯，然日人竟以此為其向東北侵略之一理由，則亦不得不辨【辯】。」[19]

矢野仁一是京都帝國大學中國近代史教授，著作二十餘冊，尤其專精中國近代外交史。他曾於明治三十八年(1905)應清廷招聘任進士館教習，在中國住了七年多，曾參與戊戌變法後清朝末期時教育改革。當辛亥革命之後，袁世凱包藏禍心而大局混沌時，矢野曾聯合當時在中國的日本人發起復清運動。

矢野後來參與滿洲國，實肇因於此。矢野認為東北出身的滿洲皇帝應有權利回其故地建立一個獨立國家，故提倡「我不認為滿洲向來是中國的領土，也不認為滿洲是日本的領土。」於1932年發表〈滿蒙藏は支那の領土に非ず〉於日本《外交時報》。九一八事變後，李頓調查團前來調查時，他們心中不可能不受「滿蒙非中國領土論」的影響。田中義一說：「支那人對於矢野之說，亦無有反對者。」傅氏決定出面反對，遂趕寫此書，以各種證據證明東北自古為中國所有。後來，當李頓調查團的報告中表示「滿洲始終是中國領土」時，矢野還出版《滿洲國歷史》一書逐條反駁之。戰爭期間，矢野應日本松井石根大將之邀擔任「大亞細亞協會」的副會長，直到二次大戰後被解除教職。

有意思的是，經過六十多年，大陸史學界已經忘了《東北史綱》一書

18　包瀚生：〈歷史證明東三省是中國的領土〉，《東方雜誌》，30:19(1933)，頁78。

19　《東北史綱》(北平：中央研究院歷史語言研究所，1932)，頁1。

的作者了。1989年4月，中州古籍出版社出版唐嘉弘主編的《先秦史論集——徐中舒教授九十誕辰紀念論文集》中有吳天墀所作〈徐中舒先生對學術、教育的貢獻〉，說「先生懷著義憤從事（《東北史綱》）第一冊的編纂，列舉確鑿史實，加以駁斥」[20]。隔年吳天墀又修訂前文另成一篇文章，收於川大歷史系編《徐中舒先生九十壽辰紀念文集》，仍說「先生懷著義憤所寫《東北史綱》（第一冊），用無可辯駁的史實，向當時國際聯盟派出的李頓調查團提供」，終給日本侵略者有力的回擊[21]。而《史學史研究》1990年第四期黎原先所作〈記徐中舒先生〉一文中也有類似之說。在書目文獻出版社所編《當代中國社會科學家》中〈方壯猷〉及〈余遜〉兩篇中則將作者誤為方、余二氏[22]。

產生上述錯誤的原因很多，最重要的是傅斯年在過去幾十年中始終是忌諱的人物。毛澤東的〈丟掉幻想，準備鬥爭〉中特別提出胡適、傅斯年、錢穆為三個仍然跟著國民政府的反動學者。1950年代批判胡適思想的運動中，傅斯年又總是與胡適並提，作為帝國主義的反動學術權威來批判。所以他的名字幾乎從各種與他有關的工作中消失。譬如夏鼐（1910-1985）在〈五四運動與中國近代考古學的興起〉中談安陽發掘時，竟然不提傅斯年、李濟或董作賓（1895-1963）一字，彷彿這一發掘是無人領導的[23]。以夏鼐與

---

20 《先秦史論集：徐中舒教授九十誕辰紀念論文集》（鄭州：中州古籍，1989），頁18。
21 《徐中舒先生九十壽辰紀念文集》（成都：巴蜀書社，1990），頁339。
22 見〈方壯猷傳略〉，《晉陽學刊》編輯部編：《中國現代社會科學家傳略》（太原：山西人民，1982），冊7，頁50。「日本侵略中國的『九一八』事變發生後，方壯猷曾和余遜、徐中舒等合著《東北史綱》一書，用三千年無可辯駁的歷史事實證明：『渤海三面皆是中土文化發祥地；遼東一帶，永為中國之郡縣，白山黑水久為中國之藩封……』，有力地駁斥了日本軍國主義者所謂『滿蒙在歷史上非支那領土』的謬論。此書第一卷由余遜執筆，具名傅斯年，1932年10月由中央研究院歷史語言研究所出版，方壯猷執筆寫的第二卷（隋至元末之東北）和以後各卷，均因抗戰事起而未正式出版。」按：胡厚宣已撰一短文對上文所述加以反駁。見他的〈《東北史綱》第一卷作者是傅斯年〉，《史學史研究》，1991:3，頁48-49。
23 夏鼐：〈五四運動和中國近代考古學的興起〉，《考古》，1979:3，頁193-196。

傅斯年關係之密切(「傅斯年檔案」中存有不少夏鼐寫給傅斯年報告公私事務的信)[24]，在提這樣一件與傅斯年密切相關的工作時竟隻字不提。可見在當時的政治氣候下，對傅斯年的忌諱是很深的。

問題是，僅僅一代人的忌諱，便徹底抹除了歷史記憶，到了第二代學者，對一本書的作者竟出現了好幾種說法，則自我壓抑形成歷史記憶中斷的情形是非常值得注意的。「傅檔」中有幾件材料可以說明《東北史綱》不會不是傅斯年作的。在傅氏所撰寫的文稿中，第四項計畫便是「答繆鳳林等評《東北史綱》」[25]。如果他不是該書作者，又何必回答？如果《東北史綱》的作者不是傅斯年，則福開森(John C. Ferguson)寫信給袁同禮，表示這本書政治性多於歷史性時，這封信便不會轉到傅斯年手上，並存在「傅檔」中[26]。而後來，當西北大學陸懋德想徵引《東北史鋼》中有關妣乙的文字時，寫信向傅徵求同意，傅氏答以該論點他已經放棄，請陸氏不必引用。如果傅斯年不是作者，這一問一答之間便沒有著落了。

傅氏還曾有過一些翻譯的計畫。大概1920年初到英國倫敦大學研究實驗心理學時，他曾動手翻譯一部有關集團心理學的書，而且已有相當不少的成稿。這一宗譯稿寫在《新潮叢書》的稿紙上，可能是預定為北大《新潮叢書》中的一部而終未完成。(該稿目前在史語所的公文檔案中)傅氏對心理學所下的工夫甚深，章士釗曾宣稱他是當時全中國最懂得弗洛伊德學說的人。他回到中國後，還擔任過中央研究院心理研究所的籌備委員，足見當時人知道他在心理學方面的素養。傅氏後來在心理學方面的工作基本上中斷了，私下仍持續關心[27]。他與中央研究院心理所所長汪敬熙之間的私函常討論心理學的新發展。如「傅檔」III : 1048是1942年7月24日，汪氏寫信告訴傅，他如何用最簡單的方法「將後腦在行為發展中之功用找出。可用

---

24 如「傅檔」III : 623、624、890等。
25 「傅檔」I : 779。
26 「傅檔」II : 890。
27 如「傅檔」中I : 1114及I : 1115兩件是有關心理學的英文文獻。

之工具只解剖顯微鏡一架，跑馬表一支，人髮一根，一些碟子而已」。此外，當汪精衛(1883-1944)從重慶出走時，傅斯年發表一篇汪氏心理之分析，這是傅氏用心理分析的方法分析當代人物的一個嘗試[28]，當時頗受歡迎，「傅檔」中Ⅲ：1129楊振聲(1890-1956)的來函說明這一點。楊氏是傅斯年五四時期《新潮》的同志，曾一起列名歷史語言研究所籌備委員，後任山東大學校長。楊氏在信中說擬請傅氏在「國民精神總動員」月會上演講，對學生斥責汪精衛，並云「前得讀兄分析汪及小鬼心理一文，大家萬分欣佩，比之吳老頭子(吳稚暉)之謾罵，此自是學人文章也」。傅氏晚年前往美國治病時，對心理學的新書仍感興趣，曾有信與趙元任(1892-1982)談心理語言學之最新發展。而且，在所藏威廉‧詹姆斯(William James, 1842-1910)的Collected Essays and Reviews上還寫了一段話，表示大戰以前詹姆斯所有的書他都讀過，此次來美，還特地登報訪求，雖然價錢昂貴，仍然感到值得。他並表示詹姆斯的理論正確與否先可不論，但詹姆斯持論之方法非常值得注意。

前面提到，1931年左右，傅斯年曾想翻譯英國史家巴克(H. Buckle, 1821-1862)的《英國文明史》(History of Civilization in England)，「傅檔」中給丁文江(1887-1936)的一封信中談到了這個計畫，並希望以稿費來償還債務。由該信內容判斷，傅氏譯完這五章，並附上自己的〈地理史觀〉(geographic interpretation of history)一文。可惜，這一份譯稿已經無法找到。傅斯年在歐洲時深受實證主義的影響，而巴克正是英國最重要的實證主義史家，他主張歷史的發展是地理環境、氣候、食物、土壤與人事的總和，甚至認為自殺率可以透過統計來預測。

巴克《英國文明史》的前五章主要是方法論的介紹，所以傅氏特別譯出。巴克非常重視地理，不過在這五章中並未特別提到地理史觀，所以傅氏加上一篇自己寫的。

28　〈汪賊與倭寇——一個心理的分析〉，在《傅斯年全集》，第5冊，總頁1779-1786。

從《英國文明史》前五章中的一些子標題可以看出，傅氏欣賞此書主要是因它援引近代科學來治史的精神。如第一章「沒有不需要自然科學的歷史(研究)」、「統計證明了人類行為在謀殺或其他犯罪行為方面的規律性」、「同樣的道理也適用在自殺率」、「也適用在每年的結婚率」、「人類被四種物質因素所影響：氣候、食物、土壤及對自然的一般看法」。不過傅斯年從未如此僵硬地套用這些方法論。傅氏史學思想的來源是多元的，他在〈夷夏東西說〉等文字中特別強調地理與歷史的密切關係，或與巴克有些關係[29]。至於他強調種族在歷史變化中的地位，則應與德國史學有關[30]。

民族主義的情緒

傅斯年的民族主義情緒非常強烈，這是他所處的時代造成的，也是研究他的外國學者所捕捉到的特色。第一部有關傅氏的英文博士論文Alan G. Moller的*Bellicose Nationalist of Republic China: An Intellectual Biography of Fu Ssu-nien*即是以「好戰的民族主義者」為題。傅氏一生的思想行為，如果捨棄民族主義這一骨架便很難以掌握了，而這種情緒表現在他思想與生活的每一個方面。在檔案中我們看到他無意間留存的東西常與這個主題有關。譬如他特意搜集一小袋有關鄭成功墳墓、祠廟的照片，傅斯年在其中一張照片背面題道：「民族主義者鄭成功起義的地點是南安縣東文廟」。又如他在抗戰勝利後馬上寫信到北平詢問文天祥祠是否無恙。後來當他為開除日據時代北大「偽教員」之事與北平教育界鬧得不可開交時，蔣介石曾與他共同遊文天祥祠，並合照於「萬古綱常」的匾額下。這些生活中的瑣事都反映其內心思想之關注。

---

29 《傅斯年全集》，第3冊，總頁887、891。

30 此外，傅斯年對地質學也下過工夫，見羅家倫：《逝者如斯集》(台北：傳記文學，1967)，頁175。

在「傅檔」中有一大捲《張自忠年譜》草稿，是張自忠殉國之後，其弟張自明所輯資料，傅氏承應代爲編輯的。傅氏在上面題有「生前拾零」四字。這件工作與傅氏所學毫不相干，他之所以自告奮勇，應與強烈的民族思想有關。「傅檔」中有一封張自明的來信上說：「寄上家兄年譜資料，原不過提供史實而已，關於體例文字之事，全仗先生椽筆精製」、「關於年譜撰述者，雖云例不取未謀面之人，但以景仰先生之故，甚願破例一假鴻名，且實際上亦請由先生爲之，弟附名校訂即可」。這一件事始終未完成。由IV: 216鄧廣銘(1907-1998)的來信看來，傅斯年後來曾欲以張自忠年譜的工作委託鄧氏。而且當1947年傅夫人俞大綵攜子離北平時，信中仍提到隨身攜帶張自忠年譜稿之事(II: 552俞大綵致傅)。

民族主義的情緒還表現在其他一些細微之處。譬如他在記筆記時，將有關中亞歷史的部分列爲「虜史」；又如他讀淩廷堪(1755-1809)《校禮堂文集》中主張以歷史上幾個胡人政權爲正統的文章時，便寫了不少眉批痛斥淩氏；此外，他還將民族主義情緒發展爲對教會學校的排斥與競爭。將民族主義情緒發揮爲對教會學校的敵意不是一個人的想法，而是許多知識分子共同潛在的情緒，在幾封私人信函中都可以看到。譬如陳寅恪有一封信說，他的薪水由燕京大學所給付，是「全由美國人豢養」，有礙「國家體面」[31]。明式家具專家王世襄(1914-？)的回憶也證實，當他拿著介紹信去見傅氏，希望能進史語所時，傅氏直截了當地告訴他「燕京大學的畢業生不配進我史語所。」[32]

在用人荐人的事情上，傅氏對民族情操的考慮也占很高的比重。譬如金毓黻(1887-1962)，1936年蔡元培給傅氏的信上說：「金毓黻自東北淪

---

31 「傅檔」III: 8。

32 吳歡：〈中國第一玩家王世襄〉，《中國時報周刊》，第5、6期(1992)，頁95。又如「傅檔」III: 171趙元任給李方桂信亦對教會大學有忌諱。「傅檔」III: 142，趙元任致傅函說他試著說服哈佛燕京社社長葉理綏，中國學問不在教會學校。

陷後，不願在彼中討生活，挾稿南下，欲在相當之機關，專意著述。」[33] 金氏後來雖未入史語所，卻與傅氏能保持良好關係，當與其「不願在彼中討生活」有關。相反的，像孫海波，唐蘭(1901-1979)的來信說他：「聞將應東北書院之聘，遼東曾為賢者避世之區，今作漢奸逋逃之藪矣。」[34] 傅斯年便對孫氏保持著距離。

民族主義也表現在對歷史材料的態度上。中研院耗巨資購買明清內閣大庫檔案，當時的一個擔心是怕這批史料被賣到日本去[35]。不願珍貴書籍、文物、史料進入異國，尤其是日本人之手，也是當時許多知識分子共同的心態。如張元濟便曾一再慨嘆皕宋樓藏書為日人所得[36]。「傅檔」中Ⅲ：738是蔡元培給傅氏的信，提到揚州吳氏的藏書售與日人，甚為嘆恨，「然皆《書目答問》中所舉之善本，並無骨董家所爭之宋元版也。」有人提議在上海將這批書扣下，但蔡元培說：「〔陳〕乃乾是一能欺人之書賈也。上海扣書，恐不易。」信中並提到楊杏佛說：「不如由弟直接致函乃乾責備之，勸其貢獻於北平各學術機關，不售諸日人……。」

做研究時，傅氏也常夾雜著民族情緒。他曾說過，寧願中國赤化，也不願作日本的殖民。政治態度如此，學問態度亦相近。在史語所大舉校勘《明實錄》時，歷史學者吳豐培(1909-？)來函建議參校日本的藏本，傅氏回答說，即使日本有善本也不用。

傅斯年之所以極力要提高漢學研究的水準，並在史語所集刊的〈旨趣〉中說，要將東方學研究的重心從巴黎、柏林移回北京，也是一種學術民族主義的情緒。1932年，傅斯年在給蔡元培的一封信中便說：「〔史語所〕此時對外國已頗可自豪焉。」[37] 這種強烈的要與西人爭一長短的情緒，也使

33 「傅檔」Ⅲ：107。
34 「傅檔」Ⅲ：250。
35 「史語所公文檔」，元四陳寅恪致傅斯年信。
36 吳方：《仁智的山水——張元濟傳》(台北：業強，1995)，頁186。
37 「傅檔」Ⅲ：181。

傅氏與同時代許多學者對文史研究應以「普及」爲重，還是以「提升」爲重，有了基本的差異。顧頡剛偏重「普及」，而傅斯年主張「提升」，他們兩人在中山大學的爭執都是爲此差異而起。顧氏1973年7月在他1928年4月23日的日記上補記了一段他與傅氏爭執之故，說：

> 傅在歐久，甚欲步法國漢學之後塵，且與之角勝，故其旨在提高。我意不同，以爲欲與人爭勝，非一二人獨特之鑽研所可成功，必先培育一批班子。……普及者，非將學術淺化也，乃以作提高者之基礎也。……而孟真乃以家長作風凌我……於是遂與彼破口，十五年之交誼臻於破滅[38]。

大抵他們在當時都認爲中國必須提倡「爲學問而學問」，才可能趕上西人[39]，才能與西人爭勝。但是在先普及或先提高這個問題上路線不同。而傅斯年之所以急於求「提高」，與學術民族主義的急迫感其實有著密切的關係[40]。

公、私與新、舊

從私人檔案也可以看出一個人公私領域的分別與轉換。私函中的觀點值得與公開所表示的觀點相比勘。顧廷龍曾要人們讀盛宣懷(1844-1916)的來往手札時，能與《汪康年師友書札》中同一人所寫的信相對照。因爲

---

38 轉引自顧潮：《顧頡剛年譜》，頁152。

39 同前書，頁92。顧氏又說：「爲學問而學問的積極態度，正值得大提倡而特提倡」，頁169。

40 史語所創立後幾年，西洋漢學界對這個機構的成績已有了解，「傅檔」III：105蔡元培致傅斯年函，便提到荷蘭決定退還庚子賠款，以其中百分之三十五爲文化之用，願以其利息中百分之五十三交給中央研究院。蔡氏說：「荷蘭人所以注意本院，由於其盧頓(今譯萊頓)之漢學研究院知有史語所成績之故。」

盛是大官，友人給他的信中談的多是公家的觀點，可是汪康年(1860-1911)
是報人，友人給他的信函中常表達私人的觀點。兩者常有出入[41]。又加林
紓(1852-1928)這位公開反對新文化運動的人，在家信中卻告訴他的小孩
應該「德文、算學，以全力赴之，國文瀏覽而已」[42]，這也是公開與私下
有所分別的例子。「傅檔」中也有同樣的情形，譬如陳布雷(1890-1948)，
在公開場合或許不致對孔宋財團表示明顯的不滿，可是在私函中，則對傅
氏攻孔祥熙(1880-1967)事表示欣賞。

　　新舊轉換的時候[43]，「新」與「舊」的微妙分別也滲透到每一種領域
中。當時許多文字中都透露一種「新人」和「舊人」的分別。自許為「舊
人」者對此特別敏感。而且在分別「新」、「舊」之時，對自己常帶幾分
自傷與自豪。楊樹達(1885-1956)《積微翁回憶錄》中一再提到「新」、
「舊」的分別[44]，不過，他並未曾提及這兩者在價值觀、人生觀、學問的
品味及態度、行事風格等許許多多方面的不同。在當日，「新人」、「舊
人」可以從職業、日常生活的習性、嗜好、語言、衣著，甚至飲食之微細
處看出分別來，值得極細致地研究。

　　在「新」、「舊」轉換之際，當「新」逐漸獲得優勢時，能否「新」，
便涉及現實利益。出版業的情形尤其是如此。以商務印書館為例，商務原
是掌握清季學制變更的契機，編訂了大批教科書而興旺的。可是，當民國
成立，講革命、講共和成為輿論風氣後，這批教科書更顯得不合時宜，反
倒是另一位能夠趨「新」的陸費逵(1886-1941)看準了時勢而一舉成功。

41 王爾敏等編：《近代名人手札真蹟：盛宣懷珍藏書牘初編》(香港：中文大學，1987)，
　　顧廷龍，〈序〉。

42 周策縱編：《民初書法》(台北：何創時書法藝術基金會，1995)，頁40。

43 在私函中尤其可以從隱微之處看出新舊轉換，或毫無變化的痕跡。譬如在「傅檔」
　　中，絕大部分公私函牘都用毛筆，用鋼筆者極少，用原子筆則絕無僅有。當時鋼
　　筆固不便宜，但是連留洋學生也用毛筆，實值得注意。在此檔案中，李方桂、趙
　　元任等則從未有用毛筆的書信。

44 楊樹達：《積微翁回憶錄·積微居詩文鈔》(上海：上海古籍，1986)，頁90、129、
　　152。

這是因爲張元濟(1867-1959)「以爲革命必不能成功，教科書不必改，而〔參與革命組織的〕伯鴻(按：指陸費逵)則暗中預備全套適用之教科書，秘密組織書局。於民國元年，中華書局突然宣告成立，中華民國之各種教科書，同時出版。商務措手不及，其教科書僅適用於帝制時代者，遂被一律打倒」[45]。

偏好「新人」或「舊人」，也引起種種鬥爭。如商務印書館內部。張元濟自謂「與總經理高君翰卿宗旨不合，弟意在於進步，而高君則注重保守；即如用人，弟主張求新，而高君則偏於求舊。」[46]《張元濟年譜》中說：1916年9月「先生(張元濟)以爲本館營業非用新人、知識較優者，斷難與學界、政界接洽」，高鳳池卻主張「宜用舊人，少更動」。

1917年2月，張元濟致高鳳池：「公主張用老人，弟主張用少年人；公主張用平素相識之人，弟以爲範圍太狹，宜不論識與不識，但取其已有之經驗而試之。」[47] 1919年10月8日，張元濟致高鳳池信說：「五年前之人才未必宜於今日，則十年前之人才更不宜於今日，即今日最適用之人，五年十年之後，亦必不能適用也。事實如此，無可抗違，此人物之所以有生死，而時代之所以有新舊也。」張元濟甚至特別標榜自己是「喜新厭舊」之人，並認爲公司之成果「其一部分未始非鄙人喜新厭舊主義之所致」[48]，並力主「多招有新學問之人」[49]。

茅盾(沈雁冰，1896-1981)回憶錄《我走過的道路》中一再表示商務中有不少「勇於趨時」的人[50]。但是到了「五四」，「趨時」的商務已成了更爲趨時的人物所攻擊的對象了。商務編譯所理化部負責人杜亞泉(1873-1933)所編《東方雜誌》便爲陳獨秀(1879-1942)(1918年)、羅家倫(1919

---

45 蔣維喬：〈創辦初期之商務印書館與中華書局〉，在《中國現代出版史料》丁編，頁398。以上轉引自吳方：《仁智的山水──張元濟傳》，頁106-107。

46 轉引自吳方：《仁智的山水──張元濟傳》，頁129-130。

47 以上轉引自吳方：《仁智的山水──張元濟傳》，頁133。

48 同上，頁135。

49 同上，頁137。

50 茅盾：《我走過的道路》(香港：三聯，1981)，頁109。

年)所攻擊。「五四」後不久，張元濟北上，與北大諸君積極接觸，並且應北大之邀座談，在座者有陳獨秀、胡適、錢玄同（1887-1939）等[51]。五四運動後，商務內部即大幅改變各種雜誌的負責人，《東方雜誌》、《教育雜誌》、《學生雜誌》、《婦女雜誌》等都換了主編。1920年，《小說月報》也由沈雁冰接手，即是「趨新」之例[52]。但是「趨新」也有一定的限度，商務在1920年不敢出《孫文學說》，而《獨秀文存》亦由一家後起的小出版社亞東圖書館印行[53]，即是顯例。

新舊人物最現實的差別便是工作機會的有無。「新人」有自己的人事網絡，他們可以迅速編入新的學術建制中；而舊人則頓失所依，只能靠著與新人有關係的一些政客或軍人出面作介。他們的學問風格也與新人大不相同。以史學而言，舊人多從事掌故式學問，而新人則以窄而深的專題研究為主，所以一大批舊讀書人在這個時候突然「不靈」了。其中也有例外的。譬如有些人雖自居為舊人，卻因整理國故成績獲得新人的欣賞，引為同調。一般而言，新舊兩個圓圈交集不大，互相猜忌，互相冷漠或排斥[54]。

「新」、「舊」兩個範疇當然不足以包括所有知識分子。此時至少還有一批主張維持中國之禮教，對舊文化抱有相當敬意，並悲憫傳統文化被「五四」人物剷棄殆盡的留學生。他們也形成一個圈子。中央大學是一個根據地，而清華的吳宓也是一位靈魂人物。當羅家倫（1897-1969）出任清大校長時，吳宓日記上說「寅恪述羅家倫告趙元任言，謂對宓可容留，不以文言、白話意見之相反而迫宓離去清華云云」[55]，足見文化上的異見直

---

51 以上轉引自吳方：《仁智的山水——張元濟傳》，頁153。
52 吳方：《仁智的山水——張元濟傳》，頁156-157。
53 同上，頁158。
54 當新人與舊人之間以此互稱時，常帶有些許不滿，甚至嘲笑輕蔑之意。當舊人以「新人」稱某人時，常暗指其學問及為人風格躁進輕剽，甚至暗示對方有不合舊道德禮法標準的意思。在治學風格方面，「新人」通常是指專家之學，重新材料而忽整體通識。
55 吳學昭：《吳宓與陳寅恪》（北京：清華大學出版社，1992），頁73。

接影響到人事上的關係。他們對新派人物的敵意非常強烈，如吳宓1926年11月16日日記上記：「校中（清華）必欲聘傅斯年等以授中國文史，而必不肯聘柳公（柳詒徵），不得不為本校惜，且為世局哭也。」[56] 而前面所述，繆鳳林痛批傅斯年《東北史綱》的文章刊在《大公報》文學副刊，即因該副刊為吳宓所主持，而繆、吳同樣不滿於「二十餘年來學術思想界所謂領袖所造之罪孽」[57]，所以藉著《東北史綱》向傅斯年進行毫不留情的攻擊。

　　傅斯年來往的是當時的一群新知識分子。他們共同認為當時中國首要的任務是「建立一個學術社會」[58]。當蔡元培（1868-1940）接掌北大時說，大學是求高深學問的場所，其實即是將傳統的學與仕分開，把北大由一個官僚養成所改變成從事研究的場所。這句看似平淡的話對當時中國有著重大意義。蔡元培、吳稚暉（1865-1953）等人希望在中國幾十個人專心致志從事窄而深的學問，等到一、二十年，他們逐漸形成社會的重心，足以轉移社會，則中國便可以在知識上與西方相角逐[59]。胡適也有類似的想法。1920年，胡適在北京大學的畢業典禮特別以〈提高與普及〉為題發表演講，認為當時的北大應該致力的是「提高」──提高學問的水準，而不是談「普及」，因為當時北大的學術水準還沒有資格談普及[60]。胡適認為北大的學術水準根本沒有資格作文化運動的中心，他甚至認為五四運動是代表政治運動對文化運動的干擾。而傅斯年可以說是文史領域中「建立學術社會」的大工程師。但在現實混亂的中國，這是一個奢侈的想法。正如一度具體負責中央研究院日常事務的總幹事楊杏佛（1893-1933）在一封給傅氏的私

56　同上，頁39。

57　吳學昭：《吳宓與陳寅恪》，頁92。

58　顧頡剛在《中山大學語言歷史學研究所年報》的序中也如此說，見顧潮：《顧頡剛年譜》，1929年2月6日7日條，頁169。

59　如「傅檔」III: 735，蔡元培致傅斯年信：「然弟始終在學術方面研究之提倡，於其他對外發展諸端，純然由若干教員與若干學生隨其個性所趨而自由申張，弟不過不加以阻力。」

60　《胡適講演集》（台北：胡適紀念館，1978），中冊，頁486-490。

信上說，當此之時而侈談學問，是一件不識時務的事[61]。

高深專門的學問通常很難對現實的發展有立即的幫助，所以不能引起一般人的興趣，也不能引起政府的注意。當時中國社會也沒什麼私人基金可以挹注純學術研究。以歷史著作而言，因爲是高度專業化的作品，讀者群通常侷限在同一個學術社群中的學者，不可能有廣大的發行量，故無法靠稿費或版稅維生，而政府也因其無立即用處，不肯大力支持，形成一個尷尬的局面。「傅檔」中楊杏佛給傅斯年的信中透露不少當時中央研究院窘迫之狀。1930年，當蔡元培與蔣介石(1887-1975)關係不諧之時，南京政府要員如桂崇基(1901-？)等就屢思如何壓制中研院，在情況緊急時，傅斯年便乘火車趕到吳稚暉處請他出面向蔣緩頰。蔣想任命楊杏佛爲江西剿匪秘書長，楊氏在給傅的信上便表示爲了中央研究院，不能不隨蔣介石前往江西，楊氏對傅斯年說「赴贛則要錢較有力，此亦冒暑隨征之一原因也」[62]，但是在另一封信中卻又說「雖盡力幫閒，而要錢終不如有實力者。」[63]

在那樣的一個時代，成爲「學霸」或「學閥」必須有學術以外的網絡、綿密的政府關係，同時與僅有的一些基金會如中基會及中英庚款委員會，保持密切的關係。而傅斯年正好具備了這樣的條件。在政府關係方面，傅與國民黨的組織部長、教育部長朱家驊(1893-1963)形同莫逆，而且共同具有在中國建立一個學術社會的理想。他與國民黨內自由派官員關係密切，最終並得到蔣介石的尊重。在基金會方面，朱家驊是中英庚款的負責人，而與傅氏誼兼師友的胡適，則是中基會的負責人。不僅史語所的諸多經費——尤其是安陽發掘的龐大費用，能得到中基會的挹注，傅斯年實際上也常成爲龐大學者與政府及基金會間的橋樑。在民間資源絕少的年代裡，這是極爲關鍵的一種關係。而其來往書信中，與此性質有關者乃極多，

61　「傅檔」I: 278。

62　「傅檔」I: 278，楊杏佛1931年6月16日致傅函。

63　「傅檔」I: 278，楊杏佛1931年7月21日致傅函。

尤其抗戰期間，大量知識分子貧病交迫[64]，爲知識分子請求各種補助成爲
他的要務[65]，傅氏成爲照顧知識分子的知識分子。

這樣的角色也使得他在政治態度上不可能與國民政府決裂。他對政府
的不滿與批評，驅使他連續轟走兩位行政院長，但他只是「御史」，而不
是革命者。

生活史與思想史可能交會嗎？

最後，我想初步討論一個問題作爲本文的結束：思想史與生活史有交
會點嗎？如果有，如何描繪出來？這是吾人閱讀私人檔案時心中常存的問
題。以「傅檔」爲例，究竟可以在多大的程度上重新建構傅氏的生活史，
並作爲我們了解其思想及轉變的憑藉？

透過傅氏的來往書信，其實已大致可以將當時中國活躍的知識分子的
各種網絡勾勒出一個大概。不同網絡之間有的重疊交叉，但有許多完全沒
有任何「重疊共識」。在沒有重疊共識的知識圈之間，互相的仇恨與猜忌
相當嚴重。

左右兩派的知識分子的網絡間就越來越少重疊。以傅斯年爲例，傅氏
以反共知名，而他遺下的這一批信函中，除了以參政會代表身分到延安考
察時期收到的請帖、官式信件及毛澤東的信和題字外，幾乎就沒有任何左
派學者的來信。唯一的例外是尹達（劉曜，1906-1983）。那是因爲尹達原
是史語所同事，後來西走延安。思想與政治的歧異造成這兩個圈子互不相
通。此外，傅氏當時在學界居於中心位置，而左派的史家大多在二、三流
的學校任教，中心與邊陲的分野也使他們不可能與傅氏有任何的聯繫。

---

64 李家瑞甚至從雲南來信請求准假在家經商，以免餓死。「傅檔」V: 452，李信云：
「職因生活迫人，爲兒女太多所累，無法維持生計，不得已請假一年，暫營商業。」

65 譬如爲梁思成夫婦特別請求中央補助即是一例。梁思成夫人林徽音在一封給傅斯
年的信中表示他們感謝得不知說什麼好。見「傅檔」III: 1236。

　　另外一個生活圈與思想圈重疊的例子是錢穆(1895-1990)。傅、錢二人在史學及思想觀點上差異極大，依據錢氏的回憶，兩人只有在批評康有為今文家疑古之說這一點上是同志，過此以往，則涇渭分明。在傅斯年全部函檔中，錢穆只有兩封短信，而且所討論的都是公事[66]，足見其交集之少。其他標榜心性論或執守舊史學的學者，與傅氏都極少或沒有信函往來。與傅氏有函札來往的大多是新知識分子，或與「五四」有關，或在英美受過教育，大抵是當時中國各門學問的領導人物，其身分與和胡適通信者有極大的重疊關係。

　　我們當然可以計算出傅氏個人生活網絡的邊緣所在及它的消長與變化，並將此變化與傅氏思想或政治觀的變化互相比勘。我們也可以觀察傅氏的政治關係網絡如何逐步擴大，也可以看出傅氏的政治交往圈中，大致侷限在傾向自由主義的國民政府技術官僚。人既是懸掛在意義之網上的動物，同時也是懸掛在生活網絡上的動物。從以上種種網絡看來，傅斯年雖然始終站在自由主義知識份子的立場批評蔣介石，但終其一生卻都與蔣氏政權保持一定的關係，就不是一件奇怪的事了。

66　其中一封信是為學生爭取獎學金而與姚從吾(1894-1970)聯名寫信給傅斯年。

附錄二

傅斯年與陳寅恪
──介紹史語所收藏的一批書信

按：中央研究院歷史語言研究所的「傅斯年檔案」，藏有傅斯年
與民國學人大量的信件。在1995年「傅斯年百齡紀念會」時，我
曾特別選出他與陳寅恪的信件，整理編年在《聯合報》副刊連載。
以下這篇文字是我當初為該批書信所寫的介紹。因為它與本書有
一定關聯，故收在這裡，以供參考。

人類學家克羅伯(Alfred L. Kroeber)曾問過這樣一個問題：為什麼天
才成群地來(come in a cluster)？1890年代的中國，似乎就印證了「天才成
群地來」這句話。在這成群而來的學術人物中，有些是單打獨鬥，靠著本
身的研究對學術界產生了廣大的影響，也有的除了個人學術外，還留下制
度性的遺業(institutional legacy)，而至今仍在學術界維持其影響力的，前
者可以陳寅恪(1890-1969)為代表，而後者可以拿傅斯年(1896-1950)為
例。我個人覺得，在近代史家中，傅斯年更像法國年鑑學派的創始者費夫
爾(Lucien Febvre)。首先，他們都是集學術、組織、鑑賞力及霸氣於一身
的人，他們都有長遠的學術眼光，對史學發展有一個整體的觀點，而且他
們都主張跨學科的合作，也都在一個動盪、資源並不豐厚的時代環境中，
成功地聚合各種資源，並盡可能地將一流人才聚集在一起開創了一個學
派。而陳寅恪便是傅氏刻意羅致到史語所的一位大史家。傅斯年不只一次

對人說陳寅恪是三百年來第一人,能爲歷史語言研究所的歷史組找到他來
領導,是傅氏相當得意的事。

陳寅恪與傅斯年締交始於他們留學柏林的時期,陳氏之弟青年黨創始
人之一陳登恪應該是介紹人。登恪是傅氏在北大的同學。傅、陳二人於1923
年在柏林大學見面,當時傅氏甫從倫敦大學轉學該校,此後同學近二、三
年之久。可惜,這時期他們兩位留下的材料非常稀少,爲他們作年譜的人
在記述這幾年的生活時幾乎都只能一筆帶過。

1924年曾往德國訪問的趙元任夫人楊步偉(1889-1981)留下這樣一段
記載:「那時在德國的學生們大多數玩的亂的不得了,他們說只有孟真和
寅恪兩個人,是『甯國府大門前的一對石獅子』。他們常常午飯見面,並
且大家說好了各吃各的,因爲大家都是苦學生。」當時同在德國留學的毛
子水(1893-1988)也形容:「在柏林有兩位中國留學生是我國最有希望的
讀書種子:一是陳寅恪;一是俞大維」,但他說俞大維(1897-1993)對傅
氏更佩服,私下對人說:「搞文史的當中出了個傅胖子,我們便永遠沒有
出頭之日了。」

陳寅恪與傅斯年的相處,似乎對傅氏的治學方向造成某種改變。傅氏
到英國時的興趣是實驗心理學及弗洛依德的學說,到柏林時主要興趣是物
理學,尤其是相對論及量子力學。不過,在柏林的最後一、兩年,我們發
現他的注意力逐漸轉向比較語言學方面。從傅、陳二人留下的筆記本及修
課記錄可以看到一些相彷彿之處。在傅斯年先生的遺物中有一藏文筆記
本,這一筆記本與大陸現存的陳寅恪藏文筆記本,授課教授相同,足見他
們可能上過同一教師的課程。陳寅恪最崇拜梵文大師呂德斯(Lüders),而
在傅斯年離開柏林大學的證明書中也記載著上課但未正式獲得學分的課程
有呂德斯的梵文。此外,傅斯年筆記中有兩件記當時西方學者有關東方學
的目錄,而陳寅恪初到清華所授的課便是「西人之東方學之目錄學」。當
時同在柏林的毛子水便自承他受陳寅恪影響而注意比較語言學,我遂有點
懷疑陳寅恪似曾在傅斯年留學生涯的最後階段對他有過影響,使他轉而重

視比較語言學。從傅斯年藏書扉頁所記的購書年代可以判斷，他當時開始大量購買這一方面的書籍。

當時兩人的相得之情，或許可以在1927年陳氏的一首贈傅斯年的詩中看出：

> 不傷春去不論文，北海南溟對夕曛。
> 正始遺音真絕響，元和新腳未成軍。
> 今年事業餘田舍，天下英雄獨使君。
> 解識玉璫緘札意，梅花亭畔弔朝雲。

從這一首詩中可以看出陳氏對傅斯年想將「東方學的傳統」從柏林、巴黎等地移回北京，並在中國建立新學術的悲願是相當欣賞、支持的。在陳寅恪的詩中並不輕易用「天下英雄獨使君」這麼高級的形容詞，它顯示了陳氏對傅斯年一番事業的期待。

陳寅恪從1929年起便應傅斯年之邀出任史語所歷史組主任，一直到陳氏滯留大陸，在台北繼任該組主任的陳槃先生仍不敢真除，自稱代主任，直到1969年陳氏凶耗傳來，才將「代」字去掉。不過陳氏真正待在史語所的時間並不長，傅斯年特許他在大學以專任研究員暫支兼任薪水名譽上課，而歷史組的實際組務則由傅氏代辦。在傅氏檔案中尚有數張蓋有陳寅恪私章的公文紙，是陳寅恪預留作爲推荐升等之用的。不過，在一些重要的會議及決定上，陳寅恪仍盡可能參加。

抗戰時期，史語所南遷昆明，傅斯年、陳寅恪同住在昆明靛花巷的一幢樓房，陳居三樓，傅居一樓，當時同仁便注意到每當空襲警報大作時，大家皆往樓下奔，而肥胖的傅斯年卻往三樓衝，以護持視力模糊、行動不便的陳寅恪下樓。而陳寅恪給傅斯年的四、五十封私信也大多集中於抗戰期間轉徙西南之時。

在陳寅恪所有的來往函札中，給傅斯年的信當屬大宗，陳寅恪一生只

寫過幾封短信給胡適(1896-1962)，即使連相契至深的陳垣(1880-1971)，陳寅恪寫給他的信也遠少於傅氏，相較之下可以看出他與傅斯年交往的比重。這一批書信所談的都是日常瑣事及身世之慨，幾乎沒有論學作品，其中以抱怨生活病苦占最大比例。它們對了解從抗戰到勝利之後將近十年間陳寅恪的生活狀況，大有裨益。而這些在蔣天樞的《陳寅恪先生編年事輯》中都未能得見。

這批信首先是談病與窮。在當時的中國知識分子沒有不窮的，吳晗(1909-1969)曾在一封給傅斯年的信中說他寫《朱元璋傳》純粹就是為了生活，並在信上為如何買幾斤米寫上一大段。不過陳寅恪敏感的心靈對窮困更難忍受。他所需要的，其實只是幾百英鎊而已。但是為了幾百鎊，也花費這位史學大師無數筆墨，來來去去地談兌換及償還的細節。在這批信中，可以看出陳寅恪已失去戰前在北京那種優游著述的心情，一場戰爭下來，使得他處處感到生活與身體都陷入絕境，所以到處可以見到如下字眼：

> 弟素憂國亡，今則知國命必較身命為長。
> 宜其不久將淘汰也。
> 弟所患為窮病，須服補品，非有錢不能愈【癒】也。
> 薪金不足以數日用，又無積蓄及其他收入可以補助，且身病家口多，過儉則死亡也。
> 家人大半以禦寒之具不足生病。所謂「飢寒」之「寒」，其滋味今領略到矣。

第二是有關陳寅恪受聘到牛津大學任教之事。陳氏於1939年初決定受牛津之聘，同時為英國皇家學會研究員。當時牛津除想藉陳氏之力成一漢學重鎮外，從各種私札中還可以看出他們想讓他監督英譯《唐書》的工作。最初劍橋方面考慮聘陳氏，可能是托駐英大使館代為推荐人選，故杭立武在1938年9月17日致傅信說：

> 關於介紹寅恪先生赴劍橋任教事，近接劍橋來函詢問下列各點
> (一)年齡(二)體格如何(三)如聘請任教，能否在英連續五年以上
> (四)英文程度如何(講演須用英文)⋯⋯

後來劍橋事未成，牛津方面卻成功了，所以此後陳氏一家便一直待在香港準備前往牛津。他們借錢買了船票，但後來歐戰爆發，牛津大學疏散至威爾斯一帶，而且赴歐道阻，未能成行。大戰結束後，寅恪赴英治眼疾，負責診治的是英皇喬治的醫生，但因爲先前在成都存仁醫院的手術失敗而未再開刀。

我個人始終認爲陳寅恪牛津之聘對他個人而言並不是一件了不得的事。他的成就，根本不需要這個頭銜來肯定。1930年代英國的東方學傳統比不上法國或德國，T. H. Barrett一本講英國漢學的小書*Singular Listlessness：A History of Chinese Books and British Scholars*中已將這個實情和盤托出。牛津、劍橋的圖書設備不好，學生不多，對陳寅恪而言，赴英只是爲了全家人能平靜住在一起，他自己能專注研究而已。

牛津給陳寅恪的薪水是由英庚款在文化教育項下支付的，所以寅恪向該會借了三百英鎊作爲川資，在無法償還這一筆「巨款」之前，不去英國便得還債，而他當時已一貧如洗，故他在一封給傅氏的信中說「欠人款自應踐約，故去牛津不成問題」，但又說「惟此時則去英途中乘船既危險，到彼無學生，又戰時所得稅極重」，「我知劍橋尚有學中文學生，牛津似乎學中文者空無一人，如彼不歡迎，或無人理會，則不必去。」在百無聊賴之際，陳氏也曾想放棄赴英而將全家搬入四川，可是搬家需要另一筆川資約國幣五千元，在進退不得之際，陳寅恪決定「只有冒險赴英一途」(給鄧廣銘信)。

陳氏在香港等待赴牛津的這一段時間極爲窮苦，雖然中英庚款按月給予補助，但他仍抱怨「無肉食」、「一屋三床」，自己與妻子都病了，卻只能「輪班診治，否則破產」。

從這一批書信中也可以看出傅斯年對陳氏的始終支持。陳氏在遇到任何現實生活上的困境時，第一個想到的就是寫信找傅氏商量，再由傅氏找朱家驊及杭立武等政府官員想辦法。

當香港被日軍攻陷時，陳寅恪一家消息全無，傅斯年忙著到處打電報請人營救。當時國民政府曾派機前往接人，但從來往的書信看出，除非是政府要人，否則無法列入接運名單。

陳寅恪之不能及時撤出香港，也與當時政府的錯誤判斷有關。1941年12月，香港尚未陷落時，傅斯年請人幫助陳寅恪離港，但在港的杭立武12月12日回信說：「似香港尚可守，至航空運輸僅限通貨，等通貨運完才照登記次序及緩急辦理。至於當時中央在港人員則不撤。等到真撤時，需開名單交最高當局批准。」寅恪似未成功列入撤運名單中，後來派去的飛機又只運走孔祥熙家的機師、箱籠及寵物，所以當時在港「要人」皆未接出，消息透露後，引起重慶五千學生遊行抗議。這件事可能加深了傅斯年後來在1945年倒孔祥熙的決心，也更加深陳寅恪對國民政府之不滿，他的詩「九儒列等真鄰丐」，想必是有所為而發。

後來陳氏不斷託人向國內要求援助，最後得以脫險由廣州灣赴桂林。這批書信中對整個脫險獲救的歷程有所反映。陳氏一生受困於財，連不能離港避難也是因為沒錢。他信中說自己窘迫到「得一雞蛋，五人分食，視為奇珍」，「以衣鞋抵債，然後上船」。他曾在給傅斯年一封信中說：「弟不好名而好利，兄所素知」，其實是對自己經濟困窘悲憤之餘的一種自我調侃。

第四，這一批信可以對寅恪先生在香港陷日後之苦況及面臨日本人威逼下之凜然大節有進一步了解。在這批書信中夾有一不知名者所寫之報告：「聞偽組織曾四次逼其赴廣州教書，均被拒絕，日人饋米亦未收，但近日病甚。寅恪兄素來食麵，現在麵極難得。前傳其已赴廣州，不確。」蔣天樞的《事輯》中引陳流求筆記：「這年春節後，有位父親舊時學生來訪，說是奉命請父親到當時淪陷區的上海或廣州任教。父親豈肯為侵略我

國的敵人服務。只有倉促設法逃出。」此事可從當時的幾封通信中獲得更詳細的內情。如1942年6月19日陳寅恪給傅斯年等人的信中說：

> 即有二個月之久未脫鞋睡覺，因日兵叩門索「花姑娘」之故，又被兵迫遷四次；至於數月食不飽，已不肉食者，歷數月之久。得一雞蛋，五人分食，視為奇珍。此猶物質上之痛苦也。至精神上之苦，則有汪偽之誘迫，陳璧君之凶惡，北平「北京大學」之以偽幣千元月薪來餌。倭督及漢奸以二十萬軍票（港幣四十萬），托辦東亞文化會及審查教科書等，雖均已拒絕，而無旅費可以離港，甚為可憂。

當然，從這批信中也可以看出傅斯年對某些原則堅持不讓以致和陳寅恪不快的情形。傅氏一生對陳寅恪呵護照顧，無微不至。可是，當寅恪脫險從香港赴桂林，任教於廣西大學時，中央研究院的總幹事葉企孫未經傅氏許可即發給專任研究員聘書及薪水，容許陳氏在廣西教書。傅氏聞訊勃然震怒，一方面痛責總幹事葉企孫，一方面寫信給陳寅恪。傅氏說他在史語所多年來為了維持制度，不准研究人員拿所裡的薪水卻在外面教書，不可因陳氏而破壞。他在信中說「老兄是明理之人」，一定可以體諒。

傅氏對陳寅恪於脫險之後未直接到李莊史語所感到不快，去函責備。信中對陳氏先前滯留港大教書不滿，對他留廣西大學教書也不滿，說「弟等及一組同人渴願兄之來此」。傅氏說過去他對陳寅恪在外教書雖不同意，但「朋友不便多作主張，故雖于事前偶言其不便，亦每事于兄既定辦法之後，有所見命，當效力耳。猶憶去年春，弟入中央醫院之前一日，曾為兄言，暑假後不可再往香港，公私無益，且彼時多方面湊錢，未嘗不可入內地也。但兄既決定仍留港後，弟養病歌樂山，每遇騮先、立武見面皆託之設法也。」他反對寅恪留在廣西而不入四川，說「至少此（四川）為吾輩愛國者之地也。兄昔之住港，及今之停桂，皆是一拖字，然而一誤不容再誤

也。」(1942年8月14日函)陳寅恪的覆信也相當不客氣,坦言自己就是想拖延:
「弟當時之意,雖欲暫留桂,而不願在桂遙領專任之職。院章有專任駐所
之規定,弟所夙知,豈有故違之理?今日我輩尚不守法,何人更肯守法耶?
此點正與兄同意者也。但有一端不得不聲明者,內人前在港,極願內渡;
現在桂林,極欲入川。而弟欲與之相反,取拖延主義,時時因此爭辯。其
理由甚簡單,弟之生性非得安眠飽食(弟患不消化病,能飽而消化亦是難事),不
能作文,非是既富且樂,不能作詩。平生偶有安眠飽食之時,故偶可爲文,
而一生從無既富且樂之日,故總做不好詩。古人云詩窮而後工,此精神勝
過物質之說,弟有志而未逮者也。現弟在桂林西大,月薪不過八、九百元
之間,而弟月費仍在兩千以上,並躬任薪水之勞,親屑瑣之務,掃地焚〔蚊〕
香,尤工作之至輕者,誠不可奢泰。若復到物價更高之地,則生活標準必
愈降低,臥床不起乃意中之事,故得過且過,在生活能勉強維持不至極苦
之時,乃利用之,以爲構思寫稿之機會。前之願留香港,今之且住桂林,
即是此意。若天意不許畢吾工作,則亦祇有任其自然。」(1942年8月30日致
傅函)從這些信看起來,傅、陳二人在抗戰中後期一度關係相當緊張。

　　1943年冬,陳寅恪突然失明,此後書信幾乎全由夫人唐篔代筆。所討
論的,也是由窮與病衍生出來的一些生活問題。如果這一批信札基本上是
完整的,則傅、陳二人的通信在1946年春已經停頓了。

　　1948年12月,當北平危急時,傅斯年發起搶救北平學人到南京的計畫,
陳寅恪一家也在裡面。可是陳家在飛到上海停留不久之後便決定前往廣
州,而且是由陳寅恪主動寫信給嶺南大學校長陳序經要求前往。從1949年
元月傅斯年發表爲台大校長起,一直到該年10月廣州陷共,傅氏極力電催
陳氏來台,從催促的電文內容看來,陳氏先前對傅斯年似乎有某種承諾,
但最終還是未成行。從這批信函中,並不能對此中隱曲得到直接了解。我
們只知道,1950年12月,當傅斯年以台大校長身分在省參議會接受質詢而
猝逝時,陳寅恪很快便知道了。《陳寅恪詩集》中有〈《霜紅龕集》望海
詩云「一燈續日月不寐照煩惱不生不死間如何爲懷抱」感題其後〉一首,

這首詩已經被傅氏昔日門生指出是爲悼念傅斯年而作。該詩自題1950年12月，也就是傅斯年猝逝於台北之時，而《霜紅龕集》的作者是傅青主，正好影射傅斯年，「望海詩」更顯然是對隔海的傅氏而發。詩中表達了他對傅氏懷念：

　　不生不死最堪傷，猶說扶餘海外王，
　　同入興亡煩惱夢，霜紅一枕已滄桑。

這一首意味深長、餘蘊無窮的詩，結束了兩位一代大才二十幾年的因緣。

索引

中國近代思想與學術的系譜

2003年8月初版　　　　　　　　　　　　　　　　　定價：新臺幣580元
2018年11月初版第四刷
有著作權·翻印必究
Printed in Taiwan.

著　　　者	王	汎	森
責任編輯	沙	淑	芬
校　　　對	林	志	宏
封面設計	王	振	宇

出　版　者　聯經出版事業股份有限公司　　　　總　編　輯　胡　金　倫
地　　　址　新北市汐止區大同路一段369號1樓　總　經　理　陳　芝　宇
編輯部地址　新北市汐止區大同路一段369號1樓　社　　　長　羅　國　俊
叢書主編電話　(02)86925588轉5310　　　發　行　人　林　載　爵
台北聯經書房　台北市新生南路三段94號
　　　電話　(02)23620308
台中分公司　台中市北區崇德路一段198號
暨門市電話　(04)22312023
郵政劃撥帳戶第0100559-3號
郵撥電話　(02)23620308
印　刷　者　世和印製企業有限公司
總　經　銷　聯合發行股份有限公司
發　行　所　新北市新店區寶橋路235巷6弄6號2F
　　　電話　(02)29178022

行政院新聞局出版事業登記證局版臺業字第0130號

本書如有缺頁，破損，倒裝請寄回台北聯經書房更換。　　ISBN　978-957-08-2593-0 (平裝)
聯經網址 http://www.linkingbooks.com.tw
電子信箱 e-mail:linking@udngroup.com

國家圖書館出版品預行編目資料

中國近代思想與學術的系譜 /
王汎森著 . 初版 . 新北市 .
聯經 . 2003年
552面；17×23公分 .
ISBN　978-957-08-2593-0（平裝）
[2018年11月初版第四刷]

1.學術思想–中國–近代(1600-　　)
　　論文，講詞等
112.707　　　　　　　　　　92008520

臺灣研究叢刊

現代名著譯叢

聯經經典